PATION AREAS
TZUNGS-ZONEN

OST-PREUSSEN
INSTERBURG
KOENIGSBERG
GOLDAP
BRAUNSBERG
ELBING
MARIENBURG
ALLENSTEIN
DANZIG
GDINGEN
WEICHSEL
STOLP
KOLBERG
KÖSLIN
SWINEMÜNDE
STETTIN
KONITZ
BROMBERG
SCHNEIDEMÜHL
DENBURG
ODER
WARTHE
POSEN
WARSCHAU
FRANKFURT
POLAND
POLEN
GUBEN
GRÜNBERG
KOTTBUS
NEISSE
NIEDER-SCHLESIEN
OBER-
BUNZLAU
LIEGNITZ
BRESLAU
BAUTZEN
GÖRLITZ
CZENSTOCHAU
BEUTHEN
HINDENBURG
GLEIWITZ
BENZIN
KÖNIGSHÜTTE
KATTOWITZ
RATIBOR
ELBE
PRAG
CHOSLOVAKIA
SCHECHOSLOWAKEI
BRÜNN
DONAU
WIEN
W.-NEUSTADT
AUSTRIA
REICH
HUNGARIA
UNGARN
GRAZ

LEGEND · ERKLÄRUNG

BOUNDARIES · GRENZEN:

GERMANY DEUTSCHLAND 1937

OCCUPATION AREAS BESATZUNGSZONEN 1945

PROVINCES · PROVINZEN

ZONES · ZONEN:

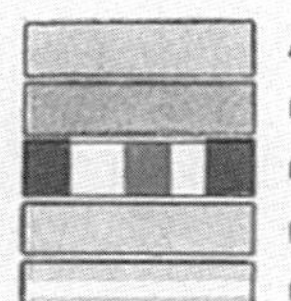

AMERICAN ZONE · AMERIKANISCHE ZONE

BRITISH ZONE · BRITISCHE ZONE

FRENCH ZONE · FRANZÖSISCHE ZONE

RUSSIAN ZONE · RUSSISCHE ZONE

POLISH TERRITORY · POLNISCHES GEBIET

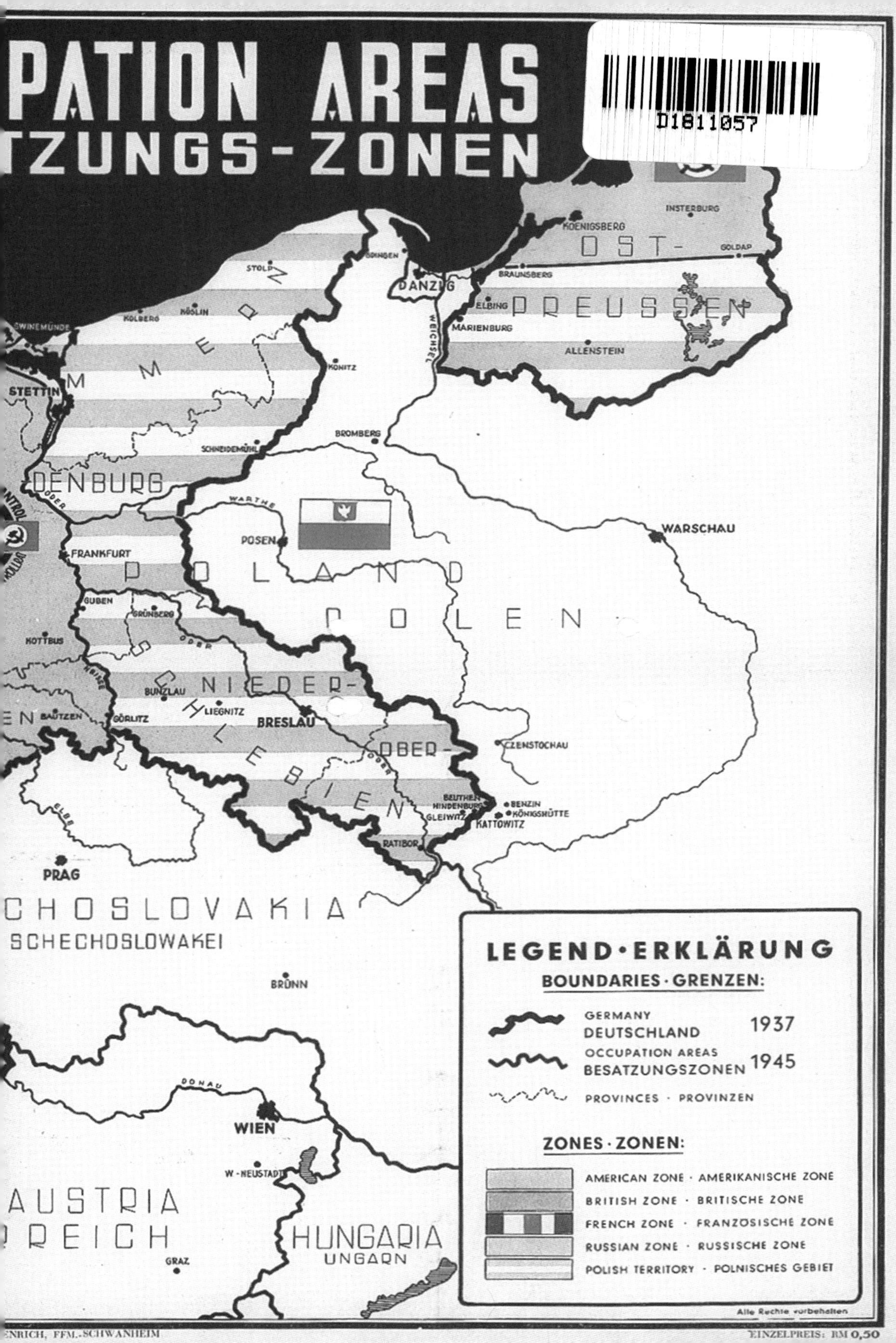

ENRICH, FFM.-SCHWANHEIM

EINZELPREIS: RM 0,50

DIE VERSUCHUNG, ZU VERZWEIFELN

WERNER SOLLORS

Die Versuchung, zu verzweifeln

Geschichten aus den 1940er-Jahren

aus dem amerikanischen Englisch
übersetzt von
SABINE BAYERL

Universitätsverlag
WINTER
Heidelberg

Bibliografische Information der Deutschen Nationalbibliothek

Die Deutsche Nationalbibliothek verzeichnet diese Publikation in der Deutschen Nationalbibliografie; detaillierte bibliografische Daten sind im Internet über *http://dnb.d-nb.de* abrufbar.

UMSCHLAGBILD

Nürnberg, Blick durch die Plobenhofstraße zum Hauptmarkt (Foto: Ray D'Addario)
© Stadtarchiv Nürnberg, A65-II-RA-257-D

VORSATZKARTE

Deutschland: Karte der Besatzungszonen, 1945
© Bayerisches Hauptstaatsarchiv, München StK 14281

ISBN 978-3-8253-6650-6

Imprimé en Allemagne · Printed in Germany
Umschlaggestaltung: Klaus Brecht GmbH, Heidelberg
Druck: Memminger MedienCentrum, 87700 Memmingen

Gedruckt auf umweltfreundlichem, chlorfrei gebleichtem und alterungsbeständigem Papier

Den Verlag erreichen Sie im Internet unter:
www.winter-verlag.de

für Sara, meine Tochter,
und in Erinnerung an meine Mutter

Wenn ich zurückdenke und mir das Bild dieses Landes vor Augen halte, so bin ich gewiß: Nicht durch das Gehirn des schwärzesten Pessimisten irrte damals [1933] eine solche Phantasie, wie sie jetzt Realität geworden ist.

Alfred Döblin, *Schicksalsreise*

Unser Zeitalter ist ein politisches. Krieg, Faschismus, Konzentrationslager, Gummiknüppel, Atombomben etc., das sind die Dinge, die uns täglich beschäftigen, über die wir schreiben, selbst wenn sie nicht immer beim Namen genannt werden. Daran läßt sich nichts ändern. Wenn man sich auf einem sinkenden Schiff befindet, kreisen die Gedanken um sinkende Schiffe.

George Orwell, „Der Schriftsteller und der Leviathan“

Eine neue Bewegung sollten sie ins Leben rufen, die europäischen Intellektuellen, eine Bewegung der Verzweiflung, die Rebellion der Hoffnungslosen.

Klaus Mann, „Die Heimsuchung des europäischen Geistes“ (1949),
einen Philosophiestudenten aus Uppsala zitierend

Inhalt

Einleitung

Vor dem Erfolg

Die amerikanische Besatzung Deutschlands nach dem Zweiten Weltkrieg – auf beiden Seiten des Atlantiks beschwören diese Worte ein mythisches Kapitel der Geschichte des 20. Jahrhunderts herauf. Sie rufen verstörende Bilder von befreiten Konzentrationslagern und zerstörten Städten ins Gedächtnis; die Geräusche rasselnder Panzerketten, schwerer Lastwagen und holpernder Jeeps, die durch die deutsche Landschaft brausen, von aufgeregten, lautsprecherverstärkten Politikerstimmen und von Swing-Musik, die blechern aus Volksempfängern tönt; den Geschmack von Zimt- und grünem Minz-Kaugummi, von Hershey's süßen Schokoladen-Riegeln und von stark chlorhaltigem Wasser; den Geruch der abgestandenen Luft in verlassenen Bunkern, der beißenden Zigaretten, der noch beißenderen Zigarettenstumpen, des säurehaltigen Papiers der Comics und billigen Taschenbücher; und das Gefühl von weichen Nylonstrümpfen und rauen Army-Uniformen. Manch einer erinnert sich an Menschenansammlungen allerorten, an Flüchtlingstrecks und überfüllte Züge, an endlose Warteschlangen, um an Lebensmittel zu gelangen, und an ein Gewimmel von Kriegsgefangenen und verschleppten Zwangsarbeitern, sogenannten Displaced Persons oder DPs, von großen Gruppen von GIs, die in mittelalterlichen Dörfern und im Schutt der Städte umherlaufen. Nicht nur in Tausenden von Fotografien und Filmaufnahmen wurde diese Epoche dokumentiert – sogar die Gedanken an diese Zeit sind zunächst in Schwarzweiß, nicht in Farbe –, sondern auch in Tonaufnahmen, Radiosendungen, Wochenschauen und Zeitungsberichten; in Meinungsumfragen; auf zahllosen als „SECRET" oder „geheim" gekennzeichneten Seiten; ebenso in Privatkorrespondenzen, Tagebüchern und Aufzeichnungen von Träumen; in Fragebögen und Curricula Vitae, wobei die Titelzeile „Lebenslauf!" manchmal mit einem emphatischen Ausrufezeichen versehen wurde. Die

Geschichte dieses intensiven kulturellen Augenblicks inspirierte Maler, Poeten, Dramatiker und Romanciers, und es konnte passieren, dass der Widmung eines Werkes – wie etwa „Für Albert Camus!" – ebenfalls ein Ausrufezeichen folgte.

Unsere Erinnerung an diese Zeit ist geprägt von den damals modernen ästhetischen Techniken und Stilen, seien es eindrückliche Bilder von vorher tabuisierten Sujets, mit denen der Betrachter jetzt konfrontiert wurde, oder hartgesottene Prosa, die man auf körnigem, rasch vergilbendem Papier lesen konnte, Dialoge voller kurzer und bissiger witziger Bemerkungen, die nicht nur wie lustige Fingerübungen anmuteten, sondern weit mehr als dies wie Versuche, auf eine Welt existenzialistischer Bedeutungslosigkeit freche Antworten zu geben. Dennoch ist es nicht die Kunst der zweiten Hälfte der 1940er und des Anfangs der 1950er, die uns zuerst in den Sinn kommt, wenn die Erinnerung an diese Zeit wachgerufen wird. Es ist vielmehr die politische Historie von der amerikanischen Besatzung Westdeutschlands, insbesondere in Form der legendären Geschichte, die davon erzählt, wie ein Land, das von einer unbarmherzigen Diktatur beherrscht wurde, durch einen noch nicht sehr häufig als *nation building* (Staatenbildung) bezeichneten Prozess zurückgeführt wird in den Schoß der Demokratie.[1] Allerdings schloss dies nach Beendigung der militärischen Operationen eine eingeschränkte Souveränität und langwierige Militärregierung ebenso ein wie politische Prozesse gegen einige der führenden Köpfe vor neuen Militärtribunalen und eine zwangsweise demokratische Umerziehung der Bevölkerung, wobei die Kooperation zwischen den Alliierten zunächst einträchtig war, dann aber immer schlechter wurde, bis sie mit der Währungsreform und Berlin-Blockade 1948 vollends in den Kalten Krieg überging. Im Gedächtnis der Öffentlichkeit ist dies die prototypische Erfolgsgeschichte eines erfüllten Auftrags und wurde zum vorbildhaften Modell für spätere militärische Besatzungen, für die sie Maßstäbe gesetzt zu haben schien, auch wenn diese in unserer Fantasie in unterschiedlichen Medien, in hellen Wüstenfarben oder mit simultanen Bombenangriffen auf grüngrauen Computerbildschirmen vonstattengehen. Das Beschwören der alten und mythischen Mär weckt die Erwartung, dass derartige neue Unternehmungen ebenso zwangläufig von Erfolg gekrönt sein müssten wie – so die heute vorherrschende Meinung – die Besatzung Westdeutschlands durch die Alliierten.

Doch wurde dies auch damals so wahrgenommen? In der Retrospektive scheint es eindeutig: In der Tat hat sich die deutsche Demokratie in den westlichen Besatzungszonen durchgesetzt. Bis September 2017 konnte in den sieben Jahrzehnten seit Kriegsende keine deutsche Partei vom rechten Rand in den Bundestag einziehen, und ab Mitte der 1950er trug das Wirtschaftswunder das Seine zu Westdeutschlands bemerkenswertem Wohlstand bei. Weder Bürgerkrieg noch größere Unruhen brachten den Wiederaufbau der durch die schweren Bombardements zerstörten Städte ins Stocken. Die „Werwolf"-Organisation – von Himmler 1944 ins Leben gerufene Guerilla-Gruppen, die unter den siegreichen Besatzern und ihren deutschen Kollaborateuren für Angst und Schrecken sorgen sollten – brachte es nicht sonderlich weit, und noch Jahrzehnte nach dem Krieg waren fremde Streitkräfte in beträchtlicher Anzahl auf deutschem Boden stationiert, ohne dass es nennenswerte Probleme gegeben hätte.[2] Die Millionen deutscher Flüchtlinge und Heimatvertriebener, die – häufig mit Gewalt – aus ihrem Zuhause, ihren Städten und Regionen vertrieben wurden, da nach den Abkommen von Jalta und Potsdam die Landkarte Deutschlands neu gezeichnet werden musste, schlossen sich nicht zu einer politischen Bewegung zusammen, um die neuen politischen Grenzziehungen mit militärischen Mitteln wieder rückgängig zu machen. Obwohl ihnen zeitweise aufgrund ihrer oft geäußerten Hoffnung, Deutschland könnte in den Grenzen von vor der Naziherrschaft wiederhergestellt werden, Revanchismus vorgeworfen wurde, stellten die Flüchtlinge keine Bedrohung für die langfristige friedvolle Übereinkunft dar, die Deutschland mit all seinen Nachbarn in der Nachkriegszeit erzielen konnte.[3]

Im Nachhinein lassen sich die Konturen einer Erfolgsgeschichte erkennen, die in den 1940ern Gestalt annahm und schließlich bis zur Wiedervereinigung mit der ehemaligen sowjetischen Besatzungszone, der DDR, andauerte. Doch zeitgenössische Quellen – private Tagebücher und veröffentlichte Schriftsätze, Fotografien, journalistische Reportagen, Essays und umfassendere ästhetische Darstellungen in der Belletristik oder im Film der Nachkriegsjahre – zeichnen eine wesentlich düsterere Welt, die eher zum Rückblick geneigt war, als sich eine langfristige Zukunft auszumalen, geschweige denn, solch eine Zukunft hoffnungsvoll zu gestalten. Die Orientierung in Richtung Vergangenheit bedeutet zunächst einmal, sich mit der noch frischen Erinnerung an eine der blutigsten Perioden der Menschheitsgeschichte auseinanderzusetzen. Zwischen 1939 und 1945 starben mehr als 50 Millionen Zivilisten und Soldaten im Zweiten Weltkrieg und weitere 13 Millionen, darunter 6 Millionen im Holocaust, der Shoah, ermordete Juden, wurden Opfer internationaler Massentötungen; man ließ Menschen absichtlich verhungern oder beging andere Kriegsverbrechen an ihnen.[4] Nach dem Zweiten Weltkrieg wurden die Überlebenden in den Nachrichten mit einer schier unvorstellbar großen Anzahl an Opfern konfrontiert. Und da die neue Nachkriegsordnung auf Kosten weiterer Menschenleben eingeführt wurde, hatte längst nicht alles Leid mit dem Krieg ein Ende.

Wie zerbrechlich das Leben, wie dünn die Scheidelinie zwischen Leben und Tod ist, das wissen wir alle und versuchen im Allgemeinen doch, es zu verdrängen, werden jedoch daran erinnert, wenn wir mit Krankheiten oder Unfällen konfrontiert sind. Zum Glück kommt es nicht so häufig vor, dass eine große Zahl von Menschen das Gefühl hat, die Trennlinie zwischen Leben und Tod habe keine große Bedeutung oder der Tod stelle eine größere Verheißung dar als das Leben. Die 1940er waren zweifelsohne eine solche Zeit in Europa, wie man an der manifesten unterschwelligen Melancholie und Verzweiflung in vielfältigen Ausdrucksformen dieser Zeit ablesen kann.

In der zweiten Hälfte der 1940er-Jahre zurückzublicken, das bedeutete, an tote Verwandte und Freunde zu denken und sich zu wünschen, dass sich die Geschichte, die von den Nachwehen des Ersten Weltkriegs über den Aufstieg der Nationalsozialisten bis zu den Kriegsjahren führte, nie wiederholen möge. Aber wie? Tief sitzender Pessimismus und erheblicher Skeptizismus waren vorherrschend in vielen Plänen und der Erfahrung der Besatzung in den Nachkriegsjahren. Einige Zeitzeugen flüchteten sich schlicht in Verzweiflung oder Sarkasmus statt eine hoffnungsvolle und nach vorne gewandte, geschweige denn eine triumphierende, prahlerisch selbstbewusste Haltung anzunehmen. Dies erschien den Siegern, den Besiegten und den überlebenden Opfern der Besiegten richtig. Vermutlich dachten sie, sie lebten in einer Zeit des Übergangs, oder hatten das Gefühl, sie seien in eine verstörende zeitlose Vorhölle geworfen, waren aber eher unsicher, was sich im Endergebnis daraus entwickeln würde. Sie erzählten sich selbst und einander zahllose Geschichten aus dem Leben unter der Besatzung, doch die Erfolgsgeschichte der Besatzung als Weg zur Demokratie in Westdeutschland nahm in ihrem Repertoire schlicht und einfach noch keinen prominenten Platz ein.

Natürlich war die Besatzung eine Leistung der Alliierten, an der vier Mächte beteiligt waren. Doch die Amerikaner und die Russen waren die Schwergewichte in diesem Gefüge, und nur die Amerikaner kamen vom Hintergrund eines Landes her, das selbst nie gravierendere militärische Angriffe der Deutschen (so wie die drei anderen Besatzungsmächte) oder eine deutsche Besatzung (so wie Frankreich und Russland) hatte erleben müssen. Die Vereinigten Staaten „nahmen eine Position in Deutschland ein und nehmen sie nach wie vor ein, die keine andere Besatzungsmacht einnimmt“, so der Kommentar eines amerikanischen Beobachters 1947.[5] Einige der mythischen Erzählungen über die amerikanische Besatzung rühren genau aus diesem Kontrast zu den anderen Besatzungsmächten, insbesondere zur Sowjetunion, her. Bedenkt man die Massenvergewaltigungen deutscher Frauen durch russische Soldaten am Ende des Zweiten

Weltkriegs, so überrascht es nicht, dass die Sowjetunion als Besatzungsmacht nicht sehr beliebt war, doch die GIs waren auch willkommener als französische oder britische Soldaten.[6] Eine demoskopische Umfrage der Militärregierung aus dem Jahr 1947 firmierte unter dem Kürzel OMG–76. [*Die Sprachsteuerung meines Computers liest aus dieser Abkürzung „oh my God" heraus, als handle es sich hierbei um eine SMS aus dem 21. Jahrhundert, Anlass für uns, die bemerkenswerte Liebe jener Zeit für Akronyme zu erwähnen. Die amerikanische Besatzung kann als Ablösung einer Serie unverständlicher Akronyme durch eine andere verstanden werden: HJ und BdM durch GYA; OKW durch SHAEF und USAREUR und so weiter.*][7] Die Umfrage der Militärregierung zeigte, dass 84 Prozent der befragten Deutschen sagten, sie hätten ein Leben unter der amerikanischen jeder anderen Besatzungsmacht vorgezogen, hätten sie 1945 gewusst, was sie zum Befragungszeitpunkt wussten, während nur 4 Prozent einer britischen Besatzung den Vorzug gegeben hätten. 68 Prozent gaben an, dass sie, „wenn sie einen Sohn hätten, wünschten, er würde in der amerikanischen Zone leben", wohingegen 5 Prozent die britische Zone wählen würden. Eine sehr große Mehrheit war der Ansicht, dass die „ökonomischen Bedingungen" unter den Amerikanern „besser waren als unter den Briten (67 Prozent), den Franzosen (76 Prozent) oder den Sowjets (77 Prozent)".[8] [*Nach meinen eigenen anekdotischen Erinnerungen an Verwandte, die die Verdienste und Defizite der vier Besatzungsmächte diskutierten, ging die Meinung in unserer Familie in die gleiche Richtung, nämlich die der Amerikaner.*]

Anhand der ersten offiziellen Erklärungen zu den Besatzungszielen, formuliert vor der bedingungslosen Kapitulation, war eine derartige relative Popularität kaum vorhersehbar. Der amerikanische Plan für die Besatzung nahm am 28. April 1945 festere Gestalt an. Die Direktive, die der Vereinigte Generalstab an General Eisenhower gesandt hatte (JCS-1067), bediente sich eines nachdrücklich strengen, ja strafenden Tonfalls, um die grundsätzlichen Ziele der Militärregierung zu definieren: „Deutschland wird nicht zum Zwecke der Befreiung okkupiert, sondern als besiegte feindliche Nation." Und weiter: „Das oberste Ziel der Alliierten ist es, Deutschland daran zu hindern, jemals wieder zu einer Bedrohung für den Weltfrieden werden zu können."[9] Im Verlauf sollten verschiedene Auflagen wie wirtschaftliche Kontrolle, Entnazifizierung, Demilitarisierung, Deindustrialisierung und die Reparationszahlungen umgesetzt werden – politische Ziele, die alle vier Besatzungsmächte 1945 befürworteten. Eine Weile war das amerikanische Militär darauf bedacht, sämtlichen sowjetischen Forderungen stattzugeben, darunter der Veränderung der europäischen Grenzen und der Rückführung Vertriebener, manchmal gegen deren Willen, in den sowjetischen Einflussbereich. Wie das JCS-1067 es formulierte, war die Souveränität Deutschland abgeschafft und „die höchste legislative, exekutive und judikative Autorität" der amerikanischen Militärregierung war, ohne dies zu beschönigen, „weit ausgelegt" und ermächtigt zur „Informationskontrolle" und zu politischer Zensur sowohl der Presse als auch privater Korrespondenz: Die Zensur der freien Rede war erweitert um das Verbot jeder Kritik an den Russen, eingeschlossen Bezugnahmen auf die Vergewaltigungen – sogar in privaten Briefen. Der vage Hoffnungsschimmer einer „Vorbereitung auf einen möglichen Wiederaufbau des politischen Lebens in Deutschland auf demokratischer Basis" – herbeigeführt durch Umerziehung –, für den derartige Strafmaßnahmen herhalten mussten, war überschattet von der großen Ausführlichkeit, mit der die Verhängung eines Systems ohne Gewaltenteilung beschrieben wurde. Mehr als ein zeitgenössischer Beobachter zeigte sich betroffen von der Absurdität der Idee, dass ausgerechnet militärische Streitkräfte Deutschland den Militarismus austreiben und das Land mit einer Militärregierung auf ein politisches Leben auf demokratischer Grundlage vorbereiten sollten. Nur rückblickend im Lichte der Erfolgsgeschichte ist es daher erstaunlich, dass die düsteren 1940er eine beachtliche Anzahl bedrückter und pessimistischer Äußerungen hervorbrachten, in denen Themen wie Erschöpfung, Selbstmord, Zerstörung, Absurdität und Nihilismus anklangen. Die Versuchung, zu verzweifeln, war allgegenwärtig und übte eine gewaltige Anziehungskraft aus.

Die Versuchung, zu verzweifeln

Die Verzweiflung (*desperatio)* ist ein Aspekt der Trägheit des Herzens (*accidia* or *acedia*), eine der Todsünden des Christentums, eine gefährliche zudem, wenn sie nicht bereut und mit einer Mischung aus Furcht und Hoffnung behandelt wird.[10] Laut Giorgio Agamben gab es eine Tradition, die darin das tödlichste der Laster erblickte und das unverzeihlichste.[11] Es wurde insbesondere mit dem hohen Alter in Verbindung gebracht, und der spätere Ausdruck der Versuchung, zu verzweifeln, bezog sich speziell auf die Angst im Moment des Todes, davor, dass unsere Sünden und Verfehlungen so unermesslich sind, unsere Seele verloren und die ewige Verdammnis unausweichlich ist. Eine illustrierte Handschrift aus dem 15. Jahrhundert sowie Holzschnitte und Stiche, die daraus stammen, zeigen „Die Versuchung durch Verzweiflung" in Gestalt von sechs Teufeln, die am Bett eines sterbenden Mannes stehen und die Liste seiner Todsünden in die Höhe halten. In einer Darstellung sind die verschiedenen Anklagen mit Aufschriften auf Banderolen genauer bestimmt, welche die schrecklich aussehenden

Teufel halten. Wie kann ein sterbender Mann angesichts der langen Liste seiner schweren Verfehlungen noch auf göttliche Vergebung hoffen? Doch nach den Versuchungen der Ketzerei, der Ungeduld, des Stolzes und dem Verlangen nach irdischen Schätzen ist die Versuchung, zu verzweifeln, vielleicht einer der letzten Streiche, die der Teufel uns spielt, um unserer Seele habhaft zu werden, wenn diese im Begriff ist, den Körper zu verlassen. Das einzige Mittel für den sterbenden Sünder, um über die Verzweiflung triumphieren zu können, bestand darin, auf Gottes Gnade zu vertrauen – und tatsächlich: Das Bild neben der Versuchung durch Verzweiflung zeigt den sterbenden Mann, geleitet von einem Engel, der ihn daran erinnert, dass Gott auch Sündern wie Petrus vergeben hat, der Christus verleugnete, wie Maria Magdalena, die lange als Prostituierte galt, wie dem namenlosen Dieb, der neben Jesus am Kreuz hing, und wie Saulus, der Christen verfolgt hatte, ehe er auf dem Weg nach Damaskus zum Christentum konvertierte und seinen Namen in Paulus änderte. Die *ars moriendi,* die Kunst des Sterbens, zeigt, dass durch die Bestätigung der Hoffnung des Sünders auf Gottes Gnade die Teufel der Verzweiflung in die Flucht getrieben werden oder sich unter dem Bett verstecken müssen.[12]

Wo aber war der Engel der Hoffnung und Vergebung Mitte des 20. Jahrhunderts? Von der Versuchung, zu verzweifeln, ging nicht nur die Gefahr aus, dass Sterbende zweifelten, ob ihre Seelen gerettet werden. Sie konnte auch unter den Lebenden das Gefühl hervorrufen, dass das Weiterleben sinnlos und ein Todeswunsch passender, ja dass sogar ein Selbstmord mehr als gerechtfertigt wäre.[13] Der katholische französische Schriftsteller Georges Bernanos entwickelte den Begriff „der Versuchung, zu verzweifeln" in seinem packenden Roman von 1926 *Sous le soleil de Satan* (*Unter der Sonne Satans*), der mit der Geschichte der schwangeren Germaine Malorthy einsetzt, die einen ihrer Verehrer umbringt, ein totgeborenes Kind zur Welt bringt und schließlich Selbstmord begeht. Der Hauptteil, der den Titel „La Tentation du désespoir" trägt, handelt von Abbé Donissans verzweifelt selbstkasteiendem Kampf mit der Sünde. In langen philosophischen Gesprächen mit Abbé Menou-Segrais muss er lernen zu verstehen, dass ihn seine Verzweiflung lediglich von einem blinden Hass auf die Sünde zu einer heftigen Missachtung seiner selbst als Sünder geführt hat. Indem er die Hoffnung aufgegeben hat, ist er auf einen Trick Satans hereingefallen und hat der Versuchung der Verzweiflung Tür und Tor geöffnet. In den 1940ern fing Bernanos' lebendige, vielleicht sogar grelle Darstellung der Verzweiflung offenbar den Zeitgeist ein. Bernanos hielt 1946 auch einen Vortrag, in dem er die europäische Nachkriegszeit so charakterisierte: „Die Menschheit ist offensichtlich besessen von Bildern des Todes. Die Menschheit hat Angst vor sich selber, Angst vor ihrem eigenen Schatten, Angst vor ihren Händen auf dem Tisch, Angst vor der halb geöffneten Schublade, wo matt der gut geölte Lauf des Revolvers glänzt. … [Die Menschheit] gleicht einem vom Selbstmord Besessenen, der, des Abends allein gelassen, sich an sein Bett binden läßt, um nicht in Versuchung zu kommen, den Gashahn aufzudrehen."[14] Bernanos' Tod 1948 mündete in eine neue Debatte um sein Werk und bescherte diesem größere Auflagen. *Die Sonne Satans,* so der Titel der damals aktuellen deutschen Übersetzung von Bernanos' Roman, erschien 1950 als eines der ersten rororo-Taschenbücher für den breiten Markt und bereits in der ersten Woche wurden 50.000 Exemplare verkauft.

Stimmen aus den 1940ern

Die Journalistin Lili Hahn, die unter den Nazis Berufsverbot hatte, schrieb am 29. März 1945 in ihr Tagebuch über die Ankunft der Amerikaner in Frankfurt: „Die Nazis sind fort und haben meine Jugend mitgenommen, haben zwölf Jahre meines Lebens gestohlen, meine Gesundheit ruiniert und einen sehr anderen Menschen aus mir gemacht als den, der ich wohl ursprünglich werden sollte. Ich persönlich habe den Krieg gewonnen, aber den Frieden verloren, denn ich kann mir keine Zukunft mehr vorstellen, weiß nicht, worauf ich mich freuen soll. Ich habe kein Ziel und bin ausgebrannt."[15] Der Filmregisseur Billy Wilder, der als einer der ersten Amerikaner das sowjetisch besetzte Berlin im August 1945 betrat, sprach mit einer deutschen Kriegswitwe, die Schutt auf dem Kurfürstendamm beseitigte. Dieses Gespräch inspirierte ihn zu einem neuen Filmprojekt. Als die Trümmerfrau sagte, sie sei froh, dass die Amerikaner gekommen seien, um auch bei der Reparatur der Gasleitungen zu helfen, warf Wilder ein: „ich nehme an, es wird schön sein, wieder einmal eine warme Mahlzeit zu haben". Die Frau jedoch fuhr fort: „Es geht nicht ums Kochen", und nach einer langen Pause: „Wir werden den Gashahn aufdrehen, aber keine Flamme entzünden. Verstehen Sie? Es geht nur darum, tief einzuatmen."[16] Tatsächlich schwappte 1945 eine Welle von Selbstmorden über Deutschland.[17] Einer der Gruppenselbstmorde, derjenige des stellvertretenden Leipziger Bürgermeisters und Stadtkämmerers Dr. Kurt Lisso, seiner Frau und seiner Tochter am 18. April 1945, wurde von Margaret Bourke-White, Lee Miller sowie von Armeefotografen in eindringlich grausigen Bildern festgehalten – umso mehr, als man bedenken muss, dass verschiedene Fotografen, die sich in einem Zimmer mit den Leichen von Menschen aufhielten, die sich vor Kurzem das Leben genommen hatten, offenbar Gegenstände wie Requisiten umdekoriert hatten, um auf unterschiedliche Weise aus verschiedenen

Perspektiven Fotos schießen zu können.[18] Zelda Popkins Roman *Small Victory* (Kleiner Sieg, 1947) stellt in einer Nebenhandlung einen Mord und Selbstmord als „Liebestod“ dar, Ergebnis der Fraternisierung eines jüdisch-amerikanischen Offiziers mit seiner deutschen Sekretärin. In William Gardner Smiths Roman *Last of the Conquerors* (Der Letzte der Eroberer, 1948) wird der Tod des schwarzen Soldaten Mosley und seiner deutschen Freundin erwähnt: In diesem Fall tötet das Mädchen den Soldaten und anschließend sich selbst, weil sie den Gedanken an eine Trennung für immer, wenn Mosley wieder nach Hause geschickt wird, nicht erträgt. Selbstmorde waren häufig, doch sie waren nur ein Anzeichen einer generellen Stimmung der Hoffnungslosigkeit.

Thomas Dodd, der nach Nürnberg gekommen war, um als amerikanischer Rechtsbeistand in den bevorstehenden Kriegsverbrecherprozessen zu arbeiten, äußerte in einem Brief an seine Frau vom 18. August 1945 wenig Hoffnung für die Zukunft Europas:

> Grace, ich habe Angst wegen dem, was hier passiert ist. Diese schreckliche Zerstörung, all diese furchtbaren Verluste – sie werden uns die nächsten tausend Jahre hassen. Es tut mir auch leid, weil ich jetzt aus eigener Anschauung sowie aus dem Munde unserer eigenen Leute in der Armee weiß, dass es nicht nur auf einer Seite all die Gräueltaten, all die Sünden gegeben hat. Es tut mir leid, weil ich von einigen Dingen Kenntnis habe. Es ist nicht so, dass ich den Hass der Deutschen fürchte, oder weil ich ihre schrecklichen Taten vergesse, ihre unaussprechlichen Gräuel und Grausamkeiten und Sünden, für die sie büßen und bezahlen müssen. Vielmehr gibt es kein Anzeichen für bessere Tage in Europa oder in der Welt, weil ich begriffen habe, dass keinesfalls alle, die sich Rechtschaffenheit auf die Fahne geschrieben haben, auch rechtschaffen leben. Viele tun es. Manche tun es nicht. Es ist sehr deprimierend, all diese Zerstörung, die Not, dieses Leid, die Beschädigung und den Schmerz zu sehen und keine wirkliche Hoffnung für die Zukunft zu haben. Europa sieht grässlich aus. Ich glaube, dass es lange dauern wird, bis es wieder aufgeräumt ist.[19]

In seinem eigenartigen Buch *The German Talks Back* (Der Deutsche spricht zurück, 1945) verlieh Heinrich Hauser seiner Überzeugung Ausdruck, dass die Deutschen dringend eines neuen Traums bedürften, um nicht dem „Nihilismus der Verzweiflung“ anheimzufallen und „in geistigem oder physischem Selbstmord“ zugrunde zu gehen.[20] Der christliche Glaube, so Hausers Meinung, könne diese Rolle nicht länger übernehmen, er schloss jedoch ebenfalls die Demokratie aus, weil ihr Scheitern noch in lebendiger Erinnerung sei; ebenso sei der Traum von der Monarchie zu bescheiden, „die Dezimierung der Nation und ihre heillose Zerstörung zu rechtfertigen“ (111). Da er fürchtete, der Kommunismus könne der neue deutsche Nationaltraum werden, setzte er als Alternative auf den Aufbau eines neuen, ausschließlich auf Landwirtschaft basierenden Deutschland: „Es wird ein sehr harter Kampf, und wir dürfen nicht darauf hoffen, ihn zu unseren Lebzeiten zu gewinnen“, und weiter: „Das Leben wird im Grunde das gleiche sein wie etwa vor tausend Jahren: Bäume fällen, Steine behauen, Felder pflügen; Stroh für das Bett und Pflanzenkost als Nahrung“ (213).[21]

Ein Leitartikel in der *Stuttgarter Zeitung* vom 24. Oktober 1945 fasste die Stimmung in Deutschland unter der Metapher der Krankheit zusammen: „Wir Deutschen sind sehr krank. Manchmal scheint uns das Sterben viel näher als die Aussicht auf Genesung. Einer fressenden Fäulnis drohen wir zu erliegen. Die apokalyptischen Reiter waren über uns gekommen. Noch donnert uns der Hufschlag in den Ohren. Nun sind wir müde, möchten Ruhe, Rast, Geborgenheit, Vergessen …“[22]

Der Dachau-Überlebende Zalman Grinberg drückte es bei einem Treffen des Zentralkomitees der befreiten Juden in München im November 1945 so aus: Jüdische Überlebende in Vertriebenenlagern erlebten ebenso und in ganz besonderer Weise das „bittere Gestern, das schlechte Heute und das hoffnungslose Morgen“.[23]

Der Verlust des Sieges

Obwohl sich der ausgewanderte Politikwissenschaftler William Ebenstein, ein gebürtiger Österreicher und ehemaliger Student von Hans Kelsen, der Frage nach der deutschen Zukunft aus einer gänzlich anderen Perspektive näherte, hielt er ebenso wie Hauser und Henry Morgenthau Jr. die Beseitigung der industriellen Ressourcen Deutschlands 1945 für die künftige Aufrechterhaltung des Friedens für wichtiger als die Etablierung demokratischer Strukturen. Dennoch schlug er ein Programm zur antirassistischen Umerziehung vor.[24] Aus Ebensteins Sicht war es schlicht und einfach „nicht wahr, dass nichtdemokratische Regierungsformen *ipso facto* militaristisch und expansionistisch sind“, wie die Beispiele so vieler lateinamerikanischer Länder ebenso wie die von Portugal und der Türkei zeigten. Ein nicht demokratisches Deutschland würde so lange keine Bedrohung darstellen, wie „die Deutschen freiwillig von ihrem kollektiven Wahn des Herrenvolk-Komplexes abrückten und – ebenso wichtig – wenn die Deutschen nicht die nötigen industriellen Ressourcen besäßen, um Krieg zu führen“ (307). Folglich: „Wenn wir unsere langfristige Strategie, was Deutschland anbetrifft, auf dem Wunsch aufbauen, dass das Land sehr bald demokratisch werden muss, sind wir zum Scheitern verurteilt" (308). Dies hieß nicht, die langfristige Möglichkeit einer sich langsam entwickelnden Demokratie auszuschließen, denn „zu leugnen, dass die Deutschen sich ändern könnten, bedeutet, das eigentliche Wesen des Germanentums zu akzeptieren, bedeutet, in engen historischen Entitäten zu denken, die von nationalen Charakteristika und besonderen Eigenschaften bestimmt sind" (308).

Die generelle Stimmung hellte sich in absehbarer Zeit nicht auf. John Dos Passos veröffentlichte einen Foto-Essay im Magazin *Life* (7. Januar 1946) mit dem Titel „Americans Are Losing the Victory in Europe" (Amerikaner verlieren den Sieg in Europa). Dos Passos berichtete von der „ernüchternden Erfahrung", dass „Europäer, Freunde ebenso wie Feinde, dir anklagend ins Gesicht blicken und dir sagen, wie bitter sie von dir als Amerikaner enttäuscht sind", wobei das Wort „Befreiung" zum Synonym für Plünderung geworden sei. Den Amerikanern werde die Schuld gegeben für die „linkische Ängstlichkeit" in der Verhandlung mit den Russen bezüglich des Umgangs mit Vertriebenen, mit dem Schwarzmarkt, mit den automatischen und unsinnigen Entnazifizierungsverfahren und mit der trügerischen Geste in Nürnberg, Angriffskriege völkerrechtlich zu verbieten. „Wir haben den Hitlerismus hinweggefegt", schrieb Dos Passos provokativ, „doch eine große Anzahl Europäer hat den Eindruck, dass das Heilmittel schlimmer war als die Krankheit."[25] Drew Middleton schrieb im *Collier's* (9. Februar 1946) einen Artikel über die Besatzung mit dem ebenso beredten Titel „Failure in Germany" (Versagen in Deutschland). Der illustrierte Text mit düsteren Bildunter- und Zwischenüberschriften argumentierte, die Militärregierung habe in ihrem verordneten Bemühen versagt, Deutschland demokratischen Geist anzuerziehen. Middleton prophezeite, dass die Abneigung der Deutschen gegen die Amerikaner in Feindschaft umschlagen könnte mit dem Ergebnis, dass, „wenn ein Volk im Hass gegen seine Eroberer vereint ist, die Verbündeten und Unterstützer jedweder Untergrundbewegung zum Gegengewicht des Volkes werden". Der Artikel endet mit den Worten: „Wir haben den Krieg gegen Deutschland gewonnen. Haben wir den Frieden verloren?"[26] Ann O'Hare McCormick schrieb in der *New York Times* vom 18. November 1946: „Alle Völker Europas leiden auf eine Art und Weise, die sich die Vereinigten Staaten, trotz ihrer schwerwiegenden inneren Probleme, wohl nicht vorstellen können. Das Elend und die Hoffnungslosigkeit, die in weiten Teilen des Kontinents herrschen, gehen über die Erfahrung oder die Vorstellung der Amerikaner hinaus. Die Verhältnisse sind schlechter als letztes Jahr, sogar wenn sie besser erscheinen, wie etwa in Frankreich und den Benelux-Ländern, weil es weniger Hoffnung gibt. Die anhaltende Notlage sagt jedem, dass die Grundvoraussetzungen für eine Besserung und für Frieden nicht vorhanden sind."[27]

Der emigrierte Verfassungsrechtler Karl Loewenstein, ein Liberaler, der in den 1930ern das Erstarken der europäischen faschistischen Bewegung als parapolitische Manifestation der „riesigen Armee der Arbeitslosen und der Jugend aus allen Klassen" analysierte, „die in den überfüllten Ländern an der Zukunft verzweifeln", sowie als „Hoffnung der Verzweifelten, als Zuflucht der durch die Last des täglichen Lebens Ausgetricksten" und der jetzt die Militärregierung beriet, schrieb 1946 ebenfalls: „Über lange Zeit hinaus sollte keine deutsche Regierung und keine Regierung irgendeiner Unterabteilung von Vorkriegs-Deutschland toleriert werden. Vielmehr sollte es politisch vertrauenswürdigen Deutschen erlaubt werden, auf städtischer, lokaler oder regionaler Ebene Keimzellen rein verwaltenden Charakters aufzubauen, deren Effektivität durch ihre vollständige Enthaltung von Regierungsverantwortung noch verbessert würde."[28]

Der linksgerichtete emigrierte Politikwissenschafter Franz Neumann veröffentlichte 1947 einen Artikel, in dem er feststellte, „es wird gerade evident, dass unsere Besatzung wahrscheinlich in ihren Grundsätzen scheitern wird. Sie wird die Entmilitarisierung nicht erreichen; sie ist in punkto Zerstörung des Nazismus gescheitert, und es ist zweifelhaft, ob eine existenzfähige Demokratie aus den zwischen 1945 und 1947 ausgearbeiteten Konditionen erwachsen kann." Neumann gab eher der Militärregierung als der militärischen Besatzung „mit rein beratender Funktion und Vetorecht gegenüber der inländischen Regierung" eines souveränen Deutschland die Schuld am Scheitern.[29]

Eine als „der Professor" bezeichnete Figur in William Gardner Smiths Roman *Last of the Conquerors* spricht über das „jämmerliche Versagen" der Besatzung. Auf die Frage, was er damit meine, antwortet er: „Wir haben erfolglos versucht, das deutsche Volk für demokratische Institutionen wie Wahlen, politische Parteien und Ähnliches zu interessieren. Wir haben seine Denkungsart nicht erkennbar verändert. Es ist immer noch dasselbe Volk wie damals, als unsere Truppen erstmals die Elbe überquerten."[30]

Und noch im Jahr 1950 veröffentlichte Hannah Arendt im *Commentary* „The Aftermath of Nazi Rule: Report from Germany" („Besuch in Deutschland. Die Nachwirkungen des Naziregimes"). Sie erzählt etwas resigniert, was sie selbst als „die trübsinnige Nachkriegsgeschichte Deutschlands" bezeichnet, eine Geschichte, die eine doppelte Frage aufwirft: „Was konnte man überhaupt von einem Volk nach 12 Jahren totalitärer Herrschaft erwarten? Was konnte man überhaupt von einer Besatzung erwarten, die sich der unmöglichen Aufgabe gegenübergestellt sah, ein Volk wieder aufzurichten, das den Boden unter den Füßen verloren hatte?" Sie sieht das eigentliche politische Problem eher in den Konsequenzen des Totalitarismus als im „sogenannten deutschen Problem", ist der Ansicht, dass es nur in einem vereinigten Europa gelöst werden könne, denkt jedoch, dass „selbst eine solche Lösung ... angesichts der in den nächsten Jahren bevorstehenden Krisen von geringer Bedeutung zu sein" scheint und dass es „unwahrscheinlich" ist, dass Deutschland „dabei eine große Rolle spielen wird. Und das Bewußtsein, wie vergeblich letztlich ... jegliche politische Initiative ihrerseits ist", stärkt den „Widerwillen der Deutschen, sich mit der Realität ihres zerstörten Landes auseinanderzusetzen".[31] Es ließen sich zahlreiche weitere pessimistische Stellungnahmen aus der zweiten Hälfte der 1940er zitieren, einer Zeit, die ein Interregnum zwischen dem Zweiten Weltkrieg und der Schaffung zweier deutscher Staaten als Resultat des Ausbruchs des Kalten Krieges geblieben ist.

Über dieses Buch

Es ist der Anspruch dieses Buches, Geschichten zurückzuverfolgen und Bilder vom Kriegsende und von den ersten Jahren der Militärbesatzung zu überprüfen, Geschichten, die damals als überzeugende Versuche galten, eine seltsame und ungewohnte Wirklichkeit zu erfassen, die aber mittlerweile weitgehend durch den Erfolgsmythos ersetzt wurden, der in der öffentlichen Erinnerung offenbar die meisten anderen Ansichten verdrängt hat. Die Geschichten von damals findet man in Briefen, oft in sehr kleiner Schrift, das Blatt bis zum äußersten Rand vollgeschrieben, um möglichst viele Worte auf den wertvollen Seiten unterzubekommen, gelegentlich mit Streichungen der Zensur versehen; in Tagebüchern, in die so seltsame Beweisstücke eingeklebt sind, dass die Schreiber sie gesammelt haben mussten, weil sie selbst kaum glaubten, dass es so etwas gab – Tagebücher, die manchmal in späteren Jahren auch verändert und bereinigt wurden; in offiziellen vervielfältigen Nachrichten, Berichten, Studien und Anordnungen, die uns daran erinnern, dass dies die Zeit der Schreibmaschine, des Durchschlags und des Vervielfältigungsapparats war; im Filmmaterial der Wochenschau, begleitet von einer dröhnenden, marschartigen musikalischen Einleitung und den damals so gängigen, aufgeregt schreienden Sprecherstimmen; in „ungekürzten" oder „unzensierten gekürzten" Paperbacks als Massenware mit reißerischen Buchdeckeln und ungeheuer übertriebenen Klappentexten; und in vielen anderen damals erhältlichen Medien.

Häufig weisen diese Geschichten auf gemeinsame Thematiken und Erfahrungen hin, auf Augenblicke, die besonders erwähnenswert schienen, auf

Aspekte, die so bewegend, bestechend oder amüsant waren, dass sie in vielen Quellen vorkamen, auch wenn sie aus ganz unterschiedlichen Perspektiven betrachtet wurden. Ich habe mich bemüht, bei einigen solcher Augenblicke zu verweilen, die unterschiedlichen Reaktionen zu beschreiben, die sie hervorriefen, und die Gespräche, die sie inspirierten oder hätten inspirieren können. Einige der Geschichten werden komplett erzählt, andere sind nur angedeutet. Die Geschichten können in Worten oder Bildern wiedergegeben sein; es kann sich um sentimentale Romane oder um grausige Horrorgeschichten handeln, elegisch oder trotzig, gefühlsbetonte Handlungen oder raue Geschichten von Rache; sie können religiös oder weltlich sein in ihrer Ausrichtung, reaktionäre, konservative, liberale oder linke Dramen. Zusammen ergeben sie jedoch einen vielstimmigen Chor, der Geschichten aus den 1940ern der Nachkriegsjahre erzählte, in denen die Menschen sich selbst wiedererkannten.

Wer aber waren die Künstler, die Schriftsteller, die Fotografen und Filmemacher, die auf das, was sie sahen, reagierten und versuchten, es aufzuzeichnen oder in Kunst zu verwandeln? Unter ihnen waren sowohl etablierte als auch weniger bekannte Persönlichkeiten. Unter den Schriftstellern war eine anonyme deutsche Tagebuchschreiberin, die das populäre Buch *Eine Frau in Berlin* veröffentlichte; die radikale amerikanische Autorin von Kurzgeschichten Kay Boyle; der schwedische Avantgarde-Romancier und Reporter Stig Dagerman; Alfred Döblin, der deutsch-jüdische Vertreter der Moderne, der nach dem Krieg wieder nach Deutschland kam; der experimentierfreudige amerikanische Autor John Dos Passos, dessen Reportagen auch den Nürnberger Prozessen galten; der Schweizer Dramatiker Max Frisch, der sein Tagebuch veröffentlichte; die amerikanische Autorin und Journalistin Martha Gellhorn; der aus der Emigration nach Europa zurückgekehrte Journalist Hans Habe; der deutsche Theologe und Schriftsteller Kurt Ihlenfeld; der Autor Ernst Jünger; Erich Kästner, den man in erster Linie als Kinderbuchautor kennt und der vielschichtige und widersprüchliche Erfahrungen in Nazi-Deutschland gemacht hat; die polnisch-jüdische Überlebende und nun als Kindergärtnerin arbeitende Anna Kaletska; die Berliner Kulturjournalistin und Tagebuchschreiberin Ursula von Kardorff; der kritische deutsche Nachkriegs-Experimentator Wolfgang Koeppen; der deutsche emigrierte Rechtsgelehrte Karl Loewenstein; der deutsche Prosaautor Gerhart Pohl; die jüdisch-amerikanische Kriminalschriftstellerin Zelda Popkin; der politische Philosoph Carl Schmitt; der afroamerikanische Wehrpflichtige, Journalist des *Pittsburgh Courier* und Romancier William Gardner Smith; der deutsche Lehrer Ernst Schneider; die amerikanische, aber nach Frankreich ausgewanderte Mutter des Modernismus Gertrude Stein, die Deutschland im Jahr vor ihrem Tod besuchte; und der Autor Kurt Vonnegut, der hier mit einer frühen Kurzgeschichte vertreten ist. Auf einige andere Tagebuch- und Briefeschreiber aus dieser Zeit wird kürzer Bezug genommen.

Unter den Filmregisseuren sind der Oscar-Preisträger Billy Wilder sowie der routinierte Robert A. Stemmle. Die professionellen Fotografen Margaret Bourke-White, Lee Miller und George Rodger lieferten unvergessliche Bilder der Kriegs- und Nachkriegsjahre für *Life* und *Vogue,* und nachdem der gebürtige Ungar Robert Capa über den Spanischen Bürgerkrieg und den Zweiten Weltkrieg von den deutschen Luftangriffen auf London bis zur Befreiung von Paris berichtet hatte, schoss er im Sommer 1945 mehr als 200 Bilder in Berlin. Und da gab es auch noch den jungen italienisch-amerikanischen Tony Vaccaro, eingezogen als GI, aber ausgestattet mit seiner eigenen Argus C-3 Kamera, der so betroffen war von dem, was er beobachtete, dass er in Deutschland blieb, für die Armeezeitung *Stars and Stripes* arbeitete und Tausende von Fotos von der Besatzung machte; später wurde er Modefotograf und lichtete Berühmtheiten ab, wurde zum Ritter der französischen Ehrenlegion ernannt und erhielt das Bundesverdienstkreuz Erster Klasse. Der deutsche Fotograf Fred Kochmann hielt die unheimliche Nachkriegswelt des zerstörten Frankfurt in mehr als 2600 Fotografien fest, die meisten von ihnen 1946 und 1947 aufgenommen. Der in Polen geborene Ephraim Robinson, der den Krieg in der Sowjetunion überlebte, dokumentierte die Jahre 1945 bis 1948, die er in einem Lager für Vertriebene nahe Frankfurt verbracht hatte, in einem kurzen Dokumentarfilm und vielen Fotos, von denen er etwa 200 für ein Album auswählte, das er nach seiner Emigration in die USA zusammenstellte. Cecilia „Zippy" Orlin fertigte ein Fotoalbum über die vertriebenen Juden an, die in der Nachkriegszeit von 1945 bis 1950 im Lager Bergen-Belsen lebten. Ray D'Addario machte beruflich Fotos von den Nürnberger Prozessen, privat aber erkundete er die albtraumhafte Ruinenlandschaft der Stadt, die er in unpassend prächtige Farbfotografien bannte.

Die Erfahrung der Nachkriegswelt war eindrücklich genug, um einige bekannte Künstler dazu zu inspirieren, in ihrer schöpferischen Karriere ein neues Kapitel aufzuschlagen. Werner Bischof beispielsweise, in der Schweiz ausgebildeter Profifotograf und auf Naturfotografie für wissenschaftliche Zwecke spezialisiert, erschütterte eine Reise durch Nachkriegsdeutschland 1945 so, dass er, nachdem er eine Reihe von äußerst verstörenden Fotos aufgenommen hatte, von denen einige zu Klassikern wurden, nie mehr zur Naturfotografie zurückkehrte; als Künstler konzentrierte er sich fortan auf Szenen menschlichen Leids überall auf der Welt. Gerhard Gronefeld, ein deutscher Fotograf für die *Neue Berliner Illustrierte,* fing von 1945 bis 1947 die Not in Berlin ein, ehe er sich 1950 der Natur- und Tierfotografie zuwandte. Der in Providence geborene und in Yale ausgebildete William Grosvenor Congdon nahm während des Zweiten Weltkriegs am Austauschprogramm „American Field Service" teil und gelangte mit einer militärischen Aktion von Nordafrika nach Deutschland, wo er Zeichnungen der Szenen anfertigte, die er im befreiten Konzentrationslager Bergen-Belsen beobachtete. Tief berührt kehrte er nach New York zurück, wo er sich mit Action Painting beschäftigte, am Anfang stand „New York Explosion, 1949". Der in Tschechien geborene bildende Künstler William Pachner, der sich auf Landschaften, farbenprächtige Gebrauchsgrafik für die Werbung und lustige Karikaturen spezialisiert hatte, begann Augenzeugenberichte aus deutschen Todeslagern in neuen düsteren Grautönen zu illustrieren. Pachner selbst kehrte zwar aus den USA nicht ins Nachkriegseuropa zurück, doch der kulturelle Zeitpunkt inspirierte eine beträchtliche Anzahl von Europäern, die vor den Nazis nach Amerika geflohen waren, nach Europa zurückzukommen, manche nur zeitweise, andere für immer, und in Reaktion auf die Nachkriegswelt und die Geschichten, die diese hervorbrachte, Werke zu schaffen. Nachkriegsrückkehrer wie der in Ungarn gebürtige Hans Habe und der in Polen geborene Billy Wilder wurden bereits erwähnt, doch es gab viele andere, die nach Europa zurückkamen, unter ihnen der in Lettland zur Welt gekommene Psychologe David P. Boder, der Tonaufnahmen von Aussagen Überlebender der von den Nazis verursachten und anderer kriegsbedingter Traumata machte und auswertete. Andere Wissenschaftler wiederum wurden Teil der Besatzungskultur, etwa indem sie den Fragebogen zur Entnazifizierung konzipierten, der in den Geschichten aus den 1940ern dann omnipräsent war.[32] Auch gab es Professoren und Studenten aus so unterschiedlichen Disziplinen wie Anthropologie oder Politikwissenschaft, die viele Aspekte der Besatzung zum Zeitpunkt ihres Bestehens untersuchten und dabei zu ganz verschiedenen Schlussfolgerungen und Empfehlungen gelangten, welche sie ebenfalls häufig in die gleichen Erzählungsmuster kleideten, wie sie – wesentlich freier – auch Künstler entwickelten. Und natürlich waren da auch viele ganz normale Soldaten und Zivilisten, Arbeiter und Hausfrauen, Amateurfotografen und Verfasser von Briefen an Angehörige, die etwas zu den Fundgruben beisteuerten, aus denen sich die Kulturgeschichte dieser Periode speist.

Auf der Suche nach geeigneten Handlungssträngen und Bildern stützten sich Künstler auf eine lange Tradition der Darstellung menschlichen Leids und Requiems ebenso wie auf das neuartige Gefühl, in einer Zeit zu leben, in der surrealistische Albträume sowie die gegenstandslose Kunst der Modernisten zur physischen Realität geworden zu sein schienen und offenbar einen erheblichen Teil der sichtbaren Welt ausmachten. Manche fühlten sich zu diesem Vorrat an Literatur und Kunst hingezogen, um die Nachkriegswelt zu begreifen – mit so bekannten Begriffen wie „Sintflut" oder „Apokalypse", doch auch indem sie ungeahnte maritime Metaphern und zeichnerische Analogien zu Puppenhäusern entwickelten. Andere wiederum verliehen einer sonderbaren Art von schwarzem Humor Ausdruck, der von den scheinbar beispiellosen Missverhältnissen inspiriert war, die sie umgaben. Dieses Buch will einigen der Handlungsstränge folgen, die damals entwickelt wurden, und Bilder untersuchen, die in dieser Zeit kursierten.

[*Obwohl ich noch ein kleines Kind und mir dessen nicht bewusst war, lebte ich mit einigen dieser Geschichten der 1940er, meinem ersten Lebensjahrzehnt, und daher fühlte ich mich mitunter dazu inspiriert, beiläufige Nebenbemerkungen in dieses Buch einfließen zu lassen, wobei ich mich auf meine persönlichen Erinnerungen und Erfahrungen stütze. Vielleicht weil ich selbst in dieser Zeit Kind war, haben die Geschichten von Kindern aus den 1940ern besonders meine Aufmerksamkeit gefesselt und werden in verschiedenen Kapiteln dieses Buches auftauchen, aber Kinder als Protagonisten und Märchenmotive gibt es in der Tat in zahlreichen Quellen. Wenn man über die grauenvolle Geschichte der Beziehungen der Rassen in Europa und Amerika der 1940er nachdenkt, heißt dies auch, einige frühe Quellen meines eigenen Interesses an der Geschichte des Genozids und der Rassentrennung aufzuspüren, und Geschichten von europäischen Juden und von Afroamerikanern kommen auch in einigen Kapiteln dieses Buch vor.*]

Indem ich verschiedene Lesarten kultureller Erzeugnisse der 1940er zusammenstellte, bin ich lose dem Modell einer von Greil Marcus und mir herausgegebenen amerikanischen Literaturgeschichte gefolgt und habe die Kapitel jeweils mit einem Datum als Ausgangspunkt konzipiert. Die Daten reichen von 1945 bis 1948, wobei sich aber jedes Kapitel von diesem Zeitpunkt aus zurück und nach vorne bewegen kann. Jedes Kapitel trägt im Buch zudem eine längere Überschrift, die in Verbindung zu dem Datum steht, das den Anstoß für die Untersuchung allgemeinerer Themen gibt. Einige Kapitel konzentrieren sich auf ein einziges Werk (eine Fotografie, einen Film), andere bewegen sich zwischen einer Vielfalt von Texten, Themen und kulturellen Erzeugnissen. Ich habe versucht, englischsprachige Arbeiten und deutsche Texte einzubeziehen. Soweit möglich habe ich mich auf Quellen aus der damaligen Zeit gestützt, wobei ich gelegentlich bemerkte und kommentierte, wie die zeitgenössischen Impressionen später verändert und angepasst wurden, welchen aufschlussreichen Änderungen und Revisionen diese Nachkriegsgeschichten in den folgenden Jahren ausgesetzt waren. Bei der Jagd nach diesen oft vielsagenden Überarbeitungen habe ich in einigen Fällen Manuskripte aus verschiedenen Archiven zu Rate gezogen. Auch habe ich mir die Möglichkeit zunutze gemacht, diese Epoche mithilfe von zum Teil digitalisierten historischen Zeitungsarchiven zu erforschen, und auf diese Weise eine erstaunlich umfangreiche Berichterstattung über die Vertreibungen der Bevölkerung nach dem Krieg in amerikanischen Tageszeitungen entdeckt ebenso wie über die Situation schwarzer Soldaten in afroamerikanischen Wochenzeitungen. Für dieses Buch schwebt mir eher ein allgemein interessierter Leser vor als ein Wissenschaftler, der sich auf die Nachkriegsjahre spezialisiert hat.

Die Zeitlichkeit der Text- und Bildquellen wird im Kapitel 1 evident, „Zwischen dem Nichtmehr und dem Nochnicht. Der Frieden in Europa bricht allmählich an“, das mit einigen Berichten und zwei Fotos von Tony Vaccaro von dem Moment beginnt, als die Kampfmaßnahmen beendet wurden. Die unterschiedlichen Wahrnehmungsweisen vom langsamen Ende des Zweiten Weltkriegs werden hier deutlich, wobei der Fokus besonders auf Belegstellen aus Tagebüchern aus dem Jahr 1945 liegt, die in späteren Jahren verändert wurden. So waren Ursula von Kardorffs *Berliner Aufzeichnungen aus den Jahren 1942 bis 1945* und Erich Kästners *Notabene 1945* Tagebücher, die für ihre Veröffentlichung in den frühen 1960ern erheblich überarbeitet wurden. Das Tagebuch aus dem Jahr 1945 einer anonymen Schreiberin *Eine Frau in Berlin*, das erstmals 1954 in englischer Übersetzung veröffentlicht wurde, enthielt bei seiner erneuten Publikation einige bezeichnende Veränderungen und wurde Gegenstand von Kontroversen über Autorschaft und Authentizität.

Das Kapitel 2, „Mörderische Rechtecke des gespenstischen Grauens. Ein Fotograf und sein Gegenstand“, nähert sich einem eindrucksvollen, häufig reproduzierten Foto von George Rodger, das eine Szene wenige Tage nach der Befreiung des Konzentrationslagers Bergen-Belsen zeigt. Am 20. April 1945 aufgenommen und am 7. Mai 1945 erstmals im *Life*-Magazin veröffentlicht ist das sorgfältig komponierte Bild sowohl schockierend als auch auf unheimliche Weise schön und wird hier mit den verschiedenen Bildunterschriften und Interpretationen, die es erfahren hat, in einen historischen, kulturellen und biografischen Kontext gestellt. Dieses Foto zu lesen ist eine interpretative Herausforderung und erfordert Detektivarbeit, wirft aber auch ethische Fragen auf.

Auch die Zeit nach dem Ende des Krieges war dramatisch, „Nach Dachau. Von privaten Vergeltungsfantasien, Kollektivschuld, Leben in Ruinen, Bevölkerungsumsiedlungen und befreiten Zwangsarbeitern“ – so das Thema von Kapitel 3. Martha Gellhorn vollzog ihre 1945 entstandene Reportage über das befreite Lager Dachau in einem Roman nach, in welchem sie sich einen privaten Rachefeldzug gegen beliebige Angehörige eines Volkes ausmalt, das kollektiv für schuldig galt. James Stern beschrieb das Plakatieren von Schuld-Anschlagzetteln im Nachkriegsdeutschland in einer Reportage, die er auf Grundlage seiner Arbeit für den United States Strategic Bombing Survey (USSBS), einer breit angelegten US-Bestandsaufnahme zur strategischen Bombardierung, verfasste. Wie auch zahlreiche andere Schriftsteller in den 1940ern, darunter John Dos Passos, Alfred Döblin, Max Frisch und Gertrude Stein, verwendete er anschauliche Metaphern, um eine Vorstellung vom Erscheinungsbild der zerbombten Städte zu vermitteln, während Fotografen von Tony Vaccaro bis Robert Capa auf einzelne Motive mehrmals das Augenmerk richteten. Der schwedische Autor Stig Dagerman und der britische Verleger Victor Gollancz verfolgten die miserablen Umstände, die im Nachkriegsdeutschland herrschten, besonders aufmerksam. Zu Beginn der militärischen Besatzung befanden sich mindestens fünf Millionen Menschen aus vielen Ländern, die alle durch die Zwangsarbeiterprogramme der Nazis entwurzelt worden waren, und geschätzte 13 Millionen Ostdeutsche, die vor der Roten Armee geflohen oder aus ihren Häusern verjagt worden waren, auf der Straße oder in Lagern. Während sie festgehalten oder umgesiedelt wurden, ihnen verboten wurde, an ihren Wohnort zurückzukehren, oder sie manchmal gegen ihren Willen und mit Gewalt repatriiert wurden, warteten sie alle auf eine politische Lösung ihrer Situation. Über das Thema Flucht und Vertreibung wurde in der britischen und amerikanischen Presse breit berichtet, und die Veröffentlichung von Augenzeugenberichten (von Robert Jungk und anderen) führte zu Protesten beim Ökumenischen Rat der Kirchen und dem Komitee gegen Massenvertreibungen. Die weniger bekannten Romanciers Kurt Ihlenfeld und Gerhart Pohl versuchten, Geschichten der deutschen Flüchtlinge und Heimatvertriebenen fiktional zu verarbeiten, wohingegen sich Zelda Popkin auf das Schicksal jüdischer Überlebender in einem Lager für Vertriebene in Frankfurt-Zeilsheim konzentrierte. Die Geschichten über einige wenige individuelle Fälle werden vor dem Hintergrund von zeitgenössischen Zeitungsreportagen über eine der vermutlich größten Migrationsbewegungen in der Geschichte der Menschheit gelesen.

Im Mittelpunkt von Kapitel 4, „Probleme der Entnazifizierung. Karl Loewenstein, Carl Schmitt, militärische Besatzung und wehrhafte Demokratie", steht die Gegenüberstellung zweier politischer Theoretiker, ausgelöst durch Loewensteins Antrag vom 4. Oktober 1945, Schmitts Bibliothek von der amerikanischen Besatzungsbehörde konfiszieren zu lassen, um eine vollständige Überprüfung von Schmitts Schriften als Nazi-Apologet zu ermöglichen. Als Theoretiker heutzutage oft von linken Kritikern wegen seiner Äußerungen zum Ausnahmezustand und seiner Raumtheorie zitiert, begriff Schmitt aufgrund seiner enthusiastischen und vielleicht opportunistischen Zustimmung zur Nazi-Herrschaft offenbar nicht gleich, dass Hitler entschlossen war, ausschließlich auf Basis des Ausnahmezustands zu regieren anstatt auf Grundlage einer neuen nationalsozialistischen Verfassung, an der Schmitt zu arbeiten hoffte. Welche Verantwortung trägt ein Intellektueller, der sich für das interessiert, was er als wissenschaftliche Theorie beschreibt, aber in einer Tyrannei lebt und lehrt?

Im Zweiten Weltkrieg wurde eine rassistische Diktatur von einer fremden Armee besiegt, die sich als eines ihrer Ziele die Ausmerzung des Rassismus unter den Besiegten gesetzt hatte; allerdings praktizierte die siegreiche Armee selbst auch scharfe Rassentrennung. Im Kapitel 5, „Bist du besetztes Gebiet? Schwarze GIs in der Literatur der Besatzungszeit", werden Romane von William Gardner Smith (der in der US-Armee diente), Hans Habe (der mit den Besatzungstruppen nach Deutschland kam) und Wolfgang Koeppen (der vom Militärdienst in Nazi-Deutschland befreit war, weil er als Drehbuchautor arbeitete) ebenso wie Kurzgeschichten von Kay Boyle und Kurt Vonnegut vor dem Hintergrund der zeitgenössischen Publizistik (insbesondere der schwarzen Presse) und wissenschaftlicher Werke gelesen. Unterschiedliche Nachkriegsversionen von Fraternisierung, „gemischtrassigen" Babys und der möglichen Zukunft der Demokratie treten dabei hervor.

Kapitel 6, „Das Rassenproblem im Haus am Fliederweg. Besatzungskinder und der Film *Toxi*", bietet eine Interpretation des populären deutschen Films *Toxi,* der von der Tochter eines schwarzen GIs und einer Deutschen handelt. Er fungiert als Ausgangspunkt für eine Untersuchung, wie Erinnerungen an die Nazi-Vergangenheit in liberale und antirassistische Empfindungen im Nachkriegsdeutschland eindrangen und wie sich afroamerikanische Medien mit dem Thema „Besatzungskinder" auseinandersetzten. Dieses Kapitel geht vom Datum des Geburtstags der Schauspielerin Elfie Fiegert aus, die Toxi verkörperte, während das Erscheinungsdatum des Films den Leser in die frühen 1950er zurückversetzt und ein Gefühl vom bevorstehenden Ende der amerikanischen Besatzung vermittelt.

„Heil Johnny! Billy Wilders *A Foreign Affair* (*Eine auswärtige Affäre)* oder Die Entnazifizierung der Erika von Schlütow", das siebte und letzte Kapitel, bietet eine neue Interpretation einer ungewöhnlichen und ungewöhnlich lustigen Nachkriegskomödie. Indem er einen von Paramount schon früher angekauften komödienhaften Plot weiterentwickelte, gelang es Billy Wilder nicht nur, eine überraschend witzige Komödie mit Jean Arthur und Marlene Dietrich in den Hauptrollen vor dem Hintergrund von Ruinen und Entnazifizierung zu drehen, sondern zugleich auch einen ideologisch erstaunlich ausgewogenen Film zu schaffen. Während *Eine auswärtige Affäre* in Amerika am 20. August 1948 herauskam, legte die für Zensur zuständige Information Control Division (ICD) der amerikanischen Militärregierung ihr Veto ein gegen die Veröffentlichung in Deutschland, wo der Film erst 1977 gezeigt wurde.

Die kurze Coda dieses Buches, „Befreiende Komik?“, untersucht anhand von Beispielen die wichtige Rolle des Nachkriegshumors. Das Nachwort wiederum kommentiert einige der Ergebnisse, die mich im Rahmen dieser Studie überrascht haben.

Eines sollten diese einführenden Bemerkungen deutlich gemacht haben: Das vorliegende Buch hat nicht das Ziel, eine umfassende Darstellung dieser Periode zu liefern, sondern will durch seine Beschränkung auf besonders eindrucksvolle Beispiele einen inneren, aus den Quellen selbst stammenden Einblick in einen kulturellen Augenblick vermitteln.

Abb. 1: Die deutschen Einwohner beobachten, wie GIs ihre Stadt einnehmen. Barby, Nähe Magdeburg, 12. April 1945. Foto von Tony Vaccaro.

EINS

29. März 1945

Ein Dorfmädchen begrüßt amerikanische Panzer mit einem Blumenstrauß.

Zwischen dem Nichtmehr und dem Nochnicht

Der Friede in Europa bricht allmählich an

> Was wir Anfang nennen, ist oft das Ende
> Und ein Ende machen heißt einen Anfang machen.
> Das Ende ist unser Ausgang. ...
> Jede Wendung, jeder Satz ist Ende und Anfang,
> Jeder Vers ein Grabspruch ...
>
> T. S. Eliot, „Little Gidding" (1942)

Wenn wir vom Ende des Zweiten Weltkriegs in Europa sprechen, denken wir tendenziell an einen bestimmten Termin, obwohl Menschen in unterschiedlichen Ländern dabei doch verschiedene Daten im Kopf haben dürften.[1] Am 7. Mai kapitulierten die deutschen Truppen bedingungslos, daher wird an diesem Tag in den Ländern des Commonwealth das Kriegsende gefeiert. Da die Kapitulation erst am 8. Mai um 23.00 Uhr wirksam wurde, wird in Deutschland, Westeuropa und den Vereinigten Staaten dieses Datums gedacht. Weil man zu dieser späten Stunde zu Moskauer Zeit jedoch bereits den 9. Mai schrieb, sehen viele osteuropäische Länder diesen Tag als Ende des Krieges an, insbesondere, da auch Stalin an diesem Datum seine Siegesrede hielt. Natürlich reicht die Unklarheit, welches Datum mit dem „Ende des Zweiten Weltkriegs" gemeint ist, weit über den Zeitraum vom 7. bis 9. Mai hinaus, da der Krieg an unterschiedlichen Orten in Deutschland auch zu unterschiedlichen Zeiten endete. Im Westen war Aachen die erste deutsche Stadt, die sich am 21. Oktober 1944 den Amerikanern ergab; im Osten wurden das Konzentrationslager Auschwitz und das industrielle Tötungszentrum Auschwitz-Birkenau am 27. Januar 1945 von den Russen befreit; und auch nach dem 9. Mai fanden in Holland und Slowenien noch vereinzelte militärische Aktionen statt. Der Friede brach also allmählich an, und die berühmte „Stunde Null“ erstreckte sich de facto über mehr als ein halbes Jahr. Doch nicht nur das Datum ist unsicher, auch das Ende des Krieges wurde weniger einheitlich erlebt, als man sich das vielleicht vorstellt. Wenn die erste Assoziation der Amerikaner mit dem „Ende des Zweiten Weltkriegs“ ein Foto der Feier des „VE Days“ in New York ist, so müssen wir doch zur Kenntnis nehmen, dass der Ausdruck „Friedensbeginn“ anderswo im Jahr 1945 viele verschiedene Bedeutungen besaß. Zeitzeugen können den Moment durchaus als letzte, lang erwartete Befreiung aus einem Konzentrationslager, aus physischer Versklavung oder aus dem Leben in einer Diktatur erlebt haben, anderen mag er wie der Anbruch einer Zeit großer Unsicherheit angemutet haben, als beängstigender totaler Kollaps eines Landes, dessen Städte bereits durch schwere Bombardements zerstört waren, oder als nichts anderes denn der Beginn einer neuen Gewaltspirale.[2] Weiterhin wurden wieder andere vielleicht überwältigt von dem neuen Leid, das durch die massenhaften Vertreibungen und die Einrichtung einer kommunistischen Diktatur in Ostdeutschland und Mitteleuropa verursacht wurde. Ganze Sammlungen von Tagebucheinträgen und Briefen aus dem Krieg und der unmittelbaren Nachkriegszeit wurden publiziert, darunter Walter Kempowskis gewaltiges *Echolot,* und zahlreiche Archive bewahren noch mehr Dokumente auf, die niemals veröffentlicht worden sind.[3] Viele von ihnen spiegeln die Komplexität des Augenblicks des Kriegsendes wider.

Befreiung

Ernst Schneider, ein Grundschullehrer im hessischen Dorf Schönberg, führte während des Krieges und in den Nachkriegsjahren Tagebuch. Gegen Ende des Krieges erlebte er schreckliche Szenen – Trecks mit Tausenden Zwangsarbeitern, die kaum noch laufen konnten, einen Zug im Bahnhof Kronberg, der mit einer Geheimwaffe bewehrt zu sein schien, den Aufbruch der 13- bis 14-jährigen Jungen des Dorfes als letzte Reserve des Volkssturms für die Armee, vereinzelte Bombardierungen, die bange Erwartung der letzten Militäraktionen und das Leben ohne Elektrizität oder Gas. Doch die Karwoche 1945 setzte vielem davon ein Ende, und er schrieb in sein Tagebuch: „29. III. Gründonnerstag, nachmittags kommen die ersten amer. Truppen (einige Panzer) nach Oberhöchstadt, schießen mit MG dort die Straßen entlang. Herr Pfarrer Keuyk geht ihnen im Ornat entgegen, versichert, daß keine feindliche Handlung zu erwarten sei. … Am selben Tage erscheinen auch die ersten Amerikaner (Tanks) in Kronberg. Ein deutsches Mädchen begrüßt sie mit einem Blumenstrauß.“ Karfreitag und Ostersamstag hört der Lehrer immer noch Gewehrschüsse (SS-Truppen haben sich im Wald versteckt), doch am Ostersonntag, dem 1. April 1945, ist alles friedlich. „1. IV. Ostersonntag: Es wird wieder Gottesdienst gehalten: Ein echtes Auferstehungsfest!“[4]

In einer späteren undatierten Erinnerung beschreibt der Oberhöchstädter Pfarrer Richard Keuyk den dramatischen Augenblick der Wende am Gründonnerstag, als er mit zwei deutsch sprechenden GIs zusammentrifft, die „über und über beladen mit Munition“ mit der Maschinenpistole in der rechten Hand auf ihn zukommen. Einer sagt, als sich die Spannung ein wenig löst, zu ihm auf Deutsch: „Für den deutschen Soldaten ist der Krieg zu Ende.“ Der Pfarrer fügt hinzu: „Noch heute klingt mir das Wort ‚zu Ende‘ im Ohre nach. So unerhört war für mich dieses Wort nach dem jahrelangen furchtbaren Ringen.“ Doch die Situation spitzt sich noch einmal zu, als die Soldaten nach Heckenschützen im Ort fragen. Der Pfarrer „versicherte den beiden, dass in Oberhöchstadt nur gute Leute wohnten und dass kein Schuss falle, worauf einer erwiderte: wenn ein Schuss fällt, legen wir den ganzen Ort um.“ Aber alles bleibt friedlich, und der Pfarrer notiert erleichtert:

> Ich glaubte den Atem der Befreiung von einem unerträglichen Joch zu spüren. Und als ich über die immer grösser werdende Menschenmenge schaute, sah ich an den Fenstern weisse Tücher zum Zeichen der Ergebung hängen. Die Amerikaner waren da und wir sahen in dieser Stunde in ihnen nicht mehr unsere Feinde, sondern unsere Befreier.

Der Pfarrer verspricht seiner Gemeinde, dass sie Ostern und den Weißen Sonntag wie in Friedenszeiten werden begehen können. Die Besatzung eines neuen Panzers „unterhielt sich mit der Bevölkerung. Es waren Deutsch-Amerikaner, deren Väter aus der Frankfurter Gegend stammten und nach Amerika ausgewandert waren. Einige Soldaten erkundigten sich eingehend nach der Heimat ihrer Väter, während dessen sich der Pfarrer wiederholt den Photographen stellen mußte. ... Für den deutschen Soldaten ist der Krieg zu Ende, hatte der amerikanische Soldat dem Pfarrer erklärt. Für Oberhöchstadt war der Krieg am 29. März 1945 zu Ende.“[5] Einem christlichen Lehrer und einem katholischen Priester stand es an, die österliche Feier von Christi Auferstehung mit der Bedeutung der politischen Befreiung zu verschmelzen, welche die Ankunft der amerikanischen Truppen in das Dorf brachten. Und dieses Dorf erlebte tatsächlich einen gewaltlosen, absolut friedlichen Wandel.

Was Befreiung wirklich bedeutete, das erfuhren die Opfer des Nationalsozialismus, so wie am 1. April 1945 Anna Kaletska, eine polnische Jüdin, die Auschwitz als Zwangsarbeiterin überlebt hatte. Sie befand sich auf einem von der SS befohlenen Marsch nach Bergen-Belsen und war gerade aus Lippstadt hinausgejagt worden. Dann, so berichtet sie dem lettischen-amerikanischen Psychologen David P. Boder, der die Geschichten von mehr als 100 Vertriebenen 1946 auf nach wie vor vorhandenen und mittlerweile digitalisierten Tonaufzeichnungen festhielt, habe sie das Rumpeln der amerikanischen Panzer und Schüsse gehört.

Frau Kaletska: Morgens. Schüsse! (*Mit Freude in ihrer Stimme.*) Amerikaner! Sie schießen auf uns, und hier sind wir also, zusammen mit den SS-Männern, und liegen unter den Bäumen. Die Kugeln pfiffen uns um die Ohren. Und wir lachten – verrückt von uns. Die SS-Männer waren keine Helden mehr. Sie wissen nicht, wohin sie laufen sollen. Nur fünf Minuten eher wollten sie nicht weglaufen. Sie konnten uns nicht in Ruhe lassen. Sie glaubten noch immer an den Führer. Und nun standen sie da mit ihren Waffen unten. Noch immer befahlen sie uns, in die Shops zu gehen, aber niemand ging. Wir blieben genau dort liegen. Die Amerikaner schossen dreimal, und dann kam eine Stille über uns. Ein Flugzeug kam im Tiefflug herunter, und eine weiße Fahne wurde ausgebreitet.

Dr. Boder: Was war das mit dieser weißen Fahne?

Frau Kaletska: Die Deutschen hissten auch eine weiße Fahne. Der Name der Stadt ist Kaunitz, in Westfalen in der Nähe von Lippstadt, 27 Kilometer von Lippstadt entfernt. Und hier waren wir, fast verrückt. Wir haben nichts Weißes. Jemand hatte einen Verband um ein verletztes Bein, und dieser Verband wurde einem näher kommenden amerikanischen Panzer entgegengehalten, und die Frauen warfen sich zu Boden und küssten die Räder. Die Amerikaner dachten, es wäre ein Irrenhaus. Sie sahen uns an. Und wie wir aussahen! Völlig zerfetzt! Und sprechen? Niemand konnte! Wir waren alle sprachlos. Und dann verstand *er* [ein amerikanischer Soldat], und zwei Tränen rollten über sein Gesicht. (*Anna ist sehr aufgewühlt und wieder ist die Aufnahme nicht klar.*) Und bis die anderen kamen, weinte er mit uns. Kein Jude – ein Christ! Und dann kamen sie an, die Panzer. Es war Passah. Der letzte Tag davon. Und Matzen *(ungesäuertes Brot, das Juden zu Ostern essen)* fielen von den Panzern. Und Schokolade! Und Zigaretten! Und sie sprangen von den Panzern und küssten uns. Uns, die wir schmut-

> zig und verlaust waren! „Weint nicht", sagten sie. Aber wir weinten immer wieder. Und pausenlos flossen die Tränen. Die neunte Armee hatte keine Juden in Deutschland gesehen, und wir dachten, dass wir die einzigen jüdischen Überlebenden waren und wollten nicht weiterleben. Aber sie trösteten uns. Sie sagten uns, dass es noch viele andere Armeen gab, die andere Lager erreicht hatten und befreiten. Das war die Befreiung.

Anna Kaletska beschreibt einen außergewöhnlichen Höhepunkt der Befreiung nach Jahren des Lebens am Rande des Todes. Er fiel mit den Pessach-Feiertagen zusammen, von den amerikanischen Panzern wurden Matzen herabgeworfen. Genau zu diesem Zeitpunkt, als sie glaubte, ihre Gruppe bestehe aus den letzten jüdischen Überlebenden, verleiht auch sie ihrem Wunsch Ausdruck, nicht mehr leben zu wollen. Das Interview wurde am 26. September 1946, an Rosch ha-Schana, in der wieder geweihten Synagoge von Wiesbaden geführt, und Anna Kaletska beendet das Gespräch mit der düsteren Betrachtung einer einsamen Überlebenden über das Wesen von Feiertagen: „Aber nach der Arbeit, alleine in mein Zimmer zu kommen – heute ist ein Feiertag. Wo sind all die Meinen, die mit mir die Feiertage gefeiert haben? Gott sei Dank! Es sind Juden um mich, die mit mir diesen Feiertag verbringen. In Auschwitz gab es keine Feiertage. Aber meine eigenen Leute sind nicht mehr. Ich bin alleine" (45–46). Den letzten Satz verwendete David Boder als Titel, unter dem er das Interview 1949 publizierte.

Der ewige deutsche Zwiespalt

Tony Vaccaro hielt den Augenblick, als die ersten amerikanischen Panzer in deutschen Städten eintrafen, am 5. April 1945 nahe Paderborn fotografisch fest (vgl. Abb. 2). Gut zu sehen sind die weißen Fahnen in einigen Fenstern und etwa 20 GIs auf ihren Panzern in beeindruckend lässigen Posen, ein paar von ihnen mit Zigaretten in den Mundwinkeln. Sie sehen unbekümmert aus, und nur wenige schauen überhaupt hoch zu den Fenstern, von wo eine alte Frau auf die Panzer herabblickt, ein weißes Laken, Handtuch oder einen Kissenbezug in ihrer rechten Hand. Das Benzin, das aus den deckellosen Tanks schwappt, wirkt wie eine zufällige Demonstration der besseren Versorgungssituation der US-Armee.

Auf einer anderen Fotografie dieses Moments dramatischer Veränderung in einer Stadt in der Nähe von Magdeburg, die am 12. April 1945 aufgenommen wurde, stehen vier Personen in einem Hauseingang im Fokus, die auf die (nicht zu sehenden) Amerikaner hinausblicken – drei halb ver-

Abb. 2: Während des Vormarschs in Richtung Elbe nehmen US-Truppen eine deutsche Stadt ein. Ein Panzer rollt eine Straße herunter, an der Einwohner weiße Tücher aus den Fenstern gehängt haben. Nähe Paderborn, 5. April 1945. Foto von Tony Vaccaro.

deckte Frauen und ein ganz sichtbarer Mann, der einen gestreiften Anzug und einen Hut trägt und etwas in Händen hält, das wie eine weiße Fahne aussieht (vgl. Abb. 1 am Beginn dieses Kapitels). Er scheint sich zu fragen, ob er die weiße Fahne entfalten soll oder nicht. Vaccaro merkte an: „Dies ist der Blick von Deutschen, die das erste Mal Amerikaner sehen, wie sie ihr Dorf einnehmen. Sie öffneten genau in dem Moment die Tür, als ich auf den Auslöser drückte. Und das ist ihr Blick: ‚Oh Gott. Sie sind da!'"[7] Während die drei Personen, die in der Türöffnung stehen, nach rechts schauen, von wo die Amerikaner ankommen müssen, scheint eine junge Frau hinter dem Fenstergitter im Türflügel direkt in die Kamera zu blicken. Ihr starrer Blick identifiziert den Fotografen als Beteiligten und nicht bloß als unsichtbaren Zeugen oder Beobachter. Nun ist ihr Blick auf unheimliche Weise aber auch auf *uns* als Betrachter des Fotos gerichtet. Tony Vaccaro trug zur der Zeit, als er das Bild schoss, eine amerikanische Uniform. Ein junger, verwaister italienisch-amerikanischer Soldat mit pazifistischen Tendenzen, der als Amerikaner in einer italienischen Schule geschmäht, danach in einer amerikanischen Schule als Faschist beschimpft wurde, machte Vaccaro Tausende Fotografien vom Ende des Krieges und von der Besatzung. Er zeigt im wahrsten Sinne des Wortes einen Moment des Übergangs, und die Tatsache, dass die Amerikaner, die die Stadt einnehmen, auf dem Foto nicht zu sehen sind, macht die Unbestimmtheit der Situation nur umso sichtbarer. Lediglich anhand ihres angespannten Gesichtsausdrucks lässt sich erahnen, was die Reaktion dieser Deutschen auf diesen Augenblick gewesen sein könnte.

Deutsche hatten viele Gründe, sich Sorgen zu machen. Würde eine Zeit widersprüchlicher formeller und informeller Gesetze oder eine von unberechenbarer Gesetzlosigkeit, Anomie folgen?[8] Bedeutete die Ankunft der Truppen wirklich das Ende des Krieges, oder handelte es sich lediglich um eine zeitweise und trügerische Unterbrechung der Dinge?[9] Zu früh eine weiße Fahne zu zeigen konnte gefährlich sein. So wie in einem Bericht vom Kriegsende in München, wo der Rentner Franz H. eine weiße Fahne aus dem Fenster hängte, von Mitgliedern der Werwölfe aus seiner Wohnung abgeholt und mit dem Gurt einer Jalousie an einem Verkehrszeichen aufgehängt wurde. Der Rollladengurt riss, und er überlebte.[10]

Szenen von solch gefährlicher Ungewissheit wiederholten sich. Am Dienstag, den 24. April 1945, erlebte die Journalistin Ursula von Kardorff in Jettingen bei Günzburg Folgendes: „Nachmittags fünf Uhr. Vorhin kam eine Frau in den Garten gestürzt: ‚Sie sind schon am Bahnhof, auf der Kirche weht die weiße Fahne.' Wir gingen mit Wetzels auf den Boden und hißten ebenfalls ein Bettuch. … Überall aufgeregte, lachende Gesichter." Doch dann erschien die Nachbarin Frau Wetzel erneut: „‚Zu früh die Freud. Die Fahnen müssen wieder herein.' Pfarrer, Bürgermeister, Gendarm und Ortsgruppenleiter wurden von der SS verhaftet und abgeführt. Die SS ist jetzt der schlimmste Feind, bedrohlicher als die Amerikaner, die uns erobern", vertraute von Kardorff ihrem Tagebuch an und fügte hinzu: „Hörte, daß der SS-Mann den Bürgermeister der Feigheit bezichtigte, weil er die weiße Fahne gehißt hatte. Er befahl ihm, sich an die Wand zu stellen, wollte ihn erschießen, nahm ihn dann aber mit dem Ortsgruppenleiter, dem Polizeiwachtmeister und dem Priester in ein anderes Dorf mit. Als dort jedoch plötzlich der Ruf erscholl: ‚Panzerspitzen sind da', ließ man alle vier laufen. Kalkweiß kamen sie zurück, der Tod war um Haaresbreite an ihnen vorübergegangen."[11] Kurz darauf drohten die Alliierten in einer Bekanntmachung, dass jeder, der Widerstand leiste, erschossen werde. „Ich finde das völlig richtig, aber beklemmend ist es doch", notierte von Kardorff und berichtete, dass ein französischer Soldat sie verspottet habe: „Ein Franzose rief mir nach: ‚Alors, la grande nation, elle mets le drapeau blanc?'" (311, sic).

Ursula von Kardorffs anschauliches Tagebuch protokolliert das Ende des Zweiten Weltkriegs, wie man es in dem kleinen Dorf erlebte, in das sie aus Berlin geflohen war. Während der Nazi-Zeit arbeitete sie als Kulturjournalistin für die *Deutsche Allgemeine Zeitung*, stand aber auch der deutschen Widerstandsbewegung und den Verschwörern des 20. Juli 1944 nahe, die versucht hatten, ein Attentat auf Hitler zu verüben; zweimal war sie angeblich von der Gestapo verhört worden.[12] Nach dem Krieg war sie als Autorin von Büchern in den Sparten Reise, Unterhaltung und Mode äußerst produktiv und verfasste außerdem ein Nachwort zur deutschen Übersetzung eines Romans von Anita Loos. Ihr Kriegstagebuch verleiht der Ambivalenz Ausdruck, die eine Person, welche sich selbst als Gegnerin Hitlers, aber auch als konservative deutsche Nationalistin begreift, angesichts der Ankunft fremder Truppen auf deutschem Boden empfindet. 1947 brachte sie ihr Tagebuch auf der Grundlage von Notizen und chiffrierten Aufzeichnungen in Form – denn der Besitz eines solchen Tagebuchs während der Diktatur wäre sowohl für sie als auch für ihre Freunde verrückt und gefährlich gewesen.[13] Da ihr Tagebuch erst 1961 veröffentlicht wurde, nutzte sie die Gelegenheit und bearbeitete den Text für die Publikation, indem sie widersprüchlichere Gefühle, die sie 1947 zu Papier gebracht hatte, bereinigte. Eine 1992 posthum herausgebrachte kritische Ausgabe stellte einige der originalen Äußerungen wieder her.

Am 12. April 1945 schrieb sie beispielsweise: „Das, was ich liebte, existiert nicht mehr, die Ideale sind verunglimpft, die Freunde gefallen oder gehängt, die Kirchen, die Städte, die Orte schönster Erinnerungen verbrannt." Ursprünglich fuhr sie mit dem folgenden Satz fort, der aber aus dem von ihr veröffentlichten Text getilgt worden war: „Und wenn die andern [die Alliierten] mit ihrem maßlosen Haß, ihren grauenvollen Anschuldigungen kommen, muß man schweigen, denn es stimmt." So fehlte bei der ersten Publikation dieser wichtige mittlere Teil vor dem folgenden letzten Satz ihrer drei Sätze umfassenden Eintragung: „Was soll man wünschen, woran noch glauben, woran sich noch aufrichten?" (306). Bezieht sich von Kardorffs Frage auf die verunglimpften Ideale und verbrannten Städte oder auf die grauenvollen, aber berechtigten Anschuldigungen der Alliierten? In der Szene, die sich um das Hissen der weißen Fahne dreht, schrieb sie über die Ankunft der Amerikaner ursprünglich: „Unsere neue Sklaverei beginnt" (312n2). 1961 schien dies nicht mehr passend. Am Ende einer sinnlosen Diskussion mit einem französischen Offizier über deutsche Schuld wies sie sein Mitleid ausdrücklich zurück, gedachte ihres jüngeren Bruders Jürgen, der an der russischen Front gefallen war, und verlieh ihrem Gefühl Ausdruck, von der Verzweiflung versucht worden zu sein: „Manchmal denke ich, Jürgen hat das bessere Teil gewählt" (316). Nichtsdestotrotz ging ihr Originaltagebuch mit der Beteuerung ihres Lebenswillens weiter.

In ihrem publizierten Tagebuch gesteht von Kardorff auf die Nachrichten der Alliierten am 20. April 1945 wieder schuldbewusste Reaktionen ein, wenn sie an „Hitlers Geburtstag!“ (wie sie emphatisch betont) schreibt: „Parteigrößen begehen Selbstmord, weit mehr als die Hälfte Deutschlands ist besetzt.“

> Die Entdeckung des KZ Oranienburg ruft bei den Alliierten unvorstellbares Entsetzen hervor. Ich hörte es im englischen Rundfunk. Was jetzt zutage tritt, muß über alle Maßen grauenhaft sein. Selbst wir, die in Berlin viel erfuhren und noch mehr ahnten, sind fassungslos. Unsere Phantasie hat also doch nicht ausgereicht. (308)[14]

Das Manuskript ihres Tagebuchs liest sich deutlich anders:

> Bomben tags und nachts. Oranienburg! Die Entdeckung der KZ-Greuel scheint tiefstes Entsetzen hervorzurufen. Welch grausiges Chaos, Himmel, rächten sich je Schuld und Verbrechen so schnell? Es gibt einen zürnenden Gott. Aber ich lege meine Hoffnung vertrauensvoll in seine Hand, die einzige Möglichkeit, diese Spannungen zu ertragen. (309n3)

Konfrontiert damit, dass die Gräuel der KZ von den Alliierten „propagandistisch ganz groß ausgeschlachtet“ werden, bedauert sie lediglich, dass die Pläne des Widerstands vom 20. Juli vereitelt worden waren. Wären sie erfolgreich gewesen, hätte dies den Deutschen erlaubt, „diese stinkend-schmutzige Wäsche … selbst waschen“ zu dürfen: „Welche Schande!“ (309n4).

Ursula von Kardorff zitiert einen berlinernden Soldaten, der sagt, der Krieg ende wie ein Pferderennen: „Wann der Krieg aus is, wollnse wissen? Det is wie beis Rennen, det Rennen ist längst vorbei, die Pferde schon im Stall, denn kommt ’n Männeken mit ner Bimmel und läutet den Sieger ab. So weit sind wir jetzt schon“ (306). Sie ist glücklich, dass die Nazi-Herrschaft vorüber ist, doch mit dem Begriff „Befreiung“ kann sie sich nicht anfreunden. Nachdem ihr GIs ein unsittliches Angebot gemacht haben und sie von einem wohlgenährten Captain Herrell verhört wurde, der herausfinden wollte, ob sie eine „good German“ sei, indem er sie zu ihrer Mitgliedschaft in Parteiorganisationen befragte, von denen sie noch nie gehört hatte, beschleicht sie das Gefühl, ein weiteres Mal mit der Gestapo zu tun zu haben (323–324). Sie schreibt: „Merkwürdiges Gefühl, so klassifiziert zu werden. Mir liegt nicht das geringste daran, in deren Augen eine ‚gute Deutsche‘ gewesen zu sein. Sie können doch nicht rückwirkend den Grad unserer Gutartigkeit oder Bosheit wie mit einem Thermometer messen!“ (324). „So ist also die Niederlage“, folgert sie, als die bedingungslose Kapitulation Deutschlands in Kraft tritt. „Hatten sie uns unbedachterweise anders vorgestellt, das heißt, eigentlich gar nicht vorgestellt. Alles, alles mußte besser sein als Hitler. Aber Befreiung? Ein seltsames Wort" (324). Sie beschließt den veröffentlichten Eintrag vom 9. Mai, indem sie das Abspielen von Siegeshymnen und das Glockengeläut überall auf der Welt ihrer eigenen Situation gegenüberstellt: „Wir haben den Krieg verloren. Aber wenn wir ihn gewonnen hätten, wäre alles noch viel grauenvoller" (324). Dies war ebenfalls für die Veröffentlichung korrigiert worden, denn die Manuskriptversion ist wesentlich uneindeutiger: „Warum müssen wir immer den Krieg verlieren … Wenn wir den Krieg gewonnen hätten … Beides gleich schaurig. Der ewig deutsche Zwiespalt!" (324–325n2).

„Zwischen dem Nichtmehr und dem Nochnicht"

Ein anderer deutscher Tagebuchschreiber, der Kinderbuchautor, kritische Journalist und Drehbuchautor Erich Kästner, der vor allem mit *Emil und die Detektive* (1929), *Pünktchen und Anton* (1931) sowie *Das fliegende Klassenzimmer* (1933) bekannt wurde, fand als Reaktion auf einen Augenblick, der sowohl eine große Veränderung als auch eine große Verunsicherung mit sich brachte, das vielleicht perfekte theatralische Bild zum 7. Mai 1945: „Die Leute laufen betreten durch die Straßen. Die kurze Pause im Geschichtsunterricht macht sie nervös. Die Lücke zwischen dem Nichtmehr und dem Nochnicht irritiert sie. Die Bühne ist hell, aber leer. Wo bleiben die Schauspieler? Geht denn das Stück nicht weiter?"[15] – so Kästners 1961 veröffentlichtes Tagebuch *Notabene 45*. In seinem Originaltagebuch lautet diese Passage jedoch ganz anders: „Alle laufen betreten umher. Der Rundfunk macht dem deutschen Volk Vorwürfe, dass es die Konzentrationslager zugelassen habe."[16]

Kästners Bücher waren von den Nazis verbrannt und verboten worden, er veröffentlichte jedoch weiter Kinderbücher und erhielt von Propagandaminister Joseph Goebbels eine Sondererlaubnis, an den Drehbüchern für die Filme *Münchhausen* und *Kleiner Grenzverkehr* zu arbeiten; Kästners Name durfte allerdings nicht im Nachspann auftauchen. Er war ein intellektueller Gegner des Nationalsozialismus, verließ Nazi-Deutschland aber nicht. Als er jedoch sein Tagebuch von 1945 veröffentlichte, zog er es vor, den Hinweis auf die Vorwürfe der Alliierten wegzulassen, der das betretene Laufen der Menschen durch die Straßen in einen wesentlich konkreteren Kontext stellte als das denkwürdige Aperçu, das den Augenblick, in dem der Friede anbrach, nichtsdestotrotz perfekt definiert. Was die geistreiche Bemerkung „zwischen dem Nichtmehr und dem Nochnicht" mit ihrer Szenerie der leeren Bühne ersetzte, verleiht ihr vielleicht sogar noch mehr

Tiefe: als hätte Kästner die Bühne geräumt und sie von den Vorwürfen, die man im Radio hören konnte, gereinigt.

Dass sowohl von Kardorff als auch Kästner solche Streichungen und Ersetzungen vornahmen, die spätere Herausgeber von kritischen Ausgaben wieder rückgängig machen mussten, ist interessant. 1998 konstatierten Kästners Herausgeber, dass aus dem recht simplen Original ein stilistisch verbessertes und deutlich erweitertes Tagebuch gemacht worden war, das in einigen Abschnitten sogar auffallend literarische Züge aufweist (710). Dennoch liefert Kästner bei aller Umarbeitung keine introspektive Analyse seiner eigenen Verstrickung in das System der Nazis (711). Ganz im Gegenteil wertete er im Überarbeitungsprozess diejenigen Passagen auf, welche die Mitschuld der Alliierten hervorheben und das Leid der deutschen Bevölkerung beklagen (711).

Bereits am 12. Februar 1945 sprach Kästner die Nazi-Propaganda über russische Vergewaltigungen an, indem er mit seltsamem Sinn für Humor berichtete, wie deutsche Frauen auf diese Nachrichten reagierten: „Die Frauen bezweifeln nicht etwa, daß dergleichen geschieht und, sehr bald, auch in Berlin geschehen könne." Doch die Frauen leugnen die Bedeutung, die dieser Angelegenheit beigemessen wird: „Der abgenötigte Geschlechtsakt, ob nun im Frieden oder im Krieg, ist und bleibt ein subkutaner Vorgang, und nicht der ärgste. Ein Bajonett im Leib ist schlimmer." Kästner hört auch, wie die Friseuse seiner Frau es grober formuliert: „Lieber einen Russen auf dem Bauch als ein kaputtes Haus auf dem Kopf!"(32).[17] In einem Eintrag am Jahrestag, da seine Berliner Wohnung infolge von Bombardierungen abgebrannt war, berichtet Kästner über dieses Ereignis aus der Perspektive seiner Mutter, die genau sehen wollte, was verloren gegangen war – „Auch das Klavier?", fragte sie und: „auch die Teppiche?" Dann stand sie lange Zeit im vertrauten Innenhof: „Sie blickte auf die Ziegeltrümmer und, völlig ausdruckslos, in die leere Luft darüber", wo einst Kästners Wohnung gewesen war (37–38). Auch in einem von seinen Tagebüchern inspirierten kabarettistischen Sketch stellte Kästner das Ergebnis der geworfenen Brandbomben auf halbkomische, schwarzhumorige Art und Weise dar und wählte dieses Mal die Perspektive einer „Hetäre". Ihre komische Schilderung während eines Telefonats beendet sie damit, dass sie erzählt, alles was ihr von ihrer Wohnung geblieben sei, sei eine mit Pudding gefüllte Glasschale, die auf dem Balkon gestanden habe und in einem Hof drei Häuser weiter unversehrt aufgefunden worden sei.[18]

Am 21. April berichtet Kästner (aufgrund einer Radiosendung, wie sein Herausgeber vermutet), dass das Konzentrationslager Buchenwald befreit worden ist und die Amerikaner die Parteimitglieder aus dem nahen Weimar gezwungen haben, das Lager zu besichtigen. „Beim Anblick der halbverhungerten Insassen, der Verbrennungsöfen und der gestapelten Skelette seien, so hieß es, viele Besucher ohnmächtig geworden" (99).[19] Am 2. Mai 1945 schildert Kästner, der mittlerweile aus Berlin in die österreichische Stadt Mayrhofen geflohen ist, die Unterhaltung mit zwei freundlichen deutschen LKW-Fahrern, die schreckliche Neuigkeiten zu berichten hatten, von „den Judenerschießungen in Russland, vor allem von den vielen schönen Jüdinnen, denen man gar nicht angesehen habe, dass sie Jüdinnen gewesen seien. Die beiden Fahrer hatten mitangesehen, wie die Genickschüsse ausgeführt und die Leichen noch einmal mit der Maschinenpistole in den Gruben durchsiebt wurden" (118–119).[20] Die Textstelle wurde im Vergleich zum Tagebuchmanuskript nur geringfügig verändert, Kästner fügte für die Veröffentlichung den Satz hinzu: „Gelegentlich sei der eine und andere der Schützen ‚an Ort und Stelle' wahnsinnig geworden." In keiner der Fassungen aber ist davon die Rede, wie Kästner selbst reagierte, als er diesen Bericht hörte.[21]

In der Nacht vom 5. Mai 1945 kommen die ersten Amerikaner ohne Zwischenfälle an. Die Panzerfahrer und andere mit Maschinengewehren bewaffnete Soldaten rauchen und lassen sich von der Stadtbevölkerung bestaunen, der erste schwarze Soldat hingegen, eine riesenhafte, Zigaretten qualmende Gestalt, der ihn mit einem mühsam gelernten bayerischen „Grieß Goot" anredet, macht auf Kästner einen tiefen Eindruck (153). Kästner versucht, rasch wieder zu schreiben und zu publizieren, wird Feuilletonchef der deutschsprachigen *Neuen Zeitung* der US-Armee, begegnet zufällig alten Freunden wie dem Schriftsteller Wolfgang Koeppen und dem Filmregisseur Robert A. Stemmle und hört, dass Billy Wilder – in amerikanischer Uniform – zurückgekehrt ist.

Schuld und Unschuld

Obgleich Kästner auf den Augenzeugenbericht der LKW-Fahrer keine Reaktion gezeigt hat, wird die Frage der deutschen Schuld oder Unschuld in seinem veröffentlichten Tagebuch immer wieder behandelt. In einem langen Eintrag vom 8. Mai, der größtenteils für die Publikation ergänzt wurde, macht er sich darüber lustig, dass die Österreicher, alle Deutschen südlich der Main-Linie ihre Unschuld reklamieren und sogar Hermann Göring selbst beteuert, er sei von Hitler zum Tode verurteilt und von der SS inhaftiert worden. „Die Unschuld grassiert wie die Pest", bemerkt Kästner sarkastisch (147). Auf der anderen Seite blenden die Alliierten, wenn sie sich darüber beschweren, dass die „anderen", die guten Deutschen Hitlers Herrschaft hätten stürzen sollen, die eigene Komplizenschaft mit Hitler aus. „Die Sieger, die uns auf die Anklagebank verweisen, müssen sich neben uns setzen. Es ist noch Platz" (146). Es folgt eine ganze Reihe rhetorischer Fragen an die alliierten „Pharisäer": Wer schloss Verträge und Konkordate mit Hitler? Wer schickte Abgesandte zu den Olympischen Spielen nach Berlin? Und wer schüttelte den Verbrechern die Hände anstatt den Opfern? – Fragen, die Kästner allesamt mit „Nicht wir" beantwortet und an die er die Mahnung anschließt: „Beliebt es Ihnen, vergessen zu haben, daß dieses andere Deutschland das von Hitler zuerst und am längsten besetzte und gequälte Land gewesen ist?" Dies gebe den Alliierten nicht das Recht, den ersten Stein zu werfen, schließlich seien sie diejenigen, die im sprichwörtlichen Glashaus säßen (146).[22]

Im Gegensatz dazu bringt Wolfgang Soergel, ein deutscher Kriegsgefangener in einem schottischen Lager, zur selben Zeit ein starkes Gefühl deutscher Schuld zum Ausdruck; die Beschäftigung mit dieser Schuld werde seiner Ansicht nach späterhin eine permanente Sisyphusaufgabe bleiben. Der folgende Auszug stammt aus einem Tagebucheintrag vom 8. Mai 1945:

> Ende April wurden von den britischen Truppen NS-Konzentrationslager befreit, die englischen Intelligence-Officers geben schauerliche Berichte. Es wurden schlimmste Verbrecher verhaftet, das Bild des Kommandanten [Josef Kramer], des „beast of Belsen", ist an die Informations-Tafel geheftet, ein gemeines, verabscheuungswürdiges Gesicht. Die Wirklichkeit ist viel schlimmer als das Geflüster und Geraune der letzten Monate, es öffnen sich die Pforten der Unterwelt. Es liegt nun kein ehrenvoll Besiegter am Boden, wir werden als Mörderbande angesehen, denen die Maske abgerissen wurde. Blut, würgende Folter, Skelette und der Massentod ziehen ihre Spuren hinter den geschlagenen Truppen des Reiches. Da hilft kein Schrei nach Erbarmen, wo die Ohren taub und die Augen blind waren. Angeklagt stehen alle Deutschen, vom jüngsten bis zum ältesten Glied, denen nun das Schicksal des Sisyphos auferlegt wird, in vergeblicher Qual reuevoll zu versuchen, den Stein der Schuld von uns zu wälzen, immer aufs neue, immer umsonst, da es kein Vergessen geben kann.[23]

Soergels Äußerung zum Kriegsende war prophetisch. Wie auf die Enthüllungen der Gräuel zu reagieren, wie auf explizite und implizite kollektive Vorwürfe zu antworten sei – das waren im Nachkriegsdeutschland in der Tat Fragen von zentraler Bedeutung. Es gab kein Vergessen, und auch wenn sie oft getätigt wurden, erwiesen sich einfache Beteuerungen von Unschuld oder Ahnungslosigkeit als völlig unzureichend.

Niederlage, Trotz, Defätismus

Dass Deutschland in der ersten Hälfte des Jahres 1945 militärisch besiegt war, legte Vergleiche mit Niederlagen der Vergangenheit nahe. 1939 hatte der konservative Schriftsteller Ernst Jünger den dystopischen Roman *Auf den Marmorklippen* veröffentlicht, in dem die schwer zu vergessende Figur des Oberförsters vorkommt, ein scheinbar banaler und durchschnittlicher, in Wirklichkeit aber rücksichtslos tyrannischer Charakter, der von den zeitgenössischen Lesern durchaus als zeitgemäße Allegorie Hitlers oder Stalins verstanden wurde. Im Rückblick auf die Napoleonischen Kriege und den Ersten Weltkrieg schrieb Jünger am 11. April 1945 in Kirchhorst nahe Hannover in sein Tagebuch:

> Von einer solchen Niederlage erholt man sich nicht wieder wie einst nach Jena oder nach Sedan. Sie deutet eine Wende im Leben der Völker an, und nicht nur zahllose Menschen, sondern auch vieles, was uns im Innersten bewegte, muß sterben bei diesem Übergang.
>
> Man kann das Notwendige sehen, begreifen, wollen und sogar lieben und doch zugleich von ungeheurem Schmerz durchdrungen sein. Das muß man wissen, wenn man unsere Zeit und ihre Menschen erfassen will. Was ist Geburtsschmerz, was ist Todesschmerz bei diesem Spiel? Vielleicht sind beide identisch, wie ja der Sonnenuntergang zugleich auch Sonnenaufgang für neue Welten ist.
>
> „Besiegte Erde schenkt uns die Sterne." Dies Wort wird räumlich, geistig und überirdisch in unerhörtem Sinne wahr. Die äußerste Mühe setzt ein äußerstes, noch unbekanntes Ziel voraus.[24]

Der Schmerz der zu erwartenden Niederlage konnte auch Gefühle von nationaler Ehre hervorrufen. Am Sonntag, dem 5. April 1945, notierte die Landwirtschaftslehrerin Elfriede Jahn in ihrem Tagebuch: „Gestern abend soll der Führer gesprochen haben, – noch immer voller Siegeszuversicht, – wenn man die Hunderte von Panzern + Fahrzeuge der Amerik. sieht, kann man es fast nicht glauben … Als Deutscher – nicht als Nationals., hoffe ich noch immer auf eine Schicksalswende. – Der Fichte Ausspruch fiel mir ein, als ich heute durch das Dorf fuhr u. überall die weißen Fähnchen sah, Zeichen der Erniedrigung –: ‚Nichtswürdig ist die Nation, die nicht Alles setzt an ihre Ehre', – deshalb brauche ich nicht wie ein ‚Werwolf' zu kämpfen aus dem Hinterhalt, aber um meine deutsche Eigenart und Sitte kämpfe ich durch Gebärde und Verhalten dem Feind gegenüber."[25] Bringt der angespannte Gesichtsausdruck des Mannes auf der Fotografie von Vaccaro vielleicht auch eine solche Verachtung zum Ausdruck und nicht nur bloße Sorge?

Defätismus kann sich immer auch in absolute Hoffnungslosigkeit verwandeln, und einige Einträge aus den Monaten April und Mai in Kempowskis Sammlung *Echolot* bestehen schlicht aus Sterbebuchauszügen Berliner Friedhöfe, in denen Frauen und Männer aufgelistet werden, die in jenen Tagen meistens mithilfe von Gift oder eines Revolvers Selbstmord begingen (197–198).

Eroberung

Der Moment, als der Krieg endete, dieser Moment einer dramatischen und unvorhersehbaren Veränderung, die für die normalen Dorf- oder Stadtbewohner so viel bedeuten konnte und so viel mehr für die überlebenden Opfer des Nationalsozialismus, dieser Moment, der ambivalente Gefühle unter den Deutschen hervorrief, die Gegner Hitlers waren, und Zukunftsängste unter den Soldaten, war für viele amerikanische Soldaten lediglich eine Zwischenstation. Sydney Stringer, ein Arzt aus Syracuse im Staat New York zum Beispiel, der 1941 in den aktiven Dienst eingezogen wurde, kam etwa zu der Zeit von Frankreich aus nach Deutschland, über die Schneider, Keuyk, Kaletska, von Kardorff und Kästner berichtet hatten und die Vaccaro fotografiert hatte. In einem Brief an seine Frau Helen schreibt Stringer am 28. März 1945: „Schließlich kamen wir in ein kleines Dorf, wo weiße Laken, Handtücher, Kissenbezüge – alles, was irgendwie nach Kapitulationsbeflaggung aussah – aus den zerstörten Fenstern hingen. Die … Fahnenflucht, die weißen Flaggen und ein paar ernst dreinblickende Menschen gaben uns den Hinweis: Wir wussten, wir waren in Deutschland.“[26] (Auch dies erinnert an Elfriede Jahns Versprechen, ihre Missachtung „durch Gebärde und Verhalten dem Feind gegenüber“ zu zeigen.) In einem weiteren Brief beschreibt Stringer die unbehaglichen Begegnungen mit der Bevölkerung: „Immer wieder werden uns von Passanten stechende Blicke voll größtem Hass zugeworfen und wir hören die Flüche, die uns murmelnd durch geschlossene Lippen an den Kopf geworfen werden. Es ist ein ganz besonderes Gefühl, durch eine besiegte Stadt zu gehen – Neugier, Angst, Interesse und naives Staunen sind darin vereint“ (245–246). Am 29. März äußert sich Stringer zur Lebensmittelversorgung der Soldaten: „Kannst Du Dir vorstellen, wie es ist, Eindringling in einem fremden Land, Deutschland, zu sein und endlich Schlange zu stehen, um Schwein, Roastbeef, Mais, Bohnen und Weißbrot zu erhalten? Es ist zu schön, um wahr zu sein“ (245). Und an Ostern 1945, als Schneider der Auferstehung gedachte, überlegt Stringer: „Als ich erwachte, wurde mir klar, dass Ostersonntag ist. … Den ganzen Tag über wälzen sich Flüchtlingsströme durch die

Straße. Sie haben ganz unterschiedliche Nationalität – ehemalige Zwangsarbeiter, von unseren Truppen befreit, sind unterwegs gen Westen. Ich kann diese Situation gar nicht begreifen. Zu sehen, wie einige von ihnen in den Mülleimern wühlen, war ein Beweis für den ständigen Hunger" (247–248).

Vergewaltigung: *Eine Frau in Berlin*

> Nachdem ich mich einmal damit abgefunden, daß keine Hoffnung mehr sei, ward ich eines Großteils jenes Schreckens ledig, der mich zu Anfang ganz entmutigt hatte. Ich nehme an, es war Verzweiflung, was mir die Nerven spannte.
>
> Edgar Allan Poe, „Ein Sturz in den Malstrom"[27]

Das Tagebuch aus dem Jahr 1945, das international wohl die größte Leserschaft erreichte, war ein Buch, dessen Autorschaft und Authentizität in Frage gestellt wurden. Zunächst anonym 1954 in einer englischen Übersetzung von James Stern unter dem Titel *A Woman in Berlin* veröffentlicht, handelt es sich um das Tagebuch einer Deutschen, das den Zeitraum vom 20. April bis zum 22. Juni 1945 umfasst, sehr literarisch und voller Anspielungen ebenso wie erschreckend anschaulicher Darstellungen des Kriegsendes ist. Der amerikanische Verlag Harcourt, Brace and Company startete eine Werbekampagne für das Buch und versah es mit einem reißerischen Cover. Darauf waren vor einem feuerroten Himmel in Weiß die Umrisse einer leicht bekleideten Frau zu sehen, die aus einer kleinen Foto-Silhouette des zerstörten Berlin zu wachsen schien, wobei die Knie der Frau in die Säulen des Brandenburger Tores übergingen. Für das 1957 bei Ballantine Books veröffentlichte Taschenbuch wurde das Cover übernommen, ergänzt durch den Schriftzug „So freimütig, dass die Autorin ihren Namen nicht preisgeben kann" und die kurze Zusammenfassung „April 1945 … Der allnächtliche Bericht einer Frau, wie die Russen eine Stadt verwüsteten – und ihre Frauen" (vgl. Abb. 3).[28] Angeblich gingen 500.000 Exemplare des Buches über den Ladentisch und es wurde ins Finnische, Schwedische, Norwegische, Dänische, Niederländische, Französische, Spanische, Italienische und Japanische übersetzt; die erste deutsche Ausgabe erschien 1959. Auf größeres öffentliches Interesse stieß die zweite deutsche Ausgabe aus dem Jahr 2003, die zu einer Debatte führte, der 2005 eine neue englische Übersetzung von Philip Boehm folgte sowie, in der Regie von Max Färberböck, 2008 eine recht mittelmäßige filmische Adaption.

Deutschlands Hauptstadt wurde von den Russen eingenommen, die ganz anders vorgingen als die Briten und Amerikaner. Vor dem letzten blutigen Gefecht, in dem noch etwa 40.000 sowjetische Soldaten ihr Leben ließen,

Abb. 3: Cover der Taschenbuchausgabe von *A Woman in Berlin*.

wurde die Stadt nicht evakuiert.[29] Zwar war auch unter anderen alliierten Soldaten von Vergewaltigungen die Rede, beim Vormarsch der russischen Truppen auf Berlin waren sie jedoch gang und gäbe – die überwältigende Schätzung von zwei Millionen Vergewaltigungen, 100.000 davon allein in Berlin, übersteigt jegliche Vorstellung –, und mit der Wendung „Rote Armee in Deutschland 1945" wurde meist sofort „Vergewaltigung" assoziiert.[30] Aus dieser Zeit sind bislang nur wenige Tagebücher russischer Soldaten überliefert, doch Alexander Solschenizyn, 1945 Mitglied der Roten Armee, lässt Jahrzehnte später in seiner langen, balladenartigen Dichtung *Ostpreußische Nächte* in der ersten Person Singular ein lyrisches Ich auftreten, das Gruppenvergewaltigungen und Plünderungen in Ostpreußen ebenso miterlebt hat wie Ermordungen – darunter die eines deutschen Kommunisten, obwohl dieser die Russen glücklich willkommen heißt, auf die er, wie er sagt, seit zwölf Jahren Nazi-Diktatur wartet.[31] N. N. Nikulin, später als Kunsthistoriker an der Leningrader Eremitage tätig, war ebenfalls als Soldat beim Vormarsch der Roten Armee auf Berlin dabei. In seinen Memoiren beschreibt er die propagandistische Agitation der Truppen vor dem Einzug nach Deutschland, ihren gewaltigen Alkoholkonsum und seltsam witzige ebenso wie entsetzlich brutale Szenen, die er beobachtet hat, darunter Vergewaltigungen und einen Mord.[32] Bertolt Brecht, der die Kriegs- und frühen Nachkriegsjahre in den USA verbracht und sich im Anschluss ein Jahr in der Schweiz aufgehalten hatte, kam 1948 nach Ostdeutschland zurück. Bald danach notierte er in seinem *Arbeitsjournal*: „immer noch, nach den drei jahren, zittert unter den arbeitern, höre ich allgemein, die panik, verursacht durch die plünderungen und vergewaltigungen nach, die der eroberung von berlin folgten. in den arbeitervierteln hatte man die befreier mit verzweifelter freude erwartet, die arme waren ausgestreckt, aber die begegnung wurde zum überfall, der die siebzigjährigen und die zwölfjährigen nicht schonte und in voller öffentlichkeit vor sich ging."[33]

Eine Frau in Berlin, das offensichtlich aus der Feder einer gut ausgebildeten, gelehrten Autorin stammt, liefert eine besonders ausführliche Schilderung von der Ankunft der Russen im ausgebombten Berlin. „Die Frau" oder „Anonyma", die Erzählerin des Tagebuchs, beherrscht Latein, Russisch, Französisch und Englisch, sie führt Aischylos an und erinnert sich an den Spartaner Leonidas.[34] Sie zitiert Horaz (*Si fractus illabatur orbis, / Impavidum ferient ruinae*) und die Vulgata (*noli timere*) auf Lateinisch, verwendet zweimal Hobbes' Formel *homo homini lupus* und spricht von russischen Vergewaltigern als Wölfen.[35] Sie leitet ihr Tagebuch mit einem Motto aus Shakespeares *Wintermärchen* ein, denkt an Martin Luthers Wittenberger Thesenanschlag, der eine Revolution entfachte (22. April), diskutiert mit Russen über Puschkin (30. April), liest zum x-ten Mal Tolstois *Polikei* (15. Juni) und gibt einem der russischen Soldaten heimlich den Spitznamen Alyosha nach Dostojewskis *Die Brüder Karamasow* (2. Mai).[36] Sie übernimmt Nietzsches Maxime „Was mich nicht umbringt, macht mich stärker" (26. April), findet nicht in Joseph Conrads *Die Schattenlinie* hinein, da sie selbst zu viele Bilder im Kopf hat (12. Mai), hält ihre Betrachtungen für eine kleine Fußnote zu Oswald Spenglers *Untergang des Abendlandes* (29. April), ein Buch, das sie einst mit einer Wendung aus *Macbeth*, die sie auf Englisch zitiert, ablehnte als „A tale told by an idiot, full of sound and fury, and signifying nothing" (13. Juni).[37] Sie misst ihre eigene Erfahrung an Knut Hamsuns *Hunger*, ein Buch, das ihr gestohlen wurde, da die Buchhülle, in die es eingeschlagen war, vom Dieb wohl für eine Lebensmittelkartentasche gehalten wurde – eine Geschichte, so schreibt sie, an der Hamsun bestimmt Gefallen gefunden hätte (20. April).[38] Sie vergleicht die Unschuldspose, die geile russische Soldaten annehmen, wenn sie als Gegenleistung für Geschlechtsverkehr Eier und Speck anbieten, mit der Haltung von Raphaels Engeln (28. Mai).[39] Außerdem verweist sie auf Kassandra, Casanova und *Candide*, plant, sich an einem verlegerischen Projekt zu beteiligen, das Bücher von Maxim Gorki, Jack London, Jules Romains und Thomas Wolfe herausbringen will, die von den Nazis verboten worden waren, und erwähnt Mörike, Eichendorff, Lenau, Rilke, Hauptmann und Goethe (aus dessen *Faust* und „Wanderers Nachtlied" sie zitiert).[40] Und obwohl sie die Quelle nicht beim Namen nennt, berichtet sie beifällig von einer sarkastischen Stichelei Lenins über deutsche Revolutionäre: „Die deutschen Genossen erstürmen einen Bahnhof nur, wenn sie vorher gültige Bahnsteigkarten gelöst haben" (8. Mai).[41]

Eine Frau in Berlin enthält wohl mehr literarische Anspielungen als jedes andere Tagebuch eines Autors aus dieser Zeit, sicherlich mehr als diejenigen von Kästner oder von Kardorff. Und im Gegensatz zu anderen Tagebüchern aus dem Jahr 1945, die ich durchgesehen habe und in denen, auch wenn sie stark überarbeitet waren, wahllose alltägliche Beobachtungen überwiegen, sind in diesem anonymen Tagebuch auch zahlreiche Passagen mit Vorahnungen und Rückblicken zu lesen, wiederkehrende rhetorische Mittel, Strukturelemente und Leitmotive als Teile einer durchgehenden Erzählstruktur, in deren Verlauf die Erzählerin und die Stadt verwandelt werden. Bestimmte Aspekte dieses Tagebuchs erinnern so an einen Briefroman oder ein Prosadrama.[42]

Eine Frau in Berlin beginnt mit einem Abschnitt vom 20. bis zum 26. April 1945. Die Tatsache, dass der 20. April, der Beginn des Tagebuchs, auch Hitlers Geburtstag war, haben die meisten Nachbarn, die sich auf Hitler unter dem Decknamen „Jenner“ (jener) beziehen, vergessen.[43] Die Erzählerin beschreibt den Schauplatz, einen teilweise zerstörten Häuserblock, wahrscheinlich in Neukölln oder Tempelhof, wo sie nach der Bombardierung ihres eigenen Wohnhauses Zuflucht gefunden hat. Sie präsentiert ein umfangreiches Tableau an Charakteren in der Nachbarschaft, die das Ende des Krieges ängstlich erwarten, dabei ist jedoch unübersehbar, dass der Zerfall des sozialen Gefüges begonnen hat, Plünderungen sind mittlerweile alltäglich geworden. Der ebenso klar abgegrenzte zweite Abschnitt (27. April bis 8. Mai) bringt Konflikt und Aktion: Die Russen kommen an und begehen zahlreiche Vergewaltigungen, auch die Erzählerin wird mehrfach vergewaltigt. In dieser Situation beschließt „Anonyma“, die nun mit einer Witwe und einem Herrn Pauli zusammenlebt, sich einen russischen Beschützer zu suchen – einen „Wolf“ –, um die anderen Soldaten auf Abstand zu halten. Zunächst schließt sie ein Bündnis mit dem eher einfach gestrickten ukrainischen Offizier Anatol, später mit einem unbenannten Major, den sie tatsächlich lieb zu gewinnen beginnt. Im dritten Abschnitt (9. bis 30. Mai), der ebenfalls klar abgesetzt ist und zeitlich mit dem Augenblick zusammenfällt, in dem die bedingungslose Kapitulation Deutschlands in Kraft tritt, enden die russischen Angriffe, sie kann endlich wieder alleine schlafen und begibt sich auf Arbeitssuche. Am 16. Mai begegnet sie einem freundlichen und gebildeten russischen Leutnant, Nikolai, der sie und ihre Nachbarn bald unterstützt; mit ihm führt sie zahlreiche Gespräche, einige davon auf Französisch. Sie unternimmt längere Spaziergänge durch die zerstörte Stadt, fängt an, sich an harter Arbeit zu beteiligen, und verrichtet schwere Reinigungs- und Wascharbeiten. Erschöpft wünscht sie sich auch einmal religiöse Unterstützung, „das, was die katholische Kirche ‚Manna Seelenbrot‘ nennt“ (28. Mai).[44] Im vierten Abschnitt (31. Mai bis 15. Juni) verleiht sie ihrem peinigenden Hungergefühl Ausdruck, das sie aufgrund der für ihre Schwerstarbeit ungenügenden Nahrungsmittelrationen quält, seit die russischen Beschützer nicht mehr da sind. Wenn sie zur Arbeit geht oder von dort kommt, fühlt sie sich wie eine „Gehmaschine“ (271); sie trifft aber auch einen Ungarn, der einen neuen Verlag gründen möchte. Im fünften und kürzesten Abschnitt (einem einzigen Eintrag mit dem Datum 16. bis 22. Juni) kehrt ihr Verlobter Gerd aus dem Krieg zurück. Er ist entsetzt über den seltsamen Humor der Erzählerin und anderer Frauen und verlässt sie schon bald wieder.

Die literarische Qualität dieses Buches reicht weit über die zahlreichen expliziten Zitate und literarischen Anspielungen hinaus; sie ist in der sorgfältig ausgearbeiteten Struktur manifest und verschafft sich in der Synästhesie des häufig erwähnten ersten Absatzes unmittelbar Geltung, der vom 20. April 1945 datiert und überschrieben ist mit „Chronik, begonnen an dem Tag, als Berlin zum ersten Mal der Schlacht ins Auge sah“ (eine Überschrift, die in der deutschen Ausgabe von 2003 auf einem separaten Titelblatt erschien):

> Ja, der Krieg rollt auf Berlin zu. Was gestern noch fernes Murren war, ist heute Dauergetrommel. Man atmet Geschützlärm ein. Das Ohr ertaubt, es hört nur noch die Abschüsse schwerster Kaliber. Eine Richtung ist längst nicht mehr auszumachen. Wir leben in einem Ring von Rohren, der sich stündlich verengt.[45]

Der Journalist und Kritiker Jens Bisky steht diesem Anfang skeptisch gegenüber und ist der Ansicht, er lese sich wie ein Drehbuch für einen Film, wohingegen die Literaturwissenschaftlerin Daniela Puplinkhuisen eine eingehende, wertschätzende Analyse dieser Passage liefert, die auf die Verschmelzung von Atmen und Hören aufmerksam macht, wobei sich die Lautstärke des Lärms störend auf die Wahrnehmungsfähigkeit der Erzählerin auswirkt.[46] Gleichzeitig lässt dieser Anfang auf eine Situation schließen, in der man eingeschlossen, umzingelt und gefangen ist, mithin eine deutliche Vorahnung dessen, was kommen wird.[47] In ähnlicher Weise kehren markante Passagen, die mehrere unterschiedliche Sinne ansprechen und modernen Regieanweisungen gleichen, im gesamten Tagebuch wieder und strukturieren es.[48]

Die zwingende Prosa der Erzählerin gibt die düstere Situation im blühenden Frühjahr ebenso wieder –„Durch die brandschwarzen Ruinen der Siedlung weht in Schwaden Fliederduft aus herrenlosen Gärten“ – wie die Angst vor der Ankunft der Russen: „Das Wort ‚Russen‘ spricht keiner mehr aus. Es will nicht über die Lippen“ (20. April).[49] Der Unsagbarkeitstopos wiederholt sich, von der Erzählerin auf ihren eigenen Versuch gemünzt, die Zerstörung Berlins zu beschreiben – „Arme Worte, ihr reicht nicht aus“ (10. Mai) –, oder von ihr anstelle einer Antwort angeführt, als sie die Geschichte einer Rothaarigen hört: Deren Lippen waren so blau, dass sie wie eine Pflaume anmuteten, und ihre verfärbten Brüste waren voller Bissspuren, nachdem sie von 20 Soldaten vergewaltigt worden war, die Schlange standen, bis sie an die Reihe kamen: „Sagen kann man da nichts. Wir haben auch nichts zu ihr gesagt“ (6. Mai).[50] Literarische Mittel und ungewöhnliche Bilder reichen bis in die Handlung der Geschichte hinein und beschreiben sie genau: So schlägt das Herz der Erzählerin aus Angst in „Synkopen“ (21. April), das vorher vereinbarte Klopfen an der Tür ist ein „Heftiger Dactylus“ (29. April), und als die Bewohner von Informationen von draußen durch Zeitungen oder das Radio abgeschnitten sind, wird der Ersatz von Nachrichten durch Gerüchte und Klatsch in Begriffen der klassischen Allegorie der *fama* beschrieben, die sich die Erzählerin immer, auf Vergils *Aeneis* anspielend, wie „eine verhüllte, murmelnde Frauengestalt" vorstellt. „Das Gerücht. Wir nähren uns davon" (2. Mai).[51] Das Leben selbst ist zu einem Genre geworden, und die Geschichte – ob sie wahr ist oder Fiktion – von einem jungen Mädchen, das sich unter einer Chaiselongue versteckt, auf der russische Soldaten sitzen, veranlasst die Erzählerin zu der Bemerkung: „Wir leben in Kitschromanen und Kolportage" (2. Mai).[52] Die weitere Verwendung von Ironie, Anapher, Euphemismus, Emphase, rhetorischen Fragen, Vergleichen, Verdinglichung, Apostrophe (an sie selbst, an ihren imaginierten Leser oder an ihren Verlobten Gerd gerichtet), von abgehackten Sätzen und Satzfragmenten, vom Wechsel zwischen Präteritum und Präsens, machen *Eine Frau in Berlin* zu einem Text, den man auch ausschließlich auf seine formalen Besonderheiten hin untersuchen könnte.[53]

Die literarische Ebene des Buches und die Sprachbeherrschung der Erzählerin stehen im Kontrast zu den dargestellten entsetzlichen Ereignissen, insbesondere im zweiten Abschnitt, der den Zeitraum vom 27. April bis zum 8. Mai umfasst. Gleichzeitig können diese literarischen Mittel aber auch die Leseerfahrung des erzählten Geschehens intensivieren. So ist das veränderte Zeitgefühl der Erzählerin in eindringliche Bilder eines Lebens in einem ungewohnten Schwebezustand der Zeitlosigkeit übersetzt: „Ich rechnete mir aus, daß Sonntag war, der 29. April. Aber Sonntag ist so ein Zivilistenwort, zur Zeit sinnlos. Die Front hat keinen Sonntag."[54] Oder in eine sogar noch eindrucksvollere Metapher: „Es ist so sonderbar, ohne Zeitung, ohne Kalender, ohne Uhrzeit und Ultimo zu leben. Die zeitlose Zeit, die wie Wasser dahinrinnt und deren Uhrzeiger für uns einzig die Männer in den fremden Uniformen sind" (7. Mai).[55] Sich russische Soldaten als Zeiger an ihrer geistigen Uhr vorzustellen ist ein Bild, das einem Surrealisten alle Ehre macht, umso mehr, als im Buch die Einträge normalerweise mit Datums- und Zeitangaben verankert werden und auch die vormoderne Faszination der russischen Soldaten für Uhren jeder Art hervorgehoben wird.[56]

Die Literarizität der Erzählerin erstreckt sich auch auf die Metaphorik des Todes. In ihrer Welt ist die Trennlinie zwischen Leben und Tod verschwommen, und die Gegenwart einer Toten gebietet keine Ehrfurcht und keinen Respekt mehr: „Ein Bild, das ich auf der Straße sah. Ein Mann schob einen Handkarren, auf dem brettsteif eine tote Frau lag. Graue Strähnen, lose flatternd, blaue Küchenschürze. Die dürren, graubestrumpften Beine stakten lang über das hintere Karrenende hinaus. Kaum einer sah hin. War wie früher einmal die Müllabfuhr" (26. April).[57] Sie beschreibt diese Szene mit künstlerischem Selbstbewusstsein als „Bild“ und führt einige andere Episoden über Begegnungen mit dem Tod an, die ebenfalls als Bilder bezeichnet werden.[58] Inmitten von Trümmern und Bombentrichtern betrachtet sie auf einem Friedhof einige Doppelgräber von Paaren, die gemeinsam mittels Revolver oder Gift Selbstmord begangen haben, auf einem Holzscheit mit rotem Stift nur als „2 Müller“ bezeichnet, sowie ein Einzelgrab von der „Frau, die aus dem dritten Stock sprang, als Iwans sie wollten“ (9. Mai).[59] Es stellt sich heraus, dass „ein stiller Schläfer“ (8. Mai) ein Euphemismus für einen toten Mann ist, und die analytische Erzählerin macht sich sogar daran, das verbreitete sprachliche Cliché vom „süßliche[n] Leichengeruch“ zu korrigieren, das sie für „ungenau und keineswegs ausreichend“ hält.[60] „Mir kommt dieser Dunst gar nicht wie ein Geruch vor; eher wie etwas Festes, Dickliches, wie ein Luftbrei, ein Brodem, der sich vor dem Gesicht und den Nüstern staut; der zu stockig und dicht ist, um eingeatmet zu werden. Es verschlägt einem die Luft. Es stößt einen zurück wie mit Fäusten“ (12. Juni).[61]

In seiner Einführung verglich der erste Herausgeber Kurt W. Marek (sein Pseudonym war „C. W. Ceram“), der mit dem populärwissenschaftlichen archäologischen Bestseller *Götter, Gräber und Gelehrte* (1949) weltberühmt geworden war, *Eine Frau in Berlin* nicht nur mit Hamsun, Louis-Ferdinand Céline und Henry Miller, sondern auch mit Poes „Sturz in den Malstrom“ und zitiert aus der Erinnerung die Passage, die als Motto dieses Abschnitts dient – und in der Tat, es gibt eine deutlich „poeske“, logisch schlussfolgernde Seite der Erzählerin dieses Tagebuchs. Man kann das allgegenwärtige und bohrende Interesse des Buches am Tod und an der Sterblichkeit wahrscheinlich auch als moderne Version der Begegnung mit der *ars moriendi,* der Kunst des Sterbens, lesen.[62]

Die Dialoge bringen den Leser in Kontakt mit vielen unterschiedlichen Stimmen. Da gibt es kurze Ausrufe in größter Verzweiflung, so wenn der Bäcker stammelt: „Die sind bei meiner Frau …“ Für die Erzählerin scheint es „unmöglich“, dass er „solche Herztöne in seine Stimme legen, so nackt, so aufgerissen wirken“ kann, „wie ich es bis jetzt nur an großen Schauspielern erlebte“ (27. April).[63] Gisela, die Freundin der Erzählerin, hegt düstere Erwartungen bezüglich der Zukunft, geht aber immerhin nicht so weit, einen Selbstmord mithilfe von Veronal, einem in den 1940ern gebräuchlichen Barbiturat, in Erwägung zu ziehen:

> Sie sieht schwarz. Ihre Welt, die abendländische, die kunst- und kulturgetränkte, die allein ihr wert ist, sieht sie nun versinken. Für einen Neubeginn fühlt sie sich seelisch zu müde. Sie glaubt nicht, daß für einen differenzierten Menschen Raum zum Atmen oder gar zu geistiger

Arbeit bleibt. Nein, auf Veronal und ähnliche Giftkost hat sie keine Lust. Ausharren will sie, wenn auch ohne Mut und Freude. (12. Mai)[64]

Daneben gibt es aber auch den Galgenhumor einer Frau, die ihren Ehering am Gummiband ihrer Unterhose festgezurrt hat und trocken bemerkt: „Wenn die erst da dran sind, ist mir auch der Ring egal" (22. April). Und dann ist da der Volksmund mit Sprüchen wie dem mehrmals zitierten „Lieber ein Russki auf'm Bauch als ein Ami auf'm Kopf" (22. April), von dem ja auch Kästner berichtet.[65]

Durchblicken zu lassen, dass man eine Vergewaltigung dem Tod durch Flächenbombardements vorzieht, ist charakteristisch für den schwarzen Humor, der das ganze Buch durchzieht. Da gibt es Szenen von unerwarteter befreiender Situationskomik: Beispielsweise scheint es in einem Moment banger Sorge – es geschahen bereits erste Vergewaltigungen – gerade ruhig zu sein, und die Erzählerin entkleidet sich, um sich zu waschen, als plötzlich ein Russe auftaucht, der die Wohnung durch eine Hintertür betreten hat – er läuft jedoch nur, um Entschuldigung bittend, vorbei und fragt freundlich auf Deutsch nach dem Ausgang (27. April).[66] Und dann sind da die komischen Anspielungen auf den Major, der sich, so der Eindruck der Erzählerin, benimmt, als wollte er streng nach Knigge handeln, insbesondere im (imaginären) Kapitel über „Vergewaltigungen von feindlichen Demoisellen" (2. Mai).[67] Es ist vor allem der Hang zu merkwürdigen, vielleicht unpassenden Witzeleien über Dinge, die an sich möglicherweise nicht lustig sind, der einen Gutteil von *Eine Frau in Berlin* ausmacht. Ein markantes Beispiel ist der vulgäre Vergleich eines ukrainischen Soldaten, der als Kompliment für die Witwe gedacht war: „‚Ukrainerfrau – so. Du – so.' Wobei das erste ‚so' durch einen Kreis aus zwei Daumen und Zeigefingern illustriert wird, das zweite ‚so' durch ein Kreislein aus einem Daumen und einem Zeigefinger" (Rückblick auf 4. Mai).[68] Diese Bemerkung wird zu einer ständigen Witzelei unter den deutschen Frauen und damit zu einem Leitmotiv des Buches. Sie wird im Verlauf weitere drei Mal erwähnt, bis sie zum Schluss bei ihrem fünften Auftauchen zum Prüfstein für Gerd, den Verlobten der Erzählerin, wird, der schockiert und verständnislos auf die deutschen Frauen von 1945 reagiert.[69]

Die Erzählerin ist anders als die Witwe, und Antony Beevor zitiert als Indiz für ihre subtilere Herangehensweise ihren trockenen Kommentar vom 8. Mai: „mein Bett ist frisch bezogen. Es tat not, nach all den gestiefelten Gästen".[70] Dennoch nimmt sie an der Art von Humor, den sie von anderen berichtet, voll und ganz teil und macht verfängliche Scherze, etwa wenn sie mit einem Sprichwort erklärt, warum sie keine Angst davor hat, schwanger zu werden: „Auf viel begangenem Wege wächst kein Gras" (Auf Sonntag, 29. April 1945, zurückgeblickt).[71] Es zeugt sogar von hintergründiger Blasphemie, auf diese Situation ein Sprichwort anzuwenden, das wohl auf Luthers Exegese der Samenkorn-Parabel Christi verweist: Das Herz eines Mannes, der nur an Irdisches denkt, gleicht einem zertretenen und begangenen Weg; die Spuren derer, die über es hinweggehen, zeichnen sich an ihm ab. Als sie mit drei russischen Soldaten, die Lebensmittel gebracht haben, und zwei recht unattraktiven Frauen, die eine mit einem Ekzem im Gesicht und die andere vom Typ her eine bebrillte verhuschte Haushälterin, in einem Zimmer sitzt, bemerkt die Erzählerin mit Blick auf die beiden: „Da kann einem das Schänden vergehen. Der Himmel mag wissen, warum diese Männer gerade hier Fuß gefaßt haben und so fleißig anschleppen" (2. Mai).[72] Die Erzählerin verwendet den geläufigen Ausdruck „Galgenhumor" (3. bis 4. Mai) und ergänzt ihn durch das von ihr geprägte Kunstwort „Schändungshumor" (2. Juni), um die neue Angewohnheit der Berliner Frauen zu beschreiben, über den ganzen „Schändungsbetrieb" (3. bis 4. Mai, 24. Mai) zu scherzen.[73] Während ihre unverhohlenen Bemerkungen über Geschlechterrollen und -beziehungen scharfzüngig das männliche Geschlecht kritisieren, wie Leser festgestellt haben, scheint es so, als würde sie sich in den Passagen, die witzig sein sollen, eines männlichen oder sogar ausgesprochen maskulinistischen Genres bedienen – vielleicht dieses aber auch entschärfen.[74]

Das Buch weigert sich, Vergewaltigung als solche zu melodramatisieren, und stellt, wie Janet Halley gezeigt hat, Vergewaltigung hoch differenziert dar, angefangen von entsetzlicher Gruppenvergewaltigung und brutaler Gewalt, die Frauen in den Selbstmord treiben kann, bis hin zu nahezu einvernehmlichen Beziehungen, welche die Erzählerin in Analogie zur Prostitution setzt.[75] Die Gewährung des Zugriffs auf ihren Körper als Gegenleistung für Gefälligkeiten, wie sie es mit dem Major praktiziert, ist für die Erzählerin Teil eines allgemeineren Tauschsystems, das von Anfang des Buches an besteht, wo sie vom Eintauschen französischen Cognacs gegen dänische Fleischkonserven oder französischer Seife gegen Strümpfe aus Prag berichtet (20. April). Sie schreibt unzweideutig: „Es läßt sich keinesfalls behaupten, daß der Major mich vergewaltigt. Ich glaube, daß ein einziges kaltes Wort von mir genügt, und er geht und kommt nicht mehr" (3. Mai).[76] Auch wenn manche Leser dies heute als Vergewaltigung bezeichnen mögen – die Erzählerin tut es explizit nicht.[77]

Tatsächlich macht sich das Buch selbstbewusst über die Erwartung der verkitschten Darstellung einer Vergewaltigung lustig, indem der Eintrag vom 7. Mai 1945 mit einem angefügten Abschnitt „zur Verwendung für

Romanautoren" endet, der sich genau der Art von Prosa bedient, welche *Eine Frau in Berlin* zu vermeiden versucht: eine klischeebehaftete, Mitgefühl heischende, groschenromanhafte Literatur in vollständigen Sätzen:

> Drei Herzschläge lang verschmolz ihr Leib mit dem fremden Leib über ihr. Ihre Nägel krallten sich in das fremde Haar, aus ihrer Kehle brachen Schreie, und sie hörte die fremde Stimme fremde, unverständliche Worte flüstern. Eine Viertelstunde später war sie allein. Durch die zerschlagenen Scheiben fiel Sonne in breiten Garben. Sie streckte sich und genoß die Schwere ihrer Glieder. Sie strich sich die zerwühlten Strähnen aus der Stirn. Plötzlich spürte sie mit unheimlicher Deutlichkeit, wie eine andere Hand, wie die Hand des fernen, vielleicht längst toten Freundes sich unter ihr Haar schob. Sie fühlte etwas in sich anschwellen und überwallen. Tränen stürzten ihr aus den Augen. Sie warf sich herum, sie schlug mit Fäusten auf die Polster, sie biß sich in die Hände und Arme, daß blaurote Zahnkränze hervortraten. Sie heulte in die Kissen hinein und wünschte zu sterben. (7. Mai)[78]

Eine Frau in Berlin will definitiv *kein* kitschiger Text wie dieser sein, und derartige Passagen machen nur einmal mehr auf den Tonfall des Buches aufmerksam: Von schwarzhumorigem Sarkasmus und trockenem Understatement reicht er bis zur gelehrten Anspielung und semantischen Betrachtung. Er zeigt uns den Geist einer Erzählerin auf, die sogar unter düstersten Umständen neugierig bleibt auf die Welt, in der Katastrophe, im Kollaps und der absoluten Niederlage, in der sie sich befindet und die durch die Demütigung der sexuellen Gewalt zum Ausdruck gebracht wird. In ihrer expliziten Anti-Sentimentalität mögen ihre Aufzeichnungen abgebrüht wirken.[79] Ihr Bericht von ihrer ersten Vergewaltigung durch zwei russische Soldaten, die sie in eine Falle locken, konzentriert sich darauf, wie sie ihren Schlüsselbund zunächst verliert, dann findet und mit ihrer linken Hand festhält, während sie auf dem Boden liegt und erfolglos versucht, sich mit ihrer rechten Hand zu verteidigen, während der erste Russe ihren Strumpfhalter zerreißt (27. April) – all dies erzählt in wenigen Sätzen im Präsens.[80] Nach der nächsten Attacke, bei der sie nur halb bei Bewusstsein ist, wird „Schändung" für sie zu einem Wort, das sie denken kann, das sie mit kalter Hand niederschreiben kann, das sie laut aussprechen kann, um sich an seinen Klang zu gewöhnen. „Es klingt wie das Letzte und Äußerste, ist es aber nicht" (1. Mai, rückschauend).[81] Die Erzählerin wird mit ihrem sexuellen Missbrauch fertig, indem sie sich davon abgrenzt, sie stellt sich ein nicht-körperliches „Ich" vor, das von ihrem Körper getrennt ist.

> Es war mir, als läge ich flach auf meinem Bett und sähe mich gleichzeitig selber daliegen, während sich aus meinem Leib ein leuchtendweißes Wesen erhob; eine Art Engel, doch ohne Flügel, der steil aufwärts schwebte. Ich spüre noch, während ich dies schreibe, das hochziehende, schwebende Gefühl. Natürlich ein Wunschtraum und Fluchttraum. Mein Ich läßt den Leib, den armen, verdreckten, mißbrauchten, einfach liegen. Es entfernt sich von ihm und entschwebt rein in weiße Fernen. Es soll nicht mein „Ich" sein, dem dies geschieht. Ich schiebe all das aus mir hinaus. Ob ich wohl spinne? (27. April)[82]

Die größte Erniedrigung erfährt sie von einem Soldaten, der, nachdem er sie vergewaltigt hat, „bedächtig den angesammelten Speichel in meinen Mund fallen" lässt.[83] Ihre physische Reaktion: „Erstarrung. Nicht Ekel, bloß Kälte. Das Rückgrat gefriert, eisige Schwindel kreisen um den Hinterkopf. Ich fühle mich gleiten und fallen, tief, durch die Kissen und die Dielen hindurch. In den Boden versinken – so ist das also."[84] Es ist diese Erfahrung und nicht der erzwungene Verkehr, die sie dazu bringt, sich einen „Wolf" zu suchen, der sie vor dem übrigen Rudel beschützen soll.[85]

Trotz des kühlen, zeitweise analytischen, dann wieder sarkastischen Zugangs der Erzählerin zu den brutalen Ereignissen kommt in den Passagen über Kinder eine gegenteilige Tendenz zum Vorschein, die es ihr (ebenso wie den Russen) ermöglicht, zartere Gefühle zum Ausdruck zu bringen. Dies ist nicht nur dann der Fall, wenn die Erzählerin – gequält von tiefer Selbstverachtung nach den ersten Vergewaltigungen – sich die Schilderung ihrer Mutter von ihr als Kind ins Gedächtnis ruft: „Ein Baby so weiß und rosa, wie es stolze Eltern freut" (29. April). Die Erinnerung vermittelt ihr das Gefühl, als würde der Sonnenstrahl auf den „Unflat, der ich jetzt bin" treffen.[86] Das berührt sie auch als Beobachterin; so reagiert sie heftig (sogar heftiger als das Tagebuch des Lehrers Schneider) auf die Kinder mit ihren Milchgesichtern und hohen Stimmen, die viel zu große Soldatenuniformen tragen, um im Volkssturm zu dienen: „Daß diese Knaben schon vergeudet werden, bevor sie reif sind, muß wohl gegen ein Naturgesetz verstoßen, es ist triebwidrig, gegen jeden Trieb der Arterhaltung gerichtet. Wie gewisse Fische oder Insekten, die ihren Nachwuchs auffressen" (23. April).[87] Die Russen allerdings sind wirklich nett zu Kindern. So hebt die Erzählerin einen Moment hervor, in dem „zwei rüde Kerle" mit Gewehren in die Wohnung eindrangen und in einem Zimmer auf eine junge Frau stießen – „und stoppten vor dem Gitterbettchen, in dem beim Kerzenschein das Baby und der vierjährige Lutz beisammen schliefen. … Beide starrten eine Zeitlang auf das Bettchen – und verzogen sich dann auf Zehenspitzen wieder aus der Wohnung" (5. Mai).[88]

[*Wenn ich diesen Abschnitt aus* Eine Frau in Berlin *lese – und dies ist wohl einer der schwierigeren Einschübe in diesem Buch –, so klingen darin Geschichten mit, die mir meine Mutter über den Mai 1945 erzählt hat. Sie musste damals auf einem fünfmonatigen Treck von Schlesien nach Thüringen in den Scheunen und Flüchtlingslagern Sachsens Schutz suchen. Wie sie betonte, ließen die russischen Soldaten sie in Ruhe, weil sie mich auf dem Arm hatte – und in der Nacht auf sich liegend. Meine Mutter hatte auch einen kleinen russischen Sprachführer angefertigt. In einem Brief, den sie am 25. Januar 1946 an ihre Nichte schrieb und in dem sie diese nächtlichen russischen Attacken erwähnt, wurde diese Passage von einem amerikanischen oder britischen Zensor geschwärzt, so dass sie teilweise unlesbar war.*]

Antony Beevor hat die komplexe Funktion von Vergewaltigung während des Krieges herausgestrichen und die Praktiken der Roten Armee gegen Ende des Zweiten Weltkriegs und danach insbesondere in Berlin unterschieden vom Einsatz von Vergewaltigung als Taktik des Terrors im Spanischen Bürgerkrieg und in Bosnien.[89] Halleys Auslegung von *Eine Frau in Berlin* hat ferner aufmerksam gemacht auf die unterschiedlichen Interpretationen, die verschiedene Vergewaltigungen in dem Buch erfahren.[90] Ein besonders entsetzliches Geschehnis widerfährt einem deutschen Anwalt, der mit einer Jüdin verheiratet ist und in den Nazi-Jahren viel Druck aushalten und Bedrängnis ertragen musste, weil er sich nicht scheiden ließ.

> Seit Monaten hatte sich das Ehepaar auf die Befreiung Berlins gefreut, hatte nächtelang am Radio gehockt und die fremden Sender abgehört. Als dann die ersten Russen in den Keller drangen und Frauen wollten, gab es Gerangel und Schießerei. Ein Querschläger prallte von der Mauer ab und traf den Anwalt in die Hüfte. Seine Frau warf sich den Russen entgegen, flehte auf deutsch um Hilfe. Worauf man sie hinaus auf den Gang schleppte, drei Kerle über ihr, während sie immerfort heulte und schrie: „Ich bin Jüdin, ich bin doch Jüdin." Inzwischen verblutete der Mann. Man hat ihn im Vorgarten begraben. Die Frau ist seitdem auf und davon, keiner weiß, wohin. Mich überläuft es kalt, da ich dies hinschreibe. Dergleichen kann nicht erdacht, nicht erfunden werden, es ist äußerste Grausamkeit des Lebens, blindwütiger Zufall. (18. Mai)[91]

Die Frau mit dem Ekzem weint Tränen der Verzweiflung, als sie diese Geschichte erzählt: „Wär' es nur schon vorbei", sagt sie, „das arme bißchen Leben."

Gleichzeitig ist die Passage über die Freude des deutsch-jüdischen Paares „auf die Befreiung Berlins" das einzige Mal, dass der Begriff „Befreiung“ in *Eine Frau in Berlin* auftaucht, wobei seine Verwendung absurd ist, denn dies ist nicht einmal dem Namen nach eine „Befreiung“. Jede Vorstellung einer gerechtfertigten Vergeltung oder des Begleichens einer Rechnung[92], die sich ein Leser vielleicht gemacht hat, um die Massenvergewaltigungen zu begreifen, wird durch eine Geschichte, in der ein Nazi-Opfer ein weiteres Mal schikaniert wird – diesmal von den Befreiern –, ein Ende gemacht. Die Begebenheit korrespondiert mit Zeilen über die Schändung eines polnischen Mädchens und die grausige Ermordung eines deutschen Kommunisten aus Solschenizyns Ballade *Ostpreußische Nächte* und veranschaulicht eindringlich Beevors Äußerung, dass polnische Frauen und Zwangsarbeiterinnen in Deutschland ebenfalls unter Vergewaltigungen durch die Russen zu leiden hatten.[93]

Der Ausdruck, dass ihr da „etwas geschah, was eine Rechnung ausglich“, den die Autorin von *Eine Frau in Berlin* angeblich gegenüber dem Herausgeber des Buches Kurt Marek gebrauchte, hat eine besondere Bedeutung, nämlich die Gräueltaten der Nazis im Vergleich zu den russischen Kriegsverbrechen abzuwägen. Zumindest sah dies Ann Stringer in ihrer Buchrezension in der *New York Herald Tribune* so: „So wie sich der Verstand gegen den Anblick und den Geruch der Öfen in den Konzentrationslagern und der Stapel ausgemergelter Leichen aufbäumte, so weigert man sich nun, die Schauergeschichten zu akzeptieren, die den Alliierten von Angehörigen der feindlichen Nation zur Last gelegt werden, die diese Todeskammern errichtet und betrieben hat. Doch langsam erzwingen die offensichtlichen Fakten der russischen Siegesorgie Akzeptanz.“[94]

Die Aussage in *Eine Frau in Berlin*, „Dergleichen kann nicht erdacht, nicht erfunden werden“ (10. Mai), ist natürlich ein weit verbreitetes rhetorisches Mittel, um in Dichtung Behauptungen als Wahrheit darzustellen; doch die Geschichte kann tatsächlich wahr sein. In *Eine Frau in Berlin* hat sie die Funktion, die Bedeutung der nationalen, ethnischen und politischen Identität des Opfers für den Diskurs über die Vergewaltigung hervorzuheben. Es erscheint als großes Unrecht, sogar noch mehr als viele andere schreckliche Dinge in dem Buch, dass für die russischen Vergewaltiger der Unterschied zwischen einer jüdischen und einer deutschen Frau bedeutungslos ist (auch wenn sie vielleicht eher auf die deutschen Worte der Jüdin reagiert haben und nicht auf das, was sie ihnen so verzweifelt zu vermitteln versuchte).

Eine Frau in Berlin ist, wie das Cover der ersten amerikanischen Ausgabe suggerierte, auch eine Allegorie auf Berlin, auf Deutschland 1945, und Vergewaltigungen sind an die nationale Geschichte gekoppelt, an die „bittere, bittere Niederlage“ (wie die Erzählerin sie bezeichnet) und an die Vergeltung.[95] Es ist aufschlussreich, dass das nicht namentlich gekennzeichnete Vorwort zur deutschen Ausgabe von 1959 darlegt, das Buch berichte keinen Einzelfall, sondern ein düsteres Schicksal, das sehr viele teilten: „Ihre Person ist ohnehin belanglos, da hier kein interessanter Einzelfall geschildert wird, sondern ein graues Massenschicksal. Noch leben Millionen Frauen, die Ähnliches berichten könnten."[96] Am 8. Mai, am Beginn des vierten Abschnitts des Buches, sinniert die Erzählerin über den Unterschied zwischen einer Vergewaltigung als individuelles Verbrechen zu Friedenszeiten (welche unterschiedliche Reaktionen in der Gesellschaft sowie beim Opfer auslösen dürfte) und Massenvergewaltigungen in Kriegszeiten: „Hier aber handelt es sich um ein Kollektiv-Erlebnis, vorausgewußt, viele Male vorausbefürchtet – um etwas, das den Frauen links und rechts und nebenan zustieß, das gewissermaßen dazugehörte. Diese kollektive Massenform der Vergewaltigung wird auch kollektiv überwunden werden. Jede hilft jeder, indem sie darüber spricht, sich Luft macht, der anderen Gelegenheit gibt, sich Luft zu machen, das Erlittene auszuspeien."[97]

Der 8. Mai ist gleichzeitig der Tag, an dem Deutschland der bedingungslosen Kapitulation gedenkt. Mehrmals kommt *Eine Frau in Berlin* auf die Kapitulation zu sprechen, wobei der Leser eingeladen wird, das Buch als nationale Geschichte zu betrachten.[98] Demzufolge schreibt sie am 8. Mai „Wir haben kapituliert", und als ihr am 9. Mai das Gerücht einer Siegesparade zu Ohren kommt, bemerkt sie: „Sollen sie feiern, uns geht es nichts an. Wir haben kapituliert." Das Wort „Deutsche" klingt für sie wie ein Schimpfwort, wenn es in offiziellen Nachrichten der Russen zu lesen ist, wo Details der bedingungslosen Kapitulation verkündet werden (14. Mai). In *Eine Frau in Berlin* herrscht für den Moment, da der Frieden anbricht, folglich der Ausdruck „Kapitulation" vor, dennoch mischt sich auch in die Reaktion der Erzählerin ein wenig Trotz.

Und Schuld und Scham. Die Erzählerin notiert am 16. Mai, „daß mir unter allen Schmähungen und Vorwürfen von seiten der Russen niemals die Judenverfolgungen vorgeworfen worden sind".[99] Doch ein russischer Soldat, für den sie übersetzen muss, war Zeuge, wie deutsche Militärs in seinem Heimatdorf Kinder erstachen, andere wiederum hätten Kinder „bei den Füßen gefaßt, um ihre Schädel an der Mauer zu zertrümmern" (5. Mai).[100] Diese Szene, die hier berichtet wurde, kontrastiert so stark, wie man sich nur vorstellen kann, mit dem beschriebenen russischen Verhalten gegenüber Kindern. Eine der deutschen Frauen kann diese Information gar nicht glauben, eine andere will wissen, ob die Täter der Wehrmacht oder der SS angehört hätten, und die Erzählerin folgert: Auch wenn es „SS-Leute waren: Jetzt werden unsere Sieger sie zum ‚Volk' rechnen und uns allen diese Rechnung vorhalten" (5. Mai).[101] Dies ist eine von mehreren Passagen in dem Buch, in welchen *Eine Frau in Berlin* Neuigkeiten über deutsche Gräueltaten im Osten, in Konzentrationslagern und im Genozid thematisiert.

Der Eintrag vom 27. Mai 1945 beispielsweise endet mit der Wiederherstellung der Elektrizität, und der Berliner Radiosender bringt „meistens Nachrichten und Enthüllungen. In großen Lagern im Osten sollen Millionen Menschen verbrannt worden sein, meistens Juden. Aus ihrer Asche sollen die Kunstdünger hergestellt haben. Und was das Tollste ist: Alles das soll in dicken Büchern säuberlich notiert sein, eine Buchführung des Todes. Wir sind eben ein ordentliches Volk" (27. Mai).[102] Als das Radio spätabends Beethoven spielt, kommen der Erzählerin die Tränen (eines der sehr wenigen Male in diesem Buch), und sie schaltet das Gerät aus. Das ist mehr, als sie jetzt ertragen kann. Am 2. Juni hört sie, zwischen Jazz und Lobeshymnen auf die Rote Armee, weitere Enthüllungen, und am 15. Juni denkt sie bei der Lektüre von Aischylos' *Perserklage* über die Nachricht nach:[103] „Mit ihrem Wehschreien der Besiegten paßte sie gut zu unserer Niederlage – und paßt doch gar nicht. Unser deutsches Unglück hat einen Beigeschmack von Ekel, Krankheit, Wahnsinn, ist mit nichts Historischem vergleichbar. Soeben kam durchs Radio wieder eine KZ-Reportage. Das Gräßlichste bei all dem ist die Ordnung und Sparsamkeit: Millionen Menschen als Dünger, Matratzenfüllung, Schmierseife, Filzmatte – dergleichen kannte Aischylos noch nicht" (15. Juni).[104] Diese Passage deutet auch an, dass es für die *Frau aus Berlin* nach derartigen Enthüllungen keine tragische Form mehr geben kann und dass der Tonfall, den sie gewählt hat, möglicherweise der geeignetste ist – oder der einzige, den sie sich vorstellen kann. In jedem Fall: Der Tragödie der deutschen Niederlage (in der Tradition von Aischylos) umfassend Ausdruck zu verleihen wird durch die Nachrichten über den – noch nicht so bezeichneten – Holocaust verhindert.

Mit der Ankunft der Alliierten besteht keine große Hoffnung auf eine Änderung zum Besseren: Schlagartig ist eine neue Art von engstirniger Denunziation und politischem Opportunismus zu beobachten.[105] Die polnische Dolmetscherin und „Antreiberin", die für die Russen arbeitet, sieht so aus, wie sich die Erzählerin eine Aufseherin im Konzentrationslager vorstellt (30. Mai), und die alliierten Fahnen, die die Berliner herzeigen, wurden mühsam aus Nazi-Flaggen und Stoffresten zusammengenäht.[106] Die Menschen kehren jetzt opportunistisch ihren „nicht arischen" Hintergrund hervor, und der Attentatsversuch auf Hitler vom 20. Juli, den von Kardorff unterstützt hat und dem Kästner nach dem Krieg ein Denkmal zu setzen half, wird lediglich mit einer zynischen Bemerkung von einer Dame aus Hamburg versehen, von der die Erzählerin berichtet, „wäre Hitler am 20. Juli 1944 schon abserviert worden, so wäre ihm bestimmt ein Rest von seinem Nimbus verblieben. Viele hätten weiter an den Toten geglaubt“ (18. Mai).[107]

Die Erzählerin fasst ihr Weltbild mit Worten zusammen, die sie auch schon in einer Unterhaltung mit einer Schweizerin verwendet hat: „Die Summe der Tränen bleibt konstant“ – „ganz gleich, welchen Göttern sie anhängen und welchen Reallohn sie beziehen: die Summe der Tränen, der Schmerzen und Ängste, mit der ein jeder für sein Dasein zahlt, bleibt konstant.“ Sie gibt aber auch zu, dass, „wer an die Unveränderlichkeit der irdischen Tränensumme glaubt, schlecht zum Weltverbesserer und überhaupt nicht zu heftiger Tat“ tauge. Dies lässt sie, wenn schon aus keinem anderen Grund, so doch „aus Neugier“ das Leben aushalten, weil es sie schlicht freut, zu atmen und ihre „gesunden Glieder zu spüren“ (13. Mai).[108]

Tagebücher und ihre Überarbeitung

Jens Bisky machte auf den veränderten Schluss der Ausgabe von 2003 aufmerksam, in welcher der letzte Abschnitt des Buches weggelassen wurde. Dort stellt die Erzählerin noch einmal die tatsächliche Ausarbeitung des Buches dar – auf eine Art und Weise, die an romantische Ironie erinnert, da dem Leser die Entstehung des Textes bewusst gemacht wird – ebenso wie die Veränderung, welche die Originalseiten im Vergleich zum gedruckten Buch erfahren haben: „Eines noch will ich tun. Ich hab mir von der Witwe die Schreibmaschine ausgeliehen. Darauf schreibe ich meine Tagebuchhefte sauber ab, auf Papier, das ich in der Dachwohnung fand. Schön langsam, wie es die Kräfte zulassen. Schön deutlich und ohne Abkürzungen wie ‚Schdg.‘. Gerd soll es lesen, wenn er zurückkehrt. Vielleicht finden wir doch wieder zueinander“ (16.–22. Juni).[109]

Mit diesem Ende will die Erzählerin dem Leser offenbar präzise Information über das Papier vermitteln, auf dem das Tagebuch geschrieben worden ist. Dieser Schluss korrespondiert mit dem allerersten Eintrag, in dem sie „die leere Kladde“ erwähnt, in die sie jetzt schreibt (20. April) und die sie in der Dachwohnung, in welcher sie Unterschlupf gefunden hat, entdeckt hat.[110] Dieses Motiv, den Schreibprozess als solchen zu thematisieren, wird durch das gesamte Buch hindurch entwickelt. Es fungiert als Leitmotiv und ästhetisches Mittel, um die Materialität der „Kladde“ sowie der grauen, rückseitig betippten Manuskriptseiten erneut zu bekräftigen und so die Authentizität des Tagebuchs zu suggerieren.[111]

Diese Schlusspassage, die in die neue deutsche Ausgabe nicht aufgenommen wurde, wurde dort ersetzt durch die beiden Sätze: „Ob Gerd noch an mich denkt? Vielleicht finden wir doch wieder zueinander."[112] Bisky interpretierte diesen Austausch als Beleg dafür, dass das ganze Buch nicht authentisch sei. Das originale Schreibmaschinenmanuskript, das nur Walter Kempowski hatte einsehen und authentifizieren können – er hatte früher zwei Abschnitte aus *Eine Frau in Berlin* für seine Sammlung *Echolot: Abgesang '45* exzerpiert, die den Zeitraum vom 20. April bis 9. Mai umfasst –, sei, laut der ersten englischen Übersetzung, auf den Rückseiten von Manuskriptseiten geschrieben worden.[113] War es durch die Entfernung dieser Passage (obwohl das riskant war, da sie bereits einmal gedruckt worden war) vielleicht einfacher gewesen, eine Fälschung (die möglicherweise ursprünglich vom Herausgeber C.W. Ceram begangen wurde) weiterhin als authentisches Tagebuch auszugeben? In jedem Fall geht durch das Weglassen dieses letzten Hinweises auf das Tagebuch die abschließende Verwendung eines Motivs verloren, welches das Buch ansonsten strukturiert.

Allerdings gibt es eine andere Variante, die möglicherweise noch bezeichnender ist als die des Schlusses. Er handelt sich um eine aufschlussreiche Geschichte über die Vergangenheit der Erzählerin, die in der Übersetzung von 1954 (der ersten Ausgabe des Buches) komplett fehlte. Sie spielt in Paris im dritten Jahr von Hitlers Herrschaft, etwa ein Jahrzehnt vor der eigentlichen Handlung des Buches also, und dreht sich um einen kleinen Flirt der Erzählerin an einem Regentag im Jardin du Luxembourg mit einem jungen Mann, einem Studenten wie sie. Beide sprechen französisch, bemerken aber sofort, dass keiner von beiden aus Frankreich kommt. Daraus entwickelt sich ein Spiel, in dem sie die Nationalität des jeweils anderen zu erraten versuchen. Der junge Mann glaubt, die blonde Erzählerin müsse Schwedin sein, und sie tendiert zu der Annahme, er sei Monegasse – bis ihr Versuch, mit ihm Schritt zu halten, während sie zusammen spazieren gehen, plötzlich das Geplänkel beendet: Er merkt, dass die Person, die mit ihm im Gleichschritt marschieren möchte, Deutsche sein muss, bleibt plötzlich stehen und ruft aus: „Ah, une fille du Fuhrer!" Sie bemerkt: „Aus war's mit Spaß und Neckerei. Denn nun stellte sich der junge Mann vor: kein Monegasse, sondern Holländer und Jude. Was sollten wir da noch reden? Wir trennten uns an der nächsten Wegbiegung. Mir hat dies Erlebnis damals bitter geschmeckt, hab lange daran herumgekaut" (11. Mai).[114]

Diese Geschichte wird erzählt als Antwort auf die Frage der Erzählerin nach ihrer eigenen Schuld oder Unschuld, ihrer Verwicklung in die Nazi-Herrschaft. In den deutschen Ausgaben ist sie eingeschoben, direkt nachdem der Leser erfahren hat, wie schnell und opportunistisch sich Deutsche vom Nazismus abgewandt haben. „Jeder rückt jetzt von Adolf ab, und keiner ist dabeigewesen. Jeder wurde verfolgt, und keiner hat denunziert."[115]

Es scheint so, als würde sich die Erzählerin an dieser Stelle auf eine Selbstprüfung zubewegen, allerdings nur in der deutschen Ausgabe von 1959, nicht in der Übersetzung von 1954: „War ich selber dafür? Dagegen? Ich war jedenfalls mittendrin und habe die Luft eingeatmet, die uns umgab und die uns färbte, auch wenn wir es nicht wollten“ (11. Mai).[116]

Was soll uns diese neue oder in der früheren Übersetzung weggelassene Episode zeigen? Dass die Erzählerin von einem Juden zurückgewiesen wurde, weil sie Deutsche war? Oder dass sie einen Juden ablehnte, weil sie möglicherweise den Kernglauben der Nazis teilte, dass Deutsche nicht mit Juden verkehren sollen, vielleicht weil sie „die Luft eingeatmet“ hatte, „die uns umgab und die uns färbte“? Worin besteht die Logik der rhetorischen Frage: „Was sollten wir da noch reden?“ War sie es oder der junge Holländer, der die Unterhaltung beendete? Oder glaubte man, es sei für den Leser selbstverständlich, dass eine junge deutsche Studentin und ein holländischer jüdischer Student in Paris 1935 oder 1936 nichts zu bereden hätten? Warum wohl erschien die Episode der vereitelten deutsch-jüdischen Romanze nicht in der Ausgabe von 1954? Hans Magnus Enzensberger vermerkt in seinem Vorwort, dass die Neuausgabe Passagen wiederherstellen konnte, „die vorher ausgelassen worden waren, um zu vermeiden, dass heikle Themen berührt werden, oder um die Privatsphäre noch lebender Personen zu schützen“ (xii). Doch erfüllt die eine Seite lange Wiederherstellung der Szene von der vereitelten Seelenbegegnung der Erzählerin und eines namenlosen holländischen Studenten in Paris eines dieser Kriterien?[117] Gibt es vielleicht weitere Passagen im Manuskript, die heute zu heikel sind? Antony Beevor schreibt in seiner Einleitung zur neuen englischen Übersetzung, dass die Übertragung von 1954 „unvollständig“ gewesen sei; diese Passage könnte als Beispiel dafür angesehen werden, die neue Ausgabe „vollständiger“ zu machen.[118] Aber was bedeutet das für den letzten Abschnitt des Buches, der lediglich in den Neueditionen fehlt? Kann eine Weglassung eine neue Ausgabe wirklich *vollständiger* machen?[119]

Bei Tagebüchern handelt es sich um Texte, die privat geschrieben, aber doch wohl aufbewahrt werden, um später erneut gelesen zu werden – warum sonst sollten sie geschrieben werden? – und um Korrekturen, Nachsätze und neue Ereignisse hinzuzufügen, in deren Lichte eine frühere Vermutung falsch oder begründet erscheint. Mithin bieten sie, zumindest ein wenig, Überarbeitungsmöglichkeiten, wenn sie von stichwortartigen Notizen, die aus handschriftlichen Notizbüchern und Zetteln abgeschrieben werden, in getippte Manuskripte übertragen oder von kurzen Aufzeichnungen zu komplett ausgeführten Szenen ausgearbeitet werden. Die Tagebücher von Schriftstellern werden möglicherweise von Anfang an mit Blick auf andere Leser und eine zukünftige Veröffentlichung verfasst; folglich ist es wahrscheinlicher, dass sie vor der Drucklegung einer Überarbeitung unterzogen werden.[120] Ästhetische Ausschmückungen und Bearbeitungen, die mit der Intention unternommen wurden, eine literarische Sprache für die Darstellung der beschriebenen Erfahrung zu finden, sind daher bei veröffentlichten Tagebüchern erwartbar. Deshalb ist an den Änderungen, welche die Tagebücher vom Kriegsende erlebt haben, auch nichts Ungewöhnliches.

Und dennoch ist es erwähnenswert, dass in den drei veröffentlichten Tagebüchern von Ursula von Kardorff, Erich Kästner und der anonymen Frau aus Berlin eine direkte Stellungnahme zum Ende des Zweiten Weltkriegs in einer prägnanten Metapher oder einer deutlichen Reaktion offenbar unterdrückt worden zu sein scheint – und dass in allen drei Fällen dieses Unterdrücken mit Nachrichten aus dem Radio über in deutschen Konzentrationslagern begangene Gräueltaten oder mit Überlegungen zur individuellen Schuld verbunden war. Wie wir in ihrem Eintrag vom 20. April 1945 sehen konnten, gestaltete von Kardorff diese Information um und fügte die Bemerkung hinzu, dass ihre Vorstellungskraft nicht ausgereicht habe. Kästner ließ in *Notabene 45* die Lager-Nachrichten als Quelle des Satzes, den er beibehielt – dass die Menschen betreten umherliefen –, weg, er wählte aber gleichwohl eine wirklich einprägsame Formel für den 7. Mai, die dieses Datum als „Lücke zwischen dem Nichtmehr und dem Nochnicht" kennzeichnete. Die Druckfassungen von *Eine Frau in Berlin* wiederum zeigen, dass zwischen 1954 und 1959 eine ganze Seite in den Eintrag ihres Tagebuchs vom 11. Mai 1945 eingefügt wurde (oder vielleicht für die Publikation der Ausgabe von 1954 weggelassen wurde) – eine Seite, die das eigene Empfinden der Erzählerin hinsichtlich ihrer Verstrickung in den Nationalsozialismus untersuchen sollte. Das Ende des Zweiten Weltkriegs hat offenbar eine besonders intensive Suche nach genau der richtigen Antwort ausgelöst. Das macht manche Tagebücher vielleicht interessanter in Bezug auf das, was die Autoren dachten, dass sie damals gefühlt und formuliert haben *sollten*, als in Bezug auf das, was sie tatsächlich als ihre dokumentierten Reaktionen auf die Ereignisse eines bestimmten Tages niederschrieben.

Abb. 4: Ein Junge geht an Leichen vorüber. Bergen-Belsen, 20. April 1945. Foto von George Rodger. Time & Life, 50605938/Getty Images.

7. Mai 1945

An dem Tag, an dem Deutschland kapituliert und der Zweite Weltkrieg damit offiziell zu Ende geht, bringt das Life*-Magazin eine Titelgeschichte über „The German People" (Das deutsche Volk). In dieser Ausgabe sind sowohl zahlreiche fröhliche bunte Werbeanzeigen enthalten wie auch erschütternde Schwarz-Weiß-Fotografien; das Bild, das den Foto-Essay über „Atrocities" (Gräueltaten) einleitet, ist jedoch besonders eindringlich und fesselnd.*

Mörderische Rechtecke des gespenstischen Grauens

Ein Fotograf und sein Gegenstand

Wir sind arme, flüchtige Fakten,
und dies ermahnt uns,
jeder Figur auf dem Photo
ihren lebendigen Namen zu geben.
Robert Lowell, „Epilog"

Ein Knabe, ordentlich gekleidet mit einem Hemd, einem gemusterten Wollpullover, kurzen Hosen, die ihm bis zu den Knien reichen, hellen Socken und Lederschuhen, geht etwa zur Mittagszeit eine leicht gewundene, sonnenbeschienene Straße entlang auf den Fotografen zu. Der kurze Schatten des Jungen ist auf dem hellen Boden scharf umrissen. Er scheint sich mit flottem Schritt vorwärts zu bewegen, denn der unscharfe Fleck, der seine rechte Hand ist, deutet darauf hin, dass er sich in Bewegung befindet. Sein Kopf ist nach links gewandt (von ihm aus gesehen nach rechts), vielleicht um dem Sonnenlicht auszuweichen, weil er auch die Augen ein bisschen zusammenkneift. Er scheint jedoch direkt in die Kamera zu blicken, folglich auch zum Betrachter. Es sieht aus, als würde er eine Linie entlanglaufen, so wie Kinder es häufig tun, eine Linie, die auf der sandigen Straße im Vordergrund deutlich zu sehen ist. In der Entfernung, perspektivisch verkürzt, gehen zwei Frauen auf der Straße in Richtung des Jungen. Die Straße kommt aus einem parkartigen Wald mit hauptsächlich jungen, schmalen und dünnstämmigen Kiefern, der die obere Hälfte der Fotografie bis zu einer Art horizontalen Trennlinie beinahe komplett ausfüllt.

Schockierend ist die untere rechte Hälfte der Fotografie (Abb. 4). Ein großer parabelförmiger Keil, geformt von der Straßenbiegung und einem Weg am unteren Rand der Bäume, wölbt sich in das ansonsten friedvolle Bild. Die Böschung der Straße ist bedeckt mit den Leichen Hunderter ausgemergelter Erwachsener, manche von ihnen bekleidet, manche bedeckt mit Hemden, Kleidungsstücken oder Decken, manche nackt. Etliche nackte Beinpaare, einige von ihnen bis zum Skelett abgemagert, weisen in Richtung des laufenden Jungen. Die Leichen scheinen aus einem rätselhaften Grund ganz bewusst platziert worden zu sein, der Böschung entlang regelrecht aufgereiht. Auf den ersten Blick wirken die Gestalten, als würden sie schlafen. Sobald klar ist, dass es sich um Leichen handelt, scheint sich der Kopf des Jungen jedoch nicht nur vom Sonnenlicht abzuwenden, sondern ebenso von dem entsetzlichen Anblick, dem er sich nicht aussetzen möchte.

Das Foto zeitigt den Effekt eines beängstigenden Albtraums; es erinnert an eine besonders erschütternde Version des Märchens von Hänsel und Gretel, das in einem furchtbar verzauberten Wald spielt, wo schreckliche Verbrechen verübt worden sind und wo die Regel, dass Tote bestattet werden müssen, missachtet wurde. Der Kontrast zwischen den vertikalen Baumstämmen sowie den gehenden Gestalten und den horizontal aufgereihten Leichnamen auf dem Boden dramatisiert die Linie zwischen Leben und Tod, die in den Ereignissen, die der Aufnahme dieser Fotografie vorangegangen sein müssen, gewaltsam überschritten worden ist.

Der kleine Junge ist unser Eingangspunkt in das Bild, und wahrscheinlich fühlen die Betrachter mit ihm. Warum muss er einen von Leichen gesäumten Weg alleine entlang gehen? Warum wohl wird so ein kleines, anscheinend unschuldiges Kind in eine solche Lage gebracht? Als die Fotografie am 7. Mai 1945 erstmals im *Life*-Magazin veröffentlicht wurde, trug sie die Bildunterschrift: „Ein kleiner Junge spaziert in der Nähe des Lagers von Belsen eine von Leichen gesäumte Straße entlang."

Diese Worte, die wahrscheinlich nicht vom Fotografen, sondern von den Redakteuren des Magazins ausgewählt wurden, verstärken den Kontrast zwischen dem kleinen Jungen, der „spaziert", und den Leichnamen, welche die Doppeldeutigkeit des Begriffs „Lager" aufheben, indem sie dem dargestellten Grauen einen Namen geben: den des Konzentrationslagers Belsen.[1] Auf der der Fotografie mit dem kleinen Jungen gegenüberliegenden Seite wurde die Bedeutung von Bergen-Belsen und von Buchenwald, einem anderen nationalsozialistischen Konzentrationslager, mit weiteren Fotos sterbender Männer und Frauen, hungernder Menschen, die in dreistöckige

Betten gepfercht sind, und der Auswirkungen der Mangelernährung auf die Gefangenen bildlich dargestellt.

Fotografien von Gräueltaten

Verbreitet wurden solche Fotografien von Konzentrationslagern mit der Unterstützung General Dwight D. Eisenhowers. Nachdem dieser am 12. April 1945 die toten und gerade noch lebendigen Lagerinsassen sowie die überlebenden Zwangsarbeiter in Ohrdruf, einem Außenlager von Buchenwald in der Nähe von Gotha, gesehen hatte, wollte er unbedingt sicherstellen, dass derartige Stätten dokumentiert werden. In seinen Erinnerungen *Kreuzzug in Europa* (1948) schreibt Eisenhower über diese Erfahrung recht unbestimmt und kryptisch, als wisse er nicht, was er sagen solle. Nicht einmal den Namen des ersten „Lager[s] des Grauens", auf das er sich bezieht, erwähnte er, als er sich daran erinnert, dass er „zum erstenmal ein so unbestreitbares Zeugnis für die Unmenschlichkeit der Nazi [sic] und dafür vor Augen hatte, daß sie sich über die primitivsten Gebote der Menschlichkeit in skrupelloser Weise hinwegsetzten. Bisher hatte ich nur gewußt, daß es Lager dieser Art gab ... Nichts hat mich je so erschüttert wie dieser Anblick." Und weiter: „Ich sah mir in dem Lager alles auf das genaueste an", weil er in der Lage sein wollte, „jederzeit selbst Zeugnis über diese Dinge" abzulegen. Eisenhower drang bei Regierungsstellen in Washington und London darauf, „sofort ohne weitere Umstände ... Zeitungsredakteure[...] und Volksvertreter nach Deutschland" zu schicken. Er hielt es für richtig, „der Öffentlichkeit in Amerika und England diese Beweise unverzüglich zugänglich zu machen, und zwar so, daß für zynische Zweifel kein Raum blieb".[2]

Eisenhower verlieh einem Gefühl Ausdruck, das allgegenwärtig war: „Uns wurde gesagt, dass der amerikanische Soldat nicht weiß, wofür er kämpft. Jetzt jedenfalls wird er wissen, wogegen er kämpft."[3] Die weite Verbreitung von Fotografien der Opfer massenhafter Gräueltaten in Konzentrationslagern wurde in den letzten Kriegswochen zu einem mächtigen Instrumentarium und blieb auch für die nachfolgenden Umerziehungsbemühungen von Bedeutung. Nicht nur die militärische und politische Führung, sondern ebenso verschiedene Zeitschriften beauftragten Fotografen und Journalisten mit der Dokumentation der Lager. Im April 1945 fotografierte Lee Miller Dachau und Buchenwald für Reportagen in der *Vogue*. Das *Life*-Magazin schickte David E. Scherman nach Dachau, Buchenwald und Penig, John Florea nach Nordhausen, William Vandivert nach Gardelegen und Margaret Bourke-White nach Leipzig-Mockau und Buchenwald.[4] Fotografien der Gräuel boten den Betrachtern die Möglichkeit, indirekt Zeugen von Szenen außerordentlichen menschlichen Leids zu sein, vor dem sie vorher gefeit waren. So erinnerte sich beispielsweise Susan Sontag an den Moment im Juli 1945, als sie in einem Buchladen im kalifornischen Santa Monica erstmals die Fotografien von Bergen-Belsen und Dachau sah: „Nichts, was ich jemals gesehen habe – ob auf Fotos oder in der Realität –, hat mich so jäh, so tief und unmittelbar getroffen. Und seither erschien es mir ganz selbstverständlich, mein Leben in zwei Abschnitte einzuteilen: in die Zeit, bevor ich diese Fotos sah (ich war damals zwölf Jahre alt) und die Zeit danach – obwohl noch mehrere Jahre verstreichen mußten, bis ich voll und ganz begriff, was diese Bilder darstellten." Sontag fährt fort: „Was konnte es nützen, sie zu betrachten? Es waren lediglich Fotos – von Ereignissen, über die ich noch kaum etwas erfahren und auf die ich nicht den geringsten Einfluß hatte, von Leiden, die ich mir kaum vorstellen und zu deren Linderung ich nichts beitragen konnte. Als ich die Fotos betrachtete, zerbrach etwas in mir."[5] Chaim Potok sah die Fotos von Belsen in Zeitschriften und Zeitungen und beschreibt in seinem Buch *Am Anfang* (1975) die Wirkung, die diese Fotos – „groß, scharf, schwarz-weiß und grauenvoll" – auf ihn hatten:

> Jeden Tag gab es jetzt Photographien. Den ganzen Mai hindurch strömten Rechtecke über den Ozean auf die Seiten unserer Zeitungen: Berge von Leichen, Gruben voller Knochen, die Haufen nackter Toter und die starrenden Augen und ausgemergelten Gesichter der Überlebenden. … [I]ch … versuchte, die Grenzen der grausamen Rechtecke zu überschreiten – ich konnte es nicht. Diese mörderischen Rechtecke des gespenstischen Grauens lagen jenseits meines Fassungsvermögens. Sie ließen mich nicht hinein. …
>
> Später saß ich im Hörsaal und vermochte meinen Blick nicht auf die Worte in meinem Talmudband zu richten. Ich starrte durch die hohen, breiten Fenster auf die Straße, und da, auf dem Kopfsteinpflaster, sah ich die Photographien von Bergen-Belsen. Groteske Gestalten mit abgezehrten Armen und Beinen und Brustkörben und Köpfen lagen auf einer steinernen Rampe aufgestapelt wie makabres Klafterholz. … Rechts davon sah ich Bäume und ein Stück Himmel.[6]

Die Leserbriefe in einer der folgenden Ausgaben des *Life*-Magazins befürworteten mit großer Mehrheit die Publikation solcher Fotos, auch wenn sie „Übelkeit erregend" und „schwer zu ertragen" sein mochten.[7]

Der *Life*-Fotograf, der nach der Befreiung des Lagers am 15. April 1945 nach Bergen-Belsen reiste, war der 1908 in Cheshire geborene Engländer

George Rodger. Ehe er mit *Life* in Verbindung kam, hatte er bereits einige Jahre in Amerika verbracht. Er war sowohl für den hohen Ästhetizismus seiner fotografischen Komposition bekannt als auch für seine wagemutige dokumentarische Berichterstattung über den Londoner Blitzkrieg, die Invasion der Alliierten in der Normandie und die Befreiung Frankreichs, Belgiens und Hollands, wobei ihm erstaunlich schöne Fotografien mit düsteren Motiven gelangen (obgleich sein Schwerpunkt zu dieser Zeit auf der Deutlichkeit des Themas lag und nicht auf der Schönheit der Komposition). Als Rodger nach Belsen kam, hatte er möglicherweise bereits Fotografien gesehen, die in anderen befreiten Konzentrationslagern aufgenommen worden waren.[8] Rodger schoss das Foto des kleinen Jungen am 20. April 1945 – an Hitlers 56. und letztem Geburtstag. Es war lediglich eines von 34 Bildern, die er in Belsen machte, darunter waren auch einige Schauplätze, die sich nahe bei der Stelle befanden, wo er den Jungen fotografierte, außerdem stammten auch die beiden anderen Belsen-Fotos, die in derselben Ausgabe von *Life* erschienen, von ihm. Nach Belsen zu kommen war eine entsetzliche Erfahrung für den Fotografen, der erst glaubte, viele schlafende Gestalten zu sehen, aber schnell realisierte, dass es sich um Tausende Leichen handelte.[9]

Rodger arbeitete mit einer 35 mm Leica und einer Rolleiflex, wobei er die Fotos von einer erhöhten Position, höchstwahrscheinlich von seinem Jeep aus, aufnahm. Tatsächlich war er in Paris mit Robert Capa auf einem Jeep fotografiert worden, als er über die Feierlichkeiten zur Befreiung berichtete. Und als er sich später an seine Ankunft in Belsen erinnerte, sagte Rodger: „Ich befand mich mit vier Tommies in einem Jeep und war unter den Ersten, die hineinkamen, und die Gräuel berührten mich ungeheuer."[10] Rodgers Fahrer zu Kriegszeiten, Dick Stratford, entsann sich der Distanz, die er spürte, während er den Jeep durch Belsen steuerte und Rodger Fotos schoss: „Es gab nichts, was wir tun konnten. Wir grüßten einfach die Leute, und das war's. Es gab kein denkbares Gespräch."[11] Die Linie, die der Junge entlanggeht, wurde wahrscheinlich von den Reifen von Rodgers Jeep gezogen. Folglich lassen sich beim Betrachten des Fotos die Kategorien anwenden, die Robin Kelsey vorgeschlagen hat, um die Spannung zwischen dem „Arrangement" der sorgfältigen fotografischen Komposition als Ganzer und der „Störung" durch die Linie auf der Straße zu kennzeichnen.[12]

Ein Betrachter, der sich das Foto genau ansah und zu dem Schluss kam, dass es kein Schnappschuss sein könne und dass der Junge den Fotografen bemerkt haben müsse, vermutete, Rodger habe vielleicht gesehen, wie der Junge die Straße entlanglief, und ihn gebeten, ein paar Schritte zurückzugehen, damit er ihn fotografieren könne. Möglicherweise hat Rodger den Jungen sogar an den Ort bestellt, da er – zu Recht – annahm, die Gegenwart des jungen Knaben würde das Foto besser machen.[13] In seinen veröffentlichten Tagebüchern erwähnte Rodger, dass er sich nach seiner früheren Arbeit mit verstecker Kamera und Schnappschüssen auf die Anforderungen des *Life*-Magazins einstellen musste, dessen Leser „noch immer gestochen scharfe, ja sogar bewusst gestellte Bilder erwarteten. Ich musste eine *LIFE*-Technik entwickeln, obwohl mir gestellte Aufnahmen ein Gräuel waren."[14] In einem 1995 veröffentlichen Interview erzählte Rodger jedoch, dass er schweigsam sei und mit den fotografierten Personen nicht viel zu sprechen pflege, gleichwohl hob er hervor, dass der Junge nichts dagegen hatte, fotografiert zu werden, und sehr kooperativ gewesen sei, was auf ein Gespräch hinweisen kann – oder auch nicht.[15] Selbstkritisch sagte Rodger auch, dass ihn sogar in Belsen die fotografische Komposition beschäftigt habe.[16] Der Moment, den diese Fotografie festhält, bleibt also ein wenig geheimnisumwittert.

Life brachte Rodgers Foto in der Ausgabe mit Percy Knauths illustrierter Titelgeschichte über „Das deutsche Volk", die mit einem Bericht des Selbstmords von Helmut Lotz und seiner Familie in Frankfurt am 25. März beginnt und in der auch Fotos deutscher Kinder enthalten sind.[17] Das Bild mit dem kleinen Jungen in Belsen, dem von den Redakteuren als Aufmacher eine ganze Seite eingeräumt wurde, eröffnete den Foto-Essay mit dem Titel: „Gräueltaten: Die Einnahme der deutschen Konzentrationslager türmt die Beweise für die Barbarei auf, die den Tiefpunkt menschlicher Entartung erreicht hat" (im Inhaltsverzeichnis abgekürzt als „Deutsche Gräueltaten"). Er war Bestandteil der erschütternden fotografischen Berichterstattung, welche die Befreiung der Konzentrationslager in Deutschland umfassender begleitete.[18] Dieser Kontext legte bestimmte Sichtweisen auf das Bild nahe. In der alliierten Fotografie dieser Zeit war das Thema der vermeintlichen deutschen Gleichgültigkeit gegenüber den Schreckensszenen und dem Leid hervorstechend. Die Bildunterschrift des *Life*-Magazins deutet die Haltung des kleinen Jungen, seinen „Spaziergang" und seine gleichgültige Miene als Teil dieser Story. Ein derartiger Rahmen stellt das Bild in eine Reihe mit vielen der anderen fotografischen Dokumentationen dieses Augenblicks.

Beispielsweise versah Margaret Bourke-White eine ihrer Fotografien von einer Frau, die in der Nähe eines Leichenstapels ihre Augen zuhält, mit der Bildunterschrift: „Junge Frau, die du nicht hinsehn kannst, hast du das mit den Juden richtig gefunden? Wirst du deinen Kindern erzählen, daß Hitler ein guter Mensch war?"[19] Bourke-White verwendet in ihrem Buch von 1946 *Deutschland, April 1945 (Dear Fatherland Rest Quietly)* durchweg polemische Bildunterschriften, die wohl eine feindliche Reaktion gegenüber Deutschen im Allgemeinen provozieren sollten. Das Buch ist ein sehr gutes Indiz für die rachsüchtige und strafende Haltung der Alliierten gegenüber Deutschland zu Ende des Krieges. Eine Fotografie in *Life*, die abgemagerte Gefangene in Schlafkojen zeigt und auf der Seite gegenüber dem kleinen Jungen in Belsen platziert wurde, stammt ebenfalls von Margaret Bourke-White.

„Germans Are Like This“ (Deutsche sind so), Lee Millers Foto-Reportage vom Juni 1945 für *Vogue*, war gleichfalls anti-deutsch und machte keinen Unterschied zwischen Nazis und anderen Deutschen. Miller schrieb im Begleittext: „Man sah immer nur wenige Deutsche auf einmal, und die waren in ihrer Unterwürfigkeit, Scheinheiligkeit und Liebenswürdigkeit schlicht ekelerregend. … Ich fühlte mich von den schleimigen Essenseinladungen in die unterirdischen Behausungen der Deutschen irritiert und angewidert. Erstaunlich fand ich die Dreistigkeit der Deutschen, eine Mitfahrgelegenheit in einem Militärfahrzeug zu erbetteln oder Zigaretten, Kaugummis und Seife zu schnorren … Wie konnten sie es wagen!“ Und an anderer Stelle: „Wir wollten nur gegen die Nazis Krieg führen. Unsere Geduld mit den Deutschen war so übertrieben korrekt, dass sie denken, sie können mit allem durchkommen. Naja, vielleicht können sie. In den Städten, die wir besetzt haben, grinsen die Menschen freundlich aus den Fenstern. Sie sind erstaunt, dass wir nicht winken oder ihr Lächeln erwidern.“ Bei einem Köln-Besuch findet Miller die Menschen, die sie sieht, „gepflegt und von den aus der Normandie und Belgien gestohlenen Fettvorräten gut genährt“. Ihre Fotografien auf der in der *Vogue* dem Text gegenüberliegenden Seite stellen Bilder nebeneinander, wie die Bildunterschriften erläutern: „Ordentliche Dörfer, gestaltet, ruhig“ mit „Ordentliche Öfen zum Verbrennen von Leichen“ und „Deutsche Kinder, wohlgenährt, gesund“ und „Verbrannte Knochen verhungerter Gefangener“. Natürlich können diese Bildunterschriften auch vom Redakteur der Zeitschrift stammen.[20]

Interpretationen von Rodgers Fotografie

In solchen Zusammenhängen wurde Rodgers Foto des kleinen Jungen in Belsen zu einer Allegorie nicht nur für den Kontrast zwischen Leben und Tod, sondern ebenso für die Kluft zwischen den gewöhnlichen, relativ wohlhabenden, gut gekleideten und scheinbar unschuldigen Deutschen und den verhungerten, gequälten und abgeschlachteten Opfern der Nazis, die 1945 in den Reportagen nur selten als Juden bezeichnet wurden. Unter diesem Blickwinkel erscheint der gesund wirkende Junge auf dem Bild für manchen Betrachter nicht als jemand, der sympathiewürdig ist, sondern als gefühlloser Zeuge der blutigen Folgen eines Terrorregimes. Solche Zusammenhänge entlarvten die Pose der Unschuld und brachten die Betrachter dazu, das Mitgefühl, das das Bild zunächst in ihnen hervorrief, zurückzuhalten. Zusammen mit vielen anderen Fotos der Lager kann Rodgers Bild folglich als Beitrag zu einer Anklage der Deutschen betrachtet werden. Dokumentarfotografie und Film konnten zu einer Form der Anschuldigung werden, und tatsächlich wurden Fotos wie diejenigen von Rodger und Bourke-White als Beweismittel bei der Strafverfolgung von Kriegsverbrechern verwendet.[21]

Rodgers Foto für *Life* warf auch ethische Fragen auf. Die kritische Philosophin Edith Wyschogrod, die sich für die Ethik des Erinnerns interessierte, schrieb: „Das Kind ist ordentlich gekleidet und scheint gut genährt zu sein. Der Junge blickt geradeaus und ist sich der Toten anscheinend nicht bewusst. Der Blick des Kindes verweigert die Negation des Todes, es wendet sich davon ab, kann jedoch nicht umhin, sie wieder in Kraft zu setzen. Der Fotograf als Historiker, der solch einen Augenblick einfängt, wird eins mit der inneren narratologischen Stimme des Kindes. Zukünftige Historiker werden vielleicht fragen: ‚Warum ist das Kind nicht ausgemergelt?' ‚Warum darf es in einem Gelände umherstreifen, das noch mit Leichen übersät ist?'“[22]

Die Historikerin Dagmar Barnouw, die polarisierende Ansichten der 1940er von Amerikas Unschuld und der deutschen Kollektivschuld zu differenzieren suchte, konnte sich nur schwer vorstellen, dass das Kind in einer derartigen Situation aus einem spielerischen Impuls heraus der erwachsenen Frau vorausgelaufen war. „Sein Kopf, zu groß und schwer für den schmalen Körper, läßt an einen alten Mann eher denn an ein Kind denken“, schreibt Barnouw. Darüberhinaus fragte sich Barnouw, was der Knabe sonst noch gesehen haben mochte und was er davon erzählen würde. „Hat er vorher schon einmal Tote gesehen, nach Luftangriffen? Ist sein Vater im Krieg gefallen? Sind Tod und Zerstörung für ihn etwas Alltägliches? Haben die Erwachsenen davon gesprochen, gibt es überhaupt Erwachsene in seiner Welt, oder sind sie alle infantilisiert durch die politische Ideologie?“ In ihrer Interpretation der Fotografie diagnostizierte Barnouw bei dem Jungen ein allgemeines Gefühl großer Isolierung und Erstarrung, einer „Unfähigkeit zu verstehen“, was er da sieht.[23]

Die Fotografie faszinierte nicht nur Historiker, Philosophen und Fotokritiker, sondern wurde auch zu einer Ikone, die viele weitere Male veröffentlicht wurde.[24] Eine viel diskutierte, neuere Geschichte der Nachkriegszeit leitet ihren ersten Bildteil beispielsweise mit Rodgers Foto ein, das mit folgender Bildunterschrift versehen ist: „Kurz nach Kriegsende. Ein kleiner Junge geht an Leichen von Häftlingen des Konzentrationslagers Bergen-Belsen vorbei, die am Straßenrand liegen. Wie die meisten erwachsenen Deutschen in den Nachkriegsjahren, wendet er den Blick ab."[25] Diese recht didaktische gleichnishafte Bildunterschrift erschien noch im Jahr 2005, ganze 60 Jahre nachdem das Foto aufgenommen worden war. Sie macht den Jungen zu jemandem, der wie „die meisten erwachsenen Deutschen" (als Kollektiv) ist, wie diejenigen, die ihren Blick von den Schrecken der Lager abwenden. Die Überschrift der gegenüberliegenden Seite „Gräueltaten" und der Text schaffen einen Kontext für die Fotografie; durch die Identifizierung des Jungen als repräsentativer Deutscher wiederum wird sein angestrengt blinzelnder Blick zum Fotografen hin zu einer politisch und ethisch bedeutungsvollen Geste, die einen tiefgehenden, der ganzen Nation eigenen Charakterfehler enthüllt. Die Implikation der Bildunterschrift könnte folgendermaßen ausbuchstabiert werden: Da sie den Genozid nicht verhindert haben, der in ihrem Namen begangen worden ist, sollten sich Deutsche aller Altersgruppen nun zumindest mit dem konfrontieren, wofür sie kollektiv Verantwortung tragen. Der Junge in der Fotografie sollte die Toten ansehen und voller Scham und Entsetzen nach links blicken.[26] Obwohl das Bild die Betrachter dazu einzuladen scheint, durch die Gestalt des Jungen in es einzutreten, nötigt diese Bildunterschrift sie, zu dem Kind Distanz zu halten und es eben nicht als armen unschuldigen jungen Zuschauer anzusehen, der in einer infernalischen Erwachsenenwelt umherläuft, sondern als eine Person, die tief in die Hölle verstrickt ist, die sie umgibt. Das romantische Erbe, Bilder von Kindern als die Verkörperung von Unschuld zu betrachten (was auch in der Grundsatzstrategie der Besatzungsmächte, dass Kinder von der Entnazifizierung ausgenommen waren, wirksam war), wird hier durch eine eher schauerromanhafte Vision des Kindes als williger Komplize der Täter in Frage gestellt. Basis für dieses Urteil war offenbar allein der Blick des Jungen.

Hinsehen oder nicht hinsehen?

Natürlich kann es auch sein, dass der Junge aus anderen Gründen die Toten nicht ansieht: Was, wenn ihm gesagt wurde, dass die Gefahr bestand, sich von den Leichen Typhus zu holen? In der Tat hatte eine Typhus-Epidemie unter den Lagerinsassen von Belsen gewütet. Im März 1945 starben Anne Frank und ihre Schwester Margot in Belsen an Typhus. Das Lager war derartig infiziert, dass es Baracke für Baracke niedergebrannt werden musste; am 21. Mai 1945 standen nur noch die ehemaligen SS-Gebäude, die dann bis 1950 als Lager für Displaced Persons verwendet wurden.[27]

Eine andere Möglichkeit wäre die Vorstellung, der Junge *hatte* voll Schrecken auf die Leichen geblickt, kurz bevor das Foto geschossen wurde – die

Straßenkurve hätte es ihm schwer gemacht, die Toten *nicht* zu sehen –, aber jetzt war seine Aufmerksamkeit auf den uniformierten Fotografen hoch oben auf seinem Jeep gerichtet. In diesem Sinne sieht er vielmehr auf etwas hin als von etwas weg.

Ferner ist es fraglich, ob hinzusehen oder nicht hinzusehen die ethisch vertretbarere Entscheidung in so einer schrecklichen Situation ist, ein Problem, das durch die Tatsache nur noch intensiviert wird, dass wir als Betrachter unseren Blick auf das Foto zunächst durch den Jungen lenken, während wir uns fragen, warum der Junge nicht zu den Leichen schaut, sondern zum Fotografen – und damit zu *uns*. „Warum schauen sie mich an?" fragt Ariella Azoulay nach den fotografierten Subjekten, um „den bürgerlichen Raum des Anstarrens und unsere Verflechtungen damit neu zu überdenken". Sie schreibt: „Die fotografierten Subjekte partizipieren auf zahlreichen Fotografien aktiv am fotografischen Akt und betrachten sowohl diesen Akt als auch den Fotografen, indem sie diese als Gefüge ansehen, das eine Alternative eröffnet – eine schwache zwar, aber immerhin – zu den institutionellen Strukturen, die sie im Stich gelassen und verletzt haben."[28] In diesem Sinne hat das Blicken in die Kamera vielleicht den verständlichen Wunsch des Jungen zum Ausdruck gebracht, mit einer Welt zu kommunizieren, die anders ist als diejenige, in der er sich wiederfindet. Sein Wegschauen mag auch ein Hinweis auf die Auswirkung dessen sein, was er gesehen hat – wie ein Erwachsener war er sich möglicherweise dessen bewusst, was er gesehen hat. Wyschogrod hat es gut formuliert, als sie schrieb, dass der Blick des Kindes „die Negierung des Todes ablehnt, das Wegdrehen kann jedoch nichts dazu beitragen, sie wieder in Kraft zu setzen". In ihrer Interpretation wird „das Gesicht des Kindes zum Fluchtweg für ein Unsagbares, das in das visuelle Bild einsickert und jedes Narrativ anficht, das die Kamera erfasst, eine Welt, in der Tod und Leben nahezu ununterscheidbar sind".[29]

Varianten einer Fotografie

Was, wenn der Junge einfach nur schüchtern oder ihm gesagt worden war, er solle keine nackten Erwachsenen ansehen? Die deutlich exponierte Nacktheit einiger Toter im Vordergrund so nahe bei dem jungen Knaben muss den Redakteuren einer Familienzeitschrift in der Tat zu skandalös erschienen sein, um sie zu publizieren (vgl. Abb. 5). Indem sie Rodgers quadratisches Rolleiflex-Foto ins ganzseitige Hochformat von *Life* brachten, beschnitten sie das Bild auf der rechten Seite um etwa ein Fünftel (ebenso wie um einen kleineren Abschnitt auf der linken) und retuschierten den verbliebenen Teil nach, wobei sie ein paar nackte Körper entfernten und

Abb. 5: Ein Junge geht an Leichen vorüber. Bergen-Belsen, 20. April 1945. Foto von George Rodger. Time & Life, 50605938/Getty Images.

den Eindruck schufen, dass die nach wie vor sichtbaren Leichen im Vordergrund mit Kleidern oder Decken bedeckt seien.[30] Ebenso wurden auch die Gesichter zweier toter Frauen, die in Rodgers Originalfoto auf den Betrachter gerichtet sind, in der im *Life*-Magazin publizierten Version ausgespart. Rodgers ursprüngliche fotografische Komposition ließ dem Betrachter die Wahl, ob er sich erst mit dem leeren Starren der toten Gesichter zweier auf dem Boden liegender weiblicher Leichen konfrontieren wollte oder mit dem blinzelnden Blick des Jungen, der die Straße entlanggeht – eine grauenvolle Alternative, welche die Redakteure von *Life* beseitigten. Obwohl Rodger sich in seinen Tagebüchern zu diesem Foto nicht äußerte, sind seine Ausführungen zum Problem seiner Arbeit mit der quadratischen

Rolleiflex, um wichtige Bilder für ein Magazin zu schießen, das nur selten quadratische Bilder publizierte, doch einschlägig: „… ich verlor viel Zeit, mir zu überlegen, welchen Teil des Bildes der Drucker abdecken sollte – oben oder unten für ein horizontales oder beidseitig für ein vertikales Aufmacherbild.“[31] Es ist also sogar möglich, dass Rodger den durch die Zeitschriftenredakteure vorgenommenen Beschnitt voraussah.

Wenn man die Ausgabe von *Life*, die Getty-Images-Webseite (die Rechtsnachfolger von *Life*) und einen Abzug von 1995, der vom Originalnegativ gemacht wurde, genau vergleicht, stellt man fest, dass es tatsächlich drei Versionen von Rodgers Foto gibt und dass die Krassheit der Szene (wie sie in dem neuen Abzug vom Negativ Rodgers zu sehen ist) in dem beschnitten Abdruck in *Life* 1945 ganz dramatisch verändert wurde, dass sie aber auch in der jetzt digital archivierten Fotografie bei Getty Images modifiziert wurde.[32] Das Ergebnis ist, dass Rodgers Originalfotografie in den verfälschten Versionen am bekanntesten ist, die jeweils die Nacktheit der toten Körper unterschiedlich abdecken, wobei in der Variante des *Life*-Magazins auch noch die Gesichter der toten Frauen fehlen.[33]

Ähnlich problematisch ist die Identifikation des Kindes als deutscher Junge, wofür es in der Fotografie selbst keinerlei Anhaltspunkt gibt – nur in dem Kontext, in dem sie gesehen wurde, sowie in den Bildtexten, mit dem sie viel später versehen wurde, so auch in der Beschriftung, die lange Zeit auf der offiziellen Webseite des aktuellen Rechteinhabers Getty Images auftauchte: „Ein Junge geht an Leichen vorbei: Ein mit kurzen Hosen bekleideter deutscher Junge geht eine unbefestigte Straße entlang, die von den Leichen Hunderter Gefangener gesäumt ist, welche im Vernichtungslager Bergen-Belsen, in der Nähe der Städte Bergen und Celle, umgekommen sind, Deutschland, 20. Mai 1945.“[34]

Der Junge in der Fotografie

Und in der Tat gibt es eine gedruckte Erläuterung zu Rodgers Fotografie, die eine Neuinterpretation der Bedeutung des Jungen auf dem Bild notwendig macht. Mehrere Quellen aus den 1990ern haben den Knaben verschiedenartig nicht als deutschen Zuschauer, sondern als niederländischen Jungen identifiziert – als niederländischen jüdischen Jungen, als jüdisches Kind oder Überlebenden von Belsen.[35] Ein maßgebendes Buch über George Rodger stützt diese Interpretation und versieht das Bild mit einer Unterschrift, die das Kind als holländischen jüdischen Jungen identifiziert.[36]

Dieser Kontext verwandelt die zentrale Figur von einem kindlichen Mitschuldigen, der unter Verdacht steht, sich gleichgültig vom Leiden anderer abzuwenden, zu einem Jungen, der dem Schicksal entronnen ist, das so viele andere ereilt hat, deren Leichen als traurige Bestätigung dieser harten Tatsache dienen. Sein Blick in die Kamera scheint jetzt umso mehr gerechtfertigt. Verändert sich, in diesem Lichte betrachtet, nicht sogar sein Gang? Wir können ihn jetzt anders sehen, wie er auf eine immer noch unsichere Zukunft zusteuert, hinter sich eine schreckliche jüngste Vergangenheit zurücklassend – und vielleicht darf er ja, wie so viele mythische Helden, die dem Hades entronnen sind, einfach nicht zurückblicken.

Obwohl das Bild durch diese Interpretation eine neuen Bedeutung von Entkommen und Überleben erhält, ist sein Gegenstand weder ein mythischer Held noch eine bildhafte Allegorie, sondern ein Individuum – ein bestimmter Mensch. 1995 wurde er im gedruckten Katalogtext einer Ausstellung, in der auch das Originalfoto gezeigt wurde, als Sieg Maandag identifiziert.[37] 2001 reproduzierte das Buch *Mémoire des camps* die Fotografie und bezeichnete den Jungen in der Bildunterschrift namentlich: „George Rodger, Sieg Maandag, jeune survivant juif hollandais, marchant sur un chemin bordé de cadavres de détenus, Bergen-Belsen, vers le 20 avril 1945 (Time-Life)."[38] Am 21. Januar 2005 verwendete *Le Monde* das Foto mit derselben Bildunterschrift als Archivbild, um eine Rezension von Büchern über den Holocaust damit zu illustrieren; verschiedene Webseiten und russische Blogs (wie „Steppenwolf") folgten.[39]

Einmal mit einem Namen versehen, einmal identifiziert, kann das Kind in Rodgers Fotografie nicht länger als bloße Allegorie erscheinen. Sein Name verheißt eine Geschichte von einem Jungen, der 1945 zufällig mit einem Fotografen zusammentraf, und ein schonungsloses und unvergessliches Bild war die Folge. Wie aber geht diese eine, die individuelle Geschichte? Eine Biografie Maandags wurde noch nicht geschrieben, und das 1978 begonnene Projekt, einen Film über ihn zu drehen, kam damals nicht zum Abschluss. Jedoch gab Sieg Maandag bei mindestens drei Gelegenheiten – jeweils etwa eine halbes Jahrhundert nach dem Zweiten Weltkrieg – ausführliche Interviews, die sein Leben vor und nach Belsen plastisch ausleuchteten.[40] Außerdem sind die veröffentlichten Erinnerungen von Hetty Verolme (geborene Esther Werkendam) greifbar, einer Niederländerin, die als Kind in Bergen-Belsen interniert war; auch gibt es neuere Forschungen zu dem Lager.[41] Auf der Basis dieser Quellen lässt sich eine kurze biografische Skizze des Jungen erstellen, der auf der Fotografie in diesem einen Moment des 20. April 1945 festgehalten wurde, es lässt sich ein Blick auf den Weg erhaschen, der ihn nach Bergen-Belsen geführt hat, sowie auf seine spätere Lebensbahn.

Sieg (Simon) Maandag wurde am 24. August 1937 am Zuider Amstellaan (heute Rooseveltlaan) in Amsterdam geboren. Er war also siebeneinhalb Jahre alt, als Rodger das Foto von ihm machte. Sein Vater Isaac war Diamantenhändler – die Familie war seit Generationen im Diamantenhandel tätig –, und seine Mutter Keetje (Kitty) war Hausfrau. Während der deutschen Besatzung wurde Sieg zusammen mit seinen Eltern und seiner jüngeren Schwester Hendrika (Henneke) verhaftet und in der Hollandsche Schouwburg gefangen gehalten, einem Theater, das die Nazis vor Deportationen als Sammellager nutzten und wo, wie Sieg sich erinnert, aus einer der Zellen zu hören war, wie eine Stimme schrie: „Wenn ihr nicht still seid, kommt ihr alle nach Auschwitz."[42] Er sah auch, wie sein Vater geschlagen wurde, nachdem er einem der Wachleute Kontra gegeben hatte. Am 6. Mai 1943 wurden die Maandags in das niederländische Durchgangslager Westerbork deportiert, wo ihn, wie Sieg sich erinnert, sein Vater in ein Theater hineinschmuggelte, um dort eine Revue zu sehen, aufgeführt von deutschen jüdischen Schauspielern, welche nach Holland geflohen, dort jedoch gefangengenommen worden waren.

Aus Westerbork wurde die Familie Maandag in einem langen, mörderischen Transport zusammen mit Diamantschleifern und ihren Familien am 1. Februar 1944 nach Bergen-Belsen deportiert. Mit späteren Transporten wuchs die Gruppe auf etwa 400 Juden an, mit denen die SS eine Diamantindustrie in Bergen-Belsen (das im März 1943 eröffnet worden war, ursprünglich als Lager für Kriegsgefangene und Internierungslager für Juden, die gegen deutsche Gefangene ausgetauscht werden sollten) aufbauen wollten. Sieg erinnert sich an schreckliche Szenen auf dem Appellplatz, auf dem es eine Grube gab, in welche Gefangene zur Strafe sogar für kleinste Vergehen gesteckt wurden und wo manche starben: „Jeder, der einen Regelverstoß beging, beispielsweise ein Stück Brot stahl, wurde dort hineingeworfen. 14 Tage später holten sie ihn vor unser aller Augen wieder heraus, als Wrack. Oder tot." Er sah, wie „ein Mann eine Stunde nach seiner Ankunft getötet wurde – er war mit uns zusammen gewesen. Ich sah, wie er auf einem Schubkarren weggebracht wurde. Langsam gewöhnte man sich daran. Man sieht einen toten Mann, man sieht fünf." Der Tod wurde zu einem häufigen Ereignis, und Sieg erwarb sich eine tief sitzende Angst, die ihn auch später begleitete. „Angst, da war immer Angst. Ich habe diese Angst über Jahre hinweg mit mir herumgetragen." Die Familie schlief in dreistöckigen Etagenbetten in einer Baracke, die sie mit vielen anderen teilte. (Sie waren in einer separaten Baracke im sogenannten Sternlager inhaftiert – weil sie den Judenstern an ihrer Zivilkleidung tragen mussten –, also in dem Teil von Bergen-Belsen, in dem auch Geiseln für den Austausch mit deutschen Kriegsgefangenen untergebracht waren. Noch am 25. Januar 1945 fand an der Schweizer Grenze ein solcher US-amerikanisch-deutscher Austausch statt.)[43] Sieg erinnerte sich, dass zu Beginn der Internierung ein

Rabbi Unterricht gegeben hatte und dass die Kinder Verstecken spielten, dass sie tanzten und Lieder sangen, darunter auch „Frère Jacques".

Eines Tages (es war der 4. Dezember 1944) wurde Isaac Maandag plötzlich weggebracht, und Sieg sollte seinen Vater nie wieder sehen. Laut der internationalen Holocaust-Gedenkstätte Yad Vashem starb der Vater, als er noch in Belsen war. Nach dem Krieg traf Sieg einen Mann, der sich im selben Transport wie Isaac Maandag befunden hatte, aber nicht erzählen wollte, wie Siegs Vater gestorben war, was soviel bedeutete wie, dass er einen schrecklichen Tod gefunden hatte. Einen Tag nachdem man Siegs Vater weggebracht hatte, wurde auch Siegs Mutter deportiert. (Als sich herausstellte, dass keine Rohdiamanten verfügbar waren, mit denen die Diamantschleifer hätten arbeiten können, entschied die SS, die 175 Männer ins Konzentrationslager Sachsenhausen zu deportieren, wo sie an der Herstellung von Werkzeugen arbeiten mussten. Die 165 erwachsenen Frauen wurden hauptsächlich nach Helmstedt-Beendorf gebracht, einem Außenlager des Konzentrationslagers Neuengamme, wo sie Ersatzteile für die Flugzeugindustrie herstellen und andere Schwerarbeit verrichten mussten.)[44] Durch diese Deportationen befanden sich die Kinder in einer unsicheren Situation. Eine Transportliste für 55 niederländische Kinder und eine ungarische Frau war am 5. Dezember 1944 getippt worden. Auf dieser Liste befanden sich die Namen Simon und Hendrika Maandag. Diese Gruppe wurde allerdings nicht deportiert, und die Kinder der Diamantarbeiter wurden elternlos in einer Art Schwebezustand in Belsen zurückgelassen, in beständiger Angst davor, nach Auschwitz geschickt oder getötet zu werden.

Am 6. Dezember 1944, dem Tag nach der Deportation ihrer Mütter, wurden die „Diamantkinder" im sehr großen Frauenlager in eine neu gegründete Kinderbaracke verbracht, die unheilverheißend Waisenhaus genannt wurde. Zuvor war diese Baracke als Leichenhaus des Sternlagers verwendet worden. „Alles war sinnlos. … Wir hatten keinen guten Grund, weiterzuleben – wir wollten sterben!", so erinnerte sich Sieg an sein Gefühl damals. Junge jüdische Krankenschwestern im Frauenlager, darunter besonders Luba Tryszynska-Frederick und Hermina Krantz, kümmerten sich um die Kinder. Die polnische Krankenschwester Tryszynska-Frederick („Schwester Luba"), die von Auschwitz nach Belsen gebracht worden war, „setzte sich über alle Regeln des Lagers hinweg", wie sich Maandag entsinnt, „und kümmerte sich heimlich um uns. Wenn man nur im Hemd nach draußen ging, rief sie einem nach: Es ist kalt, zieh dir mehr an." Sie passte auf und half, möglichst viele Lebensmittel für die Kinder zu beschaffen. Dennoch herrschte Hunger, und manche Kinder starben in den viereinhalb Monaten, die sie ohne ihre Eltern vor der Befreiung in Belsen verbrachten.

Die Baracke war schrecklich, mehrere Kinder teilten sich jeweils ein Bett an der Wand, in dem es vor Bettwanzen nur so wimmelte. Eines Nachts bemerkte Sieg, dass der Junge, mit dem er sich das Bett teilte, tot war. Er schob den Jungen aus dem Stockbett und hörte, wie sein Leichnam auf dem Boden aufprallte. „Ich war vom Geräusch des aufschlagenden Leichnams schockiert, gleichzeitig war ich auch erleichtert, dass ich endlich eine gute Nachtruhe haben konnte. Und ich schlief. Es ist schwer zu glauben. Es gibt eigentlich keine Worte dafür." Die Latrine bestand lediglich aus einem Holzbalken, und der Gestank überall war fürchterlich. Direkt draußen war ein Sandweg, und die Fläche daneben wurde von den Aufseherinnen dazu benutzt, Leichen auf einem stetig anwachsenden Berg abzulegen. Sieg erinnerte sich an eine Frau, zwischen den Leichen dem Tode nahe, die versuchte, sich aufzusetzen, winkte und den Kindern mit Gesten zu verstehen gab, dass sie etwas zu essen wollte. Eines Tages hörten die Kinder von einem Transport nach Auschwitz. Sieg war verzweifelt und sagte zu seiner Schwester Henneke: „Das ist das Ende." Doch sie antwortete einfach nur, „hör bloß auf zu heulen, wir werden hier wieder rauskommen". Sieg spürte, dass „diese Worte so entschieden waren, dass ich ihnen einfach glauben musste. Daran klammerte ich mich, dass sie sagte: Wir werden hier wieder rauskommen."

In den Monaten vor der Befreiung verschlechterte sich die Situation in Bergen-Belsen dramatisch. Als sich die deutsche Armee zurückzog, schwoll durch die beständigen Evakuierungen von Gefangenen anderer Konzentrationslager im Osten die Anzahl der Insassen an von 22.000 am 1. Februar bis auf 60.000 am 15. April 1945, dem Tag der Befreiung. Während dieser Zeit ging die Versorgung mit Lebensmitteln und allen anderen Vorräten zur Neige, Krankheiten wie Typhus und Fleckfieber verbreiteten sich rasant, und unterernährte Insassen fielen der Tuberkulose, Darminfektionen und vielen anderen Krankheiten zum Opfer. Die Verhältnisse waren so schrecklich, dass am 1. März sogar der Lagerkommandant Josef Kramer – der von Auschwitz nach Belsen gekommen war und im Kriegsverbrecherprozess von Belsen zum Tode verurteilt und am 13. Dezember 1945 exekutiert werden sollte – einen ausführlichen, verzweifelten Hilferuf an seine Vorgesetzten bei der SS in Berlin sandte und umfangreichen Nachschub erbat, darunter Lebensmittel, Betten, Decken, Medikamente und Geschirr für etwa 20.000 Insassen sowie für etwaige neue Transporte.[45] Die Sterberate lag bei 250 bis 300 pro Tag, eine riesige offene Grube, die als Massengrab diente, reichte nicht mehr aus, da etwa 13.000 Leichen unbestattet herumlagen.[46] Die Toten wurden erst nach der Befreiung zwischen dem 18. und 28. April 1945 beerdigt, ein Vorgang, den George Rodger ebenso wie britische Militärfotografen in grauenerregenden Fotografien dokumentierten; eine davon bildete den Abschluss des Foto-Essays „Deutsche Gräueltaten" im *Life*-Magazin und eine andere zeigte Kinder, die die Beseitigung der Leichen auf der Ladefläche von Lastern zu Massenbestattungen beobachteten.[47]

Rodger schrieb auch in einem Essay über Bergen-Belsen, der am 30. April 1945 im *Time*-Magazin erschien und teils in seinen Tagebuchaufzeichnungen enthalten ist, wie er die „äußerste[...] menschliche[...] Verrohung" miterlebt hatte, das „55 Hektar große, von Stacheldraht umzäunte Areal im Herzen einer fruchtbaren Agrarlandschaft", das „für 60.000 Männer, Frauen und Kinder unterschiedlicher Nationalitäten die Hölle auf Erden" war. „Im Laufe des Monats März verhungerten 17.000 Menschen, und noch jetzt starben täglich 300 bis 350. Die britischen Behörden taten ihr Möglichstes, um wenigstens diejenigen zu retten, die noch kräftig genug waren, um auf eine Behandlung anzusprechen, aber die ärztliche Hilfe war oft vergebens." Er fuhr fort: „Unter den Kiefern lagen Leichen herum, nicht nur zwei oder drei oder ein paar Dutzend, sondern Tausende. Die noch Lebenden rissen den Toten die zerlumpten Kleider vom Leib, um Feuer zu machen, auf denen sie sich Suppe aus Kiefernnadeln und Wurzeln kochten."

Dadurch dass er das ganze Grauen und den Tod, der ihn umgab, ausblendete und gemeinsam mit seiner Schwester daran glaubte, dass sie hier herauskommen würden, schaffte es Sieg Maandag, zu überleben. Er träumte von Holland, von seiner Mutter und von seinem Zuhause, und er begann, sich die Befreiung als Schlacht vorzustellen, bei der Panzer hereinrollten. Als Bergen-Belsen schließlich ohne militärische Interventionen am 15. April 1945 befreit wurde, fand man Sieg und seine Schwester Henneke unter den 54 niederländischen Kindern, die noch am Leben waren.[48] Sieg erinnerte sich, dass plötzlich deutsche Wachleute davonrannten und Soldaten der Alliierten eintrafen, die sich den Gefangenen nicht nähern wollten, weil diese wie die Hölle stanken und mit Läusen übersät waren: „Wir waren im Lager, aber das Lager war bereits offen. Eines Morgens kamen wir heraus und hörten, dass es jetzt jeden Tag passieren könne. ... Die Kanadier und die Engländer kamen. Sie kamen mit Panzern. Die Jungs waren schockiert, als sie uns sahen. Oh mein Gott. ... Ein paar von ihnen waren wohl Amerikaner. Sie kamen ins Lager und sie sahen diese Menschen und sie kamen herein und sie kamen ins Haus, aber sie wollten eigentlich nicht hereinkommen, weil das für einen Menschen, der wohlgenährt war, schrecklich war. Die Amerikaner trugen schöne Uniformen mit weißen Schals. Ich sah diesen Typen mit Helm. ... Sie waren in diesem Moment sehr reich. Ich wollte sehen, was passierte, und *uuuh*!, er wich zurück. Man konnte krank werden, Typhus, Cholera, was auch immer."[49] (Die britische Armee betrat das Lager in Schutzkleidung mit Kapuze und baute rasch eine DDT-Desinfektionsstation am Eingang des Lagers auf. Auch George Rodger musste sich mit DDT bestäuben lassen, ehe er Belsen betrat.) So waren die Umstände, die Sieg Maandag als Kind erleben musste, und fünf Tage nach der Befreiung machte George Rodger das Foto von ihm an der Straßenkurve im Frauenlager, nicht weit entfernt von der Kinderbaracke: „An dieser Straße spielten wir Verstecken“, erinnerte sich Sieg.[50] Patrick Gordon Walker, der das Lager zur selben Zeit besuchte, nahm verschiedene Sendungen für die BBC auf, eine davon endet damit, wie niederländische Kinder ein Lied zu Ehren der britischen Befreier singen.[51]

Das zufällige Entstehen dieser „schwer anzusehenden *Life*-Fotografie“ (wie es die Interviewerin Yvonne Laudy ausdrückt), scheint Sieg Maandags Leben in ein „Davor“ und ein „Danach“ zu unterteilen; er hat das Foto oft betrachtet und gesagt, „das bin ich“, indem er auf den Jungen auf dem Bild deutete. Auch an den Moment, als das Foto geschossen wurde, kann er sich zurückerinnern und weiß noch – so in einem Interview mit Roos Elkerbout von der Shoah Foundation, das 1995 auf Video aufgenommen wurde –, dass er gerufen wurde, weil ein „Befreiungsfoto“ (*bevrijding foto*) gemacht werden sollte.[52] In diesem Interview erzählt Sieg von der Befreiung und den Fotografen, die kamen, und erwähnt, zeigt und deutet auf das Foto, das George Rodger, der ein paar Wochen zuvor gestorben war, von ihm gemacht hatte. Er zeigt auf sich in der Ausgabe von *Life*, die er vor sich liegen hat, und erwähnt, dass er und Rodger sich Jahre nach der Aufnahme des Fotos wiedertrafen und dass er ein paar Fotografien dieses zweiten Treffens besitzt. Er erinnert sich an den Augenblick, als das Foto gemacht wurde, und stimmt Elkerbout zu, dass er auf dem Bild schüchtern (*schuchter*) aussieht und weltfremd (*wereldvreemd*). Noch viele Jahre danach, so fügt er hinzu, habe er Angst gehabt.

Er schien froh zu sein, die Fragen beantworten zu können, die ihm Thomas Rahe stellte, ein weiterer Interviewer, der ihn zu diesem Moment befragte – sogar die Frage, warum er so gut gekleidet gewesen sei, und dass er darlegen musste, woher seine Kleider kamen, beantwortete er gerne.

INTERVIEWER: Nun zur Fotografie. Die Tatsache, dass Sie auf dem Bild recht gut gekleidet sind, lässt sich so erklären, dass Sie nach der Befreiung aus dem Magazin neue Kleider erhalten haben.

SIEG MAANDAG: Sie stammten nicht aus einem Magazin. Ich weiß nicht, was Sie mit Magazin meinen. Magazine [im Sinne von Lagerräumen]. Nein, die gab es nicht. Die Kleider stammten von Stapeln, es gab Kleiderstapel. Ich erinnere mich an diese *schappen* [niederländisch für Regale]. Regale voll Kleider von Menschen, die

> gestorben waren. Deutsche, die getötet worden waren, Kinder. Ich konnte aus diesen – wie sagte man im Deutschen, Wandschränken? – Regalen wählen. Ich sagte, geben Sie mir das. So war es.[53]

Natürlich konnte Sieg Maandag erst viel später erfahren, dass sein Foto in einer bekannten amerikanischen Zeitschrift erschienen war. Dennoch hatte die Veröffentlichung der Fotografie direkten Einfluss auf sein Leben. Nico Maandag, ein Onkel Siegs, der in New York lebte, kaufte im Mai 1945 ein Exemplar von *Life* und erkannte seinen Neffen auf dem Foto. Er besorgte sich weitere Exemplare und schickte eines zur Amsterdamer Diamantenbörse – auch Nico Maandag war im Diamantenhandel tätig –, wo man die Maandags gut kannte, und fragte nach Informationen über die Familie. Seine Bemühungen brachten schließlich die Nachricht zu Siegs Mutter, dass ihr Sohn am Leben war, was letztlich zur Wiedervereinigung von Sieg und seiner Schwester mit ihrer Mutter führte.[54] Allerdings fand die Zusammenführung nicht sofort statt. Zunächst mussten die Kinder laut Sieg „wochenlang nach der Befreiung" in Belsen bleiben. „Wir wurden mit einem Stempel auf der Stirn versehen, rasiert und entlaust", ihre „Wäsche wimmelte nur so vor Ungeziefer". Und: „Wir bekamen etwas Brot, Schokolade, Zigaretten, wir mussten uns langsam an alles gewöhnen." Begleitet von Luba Tryszynska-Frederick wurden Sieg und seine Schwester in einem britischen Krankenwagen nach Breukelen in Holland gebracht, wo sie bei einem Onkel und einer Tante, einem älteren kinderlosen Paar, leben sollten, das sich gegenüber dem durch das Lager geprägten Verhalten der Kinder nicht sonderlich tolerant zeigte. Einmal wurde seine Tante wütend, als sie feststellte, dass Sieg seine Schuhe unter seinem Kopfkissen versteckte, damit sie nicht gestohlen werden konnten. Sieg war deprimiert und sehnte sich nach seiner Mutter. Sieg erinnerte sich auch an seine anscheinend unauslöschliche Müdigkeit, als er Stunde um Stunde im Haus seiner Tante schlief. Wie sich herausstellte, handelte es sich dabei nicht nur um die gewöhnliche Müdigkeit eines Lagerüberlebenden, denn bei Sieg wurde Tuberkulose diagnostiziert und er musste einige Zeit in Bergstichting in Laren und danach im jüdischen Hospital in Amsterdam verbringen (*ziekenhuis De Joodsche Invalide*). Dort traf er auch das erste Mal seine Mutter wieder, die plötzlich ins Krankenzimmer kam. Nachdem sie aus Belsen deportiert worden war, hatte Kitty Maandag die Zwangsarbeit in deutschen Salzbergwerken überlebt, war dann für ein Jahr in Schweden unter Quarantäne gestellt worden, bis sie schließlich nach Holland zurückkehren konnte, wo sie sich an das Rote Kreuz wandte. Dort sagte man ihr jedoch: „Nein, Ihre Kinder sind ebenso wenig zurückgekehrt wie Ihr Ehemann." Siegs Mutter wollte das nicht glauben.[55] Sie „forschte überall nach, auch an der Diamantenbörse. Und", fügt Sieg hinzu, „sie zeigten ihr das Foto von mir in *Life*. Sie suchte, bis sie Henneke und mich gefunden hatte." Sie fand auch heraus, dass ihr Ehemann tot war.

Sieg musste sich noch in der Schweiz erholen. Nachdem er endlich nach Amsterdam zurückgekehrt war, wo die Maandags jetzt in der Johannes Verhulststraat lebten, wurden die Themen Krieg und Belsen bald ad acta gelegt: „Nein, zu Hause sprachen wir fast gar nicht über den Krieg. Wir hatten genug davon gehabt." Sieg hatte Probleme in der Schule, wo seiner besonderen Situation kaum Beachtung geschenkt wurde und er zurückblieb. „Das Lager ist vorbei", war die Haltung, auf die er traf, als wäre Belsen nur so etwas wie ein Sommerlager gewesen, und er spürte, dass er wie der Dummkopf der Klasse wirkte. Als er älter war, musste er sich psychiatrische Hilfe holen. Er absolvierte eine Ausbildung als Diamantschleifer und probierte sich als Designer von Kleidern und im Textilgroßhandel aus, jedoch war er bei diesen Projekten weder glücklich noch erfolgreich. Andere Welten verlockten ihn und er wollte an ferne Orte reisen. In einem Ford-Transit-Bus, den er in ein Wohnmobil umgebaut hatte, unternahm er eine halbjährige Reise nach Marokko. Er machte ausgedehnte Touren durch Zentral- und Südostasien, besuchte Orte wie Kabul, Bangkok und Bali. Heilige Stätten in Indien und dass es möglich war, dort mit Taxifahrern philosophische Gespräche zu führen, beeindruckten ihn stark, ebenso das allgemeine Suchen nach Wahrheit und Weisheit.

In den frühen 1970er-Jahren traf er bei mehreren Gelegenheiten auf Karen Ralph, eine wunderschöne und abenteuerlustige junge Amerikanerin aus Syracuse, New York, die auf Trekking-Tour war. Das erste Mal begegneten sie einander in Afghanistan, schließlich trafen sie sich in Nepal, und Sieg merkte rasch, dass Karen „die Frau seines Lebens" war. Sie ließen sich zusammen in Amsterdam nieder, heirateten und bekamen zwei Kinder: eine Tochter, Sarah, die 1978 geboren wurde, und einen Sohn, Simon, geboren 1981. Zusammen mit ihren Kindern wurden Sieg und Karen Maandag 1981 von George Becht fotografiert (vgl. Abb. 6). Als seine Kinder ihn später fragten „Papa, wie war es im Krieg?", antwortete er manchmal einfach: „Ich bin am Leben." Sonst erinnerte er sich an Begebenheiten wie das eine Mal, als er sich unter dem Mantel seines Vaters versteckte, während sie die Theateraufführung in Westerbork ansahen. Sarah entsinnt sich an eine Äußerung ihres Vaters, als sie über das Konzentrationslager sprachen: Die Wachen und andere Deutsche, die dort arbeiteten, seien ebenso Opfer des Nazi-Systems gewesen, wie sie, die Gefangenen, es waren.

Sieg Maandag hatte mittlerweile eine Karriere als Maler begonnen. (Sein Gemälde „Brood" ist im Hintergrund des Familienporträts zu sehen.) Sein

Abb. 6: Die Familie Maandag. 1981. Foto von George Becht.

Abb. 7: Der Künstler Sieg Maandag. 1981. Foto von George Becht.

Œuvre umfasst eine große Bandbreite an Themen, die vom Hyperrealismus bis zu abstrakter Malerei reichen. Herman Hennink Monkau hat einen Band mit repräsentativen Gemälden Maandags für eine Ausstellung und eine Publikation vorbereitet. In manchen Gemälden lassen sich möglicherweise Spuren der traumatischen Zeit in seiner Kindheit finden. Maandag merkte lediglich an: „Picasso sagte: Malen ist Therapie." In Interviews verlieh er seiner Besorgnis aufgrund neuer Genozide in Ruanda und auf dem Balkan Ausdruck: „Die Welt ist ein einziges großes Trauma."

Als Sieg Maandag James Nachtweys im Juni 1994 entstandenes Magnum-Foto eines Hutu-Jungen betrachtete, „dem ein Stück seines Ohrs fehlte, Verletzungen durch Hiebe quer über sein Gesicht, der Mund offenstehend vor Fassungslosigkeit", identifizierte er, der ebenfalls Sujet eines berühmten Fotografen gewesen war, sich mit dieser auf einem anderen unvergesslichen Bild porträtierten Person. Er meinte, dass der Junge „es niemals schaffen wird, damit fertig zu werden. Er wird den Rest seines Lebens damit verbringen, in die Ferne zu starren und sich zu fragen, was man ihm angetan hat. Also, soll ich von meinem Leid sprechen? Es gab Momente, in denen ich dachte: Ich springe jetzt einfach aus dem Fenster. Soll es das sein? Nein, die Traumatisierten brauchen Hilfe. Und wenn ich ein wenig dazu beitragen kann …"

Wiedersehen

Am 15. April 1995, dem 50. Jahrestag der Befreiung von Bergen-Belsen, nahm Sieg Maandag an einem Treffen mit Luba Tryszynska-Frederick in Amsterdam teil und wurde dort zusammen mit ihr und mit vielen anderen ehemaligen Diamantkindern fotografiert.[56] Max Werkendam und seine Schwester Hetty Verolme, die fünf Jahre später *Wir Kinder von Bergen-Belsen* herausbringen sollte, ihre Erinnerungen an die Erfahrungen der Diamantkinder, waren bei diesem Ereignis ebenfalls anwesend.

Die versammelten Überlebenden sangen ein Loblied auf Schwester Luba, ein 15-strophiges Gedicht von Gerry Lakmaker, bei dem jede Strophe anfing mit: „Wenn Luba nicht wäre". Hier ist das Ende des Lobliedes abgedruckt:

Wenn Luba nicht wäre, hätten wir nicht zeigen können,
Wie dankbar wir sind, aber nicht nur wir,
Denn heute erhält Luba – zwar ziemlich verspätet –
Eine Medaille von der niederländischen Königin,
    vertreten durch den Oberbürgermeister,
Die sie tragen kann und die viele Menschen sehen werden,
Für ihre humanitären Dienste an der Menschheit.

Und jetzt sind wir alle hier, zusammen mit Luba,
Die sehr glücklich aussieht, wie jedermanns Oma,
In Erinnerung an die Zeit vor 50 Jahren,
Als der Hunger grassierte und die Moral danieder lag.
Heute jedoch sind wir glücklich, also: Ein Hoch auf sie.
Wenn Luba nicht wäre, wären wir nicht hier.[57]

Tatsächlich wurde Tryszynska-Frederick 1995 von der niederländischen Königin Beatrix mit der silbernen Ehrenmedaille für humanitäre Dienste geehrt. Ob Schwester Luba eine der Frauen war, die man im Hintergrund auf der Straße auf George Rodgers Fotografie erkennen kann?[58]

1978 plante Henk Poncin, ein niederländischer Filmemacher, einen Film über seinen guten Freund Sieg Maandag. Im Zuge der Vorbereitungen entstand die Idee, ein Wiedersehen zwischen Maandag und George Rodger mit einzubeziehen. Rodger und Maandag trafen sich 1981 wirklich in Amsterdam wieder, und die Begegnung wurde gefilmt. Rodger hatte sich oft gefragt, was aus dem Jungen geworden sein mochte, den er an dieser entsetzlichen Straße fotografiert hatte, und er war glücklich, Sieg wiederzusehen. Karen Maandag hat noch 16mm-Filmmaterial von diesem Wiedertreffen des Fotografen und seines Sujets. Letztlich wurde der Film aufgrund von Meinungsverschiedenheiten zwischen dem Produzenten George Becht und Frans Bromet, dem Kameramann, Regisseur und Drehbuchautor, damals nicht produziert, doch wurden die Filmmaterialien in Bromets *De film die nooit afkwam* (2017) eingearbeitet.[59]

George Becht schoss auch atemberaubende Fotos von dem Wiederzusammentreffen (vielleicht mit George Rodgers Kamera), darunter eines von Rodger und Maandag, wie sie sich die Ausgabe vom 7. Mai 1945 des *Life*-Magazins ansehen, offenbar in ein angeregtes Gespräch über ihr erstes Zusammentreffen vertieft (vgl. Abb. 8).[60] Sie blicken sich direkt an, Rodgers rechte Hand ruht auf der Zeitschrift und sein linker Zeigefinger weist auf die unbefestigte Straße auf der Fotografie, während sein ehemaliges Sujet mit seinem linken Zeigefinger auf seinen Fotografen deutet, wodurch ihre Ellbogen eine trapezförmige Gestalt bilden, die das perspektivisch abgebildete *Life*-Magazin unter den Händen des Fotografen zu wiederholen scheint. So wurden der Fotograf und sein Sujet auf einem weiteren faszinierenden Foto vereint, welches das Originalbild mit enthält.

George Rodger hatte die Erfahrung, Belsen zu fotografieren, zutiefst betroffen gemacht. Sein Biograf berichtet von Rodgers Gefühl, dass das Aufnehmen dieser Fotos ein Trauma begründet hatte, und von seiner Empfindung, dass er etwas „Unaussprechliches und Verbotenes“ getan habe.[61]

Abb. 8: Wiedersehen von George Rodger und Sieg Maandag. 1981.
Foto von George Becht.

Für Rodger war der 20. April 1945 so erschütternd, dass er sich fühlte, als wäre er selbst einer der Täter geworden, da er die Leichen für seine Kunst entmenschlichte, indem er „unterbewusst in seinem Sucher Gruppen und Körper auf dem Boden in künstlerischen Kompositionen arrangierte" und „dieses mitleiderregende menschliche Strandgut behandelte, als handelte es sich um ein gigantisches Stillleben". In *Dialogue with Photography* bemerkte er:

> Es handelte sich nämlich nicht darum, was ich fotografierte, als vielmehr darum, was während des Vorgangs mit mir passiert war.
>
> Als ich bemerkte, dass ich den Schrecken von Belsen ansehen – die 4000 Toten und Verhungernden, die herumlagen – und nur an eine schöne fotografische Komposition denken konnte, wusste ich, dass irgendetwas mit mir passiert war und ich damit aufhören musste. Ich spürte, dass ich wie die Menschen war, die das Lager führten – es bedeutete nichts.[62]

Dies war der Kulminationspunkt in der Entwicklung eines Fotografen, der niemals „besonders interessiert daran war, den Schrecken des Krieges zu fotografieren“, der aber „trotz der fünf Jahre, in denen er über den Krieg berichtete“, wie er bemerkte, bis Belsen nicht wusste, „welche Auswirkung der Krieg auf ihn persönlich gehabt hatte“. Also sagte sich Rodger: „Dies ist der Moment, an dem ich aufhöre“, und er gelobte sich, „nie wieder einen Krieg zu fotografieren“.[63] In seinen Tagebüchern notierte er, dass das Grauen, das er in Belsen vorgefunden hatte, zu groß war, um es zu begreifen, aber er wollte versuchen, „es in seinen Fotos zu zeigen. Es war ein Beispiel für die Unmenschlichkeit des Menschen gegenüber Seinesgleichen, und davon musste die Welt erfahren.“ Er sei aber nicht „stolz auf meine Bilder“ und „schwor mir, nie wieder über einen Krieg zu berichten oder vom Leiden anderer zu profitieren“.[64] In seiner späteren Arbeit sollte er sich tatsächlich komplett von der Darstellung von Krieg und Gewalt entfernen. 1947 wurde er zusammen mit Robert Capa, Henri Cartier-Bresson und David Seymour Mitbegründer von Magnum Photos, einer unabhängigen Agentur, die ihm einen breiten, von *Life* unabhängigen Markt für seine spätere Fotografie eröffnete.

Ähnlich wie Sieg Maandag reiste George Rodger sehr gerne an weit entfernte Orte, machte in der Sahara, Südafrika, im Sudan sowie in Uganda Aufnahmen und verbrachte lange Zeit bei den Nuba. Sein Foto von 1949 „The Wrestlers, Kordofan, Sudan“ (Ringer, Kordofan, Sudan) wurde eine weitere seiner Bildikonen. Gefragt, wie er sein Vorgehen beschreibe, antwortete Rodger: „Ich möchte etwas schaffen – das klingt schrecklich selbstgefällig –, das mir Freude bereitet anzusehen.“[65] Er beschrieb es genauer: „Es ist ein Blick auf das, ‚was dort draußen ist‘, wiedergegeben in einer Form, die interessant ist und angenehm zu betrachten. Aber die Form kommt aus dem eigenen Inneren – aus dem Inneren des Kopfes oder des Herzens.“[66]

Obgleich es so schreckenerregend ist, war das Foto von Sieg Maandag in Bergen-Belsen das einzige seiner Bilder aus dem Konzentrationslager, das Rodger, wie er in einem Interview sagte, immer wieder betrachten konnte. Denn im Gegensatz zu den mehr als 12.000 Menschen, die in Bergen-Belsen nach der Befreiung an Erschöpfung und ansteckenden Krankheiten starben, überlebte dieser Junge.[67]

George Rodger starb am 24. Juli 1995, nur ein paar Monate nachdem er dieses Interview gegeben hatte. 1999 erkrankte Sieg Maandag an einer schweren Krankheit mit Lähmungserscheinungen, die ihn gravierend beeinträchtigte und bewegungsunfähig machte und der er schließlich am 22. September 2013 erlag. Seine Schwester Henneke lebt in Antwerpen.

Fragen

Welches Licht werfen historische und topographische Kontexte auf die Bedeutung einer Fotografie? Engen die alternativen Identifizierungen des Kindes auf der Fotografie auf eine Geschichtsbetrachtung ein, gemäß der ein bestimmtes Subjekt entweder ein Komplize der Täter oder ein Opfer sein muss? Sind die Zeit vor der Aufnahme der Fotografie und die Zeit, die zwischen Rodgers und Maandags erstem Zusammentreffen und ihrer zweiten Begegnung verfloss, von Bedeutung für ein Foto, in dem die Flüchtigkeit des Augenblicks und der grauenvolle Ort so nachhaltig eingeschrieben sind? Wie wichtig ist es, dass dieses Foto in den retuschierten und beschnittenen Versionen am bekanntesten ist? Welchen Einfluss haben Bildunterschriften auf unsere erste Reaktion auf die Fotografie? Wie ändert sich unsere Einschätzung durch biografische Informationen über den Fotografen und sein Sujet? Können solche Kontexte erklären, warum uns Rodgers Fotografie des Jungen in Belsen anzusprechen scheint (mich zumindest, der ich, als ich in Siegs Alter war, ziemlich ähnlich gekleidet war), uns viel stärker anspricht als so viele andere Fotos aus dem Jahr 1945? Hat sie diese Wirkung vielleicht nur, weil sie so sorgfältig komponiert ist? Warum scheint sie mehr ausdrücken zu wollen als das, worauf sich die frühen allegorischen Interpretationen, worauf sich die Diskussionen um das Hinsehen oder Nicht-Hinsehen konzentrierten? Könnte dieses Etwas die Möglichkeit beinhalten, dass das Foto – trotz der massiven Präsenz der Leichen darauf – letztlich nicht nur von Tod und der Versuchung, zu verzweifeln, handelt, sondern auch einen kleinen Hoffnungskern in sich trägt, einen Kern des Überlebens, verkörpert durch die junge Gestalt, die in die Kamera blickt und ihren Weg entlang der Straße vorwärtsgeht? Und dennoch, wird dieser Hoffnungsschimmer nicht auch durch das beständige Gefühl getrübt, dass das, worauf der Junge in dieser Fotografie nicht blickt, ihn und seinen Fotografen – und vielleicht auch alle, die sich dieses Bild jemals angesehen haben – für immer künftig verfolgen und begleiten wird?

Abb. 9: Ein deutscher Jugendlicher betrachtet ein Schauplakat mit der Überschrift „Diese Schandtaten: Eure Schuld!“, das von der 63. Infanterie-Division der Siebten US-Armee aufgestellt wurde. Bad Mergentheim, 18. Juni 1945. Fotograf unbekannt. © IWM, EA 78510.

DREI

23. Juni 1945

Martha Gellhorn veröffentlicht „Dachau: Experimental Murder" („Dachau") im Magazin Collier's.

Nach Dachau

Von privaten Vergeltungsfantasien, Kollektivschuld, Leben in Ruinen, Bevölkerungsumsiedlungen und befreiten Zwangsarbeitern

> Ein realistischer Deutscher, der sich sein zukünftiges Wohl innerhalb der Friedensbestimmungen und des Verwaltungssystems, die durch die Niederlage herbeigeführt wurden, vorzustellen versucht, hat mehr als genug Grund zur Entmutigung.
>
> „The Relation of Bombing to Suicides", *The United States Strategic Bombing Survey* (US-Bestandsaufnahme der strategischen Bombardierung, 1946)[1]

Wer am Ende des Zweiten Weltkriegs Konzentrationslager sah, den konnte dies radikalisieren und es konnte sein Leben verändern. Die Reaktion der Journalistin und Romanautorin Martha Gellhorn auf Dachau ist hierfür ein einschlägiges Beispiel. Am 29. April 1945 wurde das Lager von den Amerikanern befreit, und ein paar Tage später besuchte sie es. Der Essay, den sie über ihre Erfahrung für *Collier's* schrieb, trug den Titel „Dachau: Experimental Murder" und war mit einem grauenvollen halbseitigen Panorama in düsteren, offenbar rasch skizzierten und von der Fotografie inspirierten Schwarz-Weiß-Tönen illustriert: Der Leser sieht den mit ausgemergelten Leichen sehr, sehr vieler Gefangener sowie den korpulenten Leichnamen zweier SS-Wachleute bedeckten Boden; gekrümmte Gestalten kauern vor zwei Baracken, große Krematorien dominieren den Vordergrund, und im Hintergrund ist ein Wachturm zu sehen. Der Künstler war der in Mähren geborene Immigrant William Pachner, dessen Verwandte im Holocaust umgebracht worden waren und dessen Werk sich während der Kriegsjahre von fröhlichen, farbenfrohen Werbeentwürfen und heiteren Karikaturen hin zu einem tristen Stil wandelte. Sein trostloser, in Grautönen gehaltener

„German Train“ (Deutscher Zug, Öl auf Leinwand, 1944) sowie seine Illustration zum Bericht Gellhorns sind dafür repräsentativ.[2] Pachners Bild passte zu Gellhorns Artikel, legte doch auch sie ihr Augenmerk auf den sogar noch im Tod vorhandenen Unterschied zwischen Gefangenen und Wachleuten: „Nichts am Krieg war je so wahnsinnig böse wie diese ausgehungerten und geschundenen nackten, namenlosen Toten. Hinter einem Stapel von Toten liegen die bekleideten wohlbehaltenen Leichen deutscher Wachleute, die in diesem Lager aufgefunden worden waren. Als die amerikanische Armee eintraf, wurden die Wachleute auf der Stelle von Gefangenen getötet. Und zum ersten Mal überhaupt betrachtet man einen toten Menschen mit Freude.“[3]

Gellhorn, die dritte Frau Ernest Hemingways und eine enge Freundin des Kriegsfotografen Robert Capa, hatte aus dem Spanischen Bürgerkrieg berichtet und den Zweiten Weltkrieg von der Invasion in der Normandie bis zur bedingungslosen Kapitulation Deutschlands journalistisch begleitet.[4] Sie war als hartgesottene Autorin bekannt, doch das, was sie bei ihrer Ankunft in Dachau erblickte, überwältigte sie vollkommen:

> Hinter dem Stacheldraht und dem Elektrozaun saßen die Skelette in der Sonne und suchten einander nach Läusen ab. Sie sind alterslos und haben keine Gesichter; sie sehen alle gleich aus und wie nichts, was man jemals sehen wird, wenn man Glück hat. Wir durchquerten das weite, überfüllte, staubige Gelände zwischen den Gefangenenbaracken und gingen zum Krankenhaus. Im Flur saßen weitere Skelette, denen der Geruch von Krankheit und Tod entströmte. Sie beobachteten uns, bewegten sich aber nicht: Die Gesichter, die nur noch aus gelblicher stoppeliger Haut über Knochen bestehen, sind ausdruckslos. … Alle Gefangenen sprachen in derselben Weise – leise, mit einem sonderbaren kleinen Lächeln, als wollten sie sich dafür entschuldigen, jemandem von derart abscheulichen Dinge zu erzählen, der in der richtigen Welt lebte und von dem kaum zu erwarten war, dass er Dachau verstand. (16/28)

Was Gellhorn zum Ausdruck brachte, war ihre Schwierigkeit, Rechenschaft darüber abzulegen, was sie im Lager gesehen und über die medizinischen Versuche erfahren hatte, die dort durchgeführt worden waren, „man kann darüber nicht gut reden, weil man wie unter einer Art Schock steht, der sich einstellt und es beinahe unerträglich macht, zurückzugehen und sich zu erinnern, was man gesehen hat“. Sie beendete ihren Bericht mit der vehementen Mahnung „niemals wieder“.

Als sich die deutsche Armee den Alliierten bedingungslos ergab, war ich in Dachau. Es war der passende Ort. Sicher musste dieser Krieg Dachau und andere Orte wie Dachau und alles, wofür Dachau steht, beseitigen. Für immer beseitigen. Dass diese Friedhofsgefängnisse existierten, ist das Verbrechen und die Schande des deutschen Volkes.

Wir sind nicht ganz schuldlos, wir, die Alliierten, weil wir zwölf Jahre brauchten, um die Tore von Dachau zu öffnen. Wir waren blind und ungläubig und langsam, und das dürfen wir nie wieder sein. Uns muss jetzt klar sein, dass es keinen Frieden geben kann, wenn es eine derartige Grausamkeit in der Welt gibt.

Und wenn wir solche Grausamkeit jemals wieder tolerieren, haben wir kein Recht auf Frieden. (30)

Private Vergeltung

Drahtlos aus Paris übermittelt und am 13. Juni 1945 in *Collier's* publiziert, gab Martha Gellhorns Dachau-Reportage einer Erfahrung Ausdruck, die sie für immer verändern sollte. Das Dachau-Erlebnis war so prägend für sie, dass sie auf dessen Grundlage ein Buch schrieb, das den Wunsch nach Vergeltung verarbeitete, der ja bereits in ihrem Ausdruck der Freude über den Anblick der ermordeten KZ-Wachen spürbar war. In ihrem Roman *Point of No Return* (Punkt ohne Wiederkehr) inszenierte Gellhorn einen privaten Racheakt ihres Protagonisten Jacob Levy. In einem Brief erklärte Gellhorn den Hintergrund des Romans, der ursprünglich 1948 unter dem Titel *The Wine of Astonishment* (Wein, dass wir taumelten) veröffentlicht wurde und bislang noch nicht in deutscher Übersetzung vorliegt. Der Titel stammt aus dem 60. Psalm, der in Lutherbibeln als „Gebet zu Kriegszeiten" oder „Gebet eines verstoßenen Volkes" bezeichnet wird.

Ich bin zum Schreiben immer getrieben worden … Nicht von meinem eigenen Leben; vom Leben anderer. Ich habe *The Wine of Astonishment*, das in meinem Kopf immer den Titel *Point of No Return* trug, geschrieben, um Dachau loszuwerden. Das ganze Buch hatte genau diesen Zweck: auszutreiben, womit ich nicht leben konnte. (Aber Dachau und alles, was ich danach gesehen habe: Belsen usw., hat mein Leben und meine Persönlichkeit verändert. Wie ein Wendepunkt. Ich bin seitdem nicht mehr dieselbe. Wie beim Farbenmischen. Schwarz, richtiges, echtes, kompaktes Schwarz kam hinzu, und ich habe nie wieder zu einem Zustand der Hoffnung oder Unschuld oder Heiterkeit zurückgefunden.) Den Artikel über Dachau habe ich gleich geschrieben, noch in derselben Woche. Das Buch zwei Jahre später.[5]

Gellhorns Roman beginnt mit einer Kriegshandlung um die Ardennenoffensive mit vielen Verlusten und einer Liebesgeschichte zwischen dem jüdischen GI Jacob Levy und Kathe, einer katholischen Kellnerin aus Luxemburg, entwickelt sich aber dann zu einem existentialistischen, absurden, beinahe surrealistischen Schlussmoment. Im Mittelpunkt steht Levys heftiger Ausbruch, ausgelöst von Menschen, die in der Nähe des Dachauer Konzentrationslagers lachen, wobei Levy – sehr durch Gellhorns Augen – das Lager selbst eben erst besucht hat. Ein paar Monate zuvor war Jacob bereit gewesen, seinen jüdischen Glauben aufzugeben und Kathe zuliebe zum Katholizismus zu konvertieren. Er hatte ihr sogar erzählt, sein Name sei „John Dawson Smithers", so hieß der Oberstleutnant aus den Südstaaten, dessen Jeep er fuhr, und Kathe nannte ihn immer „Jawn". In dieser Phase des Romans war sein Streben, so könnte man sagen, auf Assimilation hin ausgerichtet. (Ob der Name „John", den er sich selbst gegeben hatte, Johannes den Täufer oder den Evangelisten Johannes heraufbeschwört, in jedem Fall verstärkt er Jacobs unbewusste Bereitschaft, sich nicht länger als Jude zu betrachten.) Der Besuch im Konzentrationslager stählte Jacob indes und brachte ihn dazu, sich in brachialem Gegensatz zu deutschen Zivilisten neu zu definieren.[6] Die Überschrift auf dem Cover der Taschenbuchausgabe lautet: „Er lügte sie an … wurde zur Gewalttätigkeit getrieben … wegen des Geheimnisses, das er hütete!"

Der Roman enthält lebendige Szenen vom Kampf und Vormarsch der amerikanischen Einheit nach Deutschland, ein paar gute Charakterskizzen und eine genaue, kritische Darstellung des gewöhnlichen, alltäglichen Antisemitismus in der US-Armee, die Szene jedoch, die dem Leser unvergesslich bleiben wird, ist die von Jacob Levys Gewalttat. Als er Dachau in seinem Jeep verlässt, denkt er an die jüdischen Opfer und erinnert sich: „Mama hat auch schwarzes Haar, langes schwarzes Haar."[7] Als Jacob sechs deutsche Zivilisten sieht, vier Männer und zwei Frauen, die auf der Straße stehen, sich eifrig unterhalten und lachen und nicht zur Seite gehen, als er hupt, sieht er sie, „wie er noch niemanden in seinem Leben zuvor gesehen hatte" (290). Obwohl er jede Menge Platz hat, um vorbeizufahren, gibt er absichtlich Gas und lenkt den Jeep direkt in die Gruppe, wobei er drei von ihnen tötet.[8] Es ist eine grelle Darstellung einer sinnlosen Tat, die gegen buchstäbliche „Zuschauer" gerichtet ist, deren einziges Verbrechen darin bestand zu lachen. Trotzdem ist es eine Tat, die Jacob Levy ausdrücklich offen eingestehen und über die er sich definieren möchte. Auch wenn

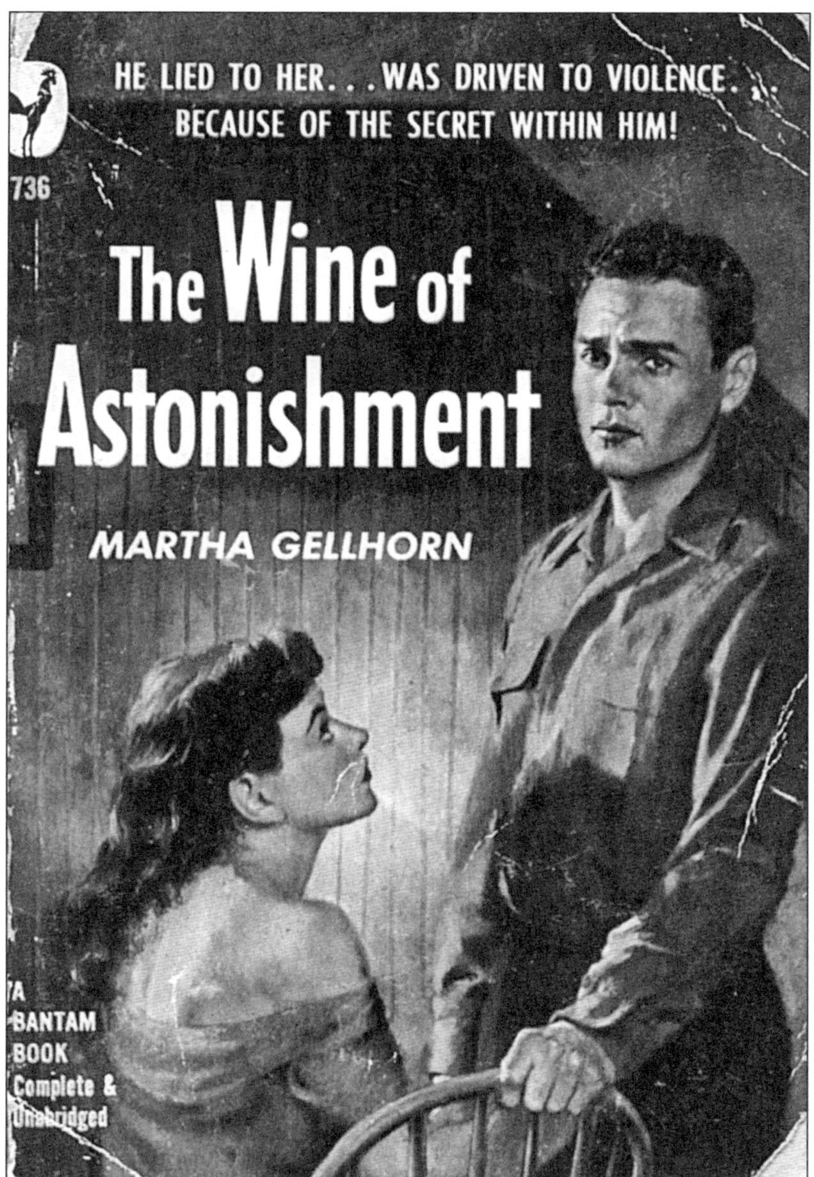

Abb. 10: Cover der Taschenbuchausgabe von *The Wine of Astonishment*.

später im Roman erwogen wird, ob Levy seine „private Rache“ (296) als bloßen Unfall verteidigen sollte, als Defekt des Jeeps oder als Folge einer Kriegsneurose, ist es Gellhorns Beschreibung von Levys Tat, die dem Leser im Gedächtnis bleibt:

> Die grinsenden rosafarbenen Gesichter forderten ihn geradezu heraus, sie zu ärgern. Sie brauchten niemandem aus dem Weg zu gehen. Sie waren unbehelligt davongekommen. Lachen, sie lachen laut auf der Straße, um mir das zu zeigen.
>
> Die Menschen in den Güterwagen müssen lange geschrien haben, bevor sie starben. Wenn der Wind richtig stand, muss die Asche aus dem Kamin hierher geflogen sein. Nicht eine Meile, nicht mal eine Meile weg. Sie wussten es, es war ihnen egal, sie lachten. Hass brachte sein Gehirn zum Explodieren. Er fühlte sich, als ob er abglitt, sank. Es fiel ihm schwer zu atmen. Er hielt seine Faust auf der Hupe und drückte seinen Fuß auf das Gaspedal, bis es den Boden berührte. Mit 90 Stundenkilometern fuhr Jacob Levy seinen Jeep in die lachenden Deutschen. (292)[9]

Nachdem er Dachau gesehen hat, betrachtet Levy in dieser schrillen Szene *alle* Deutschen als Massenmörder oder zumindest Komplizen der Mörder. Da Levy sich über seine Tat neu definiert, findet sich darin ein psychologisches Moment, wonach Unterdrückte Selbstbefreiung durch zugegebenermaßen sinnlose Gewalttaten finden.

Gellhorns Fantasie von Levys privater Rache erinnert den Leser teilweise an André Bretons „Zweites Manifest des Surrealismus“ (1930), in dem eine absolute Revolte befürwortet wird, eine „totale[…] Unbotmäßigkeit“, eine „obligatorische[…] Sabotage“, die in der „einfachste[n] surrealistische[n] Handlung“ kulminiert, „mit Revolvern in den Fäusten auf die Straße zu gehen und blindlings soviel wie möglich in die Menge zu schießen“, um „mit dem derzeit bestehenden elenden Prinzip der Erniedrigung und Verdummung aufzuräumen“.[10] Levys Tat nimmt auch Vorstellungen von psychologisch gerechtfertigter emanzipatorischer Gewalt der Kolonisierten vorweg, wie sie in *Die Verdammten dieser Erde* (1961) von Frantz Fanon artikuliert wurde: „Auf der individuellen Ebene wirkt die Gewalt entgiftend. Sie befreit den Kolonisierten von seinem Minderwertigkeitskomplex, von seinen kontemplativen und verzweifelten Haltungen.“[11] Jacob Levys Assimilationsbemühungen – sichtbar gemacht durch seinen spontanen Entschluss, Kathe nicht seinen richtigen Namen zu nennen – könnten gelesen werden als Symptome eines solchen Minderwertigkeitskomplexes, der

Internalisierung negativer Bilder oder zu allerletzt als unbewusste Unterdrückung seines Gefühls, jüdisch zu sein. Seine dramatische Tat verändert Levy am Ende jedoch, ihm „taten die Krauts nicht leid und würden ihm nie leid tun“ (321). „Einmal in seinem Leben hatte er etwas gemacht, aus eigenen Stücken, für niemanden, den er kannte, ohne sich darum zu kümmern, was mit ihm nachher werden sollte“, und er würde sich da „nicht hinausschleichen“ (322).[12] Durch den Verlust seines Glaubens ist er versunken in Verzweiflung, er wünscht, er wäre gestorben, als sein Jeep nach der Tötung der drei Deutschen gegen einen Baum prallte, und ist der Ansicht, dass die Welt „nach Dachau hässlich und fremd geworden ist“ (323). Doch so wie Gellhorns Artikel mit der Mahnung „niemals wieder“ endet, so schließt ihr Roman mit Jacobs neu gewonnenem Gefühl kämpferischen Selbstvertrauens: „Ich werde von niemandem etwas nehmen, und wenn sie kommen, um mich zu holen, werde ich kämpfen. Sie werden mich oder einen der Meinen niemals in einen Todestransport hineinbekommen; sie werden uns niemals hinter Stacheldraht stecken“ (323–324). Dieser neue Kampfgeist im Namen von „mir oder irgendjemand der Meinen“ wird jedoch nicht von einer Hinwendung zur jüdischen Religion oder zum Engagement in der Gemeinde begleitet, und Jacob scheint auf eine sogenannte Mischehe zuzusteuern.[13] Wenn er an Kathe denkt, der er die Wahrheit sagen und am Ende alles erklären will, gibt ihm dies tatsächlich das Gefühl neuer Hoffnung und Verantwortung. Während in Jacob Levys früheren Bekundungen zurückhaltender Assimilation eine lange Tradition in der Geschichte amerikanischer Einwanderer anklingt, nimmt sein gewalttätiger Ausbruch, in dem die ethnische Zugehörigkeit – oder vielleicht auch nur eine militantere und stolzere Version von Assimilation – im Nu bestätigt worden zu sein scheint, ein wenig die Stimmung der 1960er vorweg.

Wenn Gellhorns lebendige Prosa widerspiegelt, wie sie selbst durch die Erfahrung ihres Besuchs in Dachau verändert wurde, dann beeinflusste die umfassende Berichterstattung über die Gräueltaten der Nazis, an der sie mitwirkte, die Leser und Betrachter indirekt. Der Schriftsteller James Agee befürchtete, dass die Mobilisierung von Feindseligkeit gegenüber Deutschen allgemein der intendierte propagandistische Effekt solcher Berichte sein könnte: „Die simple Methode besteht darin, schrecklichere Dinge zu zeigen, als sie die meisten Amerikaner je gesehen haben, und die Schuld für diese Gräueltaten dem ganzen deutschen Volk anzuheften“, schrieb Agee 1945 anlässlich eines frisch veröffentlichten Dokumentarfilms, den er sich anzusehen weigerte. Er fürchtete, dass „die Lust auf Vergeltung eine entsetzlich starke ist, sehr leicht und wahrscheinlich zwangsläufig erregt durch solche Beweise, sogar aus unserer Ferne“, und dass man „keine Opfer oder

Formen der Vergeltung finden könnte, die auch nur entfernt ausreichten, um sie zu stillen. Wir können es nicht ertragen, dem Wissen ins Auge zu sehen, dass die Erfüllung unseres Wunsches nach Gerechtigkeit, den wir mit unserem Wunsch nach Vergeltung verwechseln, unmöglich ist. Und so denken wir uns als Opfer das umfassendste Bild aus, das unser Verstand uns, wie verwirrt auch immer, gestattet: das ganze Volk und die Nachkommen dieses Volkes: und wir halten uns für ihnen unvergleichlich überlegen, wenn wir vor der Vorstellung der Vernichtung zurückschrecken."[14] Die Anmerkung von Oberstleutnant Smithers in Gellhorns Roman, „verglichen mit Dachau war unser Krieg sauber" (331), bringt wohl genau diese vergleichende moralische Überlegenheit zum Ausdruck, die Agee verabscheute.[15] Gellhorns Reportage schlussfolgerte auch, dass die Konzentrationslager „das Verbrechen und die Schande des deutschen Volkes" vorführten. Man fragt sich, wie Agee auf Gellhorns Roman reagiert hätte – oder wie Gellhorn auf Agees Artikel geantwortet hätte, der, etwa einen Monat bevor ihre Reportage über Dachau in *Collier's* erschien, in *Nation* publiziert wurde.[16] Diese differenzierte Sichtweise, die sich James Agee für die unmittelbaren Auswirkungen des Zweiten Weltkriegs wünschte, trug schwerlich den Sieg davon, aber es gab andere, die Agees Anliegen teilten.[17]

Schuldplakate

Nach seiner Ankunft in Bad Nauheim im Mai 1945 bemerkte der anglo-irische Schriftsteller James Stern, den wir bereits als den ersten englischen Übersetzer des Tagebuchs der *Frau in Berlin* kennen gelernt haben, dass die Amerikaner hauptsächlich an dem zerbombten Kurhaus Interesse zeigten, während die Nauheimer dagegen auf etwas anderes schauten. Stern schreibt in seinem Buch *Die unsichtbaren Trümmer: Eine Reise im besetzten Deutschland 1945*:

> Wir sahen sie in kleinen Gruppen vor Bäumen stehen, vor der Tafel mit den städtischen Bekanntmachungen und den leeren Fenstern geschlossener Geschäfte. Schweigend, reglos blieben sie eine Weile stehen; dann schüttelten sie den Kopf und entfernten sich langsam. An diesen Bäumen, Tafeln und Ladenfenstern, an zentralen Punkten in jeder Straße jedes Dorfs und jeder Stadt konnten sie ein großes Plakat sehen, von dem ihnen in riesigen schwarzen Buchstaben die Worte entgegenschrien:
>
> WESSEN SCHULD?
>
> Unter der Schrift waren Vergrößerungen ziemlich unscharfer Fotografien: Hunderte nackter menschlicher Skelette türmten sich auf ei-

Abb. 11: Schuldplakat. BArch, Plak 004-005-005, o. Ang.

nem offenen Güterwaggon. Was aussah wie ein Haufen Müll, war ein Berg aus Asche und verkohlten menschlichen Gebeinen. An Galgen hingen Männer in gestreiften Anzügen, Kinder und Babys lagen rücklings auf der Erde, verhungert. Unter jedem Foto stand, wo das Bild aufgenommen worden war.

Stern hört niemanden in der Menge auch nur ein einziges Wort sagen: „Gelegentlich hielt eine Frau die Hand oder ein Taschentuch vor den Mund, als wollte sie ein Stöhnen oder einen Entsetzensschrei ersticken. Oder ein älterer Mann starrte minutenlang mit offenem Mund wie hypnotisiert darauf. Nach einer Weile gingen sie langsam, schweigend, einer nach dem anderen, davon." Die Reaktionen der Einwohner auf diese unausweichlichen Schautafeln – Stern nennt sie „Schuldplakate" (*guilt placards*) – veranlassen ihn, sich in die Menschen hineinzuversetzen. Stern stellt sich vor, dass sie, in ihren Zimmern angekommen, mit zitternder Hand zur Entspannung das Radio anstellen, nur um erneut mit einer „Stimme der Anklage" konfrontiert zu werden:

WESSEN SCHULD?

Wer ist schuld an Gräueltaten gegen die Menschlichkeit unter euch?

Wie reagierten wohl die Menschen auf diese Fragen oder auf die nächste Serie von Plakaten mit „Fotos, die dieses Mal schärfer und detaillierter waren“ und die keine Frage mehr stellten, sondern in „fetten Lettern“ und in direkter Anrede einfach einen Tatbestand konstatierten, und zwar als Anschuldigung und mit Ausrufungszeichen?

DIESE SCHANDTATEN: EURE SCHULD!

Jedoch, Stern hält es für unmöglich, die Maske der Einwohner zu durchdringen. Ein Offizier in seinem Hotel sagt ihm, dass man nicht von „alliierter“ Propaganda reden könne, weil es in der russischen Zone keine solchen Schuldplakate gäbe und das Radio Einzelheiten über das Ausmaß der Zerstörung Berlins, praktische Hinweise zur Versorgung mit Gas, Elektrizität und Lebensmittelrationen ausstrahle und sonst rund um die Uhr Musik spiele, darunter auch Werke von in Deutschland lange nicht gehörten jüdischen Komponisten wie Mendelssohn und Offenbach. Diese Information lässt Stern und einige seiner Kollegen „über die schwerwiegenden Themen Propaganda und Kollektivschuld“ nachdenken.[18]

Solche Schuldplakate mit fett gedruckten Überschriften befinden sich in der Tat in deutschen Archiven, und im Imperial War Museum in London ist ein Foto eines etwa zwölf- bis vierzehnjährigen Jungen zu sehen, der sich eine solche Schautafel genau ansieht, die auf einer Staffelei auf einer Straße mit Kopfsteinpflaster neben zwei geschlossenen Geschäften, einem Optiker und einem Bürobedarfsladen, steht (vgl. Abb. 9 am Beginn dieses Kapitels). Der Fotograf ist nicht identifiziert, der den ebenfalls nicht identifizierten Jungen in kurzen Hosen am 18. Juni 1945 aufgenommen hat, aber wir wissen, dass diese Tafel vom 63. amerikanischen Infanterie-Regiment im württembergischen Bad Mergentheim vor dem Rathaus aufgestellt wurde.[19] Wie dieser Junge auf solche tabuverletzenden und schuldeinflößenden Fotos reagiert haben mag, können wir nur mutmaßen, ebenso wie Stern das mit den Reaktionen der Nauheimer versuchte oder es Erich Kästner im Februar 1946 mit den stumm oder mit abwehrenden Kommentaren aus einem Gräuel-Dokumentarfilm kommenden Menschen tat.[20] Ursula von Kardorff, deren Tagebuch vom Kriegsende bereits zitiert wurde, erwähnte mit Entrüstung, dass Ortsbewohner, denen von einer großen Gruppe von Geistlichen, die in Dachau inhaftiert gewesen waren, „Schreckensfotos von Leichenbergen aus dem KZ“ gezeigt wurden, dachten, es müsse sich in Wirklichkeit um Fotos von Opfern der Bombardierung Dresdens handeln; trotzdem beschwerte sich auch von Kardorff über alliierte Radioprogramme, die Deutsche im Ton einer Gouvernante anreden, „die mit ihrem knöchernen Zeigefinger und der schrillen Altjungfernstimme an unseren Nerven zerrt“.[21]

Wenigstens in den Westzonen wäre es für Deutsche 1945 schwer möglich gewesen, nicht mit solchen Bildern, mit Rundfunkanklagen oder mit Diskussionen über Kollektivschuld konfrontiert zu werden.[22] Stern resümiert: „Die Deutschen haben ein so ungeheures Schuldgefühl, daß sie sich diesem einfach nicht stellen, geschweige denn es ausdrücken können."[23]

Auswirkungen des Luftkriegs

James Stern kam zusammen mit dem Lyriker Wystan Hugh Auden (den er in seinem Buch „Mervyn" nennt) 1945 nach Deutschland, um für die Umfrage des „U.S. Strategic Bombing Survey", einer amerikanischen Bestandsaufnahme der strategischen Bombardierung Deutschlands, die psychologischen Auswirkungen des Bombenkriegs auf die deutsche Bevölkerung zu untersuchen.[24] Stern war sich der Absurdität, Menschen in völlig zerstörten Städten mechanische, von Sozialpsychologen erdachte Fragen über den Bombenkrieg zu stellen, völlig bewusst und nutzte die Gelegenheit, möglicherweise von der offiziell geforderten „indirekten Befragungsmethode" ermutigt, längere und informellere Gespräche mit Interviewten ebenso wie mit Freunden und Bekannten aus seinen Deutschlandaufenthalten der Vorkriegszeit zu führen. Der offizielle Gruppenbericht enthielt repräsentative Antworten auf 95 Fragen, eine Auswertung von mehr als 800 abgefangenen Briefen, in denen Bomben erwähnt wurden, und allgemeine Bemerkungen zum Sinken der deutschen Kampfmoral als Folge des Bombenkriegs.[25] Sterns eigener Bericht – ursprünglich sollte er gemeinsam mit Auden verfasst werden – verband präzise militärische Informationen mit dem Versuch, das menschliche Erleben einer kaum vorstellbaren Katastrophe zu verstehen.

So teilt Stern seinen Lesern sachlich mit, dass das nicht kriegswichtige Ziel Darmstadt nur einmal, und zwar am 11. September 1944, 51 Minuten lang bombardiert wurde, wobei mehr als die Hälfte der 8400 Wohnungen im Stadtzentrum völlig zerstört wurden. Nach den Opferlisten verschiedener Polizeireviere wurden in diesen Minuten „8433 Menschen sofort getötet oder verbrannten, 2439 wurden schwer verletzt. Augenzeugen berichteten uns, wie in der ungeheuren Hitze die Körper erwachsener Menschen zuerst braun wurden und dann im Bruchteil einer Sekunde auf die Größe eines Babys schrumpften. Nach dem Angriff flohen mehr als 49.000 Überlebende (etwa die Hälfte der Einwohner) in die umliegenden Städte und Dörfer."[26] Dann versucht Stern, diese Statistiken zu veranschaulichen, und sein Ton ändert sich. Er merkt, dass die Darmstädter über diese Stunde anders sprachen als die Bewohner Münchens, die von 1942 bis 1945 insgesamt 92 Mal bombardiert worden waren:

> So wie vielleicht die Überlebenden von Hiroshima über ihre kaum ein Jahr später erlittene, einzige Erfahrung dieser Art, sprachen [die Darmstädter] von dem „absoluten Albtraum", den sich niemand, der ihn nicht erlebt hatte, vorstellen, keiner, der dabei war, vergessen konnte. Manche, die man zwar für unzurechnungsfähig erklärt hatte, die jedoch keinerlei Symptome von Verwirrung zeigten, konnten nicht dazu gebracht werden, auch nur ein Wort darüber zu sagen. Ich habe mich seither oft gefragt, wie viele von uns, die keine Luftangriffe und keine Invasion erlebt haben, im Ernst daran denken konnten, den Schlaf des zerschmetterten Europas zu teilen: Jeden Morgen in einem unbeleuchteten, ungeheizten Loch aufzuwachen und meilenweit auf nichts als einen großen Friedhof, das ständige Denkmal eines kurzen Albtraums zu blicken, der Wirklichkeit geworden war; ein Albtraum, der in uns und unseren überlebenden Kindern fortleben würde bis ans Ende unserer Tage und über den man nicht sprach und nicht sprechen konnte?[27]

Die Darstellung von Ruinen

Ebenso wie andere zeitgenössische Beobachter schien Stern bei der Beschreibung der Trümmer ständig auf der Suche nach passenden Metaphern zu sein. Das Leben in einer zerbombten Stadt war für die Betroffenen, als ob man aus einem Albtraum auf einem Friedhof erwachte, aber was Sterns Auge überall auch sah, war „ein weites Meer, ein sturmbewegter Ozean rötlichen Schutts mit ausgezackten, durchlöcherten Mauern, die aus den hohen Wellen emporragen", riesige Flutungeheuer, bei deren Anblick man nicht zu fragen wagt, „was die Ruinen für die ausgebombten Menschen bedeuten, nicht einmal, wie lange sie brauchen werden, um alles wieder aufzubauen", sondern höchstens, „wie lange es dauert, um die Trümmer zu beseitigen, und wo die Trümmer hingeschafft werden sollen".[28] Die Trennung von Land und Meer schien aufgehoben. Den aus dem Exil nach Deutschland zurückgekehrten Alfred Döblin erinnerte die Ruinenlandschaft an eine „sintflutartige Katastrophe",[29] und der schwedische Romancier Stig Dagerman sah „rostige Träger" aus dem Schutt hervorragen „wie die Steven vor langer Zeit gesunkener Schiffe".[30] Ähnlich maritim beschrieb Erich Kästner die Ruinen Dresdens: „Wie von einem Zyklon an Land geschleuderte Wracks riesenhafter Dampfer liegen zerborstene Kirchen umher. Die ausgebrannten Türme der Kreuz- und Hofkirche, des Rathauses und des Schlosses sehen aus wie gekappte Masten. Der goldene Herkules über dem dürren Stahlgerippe des Rathaushelms erinnert an eine Galionsfigur, die, seltsamerweise und reif zur Legende, den feurigen Taifun, dem

Himmel am nächsten, überstand. Die steinernen Wanten und Planken der gestrandeten Kolosse sind im Gluthauch des Orkans wie Blei geschmolzen."[31] Den Dramatiker Max Frisch, der München im April 1946 besuchte, verfolgten diese Erfahrungen bis in seine Träume, denn er zeichnete einen Albtraum über von München her kommende Schiffe auf, die nach einer Art Überschwemmung „nur noch als Maste" aus seinem heimatlichen Schweizer See herausragen.[32]

Stern fand das Ausmaß der Bombenschäden so immens, dass er kaum an von Menschen absichtlich zugefügte Zerstörungen denken konnte, „sondern an die eines Erdbebens – des Erdbebens schlechthin, das Phänomen unserer Epoche".[33] Ähnlich sah Alfred Döblin in der Nähe von Mainz Fabriken, „wie von einem Erdbeben niedergelegt".[34] Frisch erinnerten die Münchner Ruinen ebenfalls an ein Erdbeben, aber er fügte hinzu: „Wäre es ein Erdbeben gewesen, ein Werk der blinden Natur, man könnte es ebensowenig begreifen; aber man könnte es hinnehmen ohne Begreifen."[35] Und der Fotograf Tony Vaccaro stellte gerne Fotos von Kriegsruinen und von Zerstörungen durch Erdbeben nebeneinander, „das Erdbeben des Krieges und das Erdbeben des Erdbebens", wie er es formulierte.[36]

Erstaunlich erschien in solchen Landschaften die Geschäftigkeit der Passanten. Döblins Haupteindruck vom „Menschengewimmel" in zerstörten Großstädten wie Stuttgart war, „daß die Menschen hier wie Ameisen in einem zerstörten Haufen hin und her rennen, erregt und arbeitswütig zwischen den Ruinen", und dass sie sich „auf der Straße zwischen den fürchterlichen Ruinen" bewegten, „wahrhaftig, als wenn nichts geschehen wäre und als wenn die Stadt immer so aussah".[37] John Dos Passos fand, dass die städtisch gekleideten Einwohner die aufgeräumten Asphaltstraßen entlangrennen und in ausgehöhlte Türfassungen jagen, kurz: „Ihr Verhalten erinnert erschreckend an das von Ameisen, wenn man in einen Ameisenhaufen tritt."

Dos Passos erinnerte Frankfurt in Ruinen insgesamt so sehr an eine Stadt, „wie ein Haufen Knochen und ein zertrümmerter Schädel auf einer Weide an einen preisgekrönten Hereford-Ochsen erinnern".[38] Döblin dachte beim Anblick einer Ruine, es sei „alles hin, umgebrochen und erledigt, als wäre einem der Hals umgedreht"; er sah Mietskasernen, denen „die Zähne eingeschlagen worden" waren und die nun als bloße „Gerippe" dastanden, „in der Mitte und im Innern zusammengesunken, ohne Eingeweide"; an Döblins vertrautem Berliner Alexanderplatz glich der Tietz-Palast, „den man samt seiner Kuppel niedergeboxt hat", einem „Mann, dem ein Stoß das Genick gebrochen und den Schädel in den Brustkasten heruntergeschoben hat". Die Bilder, Ankündigungen und Plakate an manchen Hausruinen –

„Erinnerungen an die Zeit, wo man noch lebte“ – ließen für Döblin das Gebäude wie „eine Leiche“ erscheinen, „die noch eine bunte Schürze und ein Armband trägt“.[39] Stern fand es schwer, in der „Wüstenei leichenhafter Gebäude mit ihren schwarzen, hohlen Augen“ Frankfurt als die Stadt wiederzuerkennen, in der er einmal gelebt hatte.[40] „Das, was man früher unter Dresden verstand, existiert nicht mehr“, bemerkte Kästner. „Man geht hindurch, als ob man im Traum durch Sodom und Gomorra liefe. Durch den Traum fahren mitunter klingelnde Straßenbahnen. In dieser Steinwüste hat kein Mensch etwas zu suchen, er muss sie höchstens durchqueren. Von einem Ufer des Lebens zum anderen.“[41] Frisch dachte bei einem zerstörten Kirchendach an ein „schwarzes Skelett“, und er notierte unter der Überschrift „Sonderbar anzusehen“:

> Ein Eroberer zu Pferd, der immer noch in die Leere eines vergangenen Raumes reitet, stolz und aufrecht auf einem Sockel von Elend, umgeben von Stätten des Brandes, Fassaden, deren Fenster leer sind und schwarz wie die Augenlöcher eines Totenkopfes; auch er begreift noch nicht. Aus einem Tor, das unter grünenden Bäumen steht, kommt eine erstarrte Kaskade von Schutt; es ist ein Tor von bezauberndem Barock, anzusehen wie ein offener Mund, der erbricht, der mitten aus dem blauen Himmel heraus erbricht, das Innere eines Palastes erbricht – und die bröckelnden Schwingen eines Engels darüber, einsam wie alles Schöne, fratzenhaft; das Schweigen ringsum, das Erstorbene, wenn es von der helllichten Sonne beschienen wird, das Endgültige. „Death is so permanent.“[42]

Dagerman bemerkte „sorgsam behandelte Fassaden …, ohne irgend etwas, dem sie Fassaden sein könnten, wie Bühnenbilder für Theatervorstellungen, die nie zustande kamen“, und er fand manche Hausreste „hoch und kühn gemeißelt wie Siegesdenkmäler oder klein wie mittelgroße Grabsteine“.[43] Ebenso wie freistehende Fassaden gab es viele Häuserreste, bei denen die Vorderwände der nunmehr sichtbaren Wohnungen fehlten, ein Detail, das mehrere Beobachter zu faszinieren schien. In Nürnbergs ungeheuren Szenerien der Zerstörung bemerkte Stern „ein vierstöckiges neueres Gebäude, das wie mit einem Messer genau in der Mitte aufgeschnitten war, so daß man von der Straße aus übereinander vier weiß gestrichene Toiletten sehen konnte, völlig intakt und bis zu den herabhängenden Ketten alle gleich“.[44] Frisch sah in München „eine Badewanne ganz in der Höhe, eine Wand mit verblaßten Tapeten, dazu die schwarzen Ornamente von Brand, die Zungen von Ruß, die Fenster voll Ferne und ziehendem Gewölk, voll Frühling".[45] Der amerikanische Historiker David Brion Davis, der als junger Soldat 1945/46 in Mannheim stationiert war und seinen Eltern von dort viele Briefe schrieb, bemerkte halbierte oder in vier Teile zerschnittene „dreistöckige Häuser, in denen gekachelte Badezimmer und Wohnzimmer mit noch intakten Deckenlampen zu sehen waren".[46] In Breslau musste der Dramaturg und Schriftsteller Hugo Hartung beim Anblick solcher aufgerissener Wohnungsruinen an Puppenhäuser denken, die „eine private Glückswelt neugierigen oder stumpfen Blicken zur Schau bieten".[47] Dagerman blieb „vor Häusern stehen, deren Außenwand weggerissen wurde, wie in einem dieser beliebten Dramen, in denen der Zuschauer das Leben auf verschiedenen Ebenen gleichzeitig verfolgen kann". Etwas schauerromanhafter beschrieb Zelda Popkin in ihrem Roman *Small Victory* (Kleiner Sieg), wie ein amerikanischer Professor Häuser in Frankfurt bemerkte, „deren Vorderseite wie Bühnenbilder weggeschnitten waren und deren rosa, grün und blau tapezierte Wände von vielen Regenfällen durchfurcht und mit Streifen überzogen waren. Private Räume standen unanständig nackt da; ein leeres Bett stand noch ganz allein im dritten Stock auf einem zerbröckelnden, regendurchweichten Boden auf seinem Platz, mit Bettzeug und möglicherweise – ihm graute bei dem Gedanken – mit den Knochen eines Kindes oder einer Frau; eine Badewanne hing über einer Toilettenschüssel."[48] In der verkehrten Welt der Ruinenlandschaften wurden Innenräume zu Außenräumen, und selbst die privatesten Orte waren der Öffentlichkeit preisgegeben.

Döblin erinnerte „das, was früher Häuser waren", an „geöffnete Steinkasten ohne Deckel. … Diese Steinkasten sind verschieden gespalten und geöffnet worden. Manche stehen noch mit allen vier Wänden, aber in der Mitte ist nichts, unten liegt ein Schutthaufen. Manchmal ist ein ganzer Kasten seitlich umgeknickt oder nach innen gefallen. Manchmal steht die Vorder- und Hinterwand, aber die Seiten fehlen."[49] Münchens neue Durchsichtigkeit überraschte Frisch: „Oft blickt man von einer Straße in die andere hinüber, wenn auch durch ein Netz von rotem Rost; Reste einer niederhängenden Decke. Es ist eine Durchsicht, der kaum ein Haus widersteht; nur wenn man eine Straße hinunterschaut, gibt es nochmals den Anschein, wie es war, und man meint, nun habe man eine erhaltene Straße gefunden. Aber auch hier, wenn ich weitergehe, klafft es wieder nach beiden Seiten, und fast überall bleibt es das gleiche Bild, eine Stadt, aber geräumig und schütter wie ein Herbstwald." Frisch war von der Rückkehr der Natur in die Ruinen Münchens und Frankfurts merkwürdig berührt: „die Liebfrauenkirche ist ein offener Raum mit schwirrenden Vögeln darin", notierte er, und: „Es bleibt dabei: das Gras, das in den Häusern wächst, der Löwenzahn in den

Kirchen, und plötzlich kann man sich vorstellen, wie es weiterwächst, wie sich ein Urwald über unsere Stadt zieht, langsam, unaufhaltsam, ein menschenloses Gedeihen, ein Schweigen aus Disteln und Moos, eine geschichtslose Erde, dazu das Zwitschern der Vögel, Frühling, Sommer und Herbst, Atem der Jahre, die niemand mehr zählt.“[50] Und Kästner staunte in Dresden: „Was sonst ganze geologische Zeitalter braucht, nämlich Gestein zu verwandeln, – das hat hier eine einzige Nacht zuwege gebracht.“[51] Man könnte mit Georg Simmels berühmtem Essay „Die Ruine: Ein ästhetischer Versuch“ (1907) eine Verschmelzung von Kunst und Natur in den Kriegsruinen sehen, die bereits überwachsen waren. „Die Natur hat das Kunstwerk zum Material ihrer Formung gemacht“, schrieb Simmel, „wie vorher die Kunst sich der Natur als ihres Stoffes bedient hatte.“ Doch die Ruinen der 1940er-Jahre zeigten noch deutlicher, was Simmel bereits bezüglich der römischen Ruinen bedauerte: Sie machten dem Beobachter nur zu bewusst, dass sie eben das Resultat menschlicher Zerstörung waren.[52]

Deutscher Herbst, Stig Dagermans ausgezeichneter Reisebericht aus dem Jahr 1946, widmete der „ungeheuren Wildmark“ (23) der Ruinen, die er überall sah, ein eindrucksvolles Kapitel, das besonders reich an Wortbildern ist, von denen bereits einige zitiert wurden. Der Kölner Dom, schrieb Dagerman, „steht düster, rußig und einsam mitten in einem Trümmerhaufen, mit einer Wunde aus frischen Ziegeln in der Seite, die in Dämmerung aussieht, als blute sie“ (21), und in den „rheinischen Kleinstädten ragt aus zerbombten Fachwerkhäuser das Gerippe“ (21–22). Aus einem Zug in Hamburg hat Dagerman „ununterbrochen Aussicht auf etwas, das aussieht wie eine riesige Müllkippe für kaputte Hausgiebel, frei stehende Hauswände mit leeren Fensterhöhlen, die mit weitoffenen Augen auf den Zug herabstarren, undefinierbare Hausreste … mit breiten, schwarzen Brandrauchspuren“ (22). Und weiter: „Meterschmale Pfeiler, die ein künstlerisches Schicksal aus eingestürzten Mietshäusern herausgeschnitten hat, erheben sich aus weißen Bergen zerbrochener Badewannen oder grauen Bergen aus Stein, zermahlenen Ziegeln und verschmorten Heizkörpern“ (22–23). Schließlich findet er, dass „alle Figuren der Geometrie in dieser drei Jahre alten Variante von Guernica und Coventry vertreten sind: regelrechte Quadrate aus Schulwänden, kleine oder große Dreiecke, Rhomben und Ovale der Außenmauern der riesigen Mietskasernen“ (23). Der Hinweis auf Guernica und Coventry ist vielsagend und erinnert an den früheren faschistischen Einsatz von Stadtbombardierungen unschuldiger Zivilbevölkerungen als Teil moderner Kriegsführung. Dagerman berichtet auch, dass eine seiner Gesprächspartnerinnen, eine „elastisch bittere Frau, die bei der Bombardierung von Hamburg Hab und Gut verloren“ hatte, ihm sagt, dass sie

„Glaube und Hoffnung bereits bei der von Guernica verloren" hatte (25), und als er ihr antwortet, wie leid ihm der Verlust ihrer Wohnung tut, „ist sie eine der ganz wenigen, die sagen: – Angefangen hat es in Coventry" (26).[53]

Als Gertrude Stein und Alice Toklas 1945 Deutschland per Flugzeug besuchten, schien Stein in ihrem Bericht für *Life*, „Losgezogen sind wir, Deutschland zu sehen", zunächst jeglicher Metapher abhold zu sein. Statt bildlich darzustellen, was sie sah, beschrieb sie Deutschland in ihrem unverwechselbaren Stil, in einem kindlichen Tonfall mit einfachen, beharrlich wiederholten Worten, wie „zerstört" (*ruined*): „wir hatten es zerstört aus der Luft gesehen und jetzt sahen wir es zerstört am Boden. Es ist wirklich zerstört und nicht so aufregend anzusehen." Als ihre Reise sie nach Köln führte, in „die am meisten zerstörte Stadt, die wir bis jetzt gesehen hatten", bemerkte sie, „es ist natürlich, selbstverständlich ist es natürlich, von seinem Dach zu reden, Dächer sind gewissermaßen das Wichtigste an einem Haus, zwischen vier Wänden, unter einem Dach, und hier war eine ganze, offen ausgebreitete Stadt ohne ein Dach. Es gab den Dom, aber der sah sehr zerbrechlich aus, als ob, wenn man ihn mit dem Finger andrücken würde, der Finger entweder durchgehen oder der Dom umfallen würde." Und in München kommentierte Stein: „Man könnte denken, dass jede zerstörte Stadt wie jede andere zerstörte Stadt aussähe, tut sie aber nicht." Stein fand, dass die bayrische Hauptstadt „mit ihren weit offenen Plätzen, Gärten und Stadien … eher verfallen als zerstört" aussah, „völlig verfallen aussah, als ob sie in ein paar Jahren einfach irgendwie nicht mehr existieren würde". Gertrude Stein, die sich für *Life* auch vor den Ruinen am Frankfurter Dom fotografieren ließ, kam also doch nicht ganz ohne Bildersprache aus.[54]

Von unpassenden Grotesken und geometrischen Figuren bis zu durchsichtigen Wäldern und Schiffswracks – man ist erstaunt über die vielen Bilder, die Schriftsteller der Nachkriegszeit verwendeten, um die unbegreifliche, zerbrechliche Welt der zerstörten Städte zu beschreiben, „öder als die Wüste, wilder als ein Gebirge und ebenso phantastisch wie ein Angstraum", wie Stig Dagerman schreibt (22).[55] Immer wieder reagierten Beobachter mit Faszination und Erschrecken auf die Ruinen, auf den Kontrast zwischen der Bildersprache des Todes (in Vergleichen mit Leichnamen, Skeletten, Grabsteinen oder einer Köpfung) und dem Gefühl einer merkwürdigen Geschäftigkeit der Lebenden (wie in einem Ameisenhaufen, dem man einen Tritt versieht). Die Ruinen erscheinen geisterhaft anthropomorph (mit hervortretendem Gerippe, hohlen Augen, blutenden Wunden und einem offenen Mund sowie selbst der Fähigkeit, sich zu erbrechen)[56], lassen Beobachter an Kinderspielzeug denken (Steinkästen, die umgefallen sind oder die umfallen, wenn man sie mit dem Finger andrückt), und die Umkehrung von Innen und Außen in Häusern, die wie aufgeschnitten halb zerstört waren, erinnerten Schriftsteller an Bühnenbilder, Puppenstuben oder einfach an eine verkehrte Welt. Die Tatsache, dass die riesigen Ruinenlandschaften, die Städten eine gespenstische Durchsichtigkeit verliehen, nicht Resultat eines Naturereignisses (wie eines Zyklons, Orkans, Erdbebens, Vulkanausbruchs oder einer Überschwemmung), sondern allein menschlichen Ursprungs waren, machte alles noch besorgniserregender und ließ Beobachter an geologische Zeiträume in der tiefen Vergangenheit oder an die Endzeit denken, ob als biblische Vision vom Jüngsten Gericht oder als bange Erwartung einer postapokalyptischen, nachmenschlichen Zukunft.

Vielleicht war die reiche Metaphernsprache auch nur ein Ausdruck der Ohnmacht der Beobachter. So schrieb Max Frisch in seinem Tagebuch, dass „im Grunde alles, was wir in diesen Tagen aufschreiben, nichts als eine verzweifelte Notwehr“ ist, „die immerfort auf Kosten der Wahrhaftigkeit geht, unweigerlich; denn wer im letzten Grunde wahrhaftig bliebe, käme nicht mehr zurück, wenn er das Chaos betritt – oder er müßte es verwandelt haben“.[57] War die Häufigkeit, mit der das Wort „intakt“ in Ruinenbeschreibungen auftauchte, vielleicht ein Anzeichen für den unmöglichen Wunsch, sich das Zerstörte irgendwie wieder ganz vorzustellen? Oder nur ein weiteres Beispiel für das absurde Zusammenspiel von Ganzem und Kaputtem, von klingelnden Straßenbahnen, die Sodom und Gomorra durchquerten?

Die Verweise auf Erdbeben mögen auf das große Lissabonner Erdbeben von 1755 anspielen, das Philosophen an der Vorstellung eines wohlwollenden Gottes zweifeln ließ. Aber die Spuren des Zweiten Weltkriegs ließen Betrachter eher an eine Bestrafung denken, die ja auch in den biblischen Bildern der Sintflut und Sodoms anklingt. Alfred Döblin, der die Metapher der Sintflut verwendet, erinnerte Berlin an das „Gericht in der Geschichte“. „Wir sehen die traurigen Reihen der Häuserskelette, die leeren Fassaden, alles, was der Brand und die Kriegsfurie übrig gelassen hat. Ja, hier war etwas geschehen, wieder sah ich es. Dies war der Hauptschauplatz des Spuks. Hier machte sich das Verbrechen breit, das Volk ließ sich betäuben, singende Jugend, enthusiastische Zuschauer. Das wogte durch die Straßen und scholl von den Häuserwänden, die nun vorne auf die Stirn gefallen sind. Versuche einer hier dem Gedanken an ein Strafgericht zu entgehen.“ Aber Döblin erinnert auch daran, dass die, die „damals hier lebten“, gewiss „zu Millionen nicht mitgemacht“ haben. „Sie haben nur zugesehen, wie der Hexensabbat gefeiert wurde. Und dann sind aber ihre Häuser eingestürzt und Menschen getötet worden. So furchtbar spricht das Gericht in der Geschichte.“[58]

Woran die Ruinenlandschaft auch gemahnte, waren, in James Sterns Formulierung, „die unsichtbaren Trümmer“ in den Menschen selbst. Stig

Dagerman hielt die große Gruppe aufrichtiger deutscher Nazi-Gegner für „die schönsten Ruinen Deutschlands“, die aber jetzt „bis auf weiteres … ebenso unbewohnbar“ waren „wie die eingestürzten Häusermassen“. Als Deutsche konnten sie keinen Anteil „am alliierten Endsieg“ für sich in Anspruch nehmen, als Anti-Nazis war ihnen aber auch die Teilnahme „an der deutschen Niederlage“ verwehrt.[59]

Ruinenfotografien

Vielleicht noch häufiger, als sie in Prosa beschrieben wurden, wurden Deutschlands Ruinen fotografiert. Nach ihrer Fotoreportage über den Krieg und die Konzentrationslager Buchenwald und Leipzig-Thekla, die sie sich zwingen musste, mit Negativen zu kartografieren, wurde Margaret Bourke-White von *Life* beauftragt, eine „Serie über das zerbombte Gesicht Deutschlands“ anzufertigen. „Die endlose Kette von zernarbten, ausgebrannten Städten, in vernichtender Folge aus der Luft gesehen, war ein schrecklicher Kommentar zu der Strafe, die ein böses Volk auf sich gezogen hatte.“ Sie machte viele ihrer Aufnahmen aus der Luft und dokumentierte so aus der Vogelperspektive den vollen Umfang der massiven Zerstörung von Großstädten wie Hamburg, Bremen, Köln, Ludwigshafen, Würzburg, Nürnberg und München. Sie flog in einem kleinen Flugzeug mit einem so gut ausgebildeten Piloten, dass sie Fotos aus Höhen von drei Kilometern bis zu sieben Metern machen und dabei die Stadtlandschaften unten mit den Karten in ihren Baedeker-Führern vergleichen konnte. Dabei benutzte sie ihre vom Krieg abgenutzten Rolleiflex-Kameras, weil sie nach den Plünderungen alliierter Soldaten nirgendwo eine neue auftreiben konnte, nicht einmal in den Rolleiwerken in Braunschweig.[60]

Ein Motiv, das Fotografen häufig wählten, war die Darstellung von Menschen – ihre Berufe waren manchmal leicht zu erraten –, Menschen, die sich in der verwirrenden Umgebung zerstörter Städte bewegen. So zeigt zum Beispiel Fred Kochmann einen Briefträger auf dem Weg zur Postzustellung zwischen den Trümmerbergen am Frankfurter Römer (vgl. Abb. 12).[61] Er ist von hinten zu sehen, im dunklen Anzug und mit Mütze, eine lederne Posttasche über der rechten Schulter, und seine vertikale Figur hebt sich scharf von dem sonnenhellen Trampelpfad zwischen den Trümmerböschungen ab, zumal das Bild leicht überbelichtet ist. Die alltägliche professionelle Fähigkeit des Postboten, Briefe wirklich den richtigen Empfängern zu bringen, scheint in der Umgebung von Ruinen, leeren Fassaden und hohlen Gebäuden, auf die er zuläuft, ein wenig in Frage gestellt. Wird er wirklich Post in den Ruinen zustellen? Kennt er die Anschriften derer, die möglicherweise

Abb. 12: Postbote in der Altstadt von Frankfurt/Main. 9. Mai 1947. Foto von Fred Kochmann. Institut für Stadtgeschichte Frankfurt am Main, S7Ko/1.539.

in Kellern unter diesen unwohnlichen und durchsichtigen Gebäudehüllen leben, denen das starke Sonnenlicht eine fast geisterhafte Helligkeit verleiht? Ganz ähnlich porträtierte Carl Weinrother einen Berliner Briefträger, der die Post in einer zerstörten Kreuzberger Straße zustellt. Ein unbekannter Fotograf nahm einen wahrscheinlich kriegsversehrten Mann auf, dessen schwarze Silhouette scharf gegen eine helle, mit Kopfsteinen gepflasterte Hamburger Straße absticht, so dass seine Krücken und das Fehlen seines rechten, amputierten Beines geradezu überdeutlich werden. Er läuft vom Betrachter weg, man weiß nicht, wohin, denn in den Ruinen, auf die er zuhumpelt, ist kein unbeschädigtes Gebäude mehr zu erkennen.[62]

Der Schweizer Kunstfotograf Werner Bischof porträtierte in Freiburg 1945 einen Mann in Trachtenkleidung mit Tiroler Hut und hohen Stiefeln, der einen großen Korb in der Hand trägt, auf dem Weg zum Einkaufen oder vielleicht nur beim Spaziergang (vgl. Abb. 13). Auf einer völlig zerstörten Straße geht er offensichtlich nicht mehr intakte, aber hell glitzernde Straßenbahngleise entlang – bloß wohin nur?[63] Otto Hagel zeigte in einem Foto, das später in der *Family-of-Man*-Ausstellung weltweit zu sehen war, einen Jungen mit seinem Schulranzen, der eine Steintreppe hinunterläuft, die nach einer bewachsenen Böschung nur zu den Schuttbergen und ausgehöhlten Ruinen Pforzheims führt.[64]

Ray D'Addario, einer der offiziellen Fotografen des Nürnberger Prozesses, machte ähnliche Straßenaufnahmen in Nürnberg, nur – und das war ungewöhnlich – in Farbe. Ein Bild des umfangreichen D'Addario-Archivs zeigt die Nürnberger Plobenhofstraße, auf der mehrere Gestalten, darunter ein Radfahrer, vom Betrachter weg unterwegs sind, während eine Frau in Gegenrichtung, also auf den Fotografen zu läuft; die Figuren werfen lange seitliche Schatten auf die von Trümmern bereinigte Straßentrasse, während die Bürgersteige noch mit Geröll bedeckt sind (siehe das Covermotiv des vorliegenden Buches). Zwischen Sankt Sebaldus links und der Frauenkirche rechts sieht man im mittleren Hintergrund vor dem blauen Himmel auch einen Kran, der bereits wie ein einsamer Vorbote des Wiederaufbaus scheint. In einem anderen Farbbild zeigt D'Addario einen Jungen, der in einer ehemaligen Geschäftsstraße seinen leeren Holzkarren zwischen den Ruinen entlangzieht; in einem weiteren Foto läuft eine auffallend fesch gekleidete junge Dame mit einer Lederhandtasche unter dem rechten Arm auf dem Pfad zwischen den Schuttbergen, der von der ursprünglichen Straße noch übrig geblieben ist.[65]

Der Blickwinkel solcher Fotografien erinnert an das Genre der perspektivisch strukturierten Stadtfotografie und geht auf eine frühere Tradition der Vedutenmalerei zurück, von der selbst die Rückenfigur im Vordergrund

Abb. 13: In den Ruinen von Freiburg im Breisgau. 1945. Foto von Werner Bischof. © Werner Bischof/Magnum Photos/Agentur Focus.

oft übernommen ist – nur, dass in der Ruinenfotografie der Fluchtpunkt der Perspektive sich selbst inmitten unregelmäßiger Schutthügel oder leerer Fassaden zu verflüchtigen scheint. Auch in der Ruinenfotografie lädt die Rückenfigur den Betrachter ein, das Bild durch diese Figur zu sehen, aber der Blick wird nicht auf ein wichtiges, schönes Bauwerk oder eine romantisch erhabene Landschaft gelenkt, sondern letztlich auf das Nichts gerichtet. Kochmanns Herausgeber kommentiert das Foto des Frankfurter Postboten ähnlich: „Die meisten der alten Wege führten ins Nichts.“[66] Und einer von Dagermans Sätzen macht ebenfalls deutlich, dass für Fotografen und viele andere Beobachter Straßen der frühen Nachkriegszeit eine bloße Erinnerung an eine verlorene Vergangenheit darstellten: „Wir gehen eine Weile auf den ehemaligen Trottoirs ehemaliger Straßen und suchen nach einem ehemaligen Haus, das wir nicht finden.“[67]

Tony Vaccaros großes Fotoarchiv der Kriegszeit und der frühen Nachkriegsjahre enthält viele Bilder von Ruinen, in denen ein tragikomischer Dialog zwischen menschlichen Wesen und der höllischen Ruinenwelt, die sie umgibt und sie durchdrungen hat, entsteht. Es ist, als hätte Vaccaro im Bild – ebenso wie Dagerman im Text – nach Zusammenhängen zwischen beschädigten Städten und beschädigten Menschen gesucht. Vaccaro fotografierte so Kriegsversehrte, Blinde, arme Leute und zurückgekehrte, ganz verzweifelte Soldaten, die sich alle irgendwie in der Ruinenwelt einrichten müssen.

Das Bild einer alten Frau, die im November 1948 allein auf einem Balkon einer Mannheimer Ruinenfassade strickt, als ginge alles normal zu, trägt den Untertitel „Die Frau, die sich weigerte, ihre ausgebombte Wohnung zu verlassen“ (127). Das Mietshaus aus der Gründerzeit ist eine Ruine, durch die oberen Stockwerke kann man hindurchblicken. Der dünne, zusammengeknotete Faden, der von ihrem eindrucksvollen gusseisernen Balkon herunterhängt – man kann ihn zuerst kaum sehen –, diente dazu, wie Vaccaro sich erinnerte, ihren Proviant auf den Balkon zu schaffen.

Vielleicht in der Tradition von Walker Evans' Fotos aus der Zeit der Wirtschaftskrise entstanden, ist Vaccaros Meisterwerk und sein möglicherweise bekanntestes Foto der Nachkriegszeit „Die besten Jahre unseres Lebens“, mit dem Untertitel „Ein Hollywood-Film im Thalia-Theater, Darmstadt, Oktober 1948“ (125). Die große Filmplakat-Inschrift im Mittelpunkt dieses Bildes, „Die besten Jahre unseres Lebens, der beste Film des Jahres 1946/47“, über einer zerbombten Straßenzeile mit wenigen grauen Passanten und einem Holzwagen, vor den zwei dürre Pferde gespannt sind, verleiht dem Foto etwas Surrealistisches: Der Titel des Films von William Wyler lädt ja förmlich dazu ein, an den Kontrast zwischen den „besten Jahren“ à la Hollywood und der Darmstädter Ruinenstraße zu denken,

Abb. 14: Leben auf einem Balkon. Mannheim, November 1948.
Foto von Tony Vaccaro.

zwischen amerikanischem Überfluss und deutscher Armut und Zerstörung 1945. William Wylers Film war übrigens keineswegs süßlich und stellte die problemreiche Rückkehr zweier amerikanischer Kriegsveteranen in Familienleben und Arbeitswelt dar.

Vaccaro bediente sich auch des beliebten Motivs, Statuen, die Deutschlands kulturelle Vergangenheit verkörpern, in Kontrast zu setzen mit der Ruinenwelt der Gegenwart. Ein Foto des Frankfurter Schiller-Denkmals, im Februar 1946 von Schutt, Geröll und Ruinen umgeben, betitelt er ironisch „Ode an die Freude?“ (75). Das aus der Froschperspektive aufgenommene Foto „Roßmarkt mit Gutenberg-Denkmal“ (1947) konfrontiert die Erinnerung an die Erfindung des Buchdrucks mit den hohen Ruinen der Frankfurter Miets- und Geschäftshäuser sowie der Katharinenkirche, in der Goethe getauft worden war (vgl. Abb. 15). Ein Höhepunkt der Kulturgeschichte ist von ungeheurer Zerstörung umgeben. Und Vaccaros Foto „Maler porträtiert Kriegsruinen“ (1947) erscheint wie eine Selbstreflexion, denn der Prozess des Abbildens einer Ruine mit Aquarellfarben wird hier fotografisch festgehalten. Es ist vielsagend, dass der Maler, der die noch intakten Gebäudeteile bereits skizziert hat, zu zögern scheint, mit seinem Pinsel auch die durch Zerstörung offengelegten und durchsichtigen Ruinenteile zu malen.[68]

Mehrere Fotografien stellten Menschenmengen in Orten dar, die offenbar nicht nur zerstört, sondern auch überbevölkert sind, Szenen, die an die Ameisenhaufenmetapher von Döblin und Dos Passos erinnern: Menschen, die in und unter zerstörten Bauten oder in Luftschutzkellern hausen, die sich in überfüllten Straßenbahnen oder Pferdewagen fortbewegen, die als Fahrgäste innen, außen, oben auf den Waggondächern und selbst auf den Lokomotiven der Eisenbahnzüge sitzen oder so hängen, dass es jeder Wahrscheinlichkeit trotzt; belebte Schwarzmarktszenen und lange Schlangen von Menschen vor Lebensmittelgeschäften, Anschlagtafeln oder beim Warten auf Fähren, um Flüsse in Städten überqueren zu können, in denen alle Brücken zerstört waren. Und es gab Fotografien von Frauen, die Trümmer aufräumten, und von Männern, die mit Aktentaschen in der Hand auf dem Weg zur Arbeit waren.

Abb. 15: Roßmarkt mit Gutenberg-Denkmal. Frankfurt/Main, 1947. Foto von Tony Vaccaro.

Kinder in Ruinen waren ein weiteres, besonders beliebtes Fotomotiv, von dem einige Beispiele ja bereits angesprochen wurden. So zeigte der in Ungarn geborene *Life*-Fotograf Robert Capa Kinder, die am Rande eines Bombenkraters spielen, als ob sie in einem Sandkasten wären, und in einem anderen Bild mehrere Schuljungen, die neben einem auf einem Baumstumpf sitzenden britischen Soldaten auf eine riesige Ruine schauen.[69] Der Berliner Fotograf Friedrich Seidenstücker bildete drei kleine Mädchen ab, die Schuttstücke an einem Rinnstein entlang aufreihen, der einen ehemaligen Bürgersteig begrenzt, welcher aber jetzt ein einziger Trümmerhaufen ist.[70] David Brion Davis schickte seinen Eltern ein Foto, das er im März 1946 von einem Stuttgarter Jungen machte, der vor den Ruinen seines früheren Zuhauses steht.[71] Tony Vaccaro porträtierte im Februar 1946 „zwei charmante Mädchen in den Ruinen“ Frankfurts: In Mäntelchen, lange Strümpfe und Lederschuhe gekleidet, halten sie eine Tasche, schauen zum Fotografen, ein Mädchen lacht – und sie stehen auf einer Straße, an der nicht ein einziges intaktes Gebäude auszumachen ist, während zwei Erwachsene im Hintergrund entlanggehen. In Vaccaros vielen anderen Kinderfotos kann man Jungen beim Baseballspielen in Passau oder bei einem Kinobesuch im Frankfurter Amerikahaus sehen, während sein lächelnder „Junge mit drei Broten“ (Ludwigshafen, 1948) vor einer transparenten Ruinenfassade dem Begleittext nach zunächst ernst aussah und erst, als er die „Brote endlich in seinen Armen hielt, … über das ganze Gesicht“ strahlte.[72]

In „Friedrichshafen 1945“ zeigt Bischof zwei Mädchen bei einem Springspiel in einer zerstörten, dachlosen Kirche „leichtfüßig hüpfen und lächeln“. In Freiburg fotografierte Bischof ebenfalls 1945 ein Dutzend Kinder bei einem Ringelreihen auf einer gepflasterten Straße vor dem horizontalen Panorama dessen, „was einmal Häuser waren“, und sein Herausgeber fragt sich, wie viele Menschen bei dem Angriff wohl gestorben sein mögen. Für Bischof bedeutete der Krieg „das Ende [seines] Elfenbeinturms“, wie er seinem Tagebuch anvertraute, und er wusste, dass er einfach „keine Fotos mehr von schönen Schuhen machen konnte“, wie er seinem Vater schrieb. Wie seine Herausgeberin Miriam Mafai es formulierte, fiel Bischof keiner „leichtfertigen Rationalisierung von Verzweiflung und Hoffnungslosigkeit zum Opfer“ und kehrte nicht zur Kunst- und abstrakten Fotografie zurück, sondern dokumentierte bei und nach seinen Reisen durchs kriegszerstörte Europa das Lebensgefühl „eines Kontinents, der seine Toten betrauert und gleichzeitig beginnt, Heim und Leben wieder aufzubauen“. Diese Mischung aus „Verzweiflung und vorsichtigem Optimismus“ charakterisiert insbesondere seine Kinderfotos.[73] Ringspiele waren in den Nachkriegsjahren ein allgemein so populäres Fotomotiv, dass die

Abb. 16: Kinder spielen in Frankfurt/Main Ringelreihen. April 1946.
Foto von Fred Kochmann. Institut für Stadtgeschichte Frankfurt am Main, S7Ko_141.

Abb. 17: Der romantische Taunus. Postkarte mit Ruinen und Burgen, ca. 1950.

Family-of-Man-Ausstellung 1955 ihnen eine ganze, selbst ringförmig angelegte Installation mit 18 Fotos aus aller Welt widmete.[74]

Fred Kochmann, der zwischen 1945 und 1950 im Frankfurter Raum 2600 Fotos schoss, nahm ebenfalls ein Ringelreihen am Rand eines tiefen Bombenkraters auf, in den eines der Mädchen zu blicken scheint (vgl. Abb. 16). Sein Herausgeber Helmut Nordmeyer kommentierte, dass für Kinder „hohläugige Ruinen ... zu geheimnisumwitterten Höhlen, zu verwunschenen Orten“ wurden, „an denen man wunderbar spielen konnte“.[75]

[*Das kann ich bestätigen, denn wir spielten als Kinder ganz in der Nähe. Meine erste Erfahrung mit Ruinen in Frankfurt war aber mit einer semantischen Verwirrung verbunden. Wir wohnten damals noch in Kronberg, einem kleinen Vorort mit einer Burg, und wir gingen oft von dort in den nächsten Ort, Königstein, wo es eine viel größere Burg gab, die „Ruine“ genannt wurde* (vgl. Abb. 17). *Daher dachte ich, dass „Ruine“ das Wort für eine große Burg sei. Als mein Vater mich eines Tages nach Frankfurt mitnahm, sah ich, dass Frankfurt viel größer war als Kronberg oder Königstein. Deshalb fragte ich ihn, ob Frankfurt auch eine Ruine hätte, und erwartete, ein wirklich riesiges Schloss zu sehen zu bekommen. Mein Vater antwortete leicht lächelnd: „Sieh dich nur um, das sind alles Ruinen.“ Ich erinnere mich noch an meine tiefe Enttäuschung beim Anblick ausgebrannter Gebäude statt einer großen Burg. Bei der Arbeit an diesem Buch war ich überrascht, dass Stig Dagerman eine ähnliche semantische Verbindung machte, als er schrieb, dass unter all den Ruinen von Deutschland es doch eine Stadt gibt, „die für die Besichtigung einer Ruine Geld verlangt: das verschonte Heidelberg, dessen schöne alte Schloßruine in der Zeit der Ruinen wirkt wie eine teuflische Parodie“.*[76]]

Der als Grafiker ausgebildete Paul Rötger, der als Jugendlicher 1937 zusammen mit einem politisch aktiven Priester von der Gestapo verhaftet und verhört worden war, fotografierte 1950 drei Kinder beim Ringelreihen vor dem immer noch fensterlosen Frankfurter Dom, dessen Dach aber bereits repariert ist.[77]

Suggerieren solche Kinderbilder etwas Hoffnung in der überwältigenden Welt der Zerstörung? Signalisieren sie, dass eine alte Welt untergegangen ist, aber eine neue Generation nun heranwächst? Verstärkt ihre Gegenwart die Assoziationen von Ruinen mit Puppenhäusern oder Kathedralen-Spielzeug, das umfiele, wenn man mit dem Finger dagegendrückte? Oder war die Motivwahl von Kindern in der Nähe von Szenen entsetzlicher Zerstörungen ein Ausdruck künstlerischen Kitsches – wie Dagerman das in den Werken eines idealistisch kommunistischen Ruinenmalers der Nachkriegszeit diagnostizierte, dessen Werkstatt er in Hannover besuchte? In einem der Gemälde, schreibt Dagerman, war „eine programmatische Ruine“ zu sehen. „Im Hintergrund eine völlig unrealistische Ruinenkulisse. Davor zwei spielende Kinder mit Blumen.“ Dagermans Befund: „Schlechtes Theater – sonst nichts.“[78]

Zeigen die Kinder der Ruinenfotografie in ihrer Unbekümmertheit vielleicht eine Trägheit des Herzens (*acedia*), weil sie in einer so düsteren Umwelt spielen, lachen und sich amüsieren können, statt sich mit der schlimmen Vergangenheit auseinanderzusetzen, an die all die Zerstörung, die sie umgibt, sie doch erinnern müsste? Man muss hier ja nur an die Bildunterschriften zurückdenken, die dem „Jungen von Belsen“ gegeben wurden, als er noch für einen deutschen Jungen gehalten wurde, oder an Gellhorns Jacob und dessen Reaktion auf das Lachen erwachsener Deutscher, um sich eine solche Lesart dieser Fotos vorstellen zu können.

Oder regt die Präsenz von Kindern in diesen Bildern – und den Landschaften, in denen die Bilder gemacht wurden – dazu an, den Glauben an die Kollektivschuld (in Agees Formulierung) „eines ganzen Volkes und der Nachkommen dieses Volkes“ leise in Frage zu stellen? So schien jedenfalls Max Frisch zu reagieren, als er 1946 in Frankfurt Kinder spielen sah, „ihre sehr dünnen Gesichter“ bemerkte und sich bei ihm der Gedanke daran einstellte,

> daß sie noch nie eine ganze Stadt erblickt haben, dann der Gedanke, daß sie nichts dafür können: weniger als irgendeiner von uns. Zu-

zeiten ist es das einzige, was außer Zweifel steht: Zuversicht und Auftrag. Über die dringende Hilfe hinaus, die sie vor dem Hunger retten muß so wie alle andern Kinder, geht es vor allem darum, daß sie keine Verdammten sind, keine Verfemten, gleichviel, wer ihre Väter und ihre Mütter sein mögen; wir schulden ihnen mehr als Erbarmen: wir dürfen sie nicht einen Augenblick lang anzweifeln, oder es wird unsere Schuld, wenn sich alles wiederholt.[79]

Kollektive Verurteilung verzweifelter Menschen

Ein paar Seiten später in seinem Tagebuch von 1946 macht sich Frisch Gedanken über die Themen Urteil und Gnade, wenn er notiert, dass viele Unterhaltungen mit Deutschen auf einen Punkt zusteuern, an dem die Deutschen sich irgendwie rechtfertigen wollen oder ihn bitten, über sie zu richten und sie zu entlasten. Wenn er sich weigert, dies zu tun, und entweder schweigt oder sie an Dinge erinnert, die man nicht vergessen darf, dann begegnet er – unausgesprochen oder laut geäußert – der Beschwerde, er sei voreingenommen. Kann Gnade bedeuten, ein Urteil preiszugeben, fragt er sich. Und welche Taten sollten auf einen Gnadenakt folgen? Oft merkt er, dass die einzig mögliche Zukunft „bei den Verzweifelten“ ist, doch er fragt sich, ob das alltägliche Elend Erkenntnis und Veränderung in Deutschland schwieriger macht.

„Wenn ich in tödlicher Lungenentzündung liege und man meldet mir, daß mein Nachbar gestorben sei, und zwar durch mein Verschulden, mag sein, ich werde es hören, ich werde die Bilder sehen, die man mir zeigt; aber es erreicht mich nicht. Die tödliche Not, die eigene, verengt mein Bewußtsein auf einen Punkt. Vielleicht sind manche Gespräche darum so schwierig; es erweist sich als unmenschlich, wenn man von einem Menschen erwartet, daß er über seine eigenen Ruinen hinaussehe“ (46–47). Frisch betrachtet die Ruinen also als Hindernisse für ein umfassenderes Verständnis der jüngsten Vergangenheit, da sie die Entwicklung Deutschlands behindern, ein Land wie alle anderen Länder zu werden.

Früher oder später tauchen in der Berichterstattung über Deutschland nach dem Zweiten Weltkrieg, ob ausgelöst durch die im Namen Deutschlands begangenen Gräueltaten oder durch das deutsche Elend inmitten der Ruinen, die Themen Schuld, stillschweigende Mittäterschaft und erhoffte Entlastung auf, während Besucher entweder zu einem harten Urteil oder zu barmherzigen mitleidsvollen Reaktionen tendieren. Max Frisch war nicht der einzige Schriftsteller, der den Dialog zwischen einem Besucher und einem Deutschen ungefähr so darstellte, ein Kommunikationsversuch, der nirgendwo hinführte. Auch James Stern berichtete von solchen Gesprächen, und Alfred Döblin widmet ein ganzes Kapitel seiner *Schicksalsreise* einem mit einer etwa 20- bis 30-jährigen Deutschen geführten Sondierungsgespräch, das die Krise der verbalen Kommunikation illustriert. Döblin stellt es in dramatischer Form als Dialog zwischen einem „Er" und einer „Sie" dar in einem Kapitel, das nach einem ihrer Kommentare über die Alliierten zum Tag der Befreiung benannt ist: „Sie hätten Chancen gehabt ..." Am Ende des Kapitels sagt die Frau, nachdem sie sich Auf Wiedersehen gesagt haben: „Ich könnte ihm ins Gesicht schreien: recht hast du, tausendmal, ich gebe es dir schriftlich. Aber du kannst mir gestohlen bleiben, mit deinem Recht. (Sie setzt sich wütend hin und weint.)"[80] Auch bei Dagerman gibt es solche Gespräche, und einer seiner Gesprächspartner, „Fräulein S.", sagt (analog zu Döblins „Sie"), die Engländer hätten „die Chance" gehabt, „zu zeigen, was Demokratie ist, aber sie haben sie nicht genutzt. ... Und haben wir nicht alles verloren: Wohnung, Familie, Hab und Gut? Und was glauben Sie, wie wir unter den Bombardierungen gelitten haben! Müssen wir noch mehr bestraft werden, sind wir nicht schon genug bestraft!"[81] Ein anderer deutscher Gesprächspartner erzählt Dagerman: „Man muß den Mangel an Schuldgefühl bedauern, man braucht ihn nicht zu begreifen, doch man sollte sich daran erinnern, daß eigenes Leid das Verständnis für fremdes Leid abstumpft" (33). Ein Kommunist, der sechs Jahre in Buchenwald verbracht hat und mit Dagerman spricht, meint, „die Voraussetzungen habe es gegeben, und im April 1945 sei die Stimmung für eine kurze, aber intensive Abrechnung gut gewesen" (96). Solche Nachkriegs-Dialoge oder Nicht-Dialoge kann man sich gut als Theateraufführung vorstellen, umso mehr, als sich derartige Gespräche über deutsche Schuld und das Leugnen sowie verpasste Gelegenheiten der Alliierten in den nachfolgenden Jahrzehnten so häufig wiederholten.

Eine der Stärken von Dagermans Bericht besteht darin, dass er den schrecklichen Szenerien solcher Gespräche viel Raum gibt. Sein *Deutscher Herbst* setzt ein mit der düsteren Jahreszeit, als massenweise Flüchtlinge aus dem Osten ankommen: „Abgerissene, hungrige und unwillkommene Menschen drängten sich in dunklen, stinkenden Bahnhofsbunkern oder in den hohen, fensterlosen Riesenbunkern, die wie rechteckige Gasometer aussehen und sich in zusammengebrochenen deutschen Städten wie gewaltige Monumente der Niederlage erheben" (7). Die von Hunger, Durst, Verdächtigungen, Misstrauen und Verzweiflung geprägte Stimmung, die er skizziert, wird dann in detaillierten Beschreibungen von Interessensgemeinschaften in Kellern vollständig entfaltet. Dort schlagen sich hungrige Familien gerade so durch, indem sie die wenigen ekelhaften Dinge essen, die sie auftreiben können, wobei sie aufgrund ihres dauerhaften Lebens im feuchten Bunker Fischen ähneln. Dagerman begibt sich in die abstoßenden Toiletten und beschreibt sie ebenso wie die ehemaligen Gestapo-Keller, die ausgebombte Ortsansässige und Flüchtlinge nun ihr Heim nennen müssen, und er hebt die Momente in ihrem Leben hervor, die von schwarzem Humor geprägt sind. So wie beispielsweise ein Mann mit seiner Frau und Arbeitskollegen streitet, ob die Büsche und Moose, die auf den Ruinen wachsen, „als Fortschritt oder Rückschritt anzusehen" (11) seien, und wie Fremde in zerstörten Städten von den Bewohnern gebeten werden, ihnen zu bestätigen, dass ihre Stadt die am meisten niedergebrannte, verwüstete und zerfallene in ganz Deutschland sei. Dabei handele es sich nicht darum, in der Not Trost zu finden – die Not selbst sei zum Trost geworden. Dagerman schreibt nicht nur über Städte, sondern fängt auch das erschreckende Gefühl eines Großteils der angeblich gesunden ländlichen Gegenden der 1940er ein, deren Gesundheit aber nur „trügerisch" (94) sei, wo Soldaten unter schönen Hängen begraben liegen und wo die Erinnerung an die jüngste Gewalt stets gegenwärtig ist, während sich die Bevölkerung „ungefähr verzehnfacht" hat, und „ständig treffen neue Einwohner in diesen kleinen Klinkerhäuschen ein, die von Haß, Neid und Hunger der Zusammengepferchten bereits entzündet sind" (93–94).

Vor diesem Hintergrund sieht Dagerman die militärische Besatzung kritisch mit ihrem strikten Kalorienkontingent für die Bevölkerung (im Gegensatz zu dem „Wohlstand der alliierten Soldaten"), der Beschlagnahmung von Häusern, „das Verfahren, fünf deutsche Familien obdachlos werden zu lassen, um einer alliierten Familie Platz zu schaffen", und dem paradoxen Versuch, „den Militarismus mit Hilfe einer Militärregierung ausrotten und Verachtung für deutsche Uniformen in einem Land wecken zu wollen, das mit alliierten Uniformen überschwemmt war" (16–17).[82] All dies erzeugte mehr Hoffnungslosigkeit und „trug dazu bei, den Mutterboden der Demokratie unfruchtbar zu machen" (17). Den Fragebogen zur Entnazifizierung, den die Deutschen ausfüllen mussten, charakterisierte Dagerman als „eine Art ideologischer Steuererklärung" (66).

Dagerman stellt sich einen neugierigen ausländischen Journalisten vor, der die Deutschen, die er in ihren durchnässten Kellern interviewt, für renitent hält und sich ihnen moralisch überlegen fühlt. Er interviewt „die Familienmitglieder zu ihren Ansichten über die neugestartete deutsche Demokratie", fragt „nach ihren Hoffnungen und Illusionen" – „und vor allem: fragt, ob es der Familie unter Hitler besser gegangen sei". Die Antwort „hat zur Folge, daß er sich mit einer Verbeugung des Zornes, des Ekels und der Verachtung hastig aus dem übelriechenden Raum zurückzieht und in seinem angemieteten englischen Automobil oder amerikanischen Jeep Platz nimmt, um eine halbe Stunde später in der Bar des Pressehotels bei einem Drink oder einem guten Glas echten deutschen Bieres eine Betrachtung zum Thema ‚In Deutschland lebt der Nazismus weiter' zu schreiben". Obwohl Dagerman einräumt, dass dieses Bild der Berichterstattung vieler Journalisten und Besucher „auf seine Art natürlich richtig" sei (12), sei jede Analyse „von Grund auf unrichtig, wenn sie nicht zugleich ein ausreichend scharfes Bild des Milieus, der Lebensweise vermittelt, wozu die Analysierten verurteilt sind" (13). „Man frage einen Ertrinkenden, ob es ihm besser gegangen sei, als er oben auf dem Kai stand, und der Ertrinkende antwortet: ja. Man frage jemanden, der bei zwei Scheiben Brot am Tag hungert, ob es ihm besser gegangen sei, als er bei fünf hungerte, und er erhält zweifellos die gleiche Antwort" (12–13). Wenn man solche Antworten aus den Kontexten herauslöst, in dem sie gegeben wurden, läuft das auf Fantasielosigkeit hinaus, und die Stimmen, die Dagermans „Journalist" repräsentiert, würden „eine solche Phantasie sogar ablehnen, da sie an unverdientes Mitleid appelliert" (13). Solches Mitleid wird „aus Gründen des moralischen Anstands" (13) vorenthalten, in Anbetracht der „Grausamkeiten der Vergangenheit, verübt von Deutschen", von denen Dagerman schreibt, es könne „selbstverständlich nur eine Ansicht geben, da es über Grausamkeit, wie und von wem auch immer verübt, überhaupt nur eine Ansicht geben kann". Aber, so fragt sich Dagerman, sei es „etwas anderes", „ob es denn richtig, ja ob es nicht ebenfalls grausam ist, das deutsche Leid … als gerechtfertigt zu betrachten, gerechtfertigt, da es zweifellos die Folge eines mißglückten deutschen Eroberungskrieges ist". Er erinnert seine Leser daran, dass „die deutsche Not kollektiv ist, während es die deutschen Grausamkeiten trotz allem nicht waren" (14), und dass „ein moralisches Urteil, das die Angeklagten zu einem menschenunwürdigen Dasein verurteilt" (14), jeder Vorstellung von weltlichem Recht zuwiderläuft. Der Kern von Dagermans Argumentation ist, der „Journalist, der sich aus jenem herbstlichen Keller zurückzog, hätte, mit einem Wort, demütiger sein müssen, demütig vor dem Leiden, wie verschuldet es auch war, weil man das selbstverschuldete Leiden ebenso schwer erträgt wie das unverschuldete" (19–20).

Dagerman zitiert den linksliberalen britischen jüdischen Schriftsteller und Verleger Victor Gollancz, der in seinem Buch *Unser bedrohtes Erbe* (*Our Threatened Values,* 1946), zahlreiche Beispiele für eine neue Art von hartherziger Gerechtigkeit sammelte, unter anderem eine BBC-Sendung aus dem Jahr 1945 über die miserable Situation in deutschen Krankenhäusern, in der der Reporter hinzufügte, „es wäre nicht seine Absicht, Mitleid mit den früheren Feinden zu erwecken, sondern auf die Unzweckmässigkeit hinzuweisen, die darin bestehen würde, wenn man es zuliesse, dass sich ,wo auch immer alliierte Truppen stünden', epidemische Krankheiten ausbreiteten". Auch zitierte er eine weitere Radioreportage über die Potsdamer Konferenz. In dieser wurden, ohne dass das Missverhältnis missbilligt worden wäre, deutsche Familien („vegetieren die deutschen Familien vorwiegend von Kartoffeln und schlechtem Brot") dem Aufwand für die Speisenzubereitung der amerikanischen Delegation bei der Konferenz gegenübergestellt, darunter „zwei bewegliche Kühlapparate von jeweils zehn Tonnen Gewicht, die mit den herrlichsten Fleischgerichten angefüllt sind. Diese werden … mit frischem Obst, mit Erdbeeren, Melonen, Tomaten und Salaten serviert werden." Zusätzlich zu allen möglichen Arten „von Weinen, Spirituosen und Likören".[83] Gollancz argumentierte aus einer Position des liberalen Humanismus heraus für Mitleid und Gnade gegenüber Deutschland, für „einen gewissen Grad von persönlicher und nationaler Demut, für einen bescheidenen Anlauf zu dem Versuche, das selbstgefällige Pharisäertum, das fast jeden von uns so leicht überkommt, zum mindesten zu dämpfen" (43). Gollancz' Verständnis reichte explizit sogar bis zu den allerübelsten Deutschen: „mir tut ein jeder Mann, eine jede Frau und jedes Kind leid, das Qualen und Elend erduldet … ebenso der Mensch Kramer von Belsen, dessen Antlitz in nahezu jeder Zeitung zum besten des niedrig gearteten Publikums an den Pranger gestellt wurde, damit es seinen Spott damit treiben konnte. Fürwahr, es sind die Menschen wie Kramer, die mir am meisten leid tun; denn bei ihnen geht es um mehr, es gibt neben den physischen auch geistige Dinge, um derentwillen man Mitleid für sie hegen muss" (36).

Gollancz hatte in der Vorkriegszeit eine unmissverständliche Kritik des Antisemitismus der Nationalsozialisten veröffentlicht und 1943 laut davor gewarnt, dass sechs Millionen Juden getötet würden, wenn nichts getan werde, um den Massakern, die im Gange und denen bereits mehr als eine Million Juden zum Opfer gefallen seien, Einhalt zu gebieten.[84] Nach dem Krieg war er daher nicht überrascht von den „Enthüllungen", da er seit 1933 versucht hatte, „das Gewissen eines denkfaulen und zweiflerischen Publikums aufzurühren" gegen die Nazis (43). Entsetzt war er nun dennoch über die verbreiteten Nachkriegskommentare, „dass die deutsche Nation als Ganzes schuldig wäre: warum nämlich hätte sie nicht, wofern es anders wäre, um jeden Preis sich gegen diese Verbrechen ausgesprochen und sich gegen Hitler aufgelehnt?" Menschen, die solche Forderungen stellten, fragten nicht, „was man denn selber unter ähnlichen Verhältnissen geleistet haben würde: man hielt nicht einen Augenblick inne, um sich innerlich darüber Rechenschaft abzulegen, ob man wohl, wofern der Preis, über den man so glatt dahinschwätzte, Tod oder Folter nicht nur für einen selbst, sondern auch für die eigenen Kinder gewesen wären – ob man auch dann noch … das hinreichende Mass von Heroismus besessen haben würde, um solche Gefahren auf sich zu nehmen“ (44). Er fügte außerdem hinzu, dass Menschen, die solche Fragen stellten, ihre Stimmen nicht zum Protest gegen die Nazis erhoben hätten, als sie dabei nicht mehr riskierten als „schlimmstenfalls einen Zeitverlust von wenigen Sekunden und den Verbrauch eines belanglosen Bruchteils von Energie“ (44).

Ausgehend von solchen Prämissen liefert Gollancz eine scharfe kritische Einschätzung so ziemlich der gesamten Bandbreite der Strafpolitik der Alliierten, von den Jaltaer und Potsdamer Abkommen und den Nürnberger Prozessen bis zur beabsichtigten Reduzierung der Kalorien für die Bevölkerung, der Umerziehung, den Fraternisierungsverboten, der Wiedereröffnung von Lagern für politische Gefangene in der sowjetischen Zone, der Zwangsarbeit für deutsche Kriegsgefangene – vieles davon wurde unter Hinweis auf die deutsche Kollektivschuld gerechtfertigt und basierte auf dem „fürchterliche[n] Laster der Personifizierung einer Rasse oder Nation und Entpersonifizierung der Individuen, aus denen sie sich zusammensetzen“, worunter insbesondere auch die Juden zu leiden hatten (186). Er war in Sorge, dass die Gesamtwirkung der Politik der Alliierten verheerend sein könnte. Er stellte die rhetorische Frage: „Macht Hoffnung oder Verzweiflung die Menschen verständiger?“ (184). Im Herbst 1946 unternahm Gollancz eine sechswöchige Erkundungsreise durch die britische Besatzungszone und veröffentlichte *In Darkest Germany* (Im dunkelsten Deutschland), das in Teilen zuerst in verschiedenen britischen Zeitungen erschienen war, einen erschütternden Bericht über die Lebensbedingungen der deutschen Bevölkerung in überfüllten Bunkern, fensterlosen Kellern und kaum bewohnbaren Gebieten voller Trümmer. Das Buch enthielt fotografische Abbildungen, welche die katastrophalen Gesundheitsbedingungen zeigen, denen Gollancz begegnet war, darunter etwa Hungerödeme, Auszehrung und offene Wunden bis hin zu Kindern in Bunker-Schulen, barfuß oder mit vollständig ruinierten Schuhen. Gollancz’ *Unser bedrohtes Erbe* kritisierte ebenso wie *In Darkest Germany* die alliierten Behörden für ihr Versagen, ausreichend humanitäre Hilfe zur Verfügung zu stellen, für ihre inkonsequente und unkoordinierte Politik und für ihre politische Zensur.[85]

Bevölkerungsumsiedlungen

Eine von Gollancz’ Befürchtungen in beiden Büchern bezog sich auf die gewaltige territoriale Neuordnung und die Zwangsumsiedlungen, die 1945 ihren Anfang nahmen und in den Folgejahren fortgesetzt wurden. In die

Veröffentlichungen nahm er anschauliche Schilderungen von Journalisten und Beobachtern der Behandlung auf, die Flüchtlingen und Vertriebenen zuteil wurde, sowie der unerträglichen Umstände, unter denen sie weiterhin leben mussten. In *Unser bedrohtes Erbe* zitiert Gollancz Augenzeugenberichte und Zeitungsartikel aus dem *Manchester Guardian* und dem *Daily Herald*, die von der „scheussliche[n] Grausamkeit" berichten, „mit der diese Austreibungen" im polnisch besetzten Deutschland und in der Tschechoslowakei „durchgeführt wurden und noch durchgeführt werden". Die Sudentendeutschen, so schreibt er, müssten beispielsweise diskriminierende Armbinden tragen und würden nur mit Hungerrationen versorgt, ihr Eigentum werde konfisziert, sie müssten etwas verrichten, das auf Zwangsarbeit hinausläuft, und würden in der Wartezeit auf die Vertreibung in Lagern eingesperrt.[86] Auch die polnischen Vertreibungen liefen kaum in einer „geordneten und humanen" Art und Weise ab, wie es im Potsdamer Abkommen vertraglich festgelegt worden war: Dies konnte bedeuten, dass man mit zehnminütiger Vorwarnung aus seinem Haus vertrieben und in einen Eisenbahntransport gezwungen wurde, der ohne ausreichend Nahrung und Wasser sieben bis zehn Tage dauerte, während derweil das Gepäck der Vertriebenen gestohlen wurde und viele Frauen vergewaltigt wurden. Bei ihrer Ankunft in den westlichen deutschen Besatzungszonen wiesen die Vertriebenen Zeichen von Misshandlungen auf und bei ihnen wurden ernsthafte Krankheiten, so etwa Typhus, diagnostiziert.[87] Gollancz führt den schrecklichen, gewaltigen Bedarf an Betten und Kleidung für Hunderttausende Vertriebene an, die beispielsweise in Schleswig-Holstein ankamen, auch beschreibt er ein trostloses Lager in der Nähe von Oberhausen für Vertriebene aus dem polnisch besetzten Deutschland, die seit vier Monaten in diesem Lager lebten und davor in einem Bunker.[88]

Victor Gollancz war einer von vielen westlichen Intellektuellen und Reportern, die ein aktives Interesse an diesen gewaltigen Bewegungen hatten, die euphemistisch als Bevölkerungsumsiedlung („population transfer") bezeichnet wurden, ein Begriff, den George Orwell in seiner Abhandlung *Politik und die englische Sprache* kritisch betrachtete.[89] Während die Neuordnung der Grenzen nach dem Ersten Weltkrieg die Bevölkerung dort beließ, wo sie war, und sie neu verschiedenen Ländern zuordnete, bedeuteten die Veränderungen der Grenzverläufe in der Welt nach dem Zweiten Weltkrieg, dass große Bevölkerungsgruppen umgesiedelt wurden, um ethnisch homogenere Nationen zu schaffen, mit denen sich die Hoffnung auf größere Stabilität und Frieden verband.[90] „Eine der größten Völkerwanderungen der Geschichte ist im Gange", so begann ein Bericht der *Washington Post* aus Polen vom 21. Oktober 1945, der nachfolgend im Einzelnen die Bewegungen von

Millionen deutscher Flüchtlinge und Vertriebener aufführte, von Millionen russischer Soldaten auf dem Weg nach Hause, von Millionen sowjetischer und polnischer Bürger, die von den Nazis zur Zwangsarbeit in Deutschland gezwungen worden waren und jetzt zurückkehrten (die sogenannten Displaced Persons) und „die sonderbarste Migration von allen – die territoriale Verschiebung von Polen selbst. Indem es ein Drittel seines Gebiets zwischen 1921 und 1939 an die Sowjets verloren und von Deutschland ein Fünftel dieses Gebiets dazugewonnen hatte, machte Polen einen Sprung nach Westen." Vorsichtig geschätzt ging die *Washington Post* von insgesamt mehr als 25 Millionen aus, die 1945 und 1946 unterwegs waren, eine der umfangreichsten Völkerwanderungen in der Geschichte.[91]

Für Deutschland, das ein Fünftel seines Vorkriegsterritoriums verlor und im übrigen Teil des Landes aufgrund der Bombardements über entscheidend verringerte Unterkunftskapazitäten verfügte, waren die Auswirkungen dramatisch. Jeder sechste Westdeutsche und beinahe jeder vierte Ostdeutsche war ein Flüchtling oder ein von jenseits der neuen deutschen Grenzen Vertriebener, dadurch hatten es viele Gegenden in den vier Besatzungszonen in einer ohnehin schwierigen Zeit mit riesigen Bevölkerungsgruppen in Bewegung zu tun. Der Lehrer Schneider, in dessen Tagebuch wir von der ersten Ankunft der Amerikaner lesen konnten, notierte, dass die Flüchtlinge mehr als 40 Prozent der Bevölkerung in seinem Dorf Schönberg ausmachten.[92] Während in Publikationen Zahlen von bis zu 20 Millionen deutschen Vertriebenen und Flüchtlingen zu finden sind, beläuft sich eine plausible wissenschaftliche Schätzung auf insgesamt zwischen 12,5 und 13,5 Millionen.[93] Die Geschichte der Vertreibungen ist ein bestimmendes Merkmal im Nachkriegsdeutschland geblieben. Die kritische Wissenschaft fragt manchmal, ob die Geschichte von Flucht und Vertreibung für Deutsche nicht mehr als eine willkommene Gelegenheit sei, ihren Opferstatus geltend zu machen, um sich so ihrer eigenen Rolle als Täter nicht stellen zu müssen.[94] Nichtsdestotrotz handelte es sich um umfangreiche und beunruhigende Ereignisse, und die internationale Presse der Nachkriegszeit berichtete über diese gewaltigen Menschenbewegungen, wobei besonders die Probleme in der amerikanischen und der britischen Zone hervorgehoben wurden, und lenkte die Aufmerksamkeit auch auf die humanitäre Krise, die diese enormen Zahlen bedeuteten.[95] In so fernen Regionen wie dem indischen Subkontinent – der bald von eigenen Umbrüchen aufgrund der Bevölkerungsumsiedlung durch die Teilung von Indien und Pakistan erfasst werden sollte – veröffentlichte die *Times of India* bereits im Jahr 1945 einen fundierten Bericht über die Umsiedlung der deutschen Bevölkerung.[96]

Besonders beschäftigte sich damit auch die amerikanische Presse. Im August 1945 schrieb Louis M. Lyons im *Boston Globe* über die Sudetendeutschen, die von den Tschechen gezwungen wurden, gelbe Armbinden zu tragen, und „unter den Augen der amerikanischen Armee" ihres Eigentums beraubt wurden. Das Lager, in dem man die Menschen vor der Vertreibung sammelte und dessen Besuch ihm erlaubt wurde, machte einen sauberen Eindruck, doch ein Hauptmann räumte ein, dass „sie ein wenig Ärger mit ihren Wachleuten und den deutschen Mädchen haben". Lyons dachte, die normale Reaktion eines GIs müsste sein, dass „sie nach Europa geschickt worden waren, um mit solchen Dingen aufzuräumen. Das ist genau das, was die Nazis gemacht haben."[97] Im September 1945 brachte die *Chicago Daily Tribune* einen Artikel ihres Paris-Korrespondenten Larry Rue, der sah, wie Flüchtlinge in Berlin vor Hunger ohnmächtig wurden oder auf der Straße kollabierten. Rue notierte, dass die amerikanischen Durchschnittssoldaten es übelnahmen, dass ihnen die Propaganda auftrug, kein Mitleid mit den besiegten Deutschen zu zeigen. Er zitierte britische Quellen, die Parallelen zogen zwischen dem, was nach dem Zusammenbruch des Faschismus passierte, und dem, was in Belsen geschah, und er beendete seinen Bericht mit einem beeindruckenden, sarkastischen Kommentar: „Über unsere ganze Besatzungszone verstreut sind Opfer – zumeist Frauen und Kinder –, die im Flüchtlingstreck aus Osten gewesen waren. Die Alliierten haben einige Vorsichtsmaßnahmen getroffen – sie haben die Bürgermeister angewiesen, jetzt, ehe der Frost kommt, zahlreiche Gräber ausheben zu lassen."[98]

Obwohl einige der Reporter von Fotografen begleitet wurden, gelang es ihnen meist nicht, den Schrecken ihrer Erfahrungen zu vermitteln, da Bilder eines oder zweier Planwagen oder sogar eines langen Trecks von Menschen, die durch eine Landschaft ziehen, einer detaillierten Bildunterschrift bedürfen, um dem Betrachter deutlich zu machen, dass es sich hierbei nicht um ein bukolisches Motiv handelt. Eine Ausnahme bildet ein besonders beachtenswerter und starker Foto-Essay, „Displaced Germans: Driven from Their Homes by Poles and Czechs, They Pour Unwelcome into Berlin" (Ausgestoßene Deutsche: Aus ihrer Heimat von Polen und Tschechen vertrieben, strömen sie unerwünscht nach Berlin), der im Oktober 1945 im Magazin *Life* erschien. Er enthält die eindrucksvolle Arbeit des britischen Fotografen Leonard McCombe, entstanden rund um den zerbombten Anhalter Bahnhof in Berlin, darunter auch Bilder von unglaublich überfüllten Zügen, von einem schwachen alten Mann, der in einem mit Flüchtlingen gerammelt vollen Viehtransportzug ankam, von einer Frau, die Hunderte Meilen weit gelaufen war und deren geschwollene Knöchel aufgeplatzt waren, und von einem Flüchtlingsmädchen im Teenageralter, das von Ganoven in einem Zug vergewaltigt worden war. Die *Life*-Redakteure machten sich solche Sorgen ob des Mitleid erregenden Charakters der „schrecklichen und schockierenden“ Bilder, dass sie ihre Leser anwiesen, Folgendes im Gedächtnis zu haben: „Die vertriebenen Deutschen werden herzlos behandelt, aber nicht mit der vorsätzlichen Grausamkeit, die ihre Regierung einst anderen auferlegte. Ihnen wird zumindest gestattet weiterzuleben. Diese Menschen sind in den Augen der Welt so tief gesunken, dass die Welt, wenn sie ihr Leiden sieht, sich schwer tut, Mitleid mit ihnen zu haben.“[99] Der Gefreite Wilson, ein Leser, reagierte aus dem Keesler Militärkrankenhaus in Mississippi heraus auf den Foto-Essay mit einem Leserbrief, in dem er sich hin- und hergerissen zeigte. Eingedenk der Gräuel, die Deutsche anderen angetan hatten, hatte er „versucht, während des Lesens ganz hart zu bleiben“, doch irgendwie habe er gleichzeitig „einen Kloß im Hals“ gehabt.[100]

Ein Foto von Walter Sanders für einen Foto-Essay über US-amerikanische „Wives in Germany“ (Frauen in Deutschland) im *Life*-Magazin ist subtiler als die Bilder von McCombe, zeigt jedoch sehr effektiv den Kontrast zwischen den geschützten Betrachtern und den Vertriebenen, und seine detaillierte Bildunterschrift dient ebenfalls als Interpretation (vgl. Abb. 18).[101]

Abb. 18: Ehefrau und Tochter eines US-Soldaten sitzen im Speisewagen der Ersten Klasse und blicken durch das Fenster auf deutsche Vertriebene, die in Güterwagen von Schlesien nach Westfalen reisen; britische Soldaten stehen zwischen den beiden Zügen. Foto von Walter Sanders. Time & Life, 50611799/Getty Images.

Zusätzlich zu journalistischen und fotografischen Reportagen erschienen Augenzeugenberichte, die den Geschichten rund um die Vertreibung einen individuellen Anstrich gaben, sowie öffentliche Proteste, welche die amerikanische Politik verändern wollten. Im November 1945 veröffentlichte das jesuitische Magazin *America* mit „Death March from Silesia" (Todesmarsch aus Schlesien) einen detailreichen Bericht eines Flüchtlings, der, so hoffte das Magazin, dazu beitragen würde, die wenig bekannten Vertreibungen aufzuklären, die in den russischen Besatzungszonen stattfanden, und zeigen würde, dass „der Geist Hitlers fortdauert und in Europa nach wie vor lebendig ist".[102] Der Bericht weist auf die chaotischen Umstände hin, unter denen die Vertreibungen stattfanden, da weder die Flüchtlinge noch die Behörden genau wussten, was vor sich ging oder was getan werden konnte:

> „Geh weiter!" Das ist das einzige Wort, das man hört. Aber niemand weiß, wohin.
>
> Die Straßen von Görlitz sind verstopft von schier endlosen Strömen verunsicherter Menschen. Karren und Fuhrwerke werden von Männern und Frauen gezogen, lebende Skelette. Während der Woche, die ich in Görlitz verbrachte, waren die Nahrungsrationen folgendermaßen: für eine Woche 250 Gramm Brot, 50 Gramm Fleisch und entweder drei Pfund alter Kartoffeln oder ein Pfund neuer Kartoffeln. Ich sprach mit dem Direktor des Sozialamts und den drei Priestern der Stadtkirchen. Alle waren verzweifelt; sie konnten sich an niemanden Hilfe suchend wenden. Man konnte sehen, dass sie mit ihrer Weisheit am Ende waren. Ich lief durch die Lager, die Bauten der Stadt, ehemals Festivalgelände, jetzt Orte des Hungers, des Elends, des Todes. Den Flüchtlingen wurde für eine Nacht Schutz gewährt, aber sie konnten mit keinem einzigen Happen Essen versorgt werden. Alle wurden gezwungen, am nächsten Tag ihren Weg fortzusetzen. Viele, die zu schwach waren, um weiterzugehen, mussten sterben. Ich zählte 16 Särge auf einem Auto, das durch die Straßen fuhr. Ich machte ein Foto von 114 Särgen in der Nikolai-Kirche; sie enthalten die Leichen derjenigen, die in den letzten zwei Tagen gebracht wurden, um ein christliches Begräbnis zu erhalten …
>
> Alle Brücken über den Fluss wurden gesprengt. Der endlose Strom der Flüchtlinge aus Schlesien ergießt sich über eine kleine provisorische Brücke. Wenn man am linken Ufer des Flusses steht, kann man sehen, wie die polnischen Soldaten die Karren der deutschen Flüchtlinge anhalten, sie komplett ausplündern, die Pferde wegschaffen und

dann die Menschen gehen lassen. Ihres Eigentums vollständig beraubt, hungrig, erschöpft, ohne jegliche Hilfe sind sie am Verzweifeln. Eine Frau murmelt: „Dieser Strick ist alles, was mir noch geblieben ist; ich hänge mich heute daran auf.“

Die Selbstmordzahlen in Görlitz steigen enorm an.[103]

[*Auch an dieser Stelle muss ich eine weitere schwierige persönliche Notiz einfügen. Es hört sich nicht richtig an, zu sagen, dass „ich“ ebenfalls im Flüchtlingstreck und fünf Monate lang auf der Straße war, unterwegs von Schlesien nach Thüringen, da ich zu dieser Zeit erst zwei Jahre alt war. Meine Mutter gehörte jedoch zweifellos zu den vielen Frauen, Kindern und alten Menschen, die sich von Stadt zu Stadt bewegten, hauptsächlich zu Fuß, und denen nicht die Erlaubnis gegeben wurde, irgendwo länger als eine oder zwei Nächte in Lagern unter freiem Himmel oder auf provisorischen Strohlagern in Schulen zu bleiben, mich schob meine Mutter in einem Kinderwagen. Im Herbst 1945 erfuhr sie, dass sowohl meine Großmutter, die außerhalb Dresdens aus einem offenen Güterzug gestürzt war, als auch meine Schwester, die krank geworden war und die sie in einem Krankenhaus in einer Stadt nahe Görlitz, wo meine Mutter nicht bleiben durfte, hatte zurücklassen müssen, gestorben waren.*]

Gegen die Vertreibungen erhoben zahlreiche Intellektuelle in den Vereinigten Staaten und anderen Ländern ihre Stimmen. Im November 1945 veröffentlichte die Züricher *Weltwoche* einen Protest des in Berlin geborenen Emigranten Robert Jungk, der später als Historiker der Atomforschung und einer der ersten Zukunftsforscher bekannt wurde. Basierend auf namentlich nicht genannten Quellen, darunter ein Mitarbeiter der Caritas, zeichnete „Aus einem Totenland“ ein düsteres Bild von Gewalt, Plünderung, Misshandlung, Gesetzlosigkeit, Hunger, Krankheit und Selbstmord. Jungk wollte die Welt auf diese verzweifelte Situation einer rechtlosen Bevölkerung aufmerksam machen, er hoffte auf eine humanitäre Intervention seitens Russlands und schloss mit dem Argument, dass mehr auf dem Spiel stehe als „bloß“ die Leben von ein paar Millionen Deutschen, da dies eine Frage der moralischen Lauterkeit und Stärke der weltweiten antifaschistischen Bewegung sei: „Wenn alle diejenigen, die Hitler und Mussolini unter großen Opfern bekämpften, um eine bessere Welt aufzubauen, es zulassen, dass ihr Kampf jetzt von Rowdys und Chauvinisten ausgenützt und beschmutzt wird, dann sehen wir keine große Hoffnung für die Zukunft. Man hat mit Recht den Deutschen vorgeworfen, dass sie in ihrem Glauben an die Mission ihres Vaterlandes so lange die Augen vor den Gräueltaten des Nazismus verschlossen hätten. Sollen die Vorkämpfer der Demokratie später einmal den gleichen Vorwurf auf sich sitzen lassen müssen? Auch wir alle werden ‚mitschuldig' sein, wenn wir nicht täglich und stündlich die Schandtaten, die heute im Namen der Demokratie und der Freiheit begangen werden, enthüllen."[104]

Im Februar 1946 unterstützte ein Gremium des Ökumenischen Rats der Kirchen in Genf, dem auch der Erzbischof von Canterbury und der prominente evangelische Pfarrer und entschiedene Nazi-Gegner Martin Niemöller (der sieben Jahre lang in den Konzentrationslagern Sachsenhausen und Dachau inhaftiert gewesen war) angehörten, die leidende besiegte Bevölkerung mit der Aufmunterung, dass die „Quellen ihrer Gesundung" im Inneren, in einer Hinwendung zu Gott lägen. Der Rat ermahnte die siegreichen Nationen jedoch, dass sie auch Verantwortung hätten und „Gerechtigkeit mit Gnade verbinden" sollten, denn „Vergeltung an ihren früheren Feinden zu üben, indem sie ihnen die Lebensgrundlagen vorenthalten oder durch massenhafte Vertreibungen ihrer Bevölkerung oder in irgendeiner anderen Weise, kann nur neues Unheil bringen".[105]

Ein in New York ansässiges Komitee gegen Massenvertreibung (Committee against Mass Expulsion) veröffentlichte Anfang 1947 eine 32-seitige Broschüre mit dem Titel *Das Land der Toten: Studie über die Deportationen aus Ostdeutschland*. Sie stützte sich auf journalistische Berichterstattung zu den Vertreibungen, Augenzeugenberichte sowie den Bericht eines Arztes einer Schweizer Wohlfahrtsorganisation und zitierte ausführlich ebenso eine Passage aus „Todesmarsch aus Schlesien", dessen Autor mittlerweile als schlesischer Priester identifiziert war, wie auch aus Jungks Reportage, deren Titel offenkundig als Inspiration gedient hatte. Die Einleitung war von 19 bedeutenden Intellektuellen und Personen des öffentlichen Lebens unterzeichnet, darunter Roger N. Baldwin, der Begründer der American Civil Liberties Union (ACLU, amerikanische Bürgerrechtsvereinigung); der Philosoph und Psychologe John Dewey; der Journalist Varian Fry, der bei der Flucht von Juden aus Europa während des Zweiten Weltkriegs aktiv mitgeholfen und 1942 einen Artikel über „Das Massaker an den Juden" in der *New Republic* veröffentlicht hatte; der Dekan von Princeton und Professor für moderne Sprachen Christian Gauss; der Anwalt Arthur Garfield Hays, der für die ACLU beim Scopes-Prozess um Evolutionsunterricht in der Schule und beim Prozess gegen Sacco und Vanzetti tätig gewesen war; der unitarische Minister und Mitbegründer der NAACP (National Association for the Advancement of Colored People) John Haynes Holmes; der katholische Priester, Aktivist für Gemischtrassigkeit und Herausgeber von *America* John LaFarge S.J.; der Präsident des Hunter College und einstige Herausgeber der *Commonweal* George N. Shuster; die Gegnerin der

Nationalsozialisten, Journalistin und ehemalige Frau von Sinclair Lewis Dorothy Thompson; sowie der Journalist und Pazifist Oswald Garrison Villard.[106] Der anti-nationalsozialistische und anti-stalinistische politische Autor Christopher Emmet, der später mithalf, das American Council on Germany zu gründen, führte den Vorsitz des Komitees.

Das Land der Toten lieferte eine sehr umfassende und lebendige zeitgenössische Beschreibung und Anklage der Vertreibungen, indem ein quantitativer Überblick über den Ursprung des Problems gegeben wurde, der in einem Verstoß gegen die Atlantikcharta lag, über die Gewissensfrage, über die Abkehr von Versailles, den Gegensatz zum dänischen und italienischen Verhalten bei Grenzkorrekturen, die ökonomischen und politischen Konsequenzen, die Nahrungsknappheit, die Arbeitsplatz- und Unterbringungskrise und die Gesundheitsprobleme. Indem betont wurde, dass die Polen „erst die Opfer von Hitlers Aggression und dann des Verrats der Alliierten" waren, schlussfolgert die Broschüre, dass die Politik der Vertreibungen „wie der abscheuliche Sachverhalt der Nazi-Verbrechen" zeigen, „wie tief die Menschheit sinken kann". Die Broschüre weist die „Theorie der Kollektivschuld" explizit zurück, die „die Quintessenz einer totalitären Doktrin ist, weil, anstatt jeden individuell nach seinen Taten zu beurteilen, er als Angehöriger einer ethnischen, religiösen und politischen Gruppe beurteilt und bestraft wird. Die wahre Kollektivschuld ist die der Menschheit, die unter den beschriebenen Bedingungen imstande ist, so gut wie jedes Unrecht hervorzubringen." Die Broschüre von 1947 mahnt amerikanische Führung beim Schutz von Minderheiten überall an: „Was heute den Sudeten und Ostdeutschen passierte, kann morgen Moslems in Indien, Juden in Palästina, Weißen in Südafrika, Schwarzen in den Vereinigten Staaten passieren."[107] Über die wichtigsten Punkte berichtete die *New York Times* in einem Artikel, der einen Tag nach Veröffentlichung des Protestes durch das Komitee erschien.[108] Nach Gründung der Internationalen Flüchtlingsorganisation (International Refugee Organization, IRO) wiesen einige Mitglieder des Committee against Mass Expulsion in einem Brief an die *New York Times* darauf hin, dass die neue IRO „sogar am Versuch gehindert wurde, sich mit der größten Zahl vertriebener Menschen zu befassen – mit den Millionen, die nicht von Hitler, sondern von den Alliierten aus ihrem Zuhause vertrieben wurden, dies nicht während des Krieges, sondern zu ‚Friedens'-Zeiten".[109]

Ich hatte mit wesentlich weniger Anteilnahme an den Vertreibungen in der zeitgenössischen Presse der Alliierten gerechnet und war überrascht vom Umfang und der Schärfe der detaillierten, kritischen Berichterstattung durch Journalisten sowie durch der Kirche nahestehende Intellektuelle und radikale sowie liberale Autoren. Noch überraschter war ich vom Umfang, in dem Parallelen zwischen den Gräueln der Nazis und den Ungerechtigkeiten in den 1940er-Nachkriegsjahren gezogen wurden, und wie schnell man mit Vergleichen zwischen den Nürnberger Anklagen der Nazi-Verbrechen und der Nachkriegspolitik der Alliierten bei der Hand war.[110] Allerdings schienen die verschiedenen Proteste kaum Einfluss auf die Durchführung dieser Politik zu haben.

Ungeachtet der Berichterstattung in der Presse und der Proteste konnte ich nur wenige verdienstvolle zeitgenössische literarische Arbeiten finden, die sich diesem Gegenstand widmeten.[111] Flüchtlinge und Vertriebene werden oft beiläufig erwähnt, manchmal in unvergesslichen Passagen, aber selten wird diese große zwangsweise Bevölkerungsmigration direkt und als zentrales Thema dargestellt. Der riesige chaotische Strom von Millionen Menschen sowie die vielen kleinen Details, die mit der Vertreibung einhergingen, haben offenbar nicht sonderlich viele Schriften aus dieser Zeit inspiriert, so wie die „Zettelchen, die von einem Flüchtling an einen anderen geschrieben wurden“ und die an Häusern, Zäunen und Bäumen angeschlagen wurden, „Mitteilungen von Eltern, die ihre Töchter suchen“, die Umbenennung von Städten und Straßen, in denen überall ihre deutschen Ursprünge zu erkennen waren, oder die neuen Siedler, die in Wohnungen und Häuser zogen, die ihre Bewohner so zurückgelassen hatten, als wären sie einfach für einen Spaziergang weggegangen, die sie aber ihr Leben lang nicht wiedersehen sollten.

Die zwei interessantesten Werke, auf die ich gestoßen bin, zeigen in typischer Weise Deutsche, die auf der Flucht sind und vertrieben wurden, entweder zur Zeit vor oder nach den häufig gewaltsamen Begegnungen mit der Roten Armee oder mit polnischen oder tschechischen Milizionären. Obwohl sich beide Autoren offenbar autobiografischer Erfahrungen bedienen, lässt Kurt Ihlenfeld so einen ganzen Roman in angstvoller Erwartung der bevorstehenden Ankunft der sowjetischen Truppen in der schlesischen Landschaft spielen. Während seine Handlung endet, ehe die Russen tatsächlich eintreffen, siedelt Gerhart Pohl einige seiner besten Kurzgeschichten im gerade erst polnisch gewordenen Schlesien an, wo einzelne deutsche Charaktere dem neuen Umfeld gegenüberstehen, nachdem die massenhaften Vertreibungen bereits stattgefunden haben.[112] Interessanterweise nahmen sowohl Ihlenfeld als auch Pohl in ihren Arbeiten auch Szenen auf, die den Leser an die brutale deutsche Besatzung anderer Länder und an den Holocaust erinnern sollten, dies nicht mit der Absicht, Bilanz zu ziehen, sondern um ein Verständnis dafür zu schaffen, dass die Nachkriegsereignisse ebenfalls eine direkte Folge von und Reaktion auf die Brutalität der Nazis waren.[113] Der zitierte schlesische Priester schrieb, dass die polnischen

Soldaten, als sie zu ihren grausamen Methoden befragt wurden, antworteten, „die SS war in Polen viel schlimmer". Die Umsiedlungspolitik der Alliierten war jedoch nicht gegen die SS gerichtet, sondern gegen die ganze ostdeutsche Bevölkerung. Darum berichtete der schlesische Priester „diese verzweifelten Worte von den Flüchtlingen: ‚Warum müssen wir, die ostdeutsche Bevölkerung, alleine für den Krieg bezahlen? Warum müssen wir alleine für die Gräueltaten der Nazis zahlen?'"[114]

Wintergewitter

Eine explizite und umfassende christliche Denkweise (von liberalem, humanistischem Charakter) erfüllt einen epischen Roman mit Leben, der während der Massenflucht deutscher Zivilisten vor der herannahenden Sowjetarmee spielt, deren Artillerie der junge Knabe Gottfried für ein Gewitter im Februar hält, das dem Roman den Titel gibt. Die donnerartigen Geräusche, die auch andere hören, lassen sie das Ende ihrer Welt erwarten. Erstmals 1951 publiziert, umfasst Kurt Ihlenfelds *Wintergewitter* vier Teile: „Die Chronik", „Das Tagebuch", „Das Gespräch", „Die Legende". Die übergreifenden Bilder und Metaphern des Romans beschwören eine Welt herauf, die sich verändert, untergeht, verschwindet und zu ihrem Ende kommt, Menschen, die sich zerstreuen.[115] Teilweise liest sich *Wintergewitter* wie ein Epitaph auf das deutsche Schlesien, da Ihlenfeld Motti der schlesischen Autoren Andreas Gryphius, Joseph von Eichendorff und Jakob Böhme verwendet und sich melancholisch-realistischer Erzählstrategien bedient, um in dem Abschnitt „Die Chronik" die schlesische Landschaft um Liegnitz zu evozieren. Im Teil „Das Tagebuch" beschreibt er einen vorweihnachtlichen Besuch in Breslau in der Art einer Elegie, wobei die Schönheit der Stadt vor ihrer Zerstörung heraufbeschworen wird: Die Stadt wirkt unheilvoll wie mit fahlem Licht ausgeleuchtet, das einem Gewitter vorausgeht, der geschichtsträchtige Fluss scheint auf eine natürliche Symbiose der Menschen hinzuweisen und nicht auf den feindseligen Nationalismus politischer Grenzen, und das Stadtwappen, das eine Platte enthält, auf welcher der abgeschlagene Kopf von Johannes dem Täufer liegt, lässt den Pfarrer vermuten: „Es ist schon die Axt den Bäumen an die Wurzel gelegt, so sprach er [Johannes der Täufer] – und fast ist es so, als ob das Land und die Stadt, durch deren winterdunkle Straßen ich streife, erbebten in der Erwartung des Schlages, der auch ihre Wurzeln treffen wird" (352). Wenn er auf den neuen Grenzverlauf an der Oder-Neiße-Linie anspielt, ist der Pfarrer der Ansicht, dass die Namen der beiden Flüsse seltsam klängen, „wie Euphrat und Tigris" (339). Bezeichnenderweise ist der Roman drei

Männern gewidmet, die in den 1940er-Jahren starben: Jochen Klepper, ein in Schlesien geborener protestantischer Autor, der 1942 mit seiner jüdischen Frau und seiner Tochter Selbstmord beging, nachdem Adolf Eichmann ein Ausreiseersuchen nach Schweden abgelehnt hatte (Ihlenfeld, der mit den Kleppers befreundet war, verwendet auch eines von Kleppers Gedichten als Epigraph im Abschnitt „Das Tagebuch"); Siegbert Stehmann, ein Theologe und Autor, der wegen Wehrkraftzersetzung verurteilt und an die Ostfront geschickt wurde, wo er 1945 getötet wurde; und Ludwig Wolde, ein Altphilologe, Übersetzer und bibliophiler Verleger, der bei schlechter Gesundheit nach dem Zweiten Weltkrieg aus Österreich vertrieben wurde und 1949 in Bayern starb.

In *Wintergewitter* griff Ihlenfeld offenbar auf autobiografische Erfahrungen und die Erzählungen von Freunden zurück. Wie die zentrale Figur des Romans, ein lutheranischer Pfarrer, zog auch Ihlenfeld weg aus dem ausgebombten Berlin, um eine Gemeinde im ländlichen Schlesien zu betreuen, und floh dann vor der heranrückenden Roten Armee in eine kleine Stadt in der Nähe von Dresden. Die eindringliche Geschichte in „Das Tagebuch" von Herrn von Schindel, der als Jude von einem nationalsozialistischen Funktionär gedeckt und ganz kurz vor Kriegsende doch deportiert wird, vermutlich in seinen Tod, ist verwoben mit der Geschichte von Jochen Klepper (im Roman einfach als K. bezeichnet), dessen nicht gekennzeichnetes Grab in Berlin-Nikolassee der Pfarrer nach einem Besuch beim nahegelegenen Grab von Kleist, einem weiteren Selbstmörder, aufsucht. Ein namenloser Leutnant wiederum, der zur zentralen Gestalt von „Die Legende" wird und durch die Hand eines Heckenschützen stirbt, scheint Siegbert Stehmann nachempfunden zu sein.

Früh im Roman tauchen die ersten Flüchtlinge im Pfarrhaus auf und werden durch die Augen von Kindern betrachtet, da Gottfried für das Flüchtlingsmädchen Anna den Gastgeber spielt, die ihm vom plötzlichen Aufbruch erzählt und von der neuntägigen Reise, die sie bislang hinter sich haben, vom Grollen der Artillerie und von Gewehrschüssen. Später setzen sie ihr Gespräch fort, wobei Gottfried Einzelheiten über die Bombardierung beisteuert. Er berichtet Anna, wie Gefangene in gestreifter Kleidung angewiesen wurden, eine Bombe wegzuschaffen, die nicht explodiert war, er beschreibt die Sirenen, die wie Katzen heulen, und erzählt ihr, dass er Angst hatte, als Bomben über das Haus zischten, „[w]ie ein langer Pfiff, wie eine Lokomotive" (228), und dass es komisch war, als „der Keller zu tanzen anfing", als Böden und Wände sich bewegten wie bei einem Erdbeben (228).

Der Pfarrer bietet eine nachdenkliche Perspektive auf das Thema Flüchtlinge, als der erste Treck im Dorf ankommt und er eine Frau und ein Mädchen sieht: „Man muß sie anreden als das, was sie sind – *Flüchtlinge.* Zum erstenmal – er wird sich später daran erinnern! –, zum erstenmal ist es, in dieser Minute und in diesem Raume, daß dieses Wort mit der Kraft eines Glockenschlages in ihm auftönt, wie ein apokalyptisches Geheimwort" (170).[116] Der Pfarrer will die Frau in ein Gespräch verwickeln, aber sie spricht ihn zuerst an und fragt ihn indirekt, ob es für sie richtig wäre, Selbstmord zu begehen, keine „Flucht", in dem Sinne, wie Flüchtlinge fliehen, sondern eine Flucht aus dem Leben, ausgelöst durch die Angst vor dem, was kommt. Sie will wissen, ob es falsch wäre, aus Angst Selbstmord zu begehen, und der Pfarrer antwortet, es sei unter allen Umständen falsch.[117]

Die Flüchtlingsszenen – fliehende Menschengruppen, die durch die Landschaft ziehen – finden ihren entsetzlichen Kontrapunkt in einem Todesmarsch von Frauen, den das Dorf des Pfarrers am helllichten Tag mitansieht und den Ihlenfeld als unmenschliche Parodie auf eine bukolische Schäferszene beschreibt, wie Daphnis und Chloe, eine Herde bewachend. Die müde Herde zieht langsam dahin, umgeben von Hunden. Der Klang kommt nicht von einer Hirtenflöte, sondern von einer Pfeife, in die eine Aufseherin in grauer Jacke bläst. Gerichtet an eine ungläubige Frau Müller, die mit dem ganzen Dorf die Szene ungeniert durch die Fenster betrachtet, beschreibt der Pfarrer „die dunkel wogende Herde der Frauen": „Das, was von unten kommt, ganz von unten, aus der äußersten Finsternis, aus der Tiefe des Abgrunds" (149) und in das helle schneeweiße Tageslicht des Dorfes gekommen sein muss. Frauen, die barfuß laufen oder mit hochhackigen Sommerschuhen oder mit um die Füße gewickelten Lumpen, mit bloßen Überresten von Erinnerungen an ein besseres früheres Leben, die durch ihr höllisches Elend hindurchschimmern. „Was meinen Sie nun, Frau Müller – sind das hier lebendige Menschen, oder sind es vielleicht schon Tote? Oder doch bloß Schattenbilder von Menschen? … ja, was meinen Sie, Frau Müller? Bitte, schauen Sie doch einmal hin –, ich möchte sagen, daß sie uns *verächtlich* ansehen? Und das vielleicht nicht ganz mit Unrecht? Denn wir spielen hier doch eine merkwürdige Rolle, finde ich, Sie und Ihr Mann und ich und die andern alle unten auf der Straße. Wir sind Zuschauer, verstehen Sie mich, Zuschauer bei einem Schauspiel, das etwas allzu Schamloses an sich hat, als daß man ihm zuschauen *dürfte*" (154). Und doch, obwohl jeder, Männer, Frauen und Kinder, die „Herde der Frauen" sehen kann, geht es „offenbar nicht, daß einer sagt: ‚Komm, komm, ich nehme dich zu mir'. Keine Frau geht auf sie zu, keine von den unseren, und schließt sie in die Arme und sagt: ‚Du frierst, liebe Schwester, ich will dich wärmen, komm mit mir in mein Haus' – schon gehen sie weiter" (155). Als der Pfarrer an die Ankunft der deutschen Flüchtlinge zurückdenkt, nachdem er diese Szene gesehen hat, ändert sich seine Ansicht: „Nicht, daß ich geringer einschätze, was heute früh zu sehen war. Aber ich muß es nun immer *mit diesem hier zusammen sehen. Denn es gehört zusammen. Nie mehr wird man es trennen können*" (155). Ihlenfeld zieht so eine klare Verbindung zwischen der Geschichte der Gräueltaten der Nazis und der Geschichte der Vertreibung.[118] Die tragische Geschichte seines Freundes Jochen Klepper, dessen Grab der Pfarrer am zweiten Jahrestag seines Selbstmords besucht, und die Haft des Herrn von Schindel erinnern ihn an die Vereinsamung der Verfolgten, die, so begreift er, Teil des Verfolgungssystems ist. Diese Episoden steigern die Atmosphäre der Verzweiflung weiter, die den Roman durchzieht. Ist Selbstmord manchmal vielleicht doch gerechtfertigt?

Im letzten Teil geht ein weiterer schlesischer Flüchtlingszug nach Westen, „nichts anderes als ein *wanderndes Dorf*" (466), während die letzten deutschen Soldaten, der Leutnant und seine Panzerbesatzung, die Anweisung haben, nach Osten vorzustoßen. Die Soldaten grüßen die Menschen in dem Treck, die in der Kälte kaum antworten. Der Wind bläst so heftig, „der unsichtbare Druck ist so stark, daß die Wagen fast wie auf Kufen dahinzugleiten scheinen, und der Weg hier obendrein etwas Gefälle hat, so macht es den Eindruck, als bewegte sich alles in einer sonderbaren schleichenden Hast vorwärts" (466–467).[119] Der nächste Treck, dem der Panzer begegnet, besteht aus einer Gruppe von Nonnen, die nach Westen fliehen. Als die Panzerbesatzung die Häuser eines vorwiegend verlassenen Dorfes betritt, wird darüber gestritten, ob die Mitnahme von Gegenständen aus verlassenen Orten Plünderung sei. „An einem Hoftor hatten sie sogar einen Zettel gefunden mit einer Aufschrift, worin der Besitzer darum bat, man möge schonsam mit seinem Hab und Gut umgehen. ‚Wir kommen wieder!' hatte er zum Schluß geschrieben und die Worte dick unterstrichen" (480). Ist es Plünderung, wenn man aus einem solchen Haus Dinge mitnimmt? Ihlenfeld schafft eine aufrüttelnde Szene, indem er die offenen Häuser, einen Laden und eine Schule darstellt, die aussehen, als hätten die Bewohner vorgehabt, sie nur kurz zu verlassen: „Sie fanden in Töpfen und Schüsseln halb gargekochtes, halb angebratenes Fleisch, Eingemachtes stand umher, Hühner gackerten, sie sahen die Eier im Stroh liegen … Läßt jemand sein Haus so unbestellt, der nicht wiederkommen will?" (480).[120] Dies ist kurz vor Schluss des Romans, als die Flüchtlingsgeschichten bereits mit dem Hintergrund des Genozids des Nazi-Regimes verwoben sind.

Der Leutnant inspiziert das verlassene Dorf – in Momenten wie diesen kommt der Verlust der schlesischen Landschaft indirekt im Roman zur Sprache. Er ist versucht, seinen Männern zu verbieten, die Häuser zu betreten, erkennt aber gleichzeitig die Sinnlosigkeit eines solchen Befehls. Als er die Dorfkirche betritt, erinnert er sich, dass er oft in Ländern in Kirchen gegangen ist, in denen seine Uniform ihn als Feind kenntlich machte. Durch die literarischen Werke, die er gelesen hat, fühlte sich der Leutnant jedoch immer mit anderen Ländern verbunden, erwähnt in diesem Kontext Frankreich und Norwegen, und hoffte, den literarischen Charakteren in ihren jeweiligen Ländern zu begegnen – obgleich Dichter immer etwas hinzufügen, das dem Menschenverstand ansonsten verborgen bleibt, er nennt es „ein Geheimnis“,

> dennoch war die Wirkung ihrer Bücher auf seinen empfänglichen Geist am Ende doch so, daß er zum Beispiel den Abbé Donissan – die Hauptfigur jenes großen französischen Romanes, den ihm einst ein älterer, eben an der Universität eingeschriebener Freund, zum Kopfschütteln der Eltern, auf den Tisch des Konfirmanden gelegt hatte – nicht anders als einen lebendigen Menschen ansehen konnte. Ja, er wurde allmählich ganz von selber darauf aufmerksam, daß eine solche dichterische Figur tiefer in ihn eingegangen war als manch einer, der täglich seinen Weg kreuzte. Dem Abbé Donissan wäre er dann in Frankreich gern begegnet, da stellte es sich nun heraus, daß es ihn nicht gab. Hatte Bernanos gelogen? Nein. Es gab ihn – gewissermaßen in vielfacher Verteilung auf Hunderte von wirklich lebenden katholischen Geistlichen, von denen er vielleicht ebensoviel, wie es anfangs Apostel gab, näher kennenlernte. (484)

So begab sich der Leutnant mitten im Krieg auf die Suche nach dem leidenschaftlichen, asketischen Antlitz von Abbé Donissan aus Georges Bernanos' *Sous le soleil de Satan* (*Unter der Sonne Satans*), um wahrhaft brüderliche Gespräche mit jedem *curé* (Pfarrer) zu führen, den er auftreiben konnte. Um die Atmosphäre von Donissans philosophischen Unterhaltungen mit Abbé Menou-Segrais im Abschnitt „Die Versuchung, zu verzweifeln“ von Bernanos' Roman ein wenig nachzubilden, verwickelt der Leutnant nun, da der Krieg beinahe zu Ende ist, einen Hauptmann in ein Gespräch. Darin verleiht er seiner Hoffnung Ausdruck, dass „aus unseren Leiden, aus unserer Verzweiflung, aus der furchtbaren Vergeblichkeit unseres Dienstes“ (573) etwas Unsichtbares entstehen möge, wie ein göttlicher Plan, in dem das Mitleid Gottes Leid ebenso wie Schuld verwandeln und dem Opfer einen Sinn geben möge. Die letzte Antwort des Leutnants gegenüber dem Hauptmann lautet, er habe in niemanden mehr Vertrauen außer in Gott (572). In diesem Augenblick wird der Leutnant von einem Heckenschützen getötet. Der Roman schließt mit aphoristischen Auszügen aus dem Tagebuch des

Leutnants, darunter diese: „DAS LAND, IN DAS ICH heimkehren möchte, gibt es nicht.“ Und: „ICH HABE DIE FREMDEN LÄNDER gesehen. Der Krieg hat sie mir erschlossen. Als Feind habe ich sie betreten. Aber mein Herz war voll Freundschaft. Es schauderte bei jeder Siegesnachricht. Ich trauerte, wenn die andern jubelten. Wollte ich unsern Untergang? Nein – ich wollte die Rückkehr des Rechtes. Und meine Not war, daß ich diese nicht wollen konnte, ohne jenen zugleich herbeizuwünschen. In den fremden Ländern wurde mir mein eigenes Vaterland fremd“ (589, Großschreibung im Original).[121] Die Stimmen des Leutnants und des Pfarrers verschmelzen beinahe in solchen Äußerungen, da der Roman bis zum Schluss seine düstere Mischung aus existentialistischem Skeptizismus und religiöser Hoffnung, aus tiefer deutscher Traurigkeit und gehemmter kosmopolitischer Offenheit beibehält. Für Ihlenfeld ist das Gefühl des Verlusts, für das die Flüchtlingshandlung nur ein Hinweis ist, sowohl tief als auch unausweichlich, wäre aber nicht zu ertragen, gäbe es den Glauben nicht.

Wieviel Mörder gibt es heute?

Diese Frage ist gleichzeitig der Titel einer Kurzgeschichte aus dem Jahr 1948 von Gerhart Pohl, eine düstere Erzählung, die während der deutschen Besatzung Frankreichs spielt und die Widmung trägt „Für Albert Camus!“ (mit einem Ausrufezeichen).[122] Im Mittelpunkt steht Frau Vidal, eine französische Mutter, die vor einer Massenexekution als Vergeltung eines Bombenanschlags von Partisanen darum gebeten hat, wenigstens einen ihrer drei Söhne am Leben zu lassen – ein Wunsch, der ihr von einem deutschen Offizier gewährt wurde. Der Offizier überließ ihr die Entscheidung, welcher es sein sollte. (Diese Handlung nimmt entfernt diejenige von William Styrons Roman *Sophies Entscheidung* vorweg.) Schweren Herzens entschied sie sich für Claude, wobei sie sich wie eine Mörderin an ihren beiden anderen Söhnen André und François fühlte, und betrachtete den deutschen Leutnant nur als Handlanger, der die Entscheidung ausführte, die sie getroffen hatte. Jetzt, nach der Befreiung, ist Claude zum Anführer eine Menschenmenge geworden, die zum Zwecke der Vergeltung mit der Ermordung des deutschen Gefängniswärters seiner Brüder beschäftigt ist. „Die Schlange ist nicht zertreten. Ihr Gift frißt weiter an den Herzen“ (11). Sie beantwortet so ihre eigene Frage (und die der Geschichte) und flüstert Claude ins Ohr, „Du ahnst nicht, wieviel Mörder es heute gibt“ (11), und stirbt, als die Marseillaise zur Siegesfeier gespielt wird.

Die Geschichte steht am Anfang einer Kurzgeschichtensammlung Pohls, *Wieviel Mörder gibt es heute?* (1953), für die sie den Ton vorgibt, indem sie Fragen von Ungerechtigkeit und Vergeltung ebenso nachgeht wie von guten Taten und den durch sie zu erlangenden Belohnungen. Jede gegenwärtige Handlung kann durch eine vergangene Tat erklärt und mit Sinn versehen werden. Verschiedene Geschichten drehen sich vor dem Hintergrund der deutschen Besatzung Polens zu Kriegszeiten und des Holocausts um die neue Nachkriegssituation, doch auch um gute Taten und Freundschaften, die in einer anderen Welt nationale und ethnische Unterschiede überbrücken könnten.

In „Sohn der Prophezeiung“ (1947)[123] stellt sich heraus, dass Barnabas, ein polnischer Leutnant, der einen Maulwurfmantel vom deutschen Musiker Steiner kauft, der getaufte Sohn eines polnisch-jüdischen Germanophilen ist, der von den Deutschen im Konzentrationslager Majdanek ermordet wurde. Barnabas erkannte die deutschen Schuhe seines Vaters in einem riesigen Schuhhaufen, da sein Vater deutsche Schuhe liebte. Als er aus Deutschland zurückkam, hatte er einmal auch für seine drei Söhne Goethes Liebeslied im Stil Richard Taubers gesungen, „Oh Mädchen, mein Mädchen, wie lieb ich dich!“ aus Franz Lehárs Operette *Friederike*.[124] Der Vater prophezeite dann, „du wirst sie kennenlernen, die Deutschen, und du wirst sein wie verwandelt“ – diese Prophezeiung, so bemerkt sein Sohn Barnabas sarkastisch, erfüllte sich für ihn in Majdanek. (Der Name „Barnabas“ selbst, so erklärt Steiner, ist aus dem Hebräischen abgeleitet und bedeutet „Sohn der Prophezeiung“.) Als man sich auf den Preis für den Maulwurfmantel geeinigt hat, erwähnt Barnabas beiläufig, dass sein Vater die Operette in Breslau gesehen hat, und fragt Steiner, wo genau das gewesen sein könnte. Steiner, der eine weiße Armbinde tragen muss, die ihn als Deutschen im Nachkriegs-Breslau ausweist, zeigt „über das Ruinenmeer von Breslau – auf einen nicht allzufernen Punkt, wo im Abendlicht ein paar Stücke blaßgoldenen Gebälks aus einem Schuttberg schimmerten. ‚Ein Grab‘, sagte er.“ Steiner erläutert jetzt, dass er der Dirigent dieser Aufführung gewesen sei und dass seine Frau die Partie der Friederike gesungen habe, und er fügt hinzu: „Das ist der Rest von Friederike. Die Trümmer des Theaters haben sie begraben“ (80). In der Erstausgabe des Buches ist dieser Szene eine melancholische Strichzeichnung beigestellt, ein Epitaph auf die Musen in Trümmern.

Dieser abschließende Dialog, der stattfindet, als die Männer eine Einigung erzielt haben und die 4000 Zloty für den Mantel zählen, beendet eine Geschichte, die explizit die unterschiedlichen Fragen von Barnabas und Steiner bezüglich der Möglichkeit von Vergeltung und des Vorwurfs der Kollektivschuld behandelt. Wie als Antwort auf Martha Gellhorns Jacob Levy fragt sich Pohls Barnabas: „Wen hätte ich töten sollen?“ Gehörten Steiner, der Arzt von Barnabas, der Besitzer seines Hotels oder der Mechaniker seines Motorrads alle zur „Teufelsbrut"? Barnabas fragt auch: „Sollte ich Euch alle niederschießen, weil es das verfluchte Majdanek gegeben hat – durch Eure Duldung?" (78).[125] Und wie als Antwort auf James Sterns Staunen über die deutschen Reaktionen auf die Vorwürfe der Kollektivschuld nimmt Pohls Steiner Zuflucht zur Metapher der biblischen Flut. „Die Mörder waren von Gott gelöst. Darum sind oder werden sie gerichtet. Und die Dulder der Sintflut erdulden heute den Schlamm" (78).

„Engelsmasken" (1950) setzt im Oktober 1945 oder 1946 in einem alten deutschen Dorf ein, jetzt in Mostowice umbenannt, in das eine polnische Familie – Josef, Wanda und ihre kleine Tochter – umgesiedelt und wo ihnen ein Laden mit angrenzendem Bauernhaus und Stall übertragen wurde. Die Geschichte beginnt, als Mariechen einen zerlumpten deutschen Soldaten in ihrem Hof ohnmächtig werden und kollabieren sieht. Sie denkt, er sei tot, ruft ihre Eltern herbei und glaubt, der niemals namentlich benannte Soldat sei „ein Hitler". Josef und Wanda müssen entscheiden, was sie mit dem Mann machen, der immer noch atmet und Hilfe braucht, wobei es tatsächlich jedem verboten ist, Mitgliedern der aufgelösten deutschen Armee Unterschlupf zu gewähren. Der deutsche Soldat erinnert Josef an die brutalen Deutschen, die ihn beinahe getötet haben, während er Wanda an den Engel erinnert, der sie und Mariechen im Krieg gerettet hat. Sie bringen den Soldaten ins Haus und schließen die Fensterläden. Jetzt wendet sich die Geschichte der Vergangenheit zu. 1943 war das Heimatdorf Pilica der Sowinskis von deutschen Truppen brutal niedergebrannt worden, doch der gutherzige deutsche Soldat Peter aus Oberschlesien hatte Wanda und Mariechen zur Flucht verholfen und sie auch mit Proviant versorgt. Josef wiederum wurde nach Buchenwald gebracht, zur Zwangsarbeit in einem Steinbruch, wo sein bester Freund Jacek starb, für den Josef Rache schwor. Ist der deutsche Soldat wie Wandas Schutzengel oder wie Josefs teuflische Peiniger? Sollte er beschützt oder an die polnische Miliz ausgeliefert werden?

Indem sie den deutschen Soldaten, der nur halb bei Bewusstsein ist und bei einem Kriegsgefangenentransport vergessen wurde, in den Mittelpunkt stellt, blendet die Geschichte in das letzte Gespräch des Soldaten mit seinem Vater im Breslauer Bahnhof zurück: Der Vater hatte ihn ermahnt, Kriminellen wie diesen deutschen Soldaten, die als wahllose Vergeltung für eine Aktion der Partisanen Familien in Wolhynien brutal quälten und töteten, Widerstand zu leisten: „Mit den Schlächtern wie denen von Antonowka gibt es kein Paktieren" (30). Und Pohl erklärt, was der Vater dem Sohn weiter erzählte:

> Wahrhaftig, es konnte kein Paktieren mit Kreaturen geben, die in dem wolhynischen Dorfe Antonowka die Kate einer ukrainischen Familie

> besetzten, das junge Paar fesselten und vor seinen entsetzten Augen den Säugling an dem Türpfosten erschlugen, danach die Frau vollkommen entblößten, auspeitschten, erschossen und endlich den Mann selbst unter erklügelten Qualen langsam hinschlachteten, mochte er auch der Schuldige am Tode eines deutschen Soldaten sein. (30)

Dann starb der Vater auf rätselhafte Weise an der Front, ein Geschehnis, das offiziell als „Heldentod" bezeichnet wurde. Im Aufwachen murmelt der Soldat „głod", das polnische Wort für Hunger. Jetzt vollzieht Josef einen plötzlichen Gesinnungswandel und sieht in der schwachen, hungrigen, leidenden Gestalt das Bild seines toten Freundes Jacek. Er füttert den Soldaten, so wie er es mit Jacek in Buchenwald gemacht hat, kaut Brot, bis es weich ist, und gibt es dann dem Mann in den Mund. Josef hegt nun nicht mehr den Wunsch, zur Miliz zu gehen und Bericht zu erstatten. Stattdessen verstecken die Sowinskis den Soldaten weiter, bis er sich erholt hat, und helfen ihm dann dabei, wegzukommen, indem sie ihn in einen Güterzug schmuggeln, der mit zerlumpten deutschen Kriegsgefangenen gefüllt ist, die freigelassen wurden und auf dem Weg nach Hause sind. Schutzengel können ganz unterschiedliche Masken tragen, so schlussfolgert die Geschichte, ohnehin schon eingebettet in die religiösen Metaphern der Erlösung. Wandas Gebet vor einem farbenprächtigen Bild der Kreuzigung für „die Auferstehung der vielen lebendig Eingeschlossenen" (25) ist erhört worden, zumindest im Falle ihres Ehemanns. So wie der Soldat Peter Wanda beschützt hat, so hilft Wanda, das Leben des deutschen Soldaten zu retten, und Josefs Wandlung vom hartherzigen Rächer zu einem mitfühlenden Mann, der für einen leidenden Mitmenschen Mitgefühl empfindet, auch wenn dieser die Uniform des ehemaligen Feindes trägt, vervollständigt das märchenartige Ende.

Auch wenn die Geschichte mit diesem Zeichen der Versöhnung zu Ende geht, der Preis dafür ist nicht das Verschweigen der Schrecken der Vergangenheit. Josefs Verhör und seine Erfahrung in Buchenwald, das Niederbrennen von Pilica und die eindringlich visualisierte Grausamkeit in Wolhynien, die den Vater des deutschen Soldaten zum Widerstand brachte, sind kraftvolle Höhepunkte der „Sechsjahreszeit" (19), wie die polnischen Charaktere die deutsche Besatzung bezeichnen, gegenüber der die selbstlose und selbstgefährdende Großmut der Sowinskis lediglich ein kleines Hoffnungszeichen ist. Indem die Schrecken der Vergangenheit so genau in den Blick genommen werden, vermeidet „Engelsmasken" jede direkte oder ausdrückliche Darstellung der deutschen Vertreibung, der eindringlich angedeutete Hintergrund der Situation in der Geschichte. Stattdessen weist die Erzählung auf die Spannungen zwischen jüngst umgesiedelten polnischen Bewohnern von Mostowice hin. Diese stammen aus „verschiedenen Provinzen ihres Landes, aus abgetretenen Gebieten und aus England, Frankreich, Belgien. Noch waren sie einander fremd, ja feindlich in Mißtrauen, Neid und grundloser Verdächtigung" (19–20). Das plötzliche Auftauchen des Soldaten in dieser Welt ist, als käme ein Geist aus der Vergangenheit, eine Figur, die sowohl höllische als auch engelsgleiche Assoziationen wachruft. Dass die Sowinskis eine fünfjährige Haft dafür riskieren, dass sie dieser geisterhaften Figur Schutz und Hilfe gewähren, macht ihre nach wie vor unsichere neue Eigentümerschaft des Ladens und des Bauernhauses in diesem „uralten deutschen Dorf" komplett, weil sie gemäß den uralten Regeln der Gastfreundschaft und dem Gebot der Nächstenliebe großzügig gehandelt und tapfer einen politisch motivierten Erlass ignoriert haben. In der zweiten Auflage seiner Kurzgeschichtensammlung wählte Gerhart Pohl *Engelsmasken* statt *Wieviel Mörder gibt es heute?* als Titel für das Buch.

Auch in „Die Erde und die Toten" (1951) geht es um polnisch-deutsche und deutsch-polnische Taten der Güte vor dem Hintergrund der Veränderung Schlesiens von einer deutschen Provinz zu einer komplett polnischen Region, hier angedeutet in vielsagenden, teils düsteren Details. Es ist die Geschichte des fehlgeschlagenen Versuchs eines Deutschen, in einem Ort als Pole angesehen zu werden, wo „der Krieg nicht beendet war" (41), wie die Geschichte erklärt. Wilhelm Schwalbe ist ein Individualist, der sich nicht viel um die Katastrophen der Menschheitsgeschichte schert, die von politischen Anführern verursacht wurden. Für ihn heißt es 1946: „Natürlich – bleiben". Bleiben in seiner Heimat und der seiner Vorfahren, ungeachtet der politischen Veränderung, die nur eine weitere in einer Reihe von sich verändernden Wahrzeichen der Macht zu sein scheint: Schließlich hatte es die Piasten, die Böhmen, die Ungarn, die Habsburger, die Preußen gegeben, die Schlesien aber alle nicht überdauerten. „Natürlich – bleiben" ist folglich Schwalbes Motto, das vier Mal in der Geschichte wiederholt wird. Nach militärischer Gefangenschaft in einem polnischen Kontingent der Roten Armee, wo an Schwalbe der Hass der Befreiungsarmee auf die Deutschen gekühlt wurde, wo er geschlagen, getreten, verhört und dann zur Zwangsarbeit gezwungen wurde, um den Schutt der Trümmer wegzuräumen, gelingt es ihm zu fliehen.

Schwalbe spricht perfekt Polnisch (eine Tatsache, die er in Gefangenschaft verbirgt) und erfährt, dass Marian Nowakowski, sein engster Schulfreund vom alten Breslauer Matthias-Gymnasium, jetzt Herausgeber der neuen Breslauer Tageszeitung *Trybuna* ist. Marian hatte Wilhelm einst vor dem Ertrinken in der Oder gerettet, und Wilhelm hatte Marian aus einem Gestapo-Keller befreit. Mit Marians Hilfe erhält Wilhelm Schwalbe nun neue Papiere, die ihn als „Witold Szwalbe"[126] ausweisen, angeblich aus einem deutschen DP-Lager nach Polen zurückgekehrt, und er bekommt Arbeit bei Marians Zeitung. Marian, der ursprünglich aus Posen stammt, das ebenfalls die Symbole der Macht mehrmals geändert hat, die Ulica Mickiewica wurde zur Goethe-Straße und wieder zurück,[127] teilt mit Wilhelm/Witold die Auffassung, dass einfach der Erde und den Toten treu zu bleiben wichtiger ist als jede nationale Identität. Wilhelms Auftauchen „als ‚Neubürger der befreiten Westprovinzen'" wird möglich gemacht durch das „Chaos der zerschlagenen und von zuströmendem wie abströmendem oder ausgewiesenem Volk durchwimmelten alten Oderstadt" (41). Obwohl „Millionen … ausgetrieben und dem Verderben der Wurzellosigkeit preisgegeben" waren, würde Wilhelm bleiben, in der „Maske" des Witold Szwalbe, „aber ungewandelt" (abgesehen davon, dass er jetzt einen kleinen attraktiven Bart trägt), „bis dieser Krieg einmal beendet" ist (43), und er spricht dabei natürlich über die Nachkriegszeit. Durch das Studium der polnischen Geschichte, Wirtschaft und Kultur sowie der zahlreichen Erlasse des neuen Regimes bereitet er sich auf seinen neuen Job vor.

Was der Leser jetzt erwartet, ist die Handlung einer Gesellschaftskomödie rund um einen deutschen Exsoldaten, der die Rolle eines polnischen Zeitungsmenschen spielt, welcher mithilft, gefälschte Hintergründe im Sinne des uralten Polentums von Breslau bereitzustellen, das jetzt Wrocław heißt – eine stadtgroße Parallele zu Szwalbes eigener erfundener polnischer Vergangenheit und seinem erfundenen Namen. Man vermutet auch, dass vielleicht ein Abschnitt über die alltägliche Arbeit bei der Zeitung folgt. Die Handlung aber wendet sich rasch von derartigen Möglichkeiten ab. Als Witold bei seiner neuen Arbeitsstelle auftaucht, gibt Marian ihm eine Lohnvorauszahlung und bittet ihn, am nächsten Tag wiederzukommen, um ihn dem Direktor der Zeitung vorzustellen. Witold läuft durch die „Schluchten des Elends" (42) in der völlig zerstörten Stadt Breslau, wo dennoch das geschäftige Leben weitergeht, er trinkt ein paar Wodkas in einer Arbeiterkneipe und beschließt plötzlich, zum Friedhof zu gehen, um das Grab seines Vaters zu besuchen. In Gefangenschaft hat er die Eheringe seiner Eltern eingenäht in den Hosenaufschlag aufbewahrt, und die Erde, auf der er stehen wollte, war schließlich auch die Grabstätte seines Vaters. Er nimmt sich ein Taxi zum Friedhof, dessen polnischen Namen er nicht kennt, und tischt dem neugierigen Fahrer die Lüge auf, er wolle das Grab eines deutschen Schwagers seines Vaters finden (44).

Die verlassene Totenstadt, die er vorfindet, ist blindwütig geschändet worden: Zerbrochene und zersplitterte Grabsteine liegen herum, und zerstörte Grabstätten sind freigelegt und von Unkraut überwuchert. Das Grab eines berühmten Zigeunerkönigs wurde geöffnet und nach Wertgegenständen durchsucht, seine Goldzähne wurden aus seinem Totenschädel herausgebrochen. Auch in anderen geplünderten Gräbern liegen ausgeraubte Leichen offen da. Als er etwas Efeu wegreißt, sieht Wilhelm den Leichnam seines Vaters in einer zerstörten Gruft liegen, den Schädel vom Leib abgetrennt. Merkwürdig beschwingt nimmt er den Schädel in seine Hände und hält ihn an seine Stirn, als sei er mit seinem Vater in ein Gespräch verwickelt, legt ihn dann zurück ins Grab und bedeckt ihn sorgfältig mit lockerer Erde. Plötzlich hört er die beängstigende Redewendung „mausetot", gesprochen mit kalter Stimme (47). Es ist die Stimme des Taxifahrers, und dies ist der zweite Moment, an dem der Leser einen Handlungsverlauf erwartet, der nicht eintrifft. Es kommt nicht zu einer gefährlichen Entlarvung von „Szwalbe" durch einen seiner ehemaligen Wächter, überhaupt zu keiner gewaltsamen Interaktion, sondern zu einem gemeinsamen Augenblick der Sühne, da Wilhelm rasch begreift, dass der Fahrer eben jener polnische junge Mann ist, den er im Krieg erwischt hatte, als der Junge nachts das von Granaten zerstörte Grab seiner Mutter schließen wollte, woraufhin Wilhelm ihn einfach mit dem Kommentar „mausetot" nach Hause geschickt hatte. Die Männer sehen einander an, fühlen sich „der sühnenden Gemeinschaft aller Toten in aller Erde geheimnisvoll ausgeliefert, bis ihre sacht sich hellenden Blicke die wechselseitige Schuld vergaben" (47).

Als er in Marians Wohnung zurückkehrt, erzählt Wilhelm seinem Freund, was geschehen ist und dass er infolgedessen nun bereit sei, Polen zu verlassen. Nachdem Marian Wilhelm vergeblich zum Bleiben zu überreden versucht hat, bis dieser Krieg endlich einmal vorbei ist, gießt er etwas Wodka für sie beide ein, und die Freunde sagen einander Auf Wiedersehen. Der Fahrer bringt Schwalbe vergnügt zu einem Bauern an der Neiße in der Nähe von Görlitz, der ihm hilft, über die Grenze zu gelangen. Als der Bauer fragt, warum Schwalbe gehen möchte, sagt der Fahrer, dass Schwalbe ein Deutscher ohne Heimat sei. Der Bauer antwortet, „‚Und wir, Herr? .... Polen ohne Heimat'" (49) und fragt sich, ob nicht alles einfach nur ein „verfluchter Höllensturz" sei, „jawohl, und wir Idioten meinen, daß es der Fortschritt ist" (50).

Ist es möglich, infolge der dramatischen politischen Veränderung individuell gegenüber dem Land der Vorfahren loyal zu bleiben, wenn man seinen Namen ändern und über den eigenen verstorbenen Vater lügen muss, so fragt die Geschichte. Schwalbe hat zwar einen sprechenden Namen, aber er kann kein Zugvogel sein, so lange der Krieg noch nicht beendet ist. (Für zeitgenössische Leser rief der Name wahrscheinlich Assoziationen zur „Operation Schwalbe“ hervor, einer Reihe von Zwangstransporten in den Jahren 1946 und 1947 von etwa 100.000 schlesischen Vertriebenen in Güterwagen in Transitlager in der britischen Zone.) Schwalbes Fluchtkomödie, seine Maskerade in einer neuen Identität und in Hoffnung auf einen neuen Anfang werden schnell von der düsteren Szene in der Totenstadt beendet. Der albtraumhafte Abstieg in das Inferno der geschändeten Gräber verunmöglicht seine muntere Bereitschaft, am Journalismus über Polens „befreite Westprovinzen“ teilzuhaben. Dass Wilhelm den Schädel seines Vaters in Händen hält, ist offenkundig eine ziemlich grelle Verschmelzung mit Hamlets Begegnung mit dem Geist seines Vaters und der Rede von „Alas, poor Yorick“. Die ausgedehnte Friedhofsszene, in der auch die Gräber anderer berühmter deutscher Bürger aus Breslau erwähnt werden, erinnert Schwalbe (und den Leser) daran, dass die „Bevölkerungsumsiedlungen“ auch eine Ausmerzung der Vergangenheit beinhalten, ein Bestreben, das nicht nur falsch, sondern auch hässlich und gewaltsam war.[128] Wer unter solchen Umständen versucht, der Erde und den Toten gegenüber loyal zu bleiben, ist verdammt, da die Loyalität eine stillschweigende Zustimmung zur Schändung des Grabes seines Vaters erforderlich macht. Pohls Interesse daran, in seiner Geschichte wechselseitige Akte des Verzeihens und gute Taten zu zeigen, führt nicht zu dauerhaften transnationalen Freundschaften. Auch wenn der Leser im Geheimen gegen jede Wahrscheinlichkeit auf derartige Freundschaften hoffen mag, so macht das die Lektüreerfahrung von Pohls eigentlicher Handlung nur noch trauriger. Jemandem Freundschaft zu erweisen oder die Bereitschaft zu zeigen, im Rahmen „der Erde“ und „der Toten“ eine Gegenleistung zu erbringen, bedeutet, einem Freund dabei zu helfen, aus seiner Stadt zu verschwinden, die gerade dabei ist, „homogenisiert“ zu werden. Dafür muss eine neue Vergangenheit erfunden werden, müssen Zeugen verjagt und die Überreste ihrer wahren Geschichte ausgelöscht werden.

Aufschlussreich ist das Typoskript der Kurzgeschichte, das zeigt, dass Pohl die umfassendsten Bearbeitungen in der Szene vornahm, in der Wilhelm Marian von seiner Entscheidung berichtet, die neuerdings polnische Stadt zu verlassen. In einem langen handschriftlichen Einschub lässt Pohl Wilhelm ursprünglich energisch sagen: „Die Maske ab! Und auf die Knie vor Gottes Angesicht“, und er fügt die Anmerkung hinzu: „Doch Wilhelm meinte traurig, der Freund billige wohl die Entscheidung nicht.“ Im veröffentlichten Text tauchen diese Passagen nicht mehr auf, ihr Dialog wird verdichtet, jedoch Wilhelms gezischte Anschuldigung hinzugefügt „Du falscher Hund!“, als Marian, nachdem er die Wodkagläser eingeschenkt hat, sagt: „Na zdrowie!“[129] Pohl hatte offenbar mit der Darstellung der Auswirkung gerungen, welche die veränderte politische Situation auf die alten deutsch-polnischen Schulfreunde hat. Und vielleicht sind Pohls Schwierigkeiten mit dieser Szene symbolisch für die Zwickmühle, in der deutsche Schriftsteller angesichts des Themas Zwangsumsiedlung steckten.

Sowohl „Engelsmasken" als auch „Die Erde und die Toten" spielen zu der Zeit, als die ersten Vertreibungswellen bereits stattgefunden haben, sei es in einem kleinen Dorf oder in der schlesischen Hauptstadt Breslau. In beiden Geschichten wird ein einzelner deutscher Ex-Soldat aus Schlesien dargestellt, der unter dem neuen polnischen Regime von Gesten humanen Sich-erkenntlich-Zeigens profitiert. Beide Geschichten enden auch damit, dass die gerade heimatlos gewordenen deutschen Protagonisten nach Westen gehen, die Oder-Neiße-Grenze überqueren und so als vage Allegorien für Niederlage und Vertreibung dienen. Sowohl „Wieviel Mörder gibt es heute?" als auch „Sohn der Prophezeiung" beschäftigen sich expliziter mit der Nazi-Vergangenheit, mit Morden aus Vergeltung im besetzten Frankreich und mit dem Konzentrationslager Majdanek, doch sie repräsentieren auch Pohls Interesse an Versöhnung, an einer Balance, einem Verständnis, wie spärlich auch immer. So hat Steiner in „Sohn der Prophezeiung" schmerzhafte Verluste zu betrauern, ebenso wie Barnabas, und die französische Mutter, welche die schreckliche Entscheidung treffen musste, zwei ihrer Söhne zu opfern, um einen zu retten, fühlt sich wie eine Komplizin der Nazi-Besatzung und betrachtet ihren geretteten Sohn als Mörder. Der Leser von 1953 erwartete möglicherweise, dass ein Band mit dem Titel *Wieviel Mörder gibt es heute?* von den deutschen Kriegsverbrechen handelt (das mag der Grund dafür gewesen sein, dass Pohl den Titel in der zweiten Auflage in *Engelsmasken* änderte). Indem er innerhalb eines allgemein religiösen und spezifisch christlichen Rahmens operiert, erzählt Gerhart Pohl seine lebendigen, verdichteten und intensiven Nachkriegsgeschichten jedoch auf eine Weise, die das Leid ebenso wie die Schuld verallgemeinert.

„Schachbrett hellichter Verzweiflung": Lager von Displaced Persons

Im Mai 1946 erlebte Max Frisch eine Flüchtlingsgruppe, sprach mit einem ehemaligen Insassen von Dachau und sah ein neues Lager. Was er am Frankfurter Bahnhof beobachtete, verwandelte er in eine wunderbare Prosa-Skizze, die die Hoffnungslosigkeit, Entfremdung und Zerbrechlichkeit von Vertriebenen einfängt:

> Flüchtlinge liegen auf allen Treppen, und man hat den Eindruck, sie würden nicht aufschauen, wenn mitten auf dem Platz ein Wunder ge-

> schähe; so sicher wissen sie, daß keines geschieht. Man könnte ihnen sagen, hinter dem Kaukasus gebe es ein Land, das sie aufnehmen werde, und sie sammelten ihre Schachteln, ohne daß sie daran glaubten. Ihr Leben ist scheinbar, ein Warten ohne Erwartung, sie hangen nicht mehr daran; nur das Leben hangt noch an ihnen, gespensterhaft, ein unsichtbares Tier, das hungert und sie durch zerschossene Bahnhöfe schleppt, Tage und Nächte, Sonne und Regen; es atmet aus schlafenden Kindern, die auf dem Schutte liegen, ihren Kopf zwischen den knöchernen Armen, zusammengebückt wie die Frucht im Mutterleib, so, als wollten sie dahin zurück.[130]

In Harlaching trifft er einen alten Herrn, sein „gestreiftes Pyjama, sein nackter Hals erinnern an Bilder, die man kennt" (34). Frisch findet heraus, dass dieser Mann tatsächlich „sechs Jahre in Dachau gewesen" ist. „Aber nicht davon erzählt er, sondern von der Zeit davor, von den Ursachen." Der Mann sagt: „Darüber waren wir uns im Lager einig, daß es nicht die Schuld unsrer Söhne gewesen ist, und wenn sie siebenmal dabei waren –" (35). Nachdem er neuen Stacheldraht gesehen und eine Armeekontrolle erlebt hat, stößt er auf ein „Lager im gerodeten Wald" nahe Landsberg. Er schreibt, „es erinnert mich an eine Farm mit Silberfüchsen oder so, alles umzäunt und ordentlich und schnurgerade, ein Schachbrett hellichter Verzweiflung, Menschen, Wäsche, Kinder, Stacheldraht" (38). Frisch beschreibt nicht näher, welche Art von Lager er sah, wahrscheinlich handelte es sich dabei um das Landsberger Lager für Displaced Persons (DPs). Derartige Lager wurden unmittelbar nach dem Krieg für sechs bis sieben Millionen Zwangsarbeiter angelegt, die während des Krieges nach Deutschland verschleppt worden waren und nun rasch in die Heimat zurückgeführt werden mussten, ebenso wie für andere Nicht-Deutsche, die sich in Deutschland aufhielten.[131] Unter den DPs waren etwa 70.000 jüdische Überlebende des Holocausts und später die sogenannten Infiltrees: Etwa 200.000 neu angekommene Juden, die den Zweiten Weltkrieg in der Sowjetunion überlebt hatten, wurden in Polen repatriiert, wo sie in vielen Fällen nicht willkommen waren – 1946 kam es zu einem blutigen anti-jüdischen Pogrom in Kielce –, und zogen von dort zumeist weiter nach Berlin und in die westlichen Besatzungszonen in Deutschland und Österreich.[132]

Von der neuen United Nations Relief and Rehabilitation Administration (Nothilfe- und Wiederaufbauverwaltung der Vereinten Nationen, UNRRA) verwaltet, dienten diese Lager als zeitweilige Unterkünfte und Durchreiseorte für DPs aus den meisten europäischen Ländern. Ende August berichtete die *New York Times*, dass etwa 70 Prozent der DPs repatriiert worden, aber sehr viele andere in den Lagern verblieben seien.[133] Länger währte die Lagerexistenz für nicht-jüdische Osteuropäer – Ukrainer, Menschen aus dem Baltikum ebenso wie anderen Ländern, die nun als Sowjetbürger galten, Polen, Ungarn, Mennoniten aus verschiedenen Ländern –, die keine Zwangsarbeiter waren, aber auch für solche, die sich aus dem einen oder anderen Grund während des Krieges in Deutschland aufgehalten hatten. Sie galten nach und nach als „nicht repatriierbar" oder sie weigerten sich aktiv, manchmal unter Selbstmorddrohungen, zwangsweise in den sowjetischen Einflussbereich repatriiert zu werden, wo sie mit einiger Berechtigung fürchteten, als Verräter behandelt und hart bestraft oder getötet zu werden. Ein viel beachteter Artikel in *Stars and Stripes* berichtete 1946 von einer erschütternden Szene im Konzentrationslager Dachau, in dem nun zwei Baracken als Lager für sowjetische DPs dienten. Als die US-Armee beinahe 400 Gefangene zwangsweise fortzuschaffen versuchte und sie in einen Zug in Richtung sowjetische Zone setzte, unternahmen mehr als 40 von ihnen Selbstmordversuche, wobei elf von ihnen tatsächlich starben. „‚Es war einfach nicht menschlich', sagte einer der Wächter. ‚Als wir die Baracke erreichten, waren keine Männer darin. Es waren Tiere. Die GIs schnitten rasch die meisten von denen, die sich erhängt hatten, von den Dachbalken. Diejenigen, die noch bei Bewusstsein waren, schrien auf Russisch, deuteten erst auf die Gewehre der Wachleute und dann auf sich selbst, sie baten uns, sie zu erschießen.'"[134] Wolfgang Jacobmeyer berichtet, dass nach dieser „Suizid-Orgie" die 368 übrig gebliebenen Russen trotzdem repatriiert wurden, auch wenn sechs von ihnen während des Transports die Flucht gelang, trotz der Anwesenheit russischer Offiziere und amerikanischer Soldaten. Die Politik der zwangsweisen Repatriierung änderte sich erst, als die überwiegende Mehrheit der sowjetischen DPs bereits zurückgekehrt war.[135]

Jüdische DPs aus Osteuropa konnten, auch wenn sie anhand ihrer Nationalität und eben nicht als Juden kategorisiert wurden, trotzdem nicht repatriiert werden, und sie warteten ungeduldig in den Lagern auf schwer erhältliche Visa für Palästina, die Vereinigten Staaten, Kanada oder Australien. Die Tatsache, dass einige der berüchtigtsten Konzentrationslager der Nazis von den Alliierten zur Unterbringung jüdischer DPs in der Nachkriegszeit wiederverwendet wurden, wurde von Earl G. Harrison aufs Schärfste verurteilt, dessen vernichtender Bericht von 1945 für Präsident Truman die Kritik denkwürdig zum Ausdruck brachte: „Nach momentaner Lage der Dinge scheinen wir die Juden zu behandeln, wie die Nazis sie behandelt haben, mit dem Unterschied, dass wir sie nicht vernichten. Sie sind zahlreich in Konzentrationslagern untergebracht unter unserer militärischen Bewachung und nicht unter der von SS-Truppen. Das führt dazu, dass man sich fragt, ob das deutsche Volk, wenn es dies sieht, nicht annimmt, dass wir die Nazi-Politik fortsetzen oder sie zumindest billigen."[136] Harrison, ehemals Kommissar der Immigration and Naturalization Service und zum Zeitpunkt dieses Berichts Dekan der University of Pennsylvania Law School, wies außerdem darauf hin, dass „viele der jüdischen DPs Ende Juli keine andere Kleidung als ihre Konzentrationslagerkluft hatten – was den ganz abscheulichen Eindruck von gestreiften Pyjamas vermittelt –, während andere zu ihrem Leidwesen deutsche SS-Uniformen tragen müssen. Es ist fraglich, welche Kleidung sie mehr hassen." Er berichtete, dass „sie sich fragen und beständig wissen wollen, was ‚Befreiung' bedeutet", und er empfiehlt, dass diese „verzweifelten Überlebenden" als Juden wahrgenommen werden müssen und nicht nur mit Blick auf ihre Nationalität: „Zwar ist es zugegebenermaßen normalerweise nicht wünschenswert, bestimmte ethnische oder religiöse Gruppen von nationalen Kategorien abzutrennen, die nackte Wahrheit ist, dass dies sehr lange von den Nazis gemacht wurde, dass eine Gruppe mit speziellen Anforderungen geschaffen wurde. Juden wurden als Juden (nicht als Angehörige einer bestimmten Nationalität) massiver schikaniert als die nicht jüdischen Angehörigen derselben oder einer anderen Nationalität."[137] Obwohl die Forderung des Harrison-Berichts nach 100.000 Einreisevisa für Palästina die britische Regierung nicht veranlasste, ihre Politik zu ändern, hatte sein Appell, spezielle und weniger restriktive Lager für Juden zu schaffen, doch den Effekt, dass sich die Bedingungen für die jüdischen DPs verbesserten. Angesichts der restriktiven US-amerikanischen Einwanderungspolitik und der britischen Bewilligung lediglich einer Handvoll Migranten für Palästina machte diese Entscheidung, wie Atina Grossmann es ausdrückt, die Lager praktisch zu „Magneten" für mehr jüdische Ankömmlinge ebenso wie für zionistische Organisatoren.[138]

Zwar war das Konzentrationslager Bergen-Belsen im Mai 1945 niedergebrannt worden, doch die SS-Baracken blieben stehen und wurden in ein Lager für jüdische DPs umgestaltet, das von 1945 bis 1950 geöffnet blieb, wobei die Bewohnerschaft mit mehr als 11.000 im August 1946 einen Höchststand erreichte. Einige dieser Jahre sind in einem dreibändigen Werk mit mehr als 1100 Fotos umfassend dokumentiert, aufgenommen von der in Litauen geborenen Sekretärin Zippy Orlin und ihrem Mitarbeiter „Willy mit der Leica". Darunter befinden sich Bilder von Hochzeiten, der Erziehung im Kindergarten bis zur Berufsausbildung, von Theaterveranstaltungen, Feierlichkeiten an Feiertagen, medizinischer Versorgung, sportlichen Aktivitäten, einer Demonstration zum 1. Mai sowie einem Gedenkgottesdienst anlässlich der Befreiung von Bergen-Belsen.[139]

Auch in einem anderen DP-Lager wurde das Format des Familienfotoalbums verwendet, dem von Frankfurt-Zeilsheim, dessen Bewohnerzahl 1946

3570 erreichte. Dort nahm Ephraim Robinson, ein in Warschau geborener Agrarwissenschaftler, der die Kriegsjahre in der Sowjetunion verbracht hatte, mit einer Leica mehr als 200 Fotos des täglichen Lebens im DP-Lager auf und tat sie alle in ein Album, das von seiner Tochter veröffentlicht wurde. In der Einleitung schreibt sie, dass seine Fotos die Geschichte eines Volkes erzählen, das sich ein neues Leben aufbaut, *a lebn afs nay*.[140]

Etliche abgebildete Szenen ähneln denjenigen in Orlins Album, darunter Hochzeiten, Geburten, Theateraufführungen, Klavierkonzerte anlässlich von Purim und so weiter, doch es gibt auch Fotos von Eleanor Roosevelt, David Ben Gurion und anderen berühmten Besuchern des Lagers, Porträts der UNRRA-Direktoren von Zeilsheim und dramatische Szenen wie eine Razzia der amerikanischen Militärpolizei, die Verhaftung eines Mannes durch die DP-Polizei, der als ehemaliger „Kapo" wiedererkannt wurde, und sogar Demonstrationen, die „Befreiung aus den Lagern" fordern und „Beendigung des englischen Terrors in Palästina" (vgl. Abb. 19).[141] Wenngleich einige dieser Szenen zukunftsbezogen und sogar optimistisch wirken mögen, durchzieht das Album auch ein düsterer Ton, nicht nur in den Fotos, die explizit „in memoriam" aufgenommen wurden.[142]

Abb. 19: Anti-britische Demonstration im DP-Lager Zeilsheim. Ca. 1946/1947. Foto von Ephraim Robinson. United States Holocaust Memorial Museum, Washington, D.C.

Höchstwahrscheinlich arbeitete Anna Kaletska (die im ersten Kapitel erwähnte Frau, die von amerikanischen Panzern während eines Gewaltmarschs nach Bergen-Belsen befreit wurde) zu der Zeit, als David Boder sie interviewte, im Kindergarten des DP-Lagers Zeilsheim.[143] Sie kam aus der jüdischen Gemeinde in Kielce, die, wie sie Boder mitteilt, einst 24.000 Mitglieder hatte, von denen nur 300 überlebten – und 42 dieser Überlebenden wurden in Kielce nach dem Krieg massakriert. Anna Kaletska, die die Zwangsarbeit in Auschwitz überlebt, aber ihren Ehemann verloren und nach dem Krieg herausgefunden hatte, dass ihre Tochter, die von einer Christin versteckt worden war, ebenfalls getötet worden war, erzählt Boder am Ende ihres Interviews, dass es in dem Kindergarten, in dem sie arbeitet, 20 jüdische Kinder gebe: „Und ich spiele mit ihnen, und dann vergesse ich all *das*. Wieder habe ich jüdische Kinder um mich. Aber nach der Arbeit, alleine in mein Zimmer zu kommen – heute ist ein Feiertag. Wo sind all die Meinen, die mit mir die Feiertage gefeiert haben?“ (45). Ihr Interview wurde immer wieder unterbrochen von Weinanfällen, die von „bedrückenden Erinnerungsassoziationen“ und einer Art von Holocaust-Syndrom der Überlebenden herrührten, wie Boder ihre äußerst emotionale Verfassung diagnostiziert.

Der Psychologe Dr. David Pablo Boder, in Lettland geboren, studierte in Vilnius, Leipzig und St. Petersburg, erlangte seinen Ph.D. an der Northwestern University und lehrte Psychologie am Illinois Institute of Technology. Er war in der Lage, seine Gegenüber in verschiedenen Sprachen zu interviewen, darunter Deutsch, Jiddisch, Russisch, Englisch, Französisch, Polnisch, Spanisch, Litauisch und Lettisch. Boder arbeitete mit einem neuartigen Aufnahmegerät, einem Drahttonapparat, brachte 1946 200 Spulen Karbonstahldraht nach Europa und führte mehr als 160 Interviews mit jüdischen und nicht jüdischen Überlebenden sowie auf andere Weise traumatisierten Menschen, 70 davon transkribierte er und acht davon, darunter dasjenige mit Anna Kaletska, veröffentlichte er 1949 unter dem Titel *I Did Not Interview the Dead* (*Die Toten habe ich nicht befragt*). In der Einleitung zu seinem Buch schreibt Boder, dass ihn die Einladung Eisenhowers an die Journalisten inspiriert habe, zu kommen und selbst zu sehen. Boder hoffte, sein Buch, für das er auch UNRRA-Aufnahmen heranzog, möge ein größeres Verständnis für die DPs und ihre Probleme erzeugen: „Die DPs sind, trotz ihres heutigen traurigen Zustands, kein Lumpenpack, nicht der Abschaum der Erde, nicht die armen Teufel, die leiden, weil sie ihre eigenen Rechte nicht kennen und auch keine Faulenzer, die behaupten, die Welt schulde ihnen etwas. Sie sind entwurzelte Menschen jeder Klasse der Gesellschaft – Bauern, Industriearbeiter, Lehrer, Anwälte, Ingenieure, Kaufleute, Künstler, Hausfrauen – die durch eine weltweite

Katastrophe heimatlos wurden“ (15). Boders Buch und seine noch größere Interviewsammlung sind als Oral History bemerkenswert.[144] Zusätzlich erstellte Boder als Psychologe einen „traumatischen Index“, von dem er hoffte, er könnte als „Methode der Auswertung menschlicher Erfahrung“ im Allgemeinen hilfreich sein, insbesondere auch „bei der Erforschung der Persönlichkeit von Erwachsenen und Kindern, die mit dem Leben oder sozialen Einrichtungen in Konflikt geraten sind“ (16). In seinem „traumatischen Index“ stellte er zwölf Aspekte vor, die von „Brutale und abrupte Beseitigung von äußerlichen Anreizen“ und „Erzwungene Ausführung sinnloser Tätigkeiten“ bis zu „Chronische Überforderung des physischen und mentalen Durchhaltevermögens“ und „Brutale Bestrafung für belanglose Übertretungen von Lagerregeln“ reichen. Als generelle Herangehensweise an psychologische Traumata, die aus einer derartigen Behandlung resultieren, regte er das Verständnis eines Prozesses an, der das Gegenteil des anthropologischen Begriffs der Akkulturation, „der Eingliederung eines Individuums in eine Gruppe“, ist, „denn das, womit wir uns hier beschäftigen, ist eine noch nie dagewesene und geplante Dekulturation der Persönlichkeit in großem Maßstab“.[145] Boder schloss mit einer Aussage, die den Titel seiner Interviewsammlung erklärt: „Die in dem Buch wortwörtlich niedergeschriebenen Tonaufnahmen sind kein leichter Lesestoff. Und dennoch gibt es immer noch düsterere Geschichten, denn die Toten habe ich nicht befragt“ (17). Doch da sie dem Tod so nahe gewesen sind und ein persönliches Trauma erfahren haben sowie den Verlust von Familienmitgliedern und Freunden, erwähnen einige von Boders Zeitzeugen das Gefühl von Verzweiflung und erzählen Geschichten von anderen, die der Versuchung erlegen sind, Selbstmord zu begehen.

Ein kleiner Sieg

Laut ihrer Autobiografie *Open Every Door* (1956) unternahm die Journalistin, PR-Expertin und Autorin von Detektivromanen Zelda Popkin das Wagnis, 1945 als Reaktion auf den großen Verlust, den sie durch den Tod ihres Ehemanns erlitten hatte, mit dem amerikanischen Roten Kreuz nach Europa zu gehen. „Dies ist eine krasse Zeit, eine Zeit der Verzweiflung“, schreibt sie, „doch hier und heute beginnt die dritte Dimension, das Wachstum in die Tiefe, das ein menschliches Wesen bereichert. Der Kern des Leidens wurde erreicht, der größte Verlust, lange gefürchtet, aber so sehr im Geheimen befürchtet, dass er nie verbalisiert wurde, nicht einmal vor einem selbst. Vor mir liegen Jahre. Werden es Jahre der Mumifizierung sein, am Leben und doch nicht lebendig? Oder, da es nichts mehr zu fürchten gibt, werden es Jahre des

Umherwanderns sein und des Findens einer anderen Welt?“[146] Diese „andere Welt“ war ein ausgedehnter Aufenthalt in Frankreich, Deutschland und Österreich, während dessen Popkin bei der Hilfe für DPs mitarbeitete. Ihr Pariser Hotelzimmer war schäbig, aber der Anblick der Frankfurter Ruinen war schlimmer, als sie „die furchteinflößende Seite der Niederlage sah, die Flächen mit Mauerskeletten, die einst Häuser waren, die Trümmerberge, die Steinhaufen, auf denen obenauf ein Kamin stak, die zusammengeschusterten Höhlen, in denen die Besiegten kochten und schliefen. Die Trümmerberge umwehte überreifer Verwesungsgeruch“ (277–278).

Ihr Versuch, sich dem, was sie sah, vom Standpunkt moralischer Überlegenheit zu nähern, sich von den Deutschen zu distanzieren und sich nur um ihre Opfer zu kümmern, war nicht immer leicht durchzuhalten. Wenn sie Menschen in einem Lastwagen vorbeifahren sah, die sich unter einer Plane im eisigen Nieselregen aufrichteten, fragte sie sich: „Wer sind sie? Heimatlose Opfer oder deutsche Vertriebene? Es ist schwer zu sagen. Alles Elend sieht gleich aus“ (278). Der erste Vorfall, den sie ganz miterlebte, stellte ihre Entschlossenheit auf die Probe, vielleicht weil es ein kleines deutsches Kind war, das um ihr Mitleid buhlte:

> Ein GI lungerte an der Bahnhofsmauer herum. Er nahm eine Zigarette aus einem vollen Päckchen, machte ein Zippo an, tat einen tiefen Lungenzug. Ein Mädchen – sie mag etwa acht oder zehn gewesen sein – schlich sich an seine Seite. „Zigarette für Papa?“, hörte ich sie betteln.
>
> Der GI nahm die Zigarette aus seinem Mund. Langsam ließ er sie sinken und schließlich fallen. Das Mädchen schnappte sie sich. Mit Absicht stellte er seinen Fuß auf ihre Hand. Ich hörte ihren qualvollen Aufschrei, ehe ich quer über die Straße floh, wobei sich mir der Magen umdrehte. Es gibt nichts Widerlicheres als Grausamkeit. Trotzdem fügte er dies einer von *ihnen* zu. Was ist mit dir passiert? Hast du angefangen, *sie* zu bemitleiden? (279)[147]

Dieser Vorfall war so wichtig für Popkin, dass sie ihn in veränderter Form in ihren Roman *Small Victory* (1947) aufnahm, in dem die Figur des Geschichtsprofessors Randolph Barlow aus North Carolina Zeuge dieses kleinen, sinnlosen Aktes alltäglicher Grausamkeit ist, der ihm Angst einjagt.

> Einer der Soldaten holte seine Zigarettenschachtel heraus, ließ sein Feuerzeug aufschnappen, rauchte. Ein dünnes, weißgesichtiges Mädchen, klamm und fröstelnd, schlich sich an ihn heran und stand da, hungrig auf die Rauchspiralen blickend. Der Soldat starrte zu ihr

> hinab. Sie lachte schief. „Zigarette?“ Der Soldat nahm seine Kippe aus seinem Mund. Das verhärmte Gesicht des Kindes hellte sich auf. „Für Papa?“, fragte sie erwartungsvoll. Der Soldat ließ die Zigarette fallen. Das Kind stürzte nach vorn, um sie sich zu schnappen. Sein Absatz kam scharf nach unten, verfehlte ihre Finger knapp. Sang- und klanglos drehte sie sich um und fing an zu laufen. Der GI drehte seinen Absatz, zerrieb die Zigarette auf dem Boden zu Staub. Dann holte er schweigsam sein Päckchen hervor und zündete sich eine neue Zigarette an. Auf Barlow wirkte dies wie ein Akt brutaler Bosheit, so engherzig und sinnlos, dass es den Soldaten, der dies tat, herabwürdigte. Aber er sagte nichts und fragte sich gereizt: Was ist bloß in mich gefahren? Habe ich Mitleid mit *ihnen*?[148]

Möglicherweise machte Popkin Barlow deshalb zum Südstaatler, damit er die besondere Fähigkeit besaß, die Welt auch mit den Augen eines Besiegten zu betrachten. Bemerkenswert ist jedoch, dass Popkin nicht die genau gleiche Geschichte zwei Mal erzählt, da der Absatz des Soldaten im Roman – wenn auch nur um Haaresbreite – *nicht* auf die Finger des Kindes tritt, während er in der Autobiografie „seinen Fuß auf ihre Hand setzte“, was den Akt beiläufiger Grausamkeit gegen ein Kind verstärkt.

Auch wenn Barlow ein Experte ist und ein Buch über die Geschichte des deutschen Militarismus veröffentlicht hat, weiß Popkins idealistischer Professor nicht, wie er auf den Gegensatz zwischen Eroberern und Eroberten reagieren soll, dem er in der heftigen Kälte des zerstörten Frankfurt 1945 begegnet. „Alle Novembertage waren grau und von rauer Kälte, die braune Düsterkeit der Trümmer türmt sich neben dem Gehweg auf, der Bombenschlamm, der noch in der Luft liegt, das Unkraut, das ausgetrieben hat und gediehen und angefroren war am Abfall der Häuser und Menschen, sogar die Leute, die durch den Nebel und den feinen Regen schleichen. Die Kälte war eine boshafte, bittere Sache, die ebenso sehr aus der Seele kam wie sie dem Winter geschuldet war“ (159). Barlow kann sich die hasserfüllten Herrenrassen-Sehnsüchte in den armseligen zerlumpten Gestalten, die er sieht, nicht vorstellen; er erkennt nur das Erscheinungsbild von Siegern und Besiegten wieder auf seinem Weg vom zerbombten Bahnhof zum komplett intakten US-Hauptquartier im ehemaligen IG-Farben-Gebäude, wo er sich durch Stapel von Entnazifizierungs-Fragebögen arbeiten muss. „Die Sieger sahen jung aus. Sie standen aufrecht, waren rotwangig. Sie sahen warm und wohlgenährt aus und zufrieden und gleichgültig. Die Besiegten wirkten alt, ordentlich gekleidet und gut beschuht, jedoch kreidebleich und unsäglich müde und gleichgültig. Die Augen der Frauen, tief in ihren

Höhlen, waren gewöhnlich glanzlos, als wäre jedes Gefühl mit Ausnahme der Verzweiflung ausgetrocknet. Die Männer zeigten nichts, nicht einmal Verzweiflung" (28). Die Armut und der Hunger der Besiegten stehen in scharfem Gegensatz zu einem üppigen amerikanischen Dinner in einem nahegelegenen Schloss. Barlow fragt sich selbstkritisch, ob der bloße Akt der militärischen Besatzung die Amerikaner verändert hat. In einem Brief nach Hause schreibt er: „*Wir sind jetzt da, wo sie in Norwegen, in Griechenland, in Frankreich und in Holland waren. Wir sind die Gehassten. Kannst Du Dir vorstellen, was es für Leute wie mich bedeutet, zu wissen, dass sie gehasst werden – oder gefürchtet?*" (55). Barlow wird von heftigen ambivalenten Gefühlen gegenüber den Deutschen zerrissen und ist von der Begegnung mit einem polnischen Pianisten tief bewegt, der Barlow, „jedes Wort abgewogen, wohlüberlegt, gemeißelt", die erschütternde Geschichte von einem „Freund" erzählt, der in einem brechend vollen Güterwaggon überlebte, indem er auf anderen stand, und der auch Belsen überlebte – und für Barlow ist es „absolut klar", dass „der Pole von sich selbst sprach" (51–52). Barlows Erfahrungen in Deutschland und die bewegenden Geschichten, die er hört, entfremden ihn mehr und mehr von Iola, seiner Frau in den Vereinigten Staaten, an die er immer weniger Briefe schreibt.

Nach etwa einem Drittel des Romans begegnet Barlow Helen Kimball, einer Mitarbeiterin der UNRRA, die ihn mit Pincus Gold bekannt macht, einem Überlebenden von Dachau und Buchenwald, der gerne Medizin studieren möchte. Später nimmt Helen Barlow zu einem Besuch ins DP-Lager in Zeilsheim mit, wo sie auch Zeugen einer jüdischen Hochzeit werden. Hier bringt der Roman Popkins Anliegen auf den Punkt. Über der Hochzeit liegt der Schatten der Erfahrung des Konzentrationslagers ebenso wie des Lebens im DP-Lager. Ein zwölfjähriger Junge erzählt Barlow „nüchtern", dass er gesehen habe, wie sein Vater zu den Öfen gebracht und seine Mutter zu Tode geprügelt wurde (143). Die Atmosphäre ist düster, die Menschen suchen nach Möglichkeiten, aus dem Lager herauszukommen, nach Amerika zu gelangen. Die Hochzeitszeremonie beginnt, doch als der Bräutigam der Braut ein Stück von dem rituellen Brot gibt, schreit sie plötzlich „nein!" – weil sie ihrer Mutter im Lager Brot gegeben hat, das vergiftet war, und die Mutter gestorben ist. Die Braut hört erst auf zu weinen, als Helen ihr ein Paar Ohrringe aus poliertem Türkis als Hochzeitsgeschenk überreicht. „Die Braut berührte die Ohrringe nur mit der Fingerspitze, als könnte und wagte sie nicht zu glauben, dass sie ihr gehörten, und wollte sie zurückgeben." Helen möchte, dass dieses Geschenk das erste einer Reihe „von den guten Dingen" für die Braut von jetzt an sein solle, Barlow jedoch bemerkt nun auf dem nackten Unterarm der Braut eine eintätowierte Nummer aus dem Konzentrationslager, und seine Augen werden tränenfeucht (144).[149]

Dass dieses Hochzeitsgeschenk als Symbol der Hoffnung dient, nur um zerstört zu werden, wird später im Roman klar, als Barlow dieselben Ohrringe im Besitz eines Majors sieht, der sie von einem Militärpolizisten (MP) erhalten hat und sie jetzt seiner deutschen Freundin geben möchte. Der Major erklärt, dass der MP „dieses Zeug in einem der Lager aufgesammelt hat. Sie durchsuchten den Ort – Sie wissen schon, Schwarzmarktware, Schnaps, Zigaretten, Uniformen, und ich will verdammt sein, wenn er davon nichts gefunden hat. … Eine Frau brüllte. Sagte, sie gehörten ihr. Sie hätte sie als Geschenk erhalten. Also – … er wusste verdammt gut, dass das Quatsch war. Das war amerikanisches Zeug. Woher sollte sie so etwas wie das haben? … Hat mich ne Schachtel Luckys gekostet" (251–252). Barlow versucht, die Ohrringe zurückzukaufen, wird aber abgewiesen und geht wütend hinaus, wobei er denkt: „Ein ‚Fräulein' wird Helens Ohrringe tragen; Helens Ohrringe, die mit Liebe verschenkt wurden, wurden gestohlen, bei einer unmenschlichen, herzlosen Suchaktion. Guter Gott, warum lässt du solche Dinge zu? Hast du sie nicht schon genug verletzt? Muss *durch uns* immer noch Schrecken verbreitet werden, Kränkung?" (252).

Popkin stellt das Problem der DP-Lager nicht nur aus Helens humanitärer UNRRA-Sicht der Dinge dar, sondern auch aus derjenigen der Militärverwalter: als ein Problem der Ernährung und Unterbringung nicht nur aller Zwangsarbeiter, die nicht nach Polen, in die Ukraine oder nach Jugoslawien zurückkehren möchten, sondern auch der Juden, die hereinkommen, „jeden Tag Hunderte" in Berlin (186). Barlow gelingt es schließlich, dem DP Pincus Gold Zugang zum Medizinstudium an der bald wieder geöffneten Universität Heidelberg zu verschaffen, gegen den expliziten Willen eines offen antisemitischen deutschen Professors.[150] Das ist der „kleine Sieg", auf den sich der Romantitel bezieht, er wird jedoch gemindert durch den Kompromiss, dem die Militärregierung als Teil dieses Arrangements zustimmt, und zwar, dass die Immatrikulation des Überlebenden Gold nur möglich gemacht wird auf Basis der Einführung einer neuen Vorschrift, des *numerus clausus*, oder einer maximalen Quote von zehn Prozent Juden an der Universität. Aus *Open Every Door* wird klar, dass Popkin auf aktuelle Gespräche über die Wiedereröffnung der deutschen Universitäten und einen möglichen Platz für DPs in ihnen zurückgriff. Als der Major in der Dienststelle für Bildungswesen Popkin die vervielfältigte Anweisung zeigte, erinnerte sie sich, ihn gefragt zu haben, „Major, warum haben wir den Krieg geführt?" – und sie merkte an: „Der *numerus clausus*, die geheime Methode, um an amerikanischen Colleges Antisemitismus zu praktizieren, wurde von den Amerikanern zur offiziellen Strategie in Deutschland gemacht."[151] In Popkins Nachlass finden sich Dokumente, die diesen Vorgang untermauern, einige Szenen aus dem Roman scheinen direkt von genauer persönlicher Beobachtung inspiriert zu sein. In einer von Popkins Interviewnotizen rechtfertigt ein Mr. McCracry anscheinend diese Maßnahmen, die explizit dafür entwickelt wurden, Juden davon abzuhalten, in die deutsche Medizinerausbildung zu drängen. Und am 26. Juli 1947 schickte Richter Simon H. Rifkind, Eisenhowers Berater in jüdischen Angelegenheiten, eine handschriftliche Notiz an Popkin, in der er sich an einige ihrer Treffen zurückerinnert, aber hinzufügt: „Eine solche Konferenz, wie Sie sie beschreiben, fand tatsächlich in meinem Büro statt. Ich gebe jedoch zu, dass mein Interesse nicht dem *numerus clausus* galt. Meine Sache war eine ganz andere – den jüdischen DP zu unterscheiden – ihm die zwei Jahre Physikum zu erlassen. Wir einigten uns. Die … Vorschrift blieb."[152] Dennoch entschloss sich Popkin neun Jahre später, ein Treffen mit Rifkind zu beschreiben, in dem er gesagt haben soll: „Das war das Beste, was ich machen konnte. Sie boten mir zwei Prozent an. Ich konnte die Quote auf zehn Prozent anheben."[153]

Als Lehrer an einem Südstaaten-College, der in Savannah aufgewachsen ist, ist Popkins Romanheld Barlow die Rassentrennung natürlich nicht unbekannt, und auch wenn es keine offizielle Quote für die wenigen Juden gibt, die sich an Barlows College bewerben, ist das ethnische Kontingent von Schwarzen nahezu Null. Barlow erzählt Helen nicht nur von seiner Kindheit im „Jim-Crow"-Süden der Rassentrennung, sondern er kann auch bloß antworten, „Sei nicht albern. Du weißt, wie es in unserem Teil des Landes ist", als Helen ihn fragt, wie viele Schwarze es an seinem College gibt.[154] Obwohl Barlow es nicht „billigt": Das gesellschaftliche Abkommen der Rassentrennung ist so sehr Teil von ihm, dass er sich an die „Jim-Crow"-Segregations-Praktiken erinnert fühlt, wenn er sich im US-Hauptquartier befindet: „Die Treppe war gigantisch, die Korridore endlos. Er schlenderte einen hinauf, einen anderen hinunter, um Biegungen und Windungen, vorbei an Toilettenräumen, gesondert mit ‚Offiziere' und ‚Gemeine' beschriftet, die an diejenigen zu Hause erinnerten, die mit ‚Weiße' und ‚Farbige' gekennzeichnet waren" (32).

Als Reaktion auf das, was er sieht, bleibt Barlow selbstzweifelnd und ambivalent. Als er feststellt, dass der jüdische Armeeoffizier Jimmy Ahrens mit einer deutschen Sekretärin fraternisiert, ist Barlow erneut von widersprüchlichen Gefühlen zerrissen:

> Die Sache, die mich am meisten schockierte, war, dass Ahrens Jude ist. Er ist Jude und Anna-Marie ist eine Deutsche. Das ist die ungehörige

> Sache. Sie ist sein Feind, sein unverzeihlicher Feind, Schwester oder Tochter derjenigen, die die Hunde auf Pincus Golds Mutter losließen, seinen Vater und seine Schwestern und Brüder töteten. Schwester oder Tochter derjenigen, die Ahrens selbst getötet hätten, wenn er auf dieser Seite des Ozeans gelebt hätte. … Warum, er hätte vor Grauen eine Gänsehaut kriegen müssen. …
>
> Er hielt inne. Er dachte, ich tue Anna-Marie genau das an, was sie den Juden antaten. Eine Rasse verdammen. Was weiß ich über sie? Was denkt sie? Was fühlt sie? Wer war ihre Familie? Wie ist sie all diese Jahre klargekommen? (175)

Später bringt Ahrens Anna-Marie und sich in einem der Häuser des IG-Farben-Managers um. Somit bezieht auch Popkin einen Selbstmord in die allgemein depressive Atmosphäre ihres Romans mit ein, und während sie die Nebenhandlung rund um Pincus nur zu einem bittersüßen „kleinen Sieg“ führt, bleibt die Zukunft des DP-Lagers unsicher. Helens Hochzeitsgeschenk wird nie an die frisch verheirateten Juden zurückgegeben, und der Leser, der vielleicht erwartet, dass sich zwischen Helen Kimball und Randolph Barlow eine erlösende Liebesgeschichte entwickelt, wird enttäuscht, dass sie im Roman explizit unvollzogen bleibt. Auch wenn Barlow weiß, dass „sich ein Mann in Verzweiflung und in der Niederlage … betrinken muss“ (232), und er eine Nacht trinkend und redend mit Helen verbringt, auch wenn die beiden einander bei verschiedenen Gelegenheiten leicht küssen (239, 247, 270, 273), schlafen sie doch bewusst nicht miteinander, als sie am Weihnachtsabend die Gelegenheit dazu haben, und die Erzählstimme, die Barlows Perspektive nahesteht, erläutert: „Aber der End- oder Mittelpunkt der Liebe zwischen erwachsenen Männern und erwachsenen Frauen muss nicht sein, zusammen ins Bett zu gehen. Es kann auch Freundschaft sein, tiefe, liebevolle; die reiche Kameradschaft, das Geben und Nehmen von geistigen und seelischen Geschenken. Das war das Gute daran, erwachsen zu sein“ (276).

In einem Roman, der Anspielungen auf Helena von Troja, Dante, Shakespeares Shylock und Thomas Wolfes *You Can’t Go Home Again* (*Es führt kein Weg zurück*) enthält, gilt die letzte literarische Anspielung einer Zeile aus der Friedhofsdichtung von Thomas Gray: „*Der Pfad der Ehre führet nur ins Grab*“ (266).

5 (II)

Observations on Personality and Work of Professor Carl Schmitt.

1. The request submitted by Mrs. Carl Schmitt and by a Professor Dr. H. Schneider (unknown to this writer) on behalf of Carl Schmitt's library, induces this writer to make some additional observations concerning Carl Schmitt's personality and activities. They may be useful for determining his continued detention and, beyond this, for considering whether he should be treated as a war criminal. These remarks are based on about thirty years close familiarity with Dr. Schmitt's career, personality and work.

2. I do not hesitate to qualify Carl Schmitt as the foremost German political scientist and one of the most eminent political writers of our time, comparable in influence on world opinion perhaps only to Harold Laski, though in the reversed sense in that Laski is the literary protagonist of democracy while Carl Schmitt, on the other hand, has become the leading authority on authoritarian government and totalitarianism. Broadly speaking he is a man of near-genius rating. He possesses not only a vast and by no means sterile erudition, drawing from an immense store of factual information such constructive conclusions as have greatly contributed to the shaping of the things to come in the past. He is one of those rare scholars who combine learning with imagination; book knowledge with a realistic sense of what is possible in politics; scientific training with political versatility. Without doubt Carl Schmitt is the most prominent personality in the field of public law and political science Germany has produced since Georg Jellenik.

3. To his and the German people's misfortune Carl Schmitt abused his gifts f evil purposes. A brief survey of his intellectual development may serve to suppor this statement.

In his early years in Strassburg Schmitt came under French influence. He began his scientific legal work in the field of the theory of criminal law and legal philosophy. If I remember correctly, he started his academic career as a lecturer at the School of Business Administration (Handelshochschule)in Munich prior to the first World War. Around 1917 he published the first of his books which attracted nation-wide attention, entitled "Romantic Politics" (Politische Romantik) which stressed the irrational and mystical ingredients of political dynamics. At that time he applied for admission to the Law Faculty of Munich University; but the fossilized and reactionary academicians of this Law School, distrustful of his superior talents and considering him more a journalist than a lawyer, rejected his application, a fact which deeply and justly embittered his life. Not before the late Twenties he obtained a full professorship (Ordinariat) in the University; until then he had to satisfy his ambitions with the less respected chair of a Professor of constitutional law at the School of Business Administration (Handelshochschule) of Berlin.

Under the Weimar Republic he distinguished himself by a critical attitude towards the incipient German democracy; yet his criticism was constructive in that it pointed out defects of its political structure which, if remedied in time, might have led to its preservation. His two outstanding contributions were a book on the anatomy of dictatorship (Die Diktatur) which went through several

-1-

Abb. 20: „Observations on Personality and Work of Professor Carl Schmitt, 1945". Typoskript von K Loewenstein. Karl Loewenstein Papers, Amherst College Archives & Special Collections. Box 46, Ordner

4. Oktober 1945

Karl Loewenstein, Professor am Amherst College, geht in Begleitung von Captain Fearnside mit der Absicht zur Kaiserstuhlstraße 19 in Berlin-Schlachtensee, ein Gutachten über die Bibliothek des Berliner Professors Carl Schmitt zu verfassen, der am 26. September, offenbar auf Loewensteins Betreiben hin, verhaftet worden war.

Probleme der Entnazifizierung

Karl Loewenstein, Carl Schmitt, militärische Besatzung und wehrhafte Demokratie

> Apathisch, Depressionen, willenlos und gleichgültig, herumgelegen, Gefühl des Untergangs und der Vernichtung. Nur einer weckt mich auf und kann mich treffen: Bernanos, auch hier nur die *Sonne Satans*.
>
> Carl Schmitt, Tagebucheintrag 6., 7., 8. Juli 1930

Warum sollte ein Professor einen anderen Professor verhaften und dessen Bibliothek konfiszieren lassen? Die Antwort auf diese Frage wird uns in der Zeit vor- und zurückversetzen, bis wir an jenen Nachkriegsmoment zurückkehren können. Zunächst aber vorwärts.

Im Jahr 1958 veröffentlichte Karl Loewenstein, Professor am Amherst College, sein Buch *Verfassungslehre*, welches seither mehrmals neu aufgelegt wurde. Ein Rezensent des Buches wies auf einen interessanten Aspekt hin: „Die *Verfassungslehre* von Loewenstein steht einer anderen Verfassungslehre eines Autors diametral entgegen, der im Text nicht genannt wird und dem Loewenstein die wissenschaftliche Auseinandersetzung in diesem Zusammenhang verweigert hat: jener von Carl Schmitt. … In gewisser Weise ist es ein ‚Anti-Schmitt' aus der Perspektive einer republikanischen Lesart des politischen Liberalismus."[1] Die Tatsache, dass Loewenstein in seiner *Verfassungslehre* Schmitt namentlich nicht erwähnt, war eindeutig nicht auf Unwissenheit zurückzuführen, es war in diesem Spätwerk ein absichtliches Übersehen. Wenn wir in der Zeit zurückgehen, sehen wir, dass sich Schmitts und Loewensteins Lebenswege und Karrieren an Schlüsselmomenten des 20. Jahrhunderts durchaus gekreuzt hatten. Beide waren zudem eifrige Leser politischer Theorien vom Altertum bis zum 20. Jahrhundert und beobachteten aktiv die politischen Entwicklungen ihrer Zeit, wobei sie oftmals pointierte und geistreiche Kommentare abgaben, da beide dazu neigten, sich diskursiv und auch in gelegentlich markigen Sätzen und denkwürdigen Aphorismen auszudrücken. Die beiden Rechtswissenschaftler teilten gewisse intellektuelle Interessen, wichen aber in ihren Einschätzungen der Natur von Verfassungen, der Lehren von Weimar, der Machtergreifung der Nazis sowie der Schaffung deren Rechtssystems, der amerikanischen Besatzung und Entnazifizierung Deutschlands sowie der möglichen Zukunft der Demokratie in Europa nach dem Ende des Zweiten Weltkriegs beträchtlich voneinander ab. Mit einem Altersunterschied von nur drei Jahren hätten sich Carl und Karl schon aus ihrer Studentenzeit persönlich kennen können; mit Sicherheit wussten sie voneinander, tauschten mindestens bei einer Gelegenheit im Jahr 1925 Sonderdrucke ihrer Artikel aus, zitierten und kommentierten einander. Ihre unterschiedlichen Denkweisen berühren einige keineswegs marginale Fragen des vergangenen Jahrhunderts und laden den Leser ein, Vergleiche anzustellen. Im Folgenden möchte ich aufschlussreiche Auszüge aus ihren Schriften gegenüberstellen und ihre Denkansätze und Konflikte skizzieren. Im Rahmen dieses Buches bilden diese Gegenüberstellungen von Schmitt und Loewenstein auch einen Dialog zwischen einem Deutschen und einem Amerikaner (oder genauer gesagt einem Deutschen, der den Nationalsozialismus symbolisieren sollte, und einem anderen Deutschen, der Amerikaner wurde und für Besatzung und Entnazifizierung stand).

Carl Schmitt (1888–1985) ist gewiss der weitaus bekanntere dieser beiden Theoretiker. Er studierte in Berlin, München und Straßburg, erhielt 1910 seinen Doktortitel in Straßburg, schrieb 1914 seine Habilitation *Der Wert des Staates und die Bedeutung des Einzelnen*, lehrte dann in Greifswald, Bonn, Köln, an der Berliner Handelsschule und von 1933 bis 1945 an der Berliner Universität, wobei er 1933 auch zur Position des Staatsrates aufstieg.[2] Nach dem Zweiten Weltkrieg arbeitete er als selbstständiger Dozent, Autor und Berater und besserte so seine Professorenpension auf. Schmitt hatte eine Vorliebe für aufsatzlange Bücher (vielmehr waren es Broschüren) und veröffentliche davon eine beträchtliche Anzahl. Von seinen Publikationen dürften *Die Diktatur* (1921), *Politische Theologie* (1922), *Der Begriff des Politischen* (1927), *Verfassungslehre* (1927), *Legalität und Legitimität* (1940), *Land und Meer* (1942) und *Theorie des Partisanen* (1963) wohl die einflussreichsten sein. Der UN-Menschenrechtserklärung stand er skeptisch gegenüber, da er sie bis zur Entstehung eines Weltstaates mit einer

Weltverfassung für nicht durchsetzbar hielt. Obwohl er sein Leben lang konservativ und für einige Jahre ein lautstarker und sogar scharfer Verfechter und Anhänger der extremen Rechten war, wird er mittlerweile oft von linken Autoren zitiert und ins Feld geführt. Die gegenwärtige Schmitt-Mode, angeregt von Giorgio Agamben und der Zeitschrift *Telos* und legitimiert durch Verbindungen zwischen Schmitt und Walter Benjamin (der Schmitt zitierte und an ihn schrieb und dessen *Ursprung des deutschen Trauerspiels* Schmitt gelesen und sorgfältig kommentiert hatte), steht in scharfem Kontrast zur Ablehnung durch Intellektuelle der Frankfurter Schule, in deren Arbeiten ich erstmals von Carl Schmitt erfuhr. Dabei sparte Theodor W. Adorno jene Passagen aus, in denen Benjamin Schmitt zitierte, und ließ auch Benjamins Brief an Schmitt aus einer Edition der Korrespondenz weg. Zudem schrieben Herbert Marcuse und Otto Kirchheimer beißende Kritiken über Schmitts Denken.[3] Im Februar 2012 listete Google Scholar 26.900 Zitierungen für Carl Schmitt, inklusive seiner eigenen Werke, und mehrere Internetseiten befassen sich ausschließlich mit ihm.[4]

Karl Loewenstein (1891–1973) studierte in Paris, Heidelberg (bei Max Weber), Berlin und München, erhielt seinen Doktortitel 1922 in München mit der Dissertation *Volk und Parlament nach der Staatstheorie der französischen Nationalversammlung von 1789: Studien zur Dogmengeschichte der unmittelbaren Volksgesetzgebung.*[5] Während er als Anwalt in München praktizierte, war er publizistisch überaus produktiv, schloss 1931 seine Habilitation *Erscheinungsformen der Verfassungsänderung: Verfassungsrechtsdogmatische Untersuchungen zu Artikel 76 der Reichsverfassung* ab und lehrte dann an der Münchner Universität als Privatdozent (1931–1933).[6] Kurz nachdem die Nazis die Macht übernommen hatten, verlor er als Jude seine Stelle an der Universität, sein Büro wurde gestürmt, und im Dezember 1933 emigrierte er in die USA, wo er mit der Unterstützung des Emergency Committee in Aid of Displaced German Scholars einen auf zwei Jahre befristeten Lehrauftrag an der Yale University antrat, bevor ihm eine Stelle am Amherst College angeboten wurde, wo er 1940 einen Ehren-Magister erhielt und ordentlicher Professor für Politik- und Rechtswissenschaft wurde. Nachdem er mit einem Guggenheim-Stipendium über lateinamerikanische Politik gearbeitet hatte und als Justiziar bei der UNRRA (Nothilfe- und Wiederaufbauverwaltung der Vereinten Nationen) tätig war, trat er eine Stelle in der juristischen Abteilung der Militärregierung im besetzten Deutschland an, wo er bei der Entnazifizierung mitarbeitete. 1946 bot der Rechtshistoriker und Ordinarius der juristischen Fakultät in Erlangen, Erwin Seidl, Loewenstein eine Professur an, die dieser ablehnte, und nach einer länger dauernden Abfolge akademischer Manöver durch die

Universität München, wo die juristische Fakultät überwiegend aus ehemaligen Nazis bestand, wurde er dort im Herbst 1956 (kurz bevor er 65 Jahre alt wurde) Professor, dann jedoch umgehend für sein einziges und letztes Dienstjahr beurlaubt, so dass er seine Stelle niemals antrat.

Auch Loewenstein mochte aufsatzlange Werke und veröffentlichte neben substanziellen Büchern wie *Hitler's Germany* (1939) und *Political Reconstruction* (1946) zahlreiche lange Artikel in führenden amerikanischen Rechtszeitschriften. Nach dem Krieg wirkte er maßgeblich bei der Gestaltung der bayrischen Verfassung und der Entwicklung der Politikwissenschaften an deutschen Universitäten mit, beriet die Sozialdemokratische Partei Deutschlands, befürwortete eine internationale Menschenrechtsdeklaration und nahm auch Debatten zur Notwendigkeit humanitärer Interventionen in souveränen Staaten vorweg. 1972 erhielt er das Bundesverdienstkreuz. Ich begegnete Loewenstein erstmals in Edmund Spevacks *Allied Control and German Freedom: American Political and Ideological Influences on the Framing of the West German Basic Law (Grundgesetz)*, einem Buch, das Loewensteins Konzept von wehrhafter Demokratie im Kontext der westdeutschen Verfassung diskutierte. Im Februar 2012 hatte Google Scholar 1930 Zitierungen für Karl Loewenstein, inklusive seiner eigenen Werke.[7]

Prämissen

Ausgangspunkt sowohl für Schmitts als auch für Loewensteins Überlegungen war das Nachdenken über die Natur politischer Repräsentation und darüber, wie konstitutionelle Staaten mit Staatsmacht im Verhältnis zur *volonté générale*, dem öffentlichen Willen, der Macht überhaupt erst an einen Herrscher überträgt, umgehen können. Rousseau hatte einen Zirkelschluss in der Vorstellung erkannt, nach der die Regierung das Resultat des öffentlichen Willens ist, obwohl sich der öffentliche Wille bereits artikuliert und konstituiert haben musste, um die konstitutionelle Rahmenbedingung hervorzubringen, welche Regierung als einen Staatsdiener definiert. Für den Katholiken Schmitt musste es daher einen absoluteren und transzendenteren Sinn von Herrschaft und Staatsmacht geben – sein Denken kreiste tendenziell um Hobbes und Jean Bodin –, zunächst auf religiöser Grundlage und später dann im Sinne einer Artikulation von Macht als Entscheidungsmacht schlechthin. Hobbes habe argumentiert, so schreibt Schmitt in seiner Schrift *Die Diktatur*, „daß es außerhalb des Staates kein Recht gibt und der Wert des Staates gerade darin liegt, daß er das Recht schafft, indem er den Streit um das Recht entscheidet. … Die im Gesetz liegende Entscheidung ist, normativ betrachtet, aus einem Nichts geboren."[8] Am deutlichsten wurde dies für Schmitt in der Macht, den Ausnahmezustand zu erklären bzw. den Belagerungszustand zu verhängen. „Souverän ist, wer über den Ausnahmezustand entscheidet" – so lautet der häufig zitierte Anfangssatz seiner *Politischen Theologie*. „Der Ausnahmezustand offenbart das Wesen der staatlichen Autorität am klarsten. Hier sondert sich die Entscheidung von der Rechtsnorm."[9] Der Kern des Gesetzes liegt in der Entscheidung, den Ausnahmezustand zu erklären, jene Ausnahme zum Beispiel in der Weimarer Verfassung, welche die einfachen Grundrechte aussetzt, denn „die Regel lebt überhaupt nur von der Ausnahme".[10] Schmitts Ziel war es, die Natur von Macht *an sich* zu verstehen. Die zentrale Bedeutung eines starken, politisch bestimmenden Staates in Schmitts Denken artikulierte er auch in seinem Werk *Der Begriff des Politischen*, das die beiden folgenden Schlüsselsätze enthält: „Der Begriff des Staates setzt den Begriff des Politischen voraus" und „Die spezifisch politische Unterscheidung, auf welche sich die politischen Handlungen und Motive zurückführen lassen, ist die Unterscheidung in Freund und Feind".[11] Schmitt wollte, so erläutert es sein Biograf Reinhard Mehring, die äußerliche oder neutrale Perspektive des internationalen Rechts ausschließen und beschränkte deshalb die spezifische Kategorie des Politischen, in Analogie zu einem privaten Verhältnis, auf den Dualismus von Teilnehmern, wobei er an einen starken, politisch bestimmenden Staat appellierte, der sein Politikmonopol durch die Unterscheidung von Freund und Feind verteidigt.[12]

Für Loewenstein war die Entdeckung der Techniken der politischen Repräsentation gleichbedeutend mit der Erfindung der Dampfmaschine und der Nutzung der Atomenergie.[13] Ein Sinn für den „Zauber der Macht" in der Staatsmacht – die Wahrnehmung ihres Wesen als weitaus mehr denn lediglich einen bloßen Ausdruck des allgemeinen Willens – könne immer, auch in vollständig demokratischen Staaten, wirksam bleiben, jedoch sei er eine dämonische Qualität, die durch Gewaltenteilung und Garantie der Individualrechte – sein Denken konzentrierte sich auf Montesquieu, Locke und Jefferson – gezähmt werden könne und sollte. Loewenstein fand nicht nur bei Hobbes, sondern auch bei Rousseau Unzulänglichkeiten: Es scheine Rousseau „völlig entgangen zu sein, daß die Freiheit der endgültigen Vernichtung anheimfallen würde, wenn Hobbes' allmächtiger Leviathan durch den nicht weniger despotischen und keine Opposition duldenden allgemeinen Willen ersetzt würde. Der viel erdenähere Montesquieu baute mit seiner ‚Trennung der Gewalten' die Idee der Freiheit in den Prozeß der politischen Macht selbst ein: die Freiheit ist nur dann gesichert, wenn die mehreren Machtträger, denen die Staatsfunktionen zur getrennten Ausübung zugewiesen sind, sich wechselseitig und gegenseitig beschränken.“[14] Es war Montesquieus Leistung, den allmächtigen Leviathan der Staatsmacht in funktionale Teile zu schneiden, und dabei half es, die Freiheit jener zu erhalten, die ihr unterworfen sind; ebenso wichtig war Lockes Betonung individueller Freiheit. Das Denken beider fand Ausdruck in verschiedenen *bills of rights* und demokratischen Verfassungen des 18. und 19. Jahrhunderts.[15]

Loewenstein sah es als die zentrale Aufgabe an, sich nationale und internationale gesetzliche Rahmen auszudenken, in welchen die bedingungslose Machtausübung gehemmt und demokratischen Strukturen unterworfen werden konnte, welche Grundrechte und Gewaltenteilung garantierten, auch wenn dies bedeutete, sich von anderen Demokratien Hilfe zu holen und antidemokratische Kräfte innerhalb der Demokratie niederzuschlagen. Dies war natürlich ein allgemeines Thema, das seine spezielle Anwendung in der Nachkriegssituation hatte. So verwendete Loewenstein als Motto seiner *Political Reconstruction* einen Auszug von Jefferson: „Ich möchte wirklich keine Nation erleben, der eine Regierungsform aufgenötigt wird; aber wenn es schon sein muss, wäre ich glücklich, wenn es eine freiheitliche wäre.“[16] Loewenstein war der Ansicht: „gebraucht wird ein Baedeker für die Welt der Demokratie“[17], und seine empirische Studie zu Verfassungen und ihren Problemen in vielen Ländern hatte das Ziel, solch einen Ratgeber zu liefern.

In der Tat dachte sich Loewenstein Verfassungen in explizitem Gegensatz zu Carl Schmitt, den er in seiner *Verfassungslehre* nicht erwähnte, auf den er jedoch wiederholt anspielte, z.B. als er einen Abschnitt „Und wiederum der Schatten des Leviathan“ (auf den der Titel der zitierten Rezension Bezug nimmt) betitelte oder als er über Souveränität in direkter oder unzweifelhaft absichtlicher Antithese zu Schmitt schrieb: „Vielleicht kann man das so fassen, daß die Souveränität nichts anderes ist, und auch nicht weniger, als die rechtsgestaltliche Rationalisierung des Machtfaktors, der den nichtrationalen Gehalt des Politischen bildet. Souverän ist, wer in einer Staatsgesellschaft die Legitimation zur Ausübung der Macht besitzt oder sie letzten Endes ausübt.“[18] Loewensteins Betonung der rechtlichen Legitimation steht in direktem Gegensatz zu Schmitts Akzentuierung des Ausnahmezustands, eines Grenzfalls einer solchen Legitimation.

Weimar

Sowohl Schmitt als auch Loewenstein befassten sich mit aktuellen Problemen von parlamentarischen Systemen. Beispielsweise waren sich beide in ihrer kritischen Betrachtungsweise des britischen Wahlsystems einig, das

Mehrheiten erzeugen konnte, die in keinem Verhältnis zu der tatsächlichen prozentualen Verteilung der Stimmen standen. Im Jahr 1925 sandte Loewenstein Schmitt seine kritische Schrift *Minderheitsregierung in Großbritannien*, und Schmitt antwortete mit einem höflichen Brief, in dem er Loewenstein für eine in Deutschland einmalige politikwissenschaftliche Leistung lobte und ihm versprach, er werde keine Gelegenheit verpassen, auf diesen Aufsatz aufmerksam zu machen, außerdem kündigte er an, seinen eigenen Aufsatz *Die Rheinlande als Objekt internationaler Politik* an Loewenstein zu schicken.[19] Schmitt mochte umso mehr von Loewensteins Aufsatz eingenommen gewesen sein, als dieser sich wohlwollend und prominent auf der ersten Seite auf Schmitts 1923 verfasste Abhandlung *Die geistesgeschichtliche Lage des Parlamentarismus* bezog und sie „geistreich" nannte. Schmitt revanchierte sich für den Gefallen, indem er 1927 in seiner *Verfassungslehre* Loewensteins Argument über die Disparität zwischen der Anzahl der britischen Wählerstimmen und der Parlamentsmandate in seinen historischen Überblick parlamentarischer Systeme einbaute und Loewenstein in einer langen Fußnote, die dessen These rekapitulierte, ausführlich zitierte.[20]

Schmitt und Loewenstein gingen auch auf politische Krisen der Weimarer Republik ein und kommentierten sie, doch während sich Schmitt der Thematik aus der Perspektive der Staatsmacht annäherte, lag Loewensteins Betonung immer darauf, die demokratischen Grundrechte der Bürger im Kontext des politischen Systems durch Gewaltenteilung zu sichern. Schmitts Interesse am Ausnahmezustand lenkte seine besondere Aufmerksamkeit auf Artikel 48 der Weimarer Reichsverfassung. Dieser Paragraph lautet folgendermaßen:

> Wenn ein Land die ihm nach der Reichsverfassung oder den Reichsgesetzen obliegenden Pflichten nicht erfüllt, kann der Reichspräsident es dazu mit Hilfe der bewaffneten Macht anhalten. Der Reichspräsident kann, wenn im Deutschen Reiche die öffentliche Sicherheit und Ordnung erheblich gestört oder gefährdet wird, die zur Wiederherstellung der öffentlichen Sicherheit und Ordnung nötigen Maßnahmen treffen, erforderlichenfalls mit Hilfe der bewaffneten Macht einschreiten. Zu diesem Zwecke darf er vorübergehend die in den Artikeln 114, 115, 117, 118, 123, 124 und 153 festgesetzten Grundrechte ganz oder zum Teil außer Kraft setzen.[21]
>
> Von allen gemäß Abs. 1 oder Abs. 2 dieses Artikels getroffenen Maßnahmen hat der Reichspräsident unverzüglich dem Reichstag Kenntnis zu geben. Die Maßnahmen sind auf Verlangen des Reichstags außer Kraft zu setzen.

> Bei Gefahr im Verzuge kann die Landesregierung für ihr Gebiet einstweilige Maßnahmen der in Abs. 2 bezeichneten Art treffen. Die Maßnahmen sind auf Verlangen des Reichspräsidenten oder des Reichstags außer Kraft zu setzen.
>
> Das Nähere bestimmt ein Reichsgesetz.

Dies war der Ausnahmeparagraph, der tragischerweise die Aufhebung der Grundrechte erlaubte, wenn „die öffentliche Sicherheit und Ordnung erheblich gestört oder gefährdet wird". In seiner *Verfassungslehre* (1928) erkannte Schmitt die Spannungen in der Weimarer Verfassung und betonte die Koexistenz von aristokratisch präsidentiellen Machtbefugnissen auf der einen und plebiszitären Tendenzen auf der anderen Seite in dieser Verfassungsklausel. Bevor es tatsächlich passierte, malte sich Schmitt somit die Auflösung des Parlaments durch das Auflösungsrecht des Präsidenten aus.[22] In *Legalität und Legitimität* (1932) fügte er die Garantien der fundamentalen Menschenrechte im Grundrechtsteil (*ratione materiae)* zur rechtlichen Grundlage für Volksentscheide (*ratione supremitatis*) und zu den außerordentlichen präsidentialen Machtbefugnissen (*ratione necessitatis*) hinzu und erkannte nun drei nebeneinander existierende außergewöhnliche Grundsätze in der Weimarer Verfassung.[23] Schmitt glaubte, dass die Auflösung der Weimarer Republik bereits in ihrer Verfassung enthalten war, und er sah die präsidentiellen Machtbefugnisse als einzige Möglichkeit, die Ordnung von Weimar während der politischen Krisen der späten 1920er- und frühen 1930er-Jahre aufrechtzuerhalten. Daher unterstützte Schmitt diese Strategie unter den Regierungen Franz von Papen und Kurt von Schleicher. Mehring wies darauf hin, dass Schmitt seinen Aufsatz rückblickend als einen verzweifelten Versuch ansah, „das Präsidialsystem, die letzte Chance der Weimarer Verfassung, vor einer Jurisprudenz zu retten, die es ablehnte, nach Freund und Feind der Verfassung zu fragen".[24]

Auch Loewenstein erforschte die Vorschriften für Verfassungsänderungen in der Weimarer Verfassung, wobei er sich, hin und wieder in kritischer Auseinandersetzung mit Schmitt, auf Artikel 76 konzentrierte.[25] Schmitt fand laut seinem Tagebuch vom 4. Juni 1931 nach einem schlechten Referat die „Debatte ganz interessant über Löwensteins Verfassungsänderung".[26] Loewenstein war weitaus beunruhigter über die Weimarer Notverordnungen von 1931 als Schmitt und äußerte ernsthafte Zweifel an ihrer Verfassungsmäßigkeit.[27] Später, im Rückblick auf die Anwendung von Artikel 48 in Weimar schrieb er, dass dieser Paragraph zunächst auf die gleiche Weise angewendet wurde wie die Ausrufung des Ausnahmezustands im Kaiserreich, wohingegen die rapide ökonomische Verschlechterung als

Konsequenz der Inflation zur Transformation der Ausrufung der Notstandsrechte in ein Mittel führte, um sozioökonomische Fragen anzugehen (z. B. bezüglich des Finanzwesens oder der Arbeitslosigkeit), also der von der Verfassung beabsichtigten Bedeutung des Paragraphen völlig entgegengesetzt. William Ebenstein formulierte es so: „Seit den Tagen von Charles I. von England wurde kein parlamentarisches Gremium so selten und sparsam einberufen wie der deutsche Reichstag in den letzten drei Jahren der Weimarer Republik.“[28] Und als der Reichstag nach den Wahlen 1930 hoffnungslos gespalten war, wurde die Notstandsgesetzgebung eine derart normale legislative Praxis, dass Heinrich Brüning und auch die darauffolgenden Präsidialkabinette damit bis zum endgültigen Kollaps der Republik regierten. Loewenstein kam zu dem Schluss, dass unter Hitler die Abschaffung der grundlegenden Verfassungsrechte per Dekret vom 21. Februar 1933, basierend auf Artikel 48 der Weimarer Verfassung, die „Magna Charta des Konzentrationslagers“ wurde, und er erinnerte die Leser daran, dass der Ausnahmezustand in Deutschland, der an diesem Datum in Kraft trat, erst durch die alliierten Besatzungstruppen nach der deutschen Niederlage wieder aufgehoben wurde.[29]

Die Nazi-Jahre, 1933–1945

Im Prozess des rechtlichen und konstitutionellen Übergangs von der Weimarer Republik zu Nazi-Deutschland spielte Schmitt eine aktive Rolle. Interessanterweise hielt Schmitt am 20. März 1933, nach der Machtübernahme der Nazis und dem Inkrafttreten der Notverordnungen, einen Traum in seinem Tagebuch fest, der vage auf Loewenstein hinwies: „Traum von einem Juden, der Löwe heißt und mir vorwirft, dass ich ihn einen Löwen genannt habe; ich erwidere ihm: Der Mensch ist das Wesen aller Wesen (sonderbar [Loewenstein], Vortrag am! Salto mortale in die Metaphysik).“[30] Obwohl Schmitt letzte Versuche zur Stabilisierung der Weimarer Republik unternommen hatte, unterstützte er nunmehr schnell die NSDAP und trat am 27. April 1933 in die Partei ein.[31] (Mit der Mitgliedsnummer 2098860 hielt er die Partei stets über seine Adressänderungen auf dem Laufenden.) Er wurde auf die prestigeträchtigste Juraprofessur an der Berliner Friedrich-Wilhelm-Universität berufen, von Hermann Göring an seinem 45. Geburtstag zum Preußischen Staatsrat ernannt, ebenso wie auch der Dirigent Wilhelm Furtwängler, der Industrielle Fritz Thyssen, der Chirurg Ferdinand Sauerbruch, der Jurist Roland Freisler, der Seeadmiral Adolf Lebrecht von Trotha, der SA-Aktivist Karl Ernst und viele aus der Elite von Partei, SS und SA. Das neu geschaffene Gremium von 70 lebenslangen und besoldeten Mitgliedern ersetzte die frühere Repräsentation der preußischen Provinzen. Schmitt, der bereits dabei mitgeholfen hatte, Gesetze zu verfassen, die den Übergang von den Weimarer Demokratie in die Nazi-Diktatur reibungsloser vonstatten gehen ließen, beteiligte sich weiterhin an der Legalisierung des neuen Regimes.[32] Dennoch würde er später behaupten, er hätte sich diesem Regime überlegen gefühlt und nur versucht, der neuen machthabenden Bewegung etwas Bedeutung einzuflößen: „Ich fühlte mich damals überlegen. Ich wollte dem Wort Nationalsozialismus von mir aus einen Sinn geben“, wie er es später selbst ausdrückte.[33]

Sein Biograf bezeichnet Schmitts Veröffentlichungen aus den frühen Nazi-Jahren als „Sinnstiftungsschriften“, und es entbehrt nicht einer gewissen Ironie, dass Schmitt, der heute für seine Betonung des Ausnahmezustands am berühmtesten (oder berüchtigtsten) ist, 1933 dachte, der nationalsozialistische Staat brauche eine Verfassung oder wenigstens ein die Regierung beratendes Gremium, und vielleicht hoffte er, der Preußische Staatsrat könne ein solches Organ sein. Natürlich waren die Nazis nur allzu glücklich darüber, ohne eine neue Verfassung und allein auf der Basis von Notverordnungen zu regieren. Der zitierte Artikel 48 diente als rechtliche Grundlage der Regierung, während fundamentale Menschenrechte für zwölf Jahre außer Kraft gesetzt blieben, eine ziemlich elastische Interpretation der Formulierung „vorübergehend“ im Artikel der Weimarer Verfassung.

Schmitts Schriften der 1930er-Jahre waren damit ein Versuch, die Zerstörung jeglicher Legalität zu sanktionieren, was vielleicht am besten durch seine Bereitschaft zum Ausdruck gebracht wird, dass er die Abkehr des neuen Systems vom grundlegenden juristischen Prinzip *nullum crimen sine lege* durch die neue Maxime *nullum crimen sine poena* begrüßte. Anstatt ein Staat zu sein, der als Rechtsstaat agiert, in dem jedes Verbrechen zuvor mittels Gesetz definiert worden ist, war Nazi-Deutschland nur ein Staat, der sicherstellte, dass kein Verbrechen, welcher Art auch immer, ungestraft bleibt. Der Kampf zwischen dem neuen organischen Konzept und einem rein formalen, misstrauischen, liberalen Begriff des Rechtsstaats war keine semantische Spitzfindigkeit, sondern eine Angelegenheit von „Sieg oder Niederlage, Freund oder Feind“.[34] Daher konnte man sich solchen Fragen wie den Grundrechten oder dem Verbot aller politischen Parteien außer der NSDAP nicht sinnvoll vom rein formalen Begriff des Rechtsstaats aus annähern. Schmitt schmeichelte sich beim neuen Regime ein, indem er explizit Hitlers Ablehnung eines „bürgerlich-legitimistischen Kompromisses“ befürwortete; indem er die Abschaffung der Gewaltenteilung und die Macht der Exekutive, Gesetze zu erlassen, sogar das Grundgesetz zu erstellen, lobte; indem er betonte, dass Wucher in einem formalen Rechtsstaat als unternehmerische Freiheit gebilligt wurde; indem er ausdrücklich beklagte, dass Juden nach wie vor Christen heiraten konnten und dass ein „nicht-arischer“ Hintergrund bei vielen verschiedenen Arbeitsplätzen leider immer noch kein ausreichender Grund war, selbige zu verlieren; und indem er die Notwendigkeit der Artgleichheit und rassischen Zugehörigkeit hervorhob.[35]

Am 1. August 1934, einen Monat nach dem Röhm-Putsch oder der sogenannten Nacht der langen Messer, in der Dutzende SA-Mitglieder und viele andere ermordet wurden – darunter auch Kurt von Schleicher, den Schmitt persönlich kannte und dessen Regierung Schmitt zu stabilisieren versucht hatte –, veröffentlichte Schmitt den Aufsatz „Der Führer schützt das Recht“. Darin unterschied er das neue Rechtssystem vom liberalen Denken der Vergangenheit, welches, so schrieb Schmitt, das Strafrecht in eine „Magna Charta des Verbrechers“ (Franz von Liszts berühmtes Bonmot) und das Verfassungsrecht in eine „Magna Charta der Hoch- und Landesverräter“ verwandelt hätte. Solche liberalen Ansätze würden niemals in der Lage sein, der neuen Rolle des Führers als Richter und Verkörperung des Gesetzes gerecht zu werden. In Wahrheit war das Handeln des Führers echte Gerichtsbarkeit und bedurfte keiner weiteren Legalisierung und Sicherstellung. Es war keinem Rechtsverfahren unterworfen, sondern an sich die höchste Form von Recht und Gerechtigkeit.[36] Schmitt lobte die klare zeitliche Befristung der Ermordungen von Hitlers widerspenstigen Anhängern auf drei Tage und schloss mit der erfreuten Bemerkung, dass der deutsche Staat trotz der Missbilligung durch anti-deutsche Stimmen die Kraft und den Willen gefunden habe, zwischen Freund und Feind zu unterscheiden.[37] Somit war es Schmitt möglich, seinen aus den Schriften *Politische Theologie*, *Der Begriff des Politischen* und *Legalität und Legitimität* bekannten Fokus auf den Ausnahmezustand und seine bevorzugte Freund-Feind-Unterscheidung zu adaptieren und diese Auffassungen in ein Lob für die mörderische Seite des Nazi-Regimes umzumünzen.

Obwohl er bereits zuvor antisemitische Ansichten geäußert hatte, wurde Schmitt in seinen Schriften nun sehr aggressiv, ja sogar widerwärtig antijüdisch.[38] Lassen Sie mich drei Beispiele aus dieser Zeit zitieren. Die ersten zwei stammen aus der *Deutschen Juristen-Zeitung*, der wichtigen deutschen juristischen Zeitschrift, bei der Schmitt im Juni 1934 leitender Herausgeber wurde. Am 1. Oktober 1935 veröffentlichte Schmitt „Die Verfassung der Freiheit“ zum Lob der neuen Nürnberger Gesetze, welche die deutsche Staatsbürgerschaft regelten, die Nationalflagge änderten sowie Geschlechtsverkehr und Ehen zwischen Menschen verschiedener Rassen verboten. Da Schmitt die weitergeführte Gesetzmäßigkeit von Ehen zwischen Juden und Nicht-Juden in Nazi-Deutschland bereits in Druckform verurteilt hatte, ist es keine Überraschung, dass er das Gesetz begrüßte, das den offiziellen Namen „Gesetz zum Schutze des deutschen Blutes und der deutschen Ehre" trug. Die Nürnberger Gesetze wurden von Schmitt sogar als „Verfassung der Freiheit" im Gegensatz zu irrtümlich liberalen Adaptionen französischer Auffassungen von *citoyen* stilisiert, deutschem Blut und deutscher Ehre gegenüber fremd (eine Anspielung auf den Namen des neuen Gesetzes). Schmitt begrüßte den Austausch der dreifarbigen Weimarer Flagge mit ihrem „Nebeneinander von Farben ... ohne die Kraft eines echten Zeichens" durch eine einfarbige Flagge, jene der nationalsozialistischen Bewegung mit dem Zeichen des Hakenkreuzes in der Mitte.[39] Schmitt fügte eine Warnung an die Juden hinzu, da der Führer für den Fall, dass die gegenwärtigen Maßnahmen nicht zu den gewünschten Ergebnissen führen würden, bereits die Notwendigkeit einer neuen Überprüfung angedeutet hatte, die ein Gesetz zur Folge haben könnte, das die Lösung dieses Problems der Partei überträgt.[40]

Am 15. Oktober 1936 veröffentlichte Schmitt seine abschließenden Bemerkungen auf dem von ihm einberufenen Kongress der deutschen Juraprofessoren „Die deutsche Rechtswissenschaft im Kampf gegen den jüdischen Geist".[41] Seine Rede handelte von der Anwendung der „Rassenkunde" oder „Rassenseelenkunde" auf die praktischen Aktivitäten von Juraprofessoren und reichte vom Erstellen einer Bibliografie zur Identifikation jüdischer Gelehrter bis zum Entfernen ihrer Bücher aus den Bibliotheken im Interesse der Studenten, welche von routinemäßigen Dissertationsthemen weggeführt werden sollten, die sie ablenkten von der Verfolgung neuer und notwendiger Themen, inspiriert durch die dringenden Bedürfnisse des deutschen Volkes. (Tatsächlich wurde eine Bibliografie mit Arbeiten von jüdischen Rechtsgelehrten zusammengestellt und 1936 bei Kohlhammer publiziert.)[42] Er argumentierte, dass jüdische und nicht-jüdische juristische Meinungen niemals gleichgesetzt werden dürften. Ein Großteil der Rede war dem Problem wissenschaftlicher Zitierungen gewidmet, und Schmitt schlug – ganz entgegen seinem eigenen Vorgehen in den Jahren vor dem Nationalsozialismus – vor, dass, wenn Juden überhaupt zitiert werden, diese immer als Juden zu identifizieren sein müssten:

> Ein jüdischer Autor hat für uns keine Autorität, auch keine „rein wissenschaftliche" Autorität. Diese Feststellung ist der Ausgangspunkt für die Behandlung der Zitatenfrage. Ein jüdischer Autor ist für uns, wenn er überhaupt zitiert wird, ein jüdischer Autor. Die Beifügung des Wortes und der Bezeichnung „jüdisch" ist keine Äußerlichkeit, sondern etwas Wesentliches, weil wir ja nicht verhindern können, daß sich der jüdische Autor der deutschen Sprache bedient.[43]

Schmitt warf dann das Problem des Zitierens von Halbjuden oder Gelehrten, die mit Juden verwandt oder verheiratet („jüdisch versippt") waren, auf, um letzten Endes seine eigene Frage als Spitzfindigkeit abzutun, die er für eine typisch jüdische Eigenschaft hielt. „Die Frage der Zitierungen wird die Klärung vieler Einzelfragen notwendig machen, z.B. der Frage nach der Zitierung von Halbjuden, von jüdisch Versippten usw. Ich warne von Anfang an davor, solche Grenz- und Zwischenfragen in den Vordergrund zu stellen. Das ist eine beliebte Methode, klarliegenden Entscheidungen zu entgehen ... Es ist ein besonders typischer jüdischer Kunstgriff, die Aufmerksamkeit vom Kern der Sache auf Zweifels-, Zwischen- und Grenzfragen abzulenken."[44] Er bekräftigte Auffassungen von Juden als Parasiten, zitierte zustimmend Passagen aus Hitlers *Mein Kampf* und ermahnte sein Publikum, sich daran zu erinnern, dass die Judenfrage auch ihre deutsche Seite habe, nämlich jene der tragischen deutschen Abhängigkeit von Juden. Über die Beziehung zwischen Friedrich Engels und Karl Marx nachdenkend schrieb er: „Wie war es möglich, daß ein deutscher Mann aus dem Wuppertal dem Juden Marx so völlig verfiel?"[45] Es brauchte dabei kaum jemanden von Schmitts Intelligenz, um auf solche abgedroschenen parteigetreuen antisemitischen Floskeln zu kommen, die groteskerweise an unfreiwillige Parodie grenzten. Reinhard Mehring ist wohl zuzustimmen, dass dieser Abschnitt in Schmitts intellektueller Entwicklung einen permanenten Schatten über sein Werk geworfen hat.[46]

War Schmitts exzessiver Antisemitismus eine Reaktion auf seine Angst, Feinde innerhalb der Nazi-Hierarchie, vor allem der SS, zu haben? Wollte er durch Anstimmen der schrillstmöglichen antisemitischen Töne an ihm geäußerte Kritik kompensieren? Kurze Zeit nach der Konferenz wurde er im *Schwarzen Korps*, der Zeitung der SS, öffentlich gedemütigt. Zwei anonyme Artikel verspotteten Schmitt dafür, dass er nicht früh genug Nazi geworden war, dass er jüdische Freunde hatte und eigentlich nur als katholischer Denker konsequent und widerspruchsfrei war.[47] Die geheimen Akten der SS über Schmitt, größtenteils aus dem Jahr 1936, gingen weiter, als ihn nur als bloßen Wendehals und Opportunisten zu beschuldigen (vgl. Sicherheitsdienst des RFSS SD-Hauptamt).[48] Manche Briefe lasteten Schmitt an, er habe seine thematisch antijüdische Jurakonferenz im Oktober 1936 nur geplant – zu einer Zeit, in der das jüdische Problem in den Rechtswissenschaften bereits durch die Absetzung von Juden von Lehrstühlen gelöst worden sei –, um von der Opposition der katholischen Kirche gegen den Nationalsozialismus abzulenken. Die Briefe verlangten zudem, dass Julius Streicher, Herausgeber der extrem antisemitischen Nazi-Zeitung *Der Stürmer*, nicht an Schmitts Konferenz (SD 47–48) teilnahm, obwohl er eingeladen war; Streicher sagte in der Tat seine Teilnahme ab, sandte aber ein Telegramm mit den besten Wünschen für eine erfolgreiche Tagung. Den veröffentlichten Konferenzband *Das Judentum in der Rechtswissenschaft: 1. Die deutsche Rechtswissenschaft im Kampf gegen den jüdischen Geist*, der Schmitts eigene heftige Einleitung und sein Nachwort sowie auf der antijüdischen Konferenz vorgetragene Aufsätze beinhaltete, schickte Schmitt an den Leiter der SS, Heinrich Himmler, wobei er auf ihre gemeinsame und immer noch aktuelle Aufgabe der Säuberung der deutschen Rechtswissenschaften vom jüdischen Geist (SD 125) hinwies.[49] Ein weiterer langer Brief in Schmitts SS-Akte sah sein Interesse am internationalen Recht und seine Verbindungen nach Italien als listigen Schachzug an, der es ihm erlaubte, mit konservativen Katholiken in Kontakt zu bleiben; folglich empfahl dieser Brief den Behörden, ihm Reisen nach Italien zu untersagen (SD 112–116). Eine Notiz hinterfragte, ob die Briefe von Juden, die Schmitt an die Gestapo weitergegeben haben wollte, wirklich existierten (SD 120).

Andere Dokumente aus Schmitts SS-Akte enthielten detaillierte Berichte über seine Vorlesungen, Unterhaltungen und Publikationen, Letztere mit einer ausführlichen, gut recherchierten Darstellung von Passagen in Schmitts Veröffentlichungen, die er selbst nach 1933 überarbeitet hatte, um alle positiven Bezüge auf jüdische Gelehrte wie Erich Kaufmann zu beseitigen, während er kritische Kommentare wie die über Hans Kelsen unberührt ließ, um rückwirkend konsistenter antisemitisch zu erscheinen (SD 177–180).[50] Es gibt auch einen Brief, der Schmitt bei Göring denunziert und impliziert, dass Schmitt seine Stelle als Preußischer Staatsrat (SD 142–143) verlieren sollte. Andererseits schrieb der spätere Generalgouverneur des besetzten Polen, Hans Frank, an Gunter d'Alquen, den Herausgeber des *Schwarzen Korps*, und bat ihn dringend, die Kampagne gegen Schmitt einzustellen, wobei auch ein Durchschlag dieses Briefes an Himmler gesendet wurde (SD 127–129). Göring kritisierte d'Alquen in einem anderen Brief (SD 235), und Anfang 1937 scheint der Fall Schmitt erledigt gewesen zu sein, ein Zeitpunkt, zu dem er einige seiner politischen Ämter verloren hatte, außer dem des Preußischen Staatsrates (nach 1936 hauptsächlich ein symbolischer Titel) und dem Lehrstuhl für Rechtswissenschaften in Berlin.

Mein letztes Beispiel stammt aus der Rede „Völkerrechtliche Großraumordnung mit Interventionsverbot für raumfremde Mächte", die Schmitt 1939 hielt, dann veröffentlichte und während der ersten Jahre des Zweiten Weltkriegs mehrere Male überarbeitete.[51] Inspiriert von der Monroe-Doktrin von 1823 – auf die auch Hitler in einer Rede im Reichstag am 28. April 1939 einging – argumentierte Schmitt geopolitisch für eine neue räumliche Weltordnung auf der Grundlage der Etablierung großer Machtsphären, eben von „Großräumen". Diese stellen keine politischen Einheiten dar, in die alle Länder eingegliedert sind (Brasilien und Argentinien sind z. B. nicht Teil der Vereinigten Staaten), sondern Einflusssphären, die vom mächtigsten Land im jeweiligen Großraum dominiert werden, wobei ein explizites Verbot von Interventionen durch Mächte außerhalb der jeweiligen Sphäre aufrechterhalten wird.[52] Ältere Imperien wie Großbritannien betrachteten Gewässer wie das Mittelmeer als Straßen oder Abkürzungen, die isolierte Territorien verbanden, wohingegen das Mittelmeer für Mussolinis Italien sein „Lebensraum" und eine organisch verbundene Einflusssphäre war. (Schmitt hatte Mussolini einmal getroffen und ihm auch ein Exemplar der *Völkerrechtlichen Großraumordnung* geschickt.) Für das Deutsche Reich, das im Gegensatz zu universalistischen Imperien „wesentlich völkisch bestimmt war", lag die natürliche Einflusssphäre in Europa, vor allem im Osten, wo eine große Zahl von Völkern und Minderheiten lebten, die – mit Ausnahme der Juden – nicht „artfremd" waren und somit als Teil des „Großraums" angesehen werden konnten. Das Versailler System der „Minderheiten" war bereits durch solche Verträge wie den deutsch-russischen Grenz- und Freundschaftsvertrag vom 28. September 1939 beseitigt worden (unmittelbar nach der gemeinsamen Invasion Polens).[53] Dieser Vertrag erwähnte die „beiderseitigen Reichsinteressen" von Deutschland und Russland und wies ausdrücklich jede Einmischung durch dritte Mächte zurück, womit an Schmitts „Großraum"-Prinzip festgehalten wurde. „In unseren Tagen, 1940", kommentierte Schmitt nach dem Beginn der deutschen und russischen Besetzung Polens, „beginnt die neue Raum- und Völkerordnung sich abzuheben".[54] Sie war Teil einer neuen begrifflichen Ordnung des internationalen Rechts, die „vom Volksbegriff ausgeht und die im Staatsbegriff enthaltenen Ordnungselement durchaus bestehen läßt, die aber zugleich den heutigen Raumvorstellungen und den wirklichen politischen Lebenskräften gerecht zu werden vermag; die ‚planetarisch', d. h. erdraumhaft sein kann, ohne die Völker und die Staaten zu vernichten und ohne, wie das imperialistische Völkerrecht der westlichen Demokratien, aus der unvermeidlichen Überwindung des alten Staatsbegriffs in ein universalistisch-imperialistisches Weltrecht zu steuern."[55] Schmitt zitierte angloamerikanische Quellen, erwähnte den viel zitierten „Juden [Harold] Laski" und folgte damit seiner eigenen Regelung der Identifikation von Juden in Zitaten.[56] In einem siebten Teil, den er 1941 der vierten Auflage des kleinen Buches hinzufügte, machte er seinen antisemitischen Standpunkt mit Hinweis auf Gelehrte wie Georg Simmel oder Hans Kelsen deutlich: „Diese jüdischen Autoren haben natürlich die bisherige Raumtheorie so wenig geschaffen, wie sie irgend etwas anderes geschaffen haben. Aber sie waren doch auch hier ein wichtiges Ferment der Auflösung konkreter, raumhaft bestimmter Ordnungen."[57]

Es überrascht kaum, dass Schmitts Nazi-Veröffentlichungen Loewensteins Aufmerksamkeit erregten. Loewenstein, der seinen Lehrauftrag in München 1933 verloren hatte, verfolgte das nationalsozialistische Rechtssystem und seine Rechtswissenschaft aus der sicheren Entfernung der Vereinigten Staaten, in die er hatte emigrieren können, genau. In dem Essay „Law in the Third Reich" (1936 in *Yale Law Review* veröffentlicht) kommentiert Loewenstein eigens Schmitts „Der Führer schützt das Recht". Loewenstein nahm Anstoß an Schmitts Rechtfertigung der rückwirkenden Gesetzgebung und der Liquidierung von Hitlers politischen Feinden: „Es bedeutet, dass sich der ‚Führer' und seine Gruppe außerhalb der Rechtsstaatlichkeit befinden, *legibus solutus* im eigentlichen Sinn des Begriffs. Einer der führenden Juristen des Regimes, Dr. [Roland] Freisler, gab zu, dass diese Aktion jeder Grundlage im schriftlichen Gesetz entbehrt, und der Kronjurist des Dritten Reiches, Herr Carl Schmitt, beschrieb die ‚Tat des Führers' als ‚echte Gerichtsbarkeit. Sie untersteht nicht der Justiz, sondern war selbst höchste Justiz.'"[58] Loewenstein glaubte, dass „diese Aussage so viel wie eine ungeschminkte Absage an die Gewaltenteilung und das Rechtsstaatsprinzip" sei, und er berief sich in seiner begleitenden Fußnote auf Montesquieu: „Bei einer despotischen Staatsführung bestimmt ein einzelner Mann ohne Gesetz und ohne Richtlinie alles durch seinen Willen und seine Launen."[59] In seinem Bezug auf Schmitt als „Kronjurist des Dritten Reiches" schloss sich Loewenstein anderen Gelehrten an.[60] Beim Kommentieren der Nürnberger Rassengesetze (die Schmitt gelobt hatte) im selben Artikel scherzte Loewenstein: „Mischehen während des 19. und 20. Jahrhunderts führten zur Erschaffung einer großen Anzahl haarspalterischer Unterschiede durch die Nationalsozialisten, die ein Regime mit mehr Sinn für Humor bestimmt als ‚talmudisch' bezeichnet hätte."[61]

Für Carl Schmitt war der Weg aus der Weimarer Krise die Schaffung eines starken, sogar autoritären Staates; für Loewenstein bestand er darin, eine neue, bessere Verteidigung von demokratischen Strukturen gegen die Feinde der Demokratie zu errichten. Als Antwort auf die Entwicklungen in Deutschland und das Anwachsen faschistischer Parteien in vielen Ländern Europas, unterstützte Loewenstein das Konzept einer *militant democracy*, das nach dem Krieg in Westdeutschland als *wehrhafte* oder *streitbare Demokratie* weiterlebte, also eine Demokratie, die stark genug ist, solche Parteien zu verbieten, deren einziges Ziel es ist, ein Ende der Demokratie herbeizuführen.[62]

> *Demokratie wird wehrhaft.* ... Immer mehr hat man eingesehen, dass ein politisches Verfahren nur auf seinem eigenen Feld und mit seinen eigenen Mitteln besiegt werden kann, dass reine Duldung und optimis-

> tischer Glaube an den endgültigen Sieg des Geistes über die Gewalt nur den Faschismus fördert, ohne die Demokratie zu stabilisieren. Da der Faschismus ein Verfahren ist, das *ex post facto* durch Ideen unterstützt wird, kann er nur mit einer gleichartigen Technik aufgehalten werden. Es hat Jahre gebraucht, den demokratischen Irrglauben zu überwinden, dass die hauptsächliche Hürde für die Verteidigung gegen den Faschismus der demokratische Fundamentalismus selbst ist. Demokratie steht für Grundrechte, für ein anständiges Verhalten gegenüber allen Meinungen, für Rede-, Versammlungs- und Pressefreiheit. Wie könnte sie die Einschränkung dieser Rechte billigen, ohne die grundlegende Basis ihrer Existenz und Berechtigung zu zerstören? Letztlich wichen aber gesetzliche Selbstgefälligkeit und suizidale Lethargie einem besseren Zugriff auf Wirklichkeiten. Eine nähere Untersuchung führte zur Aufdeckung verwundbarer Stellen im demokratischen System und wie sie zu schützen sind. Ein durchdachter Rahmen antifaschistischer Gesetze wurde in allen demokratischen Ländern erlassen. Die Bestimmungen wurden genau dafür formuliert, die speziellen emotionalen Taktiken des Faschismus aufzuhalten.[63]

In *Dictatorship and the German Constitution, 1933–1937*, ebenfalls 1937 veröffentlicht, kritisierte Loewenstein Schmitt erneut kurz, als er „die fortschreitende Verwässerung der Liste der Bürgerrechte während der Jahre der Republik unter der Schirmherrschaft des wandlungsfähigen Carl Schmitt" bedauerte, „der der Regierung der Republik nicht weniger eifrig diente als dem Dritten Reich".[64] Loewenstein vermerkt: „Obwohl es mehrfach angedeutet wurde, dass ein vollständig neues Verfassungsdokument erstellt würde, das an die Stelle der Weimarer Verfassung vom 11. August 1918 treten würde, wurde der Plan, falls er je ernsthaft erwogen worden war, bisher noch nicht verwirklicht" (537). Während Schmitt die Nürnberger Gesetze als „Verfassung der Freiheit" adelte und zunächst voller Hoffnung war, dass er als Staatsrat die nationalsozialistische Verfassungsordnung mitgestalten würde, zweifelte Loewenstein vorausschauend daran, dass in Nazi-Deutschland jemals eine neue Verfassung erlassen werden würde, da sie ihrer Natur nach als schriftliche Verfassung „subjektive Rechte" schaffen und „eine Beschränkung der Souveränität, die in einer diktatorischen Ideologie prinzipiell absolut und das höchste ist", beinhalten würde (538). Er schrieb: „Die Transformation der parlamentarischen in eine präsidentiale Regierung war nur möglich durch die Verlagerung der Gesetzgebungskompetenz vom Reichstag durch die Ermächtigungsgesetze des Art. 48" (539). Loewenstein betrachtete das Ermächtigungsgesetz als „erstes organisches Gesetz des Dritten Reiches“ (541) und fand es bemerkenswert, dass „eine eigentlich illegale Handlung imstande ist, eine neue gesetzliche Ordnung hervorzubringen“ (543). Und hier zitierte er Carl Schmitts *Verfassungslehre,* welche der Ansicht war, dass eine neue verfassungsmäßige Ordnung „der originären Macht der ganzen deutschen Nation unterworfen“ sein müsste (543, Loewenstein fügte in der Fußnote hinzu: „So war wenigstens die Meinung von Herrn Carl Schmitt und seiner Schule, die vor und nach dem ‚Umfallen‘ im März 1933 einflussreich waren“ [in Anspielung auf den Meinungsumschwung der sogenannten Märzgefallenen, der ehemaligen Gegner des Regimes, die schnell Parteimitglieder wurden]). Und eine spätere Fußnote hinsichtlich Hindenburg beschuldigte Schmitt erneut, ein opportunistischer Wendehals zu sein: „Es passt gut in das Bild von politischer Korruption, die den Übergang von der Republik zum Einparteienstaat der Nationalsozialisten begleitet, dass derjenige, der kraft seines Eides der ‚Wächter der Verfassung‘ war, wie Herr Carl Schmitt und andere betonten, der offizielle ‚Beschützer des Dritten Reiches‘ wurde, unmittelbar nachdem die Drahtzieher der ‚nationalen Revolution‘ ihn überzeugt hatten, seine Meinung zu ändern“ (554n60).

Die Nachkriegszeit

Im Jahr 1945 wendeten sich Schmitts und Loewensteins Schicksale. Im Juni dieses Jahres weigerte sich Schmitt, den Entnazifizierungsfragebogen zu seiner eigenen Entlastung auszufüllen, den ihm der erste Nachkriegsrektor der Berliner Universität, der Philosoph und Psychologe Eduard Spranger, vorgelegt hatte.[65] Während er sich von 1945 bis 1946 in Gefangenschaft der Militärregierung befand, schrieb Schmitt *Ex Captivitate Salus* (zuerst 1950 veröffentlicht): „Ich sah meinen Interrogator an und dachte: Wer bist du denn eigentlich, der du mich so in Frage stellst? Woher deine Überlegenheit? Was ist das Wesen der Macht, die dich ermächtigt, mir solche Fragen zu stellen, Fragen, die mich selbst in Frage stellen sollen und die infolgedessen in ihrer letzten Auswirkung nur Schlingen und Fallen sind? … Ich bin zu neugierig auf die gedanklichen Voraussetzungen jedes Vorwurfs, jeder Anklage und jedes Anklägers. Deshalb gebe ich weder einen guten Angeklagten noch einen guten Ankläger ab. Doch bin ich immer noch lieber Angeklagter als Ankläger … Mir ist das Prosekutorische noch unheimlicher als das Inquisitorische. Vielleicht geht das bei mir auf theologische Wurzeln zurück. Denn Diabolus heißt Ankläger.“[66] Schmitt verlor seinen Lehrstuhl und lehrte nach 1945 nie wieder an einer deutschen Universität. Er identifizierte sich mit Tocqueville und sah ihn nicht als den Politiktheoretiker, den Loewenstein für seine Formulierung des Pluralismus lobte, sondern als jemanden, der aus der Position eines Besiegten schrieb und auch den Antagonismus zwischen den Vereinigten Staaten und Russland klar erkannt hatte, obwohl beide Länder, jeweils mit unterschiedlichen Mitteln und Wegen, die Welt in eine zentralisierte und demokratisierte Epoche führen würden.[67] Rückblickend betrachtete er seine eigene Karriere im Berlin der 1930er im Lichte von Edgar Allan Poes „Ein Sturz in den Malstrom" (1841): „Ein Malstrom hat uns hier abgesetzt. Berlin ist uns zum Schicksal geworden, und wir, seine Opfer, wurden zum Schicksal Berlins."[68] Im Nachhinein nahm sich Schmitt, dessen Schriften der 1930er lautstark an der Radikalisierung der nationalsozialistischen Ideologie Anteil hatten, als Teil eines rätselhaften „Wir" wahr, als ein Opfer, das durch quasi-natürliche Kräfte in den Strudel des nationalsozialistischen Berlin geworfen wurde.

Loewenstein kehrte als Rechtsberater der amerikanischen Militärregierung nach Deutschland zurück, und anscheinend auf sein Betreiben hin wurde Schmitt am 26. September 1945 verhaftet und im Vernehmungshauptquartier in Berlin Wannsee festgehalten.[69] (Ein paar Tage später sah sich Loewenstein die Büchersammlung in Schmitts Haus an, die zu einer Leihbibliothek für Wissenschaftler umgewandelt worden war. Loewenstein nahm ein Exemplar von Schmitts *Völkerrechtlicher Großraumordnung* sowie von „Der Führer schützt das Recht" mit und empfahl, Schmitts Bibliothek zu beschlagnahmen und für den militärischen Geheimdienst zugänglich zu machen; am 16. Oktober 1945 ordnete das Büro des Direktors des Nachrichtendienstes tatsächlich die Beschlagnahmung der Bücher an.)[70] Schmitt wurde am 27. Juni 1946 vom Berliner Sicherheits- und Überprüfungsausschuss entlastet, die Zustimmung der amerikanischen Behörden folgte am 2. August 1946, und am 10. Oktober 1946 wurde er aus der Haft entlassen. Schmitts Bibliothek sollte ihm erst sehr viel später zurückgegeben werden. Am 17. März 1947 wurde Schmitt vom Politikwissenschaftler Ossip K. Flechtheim (einem ehemaligen Studenten) nochmals zu einer Anhörung am 24. März in Nürnberg vorgeladen, wo er dann festgehalten und vier Mal von Robert M.W. Kempner (3., 11., 21. und 29. April) verhört wurde, bis er im Mai wieder freikam.[71]

Diese Dialoge mit Kempner belegen deutlich Schmitts Bemühungen, sich als jemanden darzustellen, der nach einer kurzen Liebäugelei mit dem Nationalsozialismus (dem er sich jedoch überlegen fühlte) eigentlich nur ein wissenschaftlich arbeitender Gelehrter und hin und wieder ein intellektueller Abenteurer war, der den Verdacht der Partei auf sich zog, öffentlich angegriffen wurde und unter geheimer Überwachung der SS stand. Schmitt beschrieb seine Einstellung zur „Judenfrage" mehrdeutiger, als Kempner zu erkennen schien:

KEMPNER: Wie standen Sie zu der Judenfrage, ganz allgemein, und wie sie im 3. Reich behandelt wurde?

SCHMITT: Für ein großes Unglück und zwar von Anfang an.[72]

Kempner fragte nicht zurück, was genau er mit „Unglück" gemeint hatte und konfrontierte Schmitt nur mit einem direkten Zitat aus seinen Nazi-Veröffentlichungen:

KEMPNER: Dem Beschuldigten wird seine Schrift *Völkerrechtliche Großraumordnung*, 4. Auflage, vorgehalten und folgender Satz auf Seite 63 vorgelesen:

„Diese jüdischen Autoren haben natürlich die bisherige Raumtheorie so wenig geschaffen wie sie irgend etwas anderes geschaffen haben. Sie waren doch auch hier ein wichtiges Ferment der Auflösung konkreter raumhaft bestimmter Ordnungen." Wollen Sie bestreiten, daß das der reinste Goebbelsstil ist? Ja oder nein?

SCHMITT: Ich bestreite, daß das Goebbelsstil ist nach Inhalt und Form. Ich möchte betonen, den hochwissenschaftlichen Zusammenhang der Stelle zu beachten. Der Intention, der Methode und der Formulierung nach eine reine Diagnose.[73]

… Alles, was ich gesagt habe, insbesondere dieser Satz ist nach Motiv und Intention wissenschaftlich gemeint, als wissenschaftliche These, die ich vor jedem wissenschaftlichen Kollegium der Welt zu vertreten wage.[74]

Abgesehen vom Bestehen auf dem wissenschaftlichen Charakter seiner Herabwürdigung von Georg Simmel und Hans Kelsen, weil sie jüdischer Herkunft waren, betonte Schmitt: „Gegen mich wird nichts anderes vorgebracht als das, was ich geschrieben habe."[75] Kempner erinnerte Schmitt an die Konsequenzen, die intellektuelle Arbeit haben kann:

KEMPNER: Sie haben intellektuelles Abenteurerblut?

SCHMITT: Ja, so entstehen Gedanken und Erkenntnisse. Das Risiko nehme ich auf mich. Ich habe immer noch meine Zeche bezahlt. Ich habe noch nie den Zechpreller gespielt.

KEMPNER: Wenn aber das, was Sie Erkenntnissuchen nennen, in der Ermordung von Millionen von Menschen endet?

SCHMITT: Das Christentum hat auch in der Ermordung von Millionen Menschen geendet. Das weiß man nicht, wenn man es nicht selber erfahren hat. Ich fühle mich gar nicht, etwa wie mancher als unschuldig Gekränkter, dem etwas Entsetzliches passiert.

KEMPNER: Aber das können Sie nicht vergleichen …[76]

Kempner brachte Schmitts Rechtsschriften aus den frühen Nazi-Jahren allgemeiner zur Sprache:

KEMPNER: Haben Sie nicht gesagt, die deutsche Gesetzgebung und die deutsche Rechtsprechung haben vom nationalsozialistischen Geist erfüllt zu werden? Ja oder nein? Haben Sie das gesagt zwischen 1933 und 1936?

SCHMITT: Ja. Ich war von 1935 bis 1936 Leiter der Fachgruppe. Ich fühlte mich damals überlegen. Ich wollte dem Wort Nationalsozialismus von mir aus einen Sinn geben.[77]

Die Befragungen endeten mit dem Eingeständnis Schmitts, sich dafür zu schämen, derartige Dinge geschrieben zu haben, aber er wollte nicht weiter in der Blamage herumwühlen, die er erlitten hatte. Die Niederschriften dieser Verhöre wurden veröffentlicht und wären einer Adaption als Dialog in einem Drama wert, aber ich möchte hier auf einen weiteren Aspekt der Beziehung zwischen Schmitt und Loewenstein zurückkommen.

Wie wir gesehen haben, hat sich Loewenstein in den 1930er-Jahren über Schmitt geäußert. Als er als Rechtsberater für die Militärregierung arbeitete, verfolgte er den Fall Carl Schmitt rasch und äußerst energisch. Am 16. August 1945 schrieb er seinem Bürotagebuch zufolge „ein Memo über die Verhaftung von Carl Schmitt“, und Loewensteins privates Tagebuch, in seiner Dahlem-Residenz in der Max-Eyth-Straße 32 teils in schwer zu entziffernder Stenographie verfasst, scheint ebenso die Worte „Col MacLendon ... Zur Public Safety. Carl Schmitt verhaften ... Schlachtensee“[78] zu enthalten. In seinem Memorandum über Schmitt sieht Loewenstein ihn als das, was man einen Schreibtischtäter nennen könnte, und wollte ihn deshalb als Kriegsverbrecher anklagen lassen – wozu weder die Militärregierung noch das Nürnberger Tribunal bereit waren. Kann ein bloßer Intellektueller als Kriegsverbrecher betrachtet werden? Am 15. August trug Loewenstein in seinem Bürotagebuch ein: „Versuchte vergebens, ein Verfahren in Bewegung zu setzen, um Carl Schmitt verhaften zu lassen“, und am 16. August berichtete Loewenstein über ein Treffen bei der Public Safety Division in der Berliner Boltzmannstraße 20: „Gespräch mit Cpt. Hess (scheinbar ehemaliger Deutscher, gut informiert) Major Wynie (?), uninteressiert. Er will sich mit der Angelegenheit befassen, und wenn Schmitt der Besatzung Ärger zu machen scheint, ‚werden wir ihn für Sie verhaften‘; ich entgegnete ‚Sie brauchen ihn nicht für mich zu verhaften, sondern für die Entnazifizierung Deutschlands‘.“[79]

Gleichzeitig trat Loewenstein dem, was er Dilemmata der Entnazifizierung nannte, als einem zentralen Bestandteil der *reeducation* allgemeiner entgegen und machte verschiedene Empfehlungen, wie im Prozess auf dem Weg zu einer Wiedereinführung der Demokratie in Deutschland zu verfahren sei. Beispielsweise war er besorgt, dass zu viel Entnazifizierung die Weimarer Verfassung berühren könnte, deren vollständige Aufhebung unvernünftig wäre.[80]

Am 9. November 1945, seinem 54. Geburtstag und fast zwei Monate nach Schmitts erster Verhaftung durch die Amerikaner, begann Loewenstein mit der Arbeit an seinem Memorandum „Observations on Personality and Work of Professor Carl Schmitt“ (Betrachtungen zu Persönlichkeit und Werk von Professor Carl Schmitt, vgl. Abb. 20 am Beginn dieses Kapitels).[81] Datiert auf den 14. November 1945 wurde die endgültige Version auf einer umlautlosen amerikanischen Schreibmaschine und anscheinend als Reaktion auf die Bitte von Schmitts serbischer Frau Duschka und seines ehemaligen Studenten Hans Schneider, die konfiszierte Bibliothek wieder zurückzugeben, geschrieben. Berichten zufolge sprach Duschka Schmitt am 19. November auch mit Loewenstein über den Fall ihres Ehemanns. Loewenstein reklamierte „etwa 30 Jahre enge Vertrautheit mit Dr. Schmitts Karriere, Persönlichkeit und Arbeit“ und schrieb, was sich zunächst wie ein Empfehlungsschreiben liest: Er nennt Schmitt „den führenden deutschen Politikwissenschaftler und einen der berühmtesten politischen Autoren unserer Zeit“, „einen beinahe genialen Mann“, „einen dieser seltenen Wissenschaftler, die Wissen mit Fantasie verbinden“ usw. Aber die Gegenrichtung zeigt sich schnell: Anders als Harold Laski, der „literarische Protagonist der Demokratie“, sei Schmitt „die tonangebende Autorität in Sachen autoritäre Regierung und Totalitarismus“ geworden und „missbrauchte seine Begabung für schlimme Zwecke“. Loewenstein spendet Schmitt für seine „konstruktive Kritik“ an den Mängeln der politischen Struktur der Weimarer Republik Beifall und greift lobend Schmitts *Verfassungslehre* heraus, eben jenes Buch, das Loewenstein ein Jahrzehnt später in seiner eigenen *Verfassungslehre* nicht erwähnen sollte. „Es gereicht ihm zur Ehre, dass er viel früher als die meisten seiner Kollegen die Gefahren entdeckt hat, die Artikel 48 der Weimarer Verfassung anhaften, die Notstandsvollmacht für den Reichspräsidenten … die später zum Umsturz der Weimarer Republik durch Hitler führte, mit legalen Methoden.“ Loewenstein zitierte auch Schmitts wohl bekanntesten Satz im Original: „Souveraen ist, wer ueber den Ausnahmezustand gebietet“ (Loewenstein 14. November 1945).[82]

Loewenstein beklagte jedoch, dass sich Schmitts „autoritäre Vorlieben“ durchgesetzt hatten, und erwähnte, dass sich Schmitt vom Katholizismus abgewendet hatte und ein Freidenker geworden war, nachdem die Kirche eine Annullierung von Schmitts erster Ehe abgelehnt hatte, dass er aber trotzdem dem spanischen Bischof aus dem 19. Jahrhundert und einem der

„großen Vorläufer des Faschismus, Nationalsozialismus und spanischen Falange“, Donoso Cortés, begeistert folgte und half, ihn bekannt zu machen. Auch Schmitts „Bestehen auf der Verwendung der Notstandsvollmacht durch eine Regierung leitete die Wendung ein, die er beim Aufkommen des Hitlerismus 1933 vollzog“. Kurz nach der Wahl vom 5. März 1933, als die Nazi-Partei die Macht erlangte, regionale und nationale Berufungen durchzuführen, habe sich Schmitt als „ein begeisterter Unterstützer von Hitlers Diktatur, der für ihn die Erfüllung und der Höhepunkt seiner intellektuellen Wünsche zu sein schien“, offenbart.[83]

Loewenstein schlug vor, eine komplette Bibliografie von Schmitts Schriften seit 1933 anzulegen (daher auch sein Interesse an der Konfiszierung und Prüfung von Schmitts Bibliothek), und unterbreitete dann sehr detaillierte Kommentare zu zwei beispielhaften Aufsätzen aus dieser Zeit. Er charakterisierte „Der Führer schützt das Recht“ zutreffend als „eine glühende Verteidigung von Hitlers Morden“ zahlreicher Menschen, „die ohne jede Anklage oder jegliches Gerichtsverfahren zu Tode gebracht wurden“. Loewenstein war überzeugt, dass Schmitts gedruckte Worte tatsächlich dabei geholfen hatten, das Regime zu unterstützen, und „viele Juristen im Ausland wurden dahin gebracht, an die Gerechtigkeit von Hitlers Handeln zu glauben, weil ihn eine bedeutende juristische Autorität verteidigt hatte“. Auch Schmitts Aufsatz, „etwas schwerfällig“ betitelt mit „Spatial Organization in International Law Combined with the Prohibition of Intervention by Other Powers“ (nach Loewensteins Übersetzung von Schmitts Aufsatz „Völkerrechtliche Großraumordnung mit Interventionsverbot für raumfremde Mächte“), „verteidigt die Verherrlichung Deutschlands auf Kosten von schwächeren Kräften auf eine pseudo-wissenschaftliche und eher oberflächliche denn überzeugende Art und Weise“ und unterstützt „das ‚Recht‘ der deutschen Nation, ihre Lebensform und Regierung anderen Völkern aufzunötigen im Sinne einer großangelegten Raumplanung“.[84] Es war Schmitts internationale Reputation – an die seine Frau appelliert hatte, um seine Freilassung sicherzustellen –, die seinen Fall für Loewenstein umso beunruhigender machte, als Schmitts *Verfassungslehre* ein Standardwerk in lateinamerikanischen juristischen Fakultäten geworden war und seine Schriften einen nachhaltigen Einfluss auf Falangisten und Autoritäre in Spanien und anderswo gehabt hatten.

Deswegen schloss Loewenstein sein Memorandum mit dem dringenden Appell ab, Schmitt in Haft zu behalten, da seine Freilassung „einen Schlag für die junge Demokratie und für die öffentliche Meinung im Ausland darstellen würde“ und von denjenigen mit autoritären Neigungen als „ein Sieg des Nationalsozialismus über die Militärregierung“ betrachtet werden würde.[85] (Die Tatsache, dass Schmitt jede positive Referenz über jüdische

Gelehrte in seinen zur Nazi-Zeit wiederveröffentlichten Werken beseitigt hatte, was in Schmitts SS-Akte akribisch dokumentiert wurde, scheint von Loewenstein oder Kempner nicht bemerkt worden zu sein.) Dieses Dokument sollte Loewensteins Argument unterstützen, das er einen Monat zuvor in „Library of Professor Carl Schmitt" vorgebracht hatte, worin er Schmitt als „Kriegsverbrecher" bezeichnet: „Er ist einer der intellektuellen Anstifter von Hitlers Angriffhandlungen und half diesen und begünstigte diese durch seine einflussreiche Tätigkeit als Autor." Daher, so schrieb Loewenstein, sollte der Fall „der War Criminals Commission zur weiteren Veranlassung vorgelegt werden".[86] Aber während Schmitt für mehr als ein Jahr in Haft blieb, kam es nie zu einem Prozess: Das Konzept der Kriegsverbrechen war so eng gefasst, dass nur kleine Gruppen von Politikern, Industriellen und kriminellen Straftätern darunter fielen.[87]

Obwohl Schmitt die meisten Besuchsrechte verweigert wurden und er Schwierigkeiten hatte, während der Haft an Papier zu gelangen, schrieb er in der unmittelbaren Nachkriegsperiode viele Manuskriptseiten, die von ihm später in *Ex Captivitate Salus* und posthum in *Glossarium* veröffentlicht wurden. Schmitt war der Meinung, die Besatzung sei „kein Dauerzustand", und spottete: „Der Sieger im gerechten Krieg macht sich zum Richter über einen Verbrecher."[88] Schmitt warnte davor, die Demokratie zu idealisieren, mokierte sich später über das westdeutsche Grundgesetz, da es den Mangel an deutscher Souveränität bedingt durch die militärische Besatzung und das Fehlen eines Friedensvertrags verschleierte, war zudem der DDR gegenüber uninteressiert (so wie Loewenstein) und sprach von der Bundesrepublik sarkastisch als „Persilien", in Anlehnung an die beschönigenden Entlastungsbriefe, die in den Anhörungen zur Entnazifizierung genutzt und nach dem bekannten Waschmittel „Persil-Scheine" benannt wurden.[89]

Während er seine aus dem Jahr 1935 stammende Billigung der mörderischen Gewalt des Staates aus „Der Führer schützt das Recht" indirekt widerrief, zeigte sich Schmitt nun unzweideutig in seiner Verurteilung der unmenschlichen Grausamkeiten, durch die sich die Täter selbst zu Geächteten machten:

> Die *atrocities* im besonderen Sinne, die vor dem letzten Weltkrieg und während des Krieges begangen worden sind, müssen in der Tat als *mala in se* betrachtet werden. Ihre Unmenschlichkeit ist so groß und so evident, daß es genügt, die Tatsachen und den Täter festzustellen, um ohne jede Rücksicht auf bisherige positive Strafgesetze eine Strafbarkeit zu begründen. Hier treffen alle Argumente des natürlichen Empfindens, des menschlichen Gefühls, der Vernunft und

> der Gerechtigkeit in einer gerade elementaren Weise zusammen, um einen Schuldspruch zu rechtfertigen, der keiner positiven Norm in irgendeinem formalen Sinne bedarf. Hier braucht auch nicht danach gefragt zu werden, wieweit die Täter eine verbrecherische Absicht, ein *criminal intent*, hatten. Das alles versteht sich hier von selbst. Wer angesichts solcher Verbrechen den Einwand des *nullum crimen* erheben und auf die bisherigen strafgesetzlichen Bestimmungen verweisen wollte, würde sich selbst in ein bedenkliches Licht setzen.[90]

Er modifizierte nun erneut seinen Freund-Feind-Gegensatz und gelangte zu einer neuen, weniger bekannten Formel nach einem Gedicht von Theodor Däubler: „Der Feind ist unsre eigne Frage als Gestalt." Sie stammt aus *Sang an Palermo* von 1919. Angeregt durch den Anblick des sarggleichen Berges Pellegrino, adressiert der Dichter seine sonderbare Hymne an die wechselvolle Geschichte Siziliens, die als Paarung der siegreichen Mohren mit dem femininen Land betrachtet wird, aus der das Land jedoch als Siegerin hervorgeht. Die Ankunft der freiheitsliebenden Normannen, welche die Mohren vertreiben, geht in eine lange sinnliche Apostrophe an Sizilien über, in der die Zeile „Der Feind ist unsre eigne Frage als Gestalt" erscheint.[91]

Schmitt lehnte es ab, auf seine eigene Mittäterschaft zurückzublicken oder sich für seine öffentliche Unterstützung antisemitischer Maßnahmen oder seinen Abbruch jeglichen privaten Kontakts mit Juden wie mit seinem langjährigen Herausgeber Ludwig Feuchtwanger (der seinen Autor in Briefen um Hilfe bat) zu entschuldigen.[92] Auch erwähnte Schmitt nie seine Reaktion, als er zum ersten Mal von den von ihm genannten Gräueltaten (*atrocities*) erfuhr – obwohl er am 27. Oktober 1947 auf die Atombombe einging und schrieb, dass derjenige „Angreifer ist, wer die erste Atombombe abwirft. Pflicht zum Abwarten des Abwerfens der ersten Atombombe; das ist die ‚juristische' Lösung des Problems."[93]

Er setzte seine antisemitischen Anmerkungen in den Nachkriegsjahren fort und definierte sich selbst im Gegensatz zum jüdischen Geist: „Denn Juden bleiben immer Juden. Während der Kommunist sich bessern und ändern kann. Das hat nichts mit nordischer Rasse usw zu tun. Gerade der assimilierte Jude ist der wahre Feind. Es hat gar keinen Zweck, die Parole der Weisen von Zion als falsch zu beweisen."[94] Zu diesem Zeitpunkt schien seine Nachkriegserkenntnis „Der Feind ist unsre eigne Frage als Gestalt" (die ja aus einer recht seltsamen Quelle stammte) schon wieder vergessen zu sein.

In einem sarkastischen Vermerk vom 17. August 1949, der erst posthum veröffentlicht wurde, erwähnte Schmitt auch Loewenstein namentlich, und zwar sogar zweimal:

Da ist also nun ein mächtiges Reich in Amerika, das uns in Europa besetzt und beherrscht. Ich habe als Angehöriger des besetzten, beherrschten und total besiegten Deutschland mit der Macht dieses mächtigen amerikanischen Reiches zu tun gehabt. Ich bin verhaftet worden, man hat mir mein intimstes Eigentum, meine Bibliothek, weggenommen, man hat mich zu kriminellen Verbrechern in die Zelle gesteckt, kurz, ich bin in die Hände dieses mächtigen amerikanischen Reiches geraten. Ich war neugierig auf meine neuen Herren. Aber ich habe bis heute, 5 Jahre lang, noch niemals mit einem Amerikaner gesprochen, sondern immer nur mit deutschen Juden, mit Herrn Löwenstein, Flechtheim und ähnlichen, die mir durchaus nicht neu waren, sondern die ich schon lange gut kannte. Ein sonderbarer Herr der Welt, dieser arme Yankee, neumodisch mit seinen uralten Juden. Ich habe weder mit Indianern noch mit Puritanern noch mit Mexikanern noch mit Azteken oder Inkas zu tun bekommen: immer nur mit deutschen oder österreichischen Juden. Originelle Herren der Welt. Globale Ordnungskräfte à la Truman bzw. Roosevelt. Morgenthau – Löwenstein – Ebenstein.

Mir ekelt vor einer von Menschen für Menschen gemachten Welt.[95]

Schmitts Beschimpfung verstärkt den Eindruck, dass er in der Nachkriegszeit mit Loewenstein auch gesprochen hat, wenngleich es beide bevorzugten, nicht mehr über ihre Begegnung oder Wiederbegegnung zu schreiben. Schmitts Bemerkung legt außerdem nahe, dass er sich zu dieser Zeit als „anti-Loewenstein" verstand und Loewenstein als die Verkörperung des Juden der Alten Welt betrachtete. Vielleicht schwang auch eine schwache Erinnerung an eine tiefergehende Feindschaft mit, die in Schmitts Traum von einem Löwen erkennbar war, der wütend auf ihn wurde, weil er ihn einen Löwen genannt hatte, und den Schmitt mit Loewenstein assoziierte.

Loewensteins Interesse an Schmitt war nicht nur eine persönliche Angelegenheit, sondern auch Teil seiner langjährigen Untersuchung als Berater der Legal Divison, der Justice Ministry Branch und des Reorientation Program of the Military Government der bestmöglichen Verfahren, die wirklich verantwortlichen Nazis zu kriminalisieren – was ein Problem unkontrollierbaren Ausmaßes darstellte: „In der amerikanischen Zone galten 3.623.112 Personen als vom Befreiungsgesetz betroffen. Die Entnazifizierungskammern haben davon 950.126 Fälle bearbeitet, die übrigen wurden bereits vom öffentlichen Kläger ohne Klageerhebung eingestellt, davon 2.504.686 amnestiert."[96]

Dies spiegelt die Lage, nur in der amerikanischen Zone, Stand 31. August 1949 wider. Loewenstein war sich des Paradoxons der demokratischen *reed-*

ucation über den Weg der verpflichtenden und zwangsmäßigen Entnazifizierung unter militärischer Aufsicht bewusst. „Die Militärregierung befindet sich in einer Zwickmühle", schrieb er in einem Memorandum vom 14. September 1945. „Entweder muss sie sich selbst darauf beschränken, Nicht-Nazis in ein Amt zu berufen – was gleichbedeutend damit ist, die Rechtsprechung lahmzulegen –, oder sie muss den Vorsatz fassen, die Dienste ehemaliger Parteimitglieder für Richter- und Verwaltungsstellen in Anspruch zu nehmen."[97] Die zweite Möglichkeit schien die einzig realistische zu sein, aber sie bedeutete, dass schlechte Nazis von guten geschieden werden mussten.

Loewenstein wog unermüdlich die Vor- und Nachteile der Jahrgangs-Methode zur Entnazifizierung (die Klassifizierung von nominellen Parteimitgliedern nach dem Datum, an dem sie in die Partei eingetreten waren) gegenüber anderen Methoden zur Trennung der aktivsten Parteigenossen von bloßen „Karteigenossen" – obwohl er dieser Trennung auch skeptisch gegenüberstand – ab.[98] Er erkannte, dass die Entnazifizierung nicht populär war, und zitierte einen Bremer Anwalt, der ihm erzählt hatte: „Die eingeführten Kategorien sind formalistisch; die Praktiken sind unfair und stehen in Konflikt mit den Grundsätzen der Gerechtigkeit und rechtsstaatlicher Verfahren; sie erinnern an die Gestapo, insbesondere angesichts der Tatsache, dass das Verfahren auf der Basis des unangemessenen Fragebogens geheim ist und dass keine Anhörung erlaubt ist."[99] Loewenstein fragte sich auch öffentlich, ob der berühmte Fragebogen in diesem Prozess wirklich so hilfreich war, vor allem wenn es um den Berufsstand der Juristen ging:

> Für den Berufsstand der Juristen gibt es einen speziellen Fragebogen. Er soll ein vollständiges Porträt der professionellen und politischen Persönlichkeit zeichnen, er enthält etwa 200 detaillierte Fragen zur Ausbildung, Karriere und politischen Zugehörigkeit. Ein erfahrener Beamter kann den Fragebogen beim flüchtigen Überfliegen auf einen Blick auswerten, vergleichbar der Mühelosigkeit des Musikers, der eine Partitur liest.
>
> Die Fragebogen-Methode hat sich als ungeeignet erwiesen zur Beurteilung moralischer oder intellektueller Haltungen. Der Fragebogen ist nichts weiter als eine Anhäufung von elementaren Fakten, bestenfalls nur dazu hilfreich, greifbar vom Nationalsozialismus verdorbene Männer auszusortieren. Er kann, im Falle eines Richters mit einer makellosen Akte, niemals aufzeigen, wie er sich im Büro verhalten hat, an welchen Entscheidungen er beteiligt war, ob seine Ansichten Unterwürfigkeit unter das Regime widerspiegelten; oder im Fall eines praktizierenden Anwalts, ob Nazi-Bosse unter seinen Klienten waren,

> oder ob er vor den Parteigerichten aufgetreten ist (was sich anständige Anwälte weigerten zu tun). Es ist jedoch selbstverständlich, dass durch die überarbeitete und primitive amerikanische Militärregierung eine umfangreiche genaue Untersuchung überhaupt nicht möglich war.[100]

Loewenstein sah voraus, dass ein langes Stadium rechtlicher und politischer Vormundschaft nötig sein würde, um die *reeducation*-Bemühungen zu begleiten, an denen auch er insofern beteiligt war, als er beispielsweise gewöhnliche Deutsche sowie Erzieher mit demokratischen Verfahren anhand öffentlicher Vorlesungen oder eines kleinen Handbuchs über die amerikanische Verfassung vertraut machte. Rückblickend erkannte er, dass die Methode der rechtlichen Anleitung „ihren umfassenden Beitrag zum Prozess der Umerziehung geleistet hatte, durch den die Deutschen fähig wurden, parlamentarische Verantwortung zu übernehmen, die durch die neuen Verfassungen an sie verteilt wurde".[101] In seinem Bürotagebuch klang er oft verzweifelt und in seinen persönlichen Briefen blieb er der Zukunft gegenüber skeptisch.

Trotz der Verhaftungen und Verhöre von Carl Schmitt führten Karl Loewensteins Bemühungen, Schmitt vor Gericht zu stellen, zu nichts. Der Einführungstext der Wiener Library London zur SS-Akte Schmitts drückt es passend aus: „Er blieb eine umstrittene Figur, nie wurde ihm formell Mittäterschaft am Nazi-Regime zur Last gelegt, noch wurde er jemals entlastet."[102]

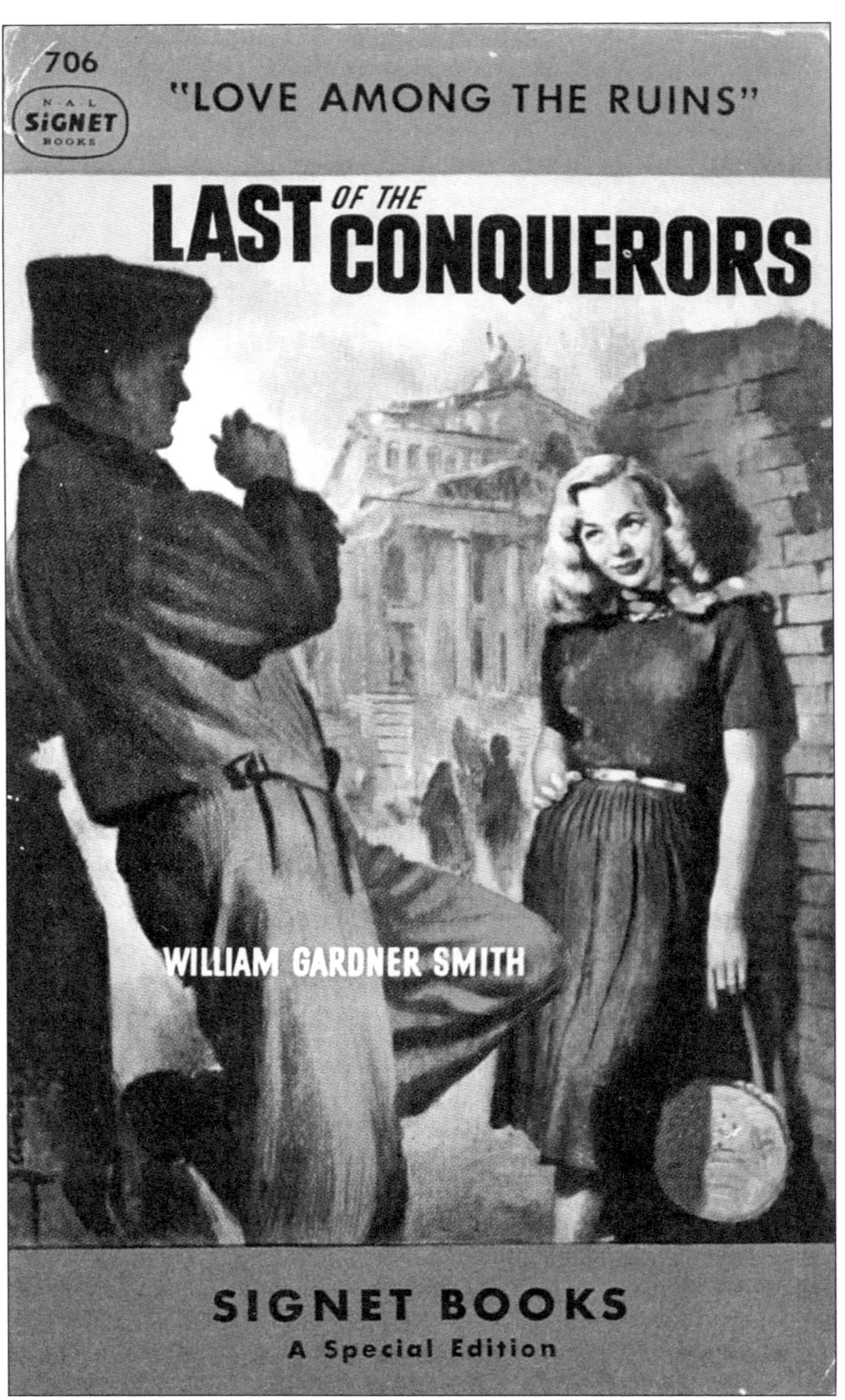

Abb. 21: Cover der Taschenbuchausgabe von *Last of the Conquerors*.

FÜNF

8. Januar 1946

William Gardner Smith wird in die US-Armee eingezogen und nach Deutschland geschickt, wo er für den Pittsburgh Courier schreibt und seine Karriere als Romancier und Essayist beginnt.

Bist du besetztes Gebiet?

Schwarze GIs in der Literatur der Besatzungszeit

Es ist gut, dass ich ihrem Namen die Ehre erwies,
es ist gut, dass ich ihn mit Gold überzog.
Sonst wären da danach Stacheln in den Händen gewesen.
Doch lassen Sie uns nur von meinem Erfolg sprechen
und den Bildern in den weißen Tageszeitungen
Ebenso wie in den Wochenzeitungen der Schwarzen.
Denn ich bin ein Juwel.
(Sie sind nicht beunruhigt, dass es wohl kaum
Der Feind war, gegen den mein Kampf gerichtet war,
Sondern sie.)

Gwendolyn Brooks, „Negro Hero“

Das Paradox blieb nicht unbemerkt: Eine rassistische Diktatur wurde von einer fremden Armee besetzt, die es sich unter anderem zum Ziel gemacht hatte, den Rassismus unter den Besiegten auszurotten – während die siegreiche Armee selbst nach Rassen getrennt war. „Wie falsch lag der Führer in seinem Hass auf die Juden“, berichtete der afroamerikanische Journalist Roi Ottley, ein Kriegsberichterstatter für die wichtige schwarze Wochenzeitung *The Pittsburgh Courier*, dass Deutsche gefragt hätten, „wenn Eure weißen Amerikaner uns dazu animieren, die Schwarzen zu hassen?“ Deshalb machte Ottley 1951 klar, dass Deutsche „die unanständige Inkonsistenz begreifen, die darin besteht, dass eine Jim-Crow-Armee Hitlers Drittes Reich besetzt“.[1]

Gleichermaßen stellt Edith S. Sampson, ein Mitglied der US-Delegation der Vereinten Nationen, die Deutschland bereiste, fest, dass „deutsche Zivilisten ständig den Kontrast zwischen unseren demokratischen Ansprüchen und der von uns praktizierten Rassentrennung in der Besatzungsmacht kommentieren. Oft baten sie mich, ihnen diesen Widerspruch zu erklären. Es war für mich offensichtlich, dass unser Hauptziel, das darin besteht, den demokratischen Geist in Deutschland zu kultivieren, definitiv durch die Fortführung der Rassentrennung und Diskriminierung behindert wird. Dies gibt den Deutschen, die noch nicht vom Antisemitismus geheilt sind, ein Gefühl von Rechtfertigung."[2] Rassentrennung war in der US-Armee die Norm, wobei Schwarze im Vergleich zu Weißen nachrangige Positionen einnahmen. Deutsche Kriegsgefangene – um 1945 gab es mehr als 340.000 von ihnen in den Vereinigten Staaten, zwei Drittel davon im Süden – hatten festgestellt, dass ihnen Privilegien gewährt wurden, die ihre schwarzen Wachleute nicht genossen, eine Tatsache, die die Nazi-Propaganda während des Krieges ausschlachtete.[3] Schwarze Soldaten hatten keine mit Befugnissen ausgestattete Dienstgrade inne, schwarze Einheiten wurden generell von weißen Offizieren geführt, und Schwarze fanden sich gehäuft auf untergeordneten Positionen wie Fahrer, Arbeiter, Köche oder Bedienungspersonal. 1945 waren annähernd die Hälfte der US-Soldaten in der Quartiermeister-Truppe und ein Drittel derjenigen, die in der Transport-Truppe dienten, Afroamerikaner. Im selben Jahr waren Dreiviertel aller schwarzen Soldaten in den Servicekräften.[4] Aufgrund dieser Verhältnisse und der Einschränkungen, die sich darin widerspiegeln, wurden Fotografien von schwarzen Armeeköchen und Afroamerikanern, die Jeeps und Lastwagen fuhren, zu ikonischen Bildern vom Ende des Zweiten Weltkriegs und der Besatzung. [*Ich selbst sah als Kind so viele schwarze Militär-LKW- und Jeep-Fahrer, dass ich mich kaum an einen anderen amerikanischen Fahrzeugführer erinnern kann.*] Ebenso bekannt waren Fotos von schwarzen Soldaten, die Jazz spielten oder sich in einer nach Rassen getrennten Bar amüsierten. Auf die Spitze getrieben wurde die Rassentrennung durch die separaten Blutbanken des Amerikanischen Roten Kreuzes für Schwarze und Weiße.[5]

1946 startete Präsident Harry S. Truman die Initiative, die Rassentrennung in den amerikanischen Streitkräften aufzuheben, doch erst während des Koreakriegs kam der Prozess der Integration in Gang. Trumans Executive Order 9808 vom 5. Dezember 1946 begründete einen Ausschuss zu den Grundrechten, der im Oktober 1947 den Bericht *To Secure These Rights* herausgab. Im Geiste dieses Berichts traf Trumans Executive Order 9981 vom 26. Juli 1948 Vorsorge für die Integration des Militärs, sie wurde jedoch nicht sofort umgesetzt.[6] General Omar N. Bradley lehnte Trumans Anordnung ab, die *New York Times* unterstützte Bradleys Sichtweise, und

1948 sprach sich Eisenhower vor dem Senate Armed Services Committee für die Fortführung der Rassentrennung auf der Zug-Ebene aus.[7] Um 1952 dienten nur sieben Prozent der schwarzen amerikanischen Soldaten in Europa in integrierten Einheiten.[8]

Die Stationierung einer großen Anzahl afroamerikanischer Soldaten außerhalb der Vereinigten Staaten nach dem Zweiten Weltkrieg (beispielsweise im Durchschnitt 50.000 Schwarze von insgesamt 400.000 GIs in Europa im Jahr 1946) mag vielen schwarzen GIs wie ein großes sozialwissenschaftliches Experiment erschienen sein, bei dem die schwarzen Soldaten im Mittelpunkt standen.[9] Viele von ihnen unterstützten die Kampagne, die der *Pittsburgh Courier* 1942 begonnen hatte und die unter dem Namen „Double V campaign" mit dem einprägsamen Slogan „Victory for Democracy at Home and Abroad" (Sieg für die Demokratie zu Hause und im Ausland) lief.[10] Beide Hände nach oben zu halten und mit den Fingern ein doppeltes V zu bilden wurde zu *der* afroamerikanischen Geste als Zeichen der Unterstützung des Krieges und des Widerstands gegen die Rassentrennung.

Die GIs fanden sich als Sieger wieder, als Eroberer in völlig zerstörten Stadtlandschaften. In Nürnberg wurden schwarze Militärpolizisten als in hohem Maße sichtbare Bewacher von Kriegsverbrechern wie Otto Ohlendorf eingesetzt, der die Einsatzgruppe D geleitet hatte und direkt für die Ermordung von etwa 90.000 Juden und Führungskader der Kommunistischen Partei in der Sowjetunion von 1941 bis 1942 verantwortlich war. Er wurde im Einsatzgruppen-Gerichtsverfahren 1947 vor Gericht gestellt, verurteilt und 1951 in Nürnberg gehängt. Das Foto der Nachrichtentruppe der Armee, das Ohlendorf zwischen zwei großen afroamerikanischen Wachleuten zeigte, als er unter der Uhr des Nürnberger Gerichtssaals sein Todesurteil erhielt, mag den Betrachter an den Gegensatz zwischen der amerikanischen Demokratie und den Schrecken des Nationalsozialismus erinnert haben.

Die öffentliche Darstellung der Gräuel der Nazis im Jahr 1945 und bei den Nürnberger Prozessen trug ebenfalls viel dazu bei, die Kampagne für schwarze Bürgerrechte in den Vereinigten Staaten zu stärken. So berichtete der *Chicago Defender*, als mittels Fotografien in Überlebensgröße die Schrecken von Buchenwald und anderer Lager der Öffentlichkeit in Missouri gezeigt wurden, dass sich die Einwohner von Sikeston fragten, ob diese Ausstellung einheimische Weiße an den brutalen Lynchmord an Cleo Wright dort im Jahr 1942 erinnern würde.[11] Für afroamerikanische Intellektuelle eröffneten die Nürnberger Prozesse eine neue Gelegenheit, internationale Unterstützung für ihren Kampf gegen die ständige Diskriminierung, die Rassengewalt, die de jure Rassentrennung und die andauernde Ungleichheit zu suchen. Bereits am 19. Januar 1946 kommentierte der satirische Autor und Herausgeber in seinem Leitartikel „Views and Reviews“ im *Pittsburgh Courier*: „Es scheint Jagdzeit für Kriegsverbrecher zu sein. Einige kleine Fische und Handlanger der Achsenmächte wurden in Deutschland, England, auf den Philippinen, in Japan und anderenorts offiziell erwürgt … Die Show in Nürnberg wird noch acht oder neun Wochen weitergehen, ehe Göring & Co. für alles für schuldig befunden und zweifellos zum Tod am Strang verurteilt werden. Die einzigen Kriegsverbrecher, die nicht angeklagt und ergriffen wurden, sind diejenigen aufseiten der Alliierten sowie die italienischen Verbrecher“ (7).[12] Seine Kolumne wandte sich dann den italienischen Kriegsverbrechen gegen Äthiopien zu, bald jedoch griffen andere sein Argument auf und wandten es auf die Vereinigten Staaten an. Beispielsweise sah sich der National Negro Congress durch die Eröffnungsansprache von Richter Robert H. Jackson bei den Nürnberger Prozessen ermutigt, den Fall von 13 Millionen „unterdrückten schwarzen Menschen mit der Bitte um Gerechtigkeit bei den Vereinten Nationen“ vorzubringen. „Die verrückte Brutalität der Nazis hat Amerika ersetzt durch eine ausgeklügelte Technik der andauernden Unterdrückung und Erniedrigung, die dazu dient, in den Schwarzen eine Sklavenmentalität zu erzeugen, um die tatsächlichen Fesseln der Sklaverei zu ersetzen. Als Ersatz für Massenmord haben wir eine Reihe von zeitlich unberechenbaren gewalttätigen Ungerechtigkeiten und gelegentlichen Mord durch den Mob ausgeführt, die dafür konzipiert waren, die Schwarzen zu neurotischen Persönlichkeiten zu machen, die in Angst und Schrecken leben.“[13] In einer Kolumne im *Chicago Defender* vom 7. September 1946 zitierte John Robert Badger Richter Jackson und forderte, seine Nürnberger Prinzipien auch zu Hause anzuwenden. Badger fragte, nachdem er vergangene Verletzungen dieser Prinzipien wie Sklavenhandel, Massaker an indianischen Ureinwohnern und Herero-Kriege erwähnt hatte: „Und heutzutage, wie steht es mit der Unterdrückung der schwarzen Amerikaner?“ Händereibend stellte sich Badger ein Tribunal für US-Politiker vor, das auf dem Nürnberger Präzedenzfall beruhte, mit Todesstrafen für die Südstaatengouverneure Eugene Talmadge und Theodore G. Bilbo, die die Rassentrennung aktiv betrieben.[14]

Am 19. Oktober 1946 folgte Roi Ottley im *Pittsburgh Courier* seinem Beispiel und übersetzt das „Nürnberger Prinzip“ in amerikanische Begriffe, wobei er den Fokus besonders auf den Begriff der Kollektivschuld legte, so dass „der Norden heute für die Lynchmorde im Süden verantwortlich ist. Außerdem bedeutet es, dass keine weiße Person in Amerika die Verantwortung für Tennessee oder Georgia von sich weisen kann.“ Ottley konzentrierte sich insbesondere auf die Kategorie der „Verbrechen gegen die Menschlichkeit“ und folgerte, dass das neu begründete „Prinzip der Kollektivschuld jetzt auf Amerika angewandt werden kann“.[15]

Inspiriert und entworfen von W.E.B. Du Bois wurde 1947 eine detaillierte Petition bei der Menschenrechtskommission der Vereinten Nationen von Walter White im Namen der NAACP und anderer Bürgerrechtsorganisationen eingereicht, betitelt mit „Appeal to the World: A Statement on the Denial of Human Rights to Minorities".[16] Am Ende einer gründlichen historischen Studie, die von verschiedenen Wissenschaftlern erstellt worden war und in einem detaillierten Bericht von Lynchmorden, anderen Formen von Gewalt gegen Schwarze und legaler Diskriminierung mündete, appellierte die Zusammenfassung der Petition, verfasst von Du Bois, an die „Vereinten Nationen, durch den Weltgerichtshof den Schutz von so absichtsvoll ungeschützten Bürgern [amerikanischen Schwarzen] unter internationaler Gerichtsbarkeit und Kontrolle zu übernehmen". Du Bois fuhr fort: „Wir appellieren an die Welt zu bezeugen, dass die Haltung von Amerika gegenüber amerikanischen Schwarzen weitaus gefährlicher für die Menschheit ist als die Atombombe; und sie schreit viel offenkundiger um Beachtung als Abrüstung oder Abkommen." Die Petition zieht zum Schluss rhetorisch alle Register: „Also, Völker der Welt, appellieren wir amerikanischen Schwarzen an Euch; wie man uns in Amerika behandelt, ist nicht bloß eine interne Frage der Vereinigten Staaten. Es ist ein grundlegendes Problem von Humanität; von Demokratie; von Diskriminierung aufgrund von Rasse und Hautfarbe; und als solches erfordert es Ihre Aufmerksamkeit und Ihr Handeln. Keine Nation ist so groß, dass die Welt es sich leisten kann, sie weiterhin wissentlich ungerecht, grausam und unfair gegen die eigenen Bürger sein zu lassen."[17]

Laut Gunnar Myrdals einflussreicher Studie *An American Dilemma* (1944) basierten die Einstellungen weißer Amerikaner Mitte der 1940er-Jahre auf der Sorge um „Rassenreinheit" mit dem primären Gebot, Vermischung zu verhindern, sowie auf der Ablehnung von „sozialer Ebenbürtigkeit" in jeder Form von Rassenvermischung und speziell in Bezug auf Sex und Ehen zwischen den Rassen, die in 30 der 48 Staaten verboten waren, darunter alle Südstaaten, wo die Mehrheit der schwarzen Amerikaner wohnten.[18] Man glaubte, dass Rassentrennung in sämtlichen sozialen, politischen und rechtlichen Aspekten beibehalten werden müsste, um die eindeutige öffentliche Gefahr von Mischehen zu verhindern, denn, was Myrdal die „Anti-Vermischungs-Maxime" nannte, war „der Grundpfeiler in der Struktur des Rassenvorurteils des weißen Mannes" und „der Zweck, für den die anderen Einschränkungen als Mittel angeordnet wurden".[19]

Die Besetzung Deutschlands rückte die kognitive Dissonanz in den Blickpunkt oder, wie Roi Ottley es bezeichnete, die „unanständige Inkonsistenz" zwischen amerikanischen demokratischen Ansprüchen und der diskriminierenden Jim-Crow-Realität. Laut Maria Höhn und Martin Klimke ermöglichten es die Berichte schwarzer Soldaten aus dem besetzten Deutschland „den Aktivisten also, eine afroamerikanische Zukunftsvision einer Gesellschaft von Freiheit und Gleichheit zu entwerfen, die seitdem zu den gesellschaftlichen Veränderungen in den USA beiträgt". „Gleichzeitig wurden sich weiße Amerikaner immer stärker darüber im Klaren, dass die Demokratisierungsmission ihres Landes im Nachkriegswesteuropa es immer angreifbarer im Hinblick auf die gelebte Doppelmoral der Vereinigten Staaten von Amerika machte." Folglich enthüllte die Besatzung „die Widersprüche zwischen den öffentlich propagierten demokratischen Idealen und gesetzlichen und täglich gelebten Diskriminierung und Unterdrückung der afroamerikanischen Minderheit". „Nachkriegsdeutschland wurde so zu einem Hauptschauplatz für die Fortsetzung des afroamerikanischen Kampfes für die Freiheit und Bürgerrechte."[20] Und wie es sich abzeichnete, vor allen Dingen im Argument von Roi Ottley, erwies sich der Begriff der „Kollektivschuld" als nützlich für afroamerikanische Intellektuelle, die ihn anwenden konnten, um weiße Amerikaner in die Defensive zu bringen, was neue ethnische Unschuldsbeteuerungen in der Nachkriegszeit hervorrief.

Die schwarzen Soldaten, die in Deutschland stationiert waren, standen zudem einer deutschen ethnischen Grundhaltung gegenüber, die tief beeinflusst war von zwölf Jahren Nazi-Herrschaft, welche auch die Befürwortung der Rassenreinheit, das Verbot und die Kriminalisierung von Sex und Heirat zwischen den Rassen („arisch" – jüdisch) als „Rassenschande" in den Nürnberger Gesetzen (die von Carl Schmitt zunächst so ausdrücklich gewünscht und dann gutgeheißen wurden) sowie unerbittliche rassistische Propaganda, insbesondere gegen Juden, aber auch gegen andere „Nicht-Arier" umfasst hatte.[21] Laut einer Meinungsumfrage der Militärregierung, die in Deutschland im April 1946 erhoben wurde, äußerte etwa ein Drittel der Befragten nach wie vor offen rassistische Einstellungen gegenüber Juden und eine nur etwas geringere Anzahl gegenüber Schwarzen.[22] Obwohl mehr als die Hälfte der deutschen Befragten bei einer ursprünglich geheim gehaltenen Umfrage sagten, sie wären bereit, westliche alliierte Soldaten zu sich nach Hause einzuladen, sank die Zahl noch 1951 um mehr als die Hälfte, wenn es um schwarze Soldaten ging, wobei sich die Mehrheit nicht dazu bereit erklärte, dies zu tun.[23]

Wie wurden vor diesem Hintergrund gemischtrassige Paare, wie wurden Kinder von schwarzen Soldaten und deutschen Frauen in den Nachkriegsjahren gesehen und dargestellt? Welche typischen Bilder und Handlungsmuster gab es, mit denen schwarze GIs im Nachkriegsdeutschland in ausgewählten Beispielen aus Literatur, Wissenschaft und Journalismus abgebildet wurden? Seit dem Ende des Krieges in Europa bezeichnete „Victory" nur eines, den Sieg über Faschismus und Tyrannei im Ausland – aber um welche Themen entwickelte sich der Kampf für das zweite „V", den Sieg über die Rassentrennung zu Hause und in der Armee, und wie gewann er an Dringlichkeit? Wurde anti-schwarzer Rassismus in den Jahren direkt nach dem Holocaust in irgendeinen Zusammenhang gebracht mit antisemitischem Rassismus? Eine Vielzahl an Quellen, vor allem amerikanische und deutsche Literatur aus dieser Zeit, kann uns einige Antworten auf diese Fragen liefern, mit Charakteren, Schauplätzen und Handlungssträngen aus unterschiedlichsten Blickwinkeln, die folglich in diesem groß angelegten sozialen Experiment etwas Innerlichkeit und Tiefe bis hin zu individueller Erfahrung vermitteln.

Last of the Conquerors

1927 in Philadelphia geboren, besuchte William Gardner Smith die Benjamin Franklin High School, war ein eifriger Leser von Ernest Hemingway und Richard Wright, vielleicht auch von Gertrude Stein und William Faulkner und wusste früh, dass er Schriftsteller werden wollte. Nachdem er seinen Abschluss als Bester seiner Klasse gemacht und als Reporter des *Pittsburgh Courier* für das Büro in Philadelphia zu arbeiten begonnen hatte, wurde er 1946 eingezogen und nach einer Grundausbildung nach Europa geschickt. Ihm wurde die Arbeit als Büroschreibkraft der 661. Truck Company in Berlin zugewiesen, wo er auch für die Fahrbereitschaft verantwortlich war. Er schrieb weiterhin für die Zeitung, bis er im Februar 1947 seinen ehrenhaften Abschied erhielt. Während der Reise, die ihn nach Amerika zurückführte, begann er, einen Roman zu schreiben, und er immatrikulierte sich an der Temple University auf Grundlage der GI-Bill. Der renommierte Verlag Farrar, Straus nahm sein Romanmanuskript zur Veröffentlichung an, und Smiths Buch erschien am 17. August 1948 unter dem Titel *Last of the Conquerors*. Er veröffentlichte drei weitere Romane sowie ein Sachbuch und ließ sich als Auswanderer in Paris nieder, wo er 1974 an Krebs starb.[24]

Nach der Veröffentlichung mit positiven Kritiken bedacht, basiert *Last of the Conquerors* auf Smiths eigenen Erfahrungen und integriert einige seiner Reportagen, die das Rassenproblem in der US-Armee ansprechen.[25] Held und Erzähler ist der junge afroamerikanische GI Hayes Dawkins aus Pennsylvania, der in seinem zivilen Leben in einem Fotostudio gearbeitet hat. Jetzt, kurz nach Ende des Krieges, ist er zunächst in Berlin stationiert, wo er sich mit einer Quartiermeister-Einheit aufhält, und dann in der Nähe von Heidelberg in einem Transport-Korps. In Berlin verliebt er sich in die 24-jährige deutsche Sekretärin Ilse Müller, und ihre idealisierte Romanze dauert den ganzen Roman über an. Einer der frühen utopischen Momente ereignet sich, als Hayes und Ilse zum Schwimmen an den Wannsee-Strand gehen und Hayes sich von der Rassenlast seiner amerikanischen Erziehung befreit fühlt: „Ich hatte viele Male an diesem Strand gelegen, aber niemals zuvor mit einem weißen Mädchen. Ein weißes Mädchen. Hier, für eine Zeitlang weit weg vom Gedanken an Unterschiede, war es seltsam, wie schnell ich es vergaß. Es hatte an Bedeutung verloren. Jeder war blau oder grün oder rot. Niemand starrte, als wir zusammen am Strand lagen, unsere Haut bildete einen Gegensatz, doch unsere Herzen schlugen gleich, und wir beide hatten Nasen mitten im Gesicht. Seltsam, es schien mir, dass ich hier, im Land des Hasses, diese eine ganz wichtige Stufe der Demokratie finden sollte. Und plötzlich fühlte ich eine Bitterkeit in mir" (44). Durch die amerikanische Rassentrennung war gemischtes Baden eine Seltenheit geworden; tatsächlich kritisierte 1947 der Bischof der African Methodist Episcopal Zion Church die US-Armee in Berlin, dass sie die Benutzung des Swimming-Pools in den Andrews Barracks für Schwarze und Weiße nur an verschiedenen Tagen erlaubte, und er berichtete, dass der Pool immer „abgelassen wurde, nachdem schwarze Soldaten darin geschwommen waren".[26] [*Dieses Detail hat einen besonderen Nachklang für mich, da ich als deutscher Student an der Freien Universität Berlin in den 1960er-Jahren in den Andrews Barracks Zutritt hatte zu diesem riesigen marmornen Schwimmbecken, dem die SS-Vergangenheit überall abzulesen war, wenngleich ich keine Ahnung von den Auflagen zur Rassentrennung aus der Nachkriegszeit hatte, die sich auf den Pool bezogen.*] Da das gemischte Baden in den Vereinigten Staaten allzu selten war, waren europäische Badeszenen wie diejenige, die Smith beschreibt, in der schwarzen Presse berichtenswert, und Fotos davon erschienen in *Ebony* und im *Baltimore Afro-American*, wobei *Ebony* dem Bild mehr Würze verlieh durch die Bildunterschrift: „Freikörperkultur, die in Deutschland häufig praktiziert wird, gibt es am Wannsee-Strand überhaupt nicht."[27]

Hayes Dawkins ist strategisch zwischen anderen afroamerikanischen Soldaten platziert, die ein breites Spektrum an individuellen Eigenschaften und Einstellungen zu ethnischen Fragen repräsentieren. Da gibt es beispielsweise den New Yorker Randy, der bei der Ardennenoffensive verletzt wurde, Deutsche hasst und das auch recht offen drei deutschen Mädchen ins Gesicht sagt, mit denen die schwarzen Soldaten in der Bar etwas trinken: „Ihr seid alle gleich. Ihr alle. Die Leute, mit denen wir heute Abend hier sitzen, sind die gleichen, die Menschen in Lagern verbrannten und Juden auf die Nase schlugen“, sagt er lachend zu ihnen. Ein blondes Mädchen antwortet leise: „Ich weiß, dass es sehr schlimm war, was die Deutschen den Juden angetan haben. Aber nicht jeder Deutsche hat das getan. Nicht jeder. Viele, aber nicht alle.“ „Zur Hölle damit“, weist Randy ihren Einwand ab. „Ihr seid alle gleich. Jeder verdammte Einzelne von euch.“ Jetzt fordert ein anderes deutsches Mädchen, „das wütende“, Randy sarkastisch heraus: „Wie kannst du so reden? Was ist mit den weißen Amerikanern? In eurem Land kannst du nicht mit einer weißen Frau die Straße entlang gehen. Die weißen Amerikaner knüpfen dich an Bäumen auf, wenn du das tust“ (35). Randy gibt ihr eine Ohrfeige, aber sie lacht ihn nur aus.

Während Randy, was Amerika anbelangt, relativ hoffnungsvoll scheint, ist Austin Holmone, der den Spitznamen „Homo“ trägt, zutiefst unzufrieden mit den Vereinigten Staaten und läuft letztlich in die russische Zone über mit der Absicht, in Europa zu bleiben (107–108). Der etwas puritanische Chuck Henry, der „Professor“ genannt wird und der wie Smith als Reporter für den *Pittsburgh Courier* tätig war, ehe er eingezogen wurde, bringt den anderen in Erinnerung, dass die Vorstellung einer besseren Welt in Amerika nichts als eine Fantasie ist. Für Hayes ist dies ganz buchstäblich der Fall: Die erfundenen Geschichten vom amerikanischen Traum eines Lebens zu Hause, die Hayes Ilse erzählt, stehen im Gegensatz zu Smiths grimmiger Darstellung von Hayes‘ schäbigem Viertel in Philadelphia voller Schmutz und Ungeziefer, vorgetragen in inneren Monologen, die im Buch kursiv gesetzt sind (73–81).

Hayes‘ eigene anfängliche Vorurteile gegen Deutsche schwinden, als er beobachtet, wie überraschend tolerant Deutsche gegenüber Schwarzen sind. Dies trifft insbesondere auf die deutschen Frauen zu, die mit den schwarzen Soldaten in der Quartiermeister-Einheit arbeiten und bereitwillig Umgang pflegen. Und hier enthüllt der Roman eine der vielen Ironien der von Rassentrennung geprägten Armee – dass schwarze Soldaten, weil sie in durchgängig schwarzen Quartiermeister-Einheiten tätig waren, direkt mit deutschen Frauen zusammenarbeiteten und Zugang zu Lebensmittelvorräten hatten, die begehrteste Schwarzmarktware, und dass diejenigen, die in der Fahrbereitschaft arbeiteten, mobiler waren als andere GIs. Eventuell hat die Rassentrennung daher tatsächlich für die schwarzen Soldaten die Fraternisierung mit fremden Frauen erleichtert.

Hayes trifft eine von Ilses Nachbarinnen, die „Sonny“ adoptiert hat, den vierjährigen Sohn einer Deutschen und eines schwarzen GIs. An diesem Punkt sind die zeitlichen Abläufe allerdings problematisch, da der Roman anscheinend im Jahr 1946 spielt und 1948 veröffentlicht wurde – auf alle Fälle zu knapp nach dem Krieg, um eine Erklärung für ein vierjähriges Besatzungskind zu haben.[28] (Vielleicht ersetzte diese Nebenhandlung eine mögliche Familiengeschichte zwischen Hayes und Ilse, gegen deren Schilderung sich Smith letztendlich entschied.) Hayes stellt fest, dass Sonny eng mit einem Nachbarkind in Berlin befreundet ist (91), und erfährt außerdem, dass während der gesamten Nazi-Zeit etwa 200 Schwarze in Berlin gelebt hatten. Der *Pittsburgh Courier* hatte großes Interesse an Geschichten von Schwarzen, die in Nazi-Deutschland gelebt hatten, und veröffentlichte nicht nur eine Geschichte von William Gardner Smith über eine schwarze Frau in Berlin, Madeline Guber Goodwin, sondern publizierte auch in Fortsetzung die Autobiografie von Martha Stark, einer Schwarzen aus Nürnberg.[29]

In *Last of the Conquerors* gehen Ilse und Hayes häufig in die Oper, eine Art der Unterhaltung, die Hayes aus Amerika nicht kannte, aber nichtsdestotrotz zu schätzen lernt; einmal besuchen sie auch ein Konzert, das von dem afroamerikanischen ausgewanderten Dirigenten Dean Dixon geleitet wird (57–58). Rasch ist Hayes vollkommen vertraut mit Ilse, ihrem Onkel und ihrer Tante – obgleich er keine Hoffnung auf eine demokratische Zukunft für „*den* Deutschen" hegt, den er als unpolitisch und ehrerbietig ansieht: „Ich weiß …, dass er nie genug Interesse zeigen würde, damit eine Demokratie funktionieren kann" (59). Wie oben zitiert, ist auch der Professor der Ansicht, dass die Besatzung „jämmerlich scheitert", da „wir keinen Erfolg damit hatten, das deutsche Volk für solche demokratischen Institutionen wie Wahlen, politische Parteien und Ähnliches zu interessieren. Wir haben ihre Denkweise nicht spürbar verändert. Sie sind immer noch das gleiche Volk, das sie waren, als unsere Truppen zum ersten Mal die Elbe überquerten" (104). Das Scheitern der Besatzung, das der Roman erwartet, ist auch auf die amerikanische Scheinheiligkeit zurückzuführen. Hayes hat vor, ein Buch zu schreiben, das erzählen soll, „wie die Deutschen aufmerksam Reden über die Demokratie anhören und sich dann in den nach Rassen aufgeteilten Lagern umsehen, die Rassenunruhen wegen weißen Frauen sehen und die Beleidigungen gegenüber schwarzen Soldaten auf der Straße hören, und wie die Deutschen sich dann in den Cafés entlang der Hauptstraße und der Berliner Straße versammeln und über die Amerikaner lachen, die eine Predigt über etwas halten, was sie selbst noch nicht kennen" (141). Ein Deutscher, der als Kriegsgefangener im Camp Lee, Virginia, war, erzählt Hayes, dass man in Amerika „beinahe die gleichen Sachen mit deinem Volk – den schwarzen Amerikanern – macht, die die Nazis hier mit den Juden gemacht haben". Und er berichtet, als er Gefangener war, „kam manchmal ein schwarzer Soldat, um uns zu bewachen. Zur Essenszeit brachten uns die Soldaten zu einem Restaurant. Aber weißt du was? Wir konnten in dem Restaurant essen, aber die Soldaten nicht.

Weil sie schwarz waren. Die Gefangenen konnten essen, doch den Wachleuten wollte man nichts servieren. Zurück im Lager lachten die deutschen Soldaten darüber. Es war sehr lustig“ (165).

Der Roman lässt keine Gelegenheit aus, die selbstgefällige Sprache der Sieger zu beschämen und in Frage zu stellen, was anfänglich als „großes Abenteuer“ schien, „diese Besatzungs-Pflicht“ (14). In der Tat eignet sich die Metapher der militärischen Besatzung offenbar am besten, um deutsche Mädchen anzumachen: „Bist du besetztes Gebiet?“, fragt Hayes deshalb das Mädchen Anna-Liza, als er sehr betrunken ist (147).

Smith legt das Augenmerk auf zahlreiche aufschlussreiche Aspekte der Nachkriegszeit. Der Erzähler bemerkt die Schuttberge, an deren Beseitigung Deutsche, Liliputanern gleich, arbeiten (18), und der Professor hat das unheimliche Gefühl, man könne immer noch die Leichen spüren, die darunter begraben sind. Ilse gibt Hayes einen lakonischen Bericht ihrer eigenen traurigen Vergangenheit, ihrer vereitelten Versuche, Glück zu finden, zum Ausdruck gebracht in bewusst einfachem Vokabular:

> Anfangs war ich ein Kind und ich war ein bisschen glücklich, aber nicht sehr, weil ich immer an die Liebe denken musste und daran, verheiratet zu sein, und so konnte ich nicht glücklich sein, bis das passierte. Dann gab es Krieg, und ich liebte meinen Ehemann nicht und daher ließ ich mich scheiden. Dann fielen die Bomben auf Berlin, und mein Haus wurde von Brandbomben getroffen, und ich stand draußen vor dem Haus und blickte auf das Feuer und weinte, und meine Mutter weinte, und alles verbrannte, alles, alles. Dann kamen die Russen nach Berlin, und das war schlimmer als die Bomben, und ich hatte Angst, auf die Straße zu gehen, und eines Tages kamen sie zu meinem Haus, drei von ihnen, und mein Vater war da und er bat die russischen Soldaten, mich in Ruhe zu lassen, und sie lachten ihn aus und schmissen mich auf das Bett und machten Sachen mit mir. Ich glaube jetzt nicht, dass ich jemals glücklich sein werde. (46)

„Ich sagte nichts“, so lautet Dawkins Antwort auf Ilses Bericht, nicht nur zu den Bombardierung, sondern auch zu ihrer Vergewaltigung durch russische Soldaten. Smith durchsetzt seine parataktische und hemingwayeske Prosa (die ein bisschen nach Gertrude Stein klingt) mit offensichtlichen Übersetzungen aus dem Deutschen sowie mit zahllosen kursiv gesetzten deutschen Worten und Phrasen wie *Straßenbahn, schwarzer Liebling* und *Was soll es heute sein?* ebenso wie mit Dutzenden amerikanischer Abkürzungen aus der Besatzungs-Ära (USFET, RTO, ETO, PX etc.).[31] Eine

Figur liest *Die Neue Zeitung,* die deutschsprachige Zeitung, die von der Militärregierung veröffentlicht wurde.

Es gibt Bezüge zu DPs, zur universalen Präsenz von Zigaretten und zur amerikanischen Populärkultur. Hayes und Ilse gehen am „polnischen DP-Lager" vorüber und blicken zu den „schwarz gekleideten Polen", es ergibt sich aber keine weitere Interaktion (170). Später passieren sie ein „Internierungslager für Deutsche, bewacht von Polen", und Hayes' Winken zu einem Wachmann wird nicht erwidert (189). Smith berichtet von der Kultur des Rauchens, die sowohl auf amerikanischer als auch auf deutscher Seite verbreitet ist, und von der Zigaretten-Währung – Ilses Onkel ist fassungslos, dass Hayes über eine Ration von zwölf Schachteln Zigaretten wöchentlich verfügt (173–174). Smith flicht viele Anspielungen an amerikanische Musik ein (Nat King Cole, Lucky Millinder und Ida James), und Hayes beschwert sich, als er hört, wie eine deutsche Band Swing zu spielen versucht: „Man kann ‚Flying Home' nicht im Walzertakt spielen" (33). Aber Hayes genießt es auch, mit Ilse Walzer zu tanzen. Es gibt Kinobesuche, die die kulturelle Neigung des Romans widerspiegeln: Hayes sieht Tay Garnetts *The Postman Always Rings Twice* (*Im Netz der Leidenschaften*) und Howard Hawks' *The Big Sleep* (*Tote schlafen fest*), aber auch einen rassistischen Kurzfilm nach der Spielart von Mantan Moreland/Step'n Fetchit:

> Das Haus war dunkel, und der Kinofilm war unterbelichtet, gerade so sehr, dass die weißen Darsteller deutlich genug waren, aber alles, was man von dem Schwarzen sehen konnte, waren seine Augen und sein Mund. Wir sahen viel von seinem Mund. Der Schwarze sagte sehr oft „yassah", und wenn von oben mysteriöse Geräusche kamen, waren die weißen Schauspieler sehr tapfer, aber die Augen des Schwarzen öffneten sich weit wie fleckige Golfbälle und sein Mund öffnete sich weit zu einer großen Höhle mit weißen Rändern. Er lief vor Schrecken davon und versteckte sich hinter den Röcken seiner tapferen weißen Gebieterin, die seine zerrütteten Nerven beruhigte und ihm mutig sagte, dass ihm nichts passieren würde. Der Film war eine Komödie. Später, nachdem ihn alle Soldaten gesehen hatten, würde der Film für deutsche Lichtspielhäuser freigegeben werden. Sie würden den Film sehr mögen. (169)

Smiths Hauptanliegen war nicht, die deutsch-amerikanischen Beziehungen zu erkunden, sondern den Rassismus der US-Armee aufzudecken, und Hayes' Liebesbeziehung mit Ilse unterstreicht dies. Ein weißer GI ruft Ilse aus seinem Jeep heraus zu: „Hey, du Schöne, warum zum Teufel vergeudest du deine Zeit und gehst mit einem gottverdammten *Nigger* auf der Straße spazieren?" (96). Im Gegensatz dazu sind englische und russische Soldaten sehr freundlich, ebenso wie die Deutschen. Die einzige antisemitische Äußerung in dem Roman kommt nicht von einem Deutschen, sondern von einem weißen amerikanischen Captain, der mit den schwarzen Soldaten trinkt. „Ich mag euch Kerle in meiner Kompanie" (103), sagt er zu ihnen – fährt aber gleich darauf fort: „Hitler und die Nazis hatten eine gute Eigenschaft." Er erläutert: „Sie haben die Juden beseitigt" und „Wir sollten das in den Staaten auch machen" (105). Die schwarzen Soldaten bringen ihr Missfallen zum Ausdruck und gehen weg; der Erzähler wundert sich später über den „Captain, der denkt, dass es möglich sei, einer Minderheit gegenüber freundlich zu sein und eine andere zu hassen" (144).

Hauptthema der Gespräche unter den schwarzen GIs und eines Großteils der Handlung ist die Allgegenwart von Rassismus in der US-Armee, wo schwarze Soldaten für minderwertig erachtet und ständig schikaniert werden, wo sie Untersuchungen auf Geschlechtskrankheiten unterworfen und massenhaft gezwungen werden, Entlassungen unter allen möglichen Vorwänden zu akzeptieren. „Unser Bataillon bestand aus 1500 Männern. 764 von ihnen wurden entlassen" (203). In seiner journalistischen Arbeit aus Deutschland hatte Smith auch über diese nicht sonderlich subtile Entlassung schwarzer Truppen gegen ihren Willen berichtet und über ihren Widerwillen, in die Staaten zurückzukehren.[32] Im Roman führt diese Strategie zu einem Vorfall, in den der Soldat Kenneth Stevenson (oder „Steve") verwickelt ist, einer der schwarzen GIs, der wie Hayes als Schreibkraft arbeitet und sich weigert, leere Entlassungsformulare zu tippen. Er wird zu Unrecht für die Missachtung eines Befehls vor das Militärgericht gestellt, aber zu diesem Zeitpunkt – und dies ist einer der Höhepunkte der Handlung von *Last of the Conquerors* – hat er sich in so einen verzweifelten Wutausbruch hineingesteigert, dass er auf Offiziere schießt, einen von ihnen tödlich trifft und dann eine dramatische Flucht in einem Lastwagen unternimmt (228–230) und auf die russische Zone zusteuert. Infolgedessen wird Hayes, der die Schießerei beobachtet und auf Steves Befehl den Flucht-LKW in Gang gesetzt hat, aufgrund einer erfundenen Drohung gezwungen, seinen Abschied zu nehmen und nach Amerika zurückzukehren, wo er als Student mit einem GI-Bill-Stipendium an die Temple University gehen wird (so wie Smith es getan hat).

Vor seiner Abreise verspricht Hayes Ilse, ihr ewig treu zu bleiben und bald zurückzukommen, doch sie, die ihm illegal aus Berlin nach seiner Verlegung ins fiktionale Bremburg gefolgt ist, bleibt immer die pragmatische europäische Frau und sagt verständnisvoll: „Es ist in Ordnung, wenn du mit anderen Mädchen ausgehst. Und es ist in Ordnung, wenn du mit ihnen schläfst. Das ist notwendig. Du bist ein Mann, und das ist notwendig. Nur verliebe dich in keine von ihnen" (257). Vor dem Abschied bittet Hayes Ilse, zwei Zigaretten anzuzünden – in der Manier von Paul Henreid und Bette Davis in dem Film *Now, Voyager* (1942, *Reise aus der Vergangenheit*) –, aber Ilse möchte lieber eine Zigarette zusammen mit Hayes rauchen. Sie hat eine schwierige Reise vor sich zurück nach Berlin ohne Reisepass und sie braucht jede Zigarette, die sie bekommen kann, als Bestechungsmittel. Hayes gibt ihr drei Stangen als Abschiedsgeschenk. Es ist ein Abschied voll gedämpfter Traurigkeit, und der Leser erinnert sich in diesem Augenblick vielleicht an den doppelten Tod des Soldaten Mosley und seiner deutschen Freundin, als für Mosley der Heimtransport ansteht: „Das Mädchen hatte ihn getötet und Selbstmord begangen", weil „sie es nicht aushalten konnte, ihn für immer zu verlassen" (72).

Ein Kritiker sah den moralischen Mittelpunkt dieses filmischen Romans in der Ironie, dass afroamerikanische Soldaten „die Bedeutung von Freiheit von Amerikas Feinden" lernen mussten.[33] C. L. R. James war der Ansicht, dass der Roman „den Gefühlsüberschwang junger Leute zum Ausdruck bringt, die sich sogar in der ungünstigen Umgebung des besetzen Deutschland lieben", und dass für Smith als Schwarzen „die Perspektive der Freiheit ... ständig Teil seines Bewusstseins ist".[34] Die Kritik in der *New York Times* klagte, dass „es keinen Hinweis darauf gibt, dass die Deutschen, die die Schwarzen gleich behandeln, an der Schuld von Rassenverbrechen teilhaben, die schrecklicher sind als irgendetwas, wovon in den Vereinigten Staaten geträumt wurde, noch dass ihr Egalitarismus erheblich auf dem Opportunismus basiert, wie er zwischen Siegern und Verlierern immer besteht". Doch die Kritik, die am Beginn Gunnar Myrdal zitiert, endet mit der Einschätzung, dass „der wahre Wert des Romans im Porträt eines Militär-Ghettos liegt – dessen, was ein schwarzer Soldat fühlt, denkt und erhofft, und was er vorfindet – ironischerweise im falschen Land".[35]

Der Roman endet damit, dass ein Soldat ruft:

> „Sag Hayes, ich höre, du machst dich heute in die Heimat auf."
> Heiser, „Yeah".
> „Hart." (262)

Das Motto des Romans, das aus einem von Smiths eigenen Artikeln für den *Courier* stammt, erzählt dem Leser, was noch kommt: „eines Tage kehre ich zurück nach Deutschland". Doch das knallharte Ende mit dem Wort „Hart" lässt eine dauerhafte Trennung von Ilse wahrscheinlicher erscheinen, und der Leser bleibt mit einem deprimierenden letzten Eindruck zurück. Nach all dem, was Hayes Dawkins in Deutschland erlebt hat, wird sich Amerika wohl niemals wieder wie „zu Hause“ anfühlen. Obwohl *Last of the Conquerors* erfolgreich genug war, um in Signet's New American Library als Taschenbuch für den Massenmarkt zu erscheinen, konnte auf dem Cover – als letzte bittere Ironie – kein schwarzer GI mit einer weißen Frau zusammen gezeigt werden (vgl. Abb. 21 am Beginn dieses Kapitels). Wie der Künstler des Covers, James Avati, in einem Interview 1982 verriet, war dies „jenseits dessen, was kulturell in einigen Teilen des Landes akzeptiert wurde. Also musste ich ihn als weißen Mann malen.“[36]

„Zu Hause“

Weiße amerikanische Autoren scheinen in ihren Schriften über die Besatzung weniger darauf aus gewesen zu sein, schwarze GIs als zentrale Figuren darzustellen. In einem Essay im *Life*-Magazin aus dem Jahr 1945 erwähnte Gertrude Stein kurz ein schwarzes Bataillon in der Nähe des Frankfurter Flughafens, wo ein Soldat, Victor Joell, ihr ihre eigene Dichtung zitierte, was ihr Freude bereitete. Auf ihre eigentümliche Art fuhr sie fort: „Eine andere Sache. Schwarze, sogar diejenigen, die im Süden geboren wurden, dort aufwuchsen und zur Schule gingen, sprechen nicht mehr mit Südstaatenakzent. Warum ist das so?“[37] Stein posierte mit afroamerikanischen Soldaten im Fliegerkorps der US-Armee auch für die Kamera, dieses Foto war jedoch nicht unter denjenigen, die in *Life* zusammen mit ihrem Essay veröffentlicht wurden. Aus einigen Romanen dieser Zeit kann man ebenfalls den Eindruck gewinnen, dass die Besatzung eine Angelegenheit ausschließlich der Weißen war.

In ihrer Kurzgeschichte „Home“ („Zu Hause“), die 1951 in *Harper's* erstveröffentlicht wurde, stellt Kay Boyle jedoch einen namenlosen „farbigen GI aus Mississippi“ in den Mittelpunkt, dem die Uniform eine „vorübergehende Würde“ verleiht und der einen kleinen deutschen Jungen, der im Regen vor einem amerikanischen Einkaufszentrum steht, mit zu einem Einkaufsbummel nimmt.[38]Am Schluss ist der Junge ausgestattet mit einem Rodeo-Hemd, Bluejeans und Schnürschuhen, doch die deutsche Verkäuferin sagt dem GI, dass der Junge jeden Tag am Einkaufszentrum abgeladen wird, dass Deutsche „den Unterschied zwischen Gut und Böse nicht mehr kennen“, und dass er dem Jungen die Kleider wegnehmen und ihn zurück nach draußen in den Regen stellen soll, denn: „Deutsche, die so sind, haben nichts verdient, nichts!“ „Wissen Sie, zu Hause“, antwortet der schwarze Soldat, während er die neuen Kleider des Jungen bezahlt, „zu

Abb. 22: Gertrude Stein trifft sich während einer Reise durch Nachkriegsdeutschland mit einer Kompanie afroamerikanischer Soldaten des Fliegerkorps der US-Armee. 1. Juli 1945. Fotograf unbekannt. Time & Life, 92937945/Getty Images.

Hause, Ma'am, hatte ich nie groß Gelegenheit, etwas für andere Menschen zu tun, deshalb war ich froh, daß ich hier diese Gelegenheit bekam" (140). Der Soldat, „der bislang nur die schiefen Hütten der Schwarzen kannte", fühlt sich hochgestimmt, dass er „zu seinem Versorger, seinem Beschützer, dem Spender weißer Nächstenliebe" wurde (137).

Die Geschichte mag sentimental sein, aber sie ist sehr effektvoll erzählt und ruft einprägsam die surrealistische Szenerie des American Post Exchange mit seiner Unterhaltungsmusik und der kitschigen Werbung wach (eine Reproduktion von Whistlers „Mutter" mit der Inschrift „Du hast nur eine Mutter", die zum Kauf von Geschenken für den Muttertag anregen sollte); die Verkaufsstelle für die Angehörigen der US-Armee (P.X.) dient als amerikanische Enklave „vom gewöhnlichen Alltagsleben getrennt" (127), von den „Ruinen und Trümmern der Stadt" (126). In einer generell depressiven Atmosphäre taucht der Wunsch nach „zu Hause" gleich zu Beginn auf, und das Thema „Zuhause" wird in einer Reihe unaufdringlicher

Bezüge weiterentwickelt. „Es war die Tageszeit, zu der man sich auf den Nachhauseweg macht", beginnt der zweite Satz der Geschichte, „und mit dem Regen schien eine Traurigkeit auf die Straßen der Stadt zu fallen, als sei der ganzen Stadt um diese Stunde der Grund für ihre physische Zerstörung klar geworden und auch die Last ihrer Sünde, die sich fast nicht abbüßen ließ" (126). Im Unterschied zu den „Kinder[n] der Militärangehörigen" und den „Ehefrauen der Militärangehörigen" kommen die GIs „in Einsamkeit zu dieser erleuchteten Insel ..., die sie nicht als ihr Zuhause akzeptieren, aber vorübergehend als ein Abbild ihres Zuhauses gelten lassen konnten" (128). Obwohl das Einkaufszentrum nur eine schlechte Kopie des Zuhauses ist, betrachtet der Protagonist, der GI aus Mississippi, der erst ein paar Wochen in Deutschland ist und kein Deutsch spricht, Englisch als „die Sprache von zu Hause", „die einzige, die überhaupt Sinn ergab" (130). Der Denim-Stoff der Bluejeans für den Jungen hat einen kräftigen Geruch, „wie der Geruch von zu Hause" (133). Die letzte Erwiderung des schwarzen Soldaten gegenüber der deutschen Verkäuferin mit ihrem doppelten Bezug zum „Zuhause" ist folglich das sorgfältig vorbereitete Ende einer Geschichte, das andeutet, dass der Wunsch nach einem Zuhause in einer recht künstlichen Welt, wie sie hier dargestellt wird, stärker sein kann als an einem realen Ort, der tatsächlich als Zuhause bezeichnet werden kann. Das Gefühl von „Zuhause" mag von Gerüchen und dem Klang der Sprache hervorgerufen werden, doch von den Ruinen der deutschen Städte zu der Künstlichkeit des Einkaufszentrums haben Reproduktionen von Zuhause das Kommando übernommen und das Wort „Zuhause" scheint wichtiger zu sein als seine faktische Gegebenheit.

Kay Boyles subtile Geschichte trifft so in einigen Punkten die gleichen Aussagen wie Smiths Roman – und auch Smith bezieht eine kurze Szene mit ein, in der Kinder schwarze GIs um Schokolade bitten und glücklich aussehen und „danke" sagen, wenn sie diese erhalten (15). Für Boyles namenlosen afroamerikanischen Soldaten, der in Deutschland stationiert ist, kann sogar ein nicht erbetener Akt von Großzügigkeit ein Gefühl von Menschlichkeit erzeugen, wie es ihm in Amerika verweigert wird.

Gleichzeitig bekräftigt die Geschichte das Bild der besonderen Großzügigkeit schwarzer Soldaten gegenüber deutschen Kindern. Die ins Abseits gedrängten Amerikaner schienen die Rachsucht der Armee gegenüber den Deutschen nicht zu teilen. (Man denke nur an die Szene des kleinen Sadismus eines amerikanischen Soldaten gegenüber dem deutschen Mädchen, von der Zelda Popkin autobiografisch und fiktional berichtet, die ich im dritten Kapitel behandelt habe.) Die Letzten der Sieger („last of the conquerors") waren daher freundlich zu den Geringsten der Besiegten.

Abb. 23: Afroamerikanische Soldaten überreichen deutschen Kindern Schokolade oder Kaugummi. 1945. Fotograf unbekannt. Archiv der *Süddeutschen Zeitung*, Foto 46362/Referenz 46992.

[*Die besondere Freundlichkeit von schwarzen Soldaten gegenüber deutschen Kindern mag ein Stereotyp sein, aber wenn es so ist, dann ist es ein Klischee, das ich als Kind tatsächlich erlebt habe: Schwarze GIs, die in Lastwagen und Jeeps vorüberfuhren, lachten uns Kinder immer an, und ein schwarzer Mann, der für die Besatzungsbehörden arbeitete, gab mir bei verschiedenen Gelegenheiten köstliche Marabou-Schokolade, die man in Deutschland nicht bekommen konnte. Während ich an diesem Kapitel arbeitete, fand ich eine Fotografie von mir mit meiner Puppe, genannt Maxi, die meine Mutter für mich aus Wollresten zusammengestrickt hatte.*

Abb. 24: Maxi. 1948. Fotograf unbekannt.

Ich weiß, wie leicht man mit allen möglichen problematischen Interpretationen dieses Bildes aufwarten kann, doch es ist auch ein Hinweis auf ein freundliches Verhältnis zu einem mütterlich und liebevoll geschaffenen Bild von schwarzer Hautfarbe in meiner frühen Kindheit.]

Weg ins Dunkel: Eine Demokratie der Verzweiflung

Zwei Nachkriegsromane entwickeln die Art von Handlung, welche die Geschichte von Hayes und Ilse niemals erreicht, da sie von schwarzen GIs und deutschen Frauen erzählen, deren Beziehungen in Schwangerschaften münden. Der Autor des ersten Romans *Weg ins Dunkel* (1948) ist der Kosmopolit Hans Habe, der als Janos (Jean) Békessy 1911 in Budapest als Sohn ursprünglich jüdischer Eltern, die aber zum Calvinismus konvertiert waren, geboren wurde. Als Journalist machte er in Österreich und der Schweiz (wo er für eine tschechische Zeitung arbeitete) Karriere, emigrierte nach Frankreich und in die Vereinigten Staaten und ging nach dem Krieg nach Deutschland, wo er die von den Amerikanern kontrollierte *Neue Zeitung* für die Militärregierung herausgab. Für diese Zeitung arbeitete auch Erich Kästner, sie wurde an eben derselben Druckerpresse hergestellt, die zuvor die offizielle Nazi-Tageszeitung *Völkischer Beobachter* gedruckt hatte. Habe starb 1977 in der Schweiz.[39]

Er war ein produktiver Roman- und Sachbuchautor. Fünf seiner fünfzehn wichtigsten Romane waren Bestseller, und *A Thousand Shall Fall* (1941, *Ob Tausend fallen* 1946) wurde in 20 Sprachen übersetzt und lieferte die Vorlage zu dem Metro-Goldwyn-Mayer-Film *The Cross of Lorraine* (1943). Abgesehen von *Weg ins Dunkel*, der Roman, den ich hier in den Fokus stelle, veröffentlichte Habe zwei weitere Bücher, die beachtenswert sind. *Our Love Affair with Germany* (1953) ist ein provokativer und scharfzüngig kritischer Bericht über die amerikanische Besatzungspolitik in Deutschland, die Habe als Misserfolg betrachtete; und bei *Off Limits* (1955) handelt es sich um einen panoramaartigen Roman über die Besatzung, mit einer Nebenhandlung über Fraternisierung, in der ein 16-jähriges Münchner Mädchen vorkommt, Inge Schmidt, die von einem schwarzen GI schwanger wird. Als *Off Limits* in Fortsetzung in der populären deutschen Wochenzeitschrift *Revue* veröffentlicht wurde, entwickelte sich eine hitzige Debatte in Deutschland, die auch Angriffe auf Habe als ehemaligen amerikanischen Major, „Morgenthau-Jungen" und Umerzieher einschloss, der sich jetzt als deutscher Autor darstellte, wohingegen die amerikanische Rezeption den Roman für zu pro-deutsch erachtete.[40] *Off Limits* liefert eine mögliche Quelle für Smiths Titelwahl *Last of the Conquerors*: Es handelt sich um Eisenhowers öffentliche Bekanntmachung „Wir kommen als Eroberer, nicht als Befreier", die Habe zitiert und die möglicherweise der strengen Sprache der Joint Chiefs of Staff Directive JCS-1067 (Weisung der Vereinigten Generalstabschefs) nachempfunden ist.[41]

Mit *Weg ins Dunkel* (1948) entscheidet sich Habe dafür, einen Roman zu schreiben, der, obwohl er in der dritten Person erzählt ist, den Blickwinkel von Washington Roach übernimmt, einem schwarzen GI aus dem Ghetto von Harlem, der nach Deutschland kommt.[42] Der Roman wurde zuerst in englischer Übersetzung *(Walk in Darkness)* veröffentlicht, und Habes kürzeres deutsches Original erschien erst drei Jahre später in gedruckter Form. Wie auch bei anderen Büchern, die Habe publizierte, unterscheiden sich die beiden Versionen signifikant.[43] Inspiriert durch Habes Begegnung mit einer schwarzen Einheit der amerikanischen Besatzungskräfte scheint sein Roman Richard Wright verpflichtet zu sein, da er in drei Bücher unterteilt ist, die nach Art von *Native Son – Sohn dieses Landes* mit „Angst", „Flucht" und „Schicksal" betitelt werden könnten. Das Buch endet ebenfalls mit der Hinrichtung des Protagonisten wegen Mordes, genauso wie Wrights Roman. Angesiedelt im Jahr 1946 beginnt *Weg ins Dunkel* mit einer psychosozialen Charakterisierung von Washington Roach als Typus: wütend, hartgesotten, isoliert, aus dem Gefängnis kommend, entfremdet. „Er hatte genug: von Vater und Mutter und Großpapa, von Harlem …; er hatte genug, Angst zu haben" (16), schreibt Habe. Kein Wunder, dass Washington, der 35 Jahre alt ist und ein geregeltes Leben nur dann geführt hat, als er zu Kriegszeiten in der Armee war, sich wieder verpflichtet und nach Europa geht.

Wie in Smiths Roman ist in *Weg ins Dunkel* die Freundschaft des Protagonisten mit anderen schwarzen Soldaten zentral. So findet Washington einen Freund in dem in Memphis geborenen Soldaten, „er hieß Carter G. Redding, wie andere Leute Smith oder Jones oder Brown hießen, und er war schwarz wie andere Leute weiß sind" (26): Redding ist das gelassenere Gegenstück zu dem aufgewühlten Protagonisten.[44] Habe versorgt den Leser auch mit lebendigen Details der Besatzung: Beispielsweise am P.X. Eingang warteten „Frauen, Mädchen und Kinder … stundenlang vor dem Eingang, bis die Soldaten, die Arme voll märchenhaftem Besitz, es verließen", und die Kinder liefen Washington nach, „bis er ihnen ein Stück Schokolade oder Kaugummi gab" (26).

Washington ist in einem Lager am äußersten Rand eines bayerischen Dorfes nahe München stationiert. Bei einer Tanzveranstaltung begegnet er einem jungen deutschen Mädchen vom Land, Eva, und wird rasch zum Wohltäter und Versorger ihrer ganzen Familie. Er hat die Absicht, sie zu heiraten, und bittet den Armeegeistlichen, Vater Durant, um Hilfe. Durant sagt ihm: „Das ist vielleicht nicht so einfach, wie Sie glauben. Sie wissen, daß Ehen zwischen Amerikanern und Deutschen nur unter ganz besonderen Voraussetzungen gestattet werden. Das Mädchen muß politisch einwandfrei sein. Auch müßten Sie im Falle einer Eheschließung Deutschland sofort verlassen" (63). Aber Washington ist fest entschlossen zu heiraten, umso mehr, nachdem Eva schwanger geworden ist. Er füllt den berühmten Fragebogen für sie aus, doch die Armee lehnt seine Bitte um eine Heiratserlaubnis nach wie vor ab. Wütend über diesen Ausgang widersetzt sich Washington den Armeeregularien und entscheidet sich für eine nicht genehmigte Heirat, die von dem sympathischen Vater Durant durchgeführt wird. Die Hochzeitsnacht wird von einem aus deutschen Schlägern bestehenden rassistischen Mob gesprengt, die wollen, dass Washington Evas Elternhaus verlässt. Washington wird das Kriegsgericht angedroht, da er Armeevorschriften umgangen hat.

Er beschließt unterzutauchen und arbeitet als Schwarzmarkt-Schieber und Straßenräuber in, wie Habe es nennt, den „Vereinten Nationen der Unterwelt" (169) – in der englischen Fassung bezeichnet Habe diese Unterwelt auch als eine Demokratie der Verzweiflung, „a democracy of desperation" (132), eine Phrase, die die Kritiker der *New York Times* und der *Los Angeles Sentinel* gerne aufgriffen. Tatsächlich liegt ein Hauptakzent von *Weg ins Dunkel* auf dem Gegensatz zwischen der problematischen Welt an der Oberfläche, wo das Leben „Elend, Hungerration, Kampf um den nächsten Tag, Bettelei um ein Stück Brot, blasse Kinder, Verrat von Freunden, Verkauf von Frauen, Vergessen des Glaubens" hieß, aber auch „Ringen um neue Welten, Wettstreit der Gesellschaften, Haß der Völker untereinander und Haß aller gegen die Fremden, die der Krieg an die Küsten des Kontinents gespült hatte", und der Unterwelt, die, „ohne Gesetz zwar, aber auch ohne Not" lebte, „das wenige verteilend, verschachernd, verschiebend, solidarisch gegen die Oberwelt, im geheimen von frecher Offenheit, Sieger und Besiegte verbindend" (167).[45] Wie in Smiths Roman scheint es wenig Optimismus bezüglich der politischen Wirksamkeit der militärischen Besatzung oder der Zukunft der Vereinten Nationen zu geben. Allerdings, war „das Leben auf der Oberfläche verwirrt, entglitt die Oberwelt der Ordnung und dem Streben nach Ebenmaß, suchte sie nach dem unverständlichen Krieg einen vernünftigen Frieden, so hatte sich die Unterwelt bald auf eine nützliche Ordnung, eine simple Gerechtigkeit und einen zweifelhaften Frieden geeinigt" (167). Habes Untergrund schließt Deutsche, Amerikaner, Displaced Persons, Juden und ehemalige Nazis, Polen, Esten, Ungarn, Russen und Jugoslawen ein, eine „Welt unter dem Asphalt", und diese „Welt unter dem Schutz der Nacht nahm Washington Roach auf" (169).

Es zeigt sich, dass Eva ein doppeltes Spiel treibt. Sie trifft weiterhin ihren deutschen Freund Kurt und nützt Washington aus. Als Washington sie heimlich trifft und sie drängt, nicht abzutreiben, sagt sie ihm, dass sie hier kein Kind zur Welt bringen könne und schluchzt: „Ich hasse dich!" Washington fragt sie, „Hast du mich nie geliebt?" Sie antwortet bissig: „Dich lieben? Du bist mir ekelhaft. Du bist mir widerlich." Daraufhin warnt sie Washington: „Wenn du jetzt ‚Neger' sagst, erwürge ich dich" (207).[46]

Dies ist ein besonders grausamer Moment, aber Washington hängt trotz allem an Eva, vertraut ihr zu seinem eigenen Nachteil und ist von Louise, ihrem Kind, besessen, das Eva zur Welt bringt, aber im Stich lassen will und bald einer anderen Frau anvertraut. Diese Frau ist Martha (in der englischen Version heißt sie Selma), eine jüdische Überlebende, die viel durchlitten hat – die Nazis haben sie sterilisiert –, doch Washington misstraut ihr zutiefst, *weil* sie Jüdin ist, und möchte seine Tochter von ihr wegholen. „Das Kind war bei Juden. Bei einer Jüdin, die selbst kein Kind bekommen konnte. Er mußte doppelt vorsichtig sein. Er kannte die Juden. In Harlem gab es eine Menge jüdischer Kaufleute. Viele Neger wohnten in Häusern von Juden, sie mußten einen hohen Zins zahlen, und wenn sie nicht zahlten, warfen die Juden sie auf die Straße" (227). In der englischen Fassung geht diese Tirade noch weiter, und Washington findet, dass Juden nicht wie andere Weiße, sondern schlechter, lauter Schwindler, seien.[47] Während William Gardner Smith Augenblicke schwarzer zwischenrassischer Solidarität mit Juden gegen einen antisemitischen weißen amerikanischen Offizier darstellte, zeigt Habe die Ströme von Hass und Vorurteil, die in alle Richtungen laufen, und erst im letzten Drittel des Romans überwindet Washington Roach langsam seinen Antisemitismus. Es fängt an, als Martha Washington in ein Gespräch über schwarzes und jüdisches Leid verwickelt (214), und eine predigtartige Rede von Vater Durant forciert diesen Punkt noch mehr und klingt wie eine auktorial bestätigte allgemeine Erklärung: „Sie sprechen von Martha wie dumme Weiße von Farbigen. Sie hassen die Juden, die Weißen hassen Sie, Sie hassen die Weißen, die Weißen hassen andere Weiße, weil sie deutsch sind, die Deutschen hassen die Amerikaner – soll dieser Teufelskreis nie enden?" (221). Dann zitiert Vater Durant eine Passage aus dem Ersten Johannesbrief, die dem Roman seinen Titel gab, aber nur in der englischen Fassung des Romans enthalten ist: „Wer aber seinen Bruder hasset, der ist in der Finsternis, und wandelt in der Finsternis, und weiß nicht, wo er hingehet; denn die Finsternis hat seine Augen verblendet" (1 Johannes 2:11). Indem er Washington ermutigt, als Erster seinen Hass aufzugeben, fügt er hinzu, „Hass ist ein Weg ins Dunkel, Roach. Das Licht strömt erst dann herein, wenn wir gelernt haben, uns nicht mehr zu hassen."[48]

Als Washington herausfindet, dass Eva ihn betrogen hat und dass seine Untergrund-Bande dem Untergang geweiht ist, empfindet er nichtsdestotrotz ein seltsames Freiheitsgefühl. Nachdem er einen Soldaten getötet hat, flieht er nach Frankreich, wo er sich in einem abgelegenen Bauernhof mit Martha versteckt und sie schließlich in neuem Licht zu betrachten beginnt. Fragt er sich zunächst noch kritisch: „Was hatte ein Neger mit einer Jüdin gemeinsam? ... Sie war die Angst, die er nicht abschütteln konnte" (312), so kommt ihm bald ein anderer Gedanke in den Sinn: „Vielleicht kam alles Unglück daher, daß er seine Dankbarkeit für Martha unterdrückt hatte" (318). „Hätte er damals Martha statt Eva kennengelernt!", denkt er für einen Augenblick. „Sie hätten ihm doch die Erlaubnis verweigert, denn er war schwarz und Martha war weiß, auch wenn sie eine Jüdin war" (321). Immer deutlicher erkennt er, „daß Martha gut war, obwohl sie weiß war und eine Jüdin. Es nützte ihm nichts mehr, wenn es so war, aber auch den Sterbenden nützte die Beichte nichts, und sie beichteten dennoch" (324). Martha rät ihm noch zur Flucht, aber Roach lässt sich verhaften.

Als Washington Roach der Prozess gemacht wird, sprechen Vater Durant und Carter zu seiner Verteidigung, und Martha schildert „seinen Kampf um das Kind, in dem er die Krönung seiner Existenz und das Ende seiner Flucht gesehen habe" (336). Washington weiß, dass er mit dem Tod bestraft wird, gibt mit Ausnahme der Kindesentführung von Louise alle Vergehen zu und fürchtet sich nicht vor dem Tod. Er sieht mit ironischer Gelassenheit das Schild mit der Aufschrift *Death is so permanent*: „man warnte die Autofahrer vor der Endgültigkeit des Todes, natürlich nur die amerikanischen. Das Endgültige war sicher, und in seinem Leben war nichts sicher gewesen" (339). Die Zukunft von Louise macht ihm jedoch Sorgen. Er hört von Vater Durant, dass Martha nach Amerika kommen und das Sorgerecht für Louise erhalten will. Er bittet seine Eltern, von denen er sich völlig entfremdet hat, in der Zwischenzeit für seine Tochter Sorge zu tragen, doch diese sind der Ansicht, Louise sehe für deren Harlemer Umfeld zu weiß aus. Zuletzt werden Washington die Augen verbunden: „Es ward dunkel um ihn, aber es war ihm, als fiele ein Licht durch die Dunkelheit" (363).[49]

Die *New York Times* zollte dem in Ungarn geborenen Autor Anerkennung für seinen Mut, einen Roman aus dem Blickwinkel eines „in Harlem geborenen Schwarzen" zu erzählen, und lobte den Roman dafür, mit Washington Roach einen echten Charakter geschaffen und seine Entwicklung gezeigt zu haben. Die letzten Kapitel, schrieb der Rezensent, „sind mit einer Offenheit und einem Mitgefühl geschrieben, die jedes Herz bewegen sollten".[50] Auf den Seiten des *Pittsburgh Courier* erhielt Habe großes Lob von Josephine Schuyler (der Ehefrau des schwarzen Romanciers George

Schuyler) für seine Charakterisierung von Washington, der „stiehlt und mordet und den wir doch mögen". Dies bringt sie zu der Frage: „Wie macht Habe das?" Ihre Antwort ist, dass der Leser erfährt, wie sehr Washington von Vorurteilen aufgrund seiner Hautfarbe gequält wird und wie loyal er seiner Tochter und sogar seiner treulosen Frau gegenüber ist.[51] Die *Los Angeles Sentinel*, eine schwarze Zeitung, war der Ansicht, dass *Weg ins Dunkel* „mit Intensität und Mitleid geschrieben" sei, und bewertete das Buch als einen „tief bohrenden Roman, der die spirituellen und emotionalen Turbulenzen der alten und der neuen Welt darlegt".[52] J. Saunders Redding, der im *Baltimore Afro-American* schrieb, hielt die Figur von Washington Roach für „eine Überzeichnung eines Aspekts des farbigen Mannes als soziales Wesen. Er ist eine Überzeichnung von unserer Angst", einer Angst, die er erst am Schluss überwindet. Redding fügte jedoch hinzu, dass „beinahe alles andere in Hans Habes Buch gut ist – die Bilder des besetzten Deutschland sowie diejenigen der Deutschen, die Porträts des Geistlichen Durant und von Carter, die Sezierung des Vorurteils, des Armee-Gefummels oder der Ignoranz der Armee", und war der Ansicht, dass der Roman, „so melodramatisch, wie er an einigen Stellen ist, besser als einfach nur gut" sei und „lesenswert".[53] 1952 überlegte der Hollywood-Produzent Richard Goldstone, aus dem Roman einen Independent-Film zu machen.[54] *Weg ins Dunkel* wurde von William Hairston für die Bühne für eine Off-Broadway-Produktion adaptiert und am 28. Oktober 1963 am Greenwich Mews Theatre uraufgeführt, in der Hauptrolle des Washington Roach war Clarence Williams III zu sehen.[55] In einer seiner Autobiografien zeigte sich Habe glücklich, einen beifälligen Brief des afroamerikanischen ausgewanderten Schauspielers John Kitzmiller zitieren zu können, der Habe geschrieben hatte, niemals zuvor sei ein weißer Mann in der Lage gewesen, so vollständig in die Seele eines Schwarzen einzudringen.[56]

Tauben im Gras

Wolfgang Koeppens *Tauben im Gras*, das 1951 erstmals veröffentlicht und 1988 ins Englische übersetzt wurde, enthält zwei Handlungsstränge, in die schwarze Soldaten (unter den mehr als 30 Figuren) in einer namenlosen Stadt verwickelt sind, die sich wie München anfühlt.[57] Die Aufmerksamkeit wird bei diesem Roman allerdings zuallererst auf seine Form gelenkt, eine experimentelle moderne Struktur, die inspiriert ist von Gertrude Stein (deren Opernlibretto *Four Saints in Three Acts* der Titel entnommen ist), von William Faulkner (dem das Schreiben im Sinne eines Bewusstseinsstroms mit zeitlichen und Perspektiv-Wechseln, häufig markiert durch akustische

Auslöser, geschuldet ist), von John Dos Passos (dessen zitierte Überschriften, Radionachrichten und Musik eine Art von urbaner Ruhelosigkeit in Prosa zu bannen versuchen) und von James Joyce (dessen mythenhaftes Vorgehen der Roman übernimmt mit zahlreichen klassischen Anspielungen an Odysseus, Circe, die Sirenen und Nausikaa ebenso wie an Ödipus, Styx, den Hades, Medusa und das goldene Vlies, Anspielungen, die darauf abzielen, der zeitgenössischen Szenerie eines Romans, der im Verlauf eines einzigen Tages spielt, welcher als 20. Februar 1951 identifiziert werden kann, Tiefe zu verleihen).

Koeppen wurde 1906 geboren und obwohl er Joyces *Ulysses* verschlang, als das Buch erstmals in deutscher Übersetzung 1926 veröffentlicht wurde, war sein Schreiben vor 1945 nicht sehr vom Experimentieren der Moderne gekennzeichnet.[58] Seine erste Nachkriegspublikation war eine Edition von Jacob Littners *Mein Weg durch die Nacht: Ein Dokument des Rassenhasses* (1948), die Autobiografie eines jüdischen Überlebenden, die Koeppen für die Veröffentlichung ausführlich überarbeitete, umbenannte und gegen Ende seines Lebens fälschlicherweise als eigenen Roman bezeichnete.[59] Nichtsdestotrotz machte Koeppen *Tauben im Gras*, sein erstes eigenes Nachkriegswerk, zu einem Feuerwerk der Techniken der Moderne – recht selbstbewusst deshalb, weil der Bewusstseinsstrom im Roman kritisch beleuchtet und mit Sauerteig oder einem Fluss verglichen wird. Der von Gertrude Stein adaptierte Titel wird im Motto des Romans deutlich gemacht „Pigeons on the grass alas" (das in Englisch zitiert ist) sowie ein zweites Mal durch einen Vortrag, der von der Figur Edwin gehalten wird, einem Schriftsteller, der teilweise T. S. Eliot oder Thomas Mann nachempfunden zu sein scheint. Der Bezug zu Stein ist auch deshalb bedeutend, da ihr Werk in Nazi-Deutschland verboten war.[60] Es gibt in dem Roman noch mehr Gespräche rund um moderne Literatur, und der deutsche Emigrant Professor Kaiser liefert dem Leser Gesamtkataloge und Beispiele der bedeutenden europäischen und amerikanischen Vertreter der Moderne von Kafka bis Hemingway. Koeppens ausgeprägter Modernismus zeitigt den Effekt, dass der Leser sich nicht immer sicher sein kann, wer spricht, denkt oder wer wen zitiert. Wie in Smiths *Last of the Conquerors* wabern Partikel amerikanischer Popularmusik durch den Text, doch Koeppen verwendet *„Night-and-day"*, *„Candy-I-call-my-sugar-candy"*, *„Stormy-weather"* oder *„Bahama-Joe"* sowohl als Leitmotive als auch als Auslöser, die Wechsel in der Erzählperspektive markieren.

Der Roman ist durch den Tonfall romantischer Melancholie und von Politikverdrossenheit gekennzeichnet – und das schließt die Vergangenheit ebenso ein wie die Gegenwart, Nazis genauso wie die Militärbesatzung und den Kalten Krieg. Tatsächlich scheint die Sprache nur erschreckende Kontinuitätslinien zwischen den Nazi- und den Nachkriegsjahren aufzuzeigen. Es gibt Anspielungen an den Genozid der Nazis, insbesondere in der Geschichte von Henriette Cohn.[61] Auch findet sich eine Referenz zu Tarnopol, nahe dem Ort, an dem sich Littner (der jüdische Überlebende, dessen Lebensgeschichte Koeppen edierte) während des Krieges versteckt hatte. Schlachtfelder und Luftangriffe werden erwähnt, und es wird ein Blick auf die zerstörte Stadt aus der Vogelperspektive geworfen.

Die amerikanische Militärbesatzung wird gebrochen durch eine Anspielung des Dienstmanns Josef, der „dem Befreier, dem Eroberer“ (33) folgt, eine Gauner-Fantasie, die Erwähnung von Requirierung, die Darstellung eines Café Schön für schwarze Soldaten und kollektiv vorgebrachte Bemerkungen zu Amerikanern:

> Frauen, Frauen modisch und burschikos gekleidet. Frauen damenstolz und jungenhaft, Frauen in olivgrünen Uniformen, weibliche Leutnants und weibliche Majore, keß geschminkte Backfische, sehr viel Frauen, dann Zivilangestellte, Offiziere und Soldaten, Neger und Negerinnen, sie alle gehörten zur Besatzung, sie bevölkerten den Platz, sie riefen, lachten, winkten, sie lenkten die schönen das Lied des Reichtums summenden Automobile geschickt zwischen die schon parkenden Fahrzeuge. Die Deutschen bewunderten und verabscheuten den rollenden Aufwand. Einige dachten „unsere marschierten“. In ihrer Vorstellung war es anständiger, in einem fremden Land zu marschieren, als zu fahren … (73)

In dem riesigen Bewusstseinsstrom oder Sauerteig dieses Romans gibt es Handlungsfäden, die sich auf zwei schwarze GIs im Buch konzentrieren, Odysseus Cotton aus Memphis, Tennessee, und Washington Price aus Baton Rouge, Louisiana. Odysseus, der, gefolgt vom Dienstmann Josef, durch die Stadt geht, ruft bei namenlosen Mädchen, die ihn sehen, widersprüchliche Gedanken hervor:

> „der Nigger, dieser freche Nigger, der greuliche Nigger, nein, ich tät’s nicht“, Bahama-Joe, und andere dachten „Geld haben die, so viel Geld, ein schwarzer Soldat verdient mehr als ein Oberinspektor bei uns, US-Private, wir Mädels haben unser Englisch gelernt, Bund Deutscher Mädel, kann man einen Neger heiraten? keine Rassengesetze in USA, Verfemung, kein Hotel nimmt einen auf, die halbschwarzen Kinder, Besatzungsbabies, arme Kleine, wissen nicht, wo

> sie hingehören, können nichts dafür, nein, ich tät' es nicht!" Bahama-Joe, Schnörkel des Saxophons. Eine Frau stand vor einem Schuhgeschäft, sie sah im Spiegel der Scheibe den Neger vorübergehen, sie dachte „die Sandalen mit dem Keilabsatz, die würden mir gefallen, wenn man mal könnte, die Burschen haben Körper, Manneskraft, sah mal 'n Boxkampf, Vater war nachher erschöpft der nicht" (41).

Der Roman präsentiert auch eine animalistische Uroboros-artige Fantasie, die Odysseus und Susanne (Kirke) umfasst: „Es erregte sie beide. Die Schlange mit den vier Beinen, die so geschmeidig sich windende Schlange wurde von allen bewundert. Nie würden sie sich aus dieser Umschlingung lösen. Die Schlange hatte vier Beine und zwei Köpfe, ein weißes und ein schwarzes Gesicht, aber nie würden die Köpfe sich gegeneinander wenden, nie die Zungen gegeneinander geifern: sie würden sich nie verraten, die Schlange war ein Wesen gegen die Welt" (196). Diese seltsame Passage scheint aus der Perspektive des Erzählers berichtet zu sein, später im Roman wiederholt sich die Anspielung auf eine schwarz-weiße sexuelle Vereinigung: „sie schlängelten sich, schwarze Haut weiße Haut, in einer Kammer" in einem Haus, in dem die Grundmauern von einer Bombe „zur Seite gerissen" worden waren (215).

Washington Price fährt eine „horizontblaue Limousine" (47), und in einer Rückblende auf die „schlimmen Jahre fünfundvierzig, sechsundvierzig, siebenundvierzig" (48) sitzt Carla Behrend neben ihm, als er seinen Jeep lenkt; er bringt ihr Schokolade, Konserven und Zigaretten und sagte jeden Abend „Auf Wiedersehen".

> In der sechsten Woche hielt Carla es nicht mehr aus. Sie träumte von Negern. Im Traum wurde sie vergewaltigt. Schwarze Arme griffen nach ihr: wie Schlangen kamen sie aus den Kellern der Ruinen. Sie sagte: „Ich kann nicht mehr." Er kam mit ihr auf ihr Zimmer. Es war wie ein Ertrinken. War es die Wolga? [Eine Anspielung auf Carlas in Russland vermissten Ehemann.] Nicht eisig, ein glühender Strom. Am nächsten Tag kamen die Nachbarn, kamen die Bekannten, der frühere Wehrmachtschef kam, alle kamen sie, wollten Zigaretten, Konserven, Kaffee, Schokolade „sag deinem Freund, Carla", „dein Freund kann im Central Exchange, im amerikanischen Kaufhaus, Carla" ... (49)

Sie zieht mit Price zusammen, ist treu (auch wenn deutsche Männer glauben, dass sie jetzt, da sie einen schwarzen Freund hat, mit jedem ins Bett gehen würde) und wird schwanger. Sie fürchtet, dass diskriminierende

Schilder „*Weiße unerwünscht, Schwarze unerwünscht*" sie beide treffen, und sie erinnert sich, „für *Juden unerwünscht* war, ohne daß er es wußte oder besonders wollte, der Vater ihres Sohnes in den Krieg gezogen" (63). Sie will das neue Kind nicht, „das dunkle, das gesprenkelte" (63); sie denkt an die Nazi-Propaganda, „*Vernegerung*, Kriegspropaganda im Völkischen Beobachter, *Rassenverrat*" (65). Price möchte sie heiraten, auch wenn sie ihn in Baton Rouge dafür töten würden, und er geht für Carla und das Baby einkaufen.[62] Carlas zwölfjähriger Sohn Heinz ist stolz auf den „Nigger meiner Mutter" (74), und die anderen Kinder sind voll des Respekts für ihn.[63] Carla und Price sind in einem Club für Schwarze und planen, nach Frankreich zu gehen und dort eine Bar zu eröffnen, „Washington's Inn", wo jeder willkommen ist, doch sie werden von einem wütenden Mob gesteinigt, der angeblich versucht, den Mörder eines Taxifahrers zu bestrafen (obgleich es kein anderer als Odysseus Cotton ist, der den Taxifahrer getötet hat). Der Leser erfährt nicht, ob Carla und Price am Ende lebendig oder tot sind. Eine Zusammenfassung des Romans durch einen Kritiker als melancholische Klage ist treffend.[64]

Träume von einem GI-Vater?

Die Werke von William Gardner Smith, Hans Habe, Wolfgang Koeppen und Kay Boyle arbeiten mit unterschiedlichen stilistischen Registern, zeigen aber auch einige Parallelen in der fiktionalen Darstellung schwarzer GIs im Nachkriegsdeutschland. Smiths Vorliebe für hartgesottene Prosa, Parataxen und eine aus einer anderen Sprache übersetzten Ausdrucksweise rückt ihn in die Nähe von Hemingway, Koeppens ausgewiesene und erklärte Inspiration wiederum kommt von Stein, Joyce und Faulkner. Habe erklärte einmal stolz, dass er schreibe, als ob es Joyce und Kafka nicht gegeben hätte, und führte Tolstoi und Dostojewski als erstrebenswerte Vorbilder an, offensichtlich las er aber auch Richard Wright – und er wählte „Roach" (ein Ungeziefer) als Washingtons Nachname, als würde er auf Kafkas „Verwandlung" anspielen. Boyle verwendet das Leitmotiv des „Zuhauses" in einer sorgfältig konstruierten Geschichte, die ihr zentrales Bild auch als Titel trägt und einen an Flannery O'Connor oder an O. Henry denken lässt. Smith wählt einen politischen Titel, Habe einen biblischen und Koeppen einen modernen, während Boyle die Geschichte nach ihrem Leitmotiv benennt. Realistische, moderne und anti-moderne Techniken helfen diesen Schriftstellern somit dabei, starke und lebendige Darstellungen von individuellen schwarzen GIs in ihren sozialen, militärischen und zivilen Kontexten in der amerikanischen Zone zu schaffen. Alle vier Autoren hinterfragen die Sprache der Eroberung und scheinen wenig Hoffnung für die Demokratie im Nachkriegsdeutschland zu hegen. Die Texte weisen einen deprimierten Unterton auf und heben die Ruinen in ihren Szenerien hervor. Noch am hoffnungsvollsten scheint die Mitwelt von Hayes und seinen Kumpels zu sein sowie diejenige von Roachs Unterweltdemokratie der Schurken, die vielversprechendsten Beziehungen diejenigen zwischen Soldaten und Kindern. Die Autoren schenken der Macht rassistischer Vorurteile Beachtung, und einige ziehen explizit Verbindungen zwischen Antisemitismus und Rassismus gegenüber Schwarzen.

Die drei Romanciers denken sich Handlungen aus, die die Fraternisierung zum Thema haben, aber keine von ihnen endet glücklich: Smith schließt mit einer Trennung, Habe mit einer Exekution und Koeppen mit der Gewalt des Mobs und einer Steinigung. Sowohl Smith als auch Habe zeigen bei ihren schwarzen Protagonisten Verwandlungen: Hayes wird offener gegenüber Deutschen, und Habes Washington Roach überwindet seine anti-jüdischen Gefühle. Koeppen scheint die Dinge aufzuschreiben, als stünde das ganze Buch in Schreckensanführungszeichen – der moderne Stil dient ihm als Schutzschild gegen Rührseligkeit. Sowohl Smith als auch Habe schreiben über Liebe, ob passend oder unangebracht; Koeppen erwähnt das Wort offenbar nicht einmal. Habe und Koeppen führen ihre Handlungsstränge zum Scheideweg eines möglichen Schwangerschaftsabbruchs, und obwohl Smith den adoptierten „Sonny“ in einem kurzen Abschnitt einbezieht, stellt nur Habes Louise die Probleme eines Kindes von einer Deutschen und einem schwarzen Soldaten in den Vordergrund. Während die Tiefe von Roachs Zuneigung gezeigt wird, ist Louises Rolle jedoch sekundär im Vergleich zu denjenigen ihrer Eltern und ihrer Pflegemutter.

Vielleicht kann man verallgemeinernd sagen, dass diese Beispiele aus der Nachkriegsliteratur sich auf einer tieferen Ebene mit der Rolle von afroamerikanischen GIs als Vaterfiguren befassen. Eine komplexe Rolle für ihre schwarzen GI-Protagonisten zu entwickeln, gezeichnet durch eine Spannung zwischen väterlichem Potenzial und sozialen Zwängen, die die komplette Umsetzung dieses Potenzial vielleicht verhindern, war den Schriftstellern der späten 1940er und frühen 1950er wichtig. Sowohl Koeppens Washington Price als auch Habes Washington Roach lehnen eine Abtreibung ab, als ihre deutschen Freundinnen schwanger werden. Habes Roach wird sogar ein Vater, der von tiefen Gefühlen überwältigt ist, als er sein Baby Louise das erste Mal sieht (während er bereits als Fahnenflüchtiger gesucht wird): „Er stand über sein Kind gebeugt und sah es groß an. Es war das lieblichste Baby, das er jemals gesehen hatte“ (177). Nachdem eine Krankenschwester das Kind wieder genommen hatte, sagt Roach „Louise.

Meine Tochter“ (178), und seine Sorge bezüglich der Zukunft seiner Tochter treibt große Teile der Handlung im letzten Drittel des Romans an.

In anderen Fällen ist die Rolle des Vaters eher eine symbolische. Dies trifft auf den namenlosen GI in Kay Boyles „Zu Hause“ zu, der eine liebevoll großzügige väterliche Rolle gegenüber dem deutschen Jungen einnimmt, den er einkleidet. Er „träumte … den kurzen, deutlichen Traum von der Liebe zu dem Jungen. Für die Dauer des Traumes war es sein Junge, denn Familie, Land, ja sogar Besatzung hatten ihre Zuständigkeit aufgegeben, und der Soldat, der bislang nur die schiefen Hütten der Schwarzen kannte, wurde schließlich zu seinem Versorger, seinem Beschützer, dem Spender weißer Nächstenliebe“ (136–137). Die körperlichen Gesten, die Boyle beschreibt – beispielsweise dass der Soldat erst eine Hand auf die Schulter des Jungen legt, ihn dann hält –, steigern das Gefühl einer Vater-Sohn-Beziehung noch weiter. Im Falle von William Gardner Smith erlaubt die unwahrscheinliche Anwesenheit des vierjährigen Besatzungskindes Sonny Hayes Dawkins vielleicht, eine pseudo-väterliche Funktion auszufüllen, da er Sonnys Pflegemutter sofort fragt, wie sie es schafft, ihn zu ernähren, und sagt: „Wenn Sie mich lassen, könnte ich ihn manchmal mit ins Lager nehmen, wo er mit mir essen könnte“ (91). In den folgenden Szenen sieht man Hayes, wie er Sonny mitnimmt, mit ihm in eine Straßenbahn steigt und ihn den anderen Soldaten vorstellt. Auf dem Rückweg hält Sonny Hayes Hand – während die Passanten kommentieren, wie süß Sonny aussieht, und Ilse und Hayes klar wird, dass sie mit Sonny auf die anderen Passanten wie eine Familie wirken: „Sie denken, er ist unser Sohn“, sagt Ilse, und Hayes antwortet: „Ich weiß“ (94).

Auch Koeppens Price spielt in Bezug auf Carlas Sohn Heinz eine explizit väterliche Rolle:

> er geht mit meiner Mutter, er ißt bei uns am Tisch, er schläft in unserem Bett, sie wünschen, daß ich Dad zu ihm sage. Das kam aus Tiefen der Lust und der Pein. Heinz konnte sich an seinen an der Wolga verschollenen Vater nicht erinnern. Eine Photographie, die den Vater in grauer Uniform zeigte, sagte ihm nichts. Washington konnte ein guter Vater sein. Er war freundlich, er war freigebig, er strafte nicht, er war ein bekannter Sportler, er trug eine Uniform, er gehörte zu den Siegern, er war für Heinz reich und fuhr einen horizontblauen Wagen. Aber gegen Washington sprach die schwarze Haut, das auffallende Zeichen des Andersseins. Heinz wollte sich nicht von anderen unterscheiden. Er wollte genau wie die anderen Jungen sein, und die hatten weißhäutige einheimische überall anerkannte Väter. Washington war nicht überall anerkannt. (75)

Koeppen buchstabiert die symbolische Rolle des schwarzen GIs als Vaterfigur durch, sowohl als Quelle der Freude als auch des Leids für Heinz: Freude wegen Prices guter Vaterqualitäten und Leid wegen des Unterschieds, der Price zum Gegenstand der Missachtung durch andere macht. Der afroamerikanische Kampf für volle Bürgerrechte in dieser Zeit wurde häufig mit der Metapher *manhood* gefasst. Doch die Rolle des *pater familias* (und eben nicht eines *native son*) symbolisch zu spielen mag auch ein Wunsch gewesen sein, der im Rahmen der Besatzung Deutschlands leichter zu realisieren war als innerhalb der Vereinigten Staaten.[66] Die allgemeinen Metaphern der Vormundschaft und Umerziehung besetzten US-Soldaten, unabhängig von ihrem ethnischen Hintergrund, mindestens in der Rolle eines Lehrers, wenn nicht Elternteils. Sie waren für deutsche Kinder wahrscheinlich umso attraktiver, weil die Posen, die amerikanische GIs einnahmen, eine Beiläufigkeit oder Lässigkeit zeigten, die sich von der gewöhnlichen ordentlicheren Haltung deutscher Erwachsener unterschied.

Abb. 25: Ulysses Woods, James Spence, John Fagan, Leon W. Thomas und Arthur Landis. Sie meldeten sich freiwillig für den Frontdienst und machen Pause zwischen Einweisungszeiten. 28. März 1945. Fotograf unbekannt. OWI/RG 208-AA Box 32 (Allies and Axis, 1942–1945).

Die coolsten, am wenigsten europäischen und schwersten nachzumachenden Körperhaltungen wurden wahrscheinlich von schwarzen GIs eingenommen. In seinem Roman *Off Limits* (1957) fängt Hans Habe einige der neuen und interessanten Posen ein, die GIs nach Deutschland brachten.

> Die Amerikaner …, die Liebeswährung besaßen, Zigaretten und Konservendosen, die warteten darauf, angesprochen zu werden. Meistens standen sie in Gruppen, an die Wand eines zerbombten Kinos gelehnt, und warteten. Das waren merkwürdige Soldaten, denn sie konnten offenbar nicht aufrecht stehen. Meistens lehnten sie an einer Mauer und standen da, auf einem Bein, wie die Störche, das zweite war im Knie gebeugt und die Schuhsohle lag flach an der Mauer. Einige von ihnen saßen in einer ganz bestimmten, einförmigen Stellung, in tiefer Kniebeuge; stundenlang konnten sie so dasitzen wie die Frösche. Die Störche und die Frösche rauchten Zigaretten oder kauten Kaugummi, sie sprachen selten miteinander, und wenn ein Mädchen sie ansprach, ließen sie meistens nur ein paar Unflätigkeiten vernehmen, denn Unflätigkeiten konnten schwerlich als eine Verletzung des „non-fraternization“-Gesetzes angesehen werden. Meistens waren es Neger, die vor dem zerbombten Kino an der Wand lehnten, und manche von ihnen waren großzügig: sie gaben den vorbeistreifenden Mädchen eine Zigarette und sahen ihnen nach und lachten untereinander, aber sie gingen nicht mit, denn es war zu gefährlich, mitzugehen.[67]

Schwarze GIs, die eine neue Art des Benehmens lehrten, eine Art, die außerdem durch Kaugummi oder Schokolade versüßt wurde, konnten dadurch als ungewöhnlich pseudo-väterliche Figuren wahrgenommen werden, die sich von anderen väterlichen Autoritäten im Nachkriegsdeutschland unterschieden.

„D. P.“

Der Begriff der schwarzen Vaterschaft in Deutschland wurde auch von Kurt Vonnegut in seiner bewegenden Kurzgeschichte „D. P.“ untersucht, die erstmals 1953 in *Ladies' Home Journal* publiziert wurde.[68] Auf der ersten Seite der Zeitschriftenveröffentlichung waren zwei Passagen, aus der Geschichte adaptiert, für den Leser hervorgehoben und rahmten den Text der ersten Absätze ein. Der erste Auszug deutet an, dass der Begriff „D. P.“ metaphorisch verwendet wird für einen Jungen, der wie „vertrieben“, also „displaced“ ist (aber nicht eigentlich eine „Displaced Person“): „Joe war die am meisten *displaced* alte *person*, die der amerikanischen Sergeant je gesehen hatte." Die andere Passage erscheint unter dem Text und lautet: „‚Schwester!' stieß Joe hervor. ‚Mein Vater – ich habe gerade meinen Vater gesehen!'"[69]

Die Beziehung zwischen dem Militär und einem „vertriebenen" Kind steht im Mittelpunkt der Handlung. In einem Waisenhaus für verlassene und elternlose Kinder angesiedelt, das von katholischen Nonnen in einer Stadt am Rhein in der amerikanischen Besatzungszone geleitet wird, lässt die Geschichte den Leser zunächst den Blickwinkel eines Tischlers einnehmen, der gerne über die Herkunft der Kinder rätselt, welche die Nonnen in einer Lumpenparade durch die Stadt marschieren lassen. Der Tischler meint, ausmachen zu können, dass ein kleines Waisenmädchen aus Frankreich stammt, da seine „Augen blitzen", und er streitet mit einem Mechaniker, ob ein strohblonder Junge polnisch ist, eine Frage, die der lakonische Kommentar des Mechanikers, „Sie sind jetzt alle Deutsche", nicht löst.[70] All dies ist nur das Vorspiel zum Erscheinen eines Jungen, bei dem kein Argument nötig ist: „Da haben wir einen Amerikaner!" Dieser Junge wird beschrieben als ein „sechs Jahre alter, blauäugiger farbiger Junge", der nur Deutsch spricht. Die Nonnen haben ihn mehr oder weniger willkürlich Karl-Heinz genannt, doch der Tischler gab ihm den Spitznamen Joe oder der braune Bomber, nach Joe Luis, und dieser Name blieb haften. „Und wenn nicht auch er ein Deutscher ist!", fügt der Mechaniker hinzu, in der Hoffnung auf einen neuen deutschen Schwergewicht-Box-Champion. Joe ist ein Träumer und er ist neugierig auf seine Herkunft, eine Frage, auf die ihn ein älterer Junge gebracht hat. War sein Vater Amerikaner? Was war ein Amerikaner? Waren alle Amerikaner dunkelhäutig? Eines Tages schließlich hält ihn der Tischler zum Besten – wie die Nonne sich beeilt zu betonen – und sagt zu Joe, dass sein Vater in der Stadt sei, in den Wäldern oberhalb der Schule. Joe stellt sofort die Verbindung her, als er „einen stämmigen braunen Mann, der bis zum Gürtel nackt war und eine Pistole trug, zwischen den Bäumen hervortreten" sieht. Obwohl die Nonne Joe mitteilt, dass der Mann nicht sein Vater ist, und ihm verbietet, in den Wald hinaufzugehen, schleicht sich Joe nachts aus dem Waisenhaus, um seinen Vater zu suchen. Ein schwarzer amerikanischer Sergeant entdeckt ihn, wird aber nicht schlau aus dem Jungen, der auf Deutsch stammelt, dass er seinen Vater sucht. „Weiß nicht recht, wie ich es nennen soll … Spricht wie ein Kraut und ist angezogen wie ein Kraut, aber sieh ihn dir nur eben einen Augenblick an." Bald ist Joe von einem Dutzend Soldaten umringt, die ihn nicht verstehen; dann stößt ein schwarzer Leutnant dazu, der Deutsch spricht. Als er gefragt wird „wie heißt du, und wo sind deine

Leute?" antwortet Joe „Joe Louis … und meine Leute seid ihr"; er glaubt, dass der Sergeant tatsächlich sein „Papa" ist, und hängt sich an ihn. Der Sergeant und der Leutnant versuchen Joe zu überreden, ins Waisenhaus zurückzugehen, überhäufen ihn mit Geschenken – eine wollene Mütze, eine Uhr, ein Taschenmesser und eine ganze Kiste Schokolade „D-Riegel" aus ihrer Ration – und sie versprechen, ihn zu besuchen, wenn sie können, da sie am nächsten Morgen verlegt werden. Zurück im Waisenhaus laufen die anderen Kinder um Joe umher, der stolz verkündet, er habe seinen Vater gesehen, „so hoch wie diese Decke … breiter als diese Tür" und so braun wie einer seiner Schokoladenriegel, die er den Kindern im Waisenhaus dann anbietet. Um einen Zweifler zum Schweigen zu bringen, prahlt er weiter herum: „Mein Papa hat eine Pistole, fast so groß wie dieses Bett … und eine Kanone so groß wie dieses Haus. Und es waren Hunderte und Aberhunderte wie er da." Gebeten zu beweisen, dass der Mann tatsächlich sein Vater sei, sagt Joe, dass sein Vater beim Abschied geweint und versprochen habe, Joe zurück nach Hause zu holen, so schnell er könne.

Die schwarze Armeeeinheit ist für Karl-Heinz/Joe eine intensivierte Erfüllung des Wunsches nach einem Vater, sie verkörpert ein Versprechen auf ein Zuhause für das vertriebene Kind im Waisenhaus, und der große und starke Sergeant, von dem er feststellt, dass er sein Vater ist, nimmt für den Jungen mythische Proportionen an. Alle Soldaten handeln jedoch spontan in Vaterrollen und überraschen mit ihrer Großzügigkeit, ihren sofortigen Geschenken für Joe und ihrer Einweisung des Jungen in den Gebrauch des Messers. Die Geschichte wirkt sentimental, weil die Vater-Kind-Beziehung aufgebaut wird, obwohl wir die ganze Zeit wissen, dass es eine Schein-Vereinbarung ist, vielleicht generiert durch die Metapher „deine Leute" im Sinne von „Leute mit dunklerer Hautfarbe". Aber trotzdem vermittelt sie dem „am meisten *displaced* alte *person*", den der Sergeant je gesehen hatte, eine neue Stärke. Vonneguts „D. P." stellt die Wunscherfüllung einer rein männlichen Familienromanze vor, obwohl der Junge trotzdem am Ende ins Waisenhaus der Nonnen zurückkehrt.

Der deutsche Junge und der GI

Dass im Nachkriegs-Europa von Soldaten jedweden Hintergrunds eine pseudo-väterliche (oder onkelhafte) Rolle gespielt werden konnte, wird in vielen Fotografien offensichtlich, die sowohl schwarze als auch weiße GIs zusammen mit deutschen Kindern zeigen.[71] Wenn ein GI die Rolle genießen konnte, ein gütiges Elternteil zu spielen, dann waren die Kinder fasziniert von der neuen und andersartigen Elternfigur, die sie anschließend

Abb. 26: Deutscher Junge und US-amerikanischer GI: ein neues Vorbild für ein deutsches Kind. Nähe Worms, Dezember 1948. Foto von Tony Vaccaro.

nachzuahmen versuchen konnten. Tony Vaccaro schoss im Dezember 1948 ein Foto in der Nähe von Worms, das den Geist dieser Beziehung wohl am besten verkörpert und das daher als Coda für dieses Kapitel dienen kann (auch wenn der Soldat auf diesem einprägsamen Foto kein Afroamerikaner ist, vgl. Abb. 26). Es zeigt einen amerikanischen Soldaten in lässiger Pose, wie sie in Deutschland noch nicht üblich war: auf einer schlammigen Straße stehend, beide Hände in den Taschen, sein weißes Unterhemd ist an seinem Hals unter seiner Armee-Kleidung zu sehen, seine Stiefel in bequemem Winkel, der GI scheint tiefenentspannt, wie er so nach links in die Ferne blickt. Seine Gestalt nimmt die vertikale Mitte des Fotos ein, auf der linken Seite jedoch befindet sich ein kleiner Junge, der gerade halb so groß ist wie der Soldat und in Richtung der Hände des Soldaten blickt. Offensichtlich strengt er sich kräftig an, die lässige Pose nachzumachen, wie er so die Hände in seinen Taschen hat.[72] Der Wunsch des Jungen, einen Erwachsenen zu imitieren, und sein komisches offenkundiges Bemühen, sich große Mühe zu geben, entspannt zu wirken, scheinen durch den Wunsch des Soldaten erwidert zu werden, imitierbar und cool zu sein, um mit seiner Körperhaltung zu instruieren.

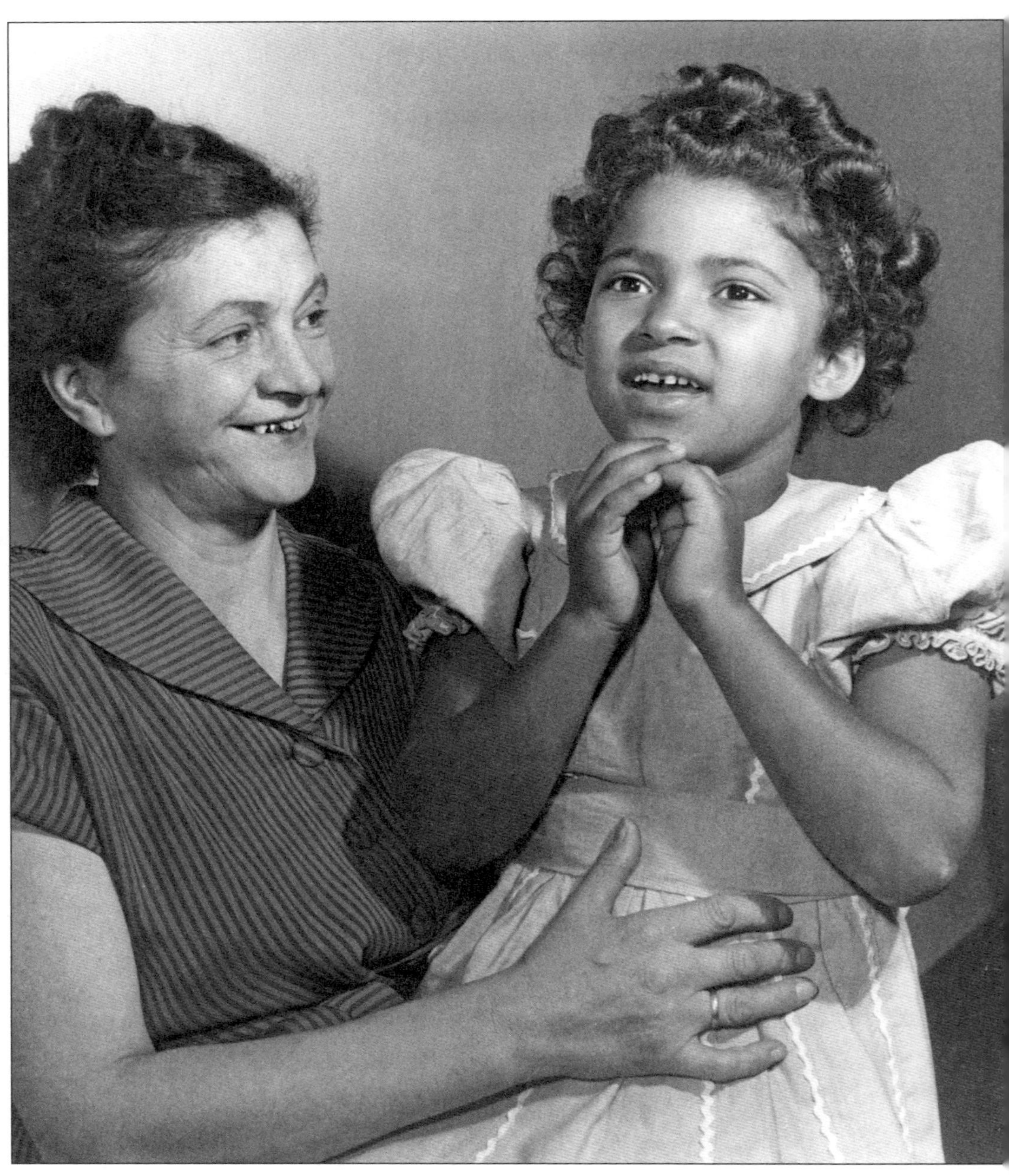

Abb. 27: Toxi (Elfie Fiegert) und ihre Adoptivmutter Gertrud Fiegert. Ca. 1952. Foto von Berthold Fischer. Archiv der *Süddeutschen Zeitung*, 647217/Referenz 60139099.

SECHS

24. April 1946

Elfie, die Tochter eines afroamerikanischen GIs und einer Deutschen, wird in Freising geboren und bald in einem Waisenhaus untergebracht. 1948 wird sie von Fritz und Gertrud Fiegert adoptiert. Das schlesische Flüchtlingspaar hat sein eigenes zweijähriges Kind während der Vertreibung verloren und lebt jetzt im bayerischen Markt Schwaben. 1952 spielt Elfie in dem Film Toxi, *der der Geschichte der Besatzungskinder und ihrer möglichen Adoption zu größerer Bekanntheit verhalf.*

Das Rassenproblem im Haus am Fliederweg

Besatzungskinder und der Film *Toxi*

Ich möcht' so gern nach Hause geh'n, ay ay ay.
Die Heimat möcht' ich wiederseh'n, ay ay ay ay.
Ich find' allein nicht einen Schritt, ay ay ay.
Wer hat mich lieb und nimmt mich mit? Ay ay ay.
Ich bin so verlassen und hör' kein liebes Wort,
So fremd sind die Gassen. Warum kann ich nicht fort?
Kann niemand denn mein Herz versteh'n, ay ay ay?
Ich möcht' so gern nach Hause geh'n, ay ay ay.

Bruno Balz, Toxi-Lied

In den Nachkriegsjahren war eine uneheliche Geburt in Deutschland immer noch ein Stigma für Mutter und Kind: Erst im Laufe der 1960er vollzog sich diesbezüglich in der juristischen und kulturellen Landschaft ein dramatischer Wandel.[1] Abtreibung (die Entscheidung, die Koeppens Clara und Habes Eva treffen wollen) war illegal, teuer, sofern man jemanden finden konnte, der sie durchführte, und gefährlich, wenn im Geheimen abgetrieben wurde. Sich zu verheiraten, wenn man schwanger war (dies wurde als Notheirat bezeichnet), war oft die beste Möglichkeit für eine Frau, um öffentliche oder innerfamiliäre Schande zu vermeiden – auch wenn der künftige Ehemann nicht der Vater des Kindes war. Dies war allerdings keine Option für Frauen, die Kinder zur Welt bringen würden, die mit großer Wahrscheinlichkeit deutlich anders aussehen würden; ein

Paradebeispiel hierfür war natürlich der unübersehbare Unterschied einer dunkleren Hautfarbe.[2] Deutsche Frauen konnten keine Vaterschaftsklagen gegen amerikanische oder andere alliierte Soldaten einreichen, und die US-Armee zeigte keinerlei Interesse daran, etwas mit den Kindern amerikanischer Soldaten und deutscher Frauen zu tun zu haben. Die Kinder im Geheimen auf die Welt zu bringen und die Fürsorge für diese Kinder dem deutschen Wohlfahrtsstaat sowie den Adoptionsagenturen mit ihrem Netzwerk aus Waisenhäusern und Pflegeeltern anzuvertrauen, war folglich eine recht häufige Konsequenz, daraus wiederum resultierten politische Sorgen bezüglich der Kosten für die öffentliche Hand.[3] Obwohl es, insbesondere in der unmittelbaren Nachkriegszeit, viele Schwierigkeiten im Prozess der Legalisierung jeder Verbindung gab, die aus der Fraternisierung herrührte, waren die offiziellen Hürden für gemischtrassige Ehen zwischen schwarzen amerikanischen Soldaten und deutschen Frauen von komplett anderer Größenordnung, sofern Regelungen der US-Armee betroffen waren (wie in Habes und Smiths Romanen zu sehen war). Wie Beobachter anmerkten, legte die Armee, wenn es um das Thema Mischehe ging, eine ausgesprochene Südstaaten-Mentalität an den Tag.[4]

Das Schicksal von etwa 3000 bis 4000 Kindern, die zwischen 1946 und 1953 von deutschen Müttern und schwarzen amerikanischen Vätern geboren wurden, wurde so zu einem Thema, das die Debatten rund um die Fraternisierung dominierte.[5] Insbesondere nachdem die erste Kohorte der Mischlingskinder in der Öffentlichkeit sichtbarer war und etwa um 1952 in die Schule kam, wurde die Frage, was für die Zukunft dieser Kinder das Beste wäre, im westdeutschen Parlament, in der Presse, von Pädagogen und der zeitgenössischen Wissenschaft breit diskutiert.[6] Sollte die Erziehung dieser Kinder als deutsches oder als internationales Problem angesehen werden? Was könnte man tun, um ihnen in schwierigen Familiensituationen und im Schulsystem zu helfen? Sollten für sie spezielle Klassen oder besondere Internate geschaffen werden, oder sollten sie in die Klassen der anderen Kinder eingegliedert werden? Deutsche politische Institutionen und Pädagogen betrachteten es mit überwältigender Mehrheit als deutsches Thema und favorisierten eine integrierte Schulausbildung, gleichwohl plädierten sie für eine spezielle Vorbereitung der Pädagogen. Afroamerikanische Zeitungen und Magazine bevorzugten tendenziell die Adoption durch schwarze amerikanische Familien und veröffentlichten lange Listen von Kindern, die auf der Suche nach einem Zuhause waren, Listen, in denen die vollen Namen der Mütter und ihre Adressen aufgeführt waren.[7] Später erschienen Geschichten von erfolgreichen Adoptionen durch afroamerikanische Eltern.[8] Eine frühe amerikanische journalistische Untersuchung zu 600 Kindern in der amerikanischen Zone, die 1949 in *Survey* veröffentlicht wurde, enthielt vier Fotos von deutschen Müttern mit ihren Kindern und lieferte Tabellen, die darauf hindeuteten, dass die meisten Mütter alleinstehend waren, die hauptsächliche Unterstützung durch den Arbeitsplatz der Mütter oder von den Eltern der Mütter erfolgte, dass jedoch die Sozialämter und Wohltätigkeitsorganisationen eine sehr wichtige Hilfsquelle waren.[9] Ein Kurzfilm der Neuen Deutschen Wochenschau präsentierte 1954 ein idyllisches Kinderdorf im österreichischen Imst, voller Waisen und Besatzungskinder, das die Einweisung der Kinder in Heime zusammen mit Waisen oder verlassenen Kindern als attraktive Option erscheinen ließ.[10]

Das Rassenproblem mit anderen Augen sehen

Ein deutscher Film, der am 15. August 1952 herauskam, behandelte diesen Themenkomplex auf einprägsame Weise und machte Elfie Fiegert sofort zum Star. Titelgebend für den Film ist der Name eines Besatzungskindes, Toxi, die Tochter eines schwarzen GIs und einer mittlerweile verstorbenen Deutschen. Der Handlungsverlauf wird von der Frage dominiert, was wohl die beste Vorgehensweise in Bezug auf dieses repräsentative Kind wäre.[11] Eine deutsche Mittelklassefamilie steht vor der Entscheidung, ob das süße, freundliche und manierliche Mädchen in ihr Haus aufgenommen oder in einem Waisenhaus untergebracht werden soll, entweder indem es dort direkt vorbeigebracht oder erst der Polizei übergeben wird. Die Themen Scham, Unehelichkeit und Rasse werden in dem Film ausgelotet, schlussendlich jedoch ist alles geklärt, und die Familie beschließt, Toxi aufzunehmen – bis plötzlich, in einem überraschenden Ende, Toxis Vater eintrifft, um sie mit nach Amerika zu nehmen.

Toxi ist ein Familienfilm und drückt auf die Tränendrüse; er enthält auch eine herzzerreißende Szene im Kinderheim Nordland, einem deutschen Waisenhaus. Wie *Der Spiegel* damals berichtete, wurde der Film ursprünglich von Realfilm produziert; da der linksgerichtete Produzent Wolfgang Koppel jedoch Schwierigkeiten hatte, die benötigte teilweise Förderungsgarantie vom deutschen Innenministerium (die gewöhnlich routinemäßig vergeben wurde) zu erhalten, verkaufte er das Projekt zu einem sehr späten Zeitpunkt an die Produktionsfirma Fonofilm in Hamburg, verliehen wurden der Film von Allianz-Film. Der relativ junge, gleichwohl erfahrene Regisseur war Robert A. Stemmle, der in der Nachkriegszeit Schlagzeilen gemacht hatte, als seine *Berliner Ballade*, ein Film über einen heimkehrenden Veteranen, der seinen Weg zu finden sucht, 1949 bei der Biennale von Venedig gezeigt wurde. Peter Francke und Maria Osten-Sacken schrieben die Story und, zusammen mit Stemmle, das Drehbuch für *Toxi*. Mit dem Schnitt von Alice Ludwig wies der Schwarz-Weiß-Film letztlich weniger Szenenschnitte auf und hatte folglich längere Kameraeinstellungen als in diesen Jahren üblich.[12]

Unter einer großen Anzahl von Besatzungskindern, die für die Hauptrolle vorsprachen, wurde Elfie Fiegert ausgewählt; das fünfeinhalbjährige, gemischtrassige Besatzungskind traf auf eine Besetzung aus größtenteils erfahrenen erwachsenen deutschen Schauspielern, wenn auch ohne Superstars. Herausgebracht wurde der Film mit einer Menge Trara, als Werbung, die sich auf den Charakter Toxis und die Kinder, die sie repräsentieren sollte, konzentrierte, wurden Sondervorführungen und Empfänge mit amerikanischen GIs und deutschen Waisenkindern veranstaltet, über die in der Presse berichtet wurde. In den Materialien für die Journalisten ebenso wie in von diesen Journalisten veröffentlichten Kritiken wurden die Filmgeschichte von Toxi und die Lebensgeschichte von Elfie oft vermischt, und es ist aufschlussreich, dass der Vorspann des Films alle Darsteller mit Vor- und Nachnamen auflistet, der eigentliche Star des Films dort aber nicht als Elfie Fiegert, sondern nur als Toxi bezeichnet wird. Im Werbematerial von Allianz-Film wird erklärt, dass Toxi die Hürde des Vorurteils überwinde und es das Ziel des Films sei, „humorvoll um Verständnis und Liebe für alle Toxis zu werben".[13]

Gegen Anfang des Films wird Toxi von ihrer deutschen Großmutter Frau Berstel (gespielt von Lotte Brackebusch) an der Türschwelle der Roses, einer Hamburger Bürgerfamilie, zurückgelassen. Frau Berstel hat früher als Haushälterin für die Roses gearbeitet, aber ihre Tochter ist gestorben, und als sie ins Krankenhaus muss, um sich einer Augenoperation zu unterziehen, weiß sie einfach nicht, wohin mit ihrem Enkelkind Toxi. Heimlich lässt sie das Kind an der Vordertür von Fliederweg 11 zurück, da sie fürchtet, dass die Roses immer noch verärgert sind, weil sie ihre Arbeitsstelle ohne Nachricht verlassen hat, sie hofft jedoch, dass die Familie gut auf Toxi aufpassen wird. Die Zuschauer sehen, wie Frau Berstel das Kind absetzt, allerdings haben die Roses keine Ahnung, wo das Mädchen herkommt, und denken zunächst, Toxi, die mit einem kleinen Blumenstrauß eintritt und ein Gedicht aufsagt, wäre eine Überraschung für die Großmutter Helene Rose (Johanna Hofer). Letztere feiert an diesem Samstagabend ihren 50. Geburtstag, und ihre Schwägerin Wally (Elisabeth Flickenschildt) hat beim Verlassen des Hauses eine Überraschung in Aussicht gestellt. Bald jedoch entdecken sie den kleinen Koffer des Mädchens mit seinen Habseligkeiten und begreifen, dass es vor ihrem Haus ausgesetzt worden sein muss. Im Folgenden treffen drei Generationen in der Diskussion, was mit

Toxi zu tun sei, aufeinander: Großvater Gustav Rose (Paul Bildt) und seine Frau Helene, ihre Tochter Charlotte (Carola Höhn), die mit Dr. Theodor Jenrich (Wilfried Seyferth), dem Inhaber eines Pharmaunternehmens, verheiratet ist, und Herta (Ingeborg Körner), liiert mit dem Werbedesigner und Grafikkünstler Robert Peters (Rainer Penkert), sowie schließlich die Kinder der Jenrichs, Ilse (Sylvia Hermann) und Susi (Karin Purschke).

Schwiegersohn Theodor Jenrich entpuppt sich als der stimmgewaltigste Gegner eines Adoptionsvorhabens: Er lehnt es aus dem Prinzip der unterschiedlichen Hautfarbe ab, Toxi im Drei-Generationen-Haus wohnen zu lassen. Theodors Denken ist offen rassistisch, auch wenn er sich dem Thema zunächst nur über einen Umweg nähert: „Ich wünsche aber keinesfalls, dass es [das Kind Toxi] morgen früh mit meinen Kindern zusammenkommt." Es „kann irgendeine ansteckende Krankheit einschleppen".[14] (Das Urteil des Arztes der Familie, Dr. Carsten, lautet: Toxi sei tatsächlich gesund, aber Susi, das jüngere Jenrich-Kind, leide nach wie vor an abklingendem Keuchhusten.) Als Großvater Rose Theodor mitteilt, ein zusätzliches Kind in der Familie wäre nur dann ein Problem, wenn es nicht genug zu essen gäbe, muss Theodor deutlicher werden und klingt dabei wie ein unverbesserlicher Nazi: „Ich meine das Rassenproblem."[15]

Abb. 28: *Toxi*: „Das Rassenproblem". Herta Rose (Ingeborg Körner), Robert Peters (Rainer Penkert), Theodor Jenrich (Wilfried Seyferth) und Großvater Rose (Paul Bildt). DVD-Screenshot. Licensed by Kineos GmbH.

Es folgt, für etwa acht unangenehme Sekunden, eine peinliche Pause, die Kamera schneidet viermal in dieser Stille von einer Gruppe angespannter Erwachsenengesichter zur nächsten, die Augen weit geöffnet, mit einem Ausdruck äußerster Sorge. Der Betrachter ist so mit einer sonderbaren filmischen Aktion konfrontiert, welche die Spannung der Situation widerspiegelt: vier jeweils zwei Sekunden kurze und scharf geschnittene Sequenzen in einem Film, der gewöhnlich längere Einstellungen aufweist und häufig Übergänge mit Fade-out und Fade-in bedient. Die Szene ist umso wirkungsvoller, da in Igor Oberbergs Kameraführung für diesen Film Erwachsene größtenteils aus der Untersicht gezeigt werden, die an die Perspektive eines Kindes erinnert, wobei sie mit dramatisch intensivierten, stummfilmartigen Gesichtsausdrücken vor Zimmerdecken, Lampen oder dem oberen Teil von Türen und Wänden zu sehen sind, was einen expressionistischen Effekt erzeugt.

Es ist dieser stark aufgeladene stille Augenblick, der das Gewicht von all dem in sich trägt, was nicht ausgesprochen, aber implizit mit der Nazi-Vergangenheit assoziiert wird. Die Antwort von Großvater Rose kommt schließlich wie eine Befreiung: „Natürlich gibt es das noch. Aber ich glaube, wir haben gelernt, es mit anderen Augen anzusehen." Dieser Verweis darauf, dass man gelernt hat, anders über die jüngste Vergangenheit zu denken und auf das Rassenproblem mit anderen Augen zu blicken, repräsentiert vielleicht eine vage Spur der Umerziehung in diesem Film.[16] Falls das Publikum irgendwelche Zweifel hatte: Hierdurch tut der Film kund, dass dies eine seiner Schlüsselszenen und das Rassenproblem sein zentrales Thema ist.

Theodors expliziter Bezug auf das „Rassenproblem" erzeugt banges Schweigen und Verlegenheit, dies umso mehr, als im Haus Gäste anwesend sind. Der Familienanwalt Übelhack (Ernst Waldow) ist zugegen, ebenso seine Frau (Erika von Thellmann), die hauptsächlich über die uneheliche Geburt des Kindes beunruhigt zu sein scheint („Es ist ein Kind der Schande", sagt sie), ein Thema, das ansonsten nicht weiter entwickelt wird. Ebenfalls anwesend ist Hertas künftiger Verlobter, Robert, dessen stürmischer Aufbruch am Ende dieser Szene das Potenzial für einen Konflikt mit Theodors Position erkennen lässt. Angedeutet ist in dieser Szene ein klarer Entwicklungsverlauf von der Vergangenheit zur Gegenwart, der Wunsch nach Toleranz gegenüber und Akzeptanz von Menschen mit dunklerer Hautfarbe wird artikuliert in Form der Notwendigkeit, Theodors rückständiges und nicht mehr zu tolerierendes Vorurteil zurückzuweisen. Die Methode des Films, auf eine größere Toleranz hinzuarbeiten, indem man Rassenvorurteile angreift, nicht, indem man den Unterschied dramatisiert, ging offenbar mit den aktuellen pädagogischen Konzepten konform, wie sie sowohl von interkulturellen Pädagogen der Nachkriegszeit in den Vereinigten Staaten artikuliert wurden als auch in deutschen pädagogischen Veröffentlichungen wie *Maxi, unser Negerbub*, ein Buch, das von der Deutschen Gesellschaft für Christlich-Jüdische Zusammenarbeit publiziert wurde und das in den frühen 1950ern für viel Aufregung unter Pädagogen sorgte.[17]

Theodors oberflächliches Vorurteil muss ursprünglich antisemitisch gewesen sein, wird als solches jedoch niemals so benannt. Tatsächlich zeigt der Film keinen Sinn für eine tiefere historische oder politische Vergangenheit, und Doktor Carstens Tischrede anlässlich von Helenes 50. Geburtstag beleuchtet ihr Leben grundsätzlich nur im Rahmen der Familie und der Nachkriegszeit. Die zwei stummen Close-ups von Großvater Rose und Theodor, die einander ansehen, unterstreichen, dass ihre unterschiedlichen Auffassungen den zentralen Konflikt des Films markieren, dass der jüngere Theodor die starrköpfigen Ansichten einer nicht spezifizierten Vergangenheit repräsentiert und der ältere Großvater Rose die zukunftsweisende Einstellung hat.

Dieser Schlüsselmoment war eine Szene, mit der die Drehbuchautoren kämpften, wurde sie doch wiederholt überarbeitet, wie die unterschiedlichen Drehbücher des Films mit zahlreichen Korrekturen demonstrieren, die zwei völlig verschiedene Versionen mit eingeschobenen Berichtigungen ergeben. In der anscheinend ursprünglichen Fassung weigert sich Theodor schlicht zu sagen, was ihn an Toxis Anwesenheit im Haus stört, so dass das Thema Rasse unerwähnt bleibt, bis auf eine Szene, in der Camilla Jenrich (entweder ein Tippfehler für Charlotte oder aber eine weitere Verwandte von Theodor, die später aus dem Drehbuch gestrichen wurde) das Thema in einem Kontext aufbringt, in dem es die Schande der Illegitimität noch verstärkt: „Er meint … die Mutter dieses Kindes hat sich an einen Neger weggeworfen. … Es ist ein Kind der Schande. Und das ist es, was Theodor meint."[18] Interessanterweise war es wohl ursprünglich die älteste Tochter von Großvater Rose, die das doppelte Hindernis, das Toxis ethnische Abstammung und die vermutete Unehelichkeit für die Integration in eine deutsche Familie darstellten, explizit benannte. Wenn Camilla Jenrich tatsächlich dieselbe Figur wie Charlotte gewesen sein sollte, durchlief auch sie eine charakterliche Veränderung von der expliziten, offenbar zustimmenden Äußerung zur Erklärung von Theodors Position hin zu einer wesentlich dezenteren Rolle.

In der nächsten Fassung ist es Großvater Rose, der das „Rassenproblem" benennen muss, zunächst, indem er Theodor ermuntert, kein Blatt vor den Mund zu nehmen, und ihn dann dafür tadelt, in der falschen Zeit zu leben, engstirnig zu sein und immer noch „Rassenvoreingenommenheiten" zu hegen.

GROSSVATER ROSE: Ich seh' auch kein Problem darin. Ein Kind mehr im Haus ist nur ein Problem, wenn nichts zu essen da ist. Sonst ist das gar kein Problem.

THEODOR: Ich sehe das anders.

GROSSVATER ROSE: Was siehst Du anders? Was meinst Du denn für ein Problem? Na?

Theodor schweigt.

GROSSVATER ROSE: Sprich's doch aus. Du redest bloß drumrum. Meinst Du das Rassenproblem?

Theodor schweigt wieder.

GROSSVATER ROSE: Also hör mal, wenn Du uns da heute noch mit kommst!

THEODOR: Lieber Schwiegerpapa. Du weißt, wir stimmen in manchen Punkten unserer Anschauungen nicht überein.

GROSSVATER ROSE: Also was denn? Du bist tatsächlich noch so borniert, hätt' ich beinah gesagt.

THEODOR: Nenn es ruhig borniert. Nach meiner Meinung gehört Art zu Art.

GROSSVATER ROSE: Mensch, Theodor. – Dass Du noch mit Rassenvoreingenommenheit kommst. Sag mal, in welcher Zeit lebst Du denn?![19]

Trotz Großvater Roses Stichelei bleibt Theodor still – bis er das Gefühl hat, Einspruch gegen den Vorwurf seines Schwiegervaters, er sei „borniert", erheben zu müssen, und mit der rassistischen Maxime aufwartet, dass dieselben Arten zusammengehören („Nach meiner Meinung gehört Art zu Art" – eine Phrase, in der die Betonung der Nazis auf „Artgleichheit" widerhallt, die Carl Schmitt 1934 unterstützt hat): Großvater Rose lehnt dies zu Recht als rassistisches Vorurteil ab. In dieser Filmversion ist das Schweigen weitgehend nur Theodors Schweigen, und Großvater Rose benennt nicht bloß das Rassenproblem, sondern ist außerdem ziemlich wertend, indem er seinen Schwiegersohn vor der Familie und den Gästen beschuldigt, ein engstirniger Fanatiker zu sein. Vielleicht wurde deshalb die Szene weiter umgeschrieben.

In den Drehbuchentwürfen finden sich ausgestrichene Sätze und Überarbeitungen der Kommentare von so ziemlich jedem Charakter in dieser Szene; der Kompromiss, der in der endgültigen Fassung herauskam, derjenigen, die man im Film sehen kann, lässt Theodor selbst sein persönliches „Prinzip", wie es genannt wird, bekräftigen und mildert den Tadel des Großvaters ab. Charlotte, die älteste Tochter der Roses und Frau Theodors, wird nun von den Drehbuchautoren und nicht von anderen Figuren zum Schweigen gebracht, im Film wird dies offenkundig, da es eine zu lange hörbare Pause nach ihrem unvollständigen Satz („Einen Augenblick, Papa, ich …") gibt, ehe Theodor sie angeblich „unterbricht". Was ursprünglich wohl ihr Kommentar gewesen war, wird nun in abgeschwächter Form von der Frau des Anwalts ausgesprochen, Frau Übelhack, einer Außenstehenden, die nicht zur Familie Rose gehört.[20]

Wo ist Zuhause?

Wie im Film veranschaulicht, werden die Möglichkeiten, welche die Familienmitglieder diskutieren, nur theoretisch zur Sprache gebracht. Trotz der Meinungsverschiedenheiten innerhalb der erweiterten Familie, hat sich das Haus am Fliederweg bereits deutlich als halbutopisch entpuppt. Die Roses sind nicht arm: Großvater Rose entwickelte Arzneimittel und verdiente mit den Patenten Geld; Theodor ist als Produzent nicht sonderlich erfolgreich und hätte sehr gerne eine Finanzspritze von der wohlhabenden, aber schwierigen alten Jungfer, Tante Wally, doch die Mehrgenerationenfamilie lebt gut und kann eine Köchin und ein Dienstmädchen beschäftigen. In den Werbematerialien wird sie als Patrizierfamilie bezeichnet, sie schätzt die Gesellschaft von Doktoren und Anwälten. Das Haus ist geräumig zu einer Zeit, als dies in Deutschland selten war, und der Familienarzt verkündet in seiner Geburtstagstischrede auf Helene, dass die Familie sich darüber freuen möge, in einer Position zu sein, in der sie kein Wohnungsamt belästigen könne (das Wohnungsamt teilte Flüchtlingsfamilien Wohnraum in Häusern zu, die als groß genug galten, um nach dem Krieg Platz bereitstellen zu können), und dass sie keine „Eindringlinge" mehr fürchten müssten. Ist Toxi (die das erste Mal vor dem Haus zu sehen ist, genau als das Wort „Eindringlinge" im Inneren fällt) solch ein Eindringling oder kann sie in das glückliche Heim integriert werden, wo der Großteil des Filmes spielt? Die Atmosphäre des Jahres 1945 ist verschwunden – oder wurde überdeckt –, da der Film *Toxi* den Zuschauern eine Straße voll Blumen in einer anscheinend unbeschädigten oder komplett wiederhergestellten Stadt präsentiert und den Fokus auf eine Bürgerfamilie legt, die keine Verluste an Menschenleben beklagen muss, die Freiheit von jeder Not genießen kann und sich nur mit der Möglichkeit konfrontiert sieht, ein Kind zu adoptieren, als Test, ob das Rassenproblem mit anderen Nachkriegsaugen betrachtet werden kann.

Eine Alternative zur Adoption, die der Film erwähnt, aber nach der nicht gehandelt wird, ist der Polizeigewahrsam und in der Folge die Überweisung an Sozialeinrichtungen. Der Polizeiinspektor Plaukart (Willy Maertens), der erscheint, um Toxis Angelegenheit zu untersuchen, ist einfach eine zu freundliche Figur. Allerdings visualisiert der Film Toxi in einem der städtischen Waisenhäuser, nachdem Großvater Rose einen Herzinfarkt erlitten und sich Theodors Willen gebeugt hat. Und gegen Ende des Films, als Theodor versucht, Toxi ins Waisenhaus zurückzubringen, sie jedoch verliert, sehen wir sie den ganzen Tag in der großen Stadt umherlaufen, bis eine Pseudo-Familie von Zirkuskünstlern sie mitnimmt mit der Absicht, sie zu entführen und auszubeuten. Das sind tatsächlich erschreckende Alternativen dazu, im Haus der Roses willkommen zu sein.

Das Kinderheim Nordland, das Waisenhaus, ist ein krasses Gegenbild zum Familienheim. Obwohl es sich um einen sauberen, hellen Ort handelt und die Vorsteherin (Katharina Brauren) sowie die Krankenschwester (Gertrud Prey) fürsorglich und professionell zu sein scheinen, wirkt es doch immer noch als der Inbegriff kollektiver Heimatlosigkeit. Im Spielzimmer sind etwa zwei Dutzend Kinder, viele von ihnen gemischtrassig, die sich um drei runde Tische scharen, und beim Besuch des Großvaters singt ein ganzer Kinderchor „Ich möcht so gern nach Hause gehen“, das Lied, das sie, wie wir von einem der Kinder erfahren, von dem gemischtrassigen Mädchen Tabita gelernt haben, weithin einfach bekannt als Toxi-Lied: „Ich möcht’ so gern nach Hause geh’n, ay ay ay. / Die Heimat möcht’ ich wiederseh’n, ay ay ay ay. / Ich find’ allein nicht einen Schritt, ay ay ay. /

Abb. 29: *Toxi*: Kinderheim Nordland, mit Großvater Rose (Paul Bildt) und Toxi (Elfie Fiegert). DVD-Screenshot. Licensed by Kineos GmbH.

Wer hat mich lieb und nimmt mich mit? Ay ay ay. / Ich bin so verlassen und hör' kein liebes Wort, / So fremd sind die Gassen. Warum kann ich nicht fort? / Kann niemand denn mein Herz versteh'n, ay ay ay? / Ich möcht' so gern nach Hause geh'n, ay ay ay."

Dieses Lied, das Michael Jary mit einem Text von Bruno Balz für den Film komponierte, singt Toxi ein weiteres Mal, unpassenderweise während eines Dreikönigsumzugs mit den Jenrich-Kindern. Das vollständige Lied ist komplett orchestriert als eine Art Ouvertüre während des Vorspanns zu hören, und orchestral kehren seine Motive bei anderen Höhepunkten des Films und an seinem Ende wieder.[21]

Wo *ist* das Zuhause der Kinder? Wo ist Toxi *zu Hause*? Diese Frage stellt der Film, verkörpert und intensiviert durch dieses Lied, seinen Zuschauern – eine Frage, die besonders schmerzlich ist in einer Zeit, da „Heimat" für Millionen Deutsche eine schwierige Angelegenheit war. Die Geschichte der Fiegert-Familie sprach insbesondere die große Bevölkerungsgruppe der Flüchtlinge im Nachkriegsdeutschland an: schlesische Vertriebene aus Breslau, die ihr Kind verloren hatten, ihr Zuhause und das Filmtheater, in dem Fritz Fiegert als Filmvorführer gearbeitet hatte, sie hatten eine neue Heimat im ländlichen Bayern gefunden und das Mädchen adoptiert, das als Toxi bekannt werden sollte. Die journalistischen Aufarbeitungen der Geschichte der Fiegerts fanden Widerhall in anderen Nachkriegssagas von wiederhergestellten Familien (vgl. Abb. 27 am Beginn dieses Kapitels). Nach dem Verlust ihres eigenen Kindes durchlebte Gertrud Fiegert Berichten zufolge eine Depression, war an Leib und Seele gebrochen. Ein Arzt brachte sie auf die Idee, ein Kind zu adoptieren, und fuhr mit ihr in ein Waisenhaus. Unter den vielen Babys aller Nationalitäten habe es Frau Fiegert mit seltsamem Instinkt zu einem neun Monate alten, dunkelhäutigen Kind hingezogen, und bald wusste sie: „Dieses und kein anderes nehme ich!"[22] Elfie Fiegert/Toxi wurde somit als geeignet dargestellt, die durch einen Verlust verursachte Depression ihrer Adoptivmutter zu heilen, dies trotz (oder genau wegen?) ihrer Andersartigkeit.

Ist die andere Hautfarbe eines Kindes wirklich so wichtig, wie Theodor glaubt? Um dieser Frage nachzugehen, stellten Filmemacher, Publizisten und Kritiker in den frühen 1950er-Jahren gerne die Hautfarbe auf alle möglichen Arten in den Mittelpunkt – einige machten es gut, andere nicht so gut. Zusammen mit Toxi lesen die Jenrich-Kinder „Die Geschichte von den schwarzen Buben" aus *Struwwelpeter*, dem berühmten (und gruseligen) Kinderbuch aus dem 19. Jahrhundert, die Episode, in welcher der Nikolaus drei boshafte deutsche Kinder zur Strafe dafür, dass sie über einen Mohren spotten, in Tinte taucht, mit der Moral: „Du siehst sie hier, wie schwarz sie sind, / Viel schwärzer als das Mohrenkind." [*Als ich ein kleines Kind war, trug mir meine Mutter den ganzen* Struwwelpeter, *der in Versform geschrieben ist, vor und ließ ihn mich auswendig lernen.*] Auf dem Weg ins Waisenhaus streckt ein weißer Junge Toxi die Zunge heraus, eine eindeutige Reaktion auf ihre andere Hautfarbe, was sie mit einem dreimaligen Zunge-Herausstrecken erwidert. Inspiriert von Toxi startet Hertas Freund Robert eine Schokoladen-Werbekampagne mit einem Mohren-Thema – aus einer Fantasiewelt irgendwo zwischen Sarotti-Schokolade und *Imitation of Life.*[23]

Später scheint es an Bedeutung zu gewinnen, dass sich die Jenrich-Kinder ganz am Anfang des Films nach Schokolade sehnen. Ilse und Susi zeigen sich Toxi gegenüber sehr gastfreundlich und empfangen sie begeistert wie eine Schwester, doch bei Susis Geburtstagsparty wird Toxi zum Ziel der Vorurteile anderer Kinder, wird von einem etwas älteren und besonders rassistischen Mädchen vom Spiel mit den Übrigen ausgeschlossen, vom Verzehren des Geburtstagskuchens und vom Berühren eines Spielzeugs, zudem ist sie dem herzlosen Kommentar des Mädchens ausgesetzt: „Du brauchst ja keinen Mohrenkopf, Du hast ja selber einen." Dieser Ausschluss und die Gemeinheit der Bemerkung bringen Toxi so weit, dass sie die Party verlässt, sich auf die Treppe setzt und weint.

Das Thema des Genusses von Schokolade und anderen Süßigkeiten wurde enthusiastisch in der intensiven Presseberichterstattung zu dem Film aufgegriffen, und das Sammelbuch im Stemmle-Archiv enthält zahlreiche Überschriften von Artikeln ebenso wie Fotos und Berichte, die Toxi mit der Süßigkeit Mohrenkopf und Schokoladenriegeln assoziieren und nicht nur der Figur, sondern auch der Darstellerin einen ungewöhnlich großen Appetit auf Süßes unterstellen.[24] Die Pressemappe beinhaltete folgende Geschichte des Kameramanns Igor Oberberg: Er musste einen zweiten Mohrenkopf auftreiben, der mit der Farbe des ersten übereinstimmte, den er Toxi während der Dreharbeiten zu einer Szene zum Essen gegeben hatte. Es erwies sich jedoch als schwierig, einen anderen mit exakt der gleichen Farbe zu finden, letztendlich kaufte Oberberg 120 Mohrenköpfe – von denen Elfie Fiegert angeblich zwölf verspeiste!

Toxi ist eindeutig ein „süßes" Mädchen, und bald vermutet das Kinopublikum, dass es nur eine Frage der Zeit ist, bis Toxi im Haus der Roses akzeptiert wird. Theodors Widerstand gegenüber Toxi ist leicht durch ihre einfache Ehrlichkeit, ihre reine Güte und ihre natürliche Freundlichkeit zu überwinden. Und in der Tat zeigt der Film Jenrichs Wandlung. So ein hartherziger Eiferer er am Anfang zu sein scheint, hat er doch ein Gewissen und erkennt, dass er Toxi mittlerweile so sehr ins Herz geschlossen hat, dass es für ihn schwer wäre, sie nicht mehr im Haus zu haben: Er wandelt sich, wie die Werbebroschüre für Journalisten es formuliert: „Aus Saulus wurde Paulus."[25] Es ist bezeichnend, dass Jenrichs Wandlung sich während der Zeit vollzieht, die er mit Toxi allein verbringt. In ihrer Gesellschaft hat er plötzlich keine Rückenschmerzen mehr und versteht, dass auch er das „Rassenproblem" mit anderen Augen betrachten und Toxi als menschliches Wesen begreifen kann und nicht als rassisches Abstraktum.[26] In einer Sequenz, die Zeilen aus dem Toxi-Lied wörtlich auszulegen scheint („Ich find' allein nicht einen Schritt" oder „So fremd sind die Gassen"), geht Toxi in Hamburg verloren. In der Szene, die überraschenderweise in langen Sequenzen ohne irgendwelche Ruinen gezeigt wird, landet sie schließlich bei Zirkuskünstlern, die sie quasi zu entführen versuchen, und singt in deren Wagon das Toxi-Lied ein weiteres Mal. Ironischerweise ist es Jenrich, der jetzt verzweifelt nach ihr sucht und sichtlich glücklich und erleichtert ist, sie mit Hilfe der tüchtigen Polizei zu finden und am Ende eines langen, sorgenvollen Tages nach Hause bringen zu können. Jetzt, da das Melodrama seinen Verlauf genommen zu haben scheint, jedes Hindernis und die Schlechtigkeit in Theodor überwunden wurden, erwartet man eine ausgedehnte Szene einer glücklichen Familienvereinigung mit Toxi, wie eine generationenübergreifende Weihnachtsfeier – wie es der Umzug der Drei Weisen aus dem Morgenland, den die Kinder für die Erwachsenen darstellen, verspricht, mit Susi, die auf eigenen Wunsch als Mohrenkönig schwarz geschminkt ist, und Toxi mit weißer Schminke.

Ein Deus-ex-Machina-Ende

Gegen Ende des Films rechnet sodann jeder damit, dass Toxi ein vollwertiges Mitglied der Rose-Familie wird – mit Ausnahme von Wally, der wohlhabenden und arroganten Schwester von Großvater Rose, von deren Geld die Familie jetzt unabhängig ist, da Großvater Rose gerade einige seiner Patente verkauft, um Theodors Firma wieder solvent zu machen. Es ist folglich eine große Überraschung für die Zuschauer und eine erschütternde Erfahrung für alle Mitglieder der Familien Rose und Jenrich, als Toxis schwarzer Vater James R. Spencer (Al Hoosman) plötzlich an der Tür läutet (exakt beim Wort „Mohrenland" im Umzug der Drei Weisen aus dem Morgenland) und das Haus zusammen mit Toxis Großmutter, Frau Berstel, betritt. Er spricht Englisch, gibt sich seltsamerweise als Toxis Vater zu erkennen, indem er einen amerikanischen Pass vorzeigt, und sagt, er habe überall nach Toxi gesucht und sei so glücklich, sie gefunden zu haben. Anders, als man es in diesem Moment vielleicht erwartet, entwickelt sich kein dramatischer Dialog zwischen der Pflegefamilie und dem leiblichen Vater oder zwischen

Abb. 30: *Toxi*: Papa und Toxi. James R. Spencer (Al Hoosman) und Toxi (Elfie Fiegert). DVD-Screenshot. Licensed by Kineos GmbH.

der leiblichen Großmutter und dem leiblichen Vater. Es ist interessant, dass im Originaldrehbuch Theodor Jenrich „in einer Aufwallung" und mit dem Eifer eines echten Konvertiten seinen emotionalen Widerstand gegen Toxis Abreise zum Ausdruck bringt: „Das geht doch nicht." Bereits in der Drehfassung darf Theodor diese Empfindung nicht mehr artikulieren und nur Großvater Rose als Vertreter des Realitätsprinzips sagt zu seinem einst rassistischen Schwiegersohn: „Ich hätte ja gern etwas getan für eins dieser Kinder. Ihm ein Zuhause gegeben. Aber nun kommt der richtige Vater. Da können wir nichts machen. Nee, nee, Theodor. – Wenn sie uns auch fehlen wird."[27] (Im Film wurde auch Großvater Roses direkte Anrede an Theodor weggelassen und durch „Ne, ne, ne, ne, Kinderchen" ersetzt.) Wir müssen einfach akzeptieren, dass Spencer (der eine Tankstelle betreibt, wie Frau Berstel berichtet) Toxi jetzt mit nach Amerika nimmt. PENG!

Das Wohnhaus der Roses fühlt sich durch Toxis baldige Abreise bedrohlich leer an. Kann Toxi wirklich weggehen, ausgerechnet jetzt, da jeder, das Filmpublikum eingeschlossen, so sehr möchte, dass sie bei den Roses im Haus am Fliederweg bleibt? Der Film sagt ja, und Toxi, die vom Umzug immer noch weiß geschminkt ist, erzählt ihrem Papa, dass die Gesichtsfarbe verschwinden wird – und wie um (ziemlich wenig überzeugend) zu beweisen, dass Amerika ihre wahre Heimat ist, beginnt sie, auf Englisch (mit einem starken deutschen Akzent) zu zählen, bis das Crescendo des orchestralen

Toxi-Lied-Motivs ihre Stimme übertönt und zum überraschend schnellen Auftauchen der Großbuchstaben „ENDE“ auf der Leinwand überleitet.

Natürlich mag der Betrachter zu diesem Zeitpunkt begreifen, dass im Text des Toxi-Liedes „Ich möcht' so gern nach Hause geh'n“ sich das „nach Hause geh'n“ möglicherweise nicht nur auf ein Kind bezieht, das gefunden wurde, nachdem es alleine in einer großen Stadt verloren gegangen ist, sondern die Zeile mag auch besagen, dass sich Toxi in Deutschland niemals zu Hause fühlen kann: „So fremd sind die Gassen. Warum kann ich nicht fort?“ Kann Toxi – und im weiteren Sinne können Kinder wie sie – in Deutschland ein Zuhause haben oder ist ihr natürliches Zuhause anderswo? Es ist sonderbar, dass die Frage, ob Toxi von der Rose-Familie adoptiert wird oder nicht, die einen Großteil des Dramas und des Sinngehalts des Films ausmachte und das Zentrum von Theodors glücklicher Wandlungserfahrung bildete, am Schluss so abrupt fallen gelassen wird, buchstäblich in den letzten drei Minuten des Films, ohne große Vorwarnung.[28] (Mittlerweile sind alle Nebenhandlungen aufgelöst: Großvater Rose und Theodor sind wieder ganz ausgesöhnt; Theodors Wandlung wird von Dauer sein, und die Finanzen der Jenrichs stehen auf stabileren Füßen; Roberts Werbekampagne hat offenbar großen Erfolg, und er und Herta werden zweifellos heiraten; der freundliche Polizeiinspektor Plaukart und die neue Köchin, Anna, scheinen sehr gut miteinander auszukommen; Frau Berstels Operation ist gut verlaufen und so weiter.) Man fragt sich auch, ob Amerika der Erwartung an Toxis echte Heimat gerecht werden wird – wo ihr Sprache, Menschen und Straßen sicherlich fremd sein werden, die Jim-Crow-Praktiken der frühen 1950er gar nicht zu erwähnen.

Einige zeitgenössische Kritiker und die spätere Sekundärliteratur beanstandeten das Filmende in Deus-ex-Machina-Manier und brachten ihre Unzufriedenheit mit der Tatsache zum Ausdruck, dass man das ernste Thema des Films dadurch scheitern ließ. Arianna Giachi klagte schon 1952, der Film sei spießiger Kitsch, der nur mit den Gefühlen des Publikums spiele, und sogar „der endgültige Entschluß, Toxi zu behalten führt zu keinen ernsten Konsequenzen. … der Negervater erscheint nämlich ganz plötzlich aus Amerika und nimmt seine kleine Tochter mit sich. So ist jede Problematik aus dem Film fortgeräumt, ehe sie noch begonnen hat.“[29] 1982 fand Rosemarie Lester die Lösung des Problems billig: „Der schicke, braune *deus ex machina* enthebt die schicke, weiße Patrizierfamilie letzten Endes verantwortlichen Handelns.“[30] Leroy T. Hopkins hingegen bewertete den Film 1999 als das Ergebnis einer „Vermählung von Mitleid, Melodrama und totaler Ignoranz der sozialen Implikationen von Rasse“ und vermerkte, dass das „Problem der Behandlung von Toxis Andersartigkeit auf einem anderen Level als dem einer emotionalen Antwort auf ein nicht bedrohliches Kind durch die Ankunft ihres Vaters beseitigt wurde, der sie wie ein Deux ex Machina mit sich nimmt. Das Problem des Umgangs mit einer erwachsenen Toxi, die möglicherweise in die Familie einheiratet, wird so umgangen."[31] Und 2005 argumentierte Yara-Colette Lemke Muniz de Faria, dass der Versuch des Films, Vorurteile in der deutschen Bevölkerung abzubauen, wegen seiner Vereinfachung und Verfälschung von Problemen fehlschlug. „Toxi, die bereits von einer weißen deutschen Familie aufgenommen worden war, bleibt nicht in Deutschland. Dabei ist nicht die biologische Bindung zum ihr völlig fremden Vater ausschlaggebend, sondern die Überzeugung, daß dieses Kind im ‚natürlichen Sinne' zu seinem schwarzen Vater gehört, bei schwarzen Menschen besser untergebracht ist und im ‚eigentlichen Sinne' auch dort und nicht in Deutschland leben soll."[32] Das Ende des Films mit dem Rückzug eines GIs aus der deutschen Gesellschaft ist auch geschickt abgestimmt mit der Rückkehr der deutschen Souveränität und der neuen Möglichkeit von Vaterschaftsklagen gegen amerikanische Soldaten.[33]

Da der Schluss für ideologische kritische Abhandlungen zu dem Film so zentral war, lohnt es sich, Angelica Fenners Hinweis zu folgen, die gezeigt hat, dass in der finalen Filmfassung eine zusätzlich geplante Sequenz gestrichen wurde, die in der Drehfassung immer noch auftauchte: In dieser kehrt Großvater Rose ins Kinderheim zurück und adoptiert das gemischtrassige Mädchen Tabita, das den anderen Kindern das Toxi-Lied beigebracht hat, gerne Knöpfe abreißt und dem Toxi viele ihrer eigenen Knöpfe überlassen hat. Im Original-Script beinhaltete dieser Schluss keinen neuen Dialog, sondern bestand lediglich in einem kurzen, dreiseitigen Zusatz zum 224-seitigen Text. Es wird gezeigt, wie Toxi Großvater Rose mit ihren Wimpern einen „Schmetterlingskuss" gibt, wie sie es auch früher gemacht hat, doch diesmal als endgültiges Lebewohl. Darauf folgt ein Blick auf das leere Haus, die sich öffnende Tür des Kinderheims und Großvater Rose, der erscheint und Tabita an der Hand hält, die wieder einmal versucht, einen Knopf von seinem Mantel abzureißen. Großvater Rose greift in seine Tasche, holt eine ganze Handvoll Knöpfe heraus und gibt sie Tabita, die vor Freude über dieses Geschenk hüpft – während das orchestrale Motiv des Toxi-Liedes wiederkehrt und die Kamera zum Fenster des Kinderheims schwenkt, gegen das andere Kinder ihre Nasen pressen, über denen dann das Wort „Ende" erscheint.[34]

Ob diese letzte Szene aufgrund zeitlicher und finanzieller Zwänge nach dem Übergang des Projekts von Real- zu Fonofilm geopfert wurde oder ob der Schnitt Stemmles Entscheidung oder das Ergebnis einer Drehbuchkonferenz zu einem späten Zeitpunkt war – der Effekt des Schlusses wäre ganz anders gewesen, wenn die Tabita-Handlung zur endgültigen Filmfassung hinzugefügt worden wäre. Das überraschende Ende wäre einfach dadurch etwas abgemildert worden, dass man den Zuschauern mehr Filmzeit lässt, um die Nachricht zu verdauen, dass Toxi heim nach Amerika gehen wird (wo sie natürlich nie gewesen ist). Das Ende mit Tabita hätte dann eine explizite Stärkung des allgemeinen Adoptionsthemas bedeutet, welches über die Akzeptanz von Toxi alleine weit hinausgeht. Natürlich könnte der längere Schluss die Zuschauer auch dazu verleitet haben, über Toxi/Tabita im allgemeineren Sinne nachzudenken und nicht als konkrete Kinder, die im Film recht unterschiedlich gezeichnet sind, wobei Tabita spitzbübisch ist, heiß auf Knöpfe und bereit, diese von der Kleidung der Leute abzureißen, und Toxi als Inbegriff für höfliches Benehmen gezeigt wird. Man fragt sich auch, ob sich das Publikum leichter mobilisieren lässt, was das Anliegen des Films, die Rassenunterschiede und die Integration, anbelangt, indem der Film mit dem Verlust endet, den man bei Toxis Abreise empfindet, oder mit der Aussicht, dass unter den Besatzungskindern rasch ein anderes Kind zu finden ist, das Toxis Platz einnehmen kann.

Reagiert der Betrachter stärker auf die Darstellung einer Abwesenheit oder einer echten Möglichkeit, auf ein bestimmtes Versprechen, das zurückgenommen wird, oder auf eines, das durch einen Ersatz erfüllt wird? In jedem Fall ist der Schluss des Films *Toxi* mit der überraschenden Ankunft des leiblichen Vaters des Kindes eine weitere Version davon, wie sich der Traum eines GI-Vaters verwirklichen kann.

Für die Beurteilung des Films scheint es unerheblich zu sein, auf den vielen stereotypen Assoziationen mit Schokolade herumzureiten, die *Toxi* artikuliert und auslöst. Der Ausruf des Dienstmädchens der Roses „ein Schokoladenmädchen" – mit der gleichen Überraschung, die ein Schwarzmarktkunde in Billy Wilders *Eine auswärtige Affäre* (der Gegenstand des nächsten Kapitels) bekundet, wenn er ruft „eine Schokoladentorte" – bringt nicht nur ein koloniales Klischee zum Ausdruck, sondern auch den Wunsch nach Schokolade als einer besonders wertvollen Delikatesse in den Nachkriegsjahren. Bemerkenswerter ist, dass Stemmles Film (im Gegensatz zur gemischtrassigen Louise in Hans Habes Roman *Weg ins Dunkel*) Toxi nicht als Kind einer Tochter der deutschen Familie darstellt, die im Mittelpunkt steht. Sie ist nicht das leibliche Enkelkind von Großvater Rose und sie ist nicht Theodors Nichte – eine Alternative des Handlungsablaufs, die dadurch unbeabsichtigt hervorgehoben wird, dass Toxi jeden mit Verwandtschaftsnamen wie „Großpapa" oder „Onkel Theodor" bezeichnet. Obwohl gemischtrassige Verbindungen in dieser Zeit nicht so ungewöhnlich und in der Tat mit ausschlaggebend dafür waren, dass der Film gemacht wurde, taucht Toxis Mutter niemals auf, nicht einmal in Toxis Erinnerungen; was wir erfahren, ist allein die nackte Tatsache ihres Todes. Toxi beantwortet eine Frage zu ihr mit der kurzen Erklärung, dass sie bei ihrem „himmlischen Vater" sei. Der lakonische Einzeiler von Frau Berstel ist nicht viel informativer: „Meine Tochter ist gestorben. ... Ich muss ihm [Toxis Vater] schreiben, dass meine Tochter tot ist." Und für den Fall, dass die Sympathie des Betrachters mit oder die Neugier bezüglich Toxis Mutter durch diese flüchtige Bemerkung inmitten anderer trauriger Neuigkeiten über Frau Berstel geweckt worden sein sollte, antwortet Anna mit einem Kommentar, der ebenso unpassend wirkt, wie er wahrscheinlich den Zuschauern bewusst macht, dass sie eine fiktionale Geschichte sehen: „Manchmal ist das Leben wirklich wie ein Roman." Der Film lässt Toxis Mutter aus nicht näher erläuterten Gründen und seit einer widersprüchlichen Zeitspanne tot sein – bei Frau Berstel klingt es so, als wäre es gerade erst passiert, aber Toxi scheint keine Erinnerungen an ihre Mutter zu besitzen, was den Betrachter zur Annahme bringt, dass sie gestorben sein muss, geraume Zeit bevor die Handlung des Films einsetzt. Ist vielleicht Toxis Schmetterlingskuss eine subtile Spur einer ansonsten unterdrückten mütterlichen Präsenz in ihrem Leben?[35]

Indem er die Mutter tot sein lässt, vermeidet der Film, dass die Fantasie der Zuschauer auf die Vereinigung gerichtet wird, die zu Toxis Geburt geführt hat, welche (sehr vage) nur im Arbeitermilieu der Berstels vorstellbar ist, und sogar dort kann, wie es scheint, die wirkliche Mutter nicht gezeigt oder im vollen Maße erinnert werden.[36] Die Vorstellung, eine junge deutsche Frau aus der Mittelschicht könnte sich mit einem schwarzen Soldaten vereinigt haben, scheint so undenkbar, dass die jüngere Rose-Tochter Herta nur laut auflachen kann, als sie herausfindet, dass ihre Tante Wally vermutet, Herta müsse Toxis Mutter sein: Schließlich hat Herta für die Amerikaner gearbeitet (obwohl Hamburg in der britischen Zone lag) und spricht Englisch. Die Tatsache, dass die Möglichkeit einer echten Blutsverwandtschaft eines gemischtrassigen Kindes mit einer allegorischen deutschen Patrizierfamilie mit einem Lachen abgetan wird, scheint das Adoptionsthema umso plausibler zu machen, kennzeichnet jedoch alle Kinder, die immerhin von deutschen Müttern abstammen, von vornherein nicht als Familienmitglieder, sondern lediglich als mögliche Objekte einer familiären Adoption.[37]

In dieser Hinsicht ist es interessant, sich mit der Reportage über den Film in afroamerikanischen Wochenzeitungen zu befassen, die Elfie Fiegert flankiert von Al Hoosman und Ingeborg Körner (die Herta im Film) mit einer so unklaren Handlungszusammenfassung zeigten, dass man geradezu aufgefordert wird, die drei als Familie zu betrachten: „Al Hoosman, ein Schwergewichts-Boxer aus Los Angeles, der jetzt in Frankfurt … lebt, ist mit der deutschen Schauspielerin Ingeborg K[ö]rner und mit Elfie Fiegert zu sehen, welche die Titelrolle in *Toxi* spielt, einem deutschen Film, in dem der ehemalige Boxer Hoosman der männliche Star ist. Die Geschichte schildert das Leben eines deutschen farbigen Mädchens. Die kleine Elfie ist die Tochter eines amerikanischen farbigen GIs und eines deutschen Fräuleins. Das Foto wurde aufgenommen, als Hoosman und Darstellerkollegen anlässlich der Filmpremiere einen Empfang für 50 deutsche Waisen gaben."[38] Was der *Baltimore Afro-American* und der *Norfolk Journal and Guide* indirekt als Möglichkeit andeuteten, war allerdings etwas, das für den Film außerhalb des Bereichs des Darstellbaren lag.[39] Der Preis, den Toxi für die Entscheidung des Films bezüglich des Handlungsverlaufs bezahlen muss, besteht darin, dass sie tatsächlich ein mutterloses Kind weit weg von Zuhause ist.

Da oft hervorgehoben wurde, der Film solle helfen, die deutsche Toleranz gegenüber farbigen Menschen zu erhöhen, ist es bemerkenswert, dass nicht einmal Elfie Fiegert vom Film *Toxi* einen Nutzen hatte. Ungeachtet all der öffentlichen Aufmerksamkeit, die sie 1952 erhielt, spielte sie lediglich noch eine weitere Hauptrolle, übernahm dann ein paar kleinere Rollen, ehe ihre Karriere als Schauspielerin zum Stillstand kam – trotz der Behauptung im Werbematerial zum Film *Toxi*, sie sei als Schauspielerin ein Naturtalent, und der Prophezeiung, ihr stehe eine große Karriere bevor.[40]

Die Geister der Vergangenheit

Doch könnte man noch eine andere Kritik äußern. Indem die Zuschauer (und viele Kritiker und spätere Rezensenten) dazu gebracht wurden, über gemischtrassige Kinder unter dem Aspekt der Adoption nachzudenken und nicht unter dem eines leiblichen Familienmitglieds, indem das Problem des Integrierens eines super-deutschen, sauberen, höflichen und christlichen – jedoch nicht komplett hellhäutigen – Mädchens in eine deutsche Mittelklassefamilie als Rassenproblem definiert wurde, lenkt *Toxi* gleichzeitig von einem klareren Blick auf die Gesellschaft ab, in die Toxi, das unschuldige Besatzungskind, integriert werden soll. Wenn man die Zusammensetzung des Bundestags im Jahr 1950 bedenkt (als 53 von 403 Mitgliedern des Parlaments Ex-Nazis waren) und sich über den Wiederaufbau der deutschen Filmindustrie nach dem Zweiten Weltkrieg Gedanken macht, ist man versucht, die gesamte Filmcrew von Realfilm/Fonofilm, die an der Entstehung von *Toxi* beteiligt war, näher unter die Lupe zu nehmen.[41] Mithilfe der Internet Movie Data Base ist die Kontinuität von der Nazizeit bis zur frühen Bundesrepublik sofort und leicht erkennbar. Der Regisseur Robert Adolf Stemmle (1903–1973) wurde 1935 Ufa-Regisseur und machte Nazifilme wie *Quax, der Bruchpilot* (1941) und *Der Mann, der Sherlock Holmes war* (1937), in dem Paul Bildt (in *Toxi* Großvater Rose) Sir Arthur Conan Doyle spielte und Ernst Waldow (in *Toxi* Tante Wallys alte Flamme Übelhack) die Rolle des Hoteldetektivs innehatte. Der in Russland geborene Kameramann Igor Oberberg, dessen Arbeit durch die dramatischen Aufnahmen der „Rassenproblem"-Szene in *Toxi* aus Untersicht die Aufmerksamkeit auf sich zog, startete seine deutsche Filmkarriere 1939 mit *Kongo-Express* und Filmen wie *G.P.U.* (1942) und *Die unvollkommene Liebe* (1940), in dem Paul Bildt und Erika von Thellmann (in *Toxi* Frau Übelhack) mitspielten. In einem weiteren Nazifilm, *Rembrandt,* geschnitten von der *Toxi*-Cutterin Alice Ludwig, tauchten Wilfried Seyferth (in *Toxi* Theodor Jenrich), Erika von Thellmann und Elisabeth Flickenschildt (Tante Wally) zusammen auf; in *Madame Bovary* (1937) waren Paul Bildt und Katharina Brauren (die Direktorin des Waisenhauses in *Toxi*) gemeinsam zu sehen; *Ein Mann mit Grundsätzen* (1943) wurde von Maria von der Osten-Sacken geschrieben (die auch als Co-Autorin des Drehbuchs von *Toxi* tätig war, wobei sie das „von der" ablegte) und Ernst Waldow (Übelhack) war einer der Schauspieler. Tatsächlich waren unter den Schauspielern der älteren Generation nur Willy Maertens (der Polizeiinspektor) und Lotte Brackebuch (Frau Berstel) genuine „Nachkriegs"-Schauspieler; die meisten anderen kannten sich aus Filmen der Nazizeit.

Der Komponist des Toxi-Liedes „Ich möchte so gern nach Hause gehen" war Michael Jary, der die Musik für 30 Nazifilme beisteuerte, darunter Kriegshits von Zarah Leander wie „Ich weiß, es wird einmal ein Wunder gescheh'n" und „Davon geht die Welt nicht unter" (beide aus dem Film *Die große Liebe* von 1942), die zwei Lieder waren extrem populär als Durchhaltelieder, die nach dem Beginn der Bombardierungen durch die Alliierten die deutschen Kriegsbemühungen nochmals bekräftigten und stärkten. Die Texte für diese beiden Lieder stammen von Bruno Balz, der auch die Zeilen für das Toxi-Lied verfasste. Paul Bildt, der Schauspieler, der den barmherzigen Großvater Rose spielt, welcher vorschlägt, sein Schwiegersohn solle das Rassenproblem mit anderen Augen betrachten, war nicht nur in *Die große Liebe* (als unfreundlicher Oberkellner) zu sehen, sondern hatte auch die wichtigere Rolle des Rektors im abscheulichen Nazi-Propagandafilm *Kolberg* von 1945 inne. Und Regisseur Stemmle drehte den Film *Am seidenen Faden* (1938), der in der Sekundärliteratur als antisemitisch getönter Propagandafilm beschrieben wird, in dem Paul Bildt (Großvater Rose) den Bankier Brögelmann spielt und Wilfried Seyferth (in *Toxi* Theodor Jenrich) als Verkäufer der Firma Hellwerth zu sehen ist.[42]

Man fragt sich, ob man in der Schlüsselszene von *Toxi*, als Herta Toxi mit den Worten verteidigt „so ein Kind kann nichts dafür; so ein Kind ist unschuldig", dasselbe über die erwachsenen Darsteller sagen könnte. Man fragt sich auch, ob es nicht bei der Interaktion einiger Schauspieler jenseits der Leinwand während der Dreharbeiten zu *Toxi* eine augenzwinkernde Anerkennung der früheren Stemmle-Filme und der weithin geteilten Nazi-Vergangenheit gegeben hat. Wie auch immer man das Ende interpretieren will, es besteht kein Zweifel, dass die Filmfamilie, in die Toxis Integration aufgrund ihrer anderen Hautfarbe als ernsthaftes Problem gezeigt wird, selbst tiefe und weit verzweigte Wurzeln in der nationalsozialistischen Filmgeschichte hat, Wurzeln, die nicht benannt werden. Macht die Toleranz gegenüber einem dunkelhäutigen Mädchen das Erbe des Antisemitismus und des Genozids der deutschen Gesellschaft wett, löst sie das Rassenproblem? Diese offensichtlichen Kontinuitäten mit Nazi-Deutschland erwägend, ist man beinahe versucht, sich die Rose-Familie vorzustellen, wie sie den berühmten Gesang aus Tod Brownings klassischem Horrorfilm *Freaks* (Missgestaltete) von 1932 anstimmt: „Sie ist eine von uns! Wir akzeptieren sie!"

Wenn man vielleicht etwas selbstgerecht in diesen Abgrund blickt, stellt man fest, dass darin sogar ein noch tieferer Horror steckt. Denn die Verurteilung einzelner Menschen ist leicht dahingesagt, Menschen, die in einem Staat lebten und arbeiteten, in dem die grundlegenden Menschenrechte zwölf Jahre lang außer Kraft gesetzt waren und für die der „Ausnahmezustand" tyrannische Realität war. So wurde Bruno Balz (1902–1988) Berichten zufolge 1941 wegen Homosexualität von der Gestapo inhaftiert und gefoltert; obwohl er die Texte der Lieder des Nazi-Propagandafilms *Die große Liebe* geschrieben hatte, berühmte Lieder, die von Zarah Leander gesungen wurden, die die meisten Deutschen in den 1940ern erkannt (und an die sie sich in den frühen 1950ern erinnert) hätten, durfte sein Name daher nicht im Abspann erscheinen. Michael Jary (1906–1988), geboren als Jarczyk in Oberschlesien, dessen Kompositionsstil von den Nazis 1933 angegriffen wurde, half Balz, aus der Gestapo-Haft herauszukommen.[43] Von Paul Bildt (1885–1957), dem Mann, der Großvater Rose spielte, wissen wir, dass er als „jüdisch versippt" gefährdet war: Er hatte am 27. November 1928 Henriette Friedländer (1885–1945) geheiratet, eine jüdische Schauspielerin, deren Bühnenname Lotte Frei war, und blieb die gesamte Nazizeit hindurch mit ihr verheiratet. 1938 fügte die Reichsfilmkammer diese Rasseninformation zu Bildts Geheimakte unter der ominösen Überschrift „Ehen mit Juden und Jüdinnen als Entlassungsgrund mit Liste von Schauspielern und Schauspielerinnen (Albers – Wüst)" hinzu und schloss mit der Anweisung, dass diese Information weder mit Bildt geteilt noch kopiert oder fotokopiert werden dürfe.[44] Im Fadenkreuz der Kontrolle der Rassenreinheit versuchte Bildt folglich anscheinend, seine Frau und ihre Tochter Eva durch seine aktive Filmarbeit zu schützen, zu der auch die Mitwirkung an Propagandafilmen wie *Kolberg* gehörte. Bildts Biograf schreibt, dass Henriette Bildt am 6. März 1945 an Krebs starb. Bei Ankunft der russischen Armee in Berlin im April wollten Bildt und seine Tochter zusammen Selbstmord begehen und schluckten jeweils eine Überdosis Veronal. Sie starb, er aber überlebte.[45] Es gibt vermutlich noch mehr Nazi- und Nachkriegsgeschichten aus der bewegten Vergangenheit weiterer Mitwirkender. Geschichten der 1940er-Jahre!

Alternativen zu *Toxi*?

Ehe man den Film im Nachhinein verurteilt und komplett ablehnt – es ist so einfach, eine ideologische Kritik zu verfassen, und so schwer, Kunst und Kritik zu schaffen, welche die utopischen Möglichkeiten besser ausdrücken –, muss man über die Tatsache staunen, dass der Film überhaupt gedreht wurde, und auch darüber, dass er als Einziger in Deutschland oder übrigens auch in den Vereinigten Staaten die Geschichte der Besatzungskinder zu seinem zentralen Thema gemacht hat.[46] Auch hob er sich merklich von einigen ungeheuerlichen Diskussionsweisen über gemischtrassige Kinder zur selben Zeit ab.

[*Mein eigenes Zeugnis mag kein großes Gewicht haben, ich jedenfalls sah den Film im Alter von neun Jahren, kurz nachdem er herausgekommen war, und als Ergebnis des Filmbesuchs wollte ich, dass meine Eltern ein Kind wie Toxi adoptierten. Wie die Fiegerts waren wir schlesische Flüchtlinge, was meine Identifikation mit dem Film noch gesteigert haben mag, und die Tatsache, dass wir zu dieser Zeit zusammen in einem einzigen gemieteten Zimmer lebten, hielt mich nicht davon ab, mir eine adoptierte Schwester zu wünschen. Das Filmprogramm, das ich viele Jahre lang aufbewahrte, gab dem Film den Untertitel „Die Geschichte eines Mulattenkindes". Und von den Hunderten von Filmen, die ich vor meinem 14. Geburtstag sah, war* Toxi *derjenige, an den ich ungewöhnlich starke Erinnerungen behalten habe, so wie ich auch nie das Toxi-Lied vergessen habe.*

Um hervorzuheben, was Toxi *unverwechselbar macht, könnte ich auch erwähnen, dass eine meiner frühen Erinnerungen diejenige eines Rosenmontagszugs in Mainz ist, damals in der französischen Besatzungszone. Ich glaube, es war der erste Karneval nach dem Zweiten Weltkrieg. Dort gab es einen Umzugswagen mit Schwellköpp, Menschen mit gigantisch großen Kopfmasken, die eine Familie darstellten: ein schwarzer Vater in Militäruni-*

form, eine weiße Mutter in einem Kleid und ein paar Kinder, eines Schwarz und Weiß kariert, eines gesprenkelt und ein anderes gestreift. Ich war von diesem Aspekt des Umzugs absolut verwirrt, der lustig gemeint war (es war immerhin Karneval), und vielleicht liegt darin ein tieferer Ursprung meines Interesses an gemischtrassiger Familiensymbolik. Als ich an das Stadtarchiv und das Fastnachtsmuseum in Mainz schrieb in der Hoffnung, dass es dort eine Fotografie dieses einen Umzugswagens gäbe, wurde mir mitgeteilt, es sei keine vorhanden. Bei der Recherche für dieses Kapitel veranlasste mich eine Fußnote in dem Buch Farbe bekennen, *eine westdeutsche Bundestagsdebatte aus dem Jahr 1952 nachzuschlagen, in der, zeitweise auf beunruhigende Art und Weise, über die Zukunft gemischtrassiger Kinder debattiert wurde. Und dort stieß ich auf eine Rede der Christdemokratin Frau Dr. Luise Rehling, die argumentierte, dass die Behandlung der Besatzungskinder eine deutsche Frage sei, die wichtig sei und öffentlich diskutiert werden müsse, aber dass es „völlig undiskutabel" sei, „die Aufmerksamkeit der Öffentlichkeit in der Form auf diese Frage zu lenken, wie es in der Karnevalszeit in einer Stadt geschah, in deren Rosenmontagszug man einen Wagen sah mit der Beschriftung ‚Made in Germany'. Auf ihm standen deutsche, als Mulatten zurechtgemachte Kinder. So etwas kann man kaum noch als Geschmacklosigkeit bezeichnen." Hier warf ein anderes christdemokratisches Parlamentsmitglied, Margarete Gröwel, ein: „Unglaublich!"*[47] *Im Vergleich zu solchen zeitgenössischen öffentlichen Darstellungen in Deutschland war* Toxi *in der Tat wie ein frischer Wind.*]

Bei all der Kritik, die sie äußerte, bat Rosemarie Lester ihre Leser am Ende, zu bedenken, dass es 1952 wirklich wichtig war, ein überlebensgroßes „farbiges Besatzungskind" ins Zentrum der öffentlichen Debatte zu rücken.[48] Und der Film erregte öffentliche Aufmerksamkeit. *Toxi* war unter den zehn beliebtesten westdeutschen Filmen des Jahres 1952; er stand auf Platz acht unter annähernd 500 deutschen und ausländischen Konkurrenten, die in diesem Jahr herausgekommen waren.[49] Während unter den Rezensenten ein paar kritische Stimmen laut wurden, von denen einige hervorhoben, dass die Lebensgeschichten der Kinder, die Toxi repräsentieren sollte, von wesentlich ernsthafteren Problemen gezeichnet waren, war die Resonanz überwältigend positiv, wobei sogar eine *Spiegel*-Titelgeschichte für Robert Stemmle dabei heraussprang.[50] Marie Nejar (die Sängerin, bekannt unter dem Namen Leila Negra, die das Toxi-Lied aufnahm) schrieb in ihren Memoiren, dass die wahre Geschichte der Elfie Fiegert (die die ältere Negra kennen gelernt hatte) einen besseren Film abgegeben hätte, in ihren Augen war der Film aber dennoch akzeptabel für seine Zeit und sie fügte hinzu, dass er vermutlich ein paar Menschen davon abgehalten habe, ihre weniger tolerante Sicht in der Öffentlichkeit kund zu tun.[51] Als symbolische Figur, die einem Film aus dem Jahr 1952 entstammt und die einen Namen hat, dessen Herkunft nie erläutert wurde, ist Toxi erstaunlich präsent geblieben – ob in der Pluralform von „alle Toxis", die verwendet wurde, um auf Besatzungskinder im Allgemeinen zu verweisen, oder im Widerhall, den sie anderweitig fand. So zeichnet der Roman *Afra* von Eva Demski aus dem Jahr 1992 die Geschichte eines Nachkriegs-Besatzungskindes aus dem ländlichen Bayern durch die Jahrzehnte nach, irgendwann wird das Kind von einem Paar aus der Stadt als Toxi bezeichnet, weitere Anspielungen an den Film folgen, die nicht erläutert werden – so dass die Autorin vorausgesetzt haben musste, dass deutsche Leser in den 1990ern, vier Jahrzehnte nach seinem Entstehen, immer noch mit der Gestalt aus Robert Stemmles Film vertraut waren.[52]

Vielleicht ist es auch erwähnenswert, dass zeitgenössische amerikanische Reaktionen offenbar entlang der Rassengrenze geteilt waren: Die Nachrichten der *New York Times* über *Toxi* bestanden in einer kurzen Handlungszusammenfassung des Films über ein „schmerzliches" Thema und in einem kritischeren, ebenso kurzen Kommentar über den Umgang des Films mit „einem wichtigen Problem auf eine etwas unbeholfene Art", so dass er „nur als manchmal kitschig beschrieben werden kann".[53] Im Gegensatz dazu fanden sich in der afroamerikanischen Presse aufwändig illustrierte, detaillierte und anerkennende Beschreibungen der Handlung und Berichte über *Toxi* mit dem Hauptakzent auf Al Hoosman und Elfie Fiegert.[54] (Natürlich wurden in amerikanischen Filmen der Nachkriegszeit typischerweise weiße Schauspieler eingesetzt, um die Rollen von gemischtrassigen Charakteren zu spielen.) Eine amerikanische Vorführung des Films in der Weihnachtszeit 1953 wurde in der *Norfolk Journal and Guide* angekündigt.[55] Die *Amsterdam News* erwähnte das „gut aussehende" Schwergewicht Hoosman und lobte Fiegert dafür, dass sie ein „schönes und liebenswertes Kind mit großen schauspielerischen Möglichkeiten" sei, rühmte *Toxi* dafür, „die Misere der ‚Besatzungskinder' ohne Vater zu zeigen … mit Finesse und einem Hauch von Schärfe", und resümierte, dass Toxi „die Geschichte der Liebe der Kinder füreinander ist, die Farbgrenzen übersteigt".[56] Der *Baltimore Afro-American* widmete eine ganz Vorderseite einer Fotomontage aus Filmszenen und einem sehr detaillierten Bericht über die Handlung unter den Überschriften „Brown Baby Film Is a Hit" und „*Toxi*: The Story of a War Baby Nobody Wanted Is Cheered in German Theatres", der mehr oder weniger die ganze, von der Allianz-Film-Werbung bereitgestellte Handlungszusammenfassung abdruckte. Auf der Seite, auf der der lange, mit einem Foto von Elfie Fiegert illustrierte Artikel schloss, lenkte die Zeitung die Aufmerksamkeit auf deutsche Waisen, „die vom Piloten James Clukies, zweite Radio Staffel, Hilfe in Form von Süßigkeiten erhalten" auf einer Party in Darmstadt „für deutsche Waisen im Rahmen des neuen Films. US-Soldaten begleiteten die Knirpse."[57]

Wie so viele Geschichten der 1940er, war die Geschichte von *Toxi* schwerlich eine, die den Erfolg der Besatzung der Alliierten dokumentierte, sondern eher ein Melodrama eines der Probleme, welche durch die Besatzung überhaupt erst entstanden waren. Die Verbindung von *Toxi* mit dem Thema Adoption blieb in der öffentlichen Diskussion, und wiewohl es zweifelhaft ist, ob es eine Zunahme an deutschen Adoptionen von Besatzungskindern in der Folge der Veröffentlichung von *Toxi* gegeben hat, intensivierten sich die Diskussion darüber doch auf beiden Seiten des Atlantiks, umso mehr, als Al Hoosman, inspiriert durch seine Rolle als Toxis Vater, das Anliegen aufgriff und in Deutschland und den USA weithin bekannt wurde für seine Kampagne, Pflegeeltern für die Adoption von deutschen Besatzungskindern und Waisen zu finden.[58] Er startete seine Kampagne zunächst alleine, doch nachdem er eine Menge öffentliche Aufmerksamkeit für das Herausschmuggeln des farbigen Mädchens Rosemary Kubik aus Ostdeutschland erfahren hatte, gelang es ihm 1958, Unterstützung seitens der westdeutschen Regierung zu erhalten. Er gründete die Organisation Hilfe für farbige und elternlose Kinder.[59] Hoosman blieb in Westdeutschland und wirkte noch in ein paar Filmen mit, darunter das Besatzungsmelodrama *Town Without Pity* (*Stadt ohne Mitleid*, 1961). Er starb 1968 und wurde in München beigesetzt. Abschließend darf man folglich feststellen, dass der Film *Toxi* mindestens das Leben eines Menschen verändert hat.

Abb. 31: Billy Wilder auf dem Filmset von *A Foreign Affair* (*Eine auswärtige Affäre*), 1948. Werbefotografie von Paramount. Margaret Herrick Library, 11437-2/44. © Universal Pictures/UniversalClips.com.

SIEBEN

20. August 1948 / 6. Mai 1977

Eine Paramount-Filmkomödie, die im Berlin der Nachkriegszeit spielt, wird in den Vereinigten Staaten herausgebracht und 29 Jahre später erstmals in Deutschland gezeigt.

Heil Johnny!

Billy Wilders *A Foreign Affair (Eine auswärtige Affäre)* oder Die Entnazifizierung der Erika von Schlütow

Amidst the ruins of Berlin
Trees are in bloom as they have never been
Sometimes at night you feel in all your sorrow
A perfume as of a sweet tomorrow!
That's when you realize at last
They won't return – the phantoms of the past
A brand new spring is to begin
Out of the ruins of Berlin!
In den Ruinen von Berlin
Fangen die Blumen wieder an zu blüh'n,
Und in der Nacht spürst du von allen Seiten
Einen Duft, als wie aus alten Zeiten!
Dans les ruines de Berlin
Les arbres en fleur parfument ton chemin!
I na razwálina Berlina
Nacnátsja nowaja wesná!

Friedrich Holländer, „The Ruins of Berlin"

Die Berliner Unterhaltungskünstlerin Erika von Schlütow ist ein leichtes Mädchen, von ihrer Vergangenheit kompromittiert. Um 11 Uhr vormittags ist sie immer noch im Bett in ihrer zerstörten Wohnung und verdeckt mit ihrem Hinterteil das US-Emblem auf der Bettdecke, die sie sich durch die Fraternisierung mit Captain John Pringle verschaffen konnte. Als John sie nach dem nicht zusammenpassenden Pyjama fragt, den sie trägt – „Wie zum Henker kann man nur das Oberteil des einen und das Unterteil des anderen verlieren" –, witzelt Erika, „Johnny, du kennst die Nazi-Partei [Nazi party] nicht", als wären die Nazis eine Art Pyjama-Party. Im verrufenen Nachtclub Lorelei, in dem Erika auftritt, hebt sie „ihre seidenen Pobacken auf das Piano". „Eine Rhein-Jungfer, eine Walküre – doch eine Jungfer, die auf die Palme gegangen ist, und eine Walküre, die auf Abwege geraten ist", war sie eine „aktive Nazi-Frau von 1935 bis Kriegsende" und trägt ein Kleid, „das am ersten Tag, als die Nazis Paris einnahmen, von Schiaparelli geplündert worden sein muss".

Als sich die Kongressabgeordnete aus Iowa, Phoebe Frost, die mit einem Kongressausschuss nach Berlin gekommen ist, der die Moral der amerikanischen Truppen untersuchen soll, von Erika manipuliert fühlt, fragt sie verbittert: „Was ist das? München von Neuem?!" Erika ist hier nicht nur eine Frau, sondern ein Sinnbild für Nachkriegsdeutschland, zutiefst kompromittiert durch die Nazi-Vergangenheit. Manchmal scheint Johns Hingezogensein zu Erika durch solche Assoziationen angefacht zu werden. Ihre Küsse „klingen in seinem jungen … Herzen nach wie die Blechbläserabteilung, die die Ouvertüre von *Tannhäuser* spielt", und nachdem er ihr gegenüber eingeräumt hat, dass er ihre Nazi-Akten mit seiner eigenen Unterschrift geklärt hat, fragt John: „Wie wäre es jetzt mit einem Kuss, du Bestie von Belsen?" Der Ausdruck „Bestie von Belsen" war weit verbreitet in Bezug auf den Kommandanten des Konzentrationslagers Bergen-Belsen, Josef Kramer, und die sadistische KZ-Wächterin Irma Grese, beide wurden zum Tode verurteilt und 1945 hingerichtet.[1]

„Eine Walküre, die auf Abwege geraten ist"?

Auf ein Publikum, das mit Erika von Schlütow aus Billy Wilders Film *Eine auswärtige Affäre* vertraut ist, wirkt dieses Porträt von ihr in weiten Teilen ungereimt, denn Erika tauchte so nur in einer früheren Bearbeitung der Story und in einem Vorzensur-Drehbuch auf.[2] In späteren Fassungen wurden all diese Passagen gelöscht, und in Wilders Film redet John Pringle Erika nicht als „Bestie von Belsen" an, sondern als „umwerfende Sprengfalle", gefolgt von dem Freudenjauchzer „Ya-hoo!". Eisenhower hatte angeblich von europäischen Prostituierten als von „Sprengfallen" gesprochen und hinzugefügt: „Durch diese Variante wurden mehr Männer außer Gefecht gesetzt als durch das Original."[3] Kurz gesagt, Erikas deutsche Allegorie änderte sich von einer skandalösen und opportunistischen Nationalsozialistin, die John glücklicherweise für eine Amerikanerin verlassen kann, hin zu einer unwiderstehlich attraktiven *femme fatale*, die schlicht ein paar Kompromisse machen musste und muss.

Wie lässt sich diese dramatische Wandlung erklären? 1945 hatte Billy Wilder der Information Control Division (ICD) der amerikanischen Militärregierung „Propaganda durch Unterhaltung" vorgeschlagen, wobei er argumentierte, dass der Reiz des Neuen, dem deutschen Publikum Wochenschauen und Dokumentationen zu zeigen, vorbei sei. Er bot an, stattdessen einen „Unterhaltungsfilm" zu machen, der „eine ganz besondere Liebesgeschichte sein könnte, klug ausgearbeitet, damit wir mit ihrer Hilfe ein paar ideologische Themen verkaufen können".[4] Was hatte er im Sinn, und wie ist es mit dem Film in Beziehung zu bringen, der aus diesem Vorhaben hervorging? Welche „ideologischen Themen" verkaufte der Film von 1948 schließlich?

Einige Antworten finden wir in den geplanten, erwogenen und verworfenen Handlungen, in Überbleibseln der Plots im Paramount-Besitz und in den Zugeständnissen, die auf das Verlangen der Zensur hin gemacht wurden – eine unübersichtliche Reihe von Quellen, die Spuren im Film hinterlassen haben. Diese Genese macht es außerdem schwer, den Zeitpunkt der Handlung genau zu datieren. Der Film wurde im August 1945 geplant und im August 1948 herausgebracht, sein Zeitrahmen scheint sich frei innerhalb dieser Drei-Jahres-Spanne zu bewegen. Ein Bezug auf den „Empire Day" scheint den 24. Mai als Datum der Ankunft der Delegation festzulegen, die nur kurze Zeit in Berlin bleibt. Die sehr aktive Verfolgung der amerikanischen Entnazifizierungs-Kampagne, ein Bezug zu den Nürnberger Prozessen (die im November 1945 begannen) und die Tatsache, dass die Aufhebung des Fraternisierungsverbots erst kürzlich erfolgt zu sein scheint, würden auf irgendwann im Jahr 1946 hindeuten. Trotzdem hat man das Gefühl, dass es sich um einen längeren Zeitraum handeln muss: John hatte seit vier Jahren keinen Heimaturlaub, die Besatzung scheint schon seit einiger Zeit zu bestehen, und Plummer, der Colonel, der für die Kongressdelegation verantwortlich ist, sagt, dass die ersten freien Wahlen in Berlin abgehalten worden seien – und die fanden am 20. Oktober 1946 statt –, all dies lässt einen eher an das Jahr 1947 denken. Eine Anspielung an den Marshall-Plan, der erstmals am 5. Juni 1947 zur Sprache gebracht wurde, würde die Handlungszeit sogar noch später datieren. Allerdings ist in der Herzlichkeit zwischen Amerikanern und Russen noch kein Anflug eines Kalten Krieges zu spüren, und der Schwarzmarkt ist in vollem Gange, so dass man wahrscheinlich noch nicht das Jahr 1948 schreibt, kurz vor der Einführung der D-Mark und der anschließenden russischen Blockade Berlins, die alles verändern sollte.

Eine Alternative zum Selbstmord

Wilders originaler Plot-Entwurf – „eine ganz einfache Geschichte von einem amerikanischen GI, der hier mit den amerikanischen Besatzungstruppen stationiert ist, und einer deutschen ... Frau, [deren] Ehemann, ein Oberleutnant der Luftwaffe, bei einem Einsatz über Tunesien getötet wurde" – war, so erläuterte er der ICD, inspiriert von einem zufälligen Zusammentreffen in Berlin mit einer Frau, die im August 1945 am Kurfürstendamm Trümmer wegräumte (ich habe diese Episode in der Einleitung erwähnt). „Ich hatte eine Zigarette weggeworfen, und sie hatte die Kippe aufgehoben", schrieb Wilder. Es entwickelte sich ein Gespräch, in dem die Frau beiläufig sagte, sie werde das Gas andrehen, sobald es wieder funktioniere, es aber nicht anzünden. „Warum? Weil wir Deutschen nichts mehr haben, für das wir leben." Wilder antwortete, „Wenn Sie für Hitler leben ein Leben nennen, dann, denke ich, haben Sie recht." Er bot ihr sodann eine ganz neue Lucky Strike an, die sie aber nicht annahm. Stattdessen kehrte sie zum Aufräumen der Trümmer zurück. Diese Begegnung mit der Verzweiflung inspirierte Wilder zu dem Vorschlag, seinen Film zu drehen. „Genau hier, in diesem kleinen Dialog, findet sich das Thema des Films, und hier findet sich das simple Ende, das ich erreichen möchte: Wenn das Gas schließlich wieder angestellt ist, zündet unsere deutsche Frau ein Streichholz an, um ihr Essen zu kochen, ein paar mickrige Kartoffeln, zugegeben – doch jetzt, da ihr einige neue Tatsachen bewusst wurden, hat sie ‚etwas Neues, für das sie leben kann'. Das sollte der Film aussagen (in Eisenhowers Worten): ‚Dass wir nicht hier sind, um das deutsche Volk herabzuwürdigen, sondern um es unmöglich zu machen, Krieg zu führen' – und am Ende ‚lassen Sie uns ihnen ein wenig Hoffnung geben, dass sie sich in den Augen der Welt reinwaschen können'."[5]

Ob Wilders Vorschlag, die Geschichte einer lebensmüden deutschen Kriegswitwe zu verfilmen, in eine von Eisenhower inspirierte Beteiligung an „Propaganda durch Unterhaltung" hätte verwandelt werden können, ist fraglich. Eher scheint es Billy Wilders außerordentlicher Fähigkeit zu entsprechen, bittersüße Filmkomödien zu schaffen, um damit Gedanken an Selbstmord oder Tod zu vertreiben. Als das Projekt schließlich zu einem Paramount-Film wurde, bot Wilders alter Freund Erich Pommer seine Hilfe an.[6] Pommer war der Produzent von Josef von Sternbergs Film aus dem Jahr 1930 *Der blaue Engel* (mit Marlene Dietrich in der Hauptrolle) und von Robert Siodmaks Berlin-Film aus dem Jahr 1931 *Der Mann, der seinen Mörder sucht*, für den Wilder als Drehbuchautor tätig war, und er war jetzt Film Production Control Officer des ICD, eine Position, die er offenbar auf Wilders Empfehlung hin angenommen hatte.[7]

Billy Wilder wurde 1906 in die jüdische Familie von Maksimilian und Eugenia Wildar in Sucha hineingeboren, einem galizischen Dorf in der Nähe von Krakau (das damals österreichisch war), er ging in Wien zur Schule und schrieb Drehbücher und drehte später selbst mehrere Filme in Berlin, einen in Paris und viele weitere in den Vereinigten Staaten. Er war noch keine 40 und auf dem Gipfel seiner Hollywood-Karriere bei Paramount angelangt, wegen des Erfolgs von *Double Indemnity* (*Frau ohne Gewissen*, 1944), und für *The Lost Weekend* (*Das verlorene Wochenende*, 1945) hatte er vier Oscars erhalten.[8] Für einen Freund in der ICD war es ein Leichtes, den Vorschlag eines so hervorragenden Hollywood-Regisseurs anzunehmen.

Am Tag nach der Befreiung brach Wilder nach Europa auf und arbeitete für die Kontrollabteilung für Film, Theater und Musik der Division für psychologische Kriegsführung. Er war auf verschiedene Weise mit den Schrecken der jüngsten Vergangenheit konfrontiert. Vor allem versuchte er herauszufinden, was mit seiner Mutter geschehen war (sein Vater war 1927 in Berlin gestorben, lange vor dem Aufstieg der Nazis an die Macht), erfuhr aber nur, dass sie gestorben war. Viel später erst kamen Details zum Vorschein: Sie war mit 58 Jahren 1943 ins Konzentrationslager Plaszów bei Krakau deportiert und entweder dort oder nach einem Transport nach Auschwitz ermordet worden; sein Stiefvater und seine Großmutter waren ebenfalls getötet worden.[9]

Wilder nahm an den Entnazifizierungsbemühungen teil, indem er Filmemacher und Schauspieler in Bad Homburg interviewte, darunter Werner Krauß, der die Hauptrolle in dem antisemitischen Film *Jud Süß* spielte, und er schlug nicht nur die Verfilmung einer aktuellen Komödie vor, sondern empfahl auch (mit wenig Erfolg) den Wiederaufbau der deutschen Filmindustrie.[10] Wilder übernahm die Schnitt-Überwachung der entsetzlichen Konzentrationslager-Dokumentation *Die Todesmühlen,* von der 1946 eine Fassung zahlreichen deutschen Zuschauern gezeigt wurde. Die Dokumentation enthält Filmmaterial aus den Lagern, von Opfern, die knapp überlebt haben, und von Unmengen von Leichen ebenso wie von Deutschen, die mit Entsetzen und Scham auf die von den Alliierten erzwungenen Besuche der befreiten Lager reagierten.[11] Wilder flog auch mit einem Kameramann über die zerstörte und verwüstete Stadt Berlin – die Stadt, in der seine Karriere als Filmemacher begonnen hatte – und war der Ansicht, dass sie jetzt „wie das Ende der Welt aussah“.[12] Vor einem derart düsteren Hintergrund wollte Wilder jedoch nach wie vor eine Komödie machen.

Von *Love in the Air* zu *Operation Candybar*

Paramount besaß eine undatierte Bearbeitung einer komischen Geschichte, genannt *Love in the Air,* geschrieben von Irwin Shaw und David Shaw.[13] Es handelt sich dabei um einen albernen Plot, der zu Kriegszeiten spielt und die alte Geschichte eines Seemanns, der in jedem Hafen ein Mädchen hat, buchstäblich in die Luft hebt – deutlich anders als Wilders skizziertes Vorhaben aus dem Jahr 1945.[14] Der Held ist Jasper McKay vom Air Transport Command im schottischen Prestwick. Er hat eine Verlobte in Iowa namens Leona, möchte jedoch die verschiedenen Mädchen besuchen, die er im Laufe des Krieges in Rom, Paris, Moskau, Frankfurt, Kairo und Sydney getroffen hat, um sich zu vergewissern, dass eine Heirat mit Leona für ihn die beste Wahl wäre. Sein Colonel teilt ihn einem „Abgeordneten Kinnicut des Kongresses der Vereinigten Staaten“ zu, „dem Dienstgrad nach einem Generalmajor ähnlich, der eine Tour durch die Einrichtungen der Armee überall auf der Welt macht“ (5). Es stellt sich heraus, dass Kinnicut ein*e* Kongressabgeordnet*e* ist, und nach Besuchen bei Jaspers Freundinnen auf der ganzen Welt findet er heraus, dass keines von „seinen“ Mädchen ihn wirklich immer noch will, nicht einmal seine Verlobte Leona, zu der ihn die Kongressabgeordnete zuletzt fliegen lässt. Indem sie ihn ausschimpft, schreit Leona McKay an, dass der Krieg ihn vulgär gemacht habe: „Vielleicht kannst du mit solchem Zeug vor Soldaten und bei weiblichen Kongressabgeordneten davonkommen“, aber nicht bei einem „anständigen amerikanischen Mädchen“. Wütend gibt Jasper der Kongressabgeordneten die Schuld dafür, dass sie ihm „sechs Hochzeiten ruiniert“ habe. „Ich stehe jetzt ohne Frau da … und Sie sind der Grund“, teilt er ihr mit. Das Drehbuch endet mit der durchtriebenen Antwort der Abgeordneten Kinnicut an Jasper McKay: „Na ja … nicht wirklich komplett ohne …“, was impliziert, dass McKay und Kinnicut zusammenpassen. Dieser Geschichte vom wirkungs- und sinnlosen Don-Juan-Gehabe eines Piloten, der von einer durchtriebenen Kongressabgeordneten kuriert wird, entnahm Wilder lediglich das Motiv eines Soldaten, der sich als Schürzenjäger betätigt und die Wahl hat zwischen dem Mädchen zu Hause, einem ausländischen Mädchen und einer Kongressabgeordneten.

Das nächste Stadium war eine Prosa-Bearbeitung in der dritten Person, verfasst von Billy Wilder, Charles Brackett und Robert Harari, die schon den Titel *A Foreign Affair* trug und auf den 31. Mai 1947 datiert war.[15] (Robert Hararis Name taucht auch im Vorspann des Films für die Adaption auf.) Vorhanden sind hier bereits ein Entwurf des späteren Films und sogar einige Dialogfragmente, die Verwendung finden sollten. Die zentrale

Konstellation um John, der hin- und hergerissen ist zwischen der „wunderbar geformten" Erika, die im Lorelei auftritt, und der „mädchenhaften" Phoebe, ist ebenfalls bereits skizziert. Da Erika „Falling in Love Again" singt, das Lied von Friedrich Holländer aus *Der blaue Engel* (1930), das für immer mit Marlene Dietrich verknüpft sein wird, stellt man sich diese bereits in der Rolle der Erika vor – außer dass, wie bereits deutlich geworden ist, diese frühere Erika weit weniger sympathisch ist, als sie es im späteren Film werden sollte. In Anbetracht von Erikas allegorischer Rolle ist es auch bezeichnend, dass die Schlussszene hier in einer Scheinhochzeit zwischen John und Erika besteht, von der Armee in einer zerstörten Kirche inszeniert, um Erikas hochrangigen Nazi-Gefährten, Otto Birgel, aus seinem Versteck zu locken.

Die Erika der Prosa-Bearbeitung, „mittlerweile gewieft" und stets Opportunistin, sucht ihr Glück in einem Auto mit russischen Offizieren und bittet diese, sie in die russische Zone zu bringen, da „niemand die Amerikaner mögen kann. Sie sind Schweine. Sie lassen mich die Berliner Straßen aufräumen" (46). Aber die Russen versprechen, sie in ein Arbeitslager nach Stalingrad zu schaffen, und die Amerikaner nehmen Birgel fest. Dies lässt am Ende wenig Raum für Mehrdeutigkeit, da John mit Phoebe nach Amerika zurückkehrt. Seine Beziehung mit Erika war bloß eine Affäre, die ohne Bedauern beendet werden kann; ihre Zuneigung zu ihm wiederum war reiner Eigennutz. Die Leser dieser Fassung sind kein bisschen traurig, dass die Russen für Erika Zwangsarbeit in Stalingrad vorgesehen haben. Obwohl John sich nicht abschließend äußern darf, um es auszusprechen, scheint es doch so, als würde er schlussendlich wahrscheinlich glücklich mit Phoebe.[16]

Die deutsche Durchschnittsfrau Erika bietet keine einladende Alternative oder Zukunft, da sie launisch ist: Ihre Verbindung mit dem Boten der amerikanischen Demokratie ist wohl nicht mehr als ein Zwischenspiel zwischen einer totalitären Vergangenheit und einer anderen totalitären Zukunft. Diese deprimierende allegorische Darstellung Deutschlands wurde erst in den letzten Stadien des Filmprojekts durchbrochen.

Irgendwann zwischen Mai und November 1947 müssen Billy Wilder und Charles Brackett beschlossen haben, Erikas Charakter komplexer zu gestalten und dem Plot eine größere Mehrdeutigkeit und der Dreiecksbeziehung mehr Leben zu verleihen. Die Verwandlung, die Erikas Charakter von der Prosa-Bearbeitung bis zu den späteren Drehbüchern durchlief, entspricht der Veränderung in den amerikanischen Einstellungen gegenüber Deutschland von einer eher strafenden Haltung zu einer mehr partnerschaftlichen (wie 1947 vom Marshall-Plan signalisiert), ebenso wie die Ahnungen von einem bevorstehenden Kalten Krieg zu neuen Allianzen beitrugen – was jedoch Wilders Porträt der Russen in dem Film nicht beeinflusste, die er als freundliche Trinker und Gelackmeierte des Schwarzmarkts und nicht als potenzielle militärische Gegner zeichnete.[17] (Die bedrohlichen Russen im Wien der Vier-Mächte-Besatzung in Carol Reeds Film *The Third Man [Der dritte Mann]*, der im August 1949, nur ein Jahr nach *Eine auswärtige Affäre*, herauskam, scheinen wie aus einer anderen Epoche zu stammen: Sie sind unbarmherzig in ihrem bedrohlichen Streben nach zwangsweiser Repatriierung der schönen Anna Schmidt [Alida Valli], die in Graham Greenes Originaldrehbuch eine estnische Displaced Person war und jetzt als sowjetische Bürgerin beansprucht werden könnte, aus der im Film jedoch eine Bürgerin der Tschechoslowakei wird.)[18]

Ebenfalls im Sommer 1947 konnte Wilder einen Vertrag mit Marlene Dietrich unterschreiben, die er sich immer schon für die Rolle der Erika gewünscht hatte und für die Friedrich Holländer die Lieder schreiben würde – wie er es in *Der blaue Engel* gemacht hatte. Offenbar besuchte Wilder Marlene Dietrich mit einigen Probeaufnahmen, in denen die Schauspielerin June Havoc (die in Elia Kazans *Gentleman's Agreement* [*Tabu der Gerechten*] mitgewirkt hatte) die Rolle der Erika spielte, und bat die Dietrich unschuldig um Rat – bis sie mit ihm darin übereinstimmte, dass diese Rolle nur von ihr selbst gespielt werden könnte.[19] In ihrer Autobiografie erinnerte sich die Dietrich an diese Begegnung in Paris etwas anders: Billy Wilder hatte sie bereits angerufen, und sie hatte es abgelehnt, eine Nazi-Frau zu spielen. Doch als er zu Besuch nach Paris kam, um sie zu überzeugen, die Rolle anzunehmen, stellte sie fest, dass es schlicht unmöglich war, ihm zu widerstehen.[20] Wilder erzählte einem seiner Biografen: „Sie war so sehr gegen die Nazis, dass sie zunächst niemanden spielen wollte, der mit einem geschlafen hatte. Ich sagte, ‚Marlene, du bist eine Schauspielerin. Ich möchte, dass du eine Rolle spielst, nicht, dass du der nationalsozialistischen Partei beitrittst.'"[21]

Das nächste Stadium war eine szenische Fassung, *Operation Candybar* (*A Foreign Affair*), verfasst von Wilder, Brackett und Richard L. Breen und datierend vom 20. November 1947. Sie markiert eine Zwischenphase in Richtung auf den Film, mit zahlreichen Regieanweisungen, die direkt aus der Bearbeitung der Story übernommen wurden, wobei jedoch bereits die endgültige Besetzung der Schauspieler aufgeführt wurde ebenso wie die drei unvergesslichen Lieder der Dietrich, „Black Market", „Illusions" und „The Ruins of Berlin".[22] Es war diese Version, die Stephen S. Jackson im Rahmen der Selbstzensur der Filmindustrie bei der Production Code Administration vorgelegt wurde. Die PCA reagierte wachsam: Das Material stelle „ein sehr ernstes Problem" dar und müsse an den Präsidenten der

PCA herangetragen werden.[23] Während die „Charakterisierung der Mitglieder des Kongresskomitees und der Mitglieder der amerikanischen Besatzungsarmee“ im Mittelpunkt der Reklamation standen, meinte das PCA auch, die „Darstellung der Kongressabgeordneten, Phoebe Frost, wie sie sich in einem öffentlichen Nachtclub von zweifelhafter Reputation betrinkt, von der Decke herabhängt, verhaftet und in einem Mannschaftswagen der Polizei ins Gefängnis abtransportiert wird“, verletze die Bedingung des Production Code, dass „die Geschichte, Institutionen, bekannte Persönlichkeiten und Bürger aller Nationen anständig dargestellt werden sollten“. Darüber hinaus erhob das PCA insbesondere Einwände gegen die „Überbetonung von unerlaubtem Sex“, der sich „durch einen Großteil des Drehbuchs durchzuziehen“ schien und besonders in der Beziehung zwischen Captain Pringle und Erika ins Auge fiel. Diese Überbetonung müsste „beseitigt“ werden, um eine Genehmigung des Films zu ermöglichen. Schließlich bildete „die Darstellung von massenweisen und universalen Aktivitäten auf dem Schwarzmarkt seitens des Besatzungspersonals“ auch eine Verletzung des Kodex. Eine akribische detaillierte Auflistung von mehr als zwei Dutzend besonders anstößigen Sequenzen im Drehbuch folgte, mehr als 20 von ihnen befassten sich mit „allzu sexuell Anzüglichem“ oder mit einer zu starken Betonung von „Begierde und ausschweifender Leidenschaft“.[24] Der Brief endete mit der Aufforderung, das veränderte Drehbuch erneut einzusenden, und mit der strengen Erklärung, dass das „abschließende Urteil auf dem vollendeten Film basieren wird“.

Das Paramount-Team von Billy Wilder muss diese Forderungen sehr sorgfältig durchgearbeitet haben, da tatsächlich ein paar substanzielle Änderungen vorgenommen wurden. Jackson hatte insbesondere verlangt, dass die Dialogsequenz über den falsch zusammengestellten Pyjama gestrichen werden sollte, indem er darauf insistierte, dass „Erika die ganze Zeit komplett bekleidet sein muss“, und der passende handschriftliche Vermerk am Rande dieser Szene in *Operation Candybar* lautet: „Der Typ geht einfach rein, während sie im Bett ist, und es ist ihr recht!“ Marlene Dietrich erinnerte sich, wie ein Zensor sogar am Set erschien und ihr verbot, während des Drehs der Szene neben John auf dem Bett zu sitzen. Und tatsächlich liegt Erika in der Filmversion von *Eine auswärtige Affäre* nicht mehr im Bett, als John eintrifft, sie trägt eine Art Bademantel statt des kontroversen, falsch zusammengestellten Schlafanzugs und putzt sich die Zähne – ihre „lüsterne und leidenschaftliche Attitüde“ ist jedoch nichtsdestotrotz unverkennbar.[25] In der Tat störte die Sequenz, die darauf folgt, angeblich sogar Brackett, der die Vorstellung einer „Frau, die liebevoll ins Gesicht eines Mannes spuckt“, nicht mochte, und Wilder sagte zu ihm, „genau so ist eine Tussi, wenn sie einen Typen wirklich mag. Wir zeigen, wie eng die beiden sind – physisch." Brackett (der das war, was man damals als eingefleischten Junggesellen bezeichnete) antwortete angeblich: „Du bist krank, Billy! Krank!"[26]

Zwar war das Handeln der PCA Anlass für viele Änderungen von *Operation Candybar* zu den Censorship and Release Dialogue Scripts vom 24. April und 20. Mai 1948, doch wurden weder die sexuellen Anspielungen noch die politische Bissigkeit im Überarbeitungsprozess substanziell abgeschwächt. Wilder schaffte es, viel anstößiges Material im Drehbuch und im Film zu belassen. Außerdem finden sich Änderungen im Drehbuch, die anscheinend harmlose Szenen erregender machen, auch wenn das, was man tatsächlich auf der Leinwand sieht, sich nicht großartig unterscheiden muss. Beispielsweise ist in der Version vor der Zensur eine kurze Einstellung folgendermaßen beschrieben: „ein deutsches Kindermädchen schiebt einen Kinderwagen die Straße entlang. Da die Eltern des Kindes Amerikaner sind, ist der Kinderwagen mit zwei kleinen amerikanischen Flaggen geschmückt." In der Fassung nach der Zensur heißt es: „ein deutsches Mädchen in der Totalen schiebt einen Kinderwagen, der mit zwei amerikanischen Flaggen geschmückt ist." Die visuelle Andeutung, dass es sich hierbei um das uneheliche Baby eines amerikanischen Soldaten handeln muss (und nicht um das Kind amerikanischer Eltern, das von einem deutschen Kindermädchen ausgefahren wird), wird folglich in dem überarbeiteten Drehbuch verstärkt, und niemand wird nun noch länger an die Begründung glauben, die das Vorzensur-Drehbuch geliefert hat, wenn man sich diese Szene noch einmal ansieht.[27]

Im Stadium der Nachzensur entwickelten Wilder und Brackett außerdem eine ganze Reihe von neuen und witzigen Wendungen. In einer Szene, in der Phoebe nach der Von-Schlütow-Akte sucht und John anfängt, sie zu küssen, um Erikas Akte vor ihr zu verbergen, rezitiert Phoebe ursprünglich die amerikanische Verfassung (wogegen die Zensur keine Bedenken hatte) in ihrem Bemühen, bei dem anscheinend verliebten Captain Zeit zu schinden. In der letzten Fassung ist es Henry Wadsworth Longfellows „Midnight Ride of Paul Revere" mit dem dramatischen Beginn, „Listen". Wilder und Brackett fügten außerdem Johns Antwort auf Erikas Kuss hinzu: „Sachte, Baby. Heute ist Muttertag."[28] Alles in allem machte die Überarbeitung die Dialoge nur noch witziger.

Es gibt eine andere, recht verblüffende (jedoch verworfene) Möglichkeit für den Plot, die Wilder in einem Interview vier Jahrzehnte, nachdem er den Film gemacht hatte, erwähnte: Anscheinend hatte er an eine „forcierte Version" der Handlung gedacht, die er Brackett vorschlug: „Was ich machen wollte, war, dass Captain Pringle nicht nur in der amerikanischen Armee ist, sondern dass er auch Jude ist. *Das* würde es wirklich *zementieren*, wissen Sie. Der amerikanische Leutnant, mit dem die Dietrich eine Affäre hat und den sie heiraten wird, ist Jude. ‚Was? Sie wird einen … heiraten!' Diesen Film hätte ich liebend gern gemacht. Aber dann haben wir den Schwanz eingezogen. [*Lächelt.*] Und wir machten ihn nur zu einem Amerikaner."[29] Unnötig zu erwähnen, dass diese verworfene Möglichkeit des Plots (die Wilder anscheinend auch mit einer *echten* Heirat der mit den Nazis verbandelten Erika und des Juden John beendet hätte) einen etwas anderen Film hervorgebracht hätte. Diese Anekdote wirft ein Licht auf die Tatsache, dass Rasse als Thema nicht vorkommt. Obwohl Konzentrationslager und Gaskammern im Film erwähnt werden, verblüffenderweise in einem komischen Kontext, gibt es keine direkte Anspielung auf Juden oder auf den genozidalen Antisemitismus der Nazis, ebenso findet sich auch nirgendwo in Wilders Berlin eine Darstellung von schwarzen GIs.[30]

Der Film

Als der Film schließlich unter dem Titel *A Foreign Affair (Eine auswärtige Affäre)* fertiggestellt und offiziell am 20. August 1948 herausgebracht wurde (nach Juli-Premieren in New York und Los Angeles), hatte er sehr wenig Ähnlichkeit mit Wilders ursprünglichem Vorschlag an das ICD. Aus der verzweifelten deutschen Trümmerfrau war eine Entertainerin geworden, die alles andere als suizidal ist. Sie ist weder verheiratet gewesen noch verwitwet, sondern hat jetzt einen eifersüchtigen Gestapo-Offizier als Ex-Freund, der in den Untergrund gegangen ist.[31] Die simple deutsch-amerikanische Liebesgeschichte wurde in eine komplizierte Nachkriegsdreiecksgeschichte umgewandelt, mit einem amerikanischen Offizier von zweifelhafter Moral, der hin- und hergerissen ist zwischen einer sinnlichen Deutschen und einer respektablen Amerikanerin, die ihn beide wollen. So ziemlich alles, was von der Geschichte von der suizidalen Witwe des deutschen Leutnant übrig war, ist jetzt in Colonel Plummers kurzer Erklärung in einer seiner Ansprachen an die Kongressabgeordneten enthalten: „Am ersten Tag, als die Gasversorgung wieder funktionierte, gab es 160 Selbstmorde allein in Berlin. Das war vor zehn Monaten. Heute zünden sie ihre Gasherde an und kochen ihre Kartoffeln. Allerdings nicht viele, die Menschen hungern immer noch. Aber die Menschen zeigen neuen Lebenswillen."[32] (Plummer, gespielt von Millard Mitchell, belehrt die Kongressdelegation auch über andere Leistungen der Besatzung: „Wir mussten vier Millionen Flüchtlingen ein Zuhause geben. Das ist schwierig, wenn es dieses Zuhause nicht mehr gibt.“ Und während einer Tour durch Berlin zeigt er der Delegation, wie die deutsche Jugend Baseball spielt, und erläutert, dass sie „verbitterte alter Männer“ gewesen seien, aber „wir versuchen, sie wieder in Kinder zu verwandeln, sie vom Stechschritt und blindem Gehorsam zu heilen. Sie mussten lernen, sich mit dem Schiedsrichter anzulegen, und wenn sie stehlen wollen, dann nur noch die Second Base.“)[33]

Im Film *Eine auswärtige Affäre* wird Captain John Pringle – gespielt von John Lund, da Wilder Clark Gable für diese Rolle nicht gewinnen konnte – gezeigt, wie ein Nylonstrumpf für seinen deutschen Schatz Erika von Schlütow aus seiner Hosentasche herausbaumelt, als er einen Geburtstagskuchen seiner Freundin Dusty aus Iowa erhält (eine leiser Anklang an Jaspers Verlobte aus Iowa, Leona, aus *Love in the Air*). Der Kuchen wird von der Kongressabgeordneten Phoebe Frost (gespielt von Jean Arthur) übergeben, die zu einem Komitee gehört, das am Flughafen Tempelhof landet. Phoebe ist schockiert vom Ausmaß der Fraternisierung, das sie mitbekommt; und sie begibt sich selbst in die Rolle eines deutschen Fräuleins und erlaubt den beiden GIs Joe und Mike, sie abzuschleppen und in den Nachtclub Lorelei zu bringen, wo Dietrich das „Black-Market“-Lied singt. John versucht, Erika vor einem Entnazifizierungsverfahren zu bewahren, und Phoebe versucht, den amerikanischen Beschützer der Nazi-Entertainerin zu finden – unfähig sich vorzustellen, dass es „ihr“ Johnny sein könnte. Erika ist eine elegante und charmante Frau, deren Verstrickung in die nationalsozialistische Partei John erst später klarer wird; Phoebe ist zu Beginn eine gewöhnlich aussehende, verklemmte, puritanische Politikerin, die eine romantischere und ästhetischere (aber auch albernere) Seite in sich erst mit John und inmitten der Ruinen von Berlin entdeckt.[34] Phoebes Weichwerden von einer ideologisch hartherzigen und sexuell verklemmten republikanischen Politikerin zu einer triefäugigen Romantikerin hat Betrachter an Ernst Lubitschs *Ninotchka* (1939) erinnert – was so viel heißt wie, dass Wilders weibliche Vertreterin der amerikanischen Demokratie ebenso verbohrt ist, wie es Lubitschs weibliche Verkörperung der Sowjetideologie war.[35] Wird John bei seiner verbotenen erotischen deutschen Geliebten Erika bleiben oder wird er der republikanischen Kongressabgeordneten folgen? Wilders endgültige Filmfassung wartet mit der überraschenden Wendung auf, dass John auf ausdrücklichen Befehl von Colonel Plummer *vorgeben* muss, er sei weiterhin in Erika verliebt, um Erikas ehemaligen (und äußerst eifersüchtigen) Liebhaber Birgel auszuräuchern: Das „Liebeskommando“, wie Colonel Plummer Johns gefährliche Mission nennt, macht ihn zur Zielscheibe.[36]

Die Mission ist erfolgreich, und Birgel wird in einer Szene im Lorelei-Club getötet, welche die Scheinhochzeit aus einer früheren Bearbeitung der

Geschichte ersetzt: Es ist zugleich die letzte musikalische Nummer, wenn Marlene Dietrich „The Ruins of Berlin" singt. John mag nach dem Ende des Films auf eine ernsthaftere Beziehung mit Phoebe zusteuern – auch wenn eines der „romantischen" Dinge, die er Phoebe in dieser Zeit sagt, darin besteht, dass er jetzt, da er sie getroffen hat, weiß, wen er bei seiner nächste Briefwahl wählen wird. Er ist, wie er selbst und ziemlich glaubwürdig sagt, „ein Liebhaber, der zur Fahrerflucht neigt", nicht gerade jemand, den man heiratet. Auch kann man ihn sich schwerlich zurück in Iowa vorstellen bei all der städtischen Raffinesse, die er sich angeeignet hat – obwohl sich auch Phoebe in ihren wenigen Tagen in Berlin verändert hat (jedoch nicht so dramatisch und vollständig, wie es Ninotchka tat, und Jean Arthur, die von der Dietrich als „komische kleine Frau mit scheußlich näselndem amerikanischem Tonfall" bezeichnet wurde, ist keine Greta Garbo).[37] Die Szene, die Phoebes Verwandlung auslöst, ist der Kuss, den John ihr gibt, um sie vom Aufspüren von Erikas Nazi-Akte abzuhalten, die Phoebe zunächst unter „S" sucht und dann unter „V" für „von Schlütow" – oder, wie John es in zur Seite gesprochenen Worten ausdrückt, „‚V' wie ‚verbissen'" (das Drehbuch ergänzt, dass er Phoebes Mantel „angeekelt" fallen lässt). Am Schluss wird Erika von zwei jungen MPs verhaftet, die sie, nachdem sie ihre Strümpfe gerichtet und ihnen ihre schönen Beine gezeigt hat, so begeistert eskortieren, dass Colonel Plummer zwei weitere Soldaten hinterherschickt, um die Wächter zu bewachen – doch wer weiß schon, was Marlene Dietrichs Charme nicht alles erreichen kann, bei wie vielen Wächtern auch immer?[38] So endet die Geschichte einer komplexen und etwas ungeklärten Dreiecksbeziehung (da der Zuschauer, so wie Wilder es manchmal tat, wenn er über den Film sprach, an John und Erika als romantisches Paar denkt, und nicht an John und Phoebe). Wilder zeigt deutliche Sympathie für Colonel Plummer, das Symbol für Demokratie und Umerziehung, aber auch für die lebhafte und schöne Erika von Schlütow, die in einer Ruine lebt – und die am Ende doch auch immer Marlene Dietrich ist, die glamouröse antifaschistische Kriegsunterhaltungskünstlerin der US-Truppen und bekannte Empfängerin der Freiheitsmedaille (1947), die nur widerwillig eine ehemalige Nationalsozialistin spielt.[39] Außerdem ist sie so eine attraktive und teilnahmsvolle Schauspielerin, dass es beinahe unmöglich ist, sich nicht mit ihr zu identifizieren. Das formal offene Ende des romantischen Plots wird durch die Werbung, die die Veröffentlichung des Films begleitete, verdeutlicht. Ein Paramount-Cartoon stellte Berichten zufolge fest: „Jean Arthur: Die Wahl des Volkes in IOWA. Marlene Dietrich: Die Wahl der Armee in BERLIN."[40] Und es gab ein Plakat aus einer zweispaltigen Anzeige, das folgendermaßen lautete:

Abb. 32: Werbefotografie von Paramount. Gruppenporträt von Jean Arthur, John Lund und Marlene Dietrich für *A Foreign Affair* (*Eine auswärtige Affäre*), 1948. © SNAP.

LERNT JOHN-NIE KENNEN
Er weiß nicht, was er will:
Ein Fräulein mit Fahrgestell …
Oder ein Iowa-Landmädl!

Andere Ideen für die Promotion des Films waren „Bein-Wettbewerbe" – in denen die Beine der Kandidatinnen danach beurteilt wurden, welche am meisten denjenigen von Dietrich ähnelten – und eine Kampagne, die Kaufhäuser oder Fachgeschäfte dazu inspirieren sollte, in jeder Packung Nylon-Strümpfe, die sie verkauften, eine kleine Karte zu platzieren mit der Aufschrift „Marlene Dietrich schmeicheln Nylons in *A Foreign Affair*". Anscheinend nichts von dem, was das „Iowa-Landmädl" trug oder darstellte, schien ähnlich reklamewürdig zu sein. Das Paramount-Werbefoto, das diesem Kapitel als Frontispiz voransteht, zeigt Billy Wilder, wie er konkrete Anweisungen gibt (vgl. Abb. 31 am Beginn dieses Kapitels). Es trägt eine vielsagende Beschriftung: „Regisseur Billy Wilder erklärt Jean Arthur und John Lund, im Jeep sitzend, die Reaktion, die er haben möchte. Instinktiv deutet Billys Gesicht den gesuchten Ausdruck ebenso sehr an wie es seine Worte tun.“ Und was für ein mürrisches Gesicht Wilder auf diesem Foto für die Presseveröffentlichung macht! Wilder schrieb am 12. Juli 1948 auch eine Notiz für Dietrich, die mit „Schatz“ angesprochen wird, in der er sie fragt: „Denkst Du, wir sollten das an Jean Arthur schicken“ (wahrscheinlich Bezug nehmend auf eine Pressenotiz, die für Dietrich günstig war).[41]

Die Voranzeigen des Films führten wohl absichtlich in die Irre, indem sie andeuteten, dass *Eine auswärtige Affäre* von einer internationalen Intrige handelte, und indem eine Reihe von Zeugen unterschiedlicher Nationalität in verschiedenen Hauptstädten gezeigt wurden, die bestätigten, dass der Film „sehr lustig“ sei. Die ersten Vorführungen mussten daher einige Überraschungen bereitgehalten haben. Als *Eine auswärtige Affäre* veröffentlicht wurde, hätte man skeptische Reaktionen der Kritiker und Zuschauer auf eine Handlung erwartet, die kaum „ausgearbeitet“ zu sein schien, um mit „ihrer Hilfe ein paar ideologische Themen“ zu „verkaufen“, und auf ein nur sparsam überarbeitetes Drehbuch, das der Agentur für Selbstzensur der Filmindustrie solche Sorgen bereitet hatte. Die kritische Literatur erwähnt eine angeblich negative offizielle Reaktion seitens der Armee und des Kongresses, doch für diese Hinweise fehlt eine glaubwürdige Quellenangabe, und es wurden keine Belege gefunden, die entweder eine besorgte Reaktion der Armee oder eine Kongressdebatte über den Film dokumentieren würden.[42] Es ist möglich dass solche Hinweise auf zwei Sätze in Bosley Crowthers gänzlich positiver Kritik in der *New York Times* zurückgehen: „Der Kongress mag diesen Film möglicherweise nicht. … Und sogar das Heeresministerium findet ihn vielleicht etwas blamabel“, da sich Brackett und Wilder „hier über die Vorschriften und den Ernst der Bürokratie auf eine sanft elegante und schlau sarkastische Weise lustig machen“. Doch anscheinend haben weder der Kongress noch die Armee je reagiert, und der Film wurde unter einhellig enthusiastischen Kritiken erstmals aufgeführt.[43]

Nur ein Kritiker, seines Zeichens Cutter und Mitglied der Screen Writers’ Guild, Herbert G. Luft, veröffentlichte in einem akademischen Journal einen Angriff auf Billy Wilders komplett „dekadentes“ Œuvre, wobei er sein besonderes Missfallen an Wilders „ungesundem Boulevard-Witz“ in *Eine auswärtige Affäre* zum Ausdruck brachte. Luft beklagte insbesondere die lässige Haltung des Films gegenüber den Nazis, „die als hinterhältig gesehen, doch mit viel Charme und Noblesse gezeichnet werden, wobei sie in einer Atmosphäre von vergleichsweiser Bequemlichkeit leben, mit einer romantischen Fassade eine Dekade der Massenmorde verschleiernd. Diejenigen, die den Mumm der Story preisen, sehen das unheilvolle Zerrbild nicht.“ Charles Brackett verspürte das Bedürfnis, zu antworten und die Tirade Punkt für Punkt zu widerlegen: „Die von Marlene Dietrich gespielte Berliner Frau war so eine komplette Schurkin, dass es notwendig wurde, ihren Charakter etwas humaner zu gestalten. Daher hat sie eine Szene erhalten, die erklärte, wie sie tickt. Ich nehme an, deshalb beschreibt sie Mr. Luft als ‚mit viel Charme und Noblesse gezeichnet'. Bezüglich der Reaktion der Zuschauer auf sie, kann ich nur berichten, dass sie endete, indem sie ins Arbeitslager geht, unter dem erfreuten Lachen des amerikanischen Publikums. Offenbar war dies für Mr. Luft ein sehnsüchtiger und romantischer Ausgang."[44] (Brackett scheint hier auf ein früheres Ende des Drehbuchs Bezug zu nehmen.) Die Entnazifizierung von Erika von Schlütow, der Vorgang, in dem ehemalige Nazis durch Verfahren und Prozesse der Alliierten umerzogen werden, wird im Film nicht wirklich dargestellt; stattdessen kann man sagen, dass der Charakter Erika von Schlütows durch verschiedene Plot-Umarbeitungen von den Drehbüchern bis zum Film entnazifiziert wurde. In jedem Fall fand der Dialog zwischen Brackett und Luft erst vier Jahre nach der Veröffentlichung des Films statt und stand in scharfem Kontrast zu dessen positiver Aufnahme im Jahr 1948.

Wie auch immer, in einem aufschlussreichen Brief aus dem Jahr 1953 an den Herausgeber des *Quarterly of Film Radio and Television,* wo der Austausch zwischen Luft und Brackett veröffentlicht worden war, beschrieb der Marshall-Plan-Filmproduzent Stuart Schulberg, wie Pommer und das Screening Committee der Militärregierung *Eine auswärtige Affäre* nach der Sichtung in Berlin als ungeeignet für ein deutsches Publikum erachtet und eingestuft hatten. Schulberg schreibt: „(Oberflächlich betrachtet scheint dieser Film alles zu haben: Wilder, Dietrich und Berlin. Fast erwartet man, das alte Ufa-Markenzeichen im Haupttitel zu sehen.) Und ich erinnere mich, wie sich unsere Enttäuschung, als die Filmrollen an uns vorüberzogen, in Ärger verwandelte, und unser Ärger in Empörung. Vielleicht waren wir alle zu nahe an der Situation dran; uns fehlte natürlich Wilders unbeschwerte Perspektive. Aber indem wir unsere Objektivität bis zur Grenze der Belastbarkeit strapazierten, konnten wir einen Regisseur nicht entschuldigen, der die Ruinen nur zur Belustigung verwendete, Beamten der Militärregierung die Rolle von Komikern gab und die Nazis für einen extra Lacher einläutete."[45]

Obwohl Schulbergs Sicht vom deutschen Kritiker in *Der Abend* nicht geteilt wurde, der den Film für mutig hielt und als geistiges Carepaket ansah, das sogar die deutschen Ruinen zum Lachen bringen würde, und obwohl es andere deutsche Besprechungen im Jahr 1948 gab, die eine mögliche Veröffentlichung in Deutschland erwähnten, stand Schulberg in Verbindung mit der amerikanischen Motion Picture Export Association, und offensichtlich als Ergebnis seiner Intervention wurde der Film bis zum 6. Mai 1977 nicht in Deutschland gezeigt.[46] [*Ich sah den Film erstmals bei den Berliner Filmfestspielen 1980 als Teil einer Billy-Wilder-Retrospektive, inmitten eines Publikums, das in schallendes Gelächter ausbrach, und war überrascht, wovon ich all die Jahre ferngehalten worden war.*]

Repräsentativer für die allgemeine Einstellung zu dieser Zeit als Schulberg war Ernest Hemingway, der Marlene Dietrich am 1. Juli 1950 ein Vorabexemplar seines Romans *Across the River and into the Trees* (*Über den Fluss und in die Wälder*) sandte und ihr in einem der vielen Briefe, die sie austauschten, mit seiner charakteristischen Interpunktion schrieb: „Denke, du wirst das Buch mögen. Habe schwer daran gearbeitet. Wenn du es nur halb so gern magst wie ich dich in *A Foreign Affair*, bin ich glücklich."[47] Hemingway kannte, liebte und bewunderte Marlene Dietrich natürlich, aber man kann viele weitere Gründe finden, warum Kritiker und Zuschauer den Film im Allgemeinen ebenfalls mochten.

„Ruins of Berlin", „Black Market" und „Illusions"

Was den Film so bildgewaltig machte, war Wilders ausgiebiger Gebrauch von Filmmaterial, das tatsächlich im zerstörten Berlin aufgenommen worden war (wohin Wilder 1947 für Außenaufnahmen zurückgekehrt war), wie es im Vorspann des Films versprochen wurde: „Ein großer Teil dieses Films wurde in Berlin aufgenommen."[48] Von der einführenden Sequenz, die ein verwüstetes Berlin aus der Luft zeigt, und der Schwarzmarktszene am Brandenburger Tor, über Johns Jeep-Fahrt zu Erikas Wohnung und der Besichtigungs-Tour der Delegation durch die Stadt bis hin zur letzten Autofahrt zum Lorelei – die eindringliche Omnipräsenz der Ruinen von Berlin trägt eine Menge zur Wirkung des Films bei. Die Arbeit von Kameramann Charles Lang und Cutterin Doane Harrison war einfach hervorragend.

Da ein Großteil des übrigen Films tatsächlich in den Paramount-Studios gedreht wurde, wo Kulissen des Lorelei (inspiriert von der Berliner Femina Bar) und von Erikas dramatisch zerstörter Wohnung aufgebaut worden waren, wurde die Illusion, dass man sich immer in Berlin befand, größtenteils mit Hilfe der fortschrittlichsten Dreh-Technik erzeugt, die damals verfügbar war. Dass auf Dienste von Spezialisten wie Farciot Edouart zurückgegriffen wurde, der zwei Oscars für sein Können gewonnen hatte, trug dazu bei, das klar fokussierte Rückprojektions-Filmmaterial fast nahtlos in den Film zu integrieren, und suggerierte Realismus anstatt eines Kunstgriffs.[49]

Die Technik ist in *Eine auswärtige Affäre* so natürlich, dass die Präsenz der Ruinen die Charaktere und die Handlung zu beeinflussen scheint. Die

Szene, in der Phoebe und John die erfundene Nazi-Wochenschau anschauen, die Billy Wilder akribisch neu erstellt hat, um Erika neben Hitler zu zeigen (und bei der im Wesentlichen die gleichen technischen Vorrichtungen verwendet werden wie bei der Rückprojektion), erzeugt ein vages visuelles Echo des Rückprojektion-Filmmaterials und eine vorübergehende Illusion der Simultaneität der Besatzungsgegenwart und der Nazi-Vergangenheit, wobei im Stile der romantischen Ironie die Aufmerksamkeit auf die Technik gelenkt wird, als wäre diese Sequenz ein bewusster Kommentar zum Einsatz von Rückprojektion im Film.[50] Der schräge Humor der Wochenschau-Szene wird durch die Tatsache verstärkt, dass der Hitler-Darsteller, wie ein französischer Kritiker des Films hervorhob, eher wie Charlie Chaplins witzige Inkarnation aussieht als wie das düstere Original.[51]

Am Anfang von *Eine auswärtige Affäre* klingt speziell *Triumph des Willens* auf, Leni Riefenstahl Propagandafilm über den Reichsparteitag der NSDAP – ein weiterer von Wilders schlauen Witzen. In beiden Filmen kommt ein Flugzeug von über den Wolken an und wirft seinen Schatten über eine Stadt; Leni Riefenstahls von der Sonne glühendes Nürnberg mit seiner Burg und einer breiten Promenade, auf der uniformierte Männer marschieren; Wilders Ruinenlandschaft Berlins, wobei der Schatten des Flugzeugs hier auch die Erinnerung an einen Bomber hervorruft. Das Flugzeug landet zu einem Empfang (die übertriebenen Heil-Rufe von Riefenstahls Nazi-Menge und die kleine Militärkapelle bei Wilder) und entlässt seine Passagiere über eine Gangway, Riefenstahls Hitler mit einer Hakenkreuzbinde um seinen linken Arm, Wilders Kongressdelegation mit ihrem Erkennungszeichen, einer Binde mit US-Flagge an ihren linken Armen.[52] In Wilders Nazi-Wochenschau schien Erika, so fand ein Rezensent, außerdem wie Riefenstahl hergerichtet zu sein, noch ein visueller Gag.[53] Mit seinem Faible für schwarzen Humor zeigt Wilder auch eine behelmte preußische Statue von hinten, auf der immer noch die Nazi-Propagandainschrift „Der Sieg ist uns gewiss“ aufgemalt ist – in einer komplett zerstörten Gegend in der Nähe des Schwarzmarkts am Brandenburger Tor.

Eine auswärtige Affäre ist zudem ein Film, in dem akustische Effekte einen entscheidenden Unterschied machen. Am wichtigsten: Der Film ist musikalisch sehr reich. Friedrich Holländers drei Lieder, alle dargeboten von Marlene Dietrich, sind nicht nur Höhepunkte des Films, sondern die Lieder sind visuell und textlich in den Film integriert, von der Ouvertüre bis zu den Schlussnoten. Motive aus den Liedern Holländers hallen im Film wider, und die Texte seiner Lieder stehen im Einklang mit visuellen Elementen und mit Dialogabschnitten. So tauchen Porzellanfiguren auf dem Schwarzmarkt auf, ehe man die Liedzeile aus „Black Market“ hört: „Du willst meine Porzellanfigur?“

Die universelle Austauschbarkeit, die Holländers Schwarzmarkt-Song so lebendig demonstriert, wird einem von Billy Wilder beinahe bis zum Exzess eingehämmert, der den Betrachter ständig daran erinnert, dass mit allem und jedem gehandelt werden kann. So bringt Phoebe den großen Geburtstagskuchen von Johns Freundin Dusty aus Iowa nach Berlin, und die Inschrift darauf – der Film bietet eine sehr nahe Sicht auf die Worte „I LOVE YOU I LOVE YOU I LOVE YOU DUSTY" – macht Phoebe verlegen, die herangetreten ist, um einen besseren Blick darauf erhaschen zu können, und sie sagt: „Verzeihung, es war etwas Persönliches." Doch nur scheinbar symbolisieren Kuchen die einzigartige „persönliche" Beziehung zweier Individuen, da John den Kuchen auf dem Schwarzmarkt – wo er mit dem lauten ungläubigen Ausruf „Eine Schokoladentorte!" begrüßt wird – schnell gegen eine Matratze eintauscht. Dann bringt John die Matratze zu Erika, wobei er Dustys Geburtstagsgrüße und Liebesbeweis, aus weiter Ferne herbeigebracht von der republikanischen Kongressabgeordneten, in ein Mittel verwandelt, um es mit Erika im Bett bequemer zu haben. Nachdem Erika Phoebe gesagt hat, sie sei enttäuscht vom Erscheinungsbild amerikanischer Frauen („Sie mögen wohl keinen Lippenstift. Und wie sie sich frisieren oder vielmehr nicht frisieren …"), tauscht Phoebe (wie sie John später erzählt) ihre Schreibmaschine, das Instrument, auf dem sie ihren Bericht über die Moral der Truppen hätte schreiben wollen, für ein Abendkleid auf dem Schwarzmarkt und zahlt sechs extra Farbbänder für ein Paar elegante Schuhe. Die GIs, die auf Fraternisierung aus sind, zeigen Phoebe einen Schokoladenriegel, der im Austausch für sexuelle Gefälligkeiten gedacht ist, und Phoebe spielt vermeintlich mit, posiert als deutsches Mädchen mit dem unglaubwürdigen Namen „Gretchen Gesundheit". Russische Soldaten tauschen auf dem Schwarzmarkt lächerlich hohe Dollar-Summen für eine Mickey-Maus-Uhr ein, und Champagner wird im Austausch für Zigaretten serviert.[54]

Menschen können Metamorphosen so leicht durchlaufen, als wären sie Dinge. Erika hat sich von einer Nazi-Unterhaltungskünstlerin in eine Sängerin für die alliierten Truppen verwandelt und ihren Gestapo-Verlobten Otto Birgel gegen den amerikanischen Fraternisierer John Pringle ausgetauscht; Phoebe durchläuft im Laufe des Films eine Wandlung von einer prüden und verklemmten Kongressabgeordneten zu einer Frau, die gewillt ist, in Liebesdingen einige Risiken einzugehen, für die sie bereit zu sein scheint, ihre politische Unbeweglichkeit preiszugeben. Phoebes erster Besuch im Lorelei-Club findet als Regenmantel tragende republikanische Ermittlerin in Undercover-Mission statt, welche die „moralische Malaria" in Berlin aufspüren möchte; bei ihrem zweiten Besuch ist sie Johns elegant gekleidetes Date, das seinen letzten Abend genießen möchte in, wie John bekräftigt, einer der „besten Absteigen" Berlins. Infolgedessen ist Johns Austausch von Dusty für Erika und von Erika für Phoebe schlicht Teil der generellen Instabilität des Tauschsystems, das in Billy Wilders Film gilt – was jede Auflösung von Johns Liebes-Plot illusorisch macht. Tatsächlich scheint die Geschichte der Plot-Veränderungen von der Romanze der Witwe des deutschen Leutnants in *Love in the Air* über *Operation Candybar* und *A Foreign Affair* zu Wilders erwogener Story des jüdischen GIs einen zusätzlichen Hinweis auf die Austauschbarkeit von Dingen und Menschen zu geben, aber auch auf die unendliche Geschmeidigkeit und Offenheit der Handlungsstränge.

Als Phoebe mit ihrem geflochtenen blonden Haar – sie hat zu diesem Zeitpunkt bereits als „Gretchen" posiert – vor einer Landkarte Deutschlands zu sehen ist, wobei sie auf Colonel Plummers Briefing reagiert, mag sich der Betrachter fragen, ob *sie* die eigentliche deutsche Allegorie ist und nicht die glamouröse Erika, die einen internationalen Hollywood-Look zur Schau trägt. Als das Lorelei durchsucht wird, geht Phoebe auch ein zweites Mal als deutsches Mädchen durch, und Erika bekommt sie aus den Händen der Polizei heraus, indem sie behauptet, dass Phoebe ihre Cousine vom Lande sei. Das Lied „Black Market" mit Komponist Holländer am Klavier erhellt eine allgemeine menschliche Verfassung der Austauschbarkeit, mit viel Doppeldeutigkeit auf das zentrale Objekt des Austauschs deutend, Marlene Dietrich selbst.[55]

Schwarzmarkt,
Spitze für die Gattin, Kaugummi für Küsse.
Schwarzmarkt,
Kuckucksuhren und Armreifen, 1000 Ecken und Kanten.
Komm und sieh dir meine kleine Spieldose an.
Der Preis? Nur sechs Stangen.
Möchtest du sie spielen hören?
Schwarzmarkt,
Nerz und Mikroskop gegen Leberwurst und Seife.
Stöbere ruhig. Ich habe so viel Spielzeug.
Nicht so schüchtern. Kommt näher, Jungs.

Gefällt euch meine Erstausgabe?
Sie gehört euch, so bin ich.
Die Rechnung ist einfach.
Ihr nehmt Kunst, ich nehme das Dosenfleisch.
Für dich gegen deine „K"-Ration

Mitgefühl, und vielleicht
ein Hauch, ein Aufblitzen echter Sympathie.
Ich mache Ausverkauf, nimm alles, was ich habe.
Ambitionen, Überzeugungen, dieser ganze Krempel. Warum nicht?
Viel Spaß mit diesen Waren
Denn, Junge, diese Waren … sind *heiß*.[56]

John zündet sich eine Zigarette an und steckt sie sich in den Mund, während er Erika beim Singen zusieht; Erika nimmt sie sich beiläufig von John, raucht, schlendert zurück auf die Bühne und steckt die angezündete Zigarette dem Pianisten (gespielt von Holländer selbst) zwischen die Lippen, führt das Thema der Austauschbarkeit also fort, indem sie eine sonderbare visuelle Dreiecksbeziehung von zwei Männern und einer Frau erzeugt, die durch dieselbe Zigarette vereint sind, der universellen Währung im Lorelei und auf dem Schwarzmarkt, der Mittelpunkt des Tauschsystems des Films (und von Nachkriegsdeutschland).[57]

Die beiden anderen Holländer-Songs fügen sich ebenso nahtlos ein. Phoebe sagt, dass ihr nicht zum Lachen zumute sei, und John fragt Phoebe, „Lachen Sie auch mal? Fließen ab und zu Tränen?“, einige Zeit bevor Erika „Illusions“ singt, mit so wunderbaren Textzeilen wie:

Want to buy some illusions?
Slightly used. Just like new
Such romantic illusions
And they're all about you.
I sell them all for a penny.
They make pretty souvenirs
Take my lovely illusions
Some for laughs
Some for tears …

Wollen Sie ein paar Illusionen kaufen,
kaum gebraucht, aus zweiter Hand.
Wirklich romantische Illusionen
und sie drehen sich alle um dich.
Ich verkaufe sie für einen Pfennig
als hübsches Souvenir.
Nehmen Sie meine schönen Illusionen,
manche zum Lachen,
manche zum Weinen.

In diesem Augenblick verschiebt sich der Fokus der Kamera von Erika (die im Hintergrund einfach eine weitere Strophe summt) zu Phoebe, selig beschwipst, sichtbar verliebt, und dem scheinheiligen John wird so unbehaglich zumute, dass er Phoebe bittet, ihn nicht weiter in den Himmel zu loben.

Während der letzten Strophe des Liedes zeigt eine Einstellung John und Phoebe am Tisch, während Erika „im Spiegel reflektiert wird, wie sie sich auf sie zu bewegt, gefolgt von einem Geiger". Erikas klare und hell erleuchtete Spiegelung tritt zwischen Johnny und Phoebe und dient als Erinnerung an Phoebes romantische Illusionen. (Die zentrale Dreiecksgeschichte des Plots wird in vielen Einzelbildern mit John, Erika und Phoebe verdeutlicht.)[58] Die Melodie von „Illusions" ist erneut zu hören, als John Phoebe nach Hause in ihr Quartier bringt und sie äußerst verliebt ist.

Der Film endet mit Holländers drittem Lied, „The Ruins of Berlin", das von der gedämpften Hoffnung auf einen Neuanfang erzählt: „Ein neuer Frühling steht bevor / in den Ruinen von Berlin". Natürlich hat der Zuschauer zu diesem Zeitpunkt des Films eine Menge Ruinen gesehen. Der Song ist außerdem viersprachig und macht so den Vier-Mächte-Status der besetzten deutschen Hauptstadt hörbar.[59] Wilder beharrte darauf, dass der Film eine natürlich vielsprachige Atmosphäre ausstrahlen sollte: „Der Film sollte nur in einer Fassung gemacht werden, die Amerikaner sprechen Englisch und gebrochenes Deutsch, die Deutschen sprechen Deutsch und gebrochenes Englisch, die Russen sprechen Russisch etc."[60]

Alle drei Holländer-Lieder bekräftigen die zentralen Themen des Films: Schwarzmarkt, verlorene Illusionen und die Ruinen von Berlin. Und alle drei spielen auch an auf Marlene Dietrichs früheres Holländer-Repertoire aus *Der blaue Engel* und versetzen es in eine Nachkriegswelt. Die Tatsache, dass Holländer selbst am Klavier im Lorelei sitzt, lenkt die Aufmerksamkeit auf die Bedeutung seiner Musik für den Film. Man spürt beinahe eine Sehnsucht bei Wilder, Holländer und Dietrich nach einer Vergangenheit, die so brutal geendet hatte, als die Nazis an die Macht gekommen waren, wodurch die Melancholie verstärkt wird, die man unter der ganzen Komödie und all dem Sarkasmus wahrnimmt. Dieser trockene und streckenweise schwermütige Humor durchzieht auch Holländers Autobiografie, die viele Geschichten über Wilder und Dietrich enthält, doch nur beiläufig erwähnt, dass Holländer den Text und die Musik für Dietrichs Lieder in *Eine auswärtige Affäre* nach einer deprimierenden Reise zurück nach Deutschland geschrieben hat. Holländer listet berühmte Emigranten auf, die 1945 gleich nach Deutschland zurückgingen, und fragt sich: „Konnte man denn dort wieder leben?" Aber seine Hoffnung auf „Europaferien" erfüllt sich nicht. „Die erhoffte Erholung wurde zur Krankheit. Zu einer Krankheit des Gemüts. Ich weiß nicht, welcher Teufel mich ritt, nicht nur die Freunde und die Trümmer, sondern auch Dachau zu besuchen. Vor dieser schweigenden Hölle, ihren stummen Inschriften und Verbrennungsöfen brach aller Expeditionsgeist zusammen. Wir flohen nach Paris, nach London, an die Riviera – – – das Bild wollte nicht verblassen. Nach ein paar Monaten flohen wir nach Amerika zurück.“[61]

Neben den drei Dietrich-Liedern verwendet Holländers Partitur für *Eine auswärtige Affäre* viele weitere musikalische Themen. Es gibt Militärmärsche und den wiederholten russischen Song „Poljiuschko, polje“ (Feld, oh Feld), ein Favorit der Roten Armee, der von viel pferdeartigem Zungen-Klicken begleitet wird. Da gibt es Phoebes Wahlkampf-Song „We Are from Ioway“, den sie zum Besten gibt, nachdem zwei GIs „Deep in the Heart of Texas“ gespielt haben. John pfeift „Shine on, Harvest Moon“, das Lied, das mit Phoebe assoziiert ist, als er Erikas Wohnung das zweite Mal besucht, ein ironischer Kommentar zu seiner Gefühlslage, der einen akustischen Hintergrund für das Dreiecksverhältnis liefert; später pfeift Erika die Melodie vor Phoebe, als sie diese dazu zu bewegen versucht, John aufzugeben.[62]

Ein wunderbarer musikalischer Scherz ist die Schokoriegel-Nummer, die das populäre Lied „Daisy Bell“ („Daisy, Daisy, give me your answer true ...“) wörtlich auslegt, als die zwei GIs Mike und John Phoebe auf einem Tandem („on a bicycle built for two“, wie es im Lied heißt) zu einer Fraternisierungsfahrt einladen – als hätte sich das Tandem sichtbar materialisiert, wäre aus dem Lied herausgetreten – und mit einem anzüglicheren Text, der es begleitet: „Fraulein, Fraulein, / willst Du ein Candy bar. / Schön, fein, Fraulein. / You like GIs, nicht wahr?“ Man wird in dieser Szene auch daran erinnert, dass *Operation Candybar* einer der Arbeitstitel für *Eine auswärtige Affäre* war.[63]

Der ausführlichste musikalische Witz ist wohl Johns Fahrt vom Schwarzmarkt zu Erikas Wohnung. Wilder lässt John, der soeben Dustys Geburtstagskuchen gegen eine Matratze eingetauscht hat, zu Erika in einem Jeep fahren (genannt „kidney killer“ [Nierentöter], ein geläufiger Spitzname zu dieser Zeit für das Fahrzeug wegen dessen harter Federung ohne Stoßdämpfer). Die Fahrt führt durch die auf den Hintergrund projizierten und überwältigend deprimierenden Ruinen von Berlin – diese Sequenz lässt Wilder jedoch vor der unpassend fröhlichen Hintergrundmusik von Richard Rodgers und Lorenz Harts Lied „Isn’t It Romantic?“ spielen.[64] Wilder parodiert hier vielleicht Rouben Mamoulians berühmte Eröffnung von *Love me Tonight* (*Schönste, liebe mich*, 1932), wobei John Lund in der Rolle von Maurice Chevalier zu sehen ist und Marlene Dietrich den Part von Jeanette MacDonald übernimmt, das zerstörte Berlin bietet den Ersatz für das romantische Paris.[65] (Eine von verschiedenen perspektivischen Kamerasichten verwendet passenderweise die Ruine der Kaiser-Wilhelm-Gedächtniskirche als ihren pseudo-pariserischen Fluchtpunkt.) Man kann sich jedoch schwer eine unpassenderes Nebeneinander vorstellen als das des verliebten John mit seiner Matratze, die aus dem Jeep ragt, und der verwüsteten Straßen, durch die er in langen Aufnahmen fährt, das in gleicher Weise unpassende, aber eingängige Liebeslied treibt dieses Missverhältnis noch auf die Spitze. John pfeift dann die Anfangstakte von „Isn't It Romantic", während Erika sich die Zähne putzt. Es sind Sequenzen wie diese, die Wilder den Ruf eingebracht haben, er sei zynisch. Ursprünglich sollte John laut Drehbuch „Ach, du lieber Augustin" pfeifen, ein schelmisches deutsches Kinderlied, dessen Refrain „alles ist hin" wie ein trauriger Kommentar auf die Zerstörung gewirkt hätte, die man gerade draußen gesehen hatte und die man jetzt in Erikas Wohnung sieht, wohingegen „Isn't It Romantic" nur die sexuelle Energie dramatisiert, die John in Bezug auf Erika verspürt, sogar (und vielleicht insbesondere) „in den Ruinen von Berlin". In seinem Interview-Film mit Billy Wilder, *Billy How Did You Do It?* (1992), deutete Volker Schlöndorff an, dass es einen intentionalen „Kontrapunkt" zwischen Musik und visuellem Material in dieser Szene gab, doch Wilder behauptete, dass er die Melodie hier und in einigen seiner späteren Filme einfach deshalb verwendet habe, weil Paramount die Rechte daran besaß. Und tatsächlich, Wilders späterer Universal-Film *Sabrina* (1954) ist förmlich überflutet von „Isn't-It-Romantic?"-Interpretationen.

„Das glücklichste Paar in Hollywood"

Komische visuelle und Klang-Effekte machen *Eine auswärtige Affäre* zu einem köstlichen Filmerlebnis, doch es ist der Witz des Drehbuchs (verfasst von Wilder und Charles Brackett – bekannt zu dieser Zeit als das „glücklichste Paar in Hollywood", obwohl sich ihre Wege bald nach *Eine auswärtige Affäre* trennen sollten), der den Film unvergesslich komisch macht.[66] Der Effekt eines Großteils des Humors ist, dass *Eine auswärtige Affäre* sich nicht nur aus den nationalsozialistischen Anmaßungen einen Jux macht, sondern auch aus den Klischees und der Heuchelei der amerikanischen Militärbesatzung, aus der provinziellen moralischen Entrüstung über die Fraternisierung und besonders aus der alliierten Selbstgerechtigkeit bei Umerziehung und Entnazifizierung. Die Gespräche unter den verschiedenen Kongressabgeordneten machen sich über ihre politischen Differenzen und ihr Getue lustig, angesichts all der Zerstörung, von der sie umgeben sind. Für den texanischen Kongressabgeordneten Giffin sehen die Berliner Ruinen aus, als „hätten Ratten ein Stück schimmeligen Roquefort-Käse angenagt", und wie „gebratenes Hühnerklein" – eine groteske Erweiterung des Repertoires der in der Nachkriegszeit zirkulierenden Ruinenmetaphern.[67] Schwarzer Humor in Bezug auf Ruinen ist in der Tat in dem Film beherrschend. Als der Kongressabgeordnete aus New Hampshire Pennecott Berliner Kinder dabei beobachtet, wie sie umgeben von Ruinen Baseball spielen, sagt er fröhlich: „Immerhin gehen hier keine Scheiben zu Bruch!" Plummer stellt fest, dass es in Berlin „ein riesiges Chaos" zu beseitigen gibt: „Schutt in allen Varianten: Pflanzlich, mineralisch und tierisch." Und Erika witzelt gegenüber Phoebe: „Gehen wir in meine Wohnung. Sie ist nur ein paar Ruinen von hier entfernt." (Diese Zeile wurde umgeschrieben und perfektioniert von „Meine Wohnung ist direkt um die Ecke" in der früheren Prosa-Bearbeitung von *Eine auswärtige Affäre*.) Der Kongressabgeordnete Salvatore aus der Bronx (Vito Marcantonio nachempfunden) insistiert darauf, den Beitrag der russischen Artillerie bei der Zerstörung von Berlin anzuerkennen (als wäre dies ein lobenswerter Erfolg), und erhebt in einer offenkundigen Anspielung auf den Marshall-Plan Einsprüche gegen die Finanzdiplomatie: „Einem Hungrigen Brot zu geben, das ist Demokratie. Lässt man die Verpackung dran, ist es Imperialismus!"

Sowohl Phoebe als auch Erika wirken an einigen urkomischen Dialogen mit. „Ich frage mich, was dieses Kleid oben hält", sagt Phoebe, als sie Erika schulterfrei in der Nazi-Wochenschau sieht; John antwortet: „Muss die deutsche Willenskraft sein." Phoebes Lokalstolz auf Iowa bekommt immer wieder sein Fett weg. „62 % republikanisch, Danke", antwortet sie auf Johns Eingangsfrage „Wie läuft's im guten alten Iowa?". Später spricht Phoebe über die Veränderungen in ihrem Staat: „Wir hatten bis vor zwei Monaten die niedrigste Jugendkriminalitätsrate." Sie antwortet, wie es nur ein Politiker vermag, so gebannt von Statistiken, dass sie blind ist für die menschliche Geschichte hinter den Zahlen: „Ein kleiner Junge fackelte das Haus seiner Großmutter ab. Wir sind auf Platz 16 gerutscht. Das war beschämend."[68] John sagt zu Phoebe „Ist es etwa subversiv, eine Republikanerin zu küssen?", und später: „Ich weiß nicht mal deinen Vornamen, Frau Abgeordnete, Schätzchen." Phoebe trägt das Kleid, das sie auf dem Schwarzmarkt gekauft hat, nach oben hin festgesteckt, und John kommentiert: „Das sitzt hoch. Ist das ein Rollkragen-Abendkleid?" Und als sie ihn fragt, nachdem er das Kleid korrigiert hat, indem er die Nadeln herausgenommen hat, „Wo hast du so viel über Damenbekleidung gelernt?", lautet seine Antwort „Meine Mutter trug Frauenkleider". Erika macht sich über Phoebes Schwarzmarktkleid lustig: „Es ist umwerfend. Aber warum tragen Sie es falsch herum?" Als Erika verhaftet wird, versucht sie, mit dem „wundervollen" (wie sie ihn nennt) Colonel Plummer zu flirten, doch nachdem er vermeintlich mitgemacht hat

(„Ja, nur dass die meisten mich als ‚lecker' bezeichnen"), leuchtet er ihr heim: „Miss von Schlütow, ich bin heute Großvater geworden. Seien Sie nicht albern." (Das muss für das Publikum von 1948 doppelt amüsant gewesen sein, da Millard Mitchell tatsächlich zwei Jahre jünger war als Marlene Dietrich, außerdem hatte die Geburt ihres Enkels J. Michael Riva in eben diesem Jahr Dietrich den populären Beinamen „glamouröseste Großmutter der Welt" eingebracht, ein Foto von ihr auf dem Cover von *Life* trug bekanntlich die Überschrift „Großmutter Dietrich".)[69] Sogar in dieser Szene ist ein Funken von Marlenes Findigkeit, Kühnheit und Verve vorhanden, der Erika zusammen mit dem Humor, über den die Figur verfügt, trotz ihrer anscheinend gewissenlosen Koketterie mit Plummer und mit den MPs zu einer sympathischeren Figur macht – und natürlich weitaus sympathischer als die frühere Konzeption von Erika von Schlütows Charakter es vorsah, die mit Sicherheit auf Zwangsarbeit in Stalingrad zusteuerte.

Als würde das alte Klischee widergespiegelt, das Journalisten wie Drew Middleton verwendet hatten, sagt John zu Phoebe: „Wir haben den Krieg gewonnen und dürfen den Frieden nicht verlieren."[70] Dies steht am Anfang des Films und soll erklären, warum John keinen Heimaturlaub haben möchte – wobei natürlich in Wirklichkeit seine Affäre mit Erika dafür verantwortlich ist, dass er in Berlin bleiben will. In Anspielung auf Johns Affäre mit Erika sagt Plummer zu ihm: „Sie waren unter den ersten zehn Männern, die die Brücke von Remagen überquerten. Und ich weiß, warum sie es so eilig hatten." Und Plummer grübelt allgemeiner: „Manchmal frage ich mich, ob es reine Geldverschwendung war, 11.000 Tischtennisplatten für euch Jungspunde zu besorgen."

Eine Komödie über Entnazifizierung

Herausgekommen ist ein außerordentlich ausgewogener Film (aus diesem Grund fanden ihn Betrachter auch realistischer und überzeugender als schwerere Melodramen über die Besatzung, die zur selben Zeit erschienen, wie *Berlin Express*). Wilder brachte dies fertig, indem er John relativ charakterlos zeichnete (Dietrich nannte John Lund ein „versteinertes Stück Holz"), als Durchschnittsmensch der Besatzung erotisch sehr von Erika angezogen, gleichzeitig scheinbar bereit, sich mit Phoebe niederzulassen (zu den intimsten Szenen mit ihr gehört ein Kuss, den sie eine Zeitlang unmöglich macht, indem sie Longfellow rezitiert und unwahrscheinlicherweise „Shine on, Harvest Moon" pfeift – ein lauer Gegensatz zu Erikas kernigen Liedern und sogar zu der nachdrücklichen orchestralen Interpretation von „Isn't It Romantic").[71]

Auf der einen Seite unterstützt der Film Plummers witzelnden und großväterlich smarten Zugang zur Umerziehung, und Millard Mitchell verkörpert die Figur hervorragend, sowohl in seinen Witzen auf Kosten der deutschen Nazi-Vergangenheit als auch in seiner gut gelaunten Art, sich dem Wiederaufbau und der Hilfe für den Aufbau der Demokratie zu widmen. Seine Rede vor der Kongressdelegation ist das Herzstück dieser Seite von *Eine auswärtige Affäre*. „Als wir nach Deutschland kamen, war das Land voller offener Gräber und verschlossener Herzen", sagt er. „Wir mussten vieles ändern, um politische Unruhen zu verhindern. Wir wollten sie wieder zu freien Bürgern machen." Schließlich: „Wir haben für eine freie Presse gesorgt und eine neue Regierung eingesetzt. Sie haben das erste Mal seit 14 Jahren wieder frei gewählt. Anfangs konnten sie nicht damit umgehen. So als würde man einem Trunkenbold ein Glas Wasser reichen. Ich will damit sagen, dass unser Job hart, undankbar und einsam ist. Wir geben unser Bestes."[72] Dies ist die offizielle Linie des Amts der Militärregierung für Deutschland (Vereinigte Staaten), OMGUS, das Plummer in *Eine auswärtige Affäre* erfolgreich menschlich macht.

Auf der anderen Seite gibt es, abgesehen von solchen Reden, nicht viele filmische Belege dafür, dass sich die Dinge unter der Besatzung sehr zum Besseren wenden. Der Ober im Lorelei verbeugt sich tief, als der Ex-Gestapo-Offizier Birgel erscheint – als könnten die Nazis jederzeit zurück an die Macht kommen.

Und die einzige Szene, in der wir John in seinem Entnazifizierungsbüro bei der Arbeit sehen, erweckt wenig Vertrauen in den Erfolg dieser Bemühung und bietet nur eine weitere Gelegenheit für schwarzen Humor. Ein Vater und sein Sohn machen tiefe Verbeugungen, als sie den Raum verlassen (wobei sie ihren ersten Impuls strammzustehen korrigieren), doch das Problem ist, dass der kleine Junge Gerhardt Maier die ganze Nachbarschaft mit Hakenkreuzen beschmiert. Der Vater entreißt dem Jungen die Kreide und sagt zu John: „Ich breche ihm den Arm!" Der folgende Dialog schließt sich an:

JOHN: Herr Maier, die Gestapo ist aufgelöst.
MAIER: [Er droht dem Jungen mit dem Finger.] Kein Abendbrot, Bürschchen! Ich sperre ihn in ein dunkles Zimmer …
JOHN: Wie wär's mit der Gaskammer?
MAIER: Jawohl, Herr Kapitän.
JOHN: Konzentrationslager gibt's nicht mehr. Melden Sie ihn in einem unserer Jugendclubs an. Er braucht mehr Baseball und weniger Strammstehen. …
MAIER: Jawohl, Herr Kapitän.

Als sie gehen, sieht man Maier von hinten mit einem Kreide-Hakenkreuz auf seinem Rücken.[73] Diese Szene macht den autoritären Vater lächerlich, da er auf komische Weise als autoritätsliebender Nazi erkennbar ist, sogar als er versucht, die Hakenkreuze seines Sohnes zu entfernen, um der neuen amerikanischen Obrigkeit zu gefallen. Die gestörte und vage surrealistische Kreide-Performance von Klein-Gerhardt wirkt sympathischer als das klischeehafte Verhalten eines autoritären Vaters. Man könnte im Nachhinein in Gerhardt sogar die Vorwegnahme von vielen absurden (und manchmal absichtlich kindischen) Ritualen der 1968er-Generation sehen, wenn sie der älteren Generation den Nazi-Spiegel vorhielt. Natürlich spielen John, der über Gerhardts Vater Autorität ausübt, und die amerikanischen Soldaten, die deutschen Kindern das Baseball-Spiel beibringen, ebenfalls entspannt und kinderfreundlich väterliche (oder onkelhafte) Rollen, wenn sie auf „etwas weniger Strammstehen" in der deutschen Jugend hinarbeiten. Trotzdem flößt diese Szene nicht wirklich viel Vertrauen in den Prozess der Entnazifizierung Erwachsener oder in das Heranwachsen einer politisch verantwortlichen demokratischen Jugend ein.

In jedem Fall lässt der dominante Fokus des Films auf John und Erika als allegorische Darstellung eines amerikanisch-deutschen Zusammentreffens während der Besatzung politische Ziele wie einen Witz erscheinen, einen reinen Vorwand für sexuelles Geplänkel. Colonel Plummer mag dem Kongresskomitee sagen, dass die Armee Demokratie nach Deutschland bringt, was der Betrachter jedoch sieht, ist, dass John eine Matratze zu Erika bringt, und der Dialog, der darauf folgt, ist ein exzellentes Beispiel für den satirischen Ansatz, den der Film für die Themen Entnazifizierung und Umerziehung wählt.

Erika: Woher hast du die?

John: Die hat ein Freund gebacken. [Eine Anspielung darauf, dass er den Geburtstagskuchen seiner amerikanischen Freundin Dusty gegen die Matratze eingetauscht hat.] Aber du bekommst sie nicht. Was kümmert es mich, ob du schläfst oder nicht?

Erika: Johnny, wir in Deutschland schlafen seit 15 Jahren nicht. Erst war es Hitler, der im Radio schrie, dann kam der Nervenkrieg, dann die Siegesfeiern. Dann die Bomben. Alle Möbel sind verbrannt. Siehst du? (Geräusch von Sprungfedern) Die hasse ich ganz besonders. Gib mir die Matratze, Johnny.

John: Die hilft dir auch nicht. Ihr Deutschen braucht ein reines Gewissen.

Erika: Das habe ich. Ich habe jetzt einen neuen Führer. Dich! Heil Johnny.

Sie hebt ihre Hand und legt sie auf seine Schulter.[74]

[Das Bild zeigt in diesem Moment eine nette Parallele zwischen Marlene Dietrich und den barocken Putten an der Wand.]

John: Noch einen Heil-Gruß und ich schlage dir die Zähne ein.

Erika: Das gibt blaue Flecken auf der Lippe.

John: Warum erwürge ich dich nicht? Oder breche dich entzwei? Oder stecke dich in Brand, du blonde Hexe?[75]

Als die beiden gerade dabei sind, sich zu küssen, werden sie von einem Klopfen an der Tür gestoppt …

Erika: Wer könnte das sein?

John: Bei meinem Glück ist es Eisenhower.

Wenn es diese Sequenz war, an die Brackett gedacht hat, als er die Charakterisierung von Erika gegen Herbert Lufts Angriff verteidigte, so zeigt die Szene auch, dass sich in *Eine auswärtige Affäre* der militärische Vorbote einer Demokratie im amerikanischen Stil abspielt, mit seinem Ziel der „Umerziehung", eine ziemlich perverse Fantasie in einer, wie Wilder es nannte, „knisternden Beziehung".[76]

Alle Seiten der politischen Debatte werden mit komischer Verve dargestellt, und am Ende muss der Zuschauer entscheiden – der Film tut es nicht. Wenn man über die amerikanische Besatzung Deutschlands nach dem Zweiten Weltkrieg nachdenkt, ist es dann wirklich Plummers „Wir haben für eine freie Presse gesorgt und eine neue Regierung eingesetzt" oder Erikas „Heil Johnny", das den Moment am Besten definiert? In seiner ganzen Unentschlossenheit durchdringt *Eine auswärtige Affäre* die ideologische Rhetorik der Besatzungspolitik und erzählt tatsächlich eine „ganz besondere Liebesgeschichte". Vielleicht könnte Billy Wilders Motto für diesen Film bereits dasjenige gewesen sein, das das Ende seines *Some Like It Hot (Manche mögen's heiß)* so unvergesslich machte, die Zeile, die Wilder auch für seinen Grabstein wählte: „Nobody's perfect."

Abb. 33: Hubert Strickland, Capas Fahrer, auf dem Reichsparteitagsgelände der NSDAP. Nürnberg, 20. April 1945. Foto von Robert Capa. © International Center of Photography/Magnum Photos/Agentur Focus.

Coda

Befreiende Komik?

Für viele, die während der 1940er in Mitteleuropa gelebt hatten, war Verzweiflung mehr als nur eine Versuchung, und traumatische Erinnerungen sollten für die nächsten Jahrzehnte nachwirken. Wo gab es bloß einen Nachkriegsengel der Hoffnung und Vergebung, welcher Sündern, Leidenden, Zeugen und Beobachtern dieser Zeit dabei hätte helfen können, über die Verzweiflung zu triumphieren? Die Belastung, die Welt der 1940er erlebt zu haben, gebar den Wunsch, die quälenden Überreste des Nazismus irgendwie zu bewältigen und die Schrecken dieser Erfahrungen hinter sich zu lassen – auch Erfahrungen, die man indirekt gemacht hat, indem man Fotografien und Dokumentationen gesehen oder Geschichten gelesen und Berichte gehört hatte. In diesem Buch haben wir gesehen, wie die Ereignisse der 1940er-Jahre nicht nur direkt viele Menschen tangiert, sondern auch indirekt Schatten auf Schriftsteller, Fotografen und Künstler dieser Zeit geworfen und zu ästhetischen Veränderungen und Umorientierungen geführt haben. Nach dem Zweiten Weltkrieg wurde Wolfgang Koeppen zu einem Vertreter der literarischen Moderne, Werner Bischof wandte sich von der fotografischen Abstraktion ab und der Dokumentation von menschlichem Leiden zu, und bei Gerhard Gronefeld lief es darauf hinaus, dass er sich die Kunstfotografie zu eigen machte. Nachdem er Bergen-Belsen besucht hatte, schwor George Rodger der Kriegsfotografie ab, und William Congdon, der Kohlezeichnungen des Lagers angefertigt hatte, begann, sich mit Action Painting zu beschäftigen. Martha Gellhorn schrieb einen Dachau-Roman, und in der Ferne gab ihr Illustrator William Pachner seine fröhlichen Cartoons und seine farbenprächtigen Arbeiten für die Werbung auf und stieg auf einen düsteren Stil in Grautönen um. Der aktivistische Verleger Victor Gollancz, der in den 1930ern vor dem Antisemitismus der Nazis gewarnt und versucht hatte, die Weltmeinung wachzurütteln, um in den

Holocaust der 1940er einzugreifen, veröffentlichte in den Nachkriegsjahren ausführliche Appelle, um Mitleid für das deutsche Leiden zu erzeugen und die Selbstgerechtigkeit der Alliierten einzudämmen. Die 1940er waren eine Zeit zahlreicher ästhetischer und thematischer Richtungsänderungen.

Gab es auch eine Hinwendung zum Humor? Billy Wilder und Friedrich Holländer waren nicht die Einzigen, die, nachdem sie eine dunklere Phase durchlaufen hatten – Wilder, als er den Schnitt von *Death Mills* mit besorgte, und Holländer, als er Dachau besuchte –, mit einer erneuten Bekräftigung von Ironie darauf reagierten, mit tatsächlich solch umfassend angelegten komischen Strategien, dass (wie wir gesehen haben) ein Kritiker *Eine auswärtige Affäre* als komplett unakzeptables „boshaftes Zerrbild" betrachten konnte. Witze mögen in den unmittelbaren Nachkriegsjahren nicht häufig gewesen sein, es gab sie jedoch, wobei die Ziele der Lacher sich auf alle möglichen Richtungen erstreckten und sie mit ziemlich viel schwarzem Humor versehen waren. Eine britische Nachkriegsgeschichte will es so, dass zwei Tommies durch die zerstörte Stadt Hamburg gehen, als sie zu ihrer absoluten Überraschung etwas hören, das wie das Geräusch einer Industriemaschine aus der Nähe klingt. War es möglich, dass die Deutschen bereits wieder eine Fabrik aufgebaut hatten, fragen sich die Soldaten. Doch als sie sich der Quelle des Geräuschs nähern, sehen sie nur eine lange Menschenschlange, in der Ziegel von einem Schutthaufen zu einem Laster weitergereicht werden. Da jede Person in der Reihe „Dankeschön" sagt, wenn sie einen Ziegel erhält, und „Bitteschön", wenn sie ihn an die nächste Person weitergibt, klingt der Chor der vielen Stimmen, die „Dankeschön – Bitteschön – Dankeschön – Bitteschön" deklamieren, wie eine Maschine.[1] Ein jüdischer DP-Witz aus dem Bayern der Nachkriegszeit benötigt eine Erklärung vorweg, da er eine Anspielung auf Philipp Auerbach enthält, einen deutsch-jüdischen Überlebenden, der die komplexe Position des Staatskommissars für rassisch, religiös und politisch Verfolgte erlangt hatte, eine Position, die ihn mächtig, aber auch angreifbar machte.[2]

Im Orient Express trafen sich zwei Juden aus München, ein Deutscher und ein Pole, die sich den seltenen Luxus eines der Schlafwagenabteile teilten, welche man in jenen Tagen nur mittels Einfluss bekommen konnte. Der Pole fragte seinen Gefährten: „Wie um alles in der Welt hast *du* es geschafft, einen Schlafwagenplatz zu bekommen?" Der Deutsche antwortete: „Philipp Auerbach! … Und *du*?" „Warum", antwortete der Pole, wobei er selbstbewusst ein Päckchen Zigaretten aus seiner Tasche zog, „Philip Morris!"[3]

Die Schwarzmarktmacht von Zigaretten übertrumpft den „Einfluss" des Kommissars. Und wir haben bereits Bezug genommen auf die Spielarten des Berliner Sprichworts „Lieber ein Russe auf dem Bauch als ein Ami auf dem Kopf", von dem Erich Kästner und *Eine Frau in Berlin* im Jahr 1945 berichteten.[4]

Der Nationalsozialismus nahm sich – wie alle Formen des Totalitarismus – sehr ernst und zwang seine Untertanen und unterlegene Nationen mit todbringender Gewalt, ihn ebenfalls sehr ernst zu nehmen und eine Art nachdrücklichen gemeinschaftlichen Konformismus zu vollziehen, der durch die Angst vor Gewalt bedingt wurde. Sein Verhaltenskodex, zu dem das Strammstehen und faschistische Salutieren, das Beenden eines jeden Briefes mit „Heil Hitler!" gehörten (was manche Parteimitglieder dazu veranlasste, sogar hinter das Wort „Lebenslauf!" ein Ausrufezeichen zu setzen), lud einfach zu komischem Luftablassen ein, besonders nachdem die Nazis besiegt worden waren. In *Eine auswärtige Affäre* funktioniert die Szene im Entnazifizierungsbüro auf diese Weise wie Komödienroutine, wobei Gerhardts Vater sich weiterhin in kantiger militärischer Manier bewegt, auch gegenüber seinem eigenen Sohn. Marlene Dietrichs „Heil-Johnny"-Geste wiederholt ebenfalls Hitlers Salutieren, parodiert es dadurch und macht es lächerlich – während es die Situation der Fraternisierung gleichzeitig mit einer Prise zweischneidigem Humor würzt. Im Deutschland der Nachkriegszeit sind zahlreiche solcher Wiederholungen der etwas anderen, komischen Art und der Komödie im weiteren Sinne zu finden, häufig mit einem Hauch schwarzen Humors. Auch wenn sie vielleicht erbeten waren und in erster Linie als Bestätigungen des Sieges gelesen wurden, scheinen sie trotzdem einen etwas anderen Effekt als die groben Gesten sieghafter Überlegenheit zu haben, die Victor Gollancz für seine Kritik anvisierte; tatsächlich scheinen sie der Eigenschaft eines exorzistischen Rituals, verborgen in der Gestalt eines Witzes, nahezukommen.

Das am weitesten verbreitete Beispiel für so einen Witz war das Cover des *Life*-Magazins vom 14. Mai 1945, die erste Ausgabe, die die Leser nach dem Tag der Befreiung kaufen konnten. Darauf war ein GI aus Virginia zu sehen, Hubert Strickland, der vor einem gigantischen Hakenkreuz den Hitler-Gruß zeigt (vgl. Abb. 33 am Beginn dieses Kapitels).[5] Margaret Bourke-White erzählte die Geschichte, wie es zu diesem Coverfoto kam: *Life* hatte allen Fotografen gekabelt, „nach einem Titelbild zu suchen, das den Sieg über politische Tyrannei symbolisieren" sollte, und Robert Capa zeigte sich der Situation gewachsen, indem er den Fahrer seines Jeeps bat, für ihn unter dem riesigen Hakenkreuz am Nürnberger Parteitagsgelände zu posieren: „Der Fahrer fand es natürlich witzig, seinen Arm zu einem ‚Heil-Hitler' zu erheben, und Capa machte ein paar Bilder vor dem Hintergrund des riesigen, zerschossenen Hakenkreuzes." Bourke-White war der Ansicht, das Foto bringe „alles zum Ausdruck: Das riesige Stadion, das einst allem geweiht war, wogegen wir gekämpft hatten, seine Nazi-Symbole, von unseren Bomben und Granaten entstellt, den müden, siegreichen Soldaten; und sogar die Andeutung eines Scherzes in diesem nachgeahmten ‚Heil'-Ulk eines GI im Augenblick des Sieges. Alle guten Bilder durchflutet eine undefinierbare Stimmung, dieses hatte alles, was zu einem Sieg-Titelbild gehört."[6] Die Kurzbeschreibung des Fotos auf dem Cover der *Life*-Ausgabe führte gleichzeitig aus, dass Strickland, der in einer Einheit diente, die Nürnberg eingenommen hatte, „einfach Geschichte geschrieben" hatte, jetzt aber „dazu überging, sich darüber lustig zu machen. In einer Arena, in der Hitler oft gestanden hatte, hob er seinen rechten Arm und proklamierte mit einer Nazi-Gruß-Parodie ein hänselndes Epitaph auf den Hitlerismus."[7] Diese Geste, durch eine beschnittene, leicht gedrehte und retuschierte Version des Fotos auf dem *Life*-Cover verbreitet (vgl. Abb. 33 zu Beginn dieses Kapitels), wurde überregional populär und von zahlreichen anderen GIs imitiert, die für Fotos auf Hitlers Tribüne posierten, auch nachdem das riesige Hakenkreuz von der US-Armee gesprengt worden war.[8]

1945 begaben sich Lee Miller und David Scherman zu Hitlers großer Wohnung im dritten Stock am Münchner Prinzregentenplatz 16 und vergnügten sich in Hitlers Badewanne. „Ehe sie sich in der großen gekachelten Wanne abwechselten, schufen sie optimale Voraussetzungen für Fotografien zur Feier des Tages. In den besten davon steht Lees nachdenklicher, beinahe undurchdringlicher Ausdruck, als sie sich die Schulter wäscht, in seltsamem Kontrast zu den Gegenständen um sie herum, die wie Requisiten aussehen. Am Rand der Badewanne überblickt ein Foto Hitlers die Szene; eine klassische Statue einer Frau starrt auf ihn zurück." So beschreibt Millers Biografin diese bewusst inszenierte Szene in einer ausführlichen Interpretation der Ironie des Fotos, auf dem Miller zwischen Hitler und Venus-Statuette platziert ist, „deren erhobener Arm ihren eigenen widerspiegelt". Unter den Fotos, die Scherman machte, war eines von einem GI, der auf Hitlers Bett *Mein Kampf* las.[9]

Was für Miller und Scherman bloße Requisiten waren, um Fotos zu schießen, waren begehrte Souvenirs, nach denen alliierte Besucher in Hitlers Wohnung bald Jagd machten, wie Bourke-White berichtete: „Das hatte ich noch nicht erlebt: Den Besuch eines Souvenir-Paradieses wie Adolfs Wohnung unter Führung eines Besatzungs-Offiziers. Allerdings hatte sich die 42. Division der Räume so gründlich angenommen, daß nur die schwersten der mobilen Gegenstände übrig waren."[10]

Witze, parodierendes Salutieren, Verspottung der Geschichte, Besuche der Orte, die eng mit Hitler verknüpft waren, an denen man sich fotografieren lassen konnte, und der Wunsch nach Souvenirs – waren dies alles nur bloße Gesten siegreichen Spotts oder Ausdruck von schwarzem Humor, von nervösen Lachern, vom Wunsch zu vergessen, was direkt als unmöglich erkannt wurde, wie ja die ganzen Wiederholungshandlungen demonstrierten?

Als Gertrude Stein und Alice B. Toklas 1945 Deutschland besuchten, deckte die charakteristisch rätselhafte Stein all diese Elemente ab, als sie den Besuch für das *Life*-Magazin in ihrem unverwechselbaren Stil festhielt: „Wir machten alle Hitlers Pose auf Hitlers Balkon in Berchtesgaden", lautet die Bildunterschrift des Fotos in *Life* – obwohl Stein und die Soldaten *keinen* Hitler-Gruß machen, sondern nur auf eine Weise, die an einen Hitler-Gruß erinnert, in dieselbe Richtung zeigen: Sie beteiligte sich somit an einem Akt komischer Beinahe-Wiederholung, der durch die Tatsache intensiviert wird, dass es sich um eine kollektive Geste handelt. Steins Text macht die Faszination deutlich, das Erbe der Vergangenheit auf komische Weise zu bewältigen:

Abb. 34: Gertrude Stein mit einer Gruppe US-Soldaten, die alle lächeln und in die Ferne deuten, kurz nach Ende des Zweiten Weltkriegs in Berchtesgaden, wo sich der Obersalzberg befindet, Hitlers Feriendomizil und zweiter Regierungssitz. 20. Juli 1945. Foto der U.S. Army/Time & Life, 719999159/Getty Images.

> Und weg gingen wir zu Hitler. Das war aufregend. Es war aufregend, dort zu sein, die anderen Häuser waren ausgebombt, aber nicht das von Hitler, es hatte gebrannt, aber war nicht abgebrannt, und da waren wir in diesem großen Fenster, wo Hitler die Welt beherrschte, ein Haufen GIs, einfach froh und glücklich. Es war wirklich das erste Mal, dass ich unsere Jungs wirklich froh und sorglos sah, die wirklich ihre Bürde vergaßen und einfach nur alberne Kinder waren, hinauf- und herum- und ganz nach oben kletternd, während Miss Toklas und ich bequem und zu Hause auf Gartenstühlen auf Hitlers Balkon saßen. Es war lustig, es war äußerst lustig, es war mehr als lustig, es war absurd und doch so natürlich. Wir kamen alle zusammen und zeigten, wie Hitler gezeigt hatte, doch meistens saßen wir nur, während sie herumkletterten. Und dann begannen sie, Jagd auf Souvenirs zu machen, sie fanden Fotos und einige Röntgenaufnahmen, die, so waren sie überzeugt, von Hitlers Arm gemacht worden waren nach dem Attentat auf ihn. Was ich wollte, war der Heizkörper, Hitler hatte großartige Heizkörper, und da gab es einen ganz alleine, den niemand zu bemerken schien, aber ein Heizkörper, ein großer Heizkörper, was würde ich damit machen, fragten sie, ihn auf eine Terrasse stellen und Blumen darüber wachsen lassen, sagte ich, aber unsere Courage entsprach nicht seinem Gewicht und wir ließen ihn traurig zurück. Nachdem wir herumgespielt hatten, bis es spät war, gingen wir weg, die Hügel hinunter und dieser Tag war vorüber, es war ein wunderbarer Tag.[11]

Steins Methode war, die Parodien zu parodieren, den Wunsch nach einem Souvenir absurd zu überspitzen, indem sie ein wirklich sonderbares Souvenir wählte, zu sperrig für den Transport, aber eines, das, indem es zum Untersatz für den Anbau von Blumen werden sollte, den Wunsch nach Erneuerung verkörpern konnte – einen Wunsch, den ihr ironischer Stil jedoch untergräbt. Tatsächlich: „Es war lustig, es war äußerst lustig, es war mehr als lustig, es war absurd und doch so natürlich“ – und jetzt war „dieser Tag … vorüber“.

Stein brachte ihr ironisches Rezept für die Umerziehung unmittelbar im seltsamen Untertitel ihres Essays zum Ausdruck. Er lautet: „Deutsche sollten lernen, ungehorsam zu sein, und GIs sollten sie nicht mögen, nein, sollten sie nicht.“ Die Erklärung folgt in einer Unterhaltung, die Stein mit General Osborne über Umerziehung führte. Sie verkündete:

> Man muss nur eines machen, und das ist, ihnen Ungehorsam zu lehren, so lange sie gehorsam sind, so lange werden sie früher oder später von schlechten Menschen herumkommandiert, und dann wird es

Ärger geben. Lehren Sie sie Ungehorsam, … lassen Sie jedes deutsche Kind wissen, dass es mindestens einmal am Tag seine Pflicht ist, eine gute Tat zu tun und das, was sein Vater oder sein Lehrer ihm sagt, nicht zu glauben, bringen Sie ihre Köpfe durcheinander, lassen Sie ihre Köpfe durcheinandergeraten, und vielleicht werden Sie dann ungehorsam sein, und die Welt wird Frieden finden. (56)[12]

Gegen Ende des Essays drückt Stein ihren Ärger über GIs aus, die „eingestanden, dass sie die Deutschen lieber mochten als die anderen Europäer". „Natürlich tun sie das", sagt Stein, indem sie zu einer Tirade ansetzt, die mit dem Punkt beginnt, dass Deutsche „dir schmeicheln und dir gehorchen" und dass sie am 4. Juli „alle unsere Flagge aufhängen werden … und all ihr großen Babys werdet zu Tode umschmeichelt werden, buchstäblich zu Tode … weil ihr wieder werdet kämpfen müssen" (58). Wie Julia Faisst es ausdrückt, kommt für „Stein, eine erstklassige Händlerin in Sachen ungehorsamer Erzählung und verwirrendem Stil, … Ungehorsam Verwirrung gleich, und Verwirrung kommt Frieden gleich".[13]

Stein mag nicht ganz Unrecht gehabt haben, da die Deutschen nicht nur *Stars-and-Stripes*-Fahnen hissten, sondern Berliner beispielsweise direkt nach dem Krieg amerikanische Flaggen sowie die aller Alliierter buchstäblich zusammenflickten. So beschreibt die anonyme Tagebuchschreiberin von *Eine Frau in Berlin* am 2. Juni 1945 eine Frau, die mit einer Nähmaschine rote und weiße Streifen zusammennähte.

Eine Frau trat dort [am Fenster gegenüber] die Nähmaschine und steppte rote und blaue Streifen aneinander. Schnitt dann aus einem weißen Lappen Kreise heraus, zackte die Ränder zu Sternen. Stars and Stripes. Das soll eine amerikanische Flagge werden. … Eine mühselige Flagge für deutsche Handnäherinnen, mühselig schon in den Farben; noch mühseliger im Muster. Wie einfach dagegen die russische Flagge: man braucht nur von den alten Hakenkreuzfahnen, die sich in jedem unverbombten Haushalt finden, das weißschwarze Hakenkreuzmotiv abzutrennen; auf das Rot gilt es dann in Gelb Hammer und Sichel und Stern aufzunähen.[14]

Eine von Margaret Bourke-Whites Berlin-Fotografien, „Bruder und Schwester in Berlin. Fahnen sind Heimarbeit", zeigt zwei Kinder vor einem komplett zerstörten Gebäude, an dem die vier Flaggen der vier Besatzungsmächte angebracht worden sind, Flaggen, die eindeutig aus recyceltem Material bestehen, wie in *Eine Frau in Berlin* beschrieben.[15] Solche

Flaggen wirken etwas komisch: Sie erzählen auch von Wiederholung mit einem Unterschied, doch obwohl sie scheinbar das neue System bejubeln, können sie – wie Palimpseste – die Spuren des alten nicht komplett auslöschen, denn „manchmal sieht man noch den dunkleren Kreis, von dem der weiße Stoff mit dem schwarzen Hakenkreuz darauf abgetrennt wurde“.[16]

Man darf bezweifeln, dass General Osborne Steins Vorschlag folgte oder dass die GIs sich um ihren Ratschlag kümmerten. Trotzdem schien es, als würde der Geist des Ungehorsams in Deutschland wieder auftauchen, als der nationalsozialistische Belagerungszustand beendet war. Auch wenn öffentliche Kritik der Politik der Alliierten und der alliierten Militärregierung verboten war, konnte man doch aus Witzen der 1940er eine kritische Note und Missfallen heraushören, sogar von den Alliierten. Stig Dagerman widmete einen Abschnitt seiner Darstellung dem Humor. In Hamburg beobachtete er einen Mann, der die Verkaufsvorführung eines neu entwickelten Kartoffelschälers für eine witzige Kritik der kalorienarmen Zuteilungen nutzte: Sein Gerät könne die dünnstmöglichen Schalen erzeugen – so bewahre es mehr von jeder wertvollen Kartoffel. Dagerman kommentiert: „Bestimmt kann man noch nicht einmal in Hamburg vom Scherzen über den eigenen Hunger satt werden, aber darüber lachen zu können schenkt einem eine angenehme Form des Vergessens, deren sich zu bedienen das Deutschland der Not selten zögert.“[17] In einer ähnlichen Stimmung hängt ein Fischverkäufer eine Notiz in sein Schaufenster, die lautet: „Wie kann man bloß die Fischrationen erhöhen, wo es doch sooo wenig Einwickelpapier gibt“ (27).

Könnte schwarzer Humor ein wirksamer profaner Weg sein, die Teufel der Verzweiflung abzuwehren oder dazu zu veranlassen, sich zumindest für eine Weile unter dem Bett zu verstecken? Kürzlich aus Italien nach Berlin zurückgekehrt, erzählt ein verwundeter deutscher Ex-Soldat, der „fünfundvierzig Mark Unterstützung im Monat“ erhält, was „für sieben Zigaretten“ reicht (47), und der jetzt mit einer Polin zusammenlebt, die ihren Ehemann in Auschwitz und zwei ihrer Kinder im Chaos des Jahres 1945 auf dem Weg von Polen nach Berlin verloren hat, Stig Dagerman einen ausdrücklich kritischen Witz über die vier Besatzungsmächte in Berlin, „die einen Teich besitzen, in dem jeder einen Goldfisch hat. Der Russe fängt den Goldfisch und ißt ihn auf. Der Franzose fängt ihn und wirft ihn weg, nachdem er ihm die schönen Flossen entfernt hat. Der Amerikaner stopft ihn aus und schickt ihn als Andenken nach Hause in die USA. Der Engländer benimmt sich am merkwürdigsten: er fängt den Fisch, hält ihn in der Hand und streichelt ihn, bis er tot ist“ (48). Vielleicht wäre Gertrude Stein glücklich gewesen – oder verwirrt –, hätte sie diesen Witz gehört.

Nachwort

Als ich mich erstmals dem Unterfangen zuwandte, das jetzt zu diesem Buch geführt hat, nahm ich an, dass ich eine Darstellung der amerikanischen Besatzung Deutschlands und der Verbreitung der amerikanischen Kultur in Westeuropa nach dem Zweiten Weltkrieg verfassen würde. Es war als Projekt gedacht, das, ohne spezielle Bezüge darauf zu enthalten, teilweise geprägt wäre von meinen persönlichen ersten Begegnungen mit Amerika im Nachkriegsdeutschland: lächelnde schwarze Soldaten mit ihren lässigen Körperhaltungen; Musik im Radio; vorbeibrausende Jeeps; und erste Erfahrungen mit Kaugummi, einer Art „Nonfood", wie John Kouwenhoven einst sagte, wie sie nur in Amerika erfunden werden konnte, da sie eher einen Prozess, denn ein Ergebnis darstelle. Ich wollte erkunden, was einen deutschen Jungen an Amerika fasziniert hat, mich in solchem Maße fasziniert hat, dass ich ein halbes Jahrhundert damit verbringen sollte, die amerikanische Kultur als Student und Wissenschaftler zu erforschen. An einem gewissen Punkt stellte ich mir vor, dass jedes Kapitel sich um eine amerikanisch-deutsche Begegnung drehen könnte, und vielleicht erwartete ich sogar ungefähr so etwas wie das, was Orm Øverland einen „Heimat schaffenden Mythos" nennt, eine Vereinbarkeit oder symbolische Fusion ausgewählter deutscher und amerikanischer Motive andeutend. Und es versprach, eine ziemlich fröhliche Studie zu werden. Irgendwann drängte mich Lindsay Waters, meine Lektorin, gelegentlich persönliche Erinnerungen in den Text einzubauen, um das Buch komplett zu *meinem* zu machen, ein Vorschlag, dem ich mit ein paar Nebenbemerkungen folgte und dem ich jetzt in diesem Nachwort weiterhin folge.

Als ich mich eingehender mit den Nachkriegsquellen beschäftigte, erwarteten mich einige Überraschungen. Eine Begegnung, die ich anfänglich für die eines amerikanischen Fotografen mit einem deutschen Jungen hielt, stellte sich als wesentlich eindringlicher heraus, nämlich als die Begegnung, um die es sich in Wirklichkeit handelte: eines britischen Fotografen mit einem niederländischen jüdischen Jungen. Die Stimmung war oft düsterer, als ich gewusst, erinnert oder erwartet hatte; in der Tat stellte es für mich eine Überraschung dar, wie pessimistisch die Erwartungen für die Zukunft waren, nicht nur seitens der Besiegten, sondern auch seitens der Sieger. Eine weitere Überraschung war das Ausmaß, in dem Informationen über die Gräueltaten – über das, was später als Holocaust bezeichnet werden sollte – sogleich und in allen verfügbaren Medien der unmittelbaren Nachkriegszeit verbreitet wurden, woraus die ständige Frage entstand, wie zu reagieren sei auf die Ungeheuerlichkeit der Schrecken, die im Zweiten Weltkrieg im Namen Deutschlands verübt und die nun nach und nach enthüllt wurden, vollständig und visuell dokumentiert. Dachau, Buchenwald, Bergen-Belsen und andere Lager wurden oft erwähnt. Die Tagebücher aus dem Jahr 1945 sowie die Veränderungen, die einige von ihnen für die Publikation durchliefen, machten die permanente Suche nach einer adäquaten menschlichen Antwort auf diese Enthüllungen offensichtlich.

Nach dem Zweiten Weltkrieg in Mitteleuropa zu leben bedeutete, in einem gewaltigen Friedhof zu leben. George Rodgers Foto von Bergen-Belsen deutet dies visuell an. Obwohl meine Untersuchung dieses Bildes von dem Wunsch getrieben war, mir so präzise wie möglich den Augenblick vorstellen zu können, in dem es gemacht worden war, und so viel über den Fotografen und seinen Gegenstand herauszufinden, wie ich nur konnte, identifizierte ich mich natürlich auch mit dem Jungen auf dem Bild. Ich war gekleidet wie er, als ich in seinem Alter war, in Pullover, kurzen Hosen und Lederschuhen, und ich konnte mich auch in ihm sehen, abstrakt betrachtet oder symbolisch, blinzelnd, aber nach vorn blickend, weg von Mord, Tod und beängstigenden Arten von Gewalt, Geschichten darüber haben mich von klein auf begleitet. Eine entsetzliche Wahrnehmung der allerjüngsten Vergangenheit und dunkle Vorahnungen bezüglich der Zukunft machen die frühen Nachkriegsjahre nicht genießbarer, die durch eine Knappheit an Nahrung und Wohnraum gekennzeichnet waren sowie durch massenhafte Vertreibungen. Doch irgendwie änderten sich die Stimmung und die wesentlichen Bedingungen schneller, als man es Mitte der 1940er für möglich gehalten hatte, und ein neuer deutscher post-faschistischer Anfang wurde Wirklichkeit.

Mein letztes Kapitel und die Coda stellten die Art und Weise in den Mittelpunkt, wie die Versuchung, zu verzweifeln, vertrieben werden könnte, durch schwarzen Humor und die Verhöhnung dessen, was einst alltägliche Rituale einer ungeheuer mächtigen Diktatur waren: Solche Strategien des schwarzen Humors bestanden fort in den komischen Gegenritualen der 68er-Generation, an denen ich manchmal auch teilnahm. Es war lange nach 1968, als ich Billy Wilders *Eine auswärtige Affäre* zum ersten Mal sah, nachdem ich Mel Brooks *The Producers* (*Frühling für Hitler*) gesehen hatte, zwei Filme, die den Faschismus und sein Vermächtnis so exzellent und, wie ich glaube, effektiv mit den Mitteln der Komödie behandelten, dabei dem Weg folgend, den Ernst Lubitsch mit seiner Kriegskomödie *To Be or Not To Be (Sein oder Nichtsein)* bereitet hatte. Einige Fotos von Tony Vaccaro waren ebenfalls von einem streckenweise melancholischeren Humor mit deutlich pazifistischen Untertönen beseelt, Erich Kästners Hetären-Geschichte war eine komische Umgangsweise mit der Erfahrung der Bombardierung, und *Eine Frau in Berlin* gab dem Humor sogar beim schockierenden Thema Vergewaltigung Raum. Doch schwarzer Humor war nicht das einzige Gegenmittel gegen die düstere Welt der 1940er.

Die große Popularität von Georges Bernanos in der Nachkriegszeit, die mich letztlich seinen Ausdruck „die Versuchung, zu verzweifeln" als Titel dieses Buches wählen ließ, sagt eine Menge über das religiöse Wiedererwachen, das Westdeutschland in der Nachkriegszeit erlebte. Am Ende war das traditionelle Heilmittel gegen die Versuchung, zu verzweifeln, sich erneut seines Glaubens an Gott zu versichern. Der im ersten Kapitel zitierte Lehrer, der Zeuge der Ankunft des ersten amerikanischen Panzers zur Osterzeit in seinem Dorf war, brachte seine Reaktion mit der christlichen Metapher der Wiederauferstehung zum Ausdruck, die Frau in Berlin fragt sich, ob sie sich immer noch „christlich" nennen könne, und Toxi betet, ehe sie sich zum Essen niedersetzt oder zu Bett geht. Die neue Betonung der Religion in der Nachkriegszeit war auch in Kurt Ihlenfelds Roman offensichtlich, in dem die zentrale Figur ein protestantischer Pfarrer und die letzte Hoffnung eines Leutnants Gott ist; in einer Kurzgeschichte von Gerhart Pohl betet Wanda zu der Kreuzigung. Es war die Gesellschaft für Christlich-Jüdische Zusammenarbeit, die auf die Akzeptanz und Integration gemischtrassiger Besatzungskinder in Nachkriegsdeutschland hinarbeitete. Der religiöse Aufschwung half dabei, ein neues Gefühl der Hoffnung entstehen zu lassen und alte sowie bewährte ethische Maximen erneut zu bekräftigen, die abzuschaffen die Nazis so sehr bestrebt gewesen waren. Dies gab auch den Kirchen eine zentrale Rolle in der westdeutschen Gesellschaft. Die Sozialisten waren ebenfalls eine starke Kraft in den unmittelbaren Nachkriegsjahren und geneigt, sich auf den Aufbau eines neuen Deutschland zu freuen, obgleich die stalinistische Diktatur, die in der russischen Besatzungszone errichtet wurde, bald jeden Enthusiasmus für den Kommunismus in den Regionen Deutschlands dämpfte, in denen freie Wahlen abgehalten werden konnten. Die zwei größten Parteien, die im Nachkriegs-Westdeutschland hervortraten, übernahmen jedoch einige sozialistische Ideen, und eine davon verwendete das Adjektiv „christlich" sogar in ihrem Namen. Sozialisten und einige Christen konnten ihre Nachkriegs-Hoffnungen also als Fortsetzung ihrer antifaschistischen Vergangenheit betrachten, da viele von ihnen in Konzentrationslagern gelitten hatten.

Gleichzeitig war nicht zu übersehen, wie schnell auch wieder einige ehemalige Nazis aktiv wurden, unterstützt durch den Kalten Krieg. Dies wurde für mich offenkundig, als ich mich *Toxi* mit den Augen eines Wissenschaftlers näherte, einem Film, der mich tief berührt hatte, als ich neun Jahre alt war, der sich aber jetzt als Demonstration der Wiederherstellung der Nazi-Filmindustrie im Nachkriegs-Westdeutschland herauszustellen begann – bis ich bei noch näherer Untersuchung sah, dass einige an der Nazi-Propagandamaschine Mitwirkende selbst vielleicht auch Opfer waren, Menschen, die von einem Regime als Geiseln gehalten wurden, das unter Aufhebung der elementaren Menschenrechte regierte, ein Ausnahmezustand, der mehr als zwölf Jahre andauerte.

Schon seit Langem wundere ich mich über zeitgenössische Wissenschaftler in den Vereinigten Staaten und in Europa, die von Carl Schmitt gebannt schienen. Schmitt, der bekanntermaßen Souveränität als diejenige Fähigkeit definierte, den Ausnahmezustand zu verkünden, war mehr als ein versehentlicher Nazi. Er veröffentlichte in den 1930ern explizit antisemitische Essays, war dann engstirnig genug, um positive Referenzen auf jüdische Wissenschaftler aus seinen Publikationen aus der Vor-Nazizeit zu entfernen, und machte auch nach dem Krieg keine Anstalten, sich zu entschuldigen. Als ich auf den deutsch-jüdischen emigrierten Wissenschaftler Karl Loewenstein stieß, der Schmitt 1945 vergebens vor Gericht zu bringen versuchte, war mein Interesse an einer Gegenüberstellung dieser beiden Figuren daher groß. Ihre unterschiedlichen Wege und ihre Beziehungen – wie der Leser gesehen hat, schrieb Schmitt sogar einen Traum über Loewenstein auf – boten eine Möglichkeit, liberale und autoritäre Staatstheorien gegenüberzustellen und die Entstehung des Konzepts einer Demokratie zu untersuchen, die wehrhaft genug wäre, um sich gegen ihre erklärten Feinde zu verteidigen. Wie viele andere, die die schwierige Aufgabe der „Entnazifizierung" mit einigem Idealismus angingen, wog auch Loewenstein die verschiedenen Möglichkeiten ab, echte Nazis von mit politischer Macht versehenen Positionen in der Nachkriegswelt auszuschließen, ein notwendiger Schritt hin zu einem neuen demokratischen Anfang.

General Lucius D. Clay, der 1945 als Stellvertreter Eisenhowers berufen wurde und dann als Militärgouverneur von 1947 bis 1949 diente, lieferte eine ausgewogene Einschätzung gegen Ende seiner Denkschrift *Decision in Berlin (Entscheidung in Deutschland),* die die Geschichte seiner Arbeit in der Militiärregierung erzählt: „Wir können und sollen die Zerstörungen nicht vergessen, die Hitler über die Welt gebracht hat, und auch nicht das Potential an Grausamkeit, das zu Konzentrationslagern und Massenvernichtung führte. Wir können dem deutschen Volk nicht verzeihen, daß es so etwas zugelassen hat. Aber wir sollten daran denken, daß die Bevölkerung eines Polizeistaates nicht viel zu sagen hat und daß sie moralisch und seelisch schnell verkommt."[1] Dies ist, zusammen mit Clays Hoffnung auf eine deutsche Vereinigung und Wiedereingliederung in „die Familie" der „europäischen Völker", ein guter Anhaltspunkt für seine Distanz zu Rachefantasien, wie sie Martha Gellhorns Jacob Levy auslebt, anders auch als der Tonfall einiger Berichte über Deutsche in *Life* („der Welt, die ihr Leiden sieht, fällt es schwer, mit ihnen Mitleid zu haben") und des ursprünglichen Programms der auf Strafen ausgerichteten Besatzungsdirektive JCS-1067 (die Clay sehr kritisch sah). Die Geschichte der amerikanischen Besatzung war eine Geschichte heterogener konkurrierender Tendenzen. Dies ist ganz normale Realität in einer demokratischen Gesellschaft, die empfindlich auf Presseberichte reagieren kann, wie anhand des Harrison-Berichts über die trostlose Situation jüdischer Nachkriegs-DPs gezeigt, von denen eine beträchtliche Anzahl jahrelang in ehemaligen Konzentrationslagern interniert war. Harrisons Aufforderung, „Juden als Juden" zu behandeln, macht dieses Dokument auch zu einem Teil der Vorgeschichte dessen, was in Amerika zur positiven Diskriminierung (*affirmative action*) werden sollte.

Einen Großteil meines Lebens vom Thema Migration angezogen, erkannte ich im Verlauf dieses Projekts auch, wie verflochten mein eigenes Leben mit diesen Themen gewesen ist. Meine Eltern, Tanten, Onkel und älteren Cousinen und Cousins erzählten Geschichten über Geschichten von Schlesien, jedoch konnten viele von ihnen zu Lebzeiten nicht einmal mehr für einen Besuch zurückkehren, und meine Mutter legte die Topographie von Breslau über diejenige von Frankfurt, wo sie von 1953 bis zu ihrem Tod 1994 lebte. Breslau war eine Stadt, von deren Wahrzeichen ich mein ganzes Leben hörte, dennoch ist es eine Stadt, heute Wrocław genannt, die ich bewusst erst mit 60 das erste Mal sah. Einiges Überraschendes brachte auch die Forschungsliteratur über die Nachkriegsflüchtlinge zu Tage. In Deutschland ist die öffentliche Kritik an den Vertreibungen und den Bombardements von Wohnstädten natürlich am rechten Rand des politischen Spektrums zu Hause, die Linke bezichtigte solche Kritik als hinterhältige Art und Weise, durch das Jammern über Nachkriegsvertreibungen für ein Land der Täter Opferstatus zu beanspruchen, um über deutsche Kriegsgräuel zu schweigen beziehungsweise um „eine Rechnung auszugleichen“ (die Wendung, die von der Autorin von *Eine Frau in Berlin* verwendet wurde).[2] Trotzdem beinhalten die besten deutschen literarischen Bearbeitungen der Vertreibungen, die ich gelesen habe, spezifische und ausführliche Bezüge auf die Shoah und deutsche Kriegsverbrechen, teils als erläuternde Hintergründe für die neuen Ereignisse von 1945.[3] Ich wusste auch nicht, dass amerikanische liberale Nachkriegsberichte (ebenso wie schwedische und britische sozialistische Stimmen) so sehr mit dem Elend derjenigen mitfühlten, die in Ruinen leben mussten. Die Nachkriegsbücher von Victor Gollancz und Stig Dagerman, der Bericht im christlich-jesuitischen Magazin *America,* die Arbeit der Mitglieder des Committee against Mass Expulsion in New York und die Erklärung des Weltkirchenrats waren für mich besonders beeindruckend – und manche davon könnten in Deutschland vielleicht heute nach wie vor von Interesse sein.[4] Die intensive menschliche Anteilnahme an solchen Versuchen, die öffentliche Meinung in westlichen Ländern zu beeinflussen, kontrastiert scharf mit den propagandistischen Pamphleten, die amerikanische Soldaten erhielten und die sie instruierten, „die Fallen der Gefühlsduselei zu vermeiden“, da „unser Mitleid für sie zu erregen, eine der wenigen Waffen ist, die die ‚kleinen‘ Deutschen noch haben“, oder die den Soldaten versprachen: „Ihr werdet viele Ruinen sehen, aber ihr werdet nicht darin leben müssen.“[5] Dennoch scheint es, als hätte die Armee Schwierigkeiten, die Soldaten von einer strafenden Grundhaltung zu überzeugen, wie der offenkundige Misserfolg, einen Fraternisierungs-Bann aufrechtzuerhalten, und zeitgenössische Presseberichte über die Abneigung der Soldaten, die erhaltene Propaganda zu übernehmen, nahelegen.[6]

Wie ich in einer Nebenbemerkung erwähnte, erfuhr ich in meiner Kindheit viel Freundlichkeit von amerikanischen Soldaten, insbesondere, aber nicht nur von afroamerikanischen. Doch bis ich die Quellen für dieses Buch las, hatte ich nicht wirklich gewusst, wie sehr das Jim-Crow-Regime die Einzelheiten ihres Lebens während ihrer Stationierung in Deutschland beeinflusste. Weder kam es mir vor meiner Lektüre von Kay Boyles „Zu Hause“ und Kurt Vonneguts „D. P.“ in den Sinn, dass es die Besatzung Deutschlands schwarzen Soldaten erlaubte, eine väterliche Rolle gegenüber deutschen Kindern einzunehmen, freundlicher und großzügiger als man glaubte, dass der Großteil der amerikanischen Soldaten nach 1945 agierte, nämlich (in den Worten von Bertram Schaffner, einem Neuropsychiater, der an der Entnazifizierung Deutschlands beteiligt war) diejenige eines „strengen, aber gütigen Vaters, der nach Hause kommt, um böse Kinder für ihr Fehlverhalten zu bestrafen und die akzeptierte Ordnung in der Familie wiederherzustellen“.[7] Es scheint für mich auch plausibel, dass die umfangreichen Erfahrungen schwarzer Soldaten in Deutschland einen Faktor in der Entwicklung des Bewusstseins für Bürgerrechte in den Vereinigten Staaten darstellte.[8]

Beispiele für positive Erfahrungen mit Amerikanern gab es in meiner Familie zahlreiche. Eine meiner Tanten erhielt ein Carepaket und gab uns das mysteriöse Hühnereipulver, das darin enthalten war. Eines Nachmittags zeigten Soldaten uns Kindern das Innere eines beschlagnahmten Hauses, in dem sie lebten, eine Bleibe, die von – für uns Kinder – beinahe utopischer Unordnung war und ein funktionierendes Pianola enthielt, außerdem gaben sie uns Weißbrot. Später sah ich Marshall-Plan-Filme und ging ins Frankfurter Amerikahaus. Eine meiner Cousinen heiratete einen GI aus Alabama, und ein anderer Cousin arbeitete für die US-Armee, ging dann für etliche Jahre nach Texas. Wie der Junge, der versucht, eine lässige Pose anzunehmen, neben dem auf natürliche Weise lässigen GI auf Tony Vaccaros Foto, übte ich auch und lernte schließlich, lässige Körperhaltungen einzunehmen, vermutlich von Vorbildern in Hollywood-Filmen.

Ich war nie mit irgendeiner Anklage der Kollektivschuld konfrontiert, auch wenn ich niemanden von außen dafür brauchte, um die deutsche Schande und Schuld zu fühlen. Wie der Junge zu Beginn von Kapitel 3, der sich das Foto auf dem Plakat ansieht, das die Gräueltaten dokumentiert, stierte ich viele ähnliche Fotos an, als ich in der Mittelschule und ein katholischer Pfadfinder war. Deutsche Illustrierte druckten in den 1950ern regelmäßig Bilder aus den Nazi-Jahren ab, und ich schnitt Dutzende davon aus und bastelte ein Album, in dem Bilder des Warschauer Aufstands und von skelettartigen Gestalten in Auschwitz ebenso enthalten waren wie ein Pamphlet über den Attentatsversuch auf Hitler vom 20. Juli 1944. Eine der ersten politischen Demonstrationen, an denen ich teilnahm, richtete sich gegen Globke und Oberländer, Ex-Nazis, die Adenauer in seine Regierung berufen hatte. Später nahm ich an einigen Verhandlungen des Auschwitz-Prozesses in Frankfurt teil. Als jemand, der aufwuchs, wo und wann ich es tat, konnte ich nicht anders, als mich lebenslang leidenschaftlich mit dem Leben direkt nach dem Krieg und den Schrecken des Krieges, die dem vorausgegangen waren, zu beschäftigen. Allerdings erhebt dieses Buch, trotz der autobiografischen Nebenbemerkungen, nicht deshalb Anspruch auf Autorität, weil „ich dabei war". Obwohl ich als neunjähriges Kind *Toxi* sah, habe ich die meisten Fotos nicht gesehen und die meisten der Texte, über die ich schrieb, nicht gelesen, bis ich mit der Arbeit an diesem Buch begann. Texte aus den Kriegsjahren zu lesen und wieder zu lesen und zahllose Fotos wieder und wieder anzusehen – das war die Methode, mit der ich mich für eine überschaubare Anzahl von Texten, Filmen und Bildern entscheiden konnte, die ich zur Diskussion in dieses Buch einbezog. Einige davon sind sehr bekannt, viele aber haben nur geringe wissenschaftliche Aufmerksamkeit erfahren: Es gibt beispielsweise sehr wenig Sekundärliteratur über Gellhorns *Point of No Return*, Hans Habes *Weg ins Dunkel* oder über Vonneguts „D. P.“, geschweige denn über Pohls Kurzgeschichten, Ihlenfelds Roman oder Ursula von Kardorffs veröffentlichtes Tagebuch. Interessante hier untersuchte Texte, darunter die Romane von Gellhorn, Gardner Smith und Popkin, liegen bislang noch nicht in deutscher Übersetzung vor.

Wie ich in der Einleitung erwähnte, fühlte ich mich von einigen dieser Werke angezogen, weil sie mich als Geisteswissenschaftler ansprachen: Sie vermittelten ein reiches „innerliches“ Gefühl eines kulturellen Augenblicks, auf den zu konzentrieren ich mich entschlossen hatte. Mit der Verwendung des Begriffs „innerlich“ wollte ich mich nicht auf einen inneren privaten Bereich beziehen, im Unterschied zum öffentlichen Bereich der Politik, wie es das Wort „Innerlichkeit“ manchmal suggeriert. Ich wollte auch niemals unterstellen, ein schwedischer Bericht über Nachkriegsdeutschland oder ein dort aufgenommenes britisches Foto wäre irgendwie „äußerlich“. Vielmehr suchte ich in den Werken, die ich studierte, das, was in raschen Verallgemeinerungen, stichpunktartigen Zusammenfassungen oder abstrakten Debatten verloren gegangen sein könnte. In allen Teilen dieses Buches habe ich mich deshalb bemüht, nahe an den Quellen zu bleiben, ausgiebig aus Texten zu zitieren und exemplarisch Fotos und Filme aus allernächster Nähe zu untersuchen – nicht als thematische Paradebeispiele und Illustrationen für Schlussfolgerungen, zu denen ich früher gelangt war, sondern als ästhetische Objekte, die einen Augenblick oder ein Thema auf eine Art und Weise lebendig werden lassen, dass der Leser oder Betrachter davon begleitet wird über eine einzelne Maxime oder Schlussfolgerung hinaus, die daraus gezogen werden könnte. Das bedeutete auch, sich mit den Schriftstellern und Künstlern sowie ihren Metaphern und Bildern zu beschäftigen, mit der zeitgenössischen Rezeption und manchmal sogar mit Handlungssträngen, die angedeutet schienen, aber in einem bestimmten Werk verworfen worden waren. Ich kann nur hoffen, dass das Aufzeigen der Kämpfe und Bedenken in den Phasen der Abfassung eines Filmdrehbuchs, des Beschneidens und mit Überschriften Versehens eines Fotos oder der Überarbeitungen des Textes eines Tagebuchs sich dem Leser als Versuch vermittelt, die Dynamik der Formen, die ich untersuchte, zu respektieren und die ästhetischen Ausdrucksweisen selbst als aktiven Bestandteil des historischen Prozesses zu begreifen und nicht nur als dessen Reflexion. Ein berühmter Witz besagt, dass Poesie ist, was in der Übersetzung verloren geht. Mein Bemühen in diesem Buch war es, bei all dem zu verweilen, was in einer Zusammenfassung verloren gehen würde.

Anmerkungen

Einleitung

1. Laut *Oxford English Dictionary* war Reuben Hatch der Erste, der in seinem Buch *Bible-Servitude Re-Examined: With Special Reference to Pro-Slavery Interpretations and Infidel Objections* (Cincinnati: Applegate, 1862), S. 243, den Begriff *nation building* verwendete; es bezog sich dort auf den Egoismus der Menschen, der zur Einführung der Sklaverei führte. Das nächste Beispiel stammt erst aus dem Jahr 1913, in dem eine Zeitschrift von den „Hauptkräften des *nation-building* des amerikanischen Volkes" schrieb. Wie ein Google Ngram schnell verdeutlicht, gab es für den Gebrauch des Wortes einen dramatischen Anstieg in den Jahren von 1958 bis 1972 und dann von 1985 bis heute.
2. Franz Oppenhoff, der von den Amerikanern im Oktober 1944 eingesetzte Bürgermeister Aachens, wurde am 21. März 1945 ermordet. Der Mord wurde zunächst als Werwolf-Aktion angesehen, aber Volker Koop gelangte auf Grund von ostdeutschen Archivunterlagen zu der Erkenntnis, dass es sich um eine SS-Aktion handelte. Siehe *Himmlers letztes Aufgebot: Die NS-Organisation „Werwolf"* (Köln: Böhlau, 2008), S. 122–136. Auch die sogenannte Penzberger Mordnacht des 28. April 1945, die brutale Ermordung von 16 Menschen, die mit den Amerikanern in Bayern zusammenarbeiteten, könnte von der SS geplant gewesen sein. Mitglieder der Besatzungsarmee waren anscheinend nicht Ziele solcher Aktionen, sondern nur Deutsche, die kollaborierten.
3. Hierin liegt ein wichtiger Unterschied zur Situation in Japan.
4. Siehe Timothy Snyder, *Bloodlands: Europa zwischen Hitler und Stalin*, übers. von Martin Richter (München: C.H. Beck, 2011); und Keith Lowe, *Der wilde Kontinent: Europa in den Jahren der Anarchie 1943–1950*, übers. von Stephan Gebauer und Thorsten Schmidt (Stuttgart: Klett-Cotta, 2016).
5. Franz Neumann, „Military Government and the Revival of Democracy in Germany", in: *Columbia Journal of International Affairs* 2 (1948), S. 4.
6. Siehe Norman M. Naimark, *Die Russen in Deutschland. Die sowjetische Besatzungszone 1945 bis 1949*, übers. von Hans-Ulrich Seebohm und Hans-Joachim Maass (Berlin: Propyläen, 1997). Anonyma, *Eine Frau in Berlin. Tagebuchaufzeichnungen von 20. April bis 22. Juni 1945* (Berlin: Die Andere Bibliothek, 2015), wird in Kapitel 1 genauer untersucht.

7. Ich führe mehr oder weniger wahllos einige Beispiele an, die in den 1940ern so beliebt waren, dass wissenschaftliche Werke über diese Zeit oft lange Listen von Akronymen enthalten. Falls der eine oder andere Leser es nicht wissen sollte, steht HJ für Hitlerjugend; BdM für Bund deutscher Mädchen; GYA war die German Youth Association der US-Armee, die deutschen Kindern und Jugendlichen der Nachkriegszeit Sportbetätigung anbot; OKW war das Oberkommando der Wehrmacht; SHAEF stand für Supreme Headquarters Allied Expeditionary Forces, und USAREUR war das Kürzel für United States Army Europe.
8. Richard L. Merritt, *Democracy Imposed: U.S. Occupation Policy and the German Public, 1945–1949* (New Haven: Yale University Press, 1995), S. 260.
9. Hajo Holborn, *American Military Government: Its Organization and Policies* (Washington, DC: Infantry Journal Press, 1947), S. 157–172, hier 159 (4.b und 4.c). Siehe auch http://usa.usembassy.de/etexts/ga3-450426.pdf (letzter Zugriff: 01.08.2017). Teil II trug dem Oberkommando der amerikanischen Besatzungstruppen auf, mit Ausnahme von Maßnahmen, die nötig sind, diese allgemeinen Ziele zu erreichen, keine Schritte zu unternehmen, die sich auf die wirtschaftliche Rehabilitierung Deutschlands oder auf die Stärkung der deutschen Wirtschaft richten. General Lucius D. Clay, *Entscheidung in Deutschland*, übers. von A. Langens (Frankfurt/Main: Verlag der Frankfurter Hefte, 1950), S. 21, 24ff., kritisierte die Direktive JCS-1067, weil sie einen karthagischen Frieden vorsah und die Arbeitsweise in den ersten Monaten der Besatzung dominierte, glücklicherweise aber so allgemein abgefasst war, dass dem Militärgouverneur viel Spielraum bei der Ausführung blieb.
10. Nicholas Watson, „Despair", in: Brian Cummings und James Simpson (Hrsg.), *Cultural Reformations: Medieval and Renaissance in Literary History*, Oxford Twenty-First Century Approaches to Literature (London: Oxford University Press, 2010), S. 342–357, eine autoritative und gründliche Abhandlung des theologischen und historischen Hintergrunds des Konzepts der Verzweiflung im Mittelalter und der frühen Neuzeit.
11. Giorgio Agamben, *Stanzen. Wort und Phantasma in der abendländischen Kultur*, übers. von Eva Zwischenbrugger (Zürich: Diaphanes, 2005), S. 21. Agamben führt Cassians umfassende Warnung vor den Gefahren des „Mittagsdämons" aus und meint, dass die „patristische Beschreibung" als Vorbild für die moderne, in „ihrem *mal du siècle* ringende[…] Literatur" gedient haben mag (216).
12. *Ars moriendi, Desperatio: Versuchung durch Verzweiflung*, Cod.Pal.germ.34, fol. 118v, XV c. Heidelberg/Universitätsbibliothek. Friedrich Joseph Adam Bartsch, *Die Kupferstichsammlung der K. K. Hofbibliothek in Wien: In einer Auswahl ihrer merkwürdigsten Bilder* (Wien: Braumüller, 1854). Bilder der „Versuchung durch Verzweiflung" und des „Triumphs über Verzweiflung" sind bei ARTstor 8075.1475/651 gelistet.
13. Die Anziehungskraft des Selbstmords hat eine lange Geschichte. Im 17. Jahrhundert zum Beispiel gab eine schwermütige Frau zu, dass sie, nachdem sie ein Kind zur Welt gebracht hatte, eine so große Versuchung spürte, sich selbst zu vernichten, dass sie oft ein Küchenmesser in die Hand nahm, um es zu tun, und dass sie Angst hatte, allein zu sein, bis sie nach dem Tod eines

anderen Kindes durch Gottes Gnade von ihren Gedanken an Verzweiflung befreit wurde und nunmehr in der Lage war, zu beten und Trost in der Bibel zu finden. E. C., „The Temptation of Despair", in: Patricia M. Crawford und Laura Gowing (Hrsg.), *Women's Worlds in Seventeenth-Century England* (London: Routledge, 2000), S. 276. Quelle: Vavasor Powell, *Spiritual Experiences of Sundry Believers,* 2. Aufl. (1652), S. 25–27.

14. Zitiert bei Herbert Hug, „Georges Bernanos", in: *Neue Wege* 43.4 (1949), S. 154–167, hier 156–157, http://dx.doi.org/10.5169/seals-139238 (letzter Zugriff: 01.08.2017). Georges Bernanos, *Die Sonne Satans,* übers. von Friedrich Burschell und Jakob Hegner (Reinbek bei Hamburg: rororo 16, 1950). Robert Brasillach, ein französischer faschistischer Schriftsteller, der 1945 wegen Kollaboration hingerichtet wurde, publizierte 1944 die Studie „Georges Bernanos ou la tentation du désespoir", in: *Les quatre jeudis: images d'avant guerre* (1944; Nachdruck Paris: Les sept couleurs, 1951), S. 257–274. Joël Pottier charakterisierte Gertrud von le Forts Tagebuch der Jahre 1933 bis 1945 als Versuchung der Verzweiflung. Siehe Frank-Lothar Kroll (Hrsg.), *Flucht und Vertreibung in der Literatur nach 1945* (Berlin: Gebr. Mann Verlag, 1997), S. 147.
15. Gerhard Hirschfeld und Irina Renz (Hrsg.), *„Vormittags die ersten Amerikaner": Stimmen und Bilder vom Kriegsende 1945* (Stuttgart: Klett-Cotta, 2005), S. 93.
16. Ed Sikov, *On Sunset Boulevard: The Life and Times of Billy Wilder* (New York: Hyperion, 1998), S. 248–249.
17. Ein Google Ngram zeigt sogar ein starkes Ansteigen im Gebrauch des Wortes „Selbstmord" von 1941 bis 1948. Percy Knauths Essay „The German People", in: *Life,* 7. Mai 1945, S. 69–76, beginnt mit der Beschreibung des Selbstmords von Helmut Lotz und seiner Familie am 25. März in Frankfurt.
18. Dass viele Fotos dieser Szene auf verschiedenen Internet-Seiten leicht zu finden sind, hat sie zu einem Anziehungspunkt für die extreme Rechte gemacht. Lisso scheint dem Beispiel des Leipziger Bürgermeisters Alfred Freyberg gefolgt zu sein, der ebenfalls seine Frau und seine Tochter und dann sich selbst umbrachte, als die Amerikaner ankamen. In Bourke-Whites Kapitel „Tod schien der einzige Ausweg" erwähnt sie, dass Bill Walten vom *Life*-Magazin sie dazu angehalten habe, schnell ins Leipziger Rathaus zu laufen, denn da drinnen sehe es aus wie im Wachsfigurenkabinett von Madame Tussaud. Dann liefert sie eine halbseitige Beschreibung der Szene einschließlich der Flasche Pyrimal, mit der die Lissos sich getötet hatten. Siehe *Deutschland, April 1945* (*Dear Fatherland, Rest Quietly*), übers. von Ulrike von Puttkamer (München: Schirmer/Mosel, 1979), S. 68–69. Einige von Bourke-Whites Bildern erschienen in dem Foto-Essay „Suicides: Nazis Go Down to Defeat in a Wave of ‚Selbstmord'", in: *Life,* 14. Mai 1945, S. 32–33. Siehe auch Vicki Goldberg, *Margaret Bourke-White* (New York: Harper & Row, 1986), S. 292–293. Bourke-White machte ein anderes Foto aus einem sehr hohen Blickwinkel (Abb. 44, Bildeinschub zwischen S. 84 und 85), und während in Bourke-Whites Foto Lissos Partei-Mitgliedskarte unter seinem Ellenbogen zu sehen ist, nahm Lee Miller die Szene auf, nachdem sie ein Porträt von Hitler unübersehbar an den Türpfosten gestellt hatte. Irgendjemand muss auch Lissos Körper an dem staubigen Tisch in eine aufrechtere Haltung ge-

bracht haben, so dass sein Ellenbogen nunmehr auf einer Zigarettenschachtel und Streichhölzern ruht, nicht mehr auf der Parteikarte. Miller fotografierte die Mutter und Tochter so, dass sie aussehen, als ob sie schliefen, und machte dann eine Nahaufnahme der Tochter, die auf dem luxuriösen Ledersofa in Ohnmacht gefallen zu sein schien. Siehe Carolyn Burke, *Lee Miller: A Life* (New York: Knopf, 2005), S. 254. Burke weist auch auf die Ähnlichkeit von Miller und Lissos Tochter hin und erwähnt, dass in einem weiteren, wenig bekannten Leipziger Foto ein US-Armee-Fotograf beim Fotografieren der Szene zu sehen ist. Ein kurzer Farbfilm existiert ebenfalls: http://www.youtube.com/watch?v=ozwJ3Xog9sw (letzter Zugriff: 01.08.2017). Wie die letzte Seite des *Life*-Foto-Essays „Suicides" (Selbstmorde) deutlich macht, waren es nicht nur hochrangige Nazis, die bei der Ankunft der Alliierten Selbstmord begingen, sondern auch viele andere Menschen.

19. Thomas Dodd, in: Christopher J. Dodd, mit Lary Bloom, *Letters from Nuremberg: My Father's Narrative of a Quest for Justice* (New York: Crown Publishing, 2007), S. 98. Dodd fährt jedoch fort mit einer Beanstandung des Verhaltens der französischen farbigen Truppen und des „bösartigen Gemetzels seitens einiger Russen". Später verleiht er seinem Hass auf Antisemitismus Ausdruck, wünscht sich aber trotzdem, dass „die Juden diesem Prozess fern blieben – ihnen selbst zuliebe", glaubt er doch, dass das Personal des Nürnberger Prozesses zu „etwa 75 % jüdisch" ist (135).
20. Heinrich Hauser, *The German Talks Back,* mit einer Einleitung v. Hans J. Morgenthau (New York: Henry Holt, 1945), S. 110.
21. Dieser Vorschlag ähnelt dem 1944 von Finanzminister Henry Morgenthau Jr. vorgeschlagenen Plan eines völlig deindustrialisierten Nachkriegsdeutschlands.
22. Zitiert in Theo Sommer, *1945: Die Biographie eines Jahres* (Reinbek bei Hamburg: Rowohlt, 2005), S. 263.
23. Zitiert von Atina Grossmann, *Juden, Deutsche, Alliierte: Begegnungen im besetzten Deutschland,* übers. von Ulrike Bischoff (Göttingen: Wallstein Verlag, 2012), S. 257. In einer anderen Rede vom 10. Juni 1945 sagte Grinberg: „Wir gehören zu denen, die in den Konzentrationslagern vergast, gehängt, zu Tode gepeinigt und gefoltert wurden! … Wir sind nicht am Leben … wir sind tot!" Und seine kurze Ansprache endete mit den Worten: „Wir sind nun frei, aber wissen nicht, wie wir unser freies aber glückloses Leben anfangen sollen. Es scheint uns, als ob die Menschheit bislang noch nicht versteht, was wir durchgemacht und in dieser Zeit erlebt haben. Und es scheint uns, als ob wir auch in Zukunft nicht verstanden werden. Wir haben verlernt zu lachen, wir können nicht mehr weinen, wir verstehen unsere Freiheit noch nicht, und all das, weil wir immer noch unter unseren toten Kameraden weilen. Erheben wir uns und stehen still im Erinnern an unsere Toten." http://www.jewishvirtuallibrary.org/jsource/Holocaust/GrinbergSpeech.html (letzter Zugriff: 01.08.2017).
24. William Ebenstein, *The German Record: A Political Portrait* (New York: Farrar & Rinehart, 1945), S. 307–308.
25. John Dos Passos, „Americans Are Losing the Victory in Europe: Destitute Nations Feel that the US Has Failed Them", in: *Life,* 7. Januar 1946, S. 23, 24.

26. Drew Middleton, „Failure in Germany“, in: *Collier's,* 9. Februar 1946, S. 12, 13.
27. Anne O'Hare McCormicks Artikel „Abroad: American Responsibility in Germany“, in: *New York Times,* 18. November 1946, S. 20, erhielt erneute Aufmerksamkeit, als Präsident George W. Bush ihn im Kontext von Sorgen um den Irak nach der angloamerikanischen Invasion erwähnte. In seiner Nominierungsrede beim Parteitag der Republikaner führte er den *New-York-Times*-Artikel an und kommentierte, vom Applaus seiner Zuhörer begleitet: „Glücklicherweise hatten wir einen entschlossenen Präsidenten namens Truman, der mit dem ganzen amerikanischen Volk fest blieb, wohl wissend, dass eine neue Demokratie im Zentrum Europas zu Stabilität und Frieden führen würde. Und weil diese Generation an der Sache der Freiheit fest hielt, leben wir heute in einer besseren und sicheren Welt.“ Siehe http://www.washingtonpost. com/wp-dyn/articles/A57466-2004Sep2.html (letzter Zugriff: 8.8.2017). In ihrer Kolumne „Amnesia in the Garden“ (Op-Ed, *New York Times,* Sonntag, 5. September 2004, Week in Review, S. 9), verfolgte Maureen Dowd den Hinweis auf McCormick und war der Ansicht, dass Bush den Artikel entstellt hatte. Ein CIA-Bericht hatte schon 2003 davor gewarnt, aus der Besatzungszeit in Deutschland und Japan optimistische Schlüsse für den Irak zu ziehen. Siehe „The Postwar Occupations of Germany and Japan: Implications for Iraq“, http://nsarchive.gwu.edu/NSAEBB/NSAEBB328/II-Doc17.pdf.
28. Karl Loewenstein, „Autocracy versus Democracy in Contemporary Europe, I“, in: *American Political Science Review* 29, Nr. 4 (August 1935), S. 571–593, hier 582; „Autocracy versus Democracy in Contemporary Europe, II“, in: *American Political Science Review* 29, Nr. 5 (Oktober 1935), S. 755–784, hier 776; und *Political Reconstruction* (New York: Macmillan, 1946), S. 337.
29. Franz Neumann, „Military Government and the Revival of Democracy in Germany“, in: *Columbia Journal of International Affairs* 2 (1948), S. 3–20, hier 4 und 5.
30. William Gardner Smith, *Last of the Conquerors* (1948; Chatham, NJ: Chatham Bookseller, 1973), S. 104.
31. Hannah Arendt, „Besuch in Deutschland 1950. Die Nachwirkungen des Naziregimes“, in: *Zur Zeit. Politische Essays,* übers. von Eike Geisel (Berlin: Rotbuch-Verlag, 1986), S. 43–70, hier 69 und 70.
32. Laut William E. Griffith, „The Denazification Program in the United States Zone of Germany“, Dissertation, Harvard University, 1950, legten Franz Neumann und Herbert Marcuse die geistigen Grundlagen für die Entnazifizierung und den Fragebogen und [Alexander] Perry Biddiscombe, *The Denazification of Germany: A History 1945–1950* (Stroud, Gloucestershire 2007), S. 21–24, strich die Ironie heraus, dass es Deutsche waren – und dazu noch Marxisten – die entscheidend zur Schaffung dessen beitrugen, was später als Symbol der amerikanischen Besatzungspolitik galt. Ian Buruma, *Year Zero: A History of 1945* (New York: Penguin Press, 2013), S. 177, schreibt, dass Neumann, von Lucius D. Clay unterstützt, dabei half, den berüchtigten Fragebogen zu entwickeln.

1. Zwischen dem Nichtmehr und dem Nochnicht

Dank schulde ich mehreren Institutionen, denen ich sehr frühe und vorläufige Versionen dieses Kapitels und einige kurze andere Abschnitte dieses Projekts vorstellte, ebenso wie Teilnehmern verschiedener Zuhörerkreise, die hilfreiche Vorschläge machten, darunter Marc Dolan und Richard McCoy vom Graduate Center der City University of New York; M. Lynn Weiss vom William and Mary College; Frank Kelleter von der Georg-August-Universität Göttingen (der freundlicherweise auch eine deutsche Fassung des Aufsatzes in einer Essay-Sammlung veröffentlichte); Henry Wonham von der University of Oregon; Frederick Aldama von der Ohio State University; Rafia Zafar, William Paul, Gerald Early und Lynne Tatlock von der Washington University St. Louis; Mohsen Mostafavi von der Cornell University sowie Christa Buschendorf, Berndt Ostendorf, Herwig Friedl, Heike Paul und Udo Hebel während des Treffens der Deutschen Gesellschaft für Amerikastudien im IG-Farben-Haus in Frankfurt/Main, ehemals der Sitz der Militärregierung und heute der Johann-Wolfgang-Goethe-Universität Frankfurt; Christa Buschendorf und Astrid Franke publizierten meinen Vortrag in *Transatlantic Negotiations* (2007).

1. Das Bild, das dieses Kapitel eröffnet, stammt von Tony Vaccaro, der die Szene in Calbe lokalisiert, laut akg-Webseite befindet sich der Ort aber in der Nähe von Barby. Bei einer Vorlesung in Harvard am 9. November 2006 sagte Vaccaro, dass das Foto etwa 160 Kilometer von Berlin entfernt aufgenommen worden sei. Tony Vaccaro, *Entering Germany, 1944–1949*, hrsg. von Michael Konze (New York: Taschen 2001), S. 46.
2. Wolfgang Fritz Haug lieferte eine stichhaltige Kritik der ausweichenden Begriffe, die in Vorlesungen an deutschen Universitäten verwendet wurden, um das Ende des Zweiten Weltkriegs zu benennen; vgl. Haug, *Der hilflose Antifaschismus: Zur Kritik der Vorlesungsreihen über Wissenschaft und NS an deutschen Universitäten* (Frankfurt/Main: Suhrkamp, 1967).
3. Walter Kempowski, *Das Echolot. Abgesang '45: Ein kollektives Tagebuch*, 2. Aufl. (München: btb-Verlag, 2007). Dieses 450-Seiten-Werk umfasst den Zeitraum vom 20. April bis zum 9. Mai 1945 und ist der letzte Band von Kempowskis gewaltiger Unternehmung, Tausende von Tagebüchern, Briefen, Fotografien und Erinnerungen aus den Kriegsjahren zu sammeln und Auszüge in streng chronologischer Reihenfolge zu reproduzieren. Die vorangehenden vier Bände, *Das Echolot. Fuga furiosa* erfassen auf mehr als 330 Seiten Quellen aus der Zeit vom 12. Januar bis zum 12. Februar 1945. Vgl. auch Gerhard Hirschfeld und Irina Renz (Hrsg.), *„Vormittags die ersten Amerikaner": Stimmen und Bilder vom Kriegsende 1945* (Stuttgart: Klett-Cotta, 2005); Hermann Glaser, *1945: Ein Lesebuch* (Frankfurt/Main: Fischer, 1995); Werner Filmer und Heribert Schwan (Hrsg.), *Besiegt, befreit ...: Zeitzeugen erinnern sich an das Kriegsende 1945* (München: Bertelsmann, 1995). Die Popularität solcher Bücher resultiert auch aus dem 50. und 60. Jahrestag des Kriegsendes. Dass es gefährlich ist, ein Leben auf diesen einen Moment zu verdichten, ist offenkundig.
4. Ernst Schneider, handschriftliches Tagebuch, S. 199–200, Stadtarchiv Kronberg im Taunus.

5. Pfarrer [Richard] Keuyk, „Der Einmarsch der Amerikaner in Oberhöchstadt am 29. März 1945", undatiertes Typoskript, Stadtarchiv Kronberg im Taunus.
6. David P. Boder, *Die Toten habe ich nicht befragt*, hrsg. von Julia Faisst, Alan Rosen und Werner Sollors (Heidelberg: Universitätsverlag Winter, 2011), S. 42–43. Für seine Buchpublikation veränderte Boder die Namen leicht, so wurde etwa Anna Kaletska zu Anna Kovitzka. Siehe auch die Webseite mit den digitalisierten Aufnahmen der Interviews, hier http://voices.iit.edu/interviewee?doc=kaletskaA (letzter Zugriff: 01.08.2017), Band 2 (Spule 165) von 33:34 bis 35:34. „Shops" waren deutsche Firmen, die jüdische Zwangsarbeiter beschäftigten.
7. Auf Video aufgezeichneter Lichtbildervortrag von Tony Vaccaro an der Harvard University, 9. November 2006.
8. Das Tagebuch des Lehrers Schneider listet zahlreiche gesetzeswidrige Taten in seiner Gegend auf, die in einer allgemeinen Notsituation begangen wurden: Ein Mord, dreiste Raubüberfälle und Schwarzmarkt-Aktivitäten verwandeln die Auferstehungs-Erfahrung der Befreiung in einen Alptraum. Am 20. Mai schreibt er: „Es sind schwere Zeiten! Es brennt weder Gas noch elektrisches Licht. Keine Zeitung erscheint, keine Postzustellung kommt. Es geht keine Eisenbahn, kein Fernsprecher kann benutzt werden. Niemand darf sich weiter als 6 km entfernen!"
9. Siehe Walter O. Weyrauch, „The Experience of Lawlessness", in: *New Criminal Law Review* 10, Nr. 3 (Sommer 2007), S. 415–440.
10. Volker Koop, *Himmlers letztes Aufgebot: Die NS-Organisation „Werwolf"* (Köln: Böhlau, 2008), S. 154.
11. Ursula von Kardorff, *Berliner Aufzeichnungen 1942–1945: Unter Verwendung der Original-Tagebücher neu herausgegeben von Peter Hartl* (München: C.H. Beck, 1992), S. 311–312.
12. Erhard Schütz deutet an, dass von Kardorff als Journalistin Durchhalte-Artikel veröffentlichte, um die Kriegsanstrengungen der Nazis zu unterstützen. Siehe seine „Einleitung", in: *Handbuch Nachkriegskultur: Literatur, Sachbuch und Filme in Deutschland (1945–1962)*, hrsg. von Elena Agazzi und Erhard Schütz (Berlin: de Gruyter, 2013), S. 65.
13. Diese Erklärung lieferte von Kardorff in der Eingangsseite ihrer 1976 erweiterten und illustrierten Ausgabe der *Berliner Aufzeichnungen 1942–1945: Erweiterte und bebilderte Neuausgabe* (München: Nymphenburger Verlagsbuchhandlung 1976), S. 5–6.
14. Zwar gab es ein Konzentrationslager in Oranienburg, es wurde 1934 geschlossen. Oranienburg wurde am 15. März 1945 massiv bombardiert, und das veröffentlichte Tagebuch hat Oranienburg vielleicht irrtümlicherweise als Name des Konzentrationslagers aufgefasst. Möglicherweise hat von Kardorff auch an das Lager im benachbarten Sachsenhausen gedacht, das allerdings erst am 22. April 1945 von russischen Soldaten befreit wurde, zwei Tage nach dem Datum des Tagebucheintrags von Kardorffs.
15. Erich Kästner, *Notabene 45: Ein Tagebuch* (Berlin: Cecilie Dressler Verlag, o. J. [1961]), S. 144.
16. *Splitter und Balken: Publizistik*, hrsg. von Hans Sarkowicz und Franz Josef Görtz, *Werke*, Bd. 6 (München: Carl Hanser, 1998), S. 837. Dank Sarkowicz'

kritischer Ausgabe ist der Vergleich der abweichenden Texte ein Leichtes. Siehe auch Heinz-Peter Preußer, „Wie baut man ein zweites Ich? Erich Kästner als Überlebender des Dritten Reiches und sein Notabene 45", in: ders. und Helmut Schmitz (Hrsg.), *Autobiografie und historische Krisenerfahrung* (Heidelberg: Universitätsverlag Winter, 2010), v. a. S. 92.

17. Erich Kästner, 12.2.45, *Notabene 45*, S. 31–32. Hier ist die getippte Abschrift des Tagebuchs (T, Literaturarchiv Marbach, S. 7) identisch mit der in *Notabene 45* publizierten Version. Weitere Hinweise auf dieses Typoskript erfolgen mit „T" und Seitenangabe. Wie wir später sehen werden, taucht das gleiche Sprichwort auch zweimal in dem anonym veröffentlichten Buch *Eine Frau in Berlin* auf.
18. Erich Kästner, „Berliner Hetärengespräche 1943: Nach Tagebuchaufzeichnungen", in: *Die kleine Freiheit: Chansons und Prosa 1949–1952* (1959; Nachdruck: München: dtv, 1999), S. 89–93. Der Herausgeber der kritischen Ausgabe vermerkt, dass es tatsächlich keine entsprechende Notiz in Kästners Tagebüchern gibt.
19. Die Insassen hatten sich am 11. April selbst befreit.
20. T, S. 46.
21. Im Februar 1946, nachdem er den Dokumentarfilm *Die Todesmühlen* gesehen hatte, verfasste Kästner den Essay „Wert oder Unwert des Menschen", in dem er die unterschiedlichen Reaktionen der Zuschauer beschrieb: „Die meisten schweigen. Sie gehen stumm nach Hause. Andere treten blaß heraus, blicken zum Himmel und sagen: ‚Schau, es schneit.' Wieder andere murmeln: ‚Propaganda! Amerikanische Proaganda! Vorher Propaganda, jetzt Propaganda!'" Erich Kästner, *Gesammelte Schriften: Vermischte Beiträge* (Zürich: Atrium, 1959), S. 62–63.
22. Kästners Eintrag wurde für die Publikation umfassend erweitert, außerdem war das Originaltagebuch wesentlich weniger rhetorisch. Die Alliierten und insbesondere die Amerikaner als „Pharisäer" zu bezeichnen, schien für den anglo-irischen Beobachter James Stern auf eine unveränderte nationalsozialistische Geisteshaltung hinzudeuten. Siehe *Die unsichtbaren Trümmer: Eine Reise ins besetzte Deutschland 1945*, übers. von Joachim Utz, Klaus Binder und Bernd Leineweber (Berlin: Eichborn, 2004), S. 358, zitiert in Kapitel 3.
23. Kempowski, *Das Echolot. Abgesang '45*, S. 371. Abschrift in Kempowski Archiv Nartum, Signatur Kempowski Biographienarchiv 3770. Wolfgang Soergel wurde am 29. Oktober 1919 in Chemnitz geboren, nach dem Krieg war er als Arzt, Romancier und Publizist tätig. Siehe http://www.stadtbibliothek-chemnitz.de/autorenlexikon/pmwiki.php?n=Autor.WolfgangSoergel (letzter Zugriff: 01.08.2017). Mein Dank geht an Maren Horn, Akademie der Künste, Berlin.
24. Ernst Jünger, *Strahlungen* (1949) (Stuttgart: Ernst Klett, o. J. [1958]), S. 495. Siehe auch Udo von Alvenslebens Tagebuch *Lauter Abschiede: Tagebuch im Kriege*, hrsg. von Harald von Koenigswald (Frankfurt/Main: Propyläen, 1971), S. 449: „wie harmlos wirkt die Niederlage im Ersten Weltkrieg jetzt demgegenüber! Das große Schiff, das ich am 1. September 1939 im Geiste hatte sinken sehen, ist untergegangen ... Die Perspektive der welthistorischen Betrachtung läßt mich alles aus wie zu weiter Entfernung sehen. Der Schmerz ist vorweggenommen und ausgebrannt."
25. Hirschfeld und Renz, „*Vormittags die ersten Amerikaner*", S. 135.

26. Helen Dann Stringer (Hrsg.), *Letters of Love and War: A World War II Correspondence* (Syracuse, NY: Syracuse University Press, 1997), S. 245.
27. Edgar Allan Poe, *Gesammelte Werke in 5 Bänden*. Band II: *Der Fall des Hauses Ascher. Erzählungen*, übers. von Arno Schmidt und Hans Wollschläger (Frankfurt/Main: Zweitausendeins, 1994), S. 292–315, hier 307.
28. Englische Übersetzung von James Stern, *A Woman in Berlin,* mit einer Einleitung von Kurt W. Marek (1954) (New York: Ballantine Books, 1957). Der anglo-irisch-jüdische Autor und Übersetzer James Stern war unmittelbar nach dem Zweiten Weltkrieg in Deutschland und veröffentlichte 1947 *Die unsichtbaren Trümmer. Eine Reise im besetzten Deutschland 1945* (*The Hidden Damage*) über seine Erfahrung (siehe Kapitel 3). Die englische Übersetzung von Philip Boehm, *A Woman in Berlin: Eight Weeks in the Conquered City: A Diary* (New York: Picador, 2005), enthält ein Vorwort von Hans Magnus Enzensberger und eine Einführung von Antony Beevor.
29. Kästner und von Kardorff flohen aus Berlin, und die Erzählerin von *Eine Frau in Berlin* erwähnt flugs, vielleicht aus Neid, einen Hauswirt, der ebenfalls aus Berlin nach Westdeutschland aufgebrochen war und „bereits Amerikaner“ ist. „Der Hauswirt ... hat sich nach Bad Ems abgesetzt und ist bereits Amerikaner“ (15).
30. Die zahlenmäßigen Schätzungen sind enorm, und im Rahmen der russischen Eroberung von Ostpreußen, Pommern, Schlesien und des gesamten Gebietes Ostdeutschlands wurden Vergewaltigungen umfassend dokumentiert. Ein Wissenschaftler zieht die Schlussfolgerung, dass Vergewaltigung zu einem Teil der Sozialgeschichte der sowjetischen Zone geworden sei, wie es in den westlichen Zonen unbekannt sei. Vgl. Norman M. Naimark, *Die Russen in Deutschland. Die Sowjetische Besatzungszone 1945 bis 1949,* übers. von Hans-Ulrich Seebohm und Hans-Joachim Maass (Berlin: Ullstein, 1997), S. 108–116.
31. Meines Wissens stammt das bislang einzige russische Tagebuch, das über den Kampf um Berlin publiziert wurde (allerdings nur in einer von Anja Lutter und Hartmut Schröder erstellten deutschen Übersetzung von Auszügen aus dem russischen Originalmanuskript), von Vladimir Natanovich Gel'fand, *Deutschland-Tagebuch 1945–1946: Aufzeichnungen eines Rotarmisten,* übers. von Anja Lutter und Hartmut Schröder (Berlin: Aufbau-Verlag, 2008). Der Eintrag vom 25. bis 27. April 1945 beschreibt eine Deutsche, die von 20 russischen Soldaten vergewaltigt wurde, Gel'fand um Hilfe bittet und ihn dazu einlädt, mit ihr zu schlafen (78–80). Der etwas egozentrische Gel'fand, der am Ende des Krieges 21 Jahre alt war, nimmt auch Episoden über einvernehmlichen Sex mit Deutschen in sein Tagebuch auf (z.B. 24. Juni 1945). Außerdem werden im veröffentlichten Text Fotografien von Gel'fand mit deutschen Freundinnen abgedruckt ebenso wie deren Liebesbriefe (siehe die zwischen S. 192 und 193 eingefügten Abbildungen). Alexander Solschenizyn, *Ostpreußische Nächte. Eine Dichtung in Versen*, zweisprachige Ausgabe in der Übers. von Nikolaus Ehlert (Darmstadt und Neuwied: Hermann Luchterhand Verlag, 1976). Die russische Fassung des Gedichts *Prusskie nochi* wurde 1974 urheberrechtlich geschützt. Naimark zitiert in *Die Russen in Deutschland* ein paar Zeilen von Solschenizyn (96) ebenso wie Wikipedia (https://de.wikipedia.org/wiki/Ostpreußische_Nächte).

32. Nikolai Nikolaevich Nikulin, *Vospominaniya o voine* (St. Petersburg: Izdatel'stvo Gos. Ermitazha, 2007), Kapitel 14, 17, 18, 10 und 20, abrufbar unter: http://www.belousenko.com/books/nikulin/nikulin_vojna.htm. Zu den witzigen Episoden zählen die Beseitigung einer Hitler-Büste durch russische Soldaten, die diese in einer Kaulsdorfer Schule, in der sie untergebracht sind, gefunden haben, und ein sprechender Papagei, der während der russischen Siegesfeier „Heil Hitler" ruft. Aufgrund von Nikulins Nachdenklichkeit und seines lebendigen Erzählstils in einem ungewöhnlich offenen Buch wäre es eine wunderbare Aufgabe, dieses Buch mit *Eine Frau in Berlin* zu vergleichen und gegenüberzustellen.
33. 25. Oktober 1948, Bertolt Brecht, *Arbeitsjournal. Zweiter Band*, Werkausgabe, hrsg. von Werner Hecht (Frankfurt/Main: Suhrkamp, Supplementband, 1974), S. 527. Naimark, *Die Russen in Deutschland*, zitiert Brecht, S. 136. In seinen Nachkriegsdichtungen richtete Brecht seinen Protest eher gegen die Amerikaner und den Westen. Siehe zum Beispiel „Der anachronistische Zug oder Freiheit und Democracy", eine Parade von Kriminellen und Ex-Nazis, oder „Stolz", ein Gedicht, das den Stolz des Sprechers darüber ausdrückt, dass Russinnen nicht zum Verkauf standen, während Bürgertöchter GIs zum Verkauf angeboten wurden. *Gesammelte Werke 10* (Frankfurt/Main: Suhrkamp, 1967), S. 940 und 943 ff.
34. Siehe S. 284, 30. Ich folge Janet Halleys Hinweis, die unbekannte Autorin und die greifbare Erzählerin in diesem Fall zu unterscheiden. Siehe Janet Halley, „Rape in Berlin: Reconsidering the Criminalisation of Rape in the International Law of Armed Conflict", in: *Melbourne Journal of International Law*, 9.1 (2008), S. 78–124, unter: http://austlii.edu.au/au/journals/MelbJIL/2008/3.html (letzter Zugriff: 01.08.2017). Sie schreibt: „Ich vermute, dass dieses Tagebuch ein literarisches Artefakt ist. … Ich interpretiere hier die *Frau* nicht als tatsächlich lebende Frau aus Berlin im Jahr 1945, sondern als unsere Erzählerin – als die von diesem tatsächlichen Autor eingeführte Person, die den Fall Berlins von einem *imaginierten* Blickwinkel aus *darstellen* soll. Ich lese den Text *als Text*" (88–89). Halleys sorgfältige Interpretation des Buches ist höchst detailliert, nuanciert und überzeugend, und ich greife in diesem Kapitel immer wieder auf ihre Forschungsergebnisse zurück. Ich bin Janet Halley außerdem dankbar für ein langes Gespräch über dieses Buch.
35. Das Horaz-Zitat (24) aus den römischen Oden 3.3, zu Deutsch „Wenn der Erdkreis geborsten einstürzt, werden die Trümmer auf einen Unerschrockenen niederfallen", wurde während der Nazi-Zeit auch von dem politischen Philosophen Karl Haushofer in seinem Werk *Weltpolitik von heute* zitiert. (Siehe Julia Hell, „*Katechon*: Carl Schmitt's Imperial Theology and the Ruins of the Future", in: *Germanic Review*, 84, Nr. 4 [2009], S. 283–286, hier 307.) Das biblische „noli timere" (19, Johannes 12:15 in der Vulgata) bedeutet „fürchte dich nicht".
36. Das Motto wurde – ohne Erklärung – in der deutschen Ausgabe von 2003 weggelassen. Seltsamerweise handelt es sich um Leontes' Passage über das Hörneraufsetzen aus I.ii.XXX, die Wieland so übersetzte:

    Es hat doch von jeher, oder ich müßte mich sehr irren, immer Hahnreyen gegeben; und wie mancher Mann hält, in diesem Augenblik da ich diß rede, sein Weib im Arm, der wenig daran denkt, von wem sie in seiner Abwesenheit – – daß sein nächster Nachbar in seinem Teich gefischt hat, Sir *Lächler*, sein Nachbar – – Nun, es ist eine Art von Trost darinn, daß andre Männer auch Thüren haben, und daß diese Thüren, wie die meinige, wider ihren Willen, aufgehen. Wenn alle verzweifeln wollten, denen ihre Weiber ungetreu sind, so müßte sich der zehnte Theil des männlichen Geschlechts aufhängen. Das ist ein Uebel, wofür kein Mittel in der Natur ist – – Es ist ein gewisser kupplerischer Planet, dessen Wirkung nicht zu vermeiden ist, wo er einmal die Oberhand hat – – Viele tausende sind mit diesem Uebel behaftet, und fühlen's nicht.

Bezüglich der Wittenberg-Thesen siehe S. 28, Puschkin siehe S. 101, *Polikei* siehe S. 284, zum heimlichen Spitznamen siehe S. 112.

37. Zu Nietzsches Maxime siehe S. 54. Sie verwendet sie ein weiteres Mal am 23. Mai (236). Zu *Die Schattenlinie* siehe S. 195; zu ihren Betrachtungen zu *Der Untergang des Abendlandes* siehe S. 89 und 282.
38. S. 12.
39. S. 250.
40. Hinsichtlich ihrer Verlagspläne siehe 4. Juni (267), 6. Juni (272) und 10. Juni (276–277). Goethes Name wird zweimal erwähnt, am 29. Mai (254) und am 10. Juni (276); am 11. Mai wird Herr Pauli mit Mephistopheles identifiziert als „Geist, der stets verneint" (192); am 29. Mai rezitiert das kleine Mädchen Gerti auswendig gelernte Gedichte, zitiert das düstere Ende von (Goethes zweitem) „Wanderers Nachtlied": „Warte nur, balde – ruhest du auch" und merkt an „‚Wär's nur erst soweit'" (254). Der Text des zauberhaften Liedes des Majors vom 2. Mai („Bleib, verweile doch, du Schöne mein", S. 122) klingt auch wie eine vermasselte Anspielung auf Fausts Wunsch, der Augenblick möge verweilen.
41. S. 175; sie erklärt, dass die ironische Anmerkung von einem russischen Reisegefährten während ihrer Zeit in der Sowjetunion stammt, und ist auch der Meinung, dass „[w]ir Deutschen … kein Partisanenvolk" sind.
42. Der Widerhall der auf Samuel Richardson zurückgehenden Tradition des Briefromans ist in der Entwicklung der Nebenhandlungen offenkundig – beispielsweise verliert die Witwe die Perlen ihres verstorbenen Ehemanns (8. Mai, der Tag der deutschen Kapitulation), sucht sie (14. Mai) und findet sie schließlich (20. Mai, Pfingstsonntag) – sowie in der Rhetorik der Dringlichkeit bei der Darstellung des Schreibprozesses, die Erzählerin unterbricht ihre Sätze, sagt „Nein, ausgestrichen" (21. April), „Halt" (26. April) oder „Augenblick mal" (6. Mai), während die meisten gewöhnlichen Tagebuchschreiber einfach eine Korrektur vorgenommen hätten. Diese Art des Schreibens ist ein Kunstgriff, der beispielsweise auch in Edgar Allan Poes „Das Manuskript in der Flasche" Anwendung fand. Die dramenartige Struktur wird noch gesteigert durch theatralische Metaphern und Vergleiche wie die Beobachtung vom 26. April während der Plünderung eines Weinkellers, dass der Ausgang „wie eine grell erleuchtete Bühne" (48) „winkte", oder am 27. April der Vergleich des schmerzerfüllten Schreis des Bäckers mit der Arbeit eines großen Schauspielers (62). Júlia Garraio, „Höhlenbewohner: Die Erfahrung des totalen Krieges im Tagebuch *Eine*

Frau in Berlin“, in: *Publikationen der Gesellschaft für interkulturelle Germanistik*, 15 (2011), S. 209–224, bietet eine differenzierte Interpretation des Buches, das in ihren Augen rund um die Begriffe „Verfall“ und „Wiedergeburt“ konstruiert ist; die Russen sind in der Tat mit Wiedergeburt und Neuanfang assoziiert.

43. S. 20.
44. S. 252.
45. S. 9.
46. Jens Bisky hat mit „Wenn Jungen Weltgeschichte spielen, haben Mädchen stumme Rollen“, in: *Süddeutsche Zeitung* (24. September 2003) einen vieldiskutierten Artikel verfasst, in welchem er die Authentizität des Buches in Frage stellt und die ansonsten kaum bekannte Marta Hillers als Autorin ins Spiel bringt. Sein Artikel ist auch unter http://www.arlindo-correia.com/eine_frau_in_berlin.html (letzter Zugriff: 01.08.2017) abrufbar. Daniela Puplinkhuisen, „A Short Footnote on the Decline of the West: The Interplay of Collective Memory and Female Perspective in Anonyma's *Eine Frau in Berlin*“, in: *LiLi: Zeitschrift für Literaturwissenschaft und Linguistik*, 39, Nr. 155 (September 2009), S. 148–161, hier 153. Puplinkhuisen skizziert einen Vergleich mit Hamsuns *Hunger* und liefert eine sehr sorgfältige literarische Analyse des Textes von Anonyma, auf den ich mich hier beziehe. Clarissa Schnabel legte eine im Selbstverlag erschienene umfassende Biografie der Verfasserin des Tagebuchs vor: *Mehr als Anonyma: Marta Dietschy-Hillers und ihr Kreis* (Norderstedt: Books on Demand, 2015).
47. Dieser Anfang fordert geradezu auf zu einem Vergleich mit Kurt Ihlenfelds Roman *Wintergewitter* (1951), Nachdruck Bertelsmann-Lesering, 1958, in dem das Geräusch der russischen Artillerie, von einem jungen Knaben als Wintergewitter fehlinterpretiert, den furchterregenden Hintergrund liefert für einen Roman über die Angst, ausgelöst durch die Erwartung der Ankunft der russischen Truppen. Der Roman endet, ehe die Truppen die kleine Stadt in Ostdeutschland; durch die Flüchtlinge laufen, erreichen (siehe Kapitel 3 dieses Buches).
48. Siehe zum Beispiel S. 69, 90, 128 und 184 in der deutschen Ausgabe.
49. S. 9 und 10.
50. Bezüglich „Arme Worte“ siehe S. 182, zur Geschichte der Rothaarigen vgl. S. 156.
51. Bezüglich „Synkopen“ siehe S. 19; zu „Heftiger Dactylus“ siehe S. 92; siehe auch 30. April („Klopf-Dactylus“, S. 98) und 8. Mai („Hausdactylus“, S. 169); zu „Fama“ siehe S. 128.
52. S. 124. Sie wiederholt das Wort „Kolportage“ am 13. Juni, als sie einen der ersten russischen Filme sieht, die in Berlin gezeigt werden (281).
53. Siehe Puplinkhuisen, „A Short Footnote“, zu Beispielen für die meisten dieser Kunstgriffe in *Eine Frau in Berlin*.
54. S. 85.
55. S. 157–158. Am 19. Mai schreibt sie unter Verwendung einer weniger eindrucksvollen Metapher: „Wir existieren ohne Zeitung und ohne rechte Zeit, richten uns wie die Blumen nach der Sonne“ (222).
56. Das Wort „Uhr“ taucht mehr als 100 Mal im Text auf.

57. S. 54.
58. Es gibt beispielsweise ein anderes grauenhaftes Doppelbild am Ende des Eintrags vom 1. Juni (261).
59. S. 178.
60. S. 279. Die Phrase „stiller Schläfer" könnte auch auf das Gedicht „Wein' nicht, ich bin dir gut" von Johanna Ambrosius (1854–1939) anspielen.
61. S. 279. Dies ist zugleich ein weiteres Beispiel für Synästhesie.
62. Religiöse Bezüge zu Engeln, Manna, Gleichnissen Christi und zum Beten gibt es in Hülle und Fülle, und provisorische Kreuze auf Gräbern, mehr als „zwei Stücke[...] einer weißpolierten Türfüllung schief mit Draht zusammengefügt", schnüren der Erzählerin die Kehle zu und veranlassen sie zu der Frage: „Wieso spricht die Kreuzesform so stark zu uns? Selbst wenn wir uns nicht mehr Christen nennen dürfen?" (9. Mai, S. 178–179). Am 11. Mai beschreibt sie den opportunistischen Wechsel von lauter Zustimmung zu Rufen nach Bestrafung (der Nazis): „Immer wiederholt sich das ‚Hosiannah-Crucifige!'" (193). Der schriftstellerische Kommentar, den Marek in seiner Einführung zitiert, erwähnt eine „crown of thorns" (Dornenkrone). Die Passage vom 27. April, in der sie sich vorstellt, einen Körper zu besitzen, den sie zurücklässt, und ein engelartiges Selbst, das aufsteigt (unten zitiert), könnte von dem Bild „Triumph über Verzweiflung" (siehe die Einleitung in diesem Buch) inspiriert sein. Die Rezension des Buches in *Booklist* vom 1. November 1954, S. 104, beschreibt *Eine Frau in Berlin* als Bericht von Berlinern, die „den Ängsten, Nöten und der Verzweiflung der Besiegten ausgesetzt waren".
63. S. 62.
64. S. 194. Das Sedativum Veronal wurde in dieser Zeit häufig verwendet, um Selbstmord zu begehen.
65. Ehering an Unterhose, S. 29; „Russki auf'm Bauch", S. 29, erläutert am 26. April und mit einer kleinen Variation am 26. Mai wiederholt (246). Kästners Version aus *Notabene 45* (32), „Lieber einen Russen auf dem Bauch als ein kaputtes Haus auf dem Kopf!" ist oben zitiert.
66. S. 66.
67. S. 119.
68. S. 146.
69. Siehe u.a. S. 173, 286 (Gerd). Halley, „Rape in Berlin", S. 108, schreibt: „Wenn ihre Vergewaltigungen ‚das absolut Schlimmste' gewesen wären, wäre ihre nationale Solidarität mit den besiegten deutschen Soldaten intakt geblieben und Gerd hätte nicht angewidert reagiert. Wenn sie und die anderen Frauen manche der Vergewaltigungen stattdessen leicht nahmen, wenn auch nur im Spaß, als eines von vielen Unglücken des Krieges, wurden sie ‚schamlos', ‚ekel[erregend]' und ... national *treulos.*"
70. S. 173. Siehe Beevor, „Introduction", S. xix. Die Phrase „nach all den gestiefelten Gästen" erinnert den Leser an das Märchen von Perrault/Tieck „Der gestiefelte Kater". Das sonst eher seltene Adjektiv „gestiefelt" taucht im Text noch zwei weitere Male auf.
71. S. 85.
72. S. 112.

73. S. 264. Sie erwähnt am 24. Mai den „Schändungsbetrieb“ (241), wenn sie den offiziellen Begriff „Zwangsverkehr“ verspottet. Und am 16. Mai spricht sie über neue Wortschöpfungen wie „anschlafen“ und „Schändungsschuhe“ (214). Alle außer eines der Beispiele des Wortes „Schändungshumor“ bei Google Books stammen aus *Eine Frau in Berlin*; die Ausnahme ist eine Buchrezension im *Spiegel* (7. Oktober 1968) von Margret Boveris *Tage des Überlebens*, das neun Jahre nach der Erstveröffentlichung von *Eine Frau in Berlin* publiziert wurde, das ebenfalls eine Rezension im *Spiegel* (30. März 1960) erhalten hatte, die das Wort in Anführungszeichen hervorhob.
74. Puplinkhuisen, „A Short Footnote“, richtet das Augenmerk auf den ausgeprägt weiblichen Blickwinkel in *Eine Frau in Berlin*, Garraio entwickelt dies weiter. Viele Male wird im Buch eine neue Wahrnehmung der Geschlechterverhältnisse in der Nachkriegszeit ebenso wie eine Kritik an deutschen Männern zur Sprache gebracht. Beispielsweise schreibt die Erzählerin am 22. April, dass die zurückkehrenden Soldaten „keine Männer mehr“ seien (28), und am 8. Mai, dass man nach einem neuen Wort „Ausschau halten“ müsse, um die Vokabel „männlich“ zu ersetzen (176). Am 24. April stellt sie fest, dass die Frauen in diesem Krieg nicht mehr die Rolle des „guten Engel[s]“ spielen könnten (38), wenngleich Männer immer noch so tun, als seien nur sie im Krieg gewesen, und den Frauen gerne Geschichten erzählen, die „fein den Mund halten müssen“ (8. Mai, S. 170). Am 26. April (52–53) bemerkt sie, dass „die männerbeherrschte, den starken Mann verherrlichende Naziwelt wankt – und mit ihr der Mythos ‚Mann‘“ (52).
75. Am 3. Mai fragt sie sich, ob sie sich für eine Dirne halten soll, da sie jetzt von ihrem Körper lebt und Lebensmittel dafür erhält, dass sie ihn dem Major überlässt (133–135). Siehe Weyrauchs einschlägige Kommentare zu Prostituierten als Teil des Tauschsystems in der Zwischenzeit der Gesetzlosigkeit („The Experience of Lawlessness“, S. 421).
76. S. 133.
77. Siehe Halley, „Rape in Berlin“, S. 103, dort wird erläutert, dass laut der Erzählerin der Major sie „nicht vergewaltigt hat – niemals, nicht ein einziges Mal. Umgeben von der heftigsten und unvermeidbarsten Art von Nötigung weiß die Protagonistin, dass sie und der Major sich gegenseitig trösteten, indem sie Sex hatten. Und zwar ziemlich guten Sex.“
78. S. 165. Die Erzählerin verspottet den Übergriff des kitschigen Romanstils auf die menschliche Erfahrung ein weiteres Mal, wenn sie eine „Magazin-Story von Liebe und Treue anhören“ muss, die ihr die Geliebte (und ehemalige Sekretärin) eines einstigen hochrangigen Nazis erzählt: „So etwas wie unsere Liebe, hat er zu mir gesagt, das hat er noch nie erlebt. Das muß die ganz große Liebe sein, hat er gesagt.“ In den Ohren der Erzählerin klingt dies „gräulich, wie allerbilligster Kintopp und Groschenroman“. Und die Tatsache, dass diese Frau Tränen vergoss, macht es nicht besser. Der Eintrag schließt mit einer sarkastischen knappen Ergänzung vom Juli 1954: „War die erste Frau im Haus, die einen Ami hatte: Koch, Bauch, Specknacken, schleppt Pakete an“ (223–224). Man fragt sich, was die Autorin des Buches von den Werbeparolen auf der amerikanischen Taschenbuchausgabe gehalten haben mag: „A woman’s night-by-night account of how the Russians ravaged a city – and its women.“

79. Wie Halley, „Rape in Berlin“, hervorgehoben hat, reagiert die Erzählerin mit Tränen der Rührung nicht auf die Vergewaltigung als solche, sondern darauf, dass sie aus der Wohnung, die sie sich mit der Witwe und Herrn Pauli geteilt hatte, zwangsweise vertrieben wurde, und darauf, dass sie nach Enthüllungen zu Konzentrationslagern im Radio Beethoven hört.
80. S. 64.
81. S. 75.
82. S. 73.
83. S. 76.
84. S. 76. Speichel bzw. Spucke kann natürlich grundsätzlich demütigend (30. April) und ekelhaft (1. Mai) sein, verbunden mit ihrer allgemeinen starken Abneigung gegenüber Spucke und Rotz, von der die Erzählerin berichtet (28. Mai), kann die Abneigung gegenüber Spucke sogar größer sein als diejenige gegenüber Exkrementen; ihre Abscheu davor ist aber auch eine Ablenkung von der Vergewaltigung als solcher. Ist dies vielleicht auf allegorische Weise verbunden mit der nationalen Malaise, die sie schlucken muss? Siehe 6. Juni: „Ich verstehe bloß, dass wir Deutschen im Eimer sind, Kolonie, preisgegeben. Ich kann nichts daran ändern, muss es schlucken; will versuchen, mein kleines Schiff durchzusteuern“ (272). Andererseits sind die Frauen auch kollektiv dazu in der Lage, „das Erlittene auszuspeien“, was bedeutet, ihr Leid loszuwerden, indem sie es einander erzählen.
85. Ich beziehe mich hier direkt auf Halley, „Rape in Berlin“, S. 101. Diese Episode des Buches erinnert den Amerikanisten vermutlich an den Wendepunkt in Harriet Jacobs' *Incidents in the Life of a Slave Girl* (1861; *Sklavenmädchen. Die Geschichte meiner Befreiung*, 1989), den Moment, in dem sie beschließt, bei einem unverheirateten weißen Mann Schutz zu suchen, um den Annäherungsversuchen ihres verheirateten Besitzers zu entfliehen.
86. S. 89. Das verwendete Wort weist eine Nähe zu Körperausscheidungen auf, wie in „Kot und Unflat“.
87. S. 32.
88. S. 151. Doris Peel, „Holocaust's Aftermath“, in: *Saturday Review*, 30. Oktober 1954, S. 23, bewundert die „Leistung der Autorin, inmitten ihres Martyriums den Vergewaltigern das elementare Menschsein der Vergewaltigten zuzugestehen“. „Es gibt keine Helden und keine Heldinnen“. Siehe auch Naimark, *Die Russen in Deutschland*, Bildeinschub ab S. 352, „Russische Soldaten waren bekannt für ihre Freundlichkeit zu Kindern“.
89. Beevor, „Introduction“, S. xix–xx.
90. Sie zeigt auf, dass für die Erzählerin die Vergewaltigung einer Jungfrau schlimmer ist als andere Vergewaltigungen, dass ein Russe eine Vergewaltigung beinahe als nationale Pflicht ansieht, um sich für das zu rächen, was Deutsche seinen Schwestern angetan haben, während ein russischer Offizier sie schlicht als die Art von Dingen betrachtet, die im Krieg nun einmal geschehen.
91. S. 221–222.
92. S. 212. In der Einleitung zur ersten englischen Übersetzung zitiert Marek eine Äußerung, die die Autorin ihm gegenüber 1947 getätigt hat: „Keines der Opfer wird in der Lage sein, sein Leiden wie eine Dornenkrone zu tragen. … Ich für meinen Teil bin überzeugt, dass das, was passiert ist, eine Rechnung

begleicht" (7/283). Diese etwas kryptische Bemerkung wurde häufig zitiert und kommentiert. Dieselbe Phrase verwendete Klaus L. Berghahn in seiner Rezension zu Dagmar Barnouws Buch *1945*: „Nachdem sie die unvorstellbaren Verbrechen aufgezeigt hat, die von den Deutschen in den Konzentrationslagern begangen wurden, dokumentiert sie [Barnouw] das Leid der besiegten Deutschen, das als Ausgleich des Kontos interpretiert werden kann oder, noch schlimmer, als Verwischung des Unterschieds zwischen Tätern und Opfern." Berghahn, „German Misery – 1945: A Revision", in: *Monatshefte*, 91, Nr. 3 (Herbst 1999), S. 414–423, hier 320.

93. „Introduction", S. xix.
94. Ann Stringer, „The ‚Ivans' in Berlin", in: *New York Herald Tribune Book Review*, 5. Dezember 1954, S. 4. Die ehemalige Kriegsberichterstatterin Stringer, von der bekannt ist, dass sie mit ihrem Ehemann das Nachkriegsbuch über *German Faces* verfasst hat, lobt *Eine Frau in Berlin* auch dafür, dass es „bemerkenswert kontrolliert" sei, und sieht es weder als Dichtung noch als Propaganda an, sondern als „brutale Realität".
95. Dies war insbesondere im Kontext des Kalten Krieges der Fall. Folglich schreiben Karoline von Oppen und Stefan Wolff: „Russische Soldaten, die deutsche Frauen vergewaltigen, wurden zu einem markanten Symbol für die Vergewaltigung der deutschen Nation durch die Sowjetunion." „From the Margins to the Centre? The Discourse on Expellees and Victimhood in Germany", in: *Germans as Victims: Remembering the Past in Contemporary Germany*, hrsg. von Bill Niven (Basingstoke: Palgrave Macmillan, 2006), S. 210–224, hier 213.
96. Anonyma, *Eine Frau in Berlin*, Vorwort 1959 (München: btb-Verlag, 2005), S. 6. Dieses Vorwort wurde in keine der zwei englischen Übersetzungen aufgenommen. Die deutsche Ausgabe von 2003 schwächte dies ab zu „ein graues Massenschicksal ungezählter Frauen". Jennifer Redman, „Eine Frau in Berlin: Diary as History or Fiction of the Self?", in: *Colloquia Germanica*, 41, Nr. 3 (2008), S. 193–210, wirft als Reaktion auf das Vorwort sehr gute Fragen auf: „Wer ist berechtigt, für alle zu sprechen? Kann eine Tagebuchschreiberin die Erfahrung von irgendjemand anderem außer ihr selbst vertreten? Kann ein Tagebuch als Chronik betrachtet werden, wenn die ‚Fakten', die es enthält, nicht verifiziert werden können, weil die Identität der Tagebuchschreiberin unbekannt ist?" (195).
97. S. 168.
98. Wenn sie vom „Stadtkadaver" (10. Mai, S. 187) spricht, fordert sie den Leser überdies dazu auf, sich die Stadt Berlin analog zu einem Leichnam vorzustellen.
99. S. 212.
100. S. 152.
101. S. 153.
102. S. 249–250.
103. S. 264; S. 284.
104. S. 284.
105. S. 215–218 (17. Mai).
106. S. 257; S. 263. Siehe auch die Fotografie „Bruder und Schwester in Berlin. Die Fahnen sind Heimarbeit", in: Margaret Bourke-White, *Deutschland,*

April 1945 (Dear Fatherland, rest quietly) (München: Schirmer/Mosel, 1979), Abb. 102, Bildteil zwischen S. 168 und 169, sowie die Coda dieses Buches.

107. „Überall werden jetzt die bisher so ängstlich versteckten ‚Nichtarier' in den Ahnentafeln dick unterstrichen und auf neu poliert" (227). Bezüglich des Kommentars zum 20. Juli siehe S. 221. Brecht hingegen hielt Hitler gegen die Junkergeneräle den Daumen: „denn wer, wenn nicht er, wird uns schon diese verbrecherbande austilgen?" fragt er rhetorisch in seinem *Arbeitsjournal* vom 21. Juli 1944, S. 426.
108. S. 197–199.
109. Nur in der ersten Ausgabe (296) und Übersetzung (207), nicht in der neuen Ausgabe oder Übersetzung. Biskys Kritik, dass im Nachwort von Marek zwei unterschiedliche Abkürzungen für Vergewaltigung verwendet werden, „VG" (für Vergewaltigung) aus dem Buchtext, „Schdg." (für Schändung), ist vermutlich der Tatsache geschuldet, dass der Übersetzer von Mareks Anmerkungen (die in der Ausgabe von 1959 nicht enthalten waren) ein deutsches Wort für Vergewaltigung verwendete, ohne zu wissen, dass der Text ein anderes gebrauchte. In dem mir vorliegenden Vorwort aus dem Jahr 1957 von Marek taucht aber weder „rp." noch irgendeine andere Abkürzung für „rape" (Vergewaltigung) auf.
110. S. 12.
111. Siehe beispielsweise die Seiten 20, 54, 81, 89, 159, 161, 165, 255, 258.
112. S. 289.
113. In der ersten deutschen Ausgabe von 1959 ist die Phrase „die weißen Rückseiten alter Manuskripte, die ich auf dem Dachboden fand" („the white backs of old manuscripts I've found in the garret", die in der ersten englischen Übersetzung von 1954 auftaucht) gekürzt zu „Papier, das ich in meiner Dachwohnung fand", in der neuen deutschen Ausgabe von 2003 fehlt die ganze Passage jedoch ebenso wie in der neuen englischen Übersetzung; allerdings erfährt man im namentlich nicht gekennzeichneten „Vorwort", dass aus „drei dicht beschriebenen Schulheften … auf grauem Kriegspapier 121 engzeilige Maschinenseiten" entstanden seien (5). Laut Enzensbergers Vorwort zur Neuübersetzung bestand das Typoskript aus „121 Seiten aus grauem Kriegspapier", doch der Text auf der Rückseite dieser Seiten findet keine Erwähnung. „Foreword", *A Woman in Berlin*, übers. von Boehm, S. x. Auszüge aus Kempowskis kurzer Echtheitsprüfung des Tagebuchs, „Gutachten zur Authentizität des Tagebuchs der Anonyma: Unverwechselbarer Tonfall", wurden in der *Frankfurter Allgemeinen Zeitung* vom 20. Januar 2004 publiziert. Kempowski differenziert nicht zwischen den drei handgeschriebenen Notizbüchern und dem 121-seitigen getippten Manuskript, er fand aber kein Indiz dafür, dass Marek oder irgendeine andere Person beim Schreiben ihre Hand im Spiel hatte. Siehe die Webseite http://arlindo-correia.com/eine_frau_in_berlin.html (letzter Zugriff: 01.08.2017). Kempowskis *Echolot: Abgesang '45* enthält Auszüge aus ihren Einträgen vom 25. April und 30. April.
114. S. 191.
115. S. 191. Nach dem Einschub der Paris-Episode kehrt das Thema „Opportunismus" wieder, als sei es durch den Einschub lediglich unterbrochen worden.

116. S. 191. In zahlreichen anderen Passagen in diesem Buch stellt die Erzählerin ebenfalls Fragen, z.B. S. 53, 72, 73, 145, 221, 252.
117. „Foreword“, *A Woman in Berlin*, übers. von Boehm, S. xii. Für die amerikanische Ausgabe von 1954 stimmte die Autorin angeblich mit Marek darin überein, „die Namen der Menschen in dem Buch zu ändern und bestimmte verräterische Details zu entfernen“ (x). In der deutschen Neuausgabe des Bandes (Extradruck der Anderen Bibliothek) aus dem Jahr 2015 ist das Vorwort von Enzensberger nicht enthalten.
118. „Introduction“, *A Woman in Berlin*, übers. von Boehm, S. xv. Das Vorwort zur deutschen Ausgabe von 1959 erwähnt die Übersetzung von 1954 ohne jeden Hinweis darauf, dass sie unvollständig sei.
119. Ich fand eine weitere kurze Stelle in der ersten englischen Übersetzung, die im deutschen Original nicht vorhanden ist. James Sterns Übersetzung des Eintrags vom 18. Mai lautet: „Intellectual workers of secondary importance are given Card II; perhaps I'll have a chance to slip in there *if I'm able to find a job in a publishing house or as a designer*“ (243–244 in der Ausgabe von 1954). Die von mir kursivierte Passage taucht in keiner deutschen Ausgabe auf. Unlogischerweise ist dies ein weiterer Fall von „unvollständiger“ Übersetzung, die mehr Text enthält als das komplette Original. Es könnte sich lohnen, die Ausgaben von 1959 und 2003 Zeile für Zeile zu vergleichen wie auch die englischen Übersetzungen von 1954 und 2005. Natürlich wäre es ideal gewesen, hätte man einen wissenschaftlichen Vergleich aller Ausgaben mit dem Originalmanuskript vornehmen können. Allerdings blieben meine Briefe an Kurt Mareks Witwe und meine E-Mail an seinen Sohn mit der Bitte, das Manuskript oder einen teilweisen Scan einsehen zu dürfen, unbeantwortet. Weder das James-Stern-Archiv der University of Maryland noch das der British Library enthalten irgendwelche Dokumente, die die Umstände seiner Arbeit als Übersetzer von *Eine Frau in Berlin* erhellen, obschon Stern ein Manuskript des Textes, das erst fünf Jahre später in Deutschland gedruckt erscheinen sollte, gesehen haben muss. Das Gleiche gilt für Übersetzer des Buches in andere Sprachen.
120. Schriftsteller sind sich dessen bewusst, dass sich unter ihren Lesern auch Zeitgenossen befinden, die das Tagebuch lesen (häufig nur die sie betreffenden Einträge), um zu erfahren, wie sie darin dargestellt sind.

2. Mörderische Rechtecke des gespenstischen Grauens

Ich bin Karen Maandag und Jinx Rodger für ihre außerordentliche Freundlichkeit und Großzügigkeit in zahllosen E-Mails zu Dank verpflichtet, dafür dass sie mir Quellen und Hinweise für meine Recherche bereitstellten und mich immer wieder zu sich nach Hause einluden. Dieses Kapitel wäre nicht geschrieben worden, hätte ich nicht im Dezember 2008 die Maandags besucht und Gelegenheit gehabt, mit Silvia Springer, Henk Poncin und Herman Hennink Monkan zu sprechen. Auch meiner wissenschaftlichen Assistentin Anna Acosta, die mir dabei half, einige Quellen ausfindig zu machen, bin ich dankbar, ebenso Maarten van Gageldonk, Joanne van der Woude und Pascale La Fountain, die freundlicherweise einen Zeitungsartikel und einen Abschnitt aus einem Video-Interview für mich übersetzten. Ausgetauschte E-Mails mit meinem Kollegen Robin Kelsey und mit Elfriede Schulz von der

Gedenkstätte Bergen-Belsen sowie Anmerkungen von Alide Cagidemetrio, Liam Kennedy, Don Pease und Mitgliedern des Clinton Institute Summer Seminar waren sehr hilfreich, ebenso wie diejenigen von Christoph Irmscher, Jennifer Fleissner, Sarah Withers und anderen Mitgliedern des Americanist Colloquium an der Indiana University; von Norma E. Cantú, Bridget Drinka und Steven Kellman an der University of Texas in San Antonio; von Alan Trachtenberg und Laura Wexler an der Yale University; von René Kok, Hans de Vries, Tilly de Groot und Mitgliedern des Auditoriums am Netherlands Institute for War Documentation in Amsterdam; von Britta Waldschmidt-Nelson, Stefanie Schäfer, Amin Ahmad, Jerry Z. Muller und anderen Mitgliedern des Auditoriums am Deutschen Historischen Institut in Washington, DC; von Tatyana Venediktova, Yuri Stulov und Mitgliedern des Auditoriums an der Lomonosow-Universität in Moskau; und von Frank Kelleter sowie Winfried Fluck, Heinz Ickstadt und den anderen Zuhörern am John F. Kennedy-Institut der Freien Universität Berlin. Außerdem schulde ich der verstorbenen Dagmar Barnouw Dank, durch deren Buch *Ansichten von Deutschland (1945)* ich auf das Genre des Foto-Essays in *Life* aufmerksam geworden bin.

1. *Life*, 7. Mai 1945, S. 32. Laut *Life: The First Decade, 1936–1945* (Boston: New York Graphic Society, 1979), S. 169, „versah Rodger seinen Film mit einer Beschreibung dessen, was er und die Soldaten der Alliierten im Lager vorgefunden hatten“, gefolgt von einem Auszug aus der Geschichte, die am 30. April 1945 in *Time* veröffentlicht wurde. Der Bericht des *Boston Globe* über die Befreiung von Bergen-Belsen zeichnete einen ähnlichen Gegensatz: „Ich sah die Lebenden neben den Toten … Ich sah Kinder in dieser Hölle umherlaufen.“ Zitiert in: Carolyn Burke, *Lee Miller: A Life* (New York: Alfred A. Knopf, 2005), S. 253.
2. Dwight D. Eisenhower, *Kreuzzug in Europa,* übers. von Werner Preussner (Amsterdam: Bermann-Fischer, 1948), S. 469–470. Ein Foto von Eisenhower in Ohrdruf ist abrufbar unter http://www.scrapbookpages.com/Ohrdruf/Ohrdruf01.html (letzter Zugriff: 01.08.2017), sein Brief und ein Telegramm sind in digitaler Form in der Eisenhower Presidential Library greifbar: http://www.eisenhower.archives.gov/ (letzter Zugriff: 30.11.2016).
3. Siehe Jewish Virtual Library, „U.S. Army and the Holocaust“, unter http://www.jewishvirtuallibrary.org/jsource/judaica/ejud_0002_0020_0_20242.html (letzter Zugriff: 30.11.2016). In einem maschinengeschriebenen Bericht vom April 1945 [ohne Tag], den der britische Leutnant (später General Sir) Michael Gow an seine Mutter sandte, stellte er fest, dass er sich immer an seinen Besuch im vor Kurzem befreiten Konzentrationslager Belsen erinnern werde, weil er ihm klargemacht habe, „gegen was wir gekämpft haben – und noch kämpfen“, und ihm versicherte, dass „der Tod vieler Freunde nicht vergebens war“. Gow zeichnete auch eine schematische Karte des Lagers. Das Original befindet sich in Michael Gows privatem Nachlass im Imperial War Museum, London. Eine teilweise deutsche Übersetzung, datiert auf den 20. April 1945, ist in Walter Kempowski, *Das Echolot: Abgesang '45* (München: btb, 2007), S. 89–90, enthalten.
4. Robert Capa fotografierte keine befreiten Konzentrationslager, denn sie „wimmelten von Photographen, und jedes neue Greuelbild diente nur dazu,

die Gesamtwirkung abzuschwächen". Richard Whelan, *Die Wahrheit ist das beste Bild – Robert Capa, Photograph*, übers. von Barbara Bortfeldt (Köln: Kiepenheuer & Witsch, 1989), S. 323

5. Susan Sontag, *Über Fotografie*, übers. von Mark W. Rien und Gertrud Baruch (Frankfurt/Main: Fischer, 2016), S. 25. Ein solches Foto hat vielleicht auch Randall Jarrells Gedicht von 1955 „A Camp in the Prussian Forest" inspiriert. Siehe Randall Jarrell, *The Complete Poems* (New York: Farrar, Straus and Giroux, 1969), S. 167–168.
6. Chaim Potok, *Am Anfang*, übers. von Margaret Carroux (Tübingen: Rainer Wunderlich Verlag, 1977), S. 470–471, 480; auch zitiert in: Carol Naggar, *George Rodger: An Adventure in Photography, 1908–1995* (Syracuse, NY: Syracuse University Press, 2003), S. 142–143.
7. In der *Life*-Ausgabe vom 28. Mai 1945 fordert Jane C. Fales aus Rochester, dass die Fotos der Gräuel „auf Wandgröße aufgeblasen werden und dass sie als Wandschmuck des Zimmers genutzt werden, in dem die Friedenskonferenzen, die das Schicksal Deutschlands besiegeln sollten, abgehalten werden". Geane Sutherland aus Oakland, die Mutter eines amerikanischen Kriegsgefangenen, der mit 18 Jahren in einem deutschen Lager gestorben war, hielt die Veröffentlichung solcher Bilder für „wichtig", um der Welt zu zeigen, „dass sich nicht Journalisten diese Dinge ausgedacht haben, sondern dass sie tatsächlich passiert sind". Sie würden helfen, die Menschen davon zu überzeugen, wie grausam „die deutschen Wachleute dieser Gefängnisse waren". Sie fuhr fort: „Die Bilder sind schwer zu ertragen – sie zerreißen dir das Herz, ich weiß, und bringen dich um den Verstand. Dafür sind sie da, bis zum Ende dieses Krieges. Wenn mein Sohn ein deutsches Lager drei Monate aushalten konnte, kann ich es aushalten, die Bilder anzusehen, die die Wahrheit erzählen, damit sein Tod auf richtige Weise gerächt werden kann." Harry Clatfelter aus Peoria schlug vor, „diese Bilder 1965" nochmals zu zeigen, „zum 20. Jahrestag des Kriegsendes. Wir Menschen sind so vergesslich!" Robert M. Rosse aus Hutchinson, Kansas, knüpfte an seine Erfahrung an, als er Zeuge der japanischen Gräueltaten in China wurde, und schrieb den *Life*-Redakteuren: „Ihre Bilder der deutschen Gräueltaten sind aufgrund ihres krassen Realismus exzellent und auch sehr zeitgerecht, da ich fürchte, dass zu viele Amerikaner zu Skepsis neigen, was die Berichte sowohl über die deutsche wie auch die japanische Brutalität anbelangt." Dabei mag die „kalte Wahrheit" „Ekel erregend" erscheinen, aber *Life* wurde ermutigt, „auch weiterhin solche aufschlussreichen Artikel zu drucken, die die Vereinigten Staaten zu der Einsicht bringen, dass ‚Sehen Glauben heißt'". Eine Gegenstimme wurde lediglich in einem Brief von Alan Schutz aus dem St. John's College in Annapolis laut, der Widerspruch einlegte, weil „die Veröffentlichung solch grausamer Bilder abträglich dafür ist, einen klaren Gedanken über den Frieden zu fassen". Obwohl die Fakten allgemein bekannt seien, „wie kann sich das richtige Argument durchsetzen, wo Emotionen hervorgerufen wurden, Emotionen, die sowohl die Perspektive als auch die Ziele verfälschen und die die persönliche Rache als einzig befriedigendes Mittel für den Frieden darstellen?" Keine der veröffentlichten Leserzuschriften bezog sich speziell auf ein bestimmtes Foto in dem Foto-Essay.

8. In einem Interview, das in Marie-Anne Matard-Bonucci und Édouard Lynch (Hrsg.), *La libération des camps et le retour des déportés* (Brüssel: éditions Complexe, 1995), S. 94, enthalten ist, sagte Rodger jedoch, dass er vor seiner Ankunft in Bergen-Belsen nichts, absolut nichts („rien, absolument rien") über die Lager gewusst habe.
9. Matard-Bonucci und Lynch (Hrsg.), *La libération des camps*, S. 94. Die anfängliche Vermutung, dass ein toter Mensch lediglich schläft, taucht auch in *Eine Frau in Berlin* auf.
10. Zitiert in: Naggar, *George Rodger: Photographic Voyager and the Beginnings of Magnum* (Petaluma, CA: Barry Singer Gallery, 1999), S. 2.
11. Zitiert in: Naggar, *George Rodger*, S. 136. Naggars Erläuterung zur ersten Serie von Rodgers Fotografien aus Belsen, zu denen auch das Foto des kleinen Jungen gehört, ist scharfsichtig: „Man muss zugeben, dass die Belsen-Bilder schön sind", schreibt sie, und dass die Serie „eine außerordentliche Sequenz von Überblicken über das Lager war, über die Umgebung, mit den Toten unter den Bäumen. Die leise, nachdenkliche Stimmung des Bildes vermittelt die jenseitige Stille des Lagers, die Stille, die auf das Unheil folgt. Die Fotografien sind eigentümlich friedvoll. Ihre unvoreingenommene Grundhaltung und klassische Komposition machen sie stärker, als jede drastische Nahaufnahme sein könnte … Nichtsdestotrotz sind seine Bilder aufgrund ihrer Schönheit zutiefst verstörend" (Naggar, *George Rodger*, S. 139).
12. Robin Kelsey, „Photography, Chance, and *The Pencil of Nature*", in: Robin Kelsey und Blake Stimson (Hrsg.), *The Meaning of Photography* (Williamstown, MA: Clar Art Institute, 2008), S. 15–33. „Arrangement" im Sinne Kelseys ist „der Plan oder die allgemeine Absicht, die die Produktion der Fotografie als Bild prägt". Und „Störung" meint „ein zufälliges Detail oder einen formalen Zusammenhang, wovon der Betrachter angesprochen wird, als entspränge dieses Detail bzw. der Zusammenhang der Fotografie selbst, und wodurch die Aufmerksamkeit vom Arrangement abgelenkt wird" (17). Kelsey schlägt diese Begriffe als Alternativen zu Roland Barthes' „studium" und „punctum" vor. In Vaccaros Fotografie des amerikanischen Panzers in Paderborn könnte die anscheinend fehlende Tankkappe als eine solche „Störung" betrachtet werden (Tony Vaccaro, *Entering Germany, 1944–1949* [New York: Taschen, 2001], S. 46; siehe auch meine kurze Erörterung dieser Fotografie im ersten Kapitel).
13. Arno Widmann, Besprechung von *Die großen LIFE-Fotografen*, in: „Die Bücherkolumne", 10. Dezember 2004, abrufbar unter: http://www.perlentaucher.de/artikel/1982.html (letzter Zugriff: 01.08.2017).
14. Andrea Holzherr und Isabel Siben (Hrsg.), *George Rodger, Unterwegs 1940–1949, Tagebuchaufzeichnungen eines Fotografen und Abenteurers* (Ostfildern: Hatje Cantz, 2009), S. 10. Obwohl im Foto unsichtbar, ist der Fotograf im Bild doch deutlich anwesend. Klaus Honnef bemerkte zu Rodgers Foto: „[E]benso, wie die photographische Aufnahme im Fluß der Zeit einen ausgewählten Moment einzufangen vermag, schneidet sie aus dem Zusammenhang der sichtbaren Welt ein Stück heraus und verleiht diesem Fragment der empirischen Wirklichkeit den Status des – scheinbar – Endgültigen. … Ein Photo ist immer ein doppeltes Bild: Es zeigt seinen Gegenstand und mehr

oder weniger sichtbar, ‚dahinter', den ‚Gegenschuß': das Bild des Photographen im Moment der Aufnahme. Dieser ‚Gegenschuß', schreibt der Regisseur Wim Wenders, sei nicht direkt im Bild sichtbar, sondern zeichne sich im photographischen Bild als eine Art ‚Rückschlag' ab. Erkennbar werde darin die ‚Einstellung' des Photographen." Klaus Honnef, „Schuß und Gegenschuß ... in der Photographie des Krieges über Deutschland", in: Klaus Honnef und Ursula Breymayer (Hrsg.), *Ende und Anfang: Photographen in Deutschland um 1945* (Berlin: Katalog zur Ausstellung des Deutschen Historischen Museums vom 19. Mai bis 29. August 1995), S. 8, 13. Manche Fotos, schreibt Ariella Azoulay allgemeiner, „sind zwangsläufig das Produkt eines Zusammentreffens – auch eines gewaltsamen – zwischen einem Fotografen, einem fotografierten Sujet und einer Kamera. Die unbeabsichtigten Spuren dieses Zusammentreffens in der Fotografie verwandeln Letztere in ein Dokument, das nicht die Schöpfung eines Individuums ist und das niemals einer Person oder einem Narrativ alleine gehören kann. Die Fotografie ist dort draußen, ein Objekt in der Welt, und jeder kann sich jederzeit (zumindest prinzipiell) eines ihrer Themen herausziehen und ihm so nachgehen, dass das Bild erneuert und dass neu ausgehandelt wird, was es zeigt, wobei möglicherweise sogar komplett umgeworfen wird, was zuvor in ihm gesehen wurde." Ariella Azoulay, *The Civil Contract of Photography* (New York: Zone Book, 2008), S. 13.

15. „Il n'avait aucune objection à se laisser photographier. Il a même été très coopératif." Matard-Conucci und Lynch (Hrsg.), *La libération des camps*, S. 98. Laut einem russischen Blog soll Rodger angeblich in einem Interview gesagt haben, er habe mit dem Jungen 1945 nicht gesprochen und nicht gewusst, woher er gekommen oder wohin er gegangen sei. Siehe Stepnoi_volk und alexandre75, abrufbar unter: http://www.liveinternet.ru/search/?q=%Cr%E5%EB%FC%E7%E5%ED (letzter Zugriff: 12.12.2008). In der zitierten Quelle, *La libération des camps*, erzählte Rodger, dass er ein Einzelgänger gewesen sei und nur mit sehr wenigen deutschen Gefangenen gesprochen habe (97). Konkret sagte er auch, dass er tatsächlich nicht viel über all das geredet habe, was der Junge durchgemacht hatte (98) – er verwies dabei aber auf ihr späteres Wiedersehen.
16. Zu Rodgers selbstkritischen Kommentaren über „nette fotografische Kompositionen" siehe beispielsweise das Interview von 1977 in: Paul Hill und Thomas Cooper (Hrsg.), *Dialogue with Photography* (New York: Farrar, Straus Giroux, 1979), S. 60.
17. Die Bildunterschrift der Fotografien deutscher Kinder auf den Seiten 70 bis 71 beginnt folgendermaßen: „Deutsche Kinder sehen zu, wie Jeeps der Neunten Armee in ihr zerstörtes Dorf fahren. Indem er sich die Ohren mit den Händen zuhält, sperrt ein kleiner Junge den Lärm aus, der mit der Eroberung einhergeht."
18. Es ist eine traurige historische Ironie, dass das „Bild der deutschen KZs als schlimmstes Element des Nationalsozialismus ... eine Illusion" ist, wie Timothy Snyder argumentiert. „In den ersten Monaten des Jahres 1945, als der deutsche Staat zusammenbrach, starben die weitgehend nichtjüdischen Gefangenen des SS-Konzentrationslagersystems in großer Zahl. ... Manche der ausgemergelten Häftlinge wurden von Briten und Amerikanern gefilmt.

Diese Bilder führten Westeuropäer und Amerikaner zu irrigen Schlussfolgerungen über das deutsche System. Die Konzentrationslager töteten am Ende des Krieges Hunderttausende von Menschen, aber sie waren im Unterschied zu den Todesfabriken nicht für den sofortigen Massenmord geplant. ... Der deutsche Plan zur Ermordung aller Juden Europas wurde nicht in den Konzentrationslagern ausgeführt, sondern vor Massengräbern, in Gaswagen und in den Todesfabriken Chełmno, Bełżec, Sobibór, Treblinka, Majdanek und Auschwitz." Timothy Snyder, *Bloodlands: Europa zwischen Hitler und Stalin*, S. 384. Während „Belsen" zum Beispiel 236 Mal zwischen 1940 und 1960 in der *New York Times* erwähnt wurde, tauchte „Treblinka" nur 18 Mal auf. Mitte der 1940er-Jahre erweckten Dachau, Buchenwald und Bergen-Belsen in der westlichen Presse die Vorstellung von dem Gräuel, wofür die Tötungszentren im Osten erst später stehen sollten.

19. Margaret Bourke-White, *Deutschland, April 1945 (Dear Fatherland Rest Quietly)*, übers. von Ulrike von Puttkamer (München: Schirmer-Mosel, 1979), Abb. 63, Bildeinschub zwischen S. 96 und 97.
20. Lee Miller, „Deutschland. Der Krieg ist gewonnen", in: dies., *Krieg. Reportagen und Fotos. Mit den Alliierten in Europa 1944–1945*, übers. von Andreas Hahn und Norbert Hofmann (Berlin: Edition TIAMAT, 2013), S. 205. Lee Miller, „Germans Are Like This", in: *Vogue* (New York), Juni 1945, S. 102–103, 192. Erneut abgedruckt in Mark Haworth-Booth, *Lee Miller* (Katalog zur Lee-Miller-Ausstellung im Jeu de Paume, Paris: Hazan, 2008), S. 190–191. Siehe auch Burke, *Miller*, S. 265.
21. Siehe Sybil Milton, „The Camera as Weapon: Documentary Photography and the Holocaust", abrufbar unter: http://motlc.wiesenthal.com/site/pp.asp?c=gvKVLcMVIuG&b=394975 (letzter Zugriff: 01.08.2017), mit Bezug auf National Archives, Washington, DC: Audiovisual Stills Branch, RG 238: U.S. Chief of Counsel for the Prosecution of Axis Criminality und RG 218: Combined Chiefs of Staff, War Crimes (000.5). Die *Times of India* vom 12. September 1945 berichtete unter der Überschrift „Filme des Grauens aus Belsen wurden den Angeklagten gezeigt", dass ausführliches dokumentarisches Filmmaterial beim Belsen-Prozess vorgeführt wurde, dass sich aber Josef Kramer, anders als Irma Grese, sogar wenn er selbst auf der Leinwand auftauchte, „unbewegt" zeigte. Bei den Nürnberger Prozessen wurden zwei Dokumentarfilme gezeigt: *The Nazi Plan* am 13. Dezember 1945 und *Nazi Concentration Camps* am 29. Dezember 1945. Jeffrey Shandler, *While America Watches: Televising the Holocaust* (New York: Oxford University Press, 1999), diskutiert die Vorführung von *Nazi Concentration Camps* zu einem frühen Zeitpunkt während der Nürnberger Prozesse (75–76) ebenso wie die von dokumentarischem Filmmaterial während der Verhandlungen. In seinem Essay über den Dokumentarfilm *Death Mills/Die Todesmühlen* erwähnt Erich Kästner, dass einige der in Nürnberg Angeklagten ihren Kopf lieber wegdrehten, wenn ein Dokumentarfilm gezeigt wurde. Siehe „Wert und Unwert des Menschen", in: *Die Neue Zeitung*, 2. Februar 1946, Nachdruck in: *Der tägliche Kram: Chansons und Prosa, 1945–1948* (Zürich: Atrium Verlag, 1949), S. 70–75, hier 73. Laut Sandra Schulberg (Vortrag an der Harvard Law School, 17. November 2011), war der amerikanische Chef-Ankläger Robert

H. Jackson skeptisch, was die Verwendung des Films als Beweismittel anbelangte. Shandler macht auch auf den Bericht von Homer Bigart, „Eichmann Is Unmoved in Court As Judge Pale at Death Films: Nazi, Seeing Movies for Second Time, Sits Calmly as Allied Documentaries Show Concentration-Camp Horrors“, in der *New York Times* vom 9. Juni 1961 (16) aufmerksam. Bigart schrieb, dass Eichmann während der 80 Minuten filmischen Grauens ohne mit der Wimper zu zucken dagesessen habe. Der Mann, der von sich behauptet habe, er könne den Anblick von Blut nicht ertragen, sei der Inbegriff der Gelassenheit gewesen. Siehe auch Tony Kushner, „From ‚This Belsen Business‘ to ‚Shoah Business‘: History, Memory and Heritage, 1945–2005“, in: Suzanne Bardgett und David Cesarani (Hrsg.), *Belsen 1945: New Historical Perspectives* (London: Vallentine Mitchell, veröffentlicht in Zusammenarbeit mit dem Imperial War Museum, 2006), S. 189–216, hier 193, und Lawrence Douglas, *The Memory of Judgment: Making Law and History in the Trials of the Holocaust* (New Haven, CT: Yale University Press, 2001), S. 56–63, 100–101, enthält ein Foto des Augenblicks im Eichmann-Prozess, in dem der Dokumentarfilm gezeigt wurde.

22. Edith Wyschogrod, *An Ethics of Remembering: History, Heterology, and the Nameless Others* (Chicago: University of Chicago Press, 1998), S. 141–142. Wyschogrod fährt fort: „Oder sie verknüpfen dieses Foto vielleicht mit anderen visuellen Artefakten, liefern möglicherweise einen historischen Kontext für die Befreiung der Lager. So lange es dem Jungen jedoch in seiner unheimlichen Flucht gestattet ist, in das Narrativ dessen einzubrechen, was bildlich dargestellt wird, wird das Gesicht des Kindes zu einem Rettungsweg für eine Unsagbarkeit, die in das Bild einsickert und die jedes Narrativ in Frage stellt, das die Kamera einfängt, eine Welt, in der Tod und Leben nahezu ununterscheidbar sind.“

23. Dagmar Barnouw, *Ansichten von Deutschland (1945): Krieg und Gewalt in der zeitgenössischen Photographie* (Basel, Frankfurt: Stroemfeld/Nexus, 1997), S. 186, 189. Siehe auch die leicht abweichende englische Fassung: Dagmar Barnouw, *Germany 1945: Views of War and Violence* (1996; Nachdruck Bloomington: University of Indiana Press, 2008), S. 79.

24. Das Foto wurde häufig abgedruckt, so etwa in: *Life Goes to War: A Picture History of World War II* (Boston: Little Brown, 1977); *Life: The First Decade, 1936–1996* (Boston: Graphic Society, 1979); *Life Sixty Years: A 60th Anniversary Celebration, 1936–1996* (New York, Boston: Time-Life Books, 1996), S. 169; *Life: Our Century in Pictures*, hrsg. von Richard B. Stolley (Boston: Little Brown, 1999), S. 203; *Die großen LIFE-Photographen: Die Photo-Enzyklopädie des 20. Jahrhunderts* (München: Schirmer und Mosel Verlag, 2004). Es wurde sowohl in der deutschen als auch der englischen Ausgabe von Dagmar Barnouws Buch über 1945 ganzseitig abgedruckt. Mit der Bildunterschrift „Konzentrationslager Bergen-Belsen kurz nach der Befreiung am 15. April 1945“ bildete es ein doppelseitiges Frontispiz für den Abschnitt „Befreiung“ in Erik Somer und René Kok (Hrsg.), *Jewish Displaced Persons in Camp Bergen-Belsen, 1945–1950: The Unique Photo Album of Zippy Orlin* (Zwolle: Waanders, 2003; Niederländisches Zentrum für Kriegsdokumentation in Zusammenarbeit mit dem Holocaust Memo-

rial Museum der Vereinigten Staaten), S. 16–17. Laut Joelle Sedlmeyer von Getty Images wurde „das Bild ständig verwendet“ und „gegenwärtig haben Museen, Buchverlage, Sendeanstalten und Dokumentarfilme sowie zahlreiche Zeitschriften auf der ganzen Welt eine Nutzungslizenz“. E-Mail vom 20. Juni 2011, „#50605938“.

25. Tony Judt, *Geschichte Europas von 1945 bis zur Gegenwart*, übers. von Matthias Fienbork und Hainer Kober (München und Wien: Carl Hanser Verlag, 2006), Bildeinschub zwischen S. 82 und 83.

26. Ein Foto von Bourke-White zeigt zwei Frauen, die an einem verkohlten Leichnam im Stacheldrahtzaun eines Lagers vorbeigehen, ihre Gesichter sind schreckensverzerrt, die Geste der an die Wangen gehaltenen Hände erinnert an Munchs „Schrei“ – dies scheint auf die Reaktion hinzuweisen, die man von dem Jungen erwartet hätte, dennoch trägt das Foto die Bildunterschrift „Hausfrau in Leipzig-Mockau: Trüb ist das Herz und trübe die Zukunft“, Bourke-White, *Deutschland, April 1945*, Abb. 68, Bildteil zwischen S. 96 und 97.

27. Dagmar Barnouw, E-Mail „Research Questions“ (28. März 2008). Siehe auch http://bergen-belsen.stiftung-ng.de/de/home.html (letzter Zugriff: 01.08.2017). Die Zerstörung der Baracken durch Flammenwerfer wurde durch britische Militärfotografien dokumentiert, die im Imperial War Museum verfügbar sind. Die verbliebenen Gebäude wurden von 1945 bis 1950 zu einem Lager von Displaced Persons, nach Mai 1946 wurden nur noch jüdische DPs untergebracht, im August 1946 erreichte die Zahl der Lagerbewohner mit über 11.000 Menschen einen Höchststand. Siehe Somers und Kok (Hrsg.), *Jewish Displaced Persons*, S. 20–21, 42–55 ff.

28. Azoulay, *Civil Contract of Photography*, S. 18. Azoulay schreibt auch: „Der starre Blick der fotografierten Person untergräbt ernsthaft die Vorstellung, dass fotografische Praktiken und das Betrachten von Fotografien, die unter katastrophalen Bedingungen aufgenommen wurden, unabhängig von der beobachteten Situation beschrieben und in Begriffe gefasst werden könnten“ (20).

29. Wyschogrod, *Ethics*, S. 141–142.

30. Wenn man das Bild aus *Life* auf einen 35 cm großen Abzug des Fotos, wie es heute von Getty verbreitet wird, legt, stellt man einen etwa 7,4 cm breiten Beschnitt an der rechten und einen 2,6 cm breiten an der linken Seite fest.

31. Andrea Holzherr und Isabel Siben (Hrsg.), *George Rodger. Unterwegs 1940–1949*, übers. von Matthias Wolf (Ostfildern: Hatje Cantz Verlag, 2009), S. 10.

32. Der Abzug von 1995, angeblich vom Originalnegativ, wurde in Klaus Honnef und Ursula Breymayer (Hrsg.), *Ende und Anfang*, S. 137, veröffentlicht. Dieselbe nicht retuschierte Version des Bildes erschien in Clément Chéroux (Hrsg.), *Mémoire des camps: photographies des camps de concentration et d'extermination nazis, 1933–1999* (Paris: Marval, 2001), S. 143. Ursula Breymayer, E-Mail „George Rodger“ (1. August 2011), antwortete auf eine Anfrage bezüglich des Abzugs von 1995 und teilte mir mit, dass das Deutsche Historische Museum kein Negativ besitze, sondern dass Magnum die Abzüge für den Katalog vorbereitet habe. Magnum besitzt das Negativ jedoch auch nicht (Matt Murphy, E-Mail „Inquiry concerning a Holocaust photo from George Rodger“, 30. Juli 2012).

33. Auf dem Getty-Bild sind einige Gestalten, die in der *Life*-Version bedeckt waren, entblößt, allerdings ist die Kleidung des Leichnams, der dem Betrachter am nächsten ist, jetzt länger und verbirgt die Nacktheit. Mein Versuch, von Getty Images eine Auskunft darüber zu erhalten, warum es drei Versionen der Fotografie gibt, erbrachte nur die Antwort, dass das *Life*-Bild „ein wenig beschnitten worden war, um auf die Zeitschriftenseite zu passen", und dass „Manipulationen von Fotos" für Getty „ohne die Erlaubnis durch Time Life nicht gestattet sind". E-Mail „#50605938", 19. Juli 2011, von Joelle Sedlmeyer. Neuerdings fügte Getty Images in die Bildunterschrift ein: „Please note that this image was edited to obscure nudity" (Bitte beachten Sie, dass dieses Bild bearbeitet wurde, um Nacktheit zu verdecken) (letzter Zugriff: 19.01.2017).
34. Siehe http://www.gettyimages.com, Bild #50605938 (letzter Zugriff: 01.08.2017). Auf meine Anregung hin änderte Getty Images diese fehlerhafte Bildunterschrift im Juli 2011, da das Aufnahmedatum des Fotos der 20. April, nicht der 20. Mai 1945 war. Das Fotoarchiv von *Life*, das von Google gescannt wurde und über Google Books greifbar ist, bezeichnet das Bild als: „Junger deutscher Knabe geht eine unbefestigte Straße entlang, gesäumt von Leichen Hunderter Gefangener, die im Vernichtungslager in der Nähe von Bergen-Belsen verhungerten." Die Bildunterschrift von 1977 in *Life Goes to War* lautet: „Ein Junge geht entlang von Leichen in Bergen-Belsen. GIs konnten das Desinteresse der Deutschen bezüglich der Existenz von Todeslagern nicht nachvollziehen" (nicht paginiert). Das Fotoarchiv des United States Holocaust Memorial Museum versieht die Fotografie (Bild #75713) mit der Bildunterschrift: „Ein junger deutscher Knabe geht an Leichen von Gefangenen entlang, die am Straßenrand im vor Kurzem befreiten Konzentrationslager Bergen-Belsen aufgebahrt sind", und fügt hinzu: „Die Originalbildunterschrift lautet: ‚Tote liegen am Rand einer der Straßen im Lager. So wie sie starben Tausende. Unter den Kiefern liegen sie auf Stapeln. Das SS-Wachpersonal gab ihnen weder Lebensmittel noch Wasser. Als sie so schwach wurden, liefen sie nicht mehr, sondern legten sich einfach hin und starben, wo immer sie waren.'" E-Mail Judith Cohen, „United States Holocaust Memorial Museum Worksheet 75713", 14. Mai 2012.
35. In *Humanity and Inhumanity: The Photographic Journey of George Rodger*, Text von Bruce Bernard, Bildrecherche von Peter Marlow in Zusammenarbeit mit Magnum Photos (London: Phaidon, 1994). Der Begleittext lautet: „1945, Belsen. Ein niederländischer jüdischer Junge geht durch das Lager." Ein Jahr später versahen Honnef und Breymayer (Hrsg.), *Ende und Anfang*, S. 137, den Abzug, der im selben Jahr vom Negativ gemacht wurde, mit der Bildunterschrift: „Ein jüdischer Junge läuft durch das Konzentrationslager Bergen-Belsen. Mitte April 1945" und der zugehörige Text zu George Rodger liefert weitere Details zum Hintergrund. 1998 wird der „jüdische Junge" in Wyschogrod, *Ethics*, S. 142 und 263, Fußnote 56 als „belgischer Jude Sieg Maandag" identifiziert, der „das Sterben nach der Befreiung des Lagers durch die britische Armee überlebte". Siehe auch http://israel.skynetblogs.be/post/3102033/pour-un-devoir-de-memoire-car-aujourd-hui-cer (letzter Zugriff: 01.08.2017) (die Bildunterschrift, die dieser Blog für die Fotogra-

fie verwendet, lautet übersetzt: „Sieg Maandag, ein junger jüdischer Überlebender, geht in Bergen-Belsen etwa am 20. April 1945 einen von Leichen gesäumten Weg entlang").

36. Naggar, *George Rodger*, S. 137: „A Dutch Jewish boy walks among the dead, Bergen-Belsen, 1945."

37. Honnef und Breymayer (Hrsg.), *Ende und Anfang*, S. 202, schreiben unter Rückgriff auf ein Interview mit George Rodger: „Eines der Bilder, die er im Konzentrationslager von Bergen-Belsen machte, zeigt einen kleinen Jungen, der auf der Lagerstraße in einem Kiefernwald dem Photographen entgegengeht und den Kopf von der Frühlingssonne abwendet. Aber er wendet den Blick auch von den halbnackten Leichen der Ermordeten, die am Straßenrand aufgereiht liegen. Dieser Junge, der belgische Jude Sieg Maandag, überstand auch das Sterben, das nach der Befreiung durch die britische Armee weiterging."

38. Clément Chéroux (Hrsg.), *Mémoire des camps*, S. 39. Ein Interview mit George Rodger, das einen Auszug aus dem Interview von 1995 in *La libération des camps* von Matard-Bonucci und Lynch bildete, stellte den Zusammenhang dar.

39. In den letzten Jahren fand das Bild große Verbreitung. Auf verschiedenen europäischen Webseiten werden Drucke und Poster des Fotos verkauft. Siehe http://eu.art.com/asp/display_artist-asp/_/crid–8900/George_Rodger.htm und http://www.allposters.it/-sp/Young-German-Boy-Walking-Down-Dirt-Road-Lined-with-Corpses-Bergen-Belsen-Extermination-Camp-Posters_i4256432_.htm (letzter Zugriff: 28.12.2008). Ein Blog auf einer russischen Webseite von 2008, die oben erwähnt wurde, verwendete das Foto ebenfalls. Siehe http://www.liveinternet.ru/search/?q=%C1%E5%EB%FC%E7%E%%ED (letzter Zugriff: 12.12.2008). Siehe auch folgende Webseiten, die alle das Foto zeigen: http://crazys.info/page,1,2,1280315746-koncentracionnyilagerbergenbelzen.html?cstart=-2&newsid=1280315746&new_page=1, http://nazadvgsvg.ru/viewtopic.php?id=961 (letzter Zugriff: 28.12.2008).

40. Am 18. Mai 1993 gab er Thomas Rahe von der Gedenkstätte Bergen-Belsen (auf Englisch) in Amsterdam ein Interview, das auf Band aufgezeichnet wurde. Sieg Maandag Interview, Audio-Interview 99, Stiftung niedersächsische Gedenkstätten, Gedenkstätte Bergen-Belsen. Am 18. Mai 1995 veröffentlichte die Zeitung *De Telegraaf* „De Lijdensweg van een Joods Jongetje: Omdat het moét, vertelt Sieg Maandag over zijn gruwelike tijd in het concentratiekamp", eine ausführliche, detaillierte Geschichte von Yvonne Laudy, die auf einem Interview basiert und viele wörtliche Zitate von Sieg Maandag enthält (T23). Am 1. September 1995 gab Maandag der Shoah Foundation (auf Niederländisch) ein Interview, das von Roos Elkerbout geführt und von Mirjam Vogt gefilmt wurde.

41. Hetty Verolme, *Wir Kinder von Bergen-Belsen*, übers. von Mirjam Pressler (Weinheim und Basel: Beltz & Gelberg, 2005). Alexandra-Eileen Wenck, *Zwischen Menschenhandel und „Endlösung": Das Konzentrationslager Bergen-Belsen* (Paderborn: Ferdinand Schöningh, 2000) ist eine außerordentlich gut recherchierte Studie. Andere neuere Studien sind: Joanne Reilly: *Belsen:*

The Liberation of a Concentration Camp (London: Routledge, 1998), und Ben Shephard, *After Daybreak: The Liberation of Belsen, 1945* (London: Jonathan Cape, 2005).

42. *De Telegraaf*, 18. Mai 1995. Ich danke Karen Maandag dafür, dass sie mir ein Exemplar dieser Zeitung überlassen hat, und Maarten van Gageldonk danke ich für die Übersetzung des Artikels. Weitere biografische Details sind den verschiedenen oben erwähnten Interviews entnommen, die Maandag in den 1990ern gegeben hat.
43. Siehe den detaillierten Bericht „Der deutsch-amerikanische Austausch", in: Wenck, *Zwischen Menschenhandel*, S. 238–248.
44. Siehe Wenck, *Zwischen Menschenhandel*, S. 264–267.
45. Der vollständige Brief wird zitiert in: Wenck, *Zwischen Menschenhandel*, S. 355–357. In den Aussagen unter Eid, die Kramer bei Befragungen durch die Briten und Franzosen tätigte, erwähnte er einen Anstieg von 15.000 Insassen im Dezember 1944 zu einem zeitweisen Höchststand von 75.000, der sich im April bei 60.000 einpendelte. Er führte auch aus, dass seine Anfrage abgelehnt und dass er von Berlin aus angewiesen wurde, „das Lager für die Aufnahme von Transporten aus dem Osten offen zu halten – Fieber hin oder her". Auszug aus einer Aussage vom 22. Mai 1945, Wiener Bibliothek 2312 D 008 und Kopie einer Aussage, die Josef Kramer am 23. Juli 1945 gegenüber einem Offizier der französischen War Crimes Liaison Group machte, angegliedert an die HQ 21 ARy Gp. WL 1446 D 41. Ein frühes Zeugnis der letzten drei Monate im Konzentrationslager von Fela Nichthauser, einer Überlebenden aus Belsen, wurde 1946 von David P. Boder aufgezeichnet. Siehe http://voices.iit.edu/interviewee?doc=nichthauserF sowie Boder, *Die Toten habe ich nicht befragt* (Heidelberg: Universitätsverlag Winter, 2011), S. 272–277.
46. Wenck, *Zwischen Menschenhandel*, S. 381–382.
47. *Life*, 7. Mai 1945, S. 37. Rodgers Fotografien von Belsen sind über Getty Images erhältlich; diejenigen der British Army Film and Photography Unit (AFPU) befinden sich im Imperial War Museum in London unter „The Liberation of Bergen-Belsen Concentration Camp, April 1945" und umfassen ein Foto (#BU004025), das von der No. 5 Army Film & Photographic Unit (Sgt. Harry Oakes und Lt. Alan Wilson) aufgenommen wurde; der Inhalt dieses Fotos wird folgendermaßen beschrieben: „Britische Truppen stehen Wache, als deutsche SS-Truppen die Körper der Toten auf einen Laster laden müssen, um sie zu Massengräbern zu transportieren." Im Hintergrund sind zahlreiche Kinder und verschiedene Krankenschwestern zu sehen, die die Szene beobachten. Vgl. auch Holzherr und Siben (Hrsg.), *George Rodger, Unterwegs 1940–1949*, S. 36–37.
48. Nach der Befreiung, am 18. und 21. April 1945, wurde Hetty Werkendam von dem britischen Radioreporter Patrick Gordon Walker für die BBC interviewt. Auszüge aus dem Interview sind in Verolmes Buch *Wir Kinder von Bergen-Belsen.* S. 263–264, 338–339. zu finden, unter Hinweis auf die Transkripte in den BBC-Archiven, zugänglich unter http://www.bbc.co.uk/archive/holocaust/5136.shtml?page=txt (letzter Zugriff: 01.08.2017). Eine Tonaufnahme des Nachrichtenbeitrags von Richard Dimbleby für die BBC

vom 15. April 1945 zur Befreiung von Bergen-Belsen ist abrufbar unter http://www.bbc.co.uk/archive/holocaust/5115.shtml oder http://news.bbc.co.uk/2/hi/in_depth/4445811.stm (letzter Zugriff jeweils: 23.11.2016). Auch Jonathan Martins BBC-Dokumentation *The Men Who Liberated Belsen* ist online abrufbar unter http://www.dailymotion.com/video/x13ecku_heroes-and-weapons-of-wwii-episode-08-the-men-who-liberated-belsen_shortfilms (letzter Zugriff: 01.08.2017).

49. George Rodger erwähnte in einem Interview, dass er seine Uniform bei Savile Row hatte schneidern lassen, mit amerikanischen Abzeichen am rechten Ärmel und britischen an seinem linken, so dass er sich verschiedenen Armeen anschließen konnte. Matard-Bonucci und Lynch (Hrsg.), *Libération des camps*, S. 95.
50. E-Mail „Zwei Namen" (17. April 2008) von Elfriede Schulz, Stiftung niedersächsische Gedenkstätten, Gedenkstätte Bergen-Belsen, Anne-Frank-Platz, 29303 Lohheide. Zum „Sternlager" und zum „Frauenlager" siehe http://bergen-belsen.stiftung-ng.de/de/geschichte/konzentrationslager-1943–1945/ (letzter Zugriff: 01.08.2017) und Verolme, *Wir Kinder von Bergen-Belsen*. Siehe auch Luba Tryszynska-Frederick in: Michelle Roehm McCann, *Luba: The Angel of Bergen-Belsen* (Berkeley, CA: Tricycle Press, 2003), und https://vimeo.com/21406924 (letzter Zugriff: 01.08.2017). Bei Wenck, *Zwischen Menschenhandel*, S. 262 und 267, wird dem niederländischen Paar Osiasz und Helene Birnbaum, das mit seinen eigenen Kindern am 2. Februar 1944 nach Belsen deportiert worden war, zugeschrieben, auf die Diamantkinder im Waisenhaus aufgepasst zu haben.
51. Patrick Gordon Walkers Manuskript „Belsen Concentration Camp: Facts and Thoughts" findet sich in „Lesser-Known BBC Broadcasts: The Scripts", in: Suzanne Bardgett und David Cesarani (Hrsg.), *Belsen 1945: New Historical Perspectives* (London und Portland, OR: Vallentine Mitchell, veröffentlicht in Zusammenarbeit mit dem Imperial War Museum, 2006), S. 137–152. Das Programm wurde am 27. Mai 1945 gesendet und ist archiviert unter: http://www.bbc.co.uk/archive/holocaust/5111.shtml. Das Ende des Transkripts, das in *Belsen 1945*, S. 141, abgedruckt ist und mit dem Wortbeitrag auf der BBC-Webseite abgeglichen wurde, lautet folgendermaßen:

    „Dort gab es einen Kindertrakt, wo für verwaiste Kinder (das heißt, Kinder, deren Eltern vergast und verbrannt worden waren) von selbsternannten Pflegemüttern gesorgt wurde, gesorgt mit unglaublicher Zärtlichkeit inmitten des Hungers.

    Die Kinder sagten, sie würden gerne singen. Ich brachte sie so weit weg von den Leichen wie möglich, vielleicht 50 Yards, und dort, in der Nähe des Stacheldrahtzauns inmitten von Kiefern und jungen Birken sangen sie für mich und für die Welt da draußen.

    Da ist ein Dutzend russischer Kinder im Alter von neun bis vierzehn, die ein Partisanenlied singen, an das sie sich aus ihrer Zeit vor ihrer Gefangenschaft erinnerten."

    DISC: DBU 63284 .. disc 8 .. Band 1 (28 Sekunden)

    „Und hier sind ein paar niederländische Jungen und Mädchen etwa desselben Alters. Auf sie hat eine Russin aufgepasst. Sie singen ein

Lied zu Ehren der britischen Befreier, die diesen kleinen Kindern die Möglichkeit geschenkt haben, ihr ganzes Leben leben zu können: ‚Die Engländer – lang soll'n sie leben, lang soll'n sie leben, lang soll'n sie leben in Herrlichkeit!"

DUSC DBU 63284 .. disc 8 .. Band 2 (25 Sekunden).

52. Im Imperial War Museum gibt es etliche Fotos von Kindern (keines davon scheint ein Porträt von Sieg Maandag zu sein oder ihn irgendwo zu zeigen), es kann also gut sein, dass britische Kriegsfotografen die Kinder freundlich gerufen haben, damit sie kämen, um ein „Befreiungsfoto" zu machen, nachdem sie gewaschen und neu eingekleidet worden waren.
53. Gedenkstätte Bergen-Belsen, Interview Sieg Maandag, Audio-Interview 99 (s. o.).
54. Jinx Rodger, E-Mail „Young Belsen boy" (28. März 2008). Siehe auch Honnef und Breymayer (Hrsg.), *Ende und Anfang*, S. 202; und Peter Sager, „Jenseits von Bergen-Belsen: George Rodger", in: *Augen des Jahrhunderts: Begegnungen mit Fotografen* (Regensburg: Lindinger + Schmid, 1998), S. 182.
55. Siegs Cousine Sylvia Springer-Groen, die mit ihrer Familie ebenfalls in Belsen war und von dort in ein Lager in der Nähe von Leipzig deportiert wurde, bemerkte mehr als 60 Jahre später, dass das Rote Kreuz die einzige Hilfsorganisation sei, der sie nichts spenden würde.
56. Fotografien von Tryszynska-Frederick und dem Wiedersehen sind enthalten in Verolme, *Wir Kinder von Bergen-Belsen*, S. 332–334.

If it wasn't for Luba, we couldn't have shown
How grateful we are, but not us alone
To-day the Dutch Queen, through the Lord-Mayor related
That Luba be granted, although rather belated
A medal to wear and for many to see
For services rendered to humanity.
And now we are here, together with Luba
Who looks very happy like everyone's buba
Remembering the past some fifty years ago
When hunger was rampant and morale very low
But now we are happy so let's give a cheer
If it wasn't for Luba we wouldn't be here.

57. Ich bin Karen Maandag dankbar dafür, dass sie mir ein Exemplar dieses Gedichts überlassen hat.
58. Auf einem Foto von Sergeant Richard Leatherbarrow mit ehemaligen Lagerinsassinnen (Imperial War Museum HU 48482) ist eine Frau zu sehen, die ganz ähnliche Kleidung trägt wie die Frau im Hintergrund von Rodgers Foto sowie eine zweite Frau, deren Gesichtszüge denen von Tryszynska-Frederick ähneln. Siehe auch das Foto von Luba mit den Kindern unter http://www.bergenbelsen.co.uk/pages/Database/ReliefStaffPhotographs.asp?HeroesID=4&=4 (letzter Zugriff: 01.08.2017).
59. Karen Maandag, E-Mail „Sieg Maandag", 15. April 2008, und der Brief vom 20. Februar 2009; Jinx Rodger, E-Mail „Young Belsen boy", 28. März 2008. Karen Maandag erläutert, dass Becht und Bromet „eine Meinungsver-

schiedenheit bezüglich der Intention des Films hatten, die erst zu Tage trat, nachdem viele Szenen bereits gedreht worden waren. Schließlich landeten sie vor Gericht, und der Richter entschied, nachdem er beide Seiten angehört hatte, dass sie beide einen Rechtsanspruch hatten", und er verfügte, „dass sie einen Weg finden müssten, gemeinsam zu arbeiten, um das Projekt fertigzustellen. Das wurde nie verwirklicht, und das Projekt endete in einer Sackgasse." Frans Bromet führte später zusammen mit seiner Tochter Silvia Regie in einem Dokumentarfilm über Sieg Maandag, *De film die nooit afkwam* (Der Film, der nie fertiggestellt wurde), der Filmmaterial von 1978 bis zu seinem Treffen mit George Rodger 1981 in einen Rahmen von Interviews mit damals Beteiligten stellt. Die Erstaufführung fand am 23. April 2017 anlässlich einer Ausstellung von Sieg Maandags Gemälden in Amsterdam statt, und am 4. Mai wurde der Film im holländischen Fernsehen ausgestrahlt. Siehe https://vimeo.com/217481361/635a11c37a (letzter Zugriff: 01.08.2017).

60. Die Fotos werden auf der Rückseite alle George Rodger zugeschrieben, doch laut Jinx Rodger wurden alle Fotografien des Wiedersehens von George Becht für eine geplante Veröffentlichung aufgenommen, die nie stattfand. Karen Maandag war so freundlich, mir hochauflösende Scans der Originalfotos zur Verfügung zu stellen.
61. Naggar, *George Rodger*, S. 140.
62. Hill und Cooper, *Dialogue with Photography*, S. 59–60. In einem anderen Interview machte Rodger eine ähnliche Bemerkung: Sager, „Jenseits von Bergen-Belsen", S. 181. Siehe auch Sager, „Jenseits von Afrika", in: *Die Zeit*, 10. März 1995, http://www.zeit.de/1995/11/Jenseits_von_Afrika ?page=2 (letzter Zugriff: 01.03.2013).
63. Hill und Cooper, *Dialogue with Photography*, S. 59. Dieser Entschluss unterscheidet George Rodger von Margaret Bourke-White, die auch nach dem Zweiten Weltkrieg weiterhin Fotografien von entsetzlichen Gräueltaten bei der Teilung Indiens 1947 machte. Die Entwicklung des Schweizer Fotografen Werner Bischof ging in die andere Richtung: Er hatte als Fotograf angefangen, der auf Natur- und Studioaufnahmen spezialisiert war, durch seine Arbeit im zerstörten Nachkriegsdeutschland konzentrierte er sich in seiner Karriere von da an auf die Dokumentation menschlichen Leids auf der ganzen Welt.
64. *George Rodger. Unterwegs 1940–1949*, S. 37.
65. Hill und Cooper, *Dialogue with Photography*, S. 69.
66. Ebd., S. 70.
67. Sager, „Jenseits von Bergen-Belsen", S. 181–182. Die britische Armee verzeichnete bis zum 15. Mai 1945 12.453 Tote. Siehe Joanne Reilly, *Belsen: The Liberation of a Concentration Camp* (London: Routledge, 1998), S. 82.

3. Nach Dachau

1. Zur Quelle des Mottos siehe United States Strategic Bombing Survey, *The Effects of Strategic Bombing on German Morale,* Band 2 (Washington, DC: Government Printing Office, 1946), S. 28–35, hier 33.
2. Eine Karikatur in *Esquire* von 1940 zeigt die Ankunft einer riesigen Einheit der französischen Armee von mehr als 100 Soldaten in einer Stadt, in der zwei vollbusige Frauen aus dem Fenster eines Hotels blicken. Als Bildunterschrift dient die Äußerung einer von ihnen: „Was mir Sorgen macht, ist: ‚Wie werden wir sie satt bekommen?'" Im Gegensatz dazu veranschaulichen „Maternitá" (1943) und „The Truck" (1944) die düsteren Themen, denen sich Pachner während des Krieges zuwandte. Ersteres zeigt vor dem Hintergrund von Ruinen eine traurige Frauengestalt in melancholischer Pose neben einem kleinen Jungen mit gebeugtem Haupt, Zweiteres stellt die Deportation von Gefangenen in Richtung einer brennenden Stadt dar. Zur Entwicklung seiner künstlerischen Darstellung siehe die Ausstellungskataloge *William Pachner Affirmations, 1936–1986* (Tampa, FL: Tampa Museum of Art, 1987) und Kenneth Donahue, *William Pachner* (New York: American Federation of Arts, 1959). Pachner kehrte zurück zu seiner heitereren Form in: „Leaves from the Diary of a Military Governor, as edited by Gordon Gaskill", in: *American Magazine* (Januar 1947), S. 32–33, 108–111.
3. Martha Gellhorn, „Dachau: Experimental Murder", *Collier's,* 23. Juni 1945, S. 16, 28, 30; hier 30. Die Herausgeber von *Collier's* verwendeten eine Version des ersten Satzes in diesem Ausschnitt als Überschrift über Pachners Illustration. Lee Miller schoss ein grauenhaftes Foto eines SS-Wachmanns, der bei der Befreiung von Dachau getötet wurde. Für ihre Sammlung *Das Gesicht des Krieges* änderte Gellhorn ihren Bericht stark ab und griff auch für einen Roman darauf zurück. Kate McLoughlin, *Martha Gellhorn: The War Writer in the Field and in the Text* (Manchester: Manchester University Press, 2007), hat 165 Abweichungen in den verschiedenen Versionen von *Collier's, The Face of War* und *Point of No Return* ausfindig gemacht, zusätzlich gibt es Unterschiede zwischen *The Wine of Astonishment* und *Point of No Return.*
4. Siehe Richard Whelan, *Die Wahrheit ist das beste Bild – Robert Capa, Photograph, Robert Capa: A Biography,* übers. von Barbara Bortfeldt (Köln: Kiepenheuer & Witsch, 1989), S. 204ff., 312.
5. Brief an Betsy Drake, 15. Januar 1972. *Ausgewählte Briefe von Martha Gellhorn,* hrsg. von Caroline Moorehead, übers. von Miriam Mandelkow (Zürich: Dörlemann, 2009), S. 267. Die Tatsache, so schreibt Moorehead, dass sie Dachau, nur wenige Tage nachdem amerikanische Truppen das Konzentrationslager am 29. April 1945 befreit hatten, gesehen hatte, veränderte Gellhorn, da „‚eine Dunkelheit' sich ihres Geistes bemächtigte. Der Artikel, den sie für *Collier*'s schrieb, war verzweifelt" (175).
6. Für eine vollständige Interpretation auf diese Weise siehe Laura Nazimek, „An Undiscovered Jewish American Novel: Martha Gellhorn's *Point of No Return*", in: *Studies in American Jewish Literature* 20 (2001), S. 69–80. Levy ist zunächst verwirrt, als er erfährt, dass „die Gefangenen keine Juden waren oder jedenfalls nicht alle von ihnen Juden waren" (304), doch er findet, ob-

wohl sie „den Krieg nicht wegen Dachau geführt hatten … drangen sie am Schluss dahin vor. Und die SS-Wachleute waren da, tot zu einem Haufen aufgestapelt; und ihre Hunde waren tot. Daher war der Krieg eine gute Sache" (S, 305). Ein lebendig und spannend geschriebener biografisch inspirierter Kommentar zu Gellhorn findet sich bei Lara Feigel, *The Bitter Taste of Victory: In the Ruins of the Reich* (London: Bloomsbury, 2016), S. 104–128.

7. Martha Gellhorn, *Point of No Return* (Lincoln: University of Nebraska Press, 1995), S. 290.
8. Nazimek, „An Undiscovered Jewish American Novel", S. 70, schreibt irrtümlicherweise, dass Levy drei deutsche *Soldaten* tötet. Die kurze und abschätzige Rezension des Romans im *New Yorker* ist präziser, wenn sie feststellt, dass der Held „absichtlich drei deutsche Zivilisten überfährt und tötet, nachdem er Dachau nach den Kampfhandlungen einen Besuch abgestattet hatte". Das Urteil: „Erstaunlich unbedeutend". *New Yorker,* 9. Oktober 1948, S. 129.
9. Der Text der früheren Ausgabe mit dem Titel *The Wine of Astonishment* (New York: Bantam Books, 1949), S. 221, ist hier identisch, obwohl die oben zitierte Passage lautet „Meine Mutter" anstatt „Mama" (220).
10. André Breton, *Die Manifeste des Surrealismus,* übers. von Ruth Henry (Reinbek bei Hamburg: Rowohlt, 1996), S. 56.
11. Frantz Fanon, „Von der Gewalt", in: *Die Verdammten dieser Erde*, übers. von Traugott König (Frankfurt/Main: Suhrkamp, 1981), S. 77, Siehe auch Fanons Anmerkungen: „Auf die Formel ‚Alle Eingeborenen sind gleich' antwortet der Kolonisierte: ‚Alle Kolonialherren sind gleich'" (75–76). „Die Arbeit des Kolonisierten ist es, sich alle nur möglichen Kombinationen zur Vernichtung des Kolonialherrn auszudenken" (76). Und: „Das Leben kann für den Kolonisierten nur aus der verwesenden Leiche des Kolonialherrn entstehen" (76). In ihrer scharfsinnigen Interpretation von Gellhorns Roman schreibt Phyllis Lassner: „Levy verkörpert eine verallgemeinerte und andauernde Geschichte der Verfolgung der Juden und ihres Überlebens, doch seinem amorphen Gefühl einer jüdischen Identität wird Gestalt verliehen, da sie unauslöschlich skizziert und beständig ist gegenüber Entscheidungen, die er möglicherweise außerhalb von ihr trifft." Und: „Im Nachhinein, wenn das Militär Levys Verbrechen abtut und folglich jedes Gefühl für unbedingte Gerechtigkeit dafür und für den Krieg selbst destabilisiert, muss Levys unauslöschliche jüdische Identität eine vereinheitlichte wiewohl beunruhigende ethische Bedeutung annehmen, die das Fundament für Krieg und Frieden bildet." Siehe ihr „‚Camp Follower of Catastrophe': Martha Gellhorn's World War II Challenge to the Modernist War", in: *Modern Fiction Studies* 44, Nr. 3 (1998), S. 792–812, hier 807, 808.
12. Diese Formulierung ähnelt der proto-existenzialistischen Selbstbestätigung von Bigger Thomas am Schluss von Richard Wrights Roman *Native Son* (1940; *Native Son: Sohn dieses Landes*, 1993).
13. Siehe Leah Garrett, „Young Lions: Jewish American War Fiction of 1948", Vortrag an der Harvard University, 17. Oktober 2012. Garretts interessantes Buch *Young Lions: How Jewish American Authors Reinvented the War Novel* (Evanston: Northwestern University Press, 2015) zeigt, dass Gellhorn

Teil einer Strömung war, welche die Erfahrung eines Konzentrationslagerbesuchs als „Genre-Szene“ darstellte, „die den Augenblick schildert, in dem der jüdische Soldat mit seinem besonderen Status rechnen muss“, und dass die Autoren, wie Garrett untersuchte, jeden vollständigeren oder positiveren Ausdruck des Judentums ablehnen und lieber Charaktere erschaffen, die wie Jacob Levy „nur den Kampf gegen Antisemitismus exemplifizieren“.

14. James Agee, „Films“, in: *The Nation* 160, Nr. 20 (19. Mai 1945), S. 579.

15. Siehe auch Victor Gollancz' besorgten Kommentar zu einer Rede des Generalfeldmarschalls Viscount Montgomery: „‚Die Abstriche in der Lebensmittelzuteilung an die Deutschen', so sollte er gesagt haben, ‚sind zum Stillstand gekommen. Wir wollten sie hinfort auf 1000 Kalorien stellen (die Briten erhalten 2800). Sie selber haben den Insassen von Belsen nur 800 zugestanden.' Diese Worte offenbaren die sittliche Krise, mit der sich die Kultur des Westens auseinanderzusetzen hat; sie hätten es nicht deutlicher tun können, auch wenn sie lediglich zu diesem Zwecke ausgesprochen worden wären.“ Gollancz, *Unser bedrohtes Erbe*, übers. von Adolf Halfeld (Zürich: Atlantis-Verlag, 1947), S. 11. Reinhold Niebuhr besprach Gollancz' Buch wohlwollend in „The Forgotten Human Being“, in: *The Nation,* 28. Februar 1948, S. 245–247.

16. In einem Brief aus dem Jahr 1956 an Diana Cooper berichtete Gellhorn kurz von Agees Tod im Kontext eines schwierigen Moments bei einer Unterhaltung während einer Abendgesellschaft, als die Gäste „Jim Agee sprechen wollten (oder dachten, dass sie das wollten), einen jungen, jüngst gestorbenen Mann, einen Mann, den Tom [*Time*-Chefredakteur Thomas Matthews, damals Gellhorns Ehemann] wirklich kannte (ein Mann, den man anscheinend unmöglich kennen konnte) und wirklich mochte. Und Tom ging es dabei (wenn Ivan sagt, ‚Hast du ihn nicht über alles geliebt?'), wie es mir immer geht, wenn Menschen, die keine Ahnung haben und es nicht wirklich fühlen, über meine heiligen Toten sprechen. Ich erstarre und hasse die, die so etwas sagen, und ich möchte ihnen immer sagen, ‚Habe nie von dem Typen gehört', damit sie das Maul halten.“ *The Letters of Martha Gellhorn*, hrsg. von Caroline Moorehead (London: Chatto & Windus, 2006), S. 259–260; in der deutschen Ausgabe nicht enthalten.

17. Siehe die Diskussionen von Stig Dagerman und Victor Gollancz unten. Die Herangehensweise, die Agee wählte, ähnelte, auch wenn sie härter war, derjenigen von Erich Kästner, der die Schwierigkeit zum Ausdruck brachte, eine geschlossene „Kritik“ des Films *Die Todesmühlen/Death Mills* für *Die Neue Zeitung* zu schreiben, und stattdessen einen Artikel verfasste, in dem er über belanglose Details rund um die Gräueltaten, die Psychologie der Täter, das Wesen des Terrors nachdachte und über die unterschiedlichen Reaktionen des Publikums auf den Film: „Zum Glück war er für Kinder verboten.“ Kästner berichtete, dass die meisten Zuschauer von *Die Todesmühlen* das Theater schweigend verließen und schweigend nach Hause gingen. „Andere treten blaß heraus, blicken zum Himmel und sagen: ‚Schau, es schneit.' Wieder andere murmeln: ‚Propaganda! Amerikanische Propaganda! Vorher Propaganda, jetzt Propaganda!'“ Dies lässt Kästner fragen: „Also meinen sie: Propaganda auf Wahrheit beruhender Tatsachen? Wenn sie aber das meinen,

warum klingen ihre Stimmen so vorwurfsvoll, wenn sie ‚Propaganda' sagen? Hätte man ihnen die Wahrheit nicht zeigen sollen?" Kästner beendete seine Grübeleien mit seinem persönlichen Wunsch nach einer Differenzierung, die es möglich machen würde, die Deutschen nicht nur als Täter, sondern auch als Opfer zu sehen: „wir Deutsche werden gewiß nicht vergessen, wieviel Menschen man in diesen Lagern umgebracht hat. Und die übrige Welt sollte sich zuweilen daran erinnern, wieviel Deutsche darin umgebracht wurden." Erich Kästner, „Wert und Unwert des Menschen", in: *Die Neue Zeitung*, 2. Februar 1946; Nachdruck in: *Der tägliche Kram: Chansons und Prosa, 1945–1948* (Zürich: Atrium Verlag, 1949), S. 70–75, hier 75.

18. James Stern, *Die unsichtbaren Trümmer: Eine Reise im besetzten Deutschland 1945*, übers. von Joachim Utz, Klaus Binder und Bernd Leineweber (Berlin: Eichborn, 2004), S. 49–51, die gekürzte deutsche Übersetzung von *The Hidden Damage* (1947). Das Bundesarchiv bewahrt mindestens ein solches Poster aus der sowjetischen Zone auf (Plakat 004-005-009) mit der Überschrift „Buchenwald klagt an", hergestellt von der Kommunistischen Partei in Zwickau. Zur sowjetischen Holocaust-Fotografie siehe David Shneer, „Soviet Jewish Photographers Confront World War II and the Holocaust", in: *Picturing Russia: Explorations in Visual Culture*, hrsg. von Valerie Kivelson und Joan Neuberger (New Haven: Yale University Press, 2008), S. 207–213.
19. Bundesarchiv Koblenz, Bundesbildstelle, Plak 004-005-005; Imperial War Museum, London, EA 71580; beide reproduziert in Jürgen Engert (Hrsg.), *Die wirren Jahre: Deutschland 1945–1948* (Berlin: Argon, 1996), S. 34, 35; das Poster wurde außerdem in *Die unsichtbaren Trümmer*, S. 386–387 reproduziert. Meine Bemühungen, mehr über die Umstände herauszufinden, unter welchen das Foto des Jungen gemacht wurde, und ihn vielleicht zu identifizieren, blieben erfolglos. Die hilfsbereiten Archivare im Landesarchiv Baden-Württemberg und im Stadtarchiv Bad Mergentheim erwähnten, dass das Foto nicht in ihren Archiven zu finden sei, dass es als Bestandteil eines Vortrags in Bad Mergentheim gezeigt wurde, sich jedoch keine Identifizierung des Jungen daraus ergeben hätte. Claudia Wieland, E-Mail „Anfrage betr. Foto Bad Mergentheim 1945", 25. März 2013; und Christine Schmidt, E-Mail „Anfrage wegen einer Fotografie aus dem Jahr 1945", 16. April 2013. Im Imperial War Museum in London sind Fotos der erwachsenen Bevölkerung ganzer Städte zu sehen, die von britischen Soldaten und deutschen Polizisten gebracht wurden, um Fotos und Filme von Gräueltaten anzusehen. Barnouw, *Ansichten von Deutschland (1945)*, enthält Fotos aus dem US-amerikanischen Holocaust Museum, manche von ihnen zeigen junge Burschen und Mädchen, die Fotografien von Gräueltaten betrachten oder in ein Kino gehen, um einen Dokumentarfilm über Belsen und Buchenwald anzusehen (65, 66, 69). Alan Bennett erinnerte sich, wie er so einen Film als Jugendlicher in Großbritannien gesehen hatte: „Im Kino waren Schreckensschreie zu hören, in meiner Erinnerung waren meine Mutter und mein Vater weitaus bestürzter als mein Bruder und ich. Doch Belsen war ein Name, den man nie wieder vergaß, und wurde lange vor Auschwitz zu einem Ort des Schreckens." Alan Bennett, „Seeing Stars", in: *London Review of Books*

24, Nr. 1 (3. Januar 2002), S. 12–16. (Auch einige amerikanische Zuschauer zeigten starke Reaktionen. Der Artikel „Atlanta GI Sees Horrors of German Prison Camp" war von dem Foto eines Publikums in Atlanta begleitet, das die Wochenschau der Fernmeldetruppe über Konzentrationslager der Nationalsozialisten ansah. Die Bildunterschrift führte aus: „Ein Mann schließt seine Augen, um eine schreckliche Szene nicht ansehen zu müssen; ein Jugendlicher kaut Fingernägel; alle schauen mit heftigem Abscheu zu." *Atlanta Constitution,* 13. Mai 1945, 10A).

20. Erich Kästner, „Wert und Unwert des Menschen", S. 75. Die aufgezeichneten Reaktionen der deutschen Offiziere in britischer Gefangenschaft, die gezwungen wurden, im Juni 1945 einen Film über ein Konzentrationslager anzusehen, reichten von Furcht, dass diese Gräueltaten das Einzige sein würden, was vom Tausendjährigen Reich für Tausende Jahre in Erinnerung blieb („Ja, wir sind für alle Zeiten in Schande", stimmt ein anderer Offizier zu), bis zu einem Streit, ob man „dieses langsame, bewusste, systematische Morden" mit der Bombardierung Dresdens vergleichen kann oder nicht. Sönke Neitzel, *Abgehört: Deutsche Generäle in britischer Kriegsgefangenschaft 1942–1945* (Berlin: List-Taschenbuch, 2007), S. 313–315.
21. Ursula von Kardorff, *Berliner Aufzeichnungen 1942–1945: Unter Verwendung der Original-Tagebücher neu herausgegeben von Peter Hartl* (München: C.H. Beck, 1992), S. 334 (15. Juni 1945) und 330 (5. Juni 1945).
22. Siehe zum Beispiel Charles E. Egan, „All Reich to See Camp Atrocities: Allies Will Billboard in Each Community to Teach Germans They Have Guilt", in: *New York Times,* 24. April 1945, S. 6.
23. *Die unsichtbaren Trümmer*, S. 51–52. Als Stern gegen Ende seiner Reise hört, wie eine gebildete Frau in Frankfurt erklärt, dass die Einheimischen das amerikanische Hauptquartier im ehemaligen IG-Farben-Gebäude „Das Pharisäerghetto" nennen, begreift er, dass er mit Nazis gesprochen hat, dem „wirklichen Feind" (358), fühlt sich an eine sehr giftige Schlange erinnert, die er einst versteckt in einem afrikanischen Baum gesehen hatte, und schlussfolgert, dass diese reuelosen, jedoch jetzt etwas beschämten Nazi-Frauen immer noch so gefährlich waren wie ein Schlangennest. Heidrun Kämper, *Der Schulddiskurs der frühen Nachkriegszeit: Ein Beitrag zur Geschichte des sprachlichen Umbruchs nach 1945* (Berlin: de Gruyter, 2005), liefert eine detaillierte Analyse der semantischen Handhabung von Schuld nach dem Zweiten Weltkrieg durch Opfer, Täter und Nicht-Täter.
24. In Briefen an Charles Henry Miller vom 16. Mai 1979 und 21. Februar 1983 identifiziert James Stern „Merwyn" aus *Hidden Damage* als „Wystan". Charles Miller – W.H. Auden Papers, Special Collections Library, University of Michigan.
25. U.S. Strategic Bombing Survey, *The Effects of Strategic Bombing,* Bd. 1, Appendix A, S. 109–131, zeigt die Methode, den Fragenkatalog und einige Musterantworten. In seinem Brief an Charles Henry Miller vom 21. Februar 1983 erwähnte Stern die Dämlichkeit dieser Fragen.
26. *Die unsichtbaren Trümmer*, S. 66. Jörg Friedrich hat diese Todesziffer auf 12.300 korrigiert: *Der Brand: Deutschland im Bombenkrieg 1940–1945* (München: Propyläen, 2002), S. 361.

27. *Die unsichtbaren Trümmer*, S. 66–67.
28. *Die unsichtbaren Trümmer*, S. 67–68.
29. Alfred Döblin, *Schicksalsreise: Bericht und Bekenntnis* (1949; Frankfurt/Main: Fischer Klassik, 2014), S. 361.
30. Stig Dagerman, *Deutscher Herbst: Reiseschilderung*, übersetzt von Jörg Scherzer (Frankfurt/Main: Suhrkamp, 1987), S. 22.
31. Erich Kästner, „… und dann fuhr ich nach Dresden", in: *Die Neue Zeitung*, 30. September 1946, o. S. [Kunstbeilage]. Auch abgedruckt in: *Gesammelte Schriften*, Bd. 5 (Köln: Kiepenheuer & Witsch, 1959), S. 82–86.
32. Max Frisch, *Tagebuch 1946–1949* (1950; Frankfurt/Main: Suhrkamp, 1963), S. 34. Die frühen Teile dieses Tagebuchs erschienen 1947 unter dem Titel *Tagebuch mit Marion.*
33. *Die unsichtbaren Trümmer*, S. 54.
34. *Schicksalsreise*, S. 381.
35. *Tagebuch*, S. 31.
36. Interview des Verfassers mit Tony Vaccaro, 9. Mai 2006.
37. *Schicksalsreise*, S. 362.
38. John Dos Passos, *Das Land des Fragebogens. 1945: Reportagen aus dem besiegten Deutschland*, übers. von Michael Kleeberg (Reinbek bei Hamburg: Rowohlt, 1999), S. 8.
39. *Schicksalsreise*, S. 381, 389, 397, 398.
40. *Die unsichtbaren Trümmer*, S. 53. Siehe auch Dagerman, S. 22: „Fensterhöhlen, die mit weitoffenen Augen … herabstarrten".
41. Kästner, „… und dann fuhr ich nach Dresden".
42. *Tagebuch*, S. 29–30. Der Spruch bezieht sich auf Warntafeln für Autofahrer in der amerikanischen Zone, „Drive carefully. Death is so permanent". Vor dem Hintergrund zerstörter Städte schienen diese Schilder mehr als nur ein Verkehrshinweis zu sein. Siehe https://yooniqimages.com/images/detail/102214378/Creative/a-road-sign-in-english-and-german-death-is-so-permanent-drive-carefully (letzter Zugriff: 01.08.2017). Hans Habes Roman *Weg ins Dunkel* (Olten und Freiburg: Walter-Verlag, 1977), S. 339, erwähnt ebenfalls diese Schilder.
43. Dagerman, *Deutscher Herbst*, S. 23, 22.
44. *Die unsichtbaren Trümmer*, S. 258.
45. *Tagebuch*, S. 30.
46. David Brion Davis, „The Americanized Mannheim of 1945–1946", in: William E. Leuchtenburg (Hrsg.), *American Places: Encounters with History, A Celebration of Sheldon Meyer* (Oxford: Oxford University Press, 2000), S. 78–91, hier 80–81.
47. Hugo Hartung, *Schlesien 1944/45: Aufzeichnungen und Tagebücher* (1956; Nachdruck München: dtv, 1976), S. 100.
48. Zelda Popkin, *Small Victory* (New York: Lippincott, 1947), S. 14–15.
49. *Schicksalsreise*, S. 363.
50. *Tagebuch*, S. 30, 38.
51. Kästner, „… und dann fuhr ich nach Dresden".
52. „Die Ruine" (1907), in: *Der Tag* 96 (22. Februar 1907), http://socio.ch/sim/verschiedenes/1907/ruine.htm (letzter Zugriff: 01.08.2017).

53. Dagerman, *Deutscher Herbst*, S. 21, 21–22, 22, 22–23, 23, 26.
54. Gertrude Stein, „Off We All Went to See Germany“, in: *Life*, 6. August 1945, S. 54–58, hier 54, 56 und 57. Das Foto, das anscheinend mitten in den Trümmern der Frankfurter Fahrgasse aufgenommen wurde, war mit der sonderbaren Bildunterschrift versehen: „In den Ruinen Frankfurts wurde Miss Stein von einem GI begrüßt, der anfing, ihre Dichtung zu zitieren. Sie war die erste amerikanische Zivilistin, die die Bevölkerung Frankfurts nach Kriegsende zu Gesicht bekam“ (56). Es scheint so, als wären die Frankfurter Ruinen ein paar Monate nach Ankunft der Amerikaner bereits Bestandteil von US-Armee geführten Sightseeing-Touren durch die zerstörte Altstadt geworden.
55. Dagerman, *Deutscher Herbst*, S. 22.
56. Siehe Svetlana Boym, „Ruinophilia“: „Der unheimliche Anthropomorphismus von Ruinen wurde bereits im 16. Jahrhundert in Szenen des anatomischen Theaters entdeckt, wo die Sezierung des menschlichen Körpers vor dem Hintergrund klassischer Ruinen vorgenommen wurde.“ http://monumenttotransformation.org/atlas-of-transformation/html/r/ruinophilia/ruinophilia-appreciation-of-ruins-svetlana-boym.html (letzter Zugriff: 01.08.2017).
57. *Tagebuch*, S. 39.
58. *Schicksalsreise*, S. 402.
59. Dagerman, *Deutscher Herbst*, S. 27.
60. Margaret Bourke-White (geschrieben und fotografiert), *Deutschland, April 1945*, übers. von Ulrike von Puttkamer (München: Schirmer-Mosel, 1979), Bildeinschub zwischen S. 68 und 69; Text S. 74.
61. Kochmann wurde 1916 in Heidelberg geboren, sein fotografisches Archiv befindet sich im Institut für Stadtgeschichte Frankfurt. Reproduziert mit der Bildunterschrift „Römerberg von Osten, 9. Mai 1947“, in: Helmut Nordmeyer, *Hurra, wir leben noch! Frankfurt a. M. nach 1945: Fotografien von Fred Kochmann 1945–1948* (Institut für Stadtgeschichte Frankfurt; Gudensberg-Gleichen: Wartberg Verlag, 2001), S. 14–15.
62. Weinrother, „Postzustellung in den mit Trümmern bedeckten Straßen Kreuzbergs“, Bildarchiv Preußischer Kulturbesitz, abgebildet in: Barnouw, *Ansichten von Deutschland (1945)*, S. 282. „Eine zerstörte Straße in Hamburg“, Ullstein-Bild 1602547, 1. Januar 1945, Getty Images 542356927. Siehe auch Victor Gollancz, *In Darkest Germany* (London: Victor Gollancz, 1947), Abb. 55, „Hochstraße, Düren“.
63. Werner Bischof, *After the War*, mit einem Vorwort von Miriam Mafai (Washington, DC: Smithsonian Institution Press, 1997), Bild 9 „Freiburg, 1945“.
64. Hagel, 1949, Archiv der Stadt Pforzheim. Abgedruckt in *The Family of Man: The Greatest Photographic Exhibition of all Time – 503 Pictures from 68 Countries – Created by Edward Steichen for the Museum of Modern Art* (New York: Maco Publishing, 1955), S. 127, und in Dagmar Barnouw, *Ansichten von Deutschland (1945): Krieg und Gewalt in der zeitgenössischen Photographie* (Frankfurt: Stroemfeld/Nexus, 1997), S. 168.
65. Ray D’Addario, Bilder in: *Nürnberg damals – heute* (Nürnberg: Verlag Nürnberger Presse, 1997), S. 40; siehe auch Barnouw, *Ansichten von Deutschland (1945)*, S. 289–292.

66. Nordmeyer, *Hurra, wir leben* noch, S. 40.
67. Dagerman, *Deutscher Herbst*, S. 24.
68. Tony Vaccaro, *Entering Germany, 1944–1949*, hrsg. von Michael Konze (New York: Taschen, 2001), S. 127, 125, 75; Roßmarkt 1947: AKG_200153, Aktenzeichen 5-F2-D12-1947; Maler porträtiert Kriegsruinen: AKG_200138, Aktenzeichen 2-K15-F1-1947.
69. Robert Capa, „Hohenzollernplatz" und „Berlin, Sommer 1945", *Sommertage, Friedenstage: Berlin 1945* (Berlin: Dirk Nishen, 1986), S. 14, 30. Ein anderes Foto von Capa, „Hohenzollernplatz: Kinder wühlen in wertlos gewordenen Bezugsscheinen", S. 12, zeigt zwei Jungen, die auf einem Schutthügel mit Bezugsscheinen spielen.
70. Seidenstücker, „Kinder spielen mit Schutt aus den Ruinen". Bildarchiv Preußischer Kulturbesitz, Sign. WII 535a, abgebildete in Barnouw, *Ansichten von Deutschland (1945)*, S. 331.
71. David Brion Davis, „World War II and Memory", in: *Journal of American History* 77 (September 1990), S. 580–587, hier 582.
72. Vaccaro, S. 128–129.
73. Bischof, *After the War*, Bilder 3, „Friedrichshafen, Germany, 1945" und 6, „Freiburg, 1945" (o. S.); VI (Vorwort); Tagebuchauszüge ix-x; Brief an seinen Vater, zitiert in Mafais, „Vorwort", VIII.
74. *Family of Man*, S. 94–95 und 204.
75. Nordmeyer, *Hurra, wir leben noch*, S. 14.
76. Dagerman, *Deutscher Herbst*, S. 22.
77. Rötger, Institut für Stadtgeschichte Frankfurt am Main/S7C1950/19.01.01.
78. Dagerman, *Deutscher Herbst*, S. 115.
79. Frisch, *Tagebuch*, S. 38. Vgl. Carl Zuckmayers Essay „Germany's Lost Youth", in: *Life*, 15. September 1947, S. 124–126, 128, 130, 132, 135–136, 138, von ausdrucksstarken Fotos begleitet.
80. Döblin, „Sie hätten Chance gehabt", in: *Schicksalsreise*, S. 372–376, hier 376.
81. Dagerman, *Deutscher Herbst*, S. 33. Weitere Seitenangaben dieser Übersetzung Dagermans erscheinen im Text.
82. Hans Habe brachte seine Kritik an der Beschlagnahmungspolitik der Alliierten farbenfroh in *Our Love Affair with Germany* (New York: Putnam, 1953) zum Ausdruck.
83. Gollancz, *Unser bedrohtes Erbe*, S. 35, 41–42. Ein visuelles Äquivalent dieses Berichts findet sich in zwei gegenüberliegenden Seiten der *Life*, 6. Mai 1946, S. 28–29, auf der linken ein üppiges Dinner in dem feinen Restaurant El Morocco (dessen Metzger hinter einem Berg von Fleisch porträtiert wird) unter der Überschrift „New York: Dinner mit 2000 Kalorien", und auf der rechten die korrespondierende Überschrift „Braunschweig: Dinner mit 600 Kalorien", im Echternkeller, einem Lokal, dessen Inhaber gezeigt wird, wie er die einfachsten Vorräte in einem simplen Karren herbeischafft, den er durch die zerstörte Stadt Braunschweig schiebt.
84. Gollancz veröffentlichte das Buch *The Yellow Spot: The Outlawing of Half a Million Human Beings; A Collection of Facts and Documents Relating to Three Years Persecution of German Jews, Derived Chiefly from National Socialist Sources, Very Carefully Assembled by a Group of Investigators* be-

reits 1936, und Anfang 1943 verfasste und publizierte er *„Let my people go": Some Practical Proposals for Dealing with Hitler's Massacre of the Jews and an Appeal to the British Public.*

85. Obwohl die Zahlen, die Gollancz für die verschiedenen Krankheiten anführt, wahrscheinlich übertrieben waren und obwohl einige der Quellen, auf die er sich stützte, als problematisch galten, waren die individuellen Begegnungen, von denen er berichtet und die er dokumentiert, ausreichend, um die öffentliche Meinung und die Besatzungspolitik in Großbritannien zu beeinflussen. Siehe John Farquharson, „'Emotional but Influential': Victor Gollancz, Richard Stokes, and the British Zone of Germany, 1945–49", in: *Journal of Contemporary History* 22, Nr. 3 (Juli 1987), S. 501–519. *In Darkest Germany* war Erwin Stadthagen gewidmet, der 1949 starb, als er wegen einer Korruptionsermittlung inhaftiert war. Siehe „Personalien", in: *Spiegel,* 2. April 1949, S. 18.
86. Gollancz, *Unser bedrohtes Erbe,* S. 68, Sheila Grant Duff im *Manchester Guardian* vom 26. Oktober 1945 und G.E.R. Gedye in *The Daily Herald* vom 9. Oktober 1945 zitierend.
87. Gollancz, *Unser bedrohtes Erbe,* S. 169–172, den Lübecker Korrespondenten des *Manchester Guardian* vom 10. März 1946 zitierend.
88. *In Darkest Germany,* S. 54–56 und 81.
89. George Orwell, *Politik und die englische Sprache* (Bremen: Faksimile-Versand, 1981), S. 17. Orwell schreibt: „Heutzutage dienen politische Reden und Schriften durchwegs der Verteidigung von Dingen, die nicht verteidigt werden können. … Darin liegt der Grund, warum die politische Sprache weitgehend aus Schönfärberei besteht, die den wahren Sachverhalt verschleiert und sich in nebelhafte Unbestimmtheiten verliert. … Wenn Millionen von Bauern ihrer Höfe beraubt und auf Treck über die Landstraßen getrieben werden, mit nicht mehr Habe, als was sie tragen können, so nennt man das ‚Umsiedlung oder Grenzberichtigung'."
90. Eine exzellente historische Darstellung, welche die ideologischen Ursprünge des Denkens der Alliierten umreißt, liefert Detlef Brandes, *Der Weg zur Vertreibung 1938–1945: Pläne und Entscheidungen zum „Transfer" der Deutschen aus der Tschechoslowakei und aus Polen,* 2. Aufl. (2001; Nachdruck München: R. Oldenbourg, 2005). Der Glaube, dass ethnische Homogenität erstrebenswert sei, beeinflusste nicht nur die Umsiedlungen von Deutschen, sondern auch die zwangsweise Vertreibung von fünf Millionen Polen aus dem östlichen Drittel des Landes (weitgehend der Demarkationslinie folgend, die im Hitler-Stalin-Pakt durch Polen gezogen worden war), das nun sowjetisch wurde. Mehrere andere Länder durchliefen Prozesse, in denen ethnische Säuberung angestrebt wurde sowie die Bildung homogenerer Länder als diejenigen, die in Mitteleuropa existierten. Dies schloss auch die Rückführung polnischer Juden ein, die in die Sowjetunion geflohen waren und dort überlebt hatten, sowie, als diese feststellen mussten, dass sie im neuen Polen unerwünscht waren, deren Umzug in die britischen und amerikanischen Besatzungszonen in Deutschland.
91. „Hordes Now Rove Poland, Going Home", in: *Washington Post,* 21. Oktober 1945, B1.

92. Ernst Schneider, handschriftliches Tagebuch, S. 220 (1950), Stadtarchiv Kronberg im Taunus.
93. Siehe Eva Hahn und Hans Henning Hahn, *Die Vertreibung im deutschen Erinnern: Legenden, Mythen, Geschichte* (Paderborn: Ferdinand Schöningh, 2010), S. 666. Auf S. 39–40 präsentieren die Autoren gedruckte Quellen mit Zahlen, die von 3 bis zu mehr als 20 Millionen reichen. Rainer Schulze, „Forced Migrations of German Populations During and After the Second World War: History and Memory", in: Jessica Reinisch und Elizabeth White (Hrsg.), *The Disentanglement of Populations: Migration, Expulsion and Displacement in Post-War Europe, 1944–49* (Basingstoke, UK: Palgrave Macmillan, 2011), S. 51–70, nennt die Zahl von 12 bis 14 Millionen Menschen, die betroffen waren, und von 2 Millionen Toten. Chauncy D. Harris und Gabriele Wülker, „The Refugee Problem of Germany", in: *Economic Geography* 29, Nr. 1 (Januar 1953), S. 10–25, gehen von einer geschätzten Gesamtzahl von 12,48 Millionen Vertriebenen aus, basierend auf deutschen Volkszählungsdaten von 1950.
94. Eva Hahn und Hans Henning Hahn liefern einen guten Überblick über das Thema in „Flucht und Vertreibung", in: Etienne François und Hagen Schulze (Hrsg.), *Deutsche Erinnerungsorte: Eine Auswahl* (München: C.H. Beck, 2005), S. 332–350. Siehe auch die umfassendere Studie von Eva und Hans Henning Hahn *Die Vertreibung im deutschen Erinnern,* in der sie insbesondere auf Victor Gollancz als einen Autor aufmerksam machen, der heute zu wenig rezipiert wird (374).
95. Daniel de Luce, „Poland Seeks Settlers but Evicts Germans", in: *Chicago Tribune,* 25. August 1945, S. 9, hob, als er aus Pommern berichtete, das Paradoxon hervor, dass die neuen polnischen Provinzen 1,9 Millionen neue polnische Siedler erwarteten, die aus dem jetzt russischen Ostpolen kommen sollten, dass jedoch bislang erst 100.000 tatsächlich angekommen waren; ebenso benötigte man in Schlesien noch 4,2 Millionen Neuankömmlinge, und die ganze Zeit wurden dennoch Deutsche gewaltsam vertrieben. Siehe auch „500,000 Poles Resettled: Upper Silesia Now ‚Saturated', Government Spokesman Says", in: *New York Times,* 24. Juni 1945, S. 12; „Czechs Ask Haste in Exiling 2,000,000: Officials Tell British of Peril in Waiting Till Homes for Sudetens are Found", in: *New York Times,* 6. September 1945, S. 7; „Britain Asks Big 4 to Warn Poland: Wants U.S., Russia, France to Join Her in Protest", in: *New York Times,* 11. Oktober 1945, S. 7; Sydney Gruson, „Deportations of German Add to Europe's Troubles: Allies, Having Taken Care of Millions of ‚Displaced Persons', Try to Stop Them", in: *New York Times,* 18. November 1945, S. 67; Anne O'Hare McCormick, „Abroad: Problem of Places for the Refugees", in: *New York Times,* 13. November 1946, S. 24. Joseph E. Evans, „Mass Expulsions: Twelve Million Shunted into a Smaller Germany from the East Create Vast Social and Economic Problems", in: *Wall Street Journal,* 23. Juli 1947, S. 4, machte auf die seltsame Tatsache aufmerksam, dass die massenhaften Vertreibungen damit zusammenfielen, „dass die siegreichen Alliierten ... in Nürnberg eine Gruppe Männer für bestimmte Verbrechen vor Gericht stellten, darunter auch massenhafte Umsiedlungen der Bevölkerung". Eine Ausnahme vom allgemeinen Trend bildet „Covered Wagon Trail

Leads Home for These Germans", in: *New York Times,* 6. September 1945, S. 10, zwei Fotos eines Flüchtlingstrecks von Frauen und Kindern, die aus der Tschechoslowakei zurück nach Schlesien ziehen: „Die Ironie ihres Trecks zurück besteht darin, dass Schlesien, ihre Heimat, jetzt in polnischen Händen ist und unter russischer Herrschaft."

96. Siehe beispielsweise diese Beiträge aus der *Times of India,* „One Million Refugees Entering Austria: Plea to Allies", 16. Oktober 1945, S. 5; „German Refugee Streams: Millions May Die", 27. Oktober 1945, S. 7; und „Germans' Expulsion to British Zone: Mr. Bevin Seeks Clarification", 6. November 1945, S. 4.
97. Louis M. Lyons, „Lyons in Czechoslovakia – Czechs Take Harsh Revenge on Sudetenland Germans", in: *Boston Daily Globe,* 20. August 1945, S. 2.
98. Larry Rue, „Fail to Harden Troops against German People: GIs Bitter on Army's Hate Propaganda", in: *Chicago Daily Tribune,* 30. September 1945, S. 7. Die britische Zeitung, die Rue zitiert, ist die *Weekly Tribune* („ein Gewerkschafts-Organ ... früher herausgegeben von Aneurin Bevan"): „Was jetzt passiert, nach der Niederlage Deutschlands und dem Kollaps des Faschismus weltweit, ist nichts weniger als die Transformation eines großen Teils von Deutschland sowie auch von Österreich in ein riesiges Belsen."
99. *Life,* 15. Oktober 1945, S. 107–115. Repräsentative Beispiele für McCombes breite Palette an Fotografien aus den 1940ern erschienen in *Menschen erleiden Geschichte: Das Gesicht Europas von der Themse bis zur Weichsel, 1943–1946* (Zürich: Atlantis-Verlag, 1947). Barnouw, *Ansichten von Deutschland (1945),* S. 231–251, diskutiert McCombes Reportage ausführlich und macht auch darauf aufmerksam, dass dem Bericht eine Warnung des Herausgebers vorausging, sich des Mitgefühls zu enthalten.
100. *Life,* 5. November 1945, S. 6. Die Spannbreite weiterer Leserbriefe, die als Reaktionen auf diesen Essay veröffentlicht wurden, reichte von Mitgefühl bis zu Rachsucht. Einerseits schrieb Fähnrich John Henry Holt aus San Francisco, dass er sein Vertrauen in die amerikanische Demokratie verloren habe und sich, nachdem er den Artikel gelesen habe, frage, wofür er gekämpft habe; Mrs. J. H. Eidson aus Sweetwater, Texas, war der Meinung, dass die „sorgfältige Bildauswahl die Folgen des Krieges in all ihrem Schrecken und der Entwürdigung darstellt, von den unschuldigen Babys bis zu den hilflosen alten Menschen"; und Carl B. Montgomery, ein ehemaliger Kriegsgefangener aus Asheville, North Carolina, war der Ansicht, dass das „Bild der deutschen Frau mit ihren aufgeplatzten Knöcheln, die beinahe andächtig im Stettiner Bahnhof sitzt, zu dem halben Dutzend großartiger Fotos dieses Krieges zu rechnen ist". Andererseits lehnten mehrere Briefe aus New York City Mitgefühl ab: J. W. Lowey, dessen Familie in der Tschechoslowakei von Hitlers Mördern umgebracht worden war, erinnerte daran, wie man die Gesichter dieser vertriebenen Deutschen früher gesehen hatte, als sie „schrien und ihr Idol anbrüllten: ‚Heil Hitler! *Wir danken unsrem Führer!*'" Manuel Komroff schrieb als Reaktion auf das Foto des Flüchtlingsmädchens, das vergewaltigt worden war: „Wo war Ihr Fotograf, als die Mädchen aus Polen, Griechenland, Holland und all den anderen Ländern vergewaltigt wurden?" Und Mary Reve merkte an, dass sie sich

„wegen ihnen hämisch freute. Mögen sie weiterhin so lange und schwer für die abscheulichen Verbrechen leiden, die sie dem übrigen Europa zugefügt haben“ (4, 6).

101. Das Foto von Sanders wurde erstmalig in dem Foto-Essay publiziert: „Wives in Germany“, in: *Life,* 17. Mai 1946, S. 55–57, hier 55.
102. „Death March from Silesia“, in: *America,* 17. November 1945, S. 176–178.
103. „Death March from Silesia“, S. 177–178. Zur Situation in Görlitz im Jahr 1945 und in den Nachkriegsjahren siehe auch Markus Lammert, *Die Stadt der Vertriebenen – Görlitz 1945–1953* (Görlitz: Verlag der Oberlausitzischen Gesellschaft der Wissenschaften, 2012: Beiheft 10 zum Neuen Lausitzischen Magazin).
104. Robert Jungk, „Aus einem Totenland“, in: *Die Weltwoche* 13, 627 (16. November 1945), Nachdruck in: *Spiegel Spezial* 2/2002, „Die Flucht der Deutschen“, http://www.spiegel.de/spiegel/spiegelspecial/d-22937254.html (letzter Zugriff: 01.08.2017).
105. „Church Council Warns against Vengeful Peace: Victors Urged to Alter Their Outlook“, in: *Chicago Daily Tribune,* 26. Februar 1946, S. 9.
106. „The Land of the Dead: Study of the Deportations from Eastern Germany“, Committee against Mass Expulsion, New York, 23. Februar 1947. Unter denen, die die Einleitung unterzeichneten, waren außerdem der radikale Alfred Bingham; William Henry Chamberlain, ein Journalist und Historiker der Russischen Revolution; George S. Counts, ein Historiker am Teachers College; Radioreporter H. V. Kaltenborn; Francis Neilson, Autor, Philanthrop und Theater-Persönlichkeit; Eustace Seligman, Anwalt, Autorität in zivilen Angelegenheiten und Schriftsteller; der Reformer, Sozialist und Pazifist Norman Thomas; und der Arbeiterführer aus Massachusetts Robert J. Watt. Ich zitiere aus dem Exemplar in der Harvard University Library.
107. „Land of the Dead“, S. 29, 30, 32.
108. „Expulsion Plans Imperil 20,000,000: Committee Here Asks Action to Ease Suffering in Shifts in Eastern Europe“, in: *New York Times,* 24. Februar 1947, S. 12.
109. „Help for DP's: IRO Cannot Aid Some Groups It Is Pointed Out, Letters to the Times“, in: *New York Times,* 20. Juli 1947, E8. Unterzeichnet von Thomas, LaFarge, Holmes und Emmet ebenso wie von Sidney Hook (der nicht zu den Unterzeichnern der Einleitung der Broschüre gehörte), macht der Brief außerdem auf die Broschüre aufmerksam und wiederholt ihre zentralen Befunde. Zur IRO siehe die Verfassung der International Refugee Organization von 1946, „Teil II: Personen, die für die Organisation nicht von Interesse sein werden“:

    4. Personen deutscher Volkszugehörigkeit, ob deutsche Staatsangehörige oder Angehörige einer deutschen Minderheit in anderen Ländern, die:
        (a) aus anderen Ländern nach Deutschland umgesiedelt wurden oder werden können;
        (b) während des Zweiten Weltkriegs aus Deutschland in andere Länder evakuiert wurden;

(c) aus oder nach Deutschland oder von ihren Wohnorten in andere Länder als Deutschland geflohen sind, um nicht den Armeen der Alliierten in die Hände zu fallen.

Collection of International Instruments and Legal Texts Concerning Refugees and Others of Concern to UNHCR (Genf, Schweiz: United Nations High Commissioner for Refugees, [2007]), S. 63. Schulze, „Forced Migrations", S. 57, schreibt auch, dass die Alliierten die Bildung deutscher Flüchtlingsorganisationen verbaten und die deutschen Behörden anwiesen, Strategien zur Integration von Vertriebenen in die Gegenden auszuarbeiten, die sie aufnehmen sollten.

110. Das Thema Vertreibung wurde von der politischen Rechten in Westdeutschland monopolisiert, und die Erinnerung daran ist auch im wiedervereinigten Deutschland immer wieder kontrovers. Die deutsche kritische Linke hegte generell den Verdacht, das Reden über die Flüchtlingserfahrungen sei nur eine Möglichkeit, nicht über Auschwitz sprechen zu müssen. Alle Vergleiche mit den Nazi-Maßnahmen (wie sie Gollancz oder die Emmet-Gruppe zogen) waren aus verständlichen Gründen ein Tabu in Deutschland.

111. Wahrscheinlich habe ich nicht an den richtigen Stellen gesucht, doch ich konnte kein amerikanisches literarisches Werk aus dieser Periode finden, das die Vertriebenen und die Flüchtlinge der 1940er-Jahre in den Mittelpunkt stellt. Louis Ferdinand Helbig, *Der ungeheure Verlust: Flucht und Vertreibung in der deutschsprachigen Belletristik der Nachkriegszeit* (Wiesbaden: Otto Harrassowitz, 1988), bietet eine umfassende Darstellung der deutschen Literatur über die Vertreibungen, aus der ich Ihlenfeld und Pohl ausgewählt habe. Abgesehen von Helbig scheint in den letzten 50 Jahren über diese beiden Schriftsteller kaum jemand geforscht zu haben. Für eine kurze allgemeine Beurteilung von Ihlenfeld und Gerhart Pohl siehe H.M. Waidson, *The Modern German Novel: A Mid-Twentieth Century Survey* (Oxford: Oxford University Press, 1959), S. 25–27. Das überaus hilfreiche *Handbuch Nachkriegskultur: Literatur, Sachbuch und Film in Deutschland (1945–1962)*, hrsg. von Elena Agazzi und Erhard Schütz (Berlin: de Gruyter, 2013), beinhaltet kürzere Anmerkungen zu Ihlenfelds Roman (248, 336). Jan-Pieter Barbian, *Literaturpolitik im NS-Staat. Von der „Gleichschaltung" bis zum Ruin* (Frankfurt/Main: S. Fischer, 2010), diskutiert die Beziehungen der Reichsschrifttumskammer zu Schriftstellern, darunter Pohl (210–211), und charakterisiert Pohl als einen hochprofilierten Gegner des Nationalsozialismus seit der Weimarer Zeit (389).

112. Diese Strategie ist der ästhetischen Entscheidung, die die anonyme Autorin von *Eine Frau in Berlin* getroffen hat, diametral entgegengesetzt, insbesondere im zweiten Abschnitt des Buches.

113. Dies ist ebenfalls in Arbeiten wie Elisabeth Langgässers Kurzgeschichte von 1946 „Glück haben" der Fall, einer dramatischen Schilderung ihres Lebens, die eine verwirrte Frau der Besucherin eines Sanatoriums abliefert.

114. „Death March from Silesia", S. 178.

115. Kurt Ihlenfeld, *Wintergewitter* (1951; Nachdruck Gütersloh: Bertelsmann Lesering, 1958). Siehe zum Beispiel: „verändert" (9), „verschwunden" (9), „Veränderungen" (24, 27), „verschwindet" (52), „verschwinden" (53); „ver-

schwand“ (72), „versank“ (73), „Alles verschwindet allmählich“ (93); „jetzt ist er [der Zug] weg“ (103); „alle zerstreut“ (107); „einfach auswischen“ (108); „am liebsten schnell verschwinden“ (109); „daß das hier ein Ende hat“ (145); „Das Ende ist da, wir erleben es jetzt“ (257). Unter den zitierten biblischen Passagen sind: Micha 2:10, „Ihr müßt davon, ihr sollt nicht hier bleiben“ (127), und Jesaja 32:13, „Denn es werden auf dem Acker meines Volkes Dornen und Hecken wachsen, dazu über allen Häusern der Freude in der fröhlichen Stadt“ (283–284). Auch das Gemälde, das über dem Tisch der Frau des Pfarrers hängt, stellt nicht das Letzte Abendmahl dar, sondern Wilhelm Steinhausens ernstes und düsteres *Aufbruch vom Abendmahl* (1874), das Jesus und elf Jünger zeigt, wie sie den Raum verlassen, in dem sie gegessen haben, und hinausgehen in die dunkle Nacht (70).

116. Ebd., S. 170. Es ist eine der Stärken des Romans, dass der Pfarrer über die ganze Wucht von Worten wie „kapituliert“ (207) und „Deserteur“ (212) nachdenkt. Umgekehrt wird im letzten Abschnitt, dem des Leutnants, das Wort „Panzer“ häufig umgangen und auf Umschreibungen wie „im eisernen Gewölbe“ (462), „Wagen“ (462, 463), „in den eisernen Käfig“ (463), „Kasten“ (472), „Sarg“ (472) oder „Eisenberg“ (472) zurückgegriffen.
117. *Wintergewitter*, S. 172.
118. Siehe Karina Berger, „Expulsion Novels of the 1950s: More Than Meets the Eye?“, in: Stuart Taberner und Karina Berger (Hrsg.), *Germans as Victims in the Literary Fiction of the Berlin Republic* (Rochester, NY: Camden House, 2009), S. 42–55. Berger macht auf die Tatsache aufmerksam, dass Literatur über die Vertreibung fälschlicherweise unter den Verdacht fiel, die Deutschen nur als Opfer herauszustellen, und hebt die Episode rund um Herrn von Schindler ebenso hervor wie die weiblichen Gefangenen von Konzentrationslagern. Sie fügt jedoch hinzu: „Wie auch immer, die Geschichte liefert keine konkreten oder explizitere Details über den Holocaust“ (46).
119. *Wintergewitter*, S. 466, 467.
120. Ebd., S. 480.
121. Das Dilemma des Leutnants entspricht der von Dagerman zitierten Beschreibung derjenigen Deutschen, die er als „Ruinen“ erachtete.
122. Gerhart Pohl, *Wieviel Mörder gibt es jetzt?* (Berlin: Lettner-Verlag, 1953), S. 7–11. Weitere Hinweise auf diese Sammlung finden sich in Klammern im Text. Eine zweite Ausgabe der Kurzgeschichtensammlung erschien unter dem Titel *Engelsmasken* (Berlin: Lettner-Verlag, 1954).
123. Das Datum 1942, das in der Ausgabe von 1953 für diese Nachkriegsgeschichte genannt wird, beruht offensichtlich auf einem Druckfehler, ein früherer Abdruck mit Illustrationen in Pohls Sammlung *Zwischen gestern und morgen* (Berlin: Chronos Verlag, 1947) ist mit der plausibleren Überschrift „Wolfshau – Wilcza Porçba, Sommer 1947“ versehen.
124. *Friederike: Singspiel in drei Akten* (Berlin: Crescendo Theaterverlag, 1928). Eine Aufnahme aus dem Jahr 1929 mit Richard Tauber als Goethe ist zu sehen unter https://www.youtube.com/watch?v=yfTPN3xAmkI (letzter Zugriff: 01.08.2017).
125. Pohl hat diese Antwort möglicherweise Zalman Grinbergs Rede von 1945 vor jüdischen Überlebenden nachempfunden: „Hitler hat alle Kämpfe an

allen Fronten verloren, mit Ausnahme des Kampfes gegen wehrlose und unbewaffnete Männer, Frauen und Kinder! Er hat den Krieg gegen die europäischen Juden gewonnen. Allerdings wurde er dabei vom deutschen Volk unterstützt. Dennoch wollen wir keine Rache. Wenn wir Rache nehmen, würde dies bedeuten, dass wir uns auf das gleiche moralische und geistige Niveau hinab begeben, auf das sich das deutsche Volk in den letzten zehn Jahren verirrt hatte. Wir sind nicht imstande, Frauen und Kinder zu ermorden! Wir sind nicht imstande, Millionen Menschen zu verbrennen! Wir sind nicht imstande, Hunderttausende hungern zu lassen!" Vgl. http://www.jewishvirtuallibrary.org/jsource/Holocaust/GrinbergSpeech.html (letzter Zugriff: 01.08.2017).

126. Im Typoskript der Geschichte im Gerhart-Pohl-Archiv, Akademie der Künste Berlin, datierend vom 18. September 1950, S. 7, wurde eine verallgemeinernde Passage gestrichen, die darlegte: „soviele brauchten damals aus den unterschiedlichsten Gründen Retuschen ihrer Ausweise".

127. Im Typoskript, S. 4, wurde nach der Erwähnung der Umbenennung von Straßen (40, unten, in der veröffentlichten Ausgabe) ein verallgemeinernder Satz gestrichen: „Es war der nämliche Wechsel der Zeichen. Geblieben war das Bezeichnete – die Strasse, die Wohnung und hoffentlich auch Marians Mutter, die alte liebe Nowakowska."

128. Pohls Geschichte könnte vor dem Hintergrund von Gregor Thums Studie *Die fremde Stadt. Breslau nach 1945* (Berlin: Siedler, 2003) gelesen werden. Thum beschreibt das Bedürfnis nach einer Mythologisierung von Geschichte, so wurde zum Beispiel die Geschichte von Breslau, jetzt Wrocław, neu geschrieben. Er analysiert die Polonisierung der Namen von Städten, Straßen und Menschen und stellt die Situation verlassener deutscher Friedhöfe in großen Städten wie Wrocław dar, wo ein paar Jahre nach dem Krieg „Kriminelle im Gestrüpp und in den offenen Grabmälern brachliegender Friedhöfe Unterschlupf" (388) suchten.

129. „Die Erde und die Toten", zweite Fassung, Typoskript mit handschriftlichen Änderungen, datiert 18. September 1950, S. 19. Akademie der Künste Berlin. Sabine Wolf schulde ich Dank.

130. Frisch, *Tagebuch 1946–1949*, S. 38–39.

131. Gerald Daniel Cohen, *In War's Wake: Europe's Displaced Persons in the Postwar Order* (Oxford: Oxford University Press, 2012), S. 5, zitiert die Zahl von „acht Millionen Zivilisten in Deutschland" am Ende des Krieges: „Gastarbeiter, Zwangsarbeiter, Kriegsgefangene und befreite Insassen von Konzentrationslagern". Diese „Displaced Persons" (der Begriff ist eine amerikanische Wortschöpfung, die erstmals im *Oxford English Dictionary* aus der *Saturday Evening Post* vom 14. Juli 1944 zitiert wurde) wurden rasch in ihre Heimatländer zurückgeführt, „zwangsweise und oft tragisch im Falle der sowjetischen Staatsbürger, die sich dagegen sträubten, in die UdSSR repatriiert zu werden".

132. Atina Grossmann, *Juden, Deutsche, Alliierte: Begegnungen im besetzten Deutschland*, übers. von Ulrike Bischoff (Göttingen: Wallstein Verlag, 2012), S. 260ff., erwähnt ebenfalls die bedrohliche und schikanierende Politik gegenüber Juden im frühen Nachkriegs-Polen.

133. „Tide of ‚DP's' Ebbs, 70 % Repatriated: Of 6,500,000 Allied Prisoners and ‚Slaves' Once in Reich Only 2,000,000 Remain", in: *New York Times,* 30. August 1945, S. 10. Gegen Ende 1945 verblieben nur etwa 1,2 Millionen in der Obhut der UNRRA. In einer Reportage der *New York Times* vom November 1945 wurde die erfolgreiche Repatriierung von 5.243.000 Menschen erwähnt, die von deutschen Behörden während des Zweiten Weltkriegs entwurzelt worden waren, unter ihnen mehr als zwei Millionen aus der Sowjetunion, 1,5 Millionen aus Frankreich und eine halbe Million aus Italien. Außer einer halben Million, die als „nicht repatriierbar" angesehen wurde, wurden alle innerhalb eines Jahres nach der Kapitulation Deutschlands repatriiert. Siehe Sydney Gruson, „Deportations of Germans Add to Europe's Troubles", in: *New York Times,* 18. November 1945, S. 67.

134. „Red Traitors' Dachau Suicide Described as ‚Inhuman' Orgy", in: *Stars and Stripes,* Deutschland-Ausgabe, 23. Januar 1946.

135. Wolfgang Jacobmeyer, *Vom Zwangsarbeiter zum heimatlosen Ausländer: Die Displaced Persons in Westdeutschland, 1945–1951* (Göttingen: Vandenhoeck & Ruprecht, 1985), S. 133–134.

136. Grossmann, *Juden, Deutsche, Alliierte,* S. 230–232, bietet eine hervorragende Besprechung des Harrison-Berichts, auf den ich hier zurückgreife.

137. Diese neue Art, wie das Bedürfnis einer bestimmten Gruppe artikuliert wird, als Gruppe wahrgenommen zu werden, scheint zur Vorgeschichte dessen zu gehören, was später in Amerika als „positive Diskriminierung" (*affirmative action*) bekannt wurde.

138. Vgl. Grossmann, *Juden, Deutsche, Alliierte,* S. 232.

139. Viele der Fotos wurden mit unterschiedlichen Texten nachgedruckt, darunter ein Essay von Orlin, in: Erik Somers und René Kok (Hrsg.), *Jewish Displaced Persons in Camp Bergen-Belsen, 1945–1950: The Unique Photo Album of Zippy Orlin* (Zwolle: Waanders, 2003).

140. Jacqueline Giere und Rachel Salamander (Hrsg.), *Ein Leben aufs neu: Das Robinson-Album. DP Lager: Juden auf deutschem Boden 1945–1948* (Wien: Brandstätter, 1995), S. 11.

141. Giere und Salamander, *Ein Leben aufs neu,* S. 84. Der handschriftliche Eintrag, der dieser und vier anderen Fotografien von Demonstrationen im Originalalbum beigefügt ist, lautet: „Die UNRRA-Lager waren zunächst ein Segen, doch nur in den ersten Monaten. Aufgrund der unruhigen internationalen Situation mußten die DPs noch lange nach Kriegsende in den neuen Nachkriegslagern verweilen. Bereits im Winter 1946 wollte jeder die Lager verlassen und sein eigenes Brot verzehren." Reproduziert in: ebd., S. 114.

142. Beispielsweise ist der ernste Gesichtsausdruck der Männer auf einem Hochzeitsfoto ebenso bemerkenswert wie die Tatsache, dass zahlreiche Gäste direkt in die Kamera blicken (in ebd. S. 78–79). In Aussagen von Zeugen aus den DP-Lagern wird erwähnt, dass Kinder, die nach ermordeten Menschen benannt wurden, Schwierigkeiten hatten, den Platz des idealisierten Vorgängers einzunehmen (laut einem Sozialarbeiter); andere Kinder hatten selbst enge Verwandte im Holocaust verloren, so dass jeder weitere Verlust unbedeutend schien, was die Fähigkeit, andere Gefühle zu empfinden, verminderte (ebd., S. 53).

143. David P. Boder, *Die Toten habe ich nicht befragt* (Heidelberg: Universitätsverlag Winter, 2011), S. 23–46. Die meisten Aufnahmen wurden digitalisiert, transkribiert und übersetzt auf der Webseite Voices of the Holocaust, http://voices.iit.edu.
144. Das ist offensichtlich bei seinen Interviews mit Holocaust-Überlebenden aus verschiedenen Ländern der Fall. Das Interview mit Fania Freilich enthält beispielsweise einen Bericht von den Massendeportationen im Jahr 1942 von Juden in Paris ins Vélodrome d'hiver und nach Drancy. Boder nahm aber auch Mennoniten und Katholiken auf, er bat verschiedene Interviewte, Lieder für ihn zu singen. Eines der Interviews wurde mit Judah Golen geführt, der Boder erklärt, dass er aus Palästina nach Deutschland gekommen sei, um eine Gruppe von 15 anderen zu organisieren, die kulturelle Arbeit in verschiedenen DP-Lagern leisten, Hebräisch unterrichten und die DPs auf die Emigration nach Palästina vorbereiten sollte. Siehe http://voices.iit.edu/interview ?doc=golenJ&display=golenJ_en.
145. Boders Begriff „Dekulturation" scheint mit Ihlenfelds Beschreibung von Herrn von Schindels „Vereinsamung" als Teil der Verfolgung kompatibel zu sein.
146. Zelda Popkin, *Open Every Door* (New York: E. P. Dutton, 1956), S. 243. Weitere Seitenangaben werden in Klammern mit der Signatur „O" angegeben.
147. Diese Szene steht in scharfem Kontrast zu einer Episode in William Gardner Smiths *Last of the Conquerors* (1948). Dort bittet ein alter Mann den schwarzen GI Hayes Dawkins um eine Zigarette und wird zunächst ignoriert. Nachdem er eine verstörende antisemitische Tirade eines amerikanischen Hauptmanns gehört hat, gibt Dawkins dem Mann jedoch eine halbleere Zigarettenschachtel (100, 106). Das Sammeln von Zigarettenkippen ist natürlich mit der Tatsache verknüpft, dass die Zigarette im Nachkriegsdeutschland als Währung diente, wodurch Tabak in jeder Form Reichtum bedeutete; Popkin liefert eine besonders detaillierte Beschreibung von diesem Wert. Ihr zufolge konnte man in Zürich eine Uhr für eine Stange Zigaretten kaufen und diese dann in Berlin für 300 $ an einen Russen verkaufen; ansonsten brachte eine Stange Camel 100 $ ein, Pall Mall Kings 125 $: „mehr Tabak" (160). 1945 kaufte der Filmregisseur Billy Wilder in Berlin ein Gemälde von George Grosz für eine Stange Zigaretten (Ed Sikov, *On Sunset Boulevard: The Life and Times of Billy Wilder* [New York: Hyperion, 1998], S. 250); und in seinem Film *Eine auswärtige Affäre* sind der Schwarzmarkt, Tauschgeschäfte mit Zigaretten und einen Mann, der einen Zigarettenstummel aufliest, zu sehen. Lange bevor er seinen Mafia-Beststeller *Der Pate* (1969) schrieb, veröffentlichte Mario Puzo seinen ersten Roman *Die dunkle Arena* (1955) über die Besatzungszeit in Deutschland, kriminelle Gaunereien sowie Schwarzmarktgeschäfte spielten darin eine zentrale Rolle; laut Puzo konnte man eine Abtreibung für eine halbe Stange Zigaretten haben.
148. *Small Victory* (New York: Lippincott, 1947), S. 30. Weitere Seitenangaben werden in Klammern angegeben.
149. Eine Passage in Hans Habes Roman *Off Limits* bietet einen dramatischen Kontrapunkt zu dieser Szene: Habe beschreibt inmitten der Schwarzmarktgeschäfte der Displaced Persons in München „eine Vertreterin der UNRRA,

Amerikanerin dem Aussehen nach, eine grauhaarige Frau in einer blauen Uniform, mit einer ungefaßten Brille, ganz der Typus jener Missionare, die von Mission zu Mission eilen, halb um anderen Menschlichkeit zu bringen und halb um der eigenen Einsamkeit zu entgehen – die UNRRA-Vertreterin stand hilflos in diesem Treiben, immer noch gütig und mildtätig lächelnd, denn sie konnte es nicht verstehen, daß die Hilfsbedürftigen zu Spekulanten, das Almosen zum Schacherobjekt und ihre Mission zur Farce geworden waren". *Off Limits,* Roman der *Besatzung Deutschlands* (München: Verlag Kurt Desch, 1955), S. 155.

150. Grossmann, *Juden, Deutsche, Alliierte,* S. 357, gibt an, dass mehr als 500 junge DPs deutsche Universitäten besuchten, meist Fächer wie Medizin, Zahnmedizin und Technik.
151. *Open Every Door*, S. 290.
152. Zelda Popkin Papers, Howard Gottlieb Archival Research Center, Boston University.
153. *Open Every Door*, S. 291.
154. *Small Victory,* S. 100–101, 202.

4. Probleme der Entnazifizierung

Ich danke meinen Kollegen Philip Fisher, der mit mir ausführlich über Carl Schmitt sprach, und Oliver Simons, der einen Entwurf dieses Kapitels kritisch kommentierte. George Blaustein und Maggie Gram lasen dieses Kapitel und machten sehr hilfreiche Anmerkungen. Heike Paul gab mir freundlicherweise die Gelegenheit, diesen Beitrag auf einer Konferenz zu *Reeducation* an der Friedrich-Alexander-Universität Erlangen-Nürnberg vorzustellen, und ich bin ihr und den Konferenzteilnehmern, insbesondere Rainer Huhle, für Kommentare und Anregungen dankbar. Dieses Kapitel erschien zuerst in Katharina Gerund, Heike Paul (Hrsg.), *Die amerikanische Reeducation-Politik nach 1945: Interdisziplinäre Perspektiven auf „America's Germany"* (Bielefeld: transcript, 2014). Die Übertragung dieses Kapitels basiert auf der Übersetzung von Felix Meyer.

1. Ralf Hansen, „Im Schatten des Leviathan", http://www.jurawelt.com/literatur/rechtssoziologie/2015 (letzter Zugriff: 01.08.2017).
2. Carl Schmitt, *Der Wert des Staates und die Bedeutung des Einzelnen* (Tübingen: J.C.B. Mohr/P. Siebeck, 1914).
3. Siehe: Giorgio Agamben, *Homo Sacer* (Turin: Einaudi, 1995) und *Telos* (z.B. Ausgaben 71, 72 und 139). Siehe auch Michael Hardt und Antonio Negri, *Empire. Die neue Weltordnung*, übers. von Thomas Atzert (Frankfurt/Main: Campus Verlag, 2002). Dass Walter Benjamin mit Schmitt korrespondierte, stieß bei Linken auf großes Interesse, siehe: Michael Rumpf, „Radikale Theologie: Benjamins Beziehung zu Carl Schmitt", in: *Walter Benjamin: Zeitgenosse der Moderne*, hrsg. von Peter Gebhardt u.a. (Kronberg: Scriptor, 1976) und Horst Bredekamp, „From Walter Benjamin to Carl Schmitt, via Thomas Hobbes", in: *Critical Inquiry* 25, Nr. 2 (Winter 1999). Zu Schmitts drei Lektüren von Benjamin, siehe: Jürgen Thaler,

„Fabelhaft! Genial! Großartig! Herrlich! Carl Schmitt als Leser von Benjamins *Ursprung des deutschen Trauerspiels*: Ein Streifzug durch die Annotationen und Marginalien“, in: *FAZ*, 17. August 2011, N4. In Kontrast dazu siehe: Herbert Marcuse, „Der Kampf gegen den Liberalismus in der totalitären Staatsauffassung“, in: *Zeitschrift für Sozialforschung* 3 (1934), S. 161–195. Alfons Söllner, „‚Kronjurist des Dritten Reiches‘: Das Bild Carl Schmitts in den Schriften der Emigranten“, in: *Jahrbuch für Antisemitismusforschung* 1 (1992) liefert eine unverzichtbare Studie kritischer Analysen von Autoren wie Karl Löwith, Otto Kirchheimer, Franz Neumann und Herbert Marcuse. Ellen Kennedy, „Carl Schmitt and the Frankfurt School“, in: *Telos* 71 (Frühjahr 1987), S. 37–66 betont intellektuelle Affinitäten von antiliberalem Denken zwischen Schmitt und der Frankfurter Schule trotz offensichtlichen politischen Differenzen und zeigt, dass 1933 der Wendepunkt hin zur offenen Feindschaft war. Benno Gerhard Teschke, „Fatal Attraction: A Critique of Carl Schmitt's International Political and Legal Theory“, in: *International Theory* 3, Nr. 2 (2011), S. 179–227 geht von dem Paradoxon aus, das Schmitt „ein analytisches Vokabular“ geliefert hat, „um unter anderem den andauernden US-imperialen Umschwung und den ‚Krieg gegen den Terror‘ nach 9/11 gleichzeitig begrifflich zu denken und zu kritisieren“, eine überraschende Konvergenz „zwischen der neo-konservativen Rechten und der post-marxistischen Linken“ (179) in Richtung eines historischen Verständnisses des politischen Gepäcks, das Schmitts Gedankengut mit sich trägt.

4. Die Literatur über Carl Schmitt ist umfangreich, und Peter C. Caldwell, „Controversities Over Carl Schmitt: A Review of Recent Literature“, in: *Journal of Modern History* 77 (Juni 2005), S. 357–387 bietet einen ausgewogenen Überblick über jüngste Studien zu Carl Schmitt. Ich habe hier ausgiebig auf die exzellente biografische Studie von Reinhard Mehring, *Carl Schmitt: Aufstieg und Fall: Eine Biographie* (München: C.H. Beck, 2009) zurückgegriffen.
5. Karl Loewenstein, *Volk und Parlament nach der Staatstheorie der französischen Nationalversammlung von 1789: Studien zur Dogmengeschichte der unmittelbaren Volksgesetzgebung* (München: Drei Masken Verlag, 1922).
6. Karl Loewenstein, *Erscheinungsformen der Verfassungsänderung: Verfassungsrechtsdogmatische Untersuchungen zu Artikel 76 der Reichsverfassung* (Tübingen: J.C.B. Mohr, 1931).
7. Für die biografischen Informationen und die Diskussion auf den folgenden Seiten habe ich mich auf Mehrings Arbeit sowie auf Markus Lang, *Karl Loewenstein: Transatlantischer Denker der Politik* (Stuttgart: Steiner, 2007), eine intellektuelle Biografie und Bewertung, und auf Robert Chr. Van Ooyen, „Ein moderner Klassiker der Verfassungstheorie: Karl Loewenstein“, in: *Zeitschrift für Politik* 51 (2004), S. 68–86 gestützt.
8. Carl Schmitt, *Die Diktatur: Von den Anfängen des modernen Souveränitätsgedankens bis zum proletarischen Klassenkampf*, 4. Aufl. (1921; Berlin: Duncker & Humblot, 1978), S. 22–23.
9. Carl Schmitt, *Politische Theologie: Vier Kapitel zur Lehre von der Souveränität*, 3. Aufl. (1922; Berlin: Duncker & Humblot, 1979), S. 20.

10. Carl Schmitt, *Politische Theologie*, S. 22. Für weitaus differenziertere Überlegungen zu Schmitts Auffassung von der Ausnahme, in Verbindung mit seiner Beziehung zu Benjamin, siehe: Samuel Weber, „Taking Exception to Decision: Walter Benjamin and Carl Schmitt", in: *Diacritics* 22, Nr. 3–4 (Herbst/Winter 1992), S. 5–18.
11. Zum Konzept des Politischen siehe Schmitt, *Der Begriff des Politischen: Text von 1932 mit einem Vorwort und drei Corollarien* (Berlin: Duncker & Humblot, 1963), S. 194. Zur Unterscheidung von Freund und Feind siehe *Frieden oder Pazifismus? Arbeiten zum Völkerrecht und zur internationalen Politik 1924–1978*, hrsg. von Günter Maschke (Berlin: Duncker & Humblot, 2005), zitiert nach Mehring, *Schmitt*, S. 208.
12. Mehring, *Schmitt*, S. 207–208.
13. Loewenstein, *Verfassungslehre*, 4. Aufl. (Tübingen: J.C.B. Mohr, 2000), S. 37, die deutsche Übersetzung von Rüdiger Boerner von *Political Power and the Governmental Process* (Chicago: University of Chicago Press, 1957).
14. Loewenstein, *Verfassungslehre*, S. 337.
15. Loewenstein, *Verfassungslehre*, S. 38–39.
16. Loewenstein, *Political Reconstruction* (New York: Macmillan, 1946), S. 2, er zitiert Jeffersons Brief an Peregrine Fitzhugh, 23. Februar 1798, *The Writings of Thomas Jefferson: Correspondence*, hrsg. von Henry Augustine Washington (New York: J.C. Riker, 1854), S. 218.
17. Loewenstein, *Political Reconstruction,* S. 351.
18. Loewenstein, *Verfassungslehre*, S. 4. „Against the Shadow of the Leviathan", in: *Political Power,* S. 384.
19. Brief von Carl Schmitt an Karl Loewenstein, 29. April 1925, Karl Loewenstein Papers, Amherst College Archives & Special Collections.
20. Loewenstein, *Minderheitsregierung in Großbritannien: Verfassungsrechtliche Untersuchungen zur neuesten Entwicklung des britischen Parlamentarismus* (München: J. Schweitzer, 1925), S. 1; Schmitt, *Die Rheinlande als Objekt internationaler Politik* (Köln: Verlag der rheinischen Zentrumspartei, 1935). Schmitt, *Die geistesgeschichtliche Lage des heutigen Parlamentarismus* (Berlin: Duncker & Humblot, 1926); Loewenstein betitelt Schmitts Aufsatz fälschlicherweise *Die geistesgeschichtlichen Grundlagen des Parlamentarismus*. Schmitt, *Verfassungslehre* (München: Duncker & Humblot, 1928), S. 323n1. Siehe auch: Joseph W. Bendersky, „Carl Schmitt's Path to Nuremberg: A Sixty-Year Assessment", in: *Telos* 139 (2007), S. 6–34, hier 10.
21. Diese Artikel garantierten fundamentale Persönlichkeitsrechte, einschließlich des Rechts, nicht ohne gesetzlichen Grund verhaftet zu werden (114); die Unverletzlichkeit der Wohnung (115); die Strafbarkeit einer Handlung nur auf der Basis, wenn die Strafbarkeit gesetzlich bestimmt war, bevor die Tat begangen wurde (116); Unverletzlichkeit des Briefgeheimnisses sowie des Post-, Telegraphen- und Fernsprechgeheimnisses (117); Recht auf freie Meinungsäußerung (118), sich ohne Anmeldung oder besondere Erlaubnis friedlich und unbewaffnet zu versammeln (123) und politische Vereinigungen zu gründen (124); und das Recht auf Eigentum und Schutz vor Enteignung (153).
22. Schmitt, *Verfassungslehre* (München: Duncker & Humblot, 1928), zitiert nach Mehring, *Schmitt*, S. 217.

23. Carl Schmitt, *Verfassungsrechtliche Aufsätze aus den Jahren 1924–1954* (Berlin: Duncker & Humblot, 1958), S. 307–345, zitiert nach Mehring, *Schmitt*, S. 286.
24. Mehring, *Schmitt*, S. 286, der eine „Nachbemerkung zum Neudruck von Legalität und Legitimität" in *Verfassungsrechtliche Aufsätze*, S. 345, zitiert.
25. Karl Loewenstein, *Erscheinungsformen der Verfassungsänderung: Verfassungsrechtsdogmatische Untersuchungen zu Artikel 76 der Reichsverfassung* (Tübingen: J.C.B. Mohr, 1931). Siehe auch: Joseph W. Bendersky, „Carl Schmitt's Path to Nuremberg" (2007), S. 10. Markus Lang, „Politikwissenschaft als ‚amerikanisierte' Staatswissenschaft. Zur politischen Intention der Amerikastudien von Karl Loewenstein", in: Michael Dreyer, Markus Kaim und Markus Lang (Hrsg.), *Amerikaforschung in Deutschland: Themen und Institutionen der Politikwissenschaft nach 1945* (Stuttgart: Franz Steiner Verlag, 2004) macht auf die spezifische Kritik an Schmitt aufmerksam, die in Loewensteins *Erscheinungsformen der Verfassungsänderung*, VII, erscheint: „Das Ergebnis ist, daß dem als Verfassungsgesetzgeber gestaltenden Gesetzgeber unter Wahrung der in unserer Untersuchung unter Beweis gestellten unumgänglichen Formen jede inhaltliche Verfassungsänderung, gesteigert bis zur Totalaufhebung der Verfassung, gestattet ist, daß also die Lehre Carl Schmitts von den materiellen Grenzen der Verfassungsänderung abzulehnen ist" (Loewenstein 1931).
26. Carl Schmitt, *Tagebücher1930–1934* (Berlin: Akademie-Verlag 2010), S. 112, 4. Juni 1931.
27. Siehe Loewenstein, „Zur Verfassungsmäßigkeit der Notverordnungen von Juli und August 1931", in: „Aus der Praxis des Staatsrechts", in: *Archiv des öffentlichen Rechts* N.F. 21 (1932), S. 124–158.
28. William Ebenstein, *The German Record: A Political Portrait* (New York: Farrar & Rinehart, 1945), S. 214.
29. Loewenstein, *Verfassungslehre*, S. 226–227.
30. Schmitt, *Tagebücher 1930–1934*, S. 356. Der Traum beginnt mit einer schrecklich ordinären, schmutzigen und billigen „Hure".
31. Raphael Gross, *Carl Schmitt und die Juden: Eine deutsche Rechtslehre* (Frankfurt/Main: Suhrkamp, 2005), S. 60 zitiert irrtümlicherweise den 1. März als Tag, an dem Schmitt in die Partei eintrat, aber Mehring datiert korrekt. In seinen Tagebüchern erwähnt Schmitt früh im Jahr 1933 die Idee, in die Partei einzutreten, aber sein Eintrag vom 27. April 1933 gibt an, dass Schmitt versuchte, an diesem Tag der NSDAP in Lindenthal beizutreten, wo sich jedoch nicht die zuständige Stelle befand, und dass er am Nachmittag nach Braunsfeld fuhr, wo er nach einigem hin und her akzeptiert wurde und dann das Parteiabzeichen kaufte. Siehe Schmitt, *Tagebücher 1930–1934*, S. 287. Schmitts Mitgliedskarte in der NSDAP-Mitgliederkartei, Mikrofilm des Berlin Document Center, National Archives, trägt das Datum des 1. Mai 1933.
32. Die Herausgeber der *Tagebücher 1930–1934* listen die 70 Mitglieder des Staatsrats auf (295–296n1476), unter denen Schmitt einer von nur zwei Universitätsprofessoren war. Schmitt sprach mit Minister Alexander Schneider „sehr nett" über das März-Gesetz von Hitlers Ermächtigung (272), war involviert in die Beratungen über die Gesetzgebung des 2. Gleichschaltungsgesetzes, 7. April 1933, die Abschaffung der föderalen Struktur (276–278),

und war besonders beeindruckt von Göring, der in wenigen Minuten alle Probleme löste, indem er sagte, der Reichskanzler, nicht der Reichspräsident sei der Präsident des deutschen Staates (277).

33. Carl Schmitt, *Antworten in Nürnberg*, hrsg. von Helmut Quaritsch (Berlin: Duncker & Humblot, 2000), S. 65; im Folgenden zitiert als „Quaritsch, *Antworten*".

34. Carl Schmitt, „Nationalsozialismus und Rechtsstaat", in: *Juristische Wochenschrift* 64, Nr. 12–13 (24. und 31. März 1934), S. 713–719, hier 714. Siehe auch Mehrings Hervorhebung des Paradoxons, dass Schmitt bald die Zerstörung der Legalität in eine konstruktive Leistung verwandeln musste (vgl. Mehring, *Schmitt*, S. 340–344, 347).

35. Schmitt, „Nationalsozialismus und Rechtsstaat", S. 715, 716; Schmitt bietet explizit *Dux* im Gegensatz zu *Lex* in seiner Definition der neuen Rechtsordnung an (715). Mehring, *Schmitt*, S. 343, berichtete von Schmitts Verwendung von „Artgleichheit" in *Staat, Bewegung, Volk: Die Dreigliederung der politischen Einheit* (Hamburg: Hanseatische Verlagsanstalt, 1933).
36. „Der Führer schützt das Recht", in: *Deutsche Juristen-Zeitung* 39 (1. August 1934), S. 946–950, hier 947, 948.
37. Ebd., S. 949.
38. Siehe auch: Gross, *Carl Schmitt und die Juden*, hier besonders S. 42–134. Dagegen führt Joseph W. Bendersky, *Carl Schmitt: Theorist for the Reich* (Princeton, NJ: Princeton University Press, 1983), S. 227 aus, bevor Schmitt „der NSDAP beigetreten ist, gab es nicht die geringste antisemitische Anmerkung in irgendeiner seiner Schriften oder in seinen persönlichen Beziehungen". Schmitts Tagebücher um 1933 registrieren fast täglich boshafte antisemitische Empfindungen; siehe Schmitt, *Tagebücher 1930–1934*.
39. „Die Verfassung der Freiheit", in: *Deutsche Juristen-Zeitung* 40 (1935), S. 1133–1135.
40. Ebd., S. 1135: „Der Führer hat für den Fall, daß die jetzige Regelung der Lage der Juden nicht zum Ziele führe, die Möglichkeit einer neuen Überprüfung erwähnt und hierfür in Aussicht gestellt, daß alsdann die Lösung dieser Frage durch Gesetz der Partei übertragen werde. Das ist eine ernste Warnung." Die *New York Times* berichtete über Schmitts Artikel in „Berlin Works Out Anti-Jewish Rules" (2. Oktober 1935, S. 6).
41. Carl Schmitt, „Die deutsche Rechtswissenschaft im Kampf gegen den jüdischen Geist", in: *Deutsche Juristen-Zeitung* 41 (15. Oktober 1936), S. 1193–1199. Siehe Gross, *Carl Schmitt und die Juden*, S. 120–134, und Mehring, *Schmitt*, S. 372–378 zu detaillierten Bewertungen des Kongresses und des Bandes, der daraus hervorging.
42. Siehe Mehring, *Schmitt*, S. 677n139.
43. Schmitt, „Die deutsche Rechtswissenschaft", S. 1195.
44. Ebd. S. 1195–1196.
45. Ebd. S. 1198.
46. Mehring, *Schmitt*, S. 361.
47. „Eine peinliche Ehrenrettung", in: *Das schwarze Korps* (3. Dezember 1936), S. 14; und „Es wird immer noch peinlicher", in: *Das schwarze Korps* (10. Dezember 1936), S. 2. Siehe auch: Thomas O. Beebee, „Carl Schmitt's Myth

of Benito Cereno“, in: *Seminar: A Journal of Germanic Studies* 4, Nr. 2 (Mai 2006), S. 114–134, hier 120. Alfred Rosenberg griff Schmitt für die Benutzung des Begriffs „totaler Staat“ im *Völkischen Beobachter* vom 1. Januar 1934 an.

48. Vgl. Sicherheitsdienst des RFSS SD-Hauptamt, Akte P. A. 651c, Archiv des Instituts für Zeitgeschichte, Mikrofilm in Wiener Library, London, 505 MF Doc 54/Reel 4/46 (siehe http://wiener.soutron.net/Portal/Default/en-GB/RecordView/Index/70483 [letzter Zugriff: 01.08.2017]). Der Mikrofilm beginnt mit einem biografischen Überblick, der sich über Schmitt aufgrund seiner ersten Ehe lustig macht und auf seine jüdischen Verbindungen sowie seinen Anti-Hitler-Standpunkt während der Weimar-Jahre hinweist. Da die Rahmen nicht nummeriert sind, habe ich die Nummerierung der online verfügbaren Dokumente eingehalten: *http://carl-schmitt-studien.blogspot.com/2008/05/sicherheitsdienst-des-rfss-sd-hauptamt.html* (letzter Zugriff: 01.08.2017).

49. *Das Judentum in der Rechtswissenschaft: Ansprachen, Vorträge und Ergebnisse der Reichsgruppe Hochschullehrer des NSRB am 3. und 4. Oktober 1936* (Berlin: Deutscher Rechts-Verlag, 1936).

50. Waldemar Gurians Briefe aus dem Exil und Herbert Marcuses Buchrezension einer Überarbeitung aus dem Jahr 1933 von Schmitts *Der Begriff des Politischen* haben öffentlich die Aufmerksamkeit auf kleine Textveränderungen gelenkt, die Schmitt vorgenommen hatte, als er seine früheren Schriften nach 1933 erneut veröffentlichte (siehe Mehring, *Schmitt*, S. 378–380). Es mag merkwürdig sein, darauf hinzuweisen, aber die Untersuchungen, die die SS über die verschiedenen Auflagen von Schmitts Arbeiten vor und nach 1933 anstellte, sind gründlicher und kompromittierender als die Hintergrund- und Vorbereitungsarbeit, auf der die schlecht vorbereiteten Fragen von Kempner an Schmitt in Nürnberg beruhten. So beantragte ein Überwachungsbrief des SD vom 14. Dezember die Beschaffung aller Publikationen Schmitts in ihren verschiedenen Auflagen, um die Veränderungen in seinem Denken genau zu bestimmen (ein Telegramm desselben Tages spezifiziert Schmitts Verhältnis zum Katholizismus, zu den Juden und zu den Weimarer Politikern Papen, Brüning und Schleicher). In Kontrast dazu zitierte Kempner nur eine einzige Passage aus Schmitts Schriften und wusste wahrscheinlich nicht, dass Schmitt lobende Bezüge auf Juden aus seinen früheren Büchern entfernt hatte, nachdem Hitler an die Macht gekommen war.

51. Carl Schmitt, *Völkerrechtliche Großraumordnung mit Interventionsverbot für raumfremde Mächte: Ein Beitrag zum Reichsbegriff im Völkerrecht*, 3. Aufl. (1939; Nachdruck Berlin: Deutscher Rechtsverlag, 1941).

52. Die britische *Daily Mail* berichtete folgendermaßen über Schmitts Artikel: „So wie Präsident Monroe auf ‚Amerika den Amerikanern‘ bestand, besteht Herr Hitler auf ‚Zentraleuropa den Zentraleuropäern‘. Deutschland hält sich für die führende Nation in dieser Sphäre, so wie die Vereinigten Staaten für sich beanspruchen, die führende Nation auf dem amerikanischen Kontinent zu sein. Es wird angenommen, dass Herr Hitler dies bald gegenüber der Welt als seine Rechtfertigung für die unerbittliche Expansion Deutschlands anführen wird.“ Zitiert nach Carl Schmitt, *Staat, Großraum, Nomos: Arbeiten*

aus den Jahren 1916–1969, hrsg. von Günter Maschke (Berlin: Duncker & Humblot, 1995), S. 347.

53. Dieser Vertrag teilte Polen unter Deutschland und Russland auf, ordnete Litauen der sowjetischen Einflusssphäre zu und gewährleistete auch die Rückführung von Deutschen aus der Sowjetunion. Er könnte als Modell für das Ideal einer größeren ethnischen Homogenität in Europa aufgefasst werden, an der die Abkommen von Jalta und Potsdam weiterhin festhielten.
54. Schmitt, *Völkerrechtliche Großraumordnung*, 3. Aufl., S. 53.
55. Ebd. S. 49.
56. Ebd., S. 45.
57. Ebd., 4. Aufl. (1941), S. 63; Nachdruck in Schmitt, *Staat, Großraum, Nomos*, hrsg. von Maschke, S. 318. Siehe Gross, *Carl Schmitt und die Juden*, S. 345.
58. „Law in the Third Reich", in: *Yale Law Journal* 45, Nr. 5 (März 1936), S. 779–815, hier 811.
59. Ebd., S. 811n117. Siehe auch andere Bezüge zu Schmitt in 782n6, 803n88.
60. Von Waldemar Gurian 1934 lanciert, tauchte der Begriff „Kronjurist des Dritten Reiches" häufig unter deutschen Emigranten auf; siehe Alfons Söllner, „Kronjurist des Dritten Reiches: Das Bild Carl Schmitts in den Schriften der Emigranten", in: *Jahrbuch für Antisemitismusforschung* 1 (1992), S. 191–216. Die ersten englischen Bezüge auf diesen Begriff bei Google Books lassen sich in Sigmund Neumanns Buch *Permanent Revolution: The Total State in a World at War* und in einem Artikel von 1942 in *Virginia Quarterly Review* finden. Im Deutschen erscheint der Begriff „Kronjurist des Dritten Reiches" frühestens 1934 in einem jährlichen Bericht der (verbotenen) sozialdemokratischen Partei, siehe: *Deutschland-Bericht der Sozialdemokratischen Partei Deutschlands* (Sopade), Bd. 1 (1934; Nachdruck Frankfurt/Main: Verlag Petra Nettelbeck, 1980), S. 366.
61. Loewenstein, „Law in the Third Reich", S. 796.
62. Siehe auch: Edmund Spevack, *Allied Control and German Freedom: American Political and Ideological Influences on the Framing of the West German Basic Law (Grundgesetz)* (Münster: LIT-Verlag, 2001), S. 212–214. Max Lerner nutzte den Begriff im Titel seines Buches *It Is Later Than You Think: The Need for a Militant Democracy* (New York: Viking Press, 1938) und erklärte, dass er das Adjektiv „militant" von William James übernahm (103); Frederic Clemson Howe hatte den Begriff in *The City, the Hope of Democracy* bereits 1905 gebraucht; und Markus Lang, „Politikwissenschaft als ‚amerikanisierte'", S. 152n65, erwähnt, dass Hugo Preuß (1860–1925) den Begriff „streitbare Demokratie" ebenfalls benutzt hatte.
63. „Militant Democracy and Fundamental Rights I", in: *American Political Science Review* 31, Nr. 3 (Juni 1937), S. 417–432, hier 430–431; Teil II, in: *American Political Science Review* 31, Nr. 4 (August 1937), S. 638–658.
64. *University of Chicago Law Review* 4, Nr. 4 (Juni 1937), S. 537–574, hier 542n13.
65. Laut Bendersky, „Carl Schmitt's Path to Nuremberg", S. 9, wurde Schmitt im April 1945 in Berlin kurz von den Russen befragt, dann freigelassen.
66. Schmitt, *Ex Captivitate Salus: Erfahrungen der Zeit 1945/47*, 2. Aufl. (1950; Nachdruck Berlin: Duncker & Humblot, 2002), S. 10–11. Gross, *Carl*

Schmitt und die Juden, S. 347–348, deutet an, dass der Titel *Ex Captivitate Salus* eine internationale Anspielung auf und ein Abweichen vom Johannes-Evangelium in der Vulgata-Version, „Salus ex Judaeis“ (Johannes 4:22) war.

67. Loewenstein, *Political Power*, S. 385; Schmitt, *Ex Captivitate Salus*, S. 25–33.
68. Ebd., S. 35. Schmitt dachte möglicherweise an Ernst Jüngers Reaktion auf Poes Geschichte „als eine besonders gelungene Diagnose und Prognose unserer Zeit“. Nach Jünger überlebt Poes Erzähler, weil er anders als sein Bruder fähig ist, das Vortex-System der Zerstörung zu analysieren, und sich deshalb an ein Fass gebunden dem Malstrom anvertraut. Siehe H.F. Peters, „Ernst Jünger's Concern with Edgar Allan Poe“, in: *Comparative Literature* 10.2 (Frühjahr 1958), S. 144–149. Wie wir gesehen haben, las Kurt W. Marek, der Herausgeber von *Eine Frau in Berlin* das Tagebuch im Lichte derselben Erzählung von Poe. Schmitt identifizierte sich in seiner Korrespondenz mit Jünger ebenfalls wiederholt (und ziemlich selbstdienlich) mit Benito Cereno aus Herman Melvilles gleichnamiger Novelle von 1855, dem entmachteten chilenischen Kapitän, der von Sklavenrebellen gefangen gehalten und gezwungen wurde, so zu tun, als hätte er immer noch das Kommando.
69. Er wurde dann in das Internierungslager Lichterfelde-Süd (Wismarer Straße am Teltowkanal) verlegt und schließlich in ein Arrestlager für Zivilisten in Wannsee (Königstraße/Ecke Endestraße) gebracht. Siehe: Mehring, *Schmitt*, S. 442–444 und Quaritsch, *Antworten*, S. 12.
70. Siehe OMGUS – Rechtsabteilung – „Library of Professor Carl Schmitt“, 10. Oktober 1945. Loewenstein Papers, Box 46, Folder 46, Amherst College Archives & Special Collections; Mehring, *Carl Schmitt*, S. 694n18.
71. Quaritsch, *Antworten*, S. 51–114; und „The ‚Fourth‘ (Second) Interrogation of Carl Schmitt at Nuremberg“, in: *Telos* 139 (2007), S. 35–43. Die Versionen in Robert M.W. Kempner, *Das Dritte Reich im Kreuzverhör* (1969; Nachdruck München: F.A. Herbig, 2005) wurden von Quaritsch, *Antworten*, S. 42–47 wegen ihrer Ungenauigkeiten kritisiert. Siehe auch: Piet Tommissen, „Bemerkungen zum Verhör Carl Schmitts durch Ossip K. Flechtheim“, Anhang II zu *Schmittiana* II, hrsg. von Piet Tommissen (Brüssel: K. de Rooms, 1990), S. 142–148, ein Versuch, drei verschiedene Berichte zur Befragung Flechtheims auszuwerten.
72. Quaritsch, *Antworten*, S. 53. Das deutsche Original der drei Befragungen wurde von Claus-Dietrich Wieland in *Zeitschrift für Sozialgeschichte des 20. und 21. Jahrhunderts* 1–2 (1987), S. 109–122, publiziert; es wurde nachgedruckt in Friedhelm Kröll, *Das Verhör: Carl Schmitt in Nürnberg* (Nürnberg: Bildungszentrum Stadt Nürnberg, 1995), S. 233–247.
73. Quaritsch, *Antworten*, S. 54.
74. Ebd., S. 55.
75. *Telos* 139 (2007), S. 39.
76. Quaritsch, *Antworten*, S. 60.
77. Ebd., S. 65.
78. Loewenstein, Bürotagebuch, 14. August 1945. Privates Tagebuch, 16. August 1945. Beide in Loewenstein Papers, Box 46, Folder 1, Amherst College Archives & Special Collections.
79. Loewenstein, Bürotagebuch, 15. und 16. August 1945.

80. Ebd., 23. August 1945.
81. Ebd., 9. und 13. November 1945. Loewenstein Papers, Box 46, Folder 1, Amherst College Archives & Special Collections.
82. Loewenstein zitiert aus dem Gedächtnis, da er „entscheidet" durch „gebietet" austauscht, wenn er schreibt: „Souveraen ist, wer ueber den Ausnahmezustand gebietet". Seine englische Version lautet: „Sovereignty rests with who controls emergency powers." OMGUS – Rechtsabteilung – „Observations on Personality and Work of Professor Carl Schmitt", I, 2. 14. November 1945. Loewenstein Papers, Box 46, Folder 46, Amherst College Archives & Special Collections.
83. „Observations on Personality and Work of Professor Carl Schmitt", S. 2.
84. Ebd., S. 3.
85. Ebd., S. 4.
86. OMGUS – Rechtsabteilung – „Library of Professor Carl Schmitt", 10. Oktober 1945, 2. Loewenstein Papers, Box 46, Folder 46, Amherst College Archives & Special Collections.
87. Schmitt kannte mindestens drei Nürnberger Angeklagte sehr gut: Hermann Göring, Hans Frank und Wilhelm Frick.
88. „Kein Dauerzustand" zitiert nach Mehring, *Schmitt*, S. 457; *Glossarium: Aufzeichnungen der Jahre 1947–1951* (Berlin: Duncker & Humblot, 1991), S. 70.
89. Mehring, *Schmitt*, S. 525.
90. *Das internationalrechtliche Verbrechen des Angriffskriegs und der Grundsatz ‚Nullum crimen, nulla poena sine lege'*, hrsg. von Helmut Quaritsch (Berlin: Duncker & Humblot, 1994), S. 23, zitiert nach Mehring, *Schmitt*, S. 440–441. William E. Scheuerman, *Carl Schmitt: The End of Law* (Lanham, MD: Rowman and Littlefield, 1999), S. 178, zitiert Nachkriegsbelegstellen, in denen Schmitt rückwirkende Gesetze kritisierte.
91. „Der Feind ist unsre eigne Frage als Gestalt." *Ex Captivitate Salus*, S. 90. Siehe Theodor Däubler, „Sang an Palermo", in: *Hymne an Italien*, 2. Aufl. (Leipzig: Insel-Verlag, 1919), S. 57–69: „Ich bin zu einem frischen Freiheitssatz bereit! / Das eitle Tier in dir wird sich hinübersetzen. / Wohin? Auf Schollen, die schon Priester vorgeweiht! / Wir sollen dann die Beute schreckensbleich zerfetzen: / Der Feind ist unsre eigne Frage als Gestalt. / Und er wird uns, wir ihn zum selben Ende hetzen. / Doch aus der Volksbesonnenheit kommt die Gewalt. / Auf Vorgebirgen treffen sich verwandte Ahnen / Und bleiben stumm, wenn Flut an Flut zerprallt." Schmitt hatte seit Langem Interesse an Däubler und veröffentlichte eine Studie seines *Nordlicht* im Jahr 1916.
92. *Carl Schmitt – Ludwig Feuchtwanger, Briefwechsel 1918–1935*, hrsg. von Rolf Rieß, Vorwort von Edgar J. Feuchtwanger (Berlin: Duncker & Humblot, 2007). Siehe Feuchtwangers unbeantworteten Brief vom 23. Juli 1935, S. 397–398 und das Nachwort des Herausgebers, S. 401. Siehe auch Schmitts *Tagebücher 1930–1934*, S. 275 und 282.
93. *Glossarium*, S. 34–35.
94. Ebd., S. 18; auch zitiert in Mehring, *Schmitt*, S. 461.
95. *Glossarium*, S. 264. Henry Morgenthau war derjenige amerikanische Finanzminister, der vorschlug, Deutschland nach dem Krieg in einen Agrar-

staat umzuwandeln; William Ebenstein, bereits in diesem Artikel zitiert, war ein österreichischer Rechtsgelehrter, der 1936 in die Vereinigten Staaten emigrierte und Bücher wie *Die rechtsphilosophische Schule der reinen Rechtslehre* (1938), *The Nazi State* (1943) und *The German Record* (1945) veröffentlichte. Ebenstein nahm Schmitts Aufsatz „The Concept of the Political" in seinen Sammelband *Modern Political Thought. The Great Issues* (New York: Holt, Rinehart, and Winston, 1960) auf.

96. Justus Fürstenau, *Entnazifizierung. Ein Kapitel deutscher Nachkriegspolitik* (Neuwied und Berlin: Luchterhand, 1969), S. 227.
97. HQ US Group Control Council (Germany) – Rechtsabteilung – Justice Ministery Branch – „Basic Problems of the Denazification of the Legal Profession", unveröffentlichtes Manuskript, 14. September 1945, ad 11. Loewenstein Papers, Box 46, Folder 17, Amherst College Archives & Special Collections.
98. Zur Jahrgangs-Methode siehe OMGUS – Rechtsabteilung: Denazification Memoranda, Notes, Directives – „Denazification Policy", unveröffentlichte Anweisung an den Director of the Legal Division, 30. November 1945, S. 5–6. Loewenstein Papers, Box 46, Folder 20, Amherst College Archives & Special Collections. Zur Unterscheidung aktiver Parteimitglieder von „Karteigenossen" siehe „Denazification Policy", 2.
99. „Basic Problems of the Denazification of the Legal Profession", ad 6 (Dr. Lahusen).
100. „Reconstruction of the Administration of Justice in American-Occupied Germany", in: *Harvard Law Review* 61 (1948), S. 419–467, hier 448.
101. „Law and the Legislative Process in Occupied Germany", in: *Yale Law Journal* 57, Nr. 6 (April 1948), S. 1003.
102. Siehe http://www.wienerlibrary.co.uk/Search-document-collection?item=532 (letzter Zugriff: 01.03.2013).

5. Bist du besetztes Gebiet?

1. Roi Ottley, „No Schwarze Allergy", in: *No Green Pastures: The Negro in Europe Today* (1951; Nachdruck London: John Murray, 1952), S. 139.
2. Edith S. Sampson, Brief an den US-Hochkommissar in Deutschland, John J. McCloy, am 27. Dezember 1951. Zitiert von David Braden Posner, „Afro-America in West German Perspective, 1945–1966" (Ph.D. Diss., Yale University, 1997), S. 60, aus National Archives, Record Group 496, Box 17.
3. Matthias Reiß, *„Die Schwarzen waren unsere Freunde": Deutsche Kriegsgefangene in der amerikanischen Gesellschaft 1942–1946* (Paderborn: Ferdinand Schöningh, 2002), S. 215–230.
4. Samuel A. Stouffer, Shirley A. Star und Robin M. Williams, Jr., „Negro Soldiers", in: Stouffer, *The American Soldier, I. Adjustment During Army Life* (Princeton: Princeton University Press, 1949), S. 494–497; auch zitiert in: Reiß, *Die Schwarzen waren unsere Freunde,* S. 197 und 197n22.
5. Der afroamerikanische Arzt Charles Drew bereitete den Weg für die Entwicklung von Blutbanken. Laut der National Institute of Health's U.S. National Library of Medicine Webseite „wurde Drew im Januar 1941 stellvertretender

Direktor eines Pilotprogramms für ein nationales Blutbankensystem, gemeinsam gefördert vom National Research Council und vom Amerikanischen Roten Kreuz. Der Erfolg des anschließenden landesweiten Projekts wurde beeinträchtigt durch den anfänglichen Ausschluss von afroamerikanischen Spendern durch die Streitkräfte und deren spätere Trennung der Blutspenden nach Ethnien. Während des Krieges kritisierte Drew diese Politik als unwissenschaftlich und isolierend für afroamerikanische Bürger" (http://www .nlm.nih.gov/news/charles_drew.html, letzter Zugriff: 01.08.2017).

6. Als frühen wissenschaftlichen Bericht siehe L. D. Reddick, „The Negro Policy of the American Army since World War II", in: *Journal of Negro History* 38, Nr. 2 (April 1953), S. 194–215.
7. Walter White, *A Man Called White* (New York: Viking Press, 1948), S. 251; Hanson W. Baldwin, „Segregation in the Army: Gen. Bradley's View is Held to Put Morale above Compulsory Change", in: *New York Times,* 8. August 1948, S. 51. Walter White antwortete energisch mit „Segregation in the Army: Policy Believed Extending Sectional Pattern to the National Level", Brief an die *New York Times,* 17. August 1948, S. 20. Siehe Maria Höhn und Martin Klimke, *Ein Hauch von Freiheit? Afroamerikanische Soldaten, die US-Bürgerrechtsbewegung und Deutschland* (Bielefeld: transcript, 2016).
8. Die Zahl sieben Prozent stammt aus einem Bericht aus dem Jahr 1956 der Historischen Abteilung im US-Stab, zitiert in: Maria Höhn, *GIs and Fräuleins: The German-American Encounter in 1950s West Germany* (Chapel Hill: University of North Carolina Press, 2002), S. 95.
9. Die Zahlen von 351.602 weißen und 51.082 schwarzen Soldaten tauchen auf in „Segregation under Siege", Bericht von Marcus H. Ray, ziviler Berater, adressiert an den Kriegsminister, Robert P. Patterson, datierend vom 18. Juli 1946. In: *Blacks in the United States Armed Forces: Basic Documents,* hrsg. von Morris J. MacGregor und Bernard C. Nalty, Bd. 8 (Wilmington, DE: Scholarly Resources, 1977), S. 68.
10. Redakteur der New Yorker Dienststelle Edgar T. Rouzeau, „Black America Wars on Double Front for High Stakes", in: *Pittsburgh Courier,* 7. Februar 1942, S. 5.
11. „Nazi Atrocity Film Recalls Horror of Sikeston Lynching", in: *Chicago Defender,* 18. August 1945, S. 6. Solche Fotos wurden auch in Georgia gezeigt.
12. George S. Schuyler, „Views and Reviews", in: *Pittsburgh Courier,* 19. Januar 1946, S. 7.
13. „The Negro Congress", in: *Chicago Defender,* 15. Juni 1946, S. 14.
14. John Robert Badger, „The Nuremberg Trials", in: *Chicago Defender,* 7. September 1946, S. 15.
15. „U.S. Britain Ignore Racial Crimes, But Nuernberg Trials Mold Pattern of ‚Collective Guilt' Principle", in: *Pittsburgh Courier,* 19. Oktober 1946, S. 17.
16. W. E. B. Du Bois, „An Appeal to the World: A Statement on the Denial of Human Rights to Minorities in the Case of Citizens of Negro Descent in the United States of America and an Appeal to the United Nations for Redress", W. E. B. Du Bois Papers No. 01490 (1947), Du Bois Papers, 35-2-807, Mikrofilmserie 9, Rolle 86. Siehe http://www.library.umass.edu/spcoll/ead/mums312.html. Siehe auch Du Bois, „I Return to the NAACP", in: *Autobio-*

graphy (New York: International Publishers, 1968), S. 326–329; und White, *A Man Called White*, S. 358–359.

17. Du Bois, „An Appeal to the World".
18. Louis Wirth und Herbert Goldhamer, „Legal Restrictions on Negro-White Intermarriage", in: Otto Klineberg (Hrsg.), *Characteristics of the American Negro* (New York: Harper, 1944), S. 363.
19. Gunnar Myrdal, *An American Dilemma: The Negro Problem and Modern Democracy* (New York: Harper and Brothers, 1944), S. 58–59, 62, 587.
20. Höhn und Klimke, *Ein Hauch von Freiheit?*, S. 118. Siehe auch die Webseite „The Civil Rights Struggle, African-American GIs, and Germany" unter http://www.aacvr-germany.org/ (letzter Zugriff: 01.08.2017).
21. „Rassenschande" war ein Begriff, der analog zu „Blutschande" geprägt wurde. Die Nürnberger Gesetze von 1935 („Gesetz zum Schutze des deutschen Blutes und der deutschen Ehre") untersagten Sex zwischen den Rassen und Heirat zwischen Ariern und Nicht-Ariern.
22. „Schwarze sind Angehörige einer unwerten (niedrigeren) Rasse: Ja: 30 %, Nein: 59 %; Juden sollten nicht dieselben Rechte haben wie diejenigen, die der arischen Rasse angehören: Ja: 33 %, Nein: 62 %; Die Vernichtung der Juden und Polen und anderer Nicht-Arier war … notwendig für die Sicherheit Deutschlands: Ja: 37 %, Nein: 59 %." Quelle: Richard L. Merritt, *Democracy Imposed: U.S. Occupation Policy and the German Public, 1945–1949* (New Haven, CT: Yale University Press, 1995), S. 95, Tabelle 4.1.
23. „The German Appraisal of the Allied Forces in West Germany: With Recommendations for Improved Citizen Soldier Relations" (US-Hochkommissar für Deutschland, Büro für öffentliche Angelegenheiten, Reactions Analysis Staff, 1952), S. 57.
24. Die beste Studie dazu ist: LeRoy S. Hodges, Jr., *Portrait of an Expatriate: William Gardner Smith, Writer* (Westport, CT: Greenwood Press, 1985), mit biografischem Abriss und einer ausführlichen Bibliografie von Smiths Büchern, Artikeln und journalistischen Arbeiten, Interviews und Nachrufen ebenso wie von Sekundärliteratur. Leider sind Smiths Aufzeichnungen, zu denen Hodges Zugang hatte, mittlerweile verloren gegangen.
25. William Gardner Smith, *Last of the Conquerors* (New York: Farrar, Straus, 1948). Ich zitiere aus dem Nachdruck des Romans von 1973 (Chatham, NJ: Chatham Bookseller, 1973), der der Paginierung der Erstausgabe folgt.
26. „Bishop Walls Blasts Army German Jim Crow Policy", in: *Chicago Defender*, 1. November 1947, S. 7, auch zitiert in: Höhn und Klimke, *Ein Hauch von Freiheit?*, S. 107.
27. „Song of Girls and GI's", in: *Ebony* 1, Nr. 11 (Oktober 1946), S. 10–11; und *Baltimore Afro-American*, 9. November 1946, S. 20. Das Foto aus dem *Baltimore Afro-American* wurde reproduziert in: Timothy L. Schroer, *Recasting Race after World War II: Germans and African Americans in American-Occupied Germany* (Boulder: University Press of Colorado, 2007), S. 134. Schroer gab auch das Foto der Fernmeldetruppe der Armee wieder, das schwarze Soldaten zeigt, die Ohlendorf bewachten, S. 78. Siehe auch Annette Brauerhoch, *„Fräuleins" and GIs: Geschichte und Filmgeschichte* (Frankfurt/Main: Stroemfeld, 2006), S. 194.

28. Ich bin Kimberley L. Phillips dankbar, die diesen Widerspruch in ihrer exzellenten Analyse von Smiths Roman hervorgehoben hat: „‚And We Return Trembling‘: Black Writers and the Postwar Jim Crow Military“ (2006), unveröffentlichte Abhandlung, teilweise aufgenommen in ihre Studie: *War! What Is It Good For? Black Freedom Struggles and the U.S. Military from World War II to Iraq* (Chapel Hill: University of North Carolina Press, 2012).

29. Bill Smith, „Negroes in Germany Set Styles until Nazis Started Hate Drive“, in: *Pittsburgh Courier,* 7. September 1946, S. 13; Martha Stark, „My 13 Years under the Nazi Terror: Amazing, True Life Story of a Negro Girl in Germany Who Fought Hitler, and Won“, in: *Pittsburgh Courier,* 7. Mai 1949, S. 1. Fortsetzungen in: *Pittsburgh Courier,* 14. Mai 1949, S. 1; 21. Mai 1949, S. 1; 28. Mai 1949, S. 1; 5. Juni 1949, S. 6; 11. Juni 1949, S. 12; 18. Juni 1949, S. 7; 25. Juni 1949 und 2. Juli 1949. In *Last of the Conquerors* interessiert sich Hayes auch sehr für die farbige Entertainerin Lela, außerdem werden etwa 200 andere farbige Menschen, die in Berlin leben, erwähnt (92–93).

30. Von den in diesem Kapitel besprochenen Werken erwähnt nur Smith die Vergewaltigungen durch die Russen.
31. Smiths Prosa mag den Leser hier auch an die Ausdrucksweise von Vardaman in Faulkners, *As I Lay Dying* (*Als ich im Sterben lag*) erinnern. Robert Bone, *The Negro Novel in America* (New Haven: Yale University Press, 1958), S. 177, bemängelt den von einem 22-jährigen Autor verfassten Roman für seinen „unreifen“ Stil, „ein gelegentlicher Bewusstseinsstrom-Versuch … aufgepfropft auf einen einfachen Pressejargon“, und er findet Ilses „Pidginenglisch (das an Hemingways Stildebakel in *For Whom the Bell Tolls* [*Wem die Stunde schlägt*] erinnert) … besonders verwirrend“.
32. Bill Smith, „Half of Tan GIs Leaving Germany“, in: *Pittsburgh Courier,* 21. Dezember 1946, S. 1; „Innocent Soldier Goes on Rampage; Kills 1, Wounds 3“, in: *Pittsburgh Courier,* 25. Januar 1947, S. 22; „Segregation Dogs Soldiers in Europe“, in: *Pittsburgh Courier,* 24. Oktober 1947, S. 1, eine Kritik von General Joseph T. McNarneys Bericht. Siehe auch Smiths Artikel „Crack QM Outfit ‚Best in Berlin‘“, in: *Pittsburgh Courier,* 27. Juli 1946, S. 30; „Few GIs Eager to Return to States“, in: *Pittsburgh Courier,* 22. Februar 1947, S. 1; „American Prejudice Rampant in Germany“, in: *Pittsburgh Courier,* 1. März 1947, S. 13.
33. Carl Milton Hughes, *The Negro Novelist: A Discussion of the Writings of American Negro Novelists* (New York: Citadel Press, 1953), S. 100. Hughes, S. 231–232, liefert auch Auszüge aus Kritiken in *New Republic, Crisis, America, Atlantic Monthly* und *New York Herald Tribune.* Siehe auch Petra Goeddes kurze Erörterung des Romans in *GIs and Germans: Culture, Gender, and Foreign Relations, 1945–1949* (New Haven, CT: Yale University Press, 2003), S. 110–111; und Gerri Bates' „Images of European Women in William Gardner Smiths *Last of the Conquerors* and *The Stone Face*“, in: *MAWA Review* 6, Nr. 2 (1991), S. 1–4.
34. G. F. Eckstein [Pseudonym für C. L. R. James], „Two Young American Writers“, in: *Fourth International* 11, Nr. 2 (März–April 1950), S. 53–56. Die Kritik vergleicht Norman Mailers *The Naked and the Dead* (*Die Nackten und die Toten*) und Smiths Roman und liefert weitere Anmerkungen zu Melvilles *Benito Cereno.*

35. David Dempsey, „American Dilemma, Army Model", in: *New York Times Book Review* 5. September 1948, S. 6. Hodges, *Portrait of an Expatriate,* S. 17–18, zitiert Auszüge aus Kritiken der *Chicago Sun Times* (von Jack Conroy) ebenso wie aus der *Saturday Review of Literature* und des *Dallas Herald.*
36. Nach November 2008 fragt man sich, ob eine Veränderung in „den sichtbaren Zeichen schwarzer Souveränität", die Smith in Ghana feststellte, „schwarze Minister, Chefs von Unternehmen, Manager große Kaufhäuser, Zollbeamte" und, so mag der Leser hinzufügen, ein schwarzer Präsident, den Blick des im Ausland lebenden Smith auf sein Heimatland gewandelt haben. Siehe Smiths *Return to Black America* (Englewood Cliffs, NJ: Prentice-Hall, 1970), S. 96. James Avatis Interview mit Ed Schilders ist verfügbar unter: http://www.cubra.nl/avati/jamesavatiinterviewedschildersenglish.htm (letzter Zugriff: 01.08.2017).
37. Gertrude Stein, „Off We All Went to See Germany", in: *Life,* 6. August 1945, S. 54–58, hier 56.
38. Kay Boyle, „Home", in: *Harper's,* Januar 1951, S. 78–83, zitiert nach: Boyle, *Der rauchende Berg. Geschichten aus Nachkriegsdeutschland*, übers. von Hannah Harders (Frankfurt/Main: Verlag Neue Kritik, 1991), S. 126–140, hier 128 und 130. *Negro Digest* 9 (August 1951), S. 53–60, druckte die ganze Geschichte nach mit einer Illustration des Augenblicks, als der GI den Jungen trifft (52), eine Bildüberschrift charakterisiert die Erzählung als „eine ergreifende Geschichte eines schwarzen Soldaten im besetzten Deutschland und eines kleinen Jungen, mit dem er sich anfreundet" (53). Boyle veröffentlichte auch *Generation ohne Abschied*, übers. von Egon Strohm (Bern und Stuttgart: Scherz Verlag, 1962), einen Roman über die Besatzung, der 1948 spielt und in dem deutsche und amerikanische Charaktere vorkommen.
39. Robert C. Jespersens kompletter biografisch-kritischer Bericht „Hans Habe" erschien in John M. Spalek, Joseph Strelka und Sandra H. Hawrylchak (Hrsg.), *Deutsche Exilliteratur seit 1933,* Bd. 1, Teil 1 (Bern und München: Francke, 1976), S. 393–413. Siehe auch David McCain McMurray, „Conserving Individual Autonomy in Exile: Hans Habe's Struggle against Totalitarianism", Diss., Vanderbilt University, 2001.
40. Jespersen, „Hans Habe", S. 405–406.
41. Hans Habe, *Off Limits: Roman der Besatzung Deutschlands* (München, Wien, Basel: Kurt Desch Verlag, 1955), S. 27.
42. Hans Habe, *Weg ins Dunkel* (Zürich: Pan-Verlag, 1951). Die englische Übersetzung von Richard Hanser, *Walk in Darkness* (New York: Putnam, 1948) wird wegen einiger Varianten hier gelegentlich ins Deutsche zurückübersetzt zitiert.
43. *Weg ins Dunkel* (Zürich: Pan-Verlag, 1951).
44. Man fragt sich, ob dies eine Anspielung an William Gardner Smith ist, dessen Roman über die Besatzung Habe möglicherweise gelesen hat.
45. In ihrer Kritik des Romans stellt Elizabeth W. Reeves jedoch fest, dass, wenn man nach Mängeln sucht, „darauf hingewiesen werden könnte, dass sowohl das Bild von den Schwarzmarkthändlern als auch von der deutschen Frau zu kalt und brutal gezeichnet ist, getönt von einem gewissen Ekel des Autors".

„The Novelist's View of Miscegenation", in: *Journal of Negro Education* 18, Nr. 2 (Frühjahr 1949), S. 150–152, hier 151–152.

46. In der englischen Fassung wird das Wort „Nigger" verwendet: „If you say ‚nigger' now, I'll strangle you" (162). Auch Evas Sprache ist schärfer: „I hate you! You and your black child!" (162).
47. In der englischen Übersetzung äußerst sich Washington noch deutlicher antisemitisch: „Jews, he knew, were not like other white people. They were worse. There were many Jewish merchants and landlords in Harlem. They were all swindlers" (*Walk in Darkness*, S. 180).
48. „Hate is a walk in the dark, Roach. The light will only break through when we learn to stop hating one another." *Walk in Darkness,* S. 232. Diese Passage fehlt in der deutschen Fassung ebenso wie die spätere Szene bei Washingtons Verhaftung. In *Walk in Darkness*, gerade als die Polizei eintrifft, um Roach zu verhaften, ein „shadow of mistrust [falls] across his heart" (277), da er glaubt, dass Martha ihm nur deshalb zur Flucht rät, damit sie sein Kind für sich hat. Das Ergebnis ist, dass er verhaftet wird, und erst danach begreift er, „maybe the way I felt about Selma was no different from the way other people feel about me. Ever since Eva told him that the baby was with Jews he had mistrusted Selma. Now he felt that he knew as little of Jews as white people knew of Negroes." Er versteht, dass „perhaps he should have looked at Selma simply as Selma from the start. It was too late for all that now. Nevertheless, the idea seemed important to him, as the confessional seems important to a believer on the verge of death" (279).
49. In der englischen Version bittet Washington für seine antisemitischen Vorurteile um Vergebung, nicht aber für seinen Mord an dem Soldaten. Vielleicht ist dies ein Charakteristikum der 1940er, dass die Überwindung einer rassistischen Einstellung wichtiger zu sein schien als die Reue wegen krimineller Handlungen. Siehe Arsen L. Yakoubians Kritik der Entnazifizierung, wo eine Einstellung wichtiger genommen wird als kriminelle Handlungen – die als Beleg für die Einstellung angeführt werden könnten. Siehe sein „Western Allied Occupation Policies and Development of German Democracy, 1945–1951" (Ph. D. Diss., New York University, 1952), S. 73–76.
50. Richard Plant, „Washington Roach, Black Marketeer", in: *New York Times Book Review,* 10. Oktober 1948, S. 5.
51. Josephine Schuyler, „An Interracial Romance Abroad", in: *Pittsburgh Courier,* 22. Januar 1949, S. 16. Laut der Übersetzung auf der Innenklappe des Schutzumschlags der Ausgabe von 1977 im Walter-Verlag merkte *Ebony* auch wohlwollend an, es sei beinahe ein Wunder, dass ein weißer Mann so ein Buch geschrieben habe.
52. „A Look at Books", in: *Los Angeles Sentinel,* 18. November 1948, S. 4.
53. J. Saunders Redding, „Book Review", in: *Baltimore Afro-American,* 13. November 1948, C4A. Während Kelsey Guilfoil, „Vital Story of Humanity in Darkness", in: *Chicago Daily Tribune,* 10. Oktober 1948, E3, den Roman ausführlich lobte, beanstandete der *New Yorker,* 6. November 1948, S. 128, 131, Habes melodramatische Tendenzen, und der *San Francisco Chronicle,* 16. Januar 1949, S. 20, war der Ansicht, die Charaktere seien schwach gezeichnet, insbesondere Eva und Father Durant.

54. Erwin Schallert, „'There's a Small Hotel' Hinted for Bolder; 'Walk in Darkness' Readying", in: *Los Angeles Times,* 16. August 1952, S. 11.
55. „Off-B'way Play Plot Is GI, German Bride", in: *New York Amsterdam News,* 19. Oktober 1963, S. 20. Die Ausgabe von 1977 im Walter-Verlag von *Weg ins Dunkel* hatte ein Bühnen-Foto auf der Rückseite des Schutzumschlags. Clarence Williams III (später berühmt durch seine Rolle in *Mod Squad*), Barbara Schneider und Glenn Kezer traten in der Dramatisierung auf, die von William Hairston verfasst und von Sidney Walters inszeniert wurde; das Textbuch des Stücks findet sich in den Hairston Papers in der New York Public Library. Siehe http://www.nypl.org/archives/3678.
56. „Never before has a white man so completely placed himself into the soul of a black man." *Ich stelle mich* (Wien: Desch, 1954), S. 519; zitiert in: Robert C. Jespersen, „Hans Habe", S. 403. John Kitzmiller (1913–1965) war ein schwarzer amerikanischer Soldat, der in Europa blieb und in Filmen wie *Senza pietà* (1948) zu sehen war, einem melancholischen Film über die unschuldige Affäre des schwarzen GIs Jerry mit dem italienischen Mädchen Angela (Carla Del Poggio); von der Mafia-Unterwelt hereingelegt, sterben die beiden am Schluss, als Jerry den Lastwagen, in dem sie sitzen, eine Klippe hinabsteuert. Basierend auf einer Geschichte von Federico Fellini und inszeniert von Alberto Lattuada gehörte zur Besetzung des Films Giulietta Masina. Kitzmiller spielte außerdem in mehr als 40 anderen Filmen, darunter einen Diener in *Les loups chassent la nuit (Wolves Hunt at Night,* 1952) und den Quarrel im James-Bond-Film *Dr. No* (1962). Auf der Innenklappe des Schutzumschlags der Ausgabe von 1977 im Walter-Verlag von *Weg ins Dunkel* wird festgestellt, Kitzmiller habe es als seinen Lebenstraum angesehen, die Rolle des Washington Roach zu spielen.
57. *Tauben im Gras* (1951; Nachdruck Frankfurt/Main: Suhrkamp Taschenbuch 601, 1980). Hier zitiert nach der Ausgabe: Wolfgang Koeppen, *Gesammelte Werke in sechs Bänden*, hrsg. von Marcel Reich-Ranicki, in Zusammenarbeit mit Dagmar von Briel und Hans-Ulrich Treichel, Bd. 2, Romane II: *Tauben im Gras* (Frankfurt/Main: Suhrkamp, 1990), S. 7–219.
58. Seine zwei ersten Romane sind *Eine unglückliche Liebe* (1934) und *Die Mauer schwankt* (1935), seine frühe Prosa ist greifbar in dem Band *Auf dem Phantasieroß: Prosa aus dem Nachlaß,* hrsg. von Alfred Estermann (Frankfurt/Main: Suhrkamp, 2005). Die Verwandlung in einen Vertreter der Moderne scheint genau 1945 begonnen zu haben. Eine nicht datierte Geschichte aus den frühen 1950ern, „Clemens", S. 397–399, stellt auch die Fraternisierung und schwarze GIs dar. Die Begebenheit, wie Koeppen die teuere erste deutsche Ausgabe von *Ulysses* kaufte, das Buch über das Wochenende las und es am folgenden Montag in den Buchladen zurückbrachte, um sich den Kaufpreis erstatten zu lassen, ist in David Wards Einleitung zur Übersetzung von *Pigeons on the Grass,* S. xv, berichtet.
59. Koeppen veröffentlichte *Jakob Littners Aufzeichnungen aus einem Erdloch* (Frankfurt/Main: Jüdischer Verlag im Suhrkamp Verlag, 1992) unter seinem eigenen Namen und als „Roman", für den er in seiner Einleitung die Autorschaft beanspruchte. Die Kontroverse, die diese Behauptung hervorrief, resultierte in einer kompletten Neupublikation von Jakob Littner, *Mein*

Weg durch die Nacht, hrsg. von Roland Ulrich und Reinhard Zachau (Berlin: Metropol, 2002) und in einem neuen Nachwort aus dem Jahr 2002 von Alfred Estermann zur Suhrkamp-Ausgabe von Koeppens Text. Während Debatten zu fiktionalisierten Holocaust-Erinnerungen nichts ungewöhnliches sind, scheint dies hier der seltene Fall einer authentischen Erinnerung zu sein, die von einem anderen Autor als dessen eigene fiktionale Literatur beansprucht worden war. Siehe Jörg Dörings Essay über Littner in *Handbuch Nachkriegskultur: Literatur, Sachbuch und Film in Deutschland (1945–1962),* hrsg. von Elena Agazzi und Erhard Schütz (Berlin: de Gruyter, 2013), S. 169–172. Zu einer allgemeinen Bewertung von Koeppen siehe Heinrich Detering, „Hecht im Karpfenteich der Nachkriegsliteratur", in: *Frankfurter Allgemeine Zeitung,* 24. Juni 2006, S. 51. Eine kurze Skizze über den Holocaust aus den 1950ern, „Gefangene", in: *Auf dem Phantasieroß,* S. 404, scheint mit Littners Geschichte in Verbindung zu stehen.

60. Hier und in den vorhergehenden Sätzen folge ich der Interpretation von Chryssoula Kambas, „Ansichten einer Besatzungsmacht: Wolfgang Koeppens Amerika in *Tauben im Gras*", in: Jochen Vogt und Alexander Stephan (Hrsg.), *Das Amerika der Autoren: Von Kafka bis 09/11* (München: W. Fink, 2006), S. 180–209, hier 188–191. Kambas erstattet ausführlich Bericht über Koeppens Affinität zu Stein.
61. Koeppen arbeitet hier möglicherweise mit einem grimmigen Wortspiel: „abgeführt *im Zuge der Liquidierung*" (77), in dem auch ganz wörtlich das für Deportationen verwendete Transportmittel „Zug" aufscheint.
62. Carla ähnelt durch ihren Abtreibungswunsch Eva in Habes *Weg ins Dunkel,* und im Widerstand von Koeppens Washington hallt derjenige von Habes Washington wider.
63. Kambas, „Ansichten einer Besatzungsmacht", S. 206–207, liefert eine interessante Interpretation von Heinz und der anderen individualisierten Kinderfigur, Ezra.
64. Stanley Craven, „Two Novels by Wolfgang Koeppen: *Tauben im Gras* and *Treibhaus*", in: *Modern Languages* 51 (1970), S. 167–172, hier 169. Siehe auch Dagmar Barnouw, „Melancholy and Enchantment: Wolfgang Koeppen's Anamnesis", in: *Mosaic* 14, Nr. 3 (Sommer 1981), S. 31–48.
65. Jespersen, „Hans Habe", S. 410. Habe lehnt die Orthodoxie der Moderne ab, und spielt wohl auf François Bondys Witz aus dem Jahr 1964 an: „Wir hätten besser aufhören sollen, uns so zu benehmen, als ob Kafka nie gelebt und als ob Joyce *Ulysses* nie geschrieben hätte …!" Siehe Bondys *European Notebooks: New Societies and Old Politics, 1954–1985* (New Brunswick, NJ: Transaction Press, 2005), S. 67.
66. Eine andere Geschichte von Kay Boyle, „Die Verlorenen", illustriert diesen Punkt perfekt. In einem amerikanischen Lager für „Kinder ohne Begleitung" warten junge Knaben, von den Nazis entwurzelt, dann Mitläufer der Truppen der US-Armee, auf eine Lösung für ihre Schicksale – meistens die Rückführung in ihre verschiedenen Herkunftsländer. Janos, ein junger Waise aus „Noverczimki" (vielleicht Nove Zamky, Slowakei), der gesehen hatte, wie seine Familie bei Ankunft der Deutschen getötet wurde, ist jetzt amerikanisiert, nennt sich selbst Johnny und hofft, nach Amerika gehen zu können,

um von Charlie Madden adoptiert zu werden, einem schwarzen Soldaten, mit dem er sich eng befreundet hat und der mittlerweile nach Chattanooga zurückgekehrt ist. Janos/Johnny muss von einer Frau des American Relief Team erfahren, dass das Problem der Hautfarbe dies in den Vereinigten Staaten unmöglich macht: „Vielleicht hast du in deiner Kampfausrüstung nicht viel davon mitgekriegt, wenn von Farbigen und Weißen gesprochen wurde ... Aber da drüben, zu Hause, in den Staaten, da gibt's das Problem der Hautfarbe. ... Wenn du also tatsächlich in die Staaten kämst, wäre es absolut unmöglich für dich, mit Charlie Madden zu leben. ... Wenn ... du zur Emigration freigegeben werden solltest, dann wäre es besser, du würdest zu einer anderen Familie gehen, einer weißen Familie." Siehe *Der rauchende Berg*, S. 170–197, hier 195–196. Die Geschichte wurde erstmals veröffentlicht in *Tomorrow* (1952).

67. Habe, *Off Limits*, S. 61–62.
68. „D. P.", in: *Ladies' Home Journal* 70 (August1953), S. 26–27, 80–81, 84. Die Geschichte wurde nachgedruckt in Vonneguts *Welcome to the Monkeyhouse: A Collection of Short Works* (1968; Nachdruck New York: Dial Press, 2010), S. 161–172. Deutsch in: Kurt Vonnegut, „D. P.", übers. von Kurt Wagenseil, in: ders., *Geh zurück zu deiner lieben Frau und deinem Sohn. Erzählungen* (Reinbek bei Hamburg: Rowohlt Taschenbuch Verlag, 1974), S. 108–117.
69. Die familiäre Sprache („Schwester", „Bruder") macht auf dramatische Weise die Abwesenheit von echten familiären Beziehungen für die Verstoßenen klar, deren „Schwestern" Nonnen sind und deren „Vater" nur eine Wunschvorstellung ist.
70. Vonneguts Geschichte spielt hier auf die US-Strategieanweisung an, die die Zuerkennung der deutschen Staatsbürgerschaft für Waisen und Findelkinder unter der vertriebenen Bevölkerung empfiehlt. Siehe „Clarification of Nationality in Questionable Cases, Particularly Children, of the United Nations", 4. Februar 1946. Empfehlung 4c. legt fest: „alle Personen innerhalb Deutschlands, deren Herkunft unbekannt ist, sollen von der Geburt her Staatsbürger und Einwohner Deutschlands sein, außer wenn definitiv bewiesen ist, dass sie die Staatsbürgerschaft wegen ihrer Geburt anderswo erworben haben". OMGUS 1945–46, 260/390/41/6 Box 19, 2.
71. Siehe beispielsweise das Foto „Schwanheim, Saarbrücker Straße, 1945", Institut für Stadtgeschichte S7Z 1945/01.01.12, oder das Foto der Fernmeldetruppe der Armee 208819-2, wieder abgedruckt in: Dagmar Barnouw, *Ansichten von Deutschland (1945). Krieg und Gewalt in der zeitgenössischen Photographie* (Basel und Frankfurt/Main: Stroemfeld/Nexus, 1997). Siehe auch das Foto des deutschen Kindes Hans auf den Knien des schwarzen Korporals aus New Jersey Willard Perry in: *Ebony* 1, Nr. 11 (Oktober 1946), S. 5, das die Geschichte „Germany Meets the Negro Soldier" begleitet. Es lohnt sich auch, sich an Roberto Rosselinis Film *Paisà* zu erinnern (an dem Klaus Mann mitarbeitete), der eine Freundschaft zwischen einem schwarzen GI und einem italienischen Jungen wiedergibt; ein Foto von GIs mit italienischen Kindern findet sich in http://www.gettyimages.it/detail /3241999/Hulton-Archive.
72. AKG_245553, Bildangabe: 9-1948-12-0-H1-2, mit dem Vermerk, „Handschriftliche Beschriftung: ‚Ein GI – ein neues Vorbild für ein deutsches Kind'". Tony Vaccaro, *Entering Germany, 1944–1949,* hrsg. von Michael

Konze (New York: Taschen, 2001), S. 99, titelte „Der deutsche Junge und der GI" und verortete es „in der Nähe von Darmstadt". In Koeppens *Tauben in Gras* ist die lässige Pose der Füße auf dem Tisch durch deutsche Augen gebrochen als Ausdruck eines Volkes, dem es an Seriosität fehlt. In Billy Wilders *Eine ausländische Affäre* ist Johnny Pringle in einer extrem lässigen Pose in der Unterkunft zu sehen, da er „die Kopfbedeckung abnimmt und sich auf den Tisch setzt. Er poliert seine Schuhe an der Armlehne des Stuhls" (Drehbuch 4B S. 6, Sz. 22). Maria Höhn, *GIs and Fräuleins: The German-American Encounter in 1950s West Germany* (Chapel Hill: University of North Carolina Press, 2002), S. 81–82, erwähnt die „vielbewunderte amerikanische ‚coole Lässigkeit'", deretwegen die deutschen Teenager die GIs beobachteten, die den „selbstsicheren schaukelnden Gang" imitieren wollten. „Mit den Händen in den Taschen zu gehen, rittlings auf einem Stuhl zu sitzen, die Füße auf einen Tisch zu legen – all diese Gesten wurden zu einer neuen Art, einen informellen Habitus zum Ausdruck zu bringen, der die jüngere Generation abhob von der unflexibleren und förmlicheren Welt der Älteren."

6. Das Rassenproblem im Haus am Fliederweg

Ich bin Wendy Sutherland und Eric Rentschler dankbar dafür, dass sie mir die Möglichkeit gaben, mit digitalen Kopien des Films zu arbeiten, Heide Fehrenbach dafür, dass sie mich auf die Verfügbarkeit von *Toxi* als DVD aus der DEFA-Filmbibliothek aufmerksam machte und Regina Hoffmann sowie der Stiftung Deutsche Kinemathek, Museum für Film und Fernsehen, Berlin, dafür, dass sie mich die Filmdrehbücher und Werbematerialien untersuchen ließen, die Teil des Nachlasses von Robert Stemmle sind. Es gibt meines Wissens keine Biografie über Elfie Fiegert, deren Vorname manchmal auch „Elfi" geschrieben wird. Ihr Geburtsdatum und der Geburtsort werden im Nürnberger *8-Uhr-Blatt* (4. August 1964) erwähnt. Der *Afro-American* aus Baltimore (10. Januar 1953, 22B) nennt „Fritz" als Vornamen ihres Adoptivvaters; Angelica Fenner, „Representing the Afro-German in Early West German Cinema: Robert Stemmle's *Toxi*" (Ph.D. Diss., University of Minnesota, 1999), S. 144, schreibt, dass der Vorname von Elfies Pflegemutter Gertrud sei, wobei sie als Quelle zitiert: Volker Hoffmann, „Toxi spielt ihr eigenes Leben: ein Film vom Schicksal der Besatzungskinder", in: *Frankfurter Rundschau,* 30. Mai 1952. Sie wird mit ihrer Adoptivmutter auf einer Fotografie gezeigt, die den Artikel „Toxi: Ohne Mutti geht es nicht!", in: *Westfälisches Volksblatt,* 2. Oktober 1956, bebildert. Fenner liefert die detailgenaueste und am besten recherchierte Interpretation des Films, des Drehbuchs sowie der Produktions- und Rezeptionsgeschichte im Kontext der Nachkriegsdiskussion über gemischtrassige Babys, und ich bin ihrer Forschungsarbeit zu Dank verpflichtet; ihre Dissertation wurde zwischenzeitlich überarbeitet und unter dem Titel *Race under Reconstruction in German Cinema: Robert Stemmle's* Toxi (Toronto: University of Toronto Press, 2011) veröffentlicht. *Toxi* ist auch der Gegenstand von Heide Fehrenbachs „Reconstruction in Black and White: The *Toxi* Films", ein Kapitel in ihrem ausgezeichneten Buch *Race after Hitler: Black Occupation Children in Postwar Germany and Ame-*

rica (Princeton: Princeton University Press, 2005), S. 107–131. Kürzer wird das Thema behandelt in: Rosemarie K. Lester, *Trivialneger: Das Bild des Schwarzen im westdeutschen Illustriertenroman* (Stuttgart: Akademischer Verlag Hans-Dieter Heinz, 1982), S. 99–101; Leroy T. Hopkins Jr., „Race, Nationality and Culture: The African Diaspora in Germany", in: *Who Is a German? Historical and Modern Perspectives on Africans in Germany* (Baltimore: American Institute for Contemporary German Studies, Johns Hopkins University, 1999), S. 9–10; und Yara-Colette Lemke Muniz de Faria, *Zwischen Fürsorge und Ausgrenzung: Afrodeutsche „Besatzungskinder" im Nachkriegsdeutschland* (Berlin: Metropol, 2002), S. 173–178.

1. Siehe Sybille Buske, *Fräulein Mutter und ihr Bastard: Eine Geschichte der Unehelichkeit in Deutschland, 1900–1970* (Göttingen: Wallstein, 2004).
2. Informative Diskussionen zur Situation von Besatzungskindern finden sich in Fehrenbach, Lemke Muniz de Faria und in May Opitz [Ayim], „Afro-Deutsche nach 1945: Die sogenannten ‚Besatzungskinder'", in: Katharina Oguntoye, May Opitz und Dagmar Schultz (Hrsg.), *Farbe bekennen: Afrodeutsche Frauen auf den Spuren ihrer Geschichte,* 2. Aufl. (Frankfurt/Main: Fischer, 1992), S. 85–102.
3. Vernon W. Stone, „German Baby Crop Left by Negro GIs", in: *Survey* 85 (November 1949), S. 579–583, ein journalistischer Bericht auf der Grundlage von 600 Fällen. Stone war offizieller Gerichtsreporter bei den Nürnberger Kriegsverbrecherprozessen, später wortgetreuer Berichterstatter über Ralph Bunches Mission in Palästina und 1949 Doktorand an der University of Chicago.
4. Grace Halsell, die aus dem Nachkriegseuropa für *Fort Worth Star* berichtete, resümierte in *Black/White Sex* (New York: William Morrow, 1972), S. 144, dass Offiziere aus den Südstaaten, „ausgesandt in die Welt, um den *American Way of Life* zu retten, darunter verstanden, den südstaatlichen Way of Life zu retten, und damit die Reinheit des weißen Blutes". Zitiert in: Maria Höhn und Martin Klimke, *Ein Hauch von Freiheit?*, S. 112.
5. Die Zahl wurde in zeitgenössischen Berichten oft übertrieben, manche behaupteten, es gäbe 100.000 gemischtrassige Besatzungskinder, vielleicht das Ergebnis einer Verwechslung der geschätzten Gesamtzahl aller von sämtlichen alliierten Soldaten und deutschen Müttern gezeugten Kinder. 1953 belief sich die geschätzte Anzahl auf 3600, 1959 auf ungefähr 6000. Einige Presseberichte zu *Toxi* zitierten eine Anzahl von 30.000. Fenner berichtet auch von einer statistischen Erhebung im Jahr 1955, laut der 4776 uneheliche Kinder in Westdeutschland von „farbiger Abstammung" (ein etwas missverständlicher Begriff) waren, von insgesamt 67.753 registrierten Kindern, die unehelich geboren worden waren (Fenner, *Race under Reconstruction,* S. 26).
6. Siehe beispielsweise, „Tan Tots Attend German Schools", in: *Jet,* 24. Juli 1952, Umschlaginnenseite und S. 14–15, 17–19.
7. Beispielsweise die Serie, die „Would You Like to Help One of These ‚Brown Babies' in Germany?" betitelt war, in: *Pittsburgh Courier,* 20. April 1949, S. 5; 7. Mai 1949, S. 2; und 28. Mai 1949. Berichte über „braune Babys" waren in der schwarzen Nachkriegspresse üblich; siehe beispielsweise den Beitrag des leitenden Redakteurs des *Courier* William G. Nunn, „Brown Babies Need Help", in: *Pittsburgh Courier,* 29. Mai 1948, S. 1; oder Ollie Stewarts

„New Problem: Ollie Stewart Estimates there Are 3,000 Brown Babes in Germany", in: *Baltimore Afro-American,* 3. Juli 1948, B6.

8. Lemke Muniz de Faria, *Zwischen Fürsorge und Ausgrenzung,* S. 85–87, wertet einige Nachrichtenberichterstattungen über solche Adoptionen aus, wobei die Chicagoer Lehrerin Margaret E. Butler im Mittelpunkt steht, die zahlreiche bürokratische Hürden nahm, um zwei Kinder aus Deutschland zu adoptieren.
9. Stone, „German Baby Crop Left by Negro GIs", S. 579–583. Bei einer deutschen Parlamentsdebatte im März 1952 wurde die Gesamtzahl von gemischtrassigen Kindern mit 3093 angegeben, von denen 1941 bei ihren Müttern lebten, 388 in der Familie der Mutter und 838 in Waisenhäusern, wovon wiederum 350 keinerlei Kontakt mehr zur Familie hatten. Von den schwarzen Vätern zeigten 362 Interesse an der Entwicklung ihrer Kinder und unterstützten sie, 68 von ihnen von außerhalb Deutschlands aus. 20 Schwarze fanden einen Zufluchtsort in Frankreich und heirateten dort die deutschen Mädchen oder Frauen. „Was wird aus den 94000 Besatzungskindern?", in: *Das Parlament* 2, Nr. 22 (19. März 1952), S. 2. R. Sieg, *Mischlingskinder in Westdeutschland* (Baden-Baden: Verlag für Kunst und Wissenschaft, 1955), Beiträge zur Anthropologie, Heft 4, Festschrift für Frédéric Falkenburger, war eine deutsche anthropometrische Studie, die an der Universität Mainz durchgeführt wurde und für die die Forscher des Instituts für menschliche Stammesgeschichte und Biotypologie 186 Fotografien verwendeten, wobei die Studie ein auffallendes Desinteresse an der Ethik für Forschungen zum Thema Mensch aufweist; Studien wie diese pflichteten tendenziell der Ansicht bei, dass afroamerikanische Adoptiveltern und das Ausbürgern der Kinder ein gute Lösung darstellten.
10. „Österreich: SOS Kinderdorf Imst", in: *Neue deutsche Wochenschau* (1954), S. 46, einsehbar unter: http://www.wochenschau-archiv.de/ (nach Registrierung und Eingabe von Suchbegriffen).
11. Die Herkunft des Namens wurde weder in den Werbematerialien erläutert, noch vollständig in der Sekundärliteratur erklärt. Dass der Name so ähnlich klingt wie „Topsy" wird überwogen von dem großen charakterlichen Unterschied zwischen Toxi und dem schwarzen Kind in Harriet Beecher Stowes *Uncle Tom's Cabin* (*Onkel Toms Hütte*). Da Theodor Jenrichs Firma „Hytrophoxin" herstellt, mag sich mancher an eine chemische oder pharmazeutische Anspielung erinnert fühlen, es scheint jedoch keinen Hinweis darauf in Toxis Rolle in dem Film zu geben. Vielleicht enthält der Name nur vier durcheinander gewürfelte Buchstaben aus der Mitte des Wortes „exotisch"? Angelica Fenner erwähnt auch die Möglichkeit einer Anspielung auf einen nigerianischen Namen, „Toksi" (*Race under Reconstruction,* S. 236n2).
12. „Die Leute rühren", in: *Spiegel,* 23. Juli 1952, S. 27–29, unter: http://www.spiegel.de /spiegel/print/d-21112065.html (letzter Zugriff: 01.03.2013).
13. „Aber schließlich überwindet der kleine krausköpfige Kobold den Wall überlebter Anschauungen. Humorvoll um Verständnis und Liebe für alle Toxis zu werben, ist der Sinn dieses Films." Allianz Film GmbH, in: *Aktuelle Film-Nachrichten,* 3. Januar und 1. August 1952, zitiert in: Lester, *Trivialneger,* S. 100. Lester hebt hervor, dass Toxi für viele Jahre zum Synonym für ein farbiges Besatzungskind geworden sei.

14. Diese Sequenz des Films ist greifbar unter: http://www.youtube.com/watch?v=MlPc9fclf5E (letzter Zugriff: 01.08.2017). Theodors erste Bemerkung unterstützt möglicherweise eine Assoziation des ungewöhnlichen Namens „Toxi“ mit „toxisch“ (was der Film allerdings schnell entkräftet, als Dr. Carsten Toxi einen ausgezeichneten Gesundheitszustand attestiert).
15. Interessanterweise erwähnte die *Spiegel*-Geschichte über den Film den Rassismus nicht und führte den innerfamiliären Widerstand auf Egoismus zurück, der durch ein entwaffnend liebevolles Kind mit seiner Mischung aus Dschungel und bayerischem Dorf abgemildert wird, was den Film, so sagte Stemmle mit einer Prise Ironie, zu einem sehr deutschen mache. Siehe „Die Leute rühren“, in: *Spiegel,* 23. Juli 1952, S. 27.
16. Es kann auch ein Ausdruck „der festen Überzeugung sein, dass die Kinder in gewisser Hinsicht eine rassisch fremde Gruppe darstellten, die Parallelen zeitigte zur früheren Formulierung der ‚Judenfrage‘“, wie Timothy L. Schroer es ausdrückt in *Recasting Race after World War II: Germans and African Americans in American-Occupied Germany* (Boulder: University Press of Colorado, 2007), S. 147, als er die westdeutschen Debatten über gemischtrassige Kinder diskutiert.
17. Alfons Simon, *Maxi, unser Negerbub* (Bremen: Eilers & Schünemann, 1952). Zur amerikanischen Diskussion siehe beispielsweise Robert MacIver (Hrsg.), *Civilization and Group Relationships* (New York: Harper, 1945); oder Robin M. Williams, *The Reduction of Intergroup Tensions* (New York: Social Science Research Council, 1947), beide zitiert in Werner Sollors, *Challenges of Diversity* (New Brunswick: Rutgers University Press, 2017), S. 167–173.
18. Handschriftliches Drehbuch in einem grünen Leitz-Ordner, S. 50, Szene 96. Nachlass Robert Stemmle, Stiftung Deutsche Kinemathek, Museum für Film und Fernsehen, Berlin.
19. Drehbuch 4.4-83/39, 153 CB (getipptes Drehbuch), S. 48, Szene 67, gestrichen. Nachlass Robert Stemmle, Stiftung Deutsche Kinemathek, Museum für Film und Fernsehen, Berlin.
20. Herr Übelhack war früher ein Verehrer von Tante Wally, die seinetwegen unverheiratet geblieben ist und es ablehnt, zum Essen anlässlich des 50. Geburtstags ihrer Schwägerin zu bleiben, weil Übelhacks Frau anwesend ist.
21. 1952 brachte man das Toxi-Lied auch als Single bei Polydor (Nr. 48785A) heraus, und es wurde als 78er-Schallplatte bei Austroton (8700 V) bekannt, eingesungen von Leila Negra, die in der jungen Bundesrepublik mit dem heute schier unvorstellbar klingenden Schlager „Mach’ nicht so traurige Augen, weil du ein Negerlein bist“ populär wurde. Leila Negras richtiger Name war Marie Nejar, sie lebte während der Nazi-Jahre in Deutschland und veröffentlichte in Zusammenarbeit mit Regina Carstensen eine faszinierende Autobiografie *Mach nicht so traurige Augen, weil du ein Negerlein bist: Meine Jugend im Dritten Reich* (Reinbek bei Hamburg: Rowohlt, 2007).
22. „Ohne Mutti geht es nicht!“, *Westfälisches Volksblatt*, 2. Oktober 1952, Nachlass Robert Stemmle, Stiftung Deutsche Kinemathek, Museum für Film und Fernsehen, Berlin. Siehe auch „Filmstoff und Wirklichkeit: Die Geschichte des Negerkindes Toxi“, in: *Film,* Erbach (Juni 1952), und *Westfalen-Blatt,* 2. Dezember 1952, zitiert bei Angelica Fenner, „Reterritoriali-

zing Enjoyment in the Adenauer Era: Robert A. Stemmle's *Toxi*", in: John E. Davidson und Sabine Hake (Hrsg.), *Take Two: Fifties Cinema in Divided Germany* (New York: Berghahn Books, 2007), S. 166–179, hier 171, 172.

23. Im Film wird zahlreiche Reklame gezeigt (darunter etwa für Waldbaur Schokolade und XOX-Kekse) im Hintergrund der Außenszenen und im Café „Zur süßen Ecke" (am Baumschulenweg), wo Toxi ihre Leidenschaft für Süßigkeiten und Kuchen demonstriert. Da Toxi einen süddeutschen Akzent haben soll (sie begrüßt die Familie mit dem süddeutschen „Grüß Gott!"), erwähnt Großvater Rose zu Beginn, dass es viele Kinder wie sie in diesem Bereich von Deutschland (d. h. in der amerikanischen Zone) gibt; später zeigt er Toxi auf einem Globus den ganzen großen Kontinent, auf dem schwarze Menschen leben.

24. Wie zahlreiche Interpreten hervorgehoben haben, ist der Konsum im Allgemeinen ein wichtiges Thema des Films, von Roberts Rolle als Werbegrafiker über Herta, die sich in der Szene, als wir sie das erste Mal sehen, Nylonstrümpfe anzieht, bis hin zu Toxis Gang durch Hamburg, bei dem sie Schaufensterauslagen betrachtet, und zu Schildern für Dujardin und die Nahrungsmittelgenossenschaft Konsum. Siehe auch *Der Abend,* 4. August 1952; und *Der Kurier,* Berlin, 20. September 1952: fotografiert mit Mohrenkopf; „Mohrenköpfe und kleine Negerlein", in: *Frankfurter Rundschau,* 15. August 1952; „Mohrenköpfe von Toxi", in: *Hamburger Abendblatt,* 31. August 1952; „Mohrenkopf mit Schlagsahne", in: *Volksblatt,* Berlin Spandau, 13. September 1952: „Ob allerdings das Leben so angenehm seine Konflikte mit Schlagsahne ausfüllt wie das Schicksal dieses kleinen Mohrenköpfchens …?"; „Der süße Mohrenkopf", in: *Der Tag,* Berlin, 13. September 1952; „Das Schokoladen-Kind ‚Toxi'", in: *Nacht-Depesche,* Berlin, 13. September 1952; fotografiert mit Schokolade *7-Tage,* 18. August 1952; und *Bild,* 14. September 1952. Alles im Nachlass Robert Stemmle.

25. Siehe auch Fenner, *Race under Reconstruction,* S. 57.

26. Man ist beinahe versucht, Toxi magische Heilungskräfte zuzuschreiben, da Theodors „Hexenschuss" verschwindet, als sich sein Herz ihr zuwendet.

27. S. 218/Sz. 385–386. Nachlass Robert Stemmle.

28. Die Betrachter erinnern sich vielleicht, dass Frau Berstel der neuen Haushälterin Anna (Gustl Busch) einmal einen englischen Brief zeigte, den sie von Toxis Vater erhalten und den ein Doktor für sie übersetzt hatte. Übrigens wird die GI-Vergangenheit des Vaters im Film nicht betont, wohl aber sein neuer Status als Betreiber einer Tankstelle in den Vereinigten Staaten hervorgehoben.

29. Arianna Giachi, „Adoption im Kinohimmel", in: *Die Gegenwart,* 30. August 1952, S. 557–558.

30. Lester, *Trivialneger,* S. 101.

31. Hopkins, *Who Is a German?,* S. 9.

32. Lemke Muniz de Faria, *Zwischen Fürsorge und Ausgrenzung,* S. 176.

33. Siehe Ollie Stewart, „U.S. Soldiers Must Care for Their German Babies: May Be Prosecuted under German Laws", in: *Baltimore Afro-American,* 7. Juni 1952, S. 3.

34. Drehbuch Expl. CB 4.4-83/39, 153: S. 224/114. Bild/Sz. 404–8 (Toxi sagt Großvater Rose mit einem Schmetterlingskuss Lebewohl). Varianten dieses

Tabita-Endes tauchen auch in dem handgeschriebenen Drehbuch im grünen Leitz-Ordner und im Drehbuch des Kameramanns Igor Oberberg auf: 4.4-84113.37. Siehe Drehbuch, S. 225–227, Szenen 411–415. Nachlass Robert Stemmle. Fenners *Race under Reconstruction* enthält eine englische Übersetzung dieser weggelassenen Szene des Drehbuchs (118–119) und bespricht sie ausführlich. Sie fragt sich, ob sie als „zu radikale Allegorie für die vollzogene Integration dieser Minderheit in der deutschen Bevölkerung" (119) erachtet wurde, und neigt dazu, „diesem Weglassen eine politische Bedeutung" (120) zuzuschreiben.

35. Die sonderbare vollständige Abwesenheit von Toxis Mutter, die allgemeine Geschichtsvergessenheit, die in der Tischrede anlässlich des Geburtstags von Großmutter Rose so offensichtlich wird, und die Darstellung von Hamburg als intakte Stadt, als wäre sie nie bombardiert worden, deuten in der Summation auf die kulturelle Blockierung des Films hin, mit den vielen unterschiedlichen Hinterlassenschaften der Vergangenheit umzugehen, ausgenommen ein abstrakter Sinn für rassistische Vorurteile.

36. Siehe Christiane Keller, „‚Sie tragen ihre schwerbelastete Herkunft für jeden sichtbar zur Schau': Afrodeutsche ‚Besatzungskinder' nach 1945", in: *Xenopolis: Von der Faszination und Ausgrenzung des Fremden in München*, hrsg. von Angela Koch (Berlin: Metropol, 2005), S. 324. Indem sie auf Erhebungen des Militärs und frühe Studien zurückgreift, dokumentiert Keller, dass eine beträchtliche Anzahl von Besatzungskindern Mütter aus besseren Gesellschaftsschichten hatte. Die Entscheidung, Toxi in der Handlung mutterlos sein zu lassen, funktioniert auch wie eine Literalisierung von Heide Fehrenbachs Bemerkung, dass „die Anziehungskraft des Blutes" der gemischtrassigen Kinder „nie in Richtung ihrer weißen Mütter weisend wahrgenommen wurde". Fehrenbach, *Race after Hitler*, S. 228n12. Siehe auch Lemke Muniz de Faria, *Zwischen Fürsorge und Ausgrenzung*, S. 176, die argumentiert, diese Entscheidung verhindere, dass die Vorurteile eines beträchtlichen Teils des Publikums berührt würden.

37. Dies ist, in Bezug auf fiktionale Verwandtschaftsbeziehungen, was Heide Fehrenbach, *Race after Hitler*, S. 123, als Predigt des Films von „rassischer Toleranz" (und der Empfänglichkeit der Deutschen in den 1950ern dafür) beschreibt, während auf der „Aufrechterhaltung des Rassenunterschieds" bestanden wird.

38. „Stars in Film Story of Negro Girl in Germany", in: *Norfolk Journal and Guide*, 30. August 1952, A24B. Zwei ähnliche Artikel, „U.S. Fighter Becomes Movie Star in Germany", in: *Philadelphia Tribune*, 23. August 1953, S. 1; und „U.S. Scrapper Becomes German Movie Star", in: *Baltimore Afro-American*, 30. August 1952, S. 15, wurden mit derselben Fotografie illustriert.

39. Durch das Auftauchen von Toxis leiblichem Vater repräsentiert *Toxi* eine vollständig Umkehrung der typischen Situation: Aus gesellschaftlichen Gründen wurde die Darstellung der Blutsbeziehung zwischen Mutter und Kind abgelehnt (die weißen Mütter gemischtrassiger Kinder galten als „gesellschaftlich tot"), und das typischere Adoptivverhältnis mit afroamerikanischen Pflegefamilien wurde als „Papa"-Tochter-Beziehung naturalisiert.

40. Die blinden Flecken des Films werden auch offensichtlich, wenn man Ika Hügel Marshalls düstere Autobiografie liest: *Daheim unterwegs: Ein deutsches Leben* (Berlin: Orlanda Frauenverlag, 1998). 1947 geboren, gehört die Autorin zur selben Alterskohorte wie Elfie Fiegert: Sie verbrachte einige Zeit in einem Kinderheim und hatte keine Spur von ihrem Vater, bis sie ihn in den 1990ern ermitteln konnte. Siehe auch die kurze autobiografische Skizze von Helga Emde (geboren 1946 in Bingen), „Als ‚Besatzungskind' im Nachkriegsdeutschland" und ihr Gedicht „Der Schrei", in: Oguntoye, Opitz und Schultz (Hrsg.), *Farbe bekennen,* S. 103–113. Thomas Usleber, *Die Farben unter meiner Haut: Autobiographische Aufzeichnungen* (Frankfurt: Brandes und Apsel, 2002) ist der autobiografische Bericht eines Mannes der späteren Generation, geboren 1960.

41. „53 Ex-Nazis Hold Bundestag Seats", in: *New York Times,* 9. Mai 1950, S. 6. Ebenso zitiert in Arsen L. Yakoubian, „Western Allied Occupation Policies and Development of German Democracy, 1945–1951" (Ph. D. Diss., New York University, 1951), S. 109. Eine wesentlich spätere Studie von Albrecht Kirschner über den Hessischen Landtag zeigte, dass unter 403 ehemaligen Mitgliedern, die vor 1928 geboren worden waren, mindestens 92 Mitglieder der NSDAP gewesen waren, 13 von ihnen als Parteifunktionäre, 26 waren Mitglieder der SA und 12 der SS oder Waffen-SS gewesen. „Hessischer Landtag arbeitet NS-Vergangenheit auf. Studie: Zeitweilig ein Drittel der Abgeordneten ehemalige NSDAP Mitglieder", in: *Frankfurter Allgemeine Zeitung,* 20. Februar 2013, S. 4.
42. Fenner, „Representing the Afro-German", S. 30: „Sein *Mann für Mann* (1939) und *Jungens* (1941) ... bieten eine ziemlich präzise Einschätzung des proletarischen Milieus dieser Zeit, doch sie wurden auch im Dienste des Nationalsozialismus produziert so wie der antisemitische Film *Am seidenen Faden* (1938)." Die Handlung des Films ist um die verstörende Gegenwart des internationalen Spekulanten und Profiteurs des Ersten Weltkriegs mit schlechten Manieren herum aufgebaut, der für die Hellwerth-Familie zu einer moralischen und finanziellen Bedrohung wird. Fenner, „Representing the Afro-German", S. 31, schreibt, dass Stemmle in *Toxi* „genau die Mechanismen verwendet hat, um einen ideologischen Diskurs zu unterstützen, die in früheren Ufa- und Ufi-Film-Produktionen der Nazi-Zeit so üblich waren".
43. Hans J. Wulff, „Michael Jary", in: *Kieler Beiträge zur Filmmusikforschung* 3 (2009), S. 148–154; Stephen Brockmann, *A Critical History of German Film* (Rochester, NY: Camden House, 2010), S. 168; Georg Hörmann, „Davon geht die Welt nicht unter", in: *Musik-, Tanz- und Kunsttherapie* 16, Nr. 4 (2005), S. 198–204.
44. Reichsfilmkammer Dokument 2337, Durchschlag des Briefes an den Präsidenten der RFK unterzeichnet von Dr. Jacob, Betreff: Anonymes Schreiben vom 1. September 1938, Berlin Document Center Mikrofilm, National Archives. Der Brief bescheinigt, dass Paul Hermann Bildt, Berlin-Tempelhof, Berliner Str. 27 II links, den Nachweis seiner Abstammung „bis zu den Urgroßeltern erbracht hat", dass aber seine Frau Charlotte Henriette die „Tochter der jüdischen Eheleute Theodor Friedländer und Margarethe, geb. Itzinger, und daher Volljüdin" ist.

45. Klaus Riemer, *Paul Bildt,* Theater und Drama, Bd. 23 (Berlin: Colloquium Verlag, 1963), S. 43–44.
46. Sieben Jahre später erschien ein düsterer japanischer Film, *Kiku to Isamu,* unter der Regie von Tadashi Imai (1959), der zwei gemischtrassige afrojapanische Besatzungskinder in den Mittelpunkt stellt: die elfjährige Kiku (der allegorische Name bedeutet Chrysantheme) und ihren jüngeren Bruder Isamu, die mit ihrer Großmutter, die an Rückenschmerzen leidet, in einer armen Gegend von Tohoku leben. (Die Mutter ist tot, wahrscheinlich an Tuberkulose gestorben.) Die Kinder werden viel schlimmer gemobbt, als es Toxi je wurde, und die Möglichkeit einer Adoption durch eine amerikanische Pflegefamilie taucht im Handlungsverlauf auf, wird jedoch letztlich nicht realisiert. Siehe http://hafujapanese.blogspot .com/2010/01/film-kiku-and-isamu.html (letzter Zugriff: 01.08.2017).
47. „Was wird aus den 94000 Besatzungskindern?", in: *Das Parlament* 2, Nr. 22 (19. März 1952), S. 1–3, hier 2.
48. Lester, *Trivialneger,* S. 101.
49. Fenner, *Race under Reconstruction,* S. 122.
50. „Die Leute rühren", in: *Spiegel,* 23. Juli 1952, S. 27–29. Das Coverporträt trägt die Überschrift „Ein Quentchen zuviel Schmalz: Regisseur R.A. Stemmle".
51. Nejar, *Mach nicht so traurige Augen,* S. 208–209.
52. Eva Demski, *Afra: Roman in fünf Bildern* (Frankfurt/Main: Frankfurter Verlagsanstalt, 1992), S. 150–161. Diese Passagen werden diskutiert von Leslie A. Adelson, „Now You See It, Now You Don't: Afro-German Particulars and the Making of a Nation in Eva Demski's *Afra: Roman in fünf Bildern*", in: *Women in German Yearbook* 12 (1996), S. 217–231.
53. Jack Raymond, „Observations on the West German Film Scene", in: *New York Times,* 10. August 1952, X3; und Walter Sullivan, „Film Festivities inside a Strife-Torn Berlin", in: *New York Times,* 5. Juli 1953, X3.
54. Artikel erschienen unter Überschriften wie „Al Hoosman to Star in German GI Film", in: *Amsterdam News,* 16. August 1952, S. 24; „U.S. Scrapper Becomes German Movie Star", in: *Baltimore Afro-American,* 30. August 1952, S. 15; „U.S. Fighter Becomes Movie Star in Germany", in: *Philadelphia Tribune,* 23. August 1952, S. 1; „Germany's Most Popular Child Movie Star", in: *Baltimore Afro-American,* 10. Januar 1953, 22B; oder „Stars in Film Story of Negro Girl in Germany", in: *Norfolk Journal and Guide,* 30. August 1952, A24B.
55. *Norfolk Journal and Guide,* 26. Dezember 1953, B4.
56. Betty Granger, „Al Hoosman to Star in German-GI Film", in: *Amsterdam News,* 16. August 1952, S. 24.
57. *Baltimore Afro-American,* 8. November 1952, A1 und A11. Die Verbindung zum Adoptionsthema geht auf die Werbematerialien zum Film zurück, in denen diese Geschichte enthalten ist: „Da war jene Mrs. Butler aus Chicago, Negerin, Witwe, ehemalige Lehrerin. In einer Zeitschrift sah sie Bilder, die von einem Heidelberger Pressefotografen in einem katholischen Kindergarten gemacht worden waren. Sie – wie auch andere Negerehepaare – wollten diese Kinder adoptieren. Es gelang ihr, aber drei Jahre hatte sie kämpfen müssen". Allianz-Werbematerialien. Nachlass Robert Stemmle.

58. Siehe Fehrenbach, *Race after Hitler,* S. 119. Obwohl es viele frühere Berichte in der schwarzen Presse über farbige Babys gab mit Kommentaren zu den Hürden, die die militärischen Regularien schwarzen Soldaten, die weiße Frauen heiraten wollten, auferlegten, weitete sich das Adoptionsthema in den frühen 1950ern aus. Siehe beispielsweise „Brown Babies Adopted by Kind German Families", in: *Jet,* November 1951, S. 14–17; die Titelstory „Heinz and Roswitha: Mixed German Youngsters Want to Come to the US: How to Adopt a German War Baby", in: *Jet,* 23. Oktober 1952; Mabel Grammer, „What to Do about Adopting War Babies", in: *Baltimore Afro-American,* 7. März 1953, 22E; „War Babies Romp in New U.S. Home", in: *Baltimore Afro-American,* 14. März 1953, 22E; „Brown Babies Get Americanized", in: *Jet,* 21. Mai 1953; und „Brown Babies Find New Homes", in: *Jet,* 8. Oktober 1953.
59. Siehe zum Beispiel „U.S. Ex-Boxer Founds German ‚Brown Baby' Agency", in: *Jet,* 10. Juli 1958, S. 60; und „He Adopted 5,000 Babies", in: *Sepia,* Januar 1960, S. 57–60.

7. Heil Johnny!

Ich bin Ed Sikov, Ralph Willett, William Paul und meinen Forschungsassistenten Julia Lee und Kelsey LeBuffe dankbar für ihre Vorschläge und ihre Hilfe beim Aufspüren und Besorgen von Quellen. Verschiedene Zuhörer an der Washington University St. Louis und an der Indiana University machten sehr gute Vorschläge, als ich eine frühere Version dieses Kapitels vorstellte. Ich arbeitete mit der Universal Cinema Classics DVD 825 814 4 11(UK Version, 2008). Das Drehbuch des Films ist abrufbar unter http://www.cswap.com/1948/A_Foreign_Affair (letzter Zugriff: 01.08.2017) und bietet auch eine deutsche Übersetzung des Originaldialogs an. Die Übersetzungen wörtlicher Zitate aus dem Film sind der Untertitelung der englischsprachigen Fassung entnommen.

1. Kramer und Grese wurden 1945 von George Rodger fotografiert. John Willoughby, „The Sexual Behavior of American GIs during the Early Years of the Occupation of Germany", in: *The Journal of Military History* 62, Nr. 1 (1998), S. 155–174, hier 171, erwähnt solche damals geläufigen Begriffe wie „fraternazi" und „furlein", um fraternisierende Frauen mit Nazi-Vergangenheit zu beschreiben, doch die Assoziation mit einem Lagerkommandanten wirkt außergewöhnlich stark. In seinem Scheidungsprozess räumte Wilder jedoch auch sarkastisch ein, dass „die gute Frau Marilyn eine einzigartige Persönlichkeit ist, und ich bin die Bestie von Belsen". Siehe Tom Wood, *The Bright Side of Billy Wilder, Primarily* (Garden City, NY: Doubleday, 1970), S. 160.
2. „A Foreign Affair: Treatment", datiert auf den 31. Mai 1947 (48-seitige Bearbeitung der Geschichte von Wilder, Charles Brackett und Robert Harari), Paramount Pictures, Margaret Herrick Library, S. 9–10, 4, 5, 9, 38, 4 und 6; der Pyjama-Dialog findet sich in *Operation Candybar* (*A Foreign Affair*) (unvollständige Vorzensur-Fassung des Drehbuchs, verfasst von Wilder, Brackett und Richard Breen, datiert auf den 20. November 1947), Rauner Special Collections Library, Dartmouth College Library, S. 20.

3. *A Foreign Affair* (Release Dialogue Script, datiert auf den 20. Mai 1947), New York Public Library for the Performing Arts, Lincoln Center Filmrolle 2A, 2; Eisenhower zitiert in: United States Forces European Theater (USFET), *Occupation* (o. O., 1946), S. 10. Das englische Wort für Sprengfallen, *boobietraps*, stellt außerdem ein witziges Wortspiel mit *boobs* (vulgär für Brüste) dar.
4. Billy Wilder an Davidson Taylor, Headquarters USFET, reproduziert in Ralph Willett, „Billy Wilder's *A Foreign Affair* (1945–1948): The Trials and Tribulations of Berlin", in: *Historical Journal of Film, Radio and Television* 7, Nr. 1 (1987), S. 3–14, hier 13. Auch unter http://www.dartmouth.edu/~germ43/pdfs/wilder_memorandum.pdf (letzter Zugriff: 01.08.2017).
5. Billy Wilder an Davidson Taylor, in: Ralph Willett, „Billy Wilder's *A Foreign Affair*", S. 13–14.
6. Ed Sikov, *On Sunset Boulevard: The Life and Times of Billy Wilder* (New York: Hyperion, 1998), S. 271.
7. Siehe Wolfgang Schivelbusch, Vor dem Vorhang. Das geistige Berlin 1945–1948, S. 221–225. Schivelbuschs Darstellung der deutschen Nachkriegs-Filmindustrie greift auf Briefe und Berichte in John Pommers Privatarchiv zurück.
8. Für den besten Film, die beste Regie und für das beste Drehbuch (gemeinsam mit Charles Brackett); Ray Milland erhielt einen Oscar als bester Hauptdarsteller.
9. Sikov, *On Sunset Boulevard,* S. 243. Die Datenbank der Holocaust-Opfer von Yad Vashem listet sie als gestorben in Plaszów, Polen, im Jahr 1943 auf und liefert keine weiteren Details, dies auf Grundlage eines Zeugnisses ihres Bruders Mikhail Baldinger, eines Holocaust-Überlebenden. Siehe http://db.yadvashem.org/names/nameDetails.html ?itemId=427105&language=en (letzter Zugriff: 01.03.2013).
10. Sikov, *On Sunset Boulevard,* S. 239.
11. Ebd., S. 241–243. *Death Mills (Die Todesmühlen)* ist greifbar unter https://www.youtube.com/watch?v=sv4MXdFKfi4 (letzter Zugriff: 01.08.2017). Wie er in *Billy How Did You Do It?* (1992), seinem Interview mit Volker Schlöndorff, erklärte, reagierte Billy Wilder sehr heftig auf eine Sequenz in dem Film, in der eine Person, die kaum noch am Leben ist, dem Betrachter schwach zuwinkt.
12. Sikov, *On Sunset Boulevard,* S. 244.
13. *Love in the Air (An Original Story for the Screen)* von Irwin Shaw und David Shaw, undatiertes Manuskript, Paramount Pictures, Special Collections, Margaret Herrick Library.
14. Der Film aus dem Jahr 1948 gibt in seinem Vorspann an, dass er auf dieser „Originalgeschichte von David Shaw" beruht.
15. *A Foreign Affair: Treatment,* SF 88788, Story Department, Paramount Pictures, Special Collections, Margaret Herrick Library.
16. Im Film ist immer noch ein Überrest dieses Aspekts von Erikas Persönlichkeit in ihrem Kommentar spürbar, dass in der Politik Frauen „mit der Mode" gehen, „sie ändern ihre Ansichten ständig", was Anlass gibt für Johns Beschwerde: „Ja, letztes Jahr war es die Nummer mit dem Hakenkreuz. Dieses Jahr sind es Straußenfedern in Rot, Weiß, Blau. Nächstes Jahr sind

vielleicht Hammer und Sichel dran" (4B, 8, 3). Natürlich singt Erika nicht nur englische, deutsche und französische, sondern auch russische Zeilen des Schlussliedes über „The Ruins of Berlin" und sie lockt John mit Wodka, den sie im „russischen Sektor" bekommen hat (4B, 16, 5).

17. Gerd Gemünden, *A Foreign Affair: Billy Wilder's American Films* (New York: Berghahn Books, 2008), S. 60, argumentiert, dass im Film „die moralische Ambiguität von [Wilders] Charakteren dramatisch zugenommen hat, ein Indiz dafür, dass Wilder in den zwei Jahren skeptisch wurde, was die Mission der Besatzung der Alliierten anbelangte". Ich bin Gemündens Forschungsergebnissen in diesem ganzen Kapitel zu Dank verpflichtet.

18. Graham Greene, *The Third Man* (1973; London: Faber & Faber, 1988), S. 7. Carol Reed, *The Third Man* (Rialto Pictures, 1949; Criterion Collection, DVD 64, 1999).
19. Charlotte Chandler, *Nobody's Perfect: Billy Wilder. A Personal Biography* (2002; Nachdruck London: Pocket Books, 2003), S. 137: „Er wollte nur die Dietrich selbst, glaubte aber, dass sie Nein sagen würde zu dem Vorschlag, die Rolle einer Nazi-Kollaborateurin zu spielen. Stattdessen zeigte er ihr einige Probeaufnahmen, die er mit June Havoc gemacht hatte, und fragte Dietrich, was sie darüber dachte, sagte ihr aber nicht, dass die Rolle für sie komponiert worden war. Auch erwähnte er nicht, dass Friedrich Holländer Lieder geschrieben hatte, bei denen er sie vor Augen hatte. Nach ihrem anfänglichen Nein hatte er vor, ihr das zu sagen. ‚Sie führte weitere Kritikpunkte an und machte Vorschläge, und schließlich sagte ich, als wäre es mir gerade in diesem Moment eingefallen, ‚Marlene, nur *Du* kannst diese Rolle spielen'. Und sie stimmte mir zu.'"
20. Marlene Dietrich, *Nehmt nur mein Leben ... Reflexionen* (München: C. Bertelsmann, 1979), S. 194.
21. Chandler, *Nobody's Perfect,* S. 137. Marlene Dietrich war vielleicht auch deshalb abgeneigt, die Hauptrolle einer Nazi-Unterhaltungskünstlerin zu spielen, weil ihre ältere Schwester Elisabeth Will während der Nazi-Jahre in Deutschland geblieben und, wie der *Boston Globe* und die *Washington Post* 1945 berichteten, an der Unterhaltung deutscher Truppen direkt außerhalb des Lagers für das Militär in Belsen beteiligt war, nicht weit entfernt vom berüchtigten Konzentrationslager. Siehe „Marlene Dietrich Finds Sister in Belsen, Seeks Mother in Berlin", in: *Boston Globe,* 21. Mai 1945, S. 3; „Dietrich Trying to Learn Fate of Mother in Occupied Berlin", in: *Washington Post,* 21. Mai 1945, S. 3. Basierend auf einer britischen Quelle hatte die *New York Times* früher berichtet, dass die Schwester gefunden worden sei, die im „Nazi-Konzentrationslager in Belsen" lebe. Siehe „Dietrich's Sister at Belsen", in: *New York Times,* 18. Mai 1945, S. 6. Laut dem *Spiegel* hatten Elisabeth und ihr Mann Georg eine Kantine neben dem Filmtheater für Soldaten und das SS-Personal betrieben, das sich in unmittelbarer Nähe des Konzentrationslagers befand. Siehe Axel Frohn und Fritjof Meyer, „Die verleugnete Schwester", in: *Der Spiegel* 25 (2000), http://www.spiegel.de/spiegel /print/d-16694736.html (letzter Zugriff: 01.03.2013).
22. *Operation Candybar* (*A Foreign Affair*), unvollständiges Manuskript, 106 Seiten, mit zwei Kritiken, Rauner Special Collections Library, Dartmouth College Library.

23. Das Drehbuch traf am 25. November bei der PCA ein, und innerhalb einer Woche erhielt Paramount die kritische Antwort. Das Drehbuch, das in der Dartmouth Library aufbewahrt wird und das identisch mit dem zu sein scheint, welches Jackson von der PCA gelesen hatte, enthält handschriftliche Markierungen und kritische Kommentare genau neben jenen Passagen, die der Brief an das Studio als die problematischsten aufführt.
24. Eine Forderung bestand darin, den Ausruf einer deutschen Frau „Du lieber Gott“ zu ändern – vielleicht aus Gründen religiöser Pietät?
25. Beispielsweise empfängt Erika von Schlütow in *Operation Candybar* John immer noch in ihrem Schlafzimmer, wobei sie den falsch zusammengestellten Pyjama trägt, und Stephen Jackson stellte folgende Forderung: „Es ist deutlich angezeigt, dass John die Matratze aus einem anderen Grund in Erikas Wohnung bringt als demjenigen, das Bett bequemer zu machen. Verschiedene Möglichkeiten wurden gestern vorgeschlagen, darunter, dass die Matratze verwendet werden sollte, um ein in der Wand klaffendes Loch zu verdecken etc. Wir glauben, dass es absolut zwingend ist, dass der derzeitige anrüchige Rückschluss eliminiert wird. Des Weiteren sollte die Handlung in diesen Szenen in ihrer Wohnung nicht im Schlafzimmer, sondern im Wohnzimmer spielen.“ Indem er diese Forderung, die Pyjama-Szene zu ändern, befolgte, trug Wilder tatsächlich zur Entnazifizierung und Humanisierung von Erika bei, weil er ihr ihre Schlagfertigkeit nahm. Siehe Dietrich, *Nehmt nur mein Leben,* S. 195.

Die meisten anderen Veränderungen sind allenfalls kosmetischer Natur. Aus „Du lieber Gott!“ wird „Du lieber!“; Mikes Zeile „Was ist schon der Kongress? Ein Haufen Möpse, die von der juristischen Fakultät geflogen sind“ wird verändert in „[Was ist schon der Kongress?] Alles Klinkenputzer mit dem Fuß in der richtigen Tür“; Mikes Kommentar zu Erika, „Ja, Sir! Bei dieser leckeren Puppe wünscht man sich doch, man hätte zwei Löffel. Junge, möchtest du mit ihr verheiratet sein, huh? Ich nicht. Ich bin zu jung, um zu sterben“ wird abgemildert zu „Junge, das ist ein Strudel. Strudel mit Sahnehäubchen. Dieses Gebäck lässt dich sabbern“ – in dem eine Referenz auf Phoebe (die als „Gretchen Gesundheit“ posiert und als Deutsche durchgeht) als ein „Strudel“ widerhallt (geändert vom anstößigen „pig“). Wilder behält Joes Zeile über Phoebe bei „Sie ist sehr einfach gestrickt. Sie kann nur ‚jawohl‘ sagen“, ersetzt aber Mikes Antwort „Ist das schlecht?“ durch ein Gekicher von allen dreien. Die Zeile des Kongressabgeordneten Pennecott ändert er nicht, „Kann ich etwas für Sie tun?“, als Phoebe versehentlich nachts sein Zimmer betritt. Noch lässt er folgenden Dialog weg:

John: Was ist so komisch?
Erika: Ihr haltet Händchen?
John: Klar, das tun nette Menschen doch.
Erika: Ihr Amerikaner seid so naiv.

Und so ziemlich alle anderen Forderungen wurden schlichtweg ignoriert, so dass der Film am Schluss in den Augen des PCA immer noch als „übermäßig sexuell anzüglich“ erschienen sein muss, obgleich die Zensoren es erlaubten, den Film zu zeigen.

26. Gene D. Phillips, *Some Like It Wilder: The Life and Controversial Films of Billy Wilder* (Lexington: University Press of Kentucky, 2010), S. 99.
27. Man vergleiche „*Operation Candybar* (*A Foreign Affair*), Final White", 20. November 1947, Dartmouth Library, S. 29 (Einstellung C-15 und C-16) und „*A Foreign Affair* (Censorship Dialogue Script)", 24. April 1948, Princeton University, Special Collections, Filmrolle 2A, Einstellungen 22 und 23, 5. Ein nicht identifizierter Zeitungsausschnitt im Filmarchiv Berlin hebt diese Szene hervor. Ernie Schier, „Marlene Loses Tough Battle to Girl From Iowa" schreibt: „Regisseur Wilder, oder vielleicht war es auch sein Partner Brackett, hat den Film mit einer Reihe ausgelassener Noten versehen, darunter eine Einstellung eines Fräuleins, die einen Kinderwagen an den Ruinen von [Unter den Linden] entlangschiebt. *Zwei kleine amerikanische Flaggen, von einer starken Brise gepeitscht, wehen stolz vom Verdeck des Wagens.*"
28. Wilder schrieb diesen Zusatz dem Schauspieler John Lund zu. Siehe Cameron Crowe, *Conversations with Wilder* (London: Faber & Faber, 1999), S. 76. Wilder fügte hinzu: „Es war eine großartige Zeile! Es war nicht einmal Muttertag." Ohne Drängen der PCA beließ das Drehbuch Erikas Wunsch unverändert, „Ich möchte mit dir nach Amerika gehen", änderte jedoch „Ich möchte sehen" in „Ich will auf die Freiheitsstatue klettern"; und statt dass John antwortet, dass sie den Stork Club und Bergdorf-Goodman sehen möchte, sagt er zum Schluss, „Du willst wohl eher nach Fort Knox" – eine Zeile, die Erika als Goldgräberin typisiert, und einen besseren Kontrast zu dem Vorschlag abgibt, die Statue aus Liebe zur Freiheit hinaufzuklettern.
29. Crowe, *Conversations,* S. 75.
30. Als Erika am Ende kurz davor ist, weggebracht zu werden, und behauptet, sie sei auf der weißen Liste, antwortet einer der MPs: „Wir wissen, wie Sie draufgekommen sind, das war, wenn Sie den nichtarischen Ausdruck erlauben, nicht koscher."
31. Weit davon entfernt, Zigaretten abzulehnen, nimmt sie eine, die John angezündet hat, direkt aus seinem Mund.
32. Filmrolle 2B, Einstellung 25.
33. Die paradoxe Phrase „sie von blindem Gehorsam heilen" erinnert auf unheimliche Weise an Getrude Steins Kommentar aus dem Jahr 1945, dass Deutsche lernen sollten, ungehorsam zu sein. „‚Off We All Went to See Germany': Germans Should Learn to be Disobedient and GIs Should Not Like Them No They Shouldn't", in: *Life,* 6. August 1945, S. 54–58. Siehe die „Coda" in diesem Buch.
34. Phoebes zwanghaftes Ordnen von Stiften in Mäppchen und Taschen mit Reißverschlüssen ist vielleicht von der Figur des Belikow in Tschechows „Der Mann im Futteral" (1898) inspiriert.
35. „Billy Wilder hätte sich in seinem Film *La Scandaleuse de Berlin* aus Treue zu *Ninotchka* dafür einsetzen können, dass eine Nazi-Hure besser sei als eine Puritanerin aus Iowa." (Kritik zu *La Scandaleuse de Berlin*) *Les Lettres françaises* 259 (12. Mai 1949). Billy Wilder und Charles Brackett hatten mit Walter Reisch beim Drehbuch für Lubitschs *Ninotchka* zusammengearbeitet.

36. Colonel Plummers ursprünglicher Befehl an John, „Sie gehen direkt zurück zu Miss von Schlütow und machen dort weiter, wo Sie aufgehört haben", wurde auf Ersuchen der Zensoren umgeschrieben zu „Schüren Sie bei Fräulein von Schlütow das Feuer. Zeigen Sie sich öffentlich" – was kaum „den Beigeschmack" vermied, „dass er John zurückschickt, um die sexuelle Beziehung mit Erika zu erneuern", wie der Zensor kritisiert hatte.
37. Phillips, *Some Like It Wilder,* S. 100, Maria Riva zitierend.
38. Ebd., S. 105–106. Phillips schreibt, dass „der Kinogänger schlussfolgert, dass die unverbesserliche Erika den beiden geblendeten Soldaten höchstwahrscheinlich entwischen wird und nie ein Straflager von innen sehen wird". Phillips unterstützt Farbers Sicht, dass „Wilder solch einen faszinierenden Charakter nicht wirklich ohne einen Hinweis auf eine mögliche Begnadigung seinem Schicksal überlassen kann". „Films of Billy Wilder", in: *Film Comment* 7 (Winter 1971), S. 14.
39. Dieses Argument wurde umfassend entwickelt von Joseph Loewenstein und Lynne Tatlock, „The Marshall Plan at the Movies: Marlene Dietrich and Her Incarnations", in: *German Quarterly* 65, Nr. 3–4 (Sommer/Herbst 1992), S. 429–442, und von Barton Byg, *„Nazism* as Femme Fatale", in: *Gender and Germanness: Cultural Productions of Nation,* hrsg. von Patricia Herminghouse und Magda Mueller (Providence: Berghahn Books, 1997), S. 185.
40. Gemünden, *A Foreign Affair,* S. 69.
41. Marlene Dietrich Nachlass-Unterlagen, Filmmuseum Berlin.
42. Ralph Willett, der die Leser aufforderte, ihn mit einer geeigneten Quelle zu versorgen, berichtete in einer E-Mail vom 16. April 2008, dass ihn niemand je kontaktiert habe, um die Behauptung zu untermauern. Rosemary C. Hanes von der Library of Congress „fand verschiedene Bücher und Artikel, die ähnliche Aussagen wie Willett machten", aber keine „spezifischen Hinweise, um diese Behauptungen zu stützen". Der früheste Hinweis, den Hanes entdeckte, befindet sich in Axel Madsens Buch, *Billy Wilder* (Bloomington: Indiana University Press, 1969), S. 74, aber die Aussage wird mit keiner Fußnote belegt; Ed Sikov verweist auf Anthony Heilbuts *Exiled in Paradise: German Refugee Artists and Intellectuals in America from the 1930s to the Present* (Boston: Beacon Press, 1984), doch das Buch liefert auch keine Quelle. David Culberts Artikel, „Hollywood in Berlin, 1945: A Note on Billy Wilder and the Origins of ‚A Foreign Affair'", in: *Historical Journal of Film, Radio and Television* 8, Nr. 3 (1988), S. 311–316, enthält ebenfalls keine Quelle. Ebenso wenig wie Tony Thomas, *Films of the Forties* (Secaucus, NJ: Citadel, 1975), S. 234.
43. Bosley Crowther hielt in der *New York Times* vom 1. Juli 1948 den Film für „eine prima Unterhaltung, die einige schlaue und realistische Dinge zu sagen hat", und fuhr fort, die Handlung, die Schauspielkunst und die Musik zu loben. Edwin Schallert hielt ihn in der *Los Angeles Times* vom 23. Juli 1948 für „den besten aktuellen Film, der in den letzten Monaten herausgekommen ist", und argumentierte, dass, weil Holländers Lieder „und die Psychologie durch die Handlung und Situation eine Vorstellung erweckten, *Eine auswärtige Affäre* außergewöhnliche Tiefen auslotet, zusätzlich zu der Tatsache, dass der Film durch und durch eine Komödie ist. Ernsthaftere Filme

haben bei gleichem Ziel oft zu kurz gegriffen. Die Bitterkeit von *Eine auswärtige Affäre* wird wahrscheinlich noch nachhallen, nachdem seine Lacher verklungen sind." Der Kritiker des *Wall Street Journal* war der Ansicht, der Film liefere „rundum wunderbare Unterhaltung", auch wenn die Autoren „viele scharfe Aufnahmen von verschiedenen aufgeblasenen Themenbereichen im Laufe der Geschichte gemacht haben, vom Kongress, der Armee, vom Damenvolk zu Hause, den Russen und der Welt im Allgemeinen". Die Kritik schloss mit einer Anspielung auf die Berliner Luftbrücke (die den Anbruch des Kalten Krieges markierte): „Laut letztem Bericht flogen US-Flugzeuge Flugzeugladungen voll Lebensmittel nach Berlin. Es ist schade, dass sie nicht gleichzeitig diesen Film mitnehmen können, weil er eine Flugzeugladung voll Lacher enthält – vor allem für die Jungs von der Truppe" (2. Juli 1948). Richard L. Coe nannte in der *Washington Post* (3. September 1948) *Eine auswärtige Affäre* eine „ironische, lebendige Komödie, die Sie vom Start bis zum Ziel kichern lässt", und fuhr fort, die „ununterbrochene Parade witziger Bemerkungen" und die Schauspielkunst zu loben. Vorher sagte er, dass die Archivszene, in der Phoebe mit Longfellow Zeit schindet, „wahrscheinlich ein Kinoklassiker" werden wird, verglich Wilders Film mit Lubitschs *To Be or Not to Be (Sein oder Nichtsein)* und schloss emphatisch: „Ja, *Eine auswärtige Affäre* ist eine der Komödien des Jahres, und Sie werden sie sehen wollen." Der *Christian Science Monitor* (23. Juli 1948) spendete dem Film für seinen Realismus Applaus, dafür, dass er „einen Eindruck von den Umständen in Berlin" vermittelte, „die viele Menschen zuvor nicht so anschaulich dargeboten bekommen hatten. Interessant ist auch die Behandlung der russischen Soldaten, mit Humor und ohne Groll." Diese Auszüge lesen sich vielleicht wie Werbetexte, sie spiegeln jedoch die Einmütigkeit der Reaktionen der Kritiker wider.

44. „Two Views of a Director – Billy Wilder": Herbert G. Luft, „I. A Matter of Decadence" und Charles Brackett, „II. A Matter of Humor", in: *Quarterly of Film Radio and Television,* 7, Nr. 1 (Herbst 1952), S. 58–69, hier 63 und 68.

45. „A Communication: A Letter about Billy Wilder", in: *Quarterly of Film Radio and Television* 7, Nr. 4 (Sommer 1953), S. 434–436, hier 435. Erhältlich unter http:// www.jstor.org/stable/1210015 (letzter Zugriff: 01.08.2017). Schulberg fährt fort: „Verstehen Sie uns nicht falsch: Wir ‚verabscheuten keine Witze' (um eine Wendung von Mr. Brackett zu benützen). Wir verabscheuten einen Film, der ein ganz wesentliches Thema – die Rehabilitation von Deutschland – als *nichts anderes als einen Witz* behandelt. Im Falle von *Eine auswärtige Affäre* hielten wir Wilder nicht für dekadent, Mr. Luft, noch für humorvoll, Mr. Brackett, sondern einfach für unverantwortlich. Zu einer Zeit, da das nüchterne amerikanische Verständnis für deutsche Probleme essentiell für unsere Außenpolitik schien, stieß uns Wilders Slapstick-Version der Berliner Angelegenheiten wie ein internationaler Bärendienst auf." Ich danke Sandra Schulberg dafür, dass sie mich auf diese Kommunikation aufmerksam machte. Schivelbusch, *Vor dem Vorhang. Das geistige Berlin 1945–1948* (München, Wien: Carl Hanser Verlag, 1995), S. 228, berichtet ebenfalls, dass Pommer nicht in der Lage war, Wolfgang Staudtes ernsthaften Film von 1946 *Die Mörder sind unter uns* zu würdigen.

46. Ernst Jäger, „Marlene singt den Trümmersong", in: *Der Abend,* 7. August 1948: „Weder den Deutschen noch den Nazis wird darin etwas geschenkt, doch das Unausgesprochene und die Grundhaltung … macht den Ex-Berlinern … große Ehre … Selbst die Trümmer Berlins würden zu lachen beginnen, und selbst die Blinden und Tauben dieser Welt müssen den Schuß Anzensgruber (und Nestroy) im Billy erkennen, der den Berlinern und Trümmerdeutschen, so real und grob sie gesehen sind, den letzten Schuß der Steinklopfer serviert: es kann mir ja nix geschehen. Amerikanismus war im Film noch nie so frei, und ein Film aus dem Erobererlande noch nie so mutig. Hollywood hat Deutschland ein geistiges Care gesandt, das unbezahlbar ist." Die *Kasseler Zeitung* (24. September 1948) schreibt, Marlene Dietrich „spielt in ihrem letzten Film ‚A foreign affair', der jetzt auch mit großem Erfolg in Deutschland angelaufen ist". Horst Schnarre, „Ort der Handlung: Berlin" (nicht datierter und nicht identifizierter Zeitungsausschnitt), schreibt: „Welcher brave deutsche Bürger würde es wagen, so eigene Schwächen zu zeigen, sie überhaupt als gegeben zur Diskussion zu stellen?" Nur der links stehende *Vorwärts* (1. August 1948) meckerte unter der Überschrift „Marlene Dietrich als Pg": „So lösen die amerikanischen Umerzieher des deutschen Volkes die Nazifrage. Die kleinen Mitläufer wurden aus ihren Stellungen gejagt, aber alles, was sich noch brauchen lässt, kommt unter amerikanische Obhut, von den Generalen bis zu den Erikas." Stiftung Deutsche Kinemathek, Museum für Film und Fernsehen, Berlin. Zu Schulbergs Rolle siehe auch Phillips, *Some Like It Wilder,* S. 106.
47. Hemingway an Dietrich, 1. Juli 1950. Hemingway Archives, John F. Kennedy-Library, Boston.
48. Übrig gebliebenes Filmmaterial wurde von Stephen Soderbergh in seinem enttäuschenden Film *The Good German* (*The Good German – In den Ruinen von Berlin*, 2006) verwendet.
49. Hal Erickson, *All Movie Guide,* http://movies.nytimes.com/person/88679/Farciot-Edouart/biography (letzter Zugriff: 01.03.2013). Die Tatsache, dass der Film damit beginnt, dass der Kongressabgeordnete Kraus das zerstörte Berlin aus dem Flugzeug mit einer Kamera filmt, fügt dem Film eine weitere Ebene der Selbstreflexivität hinzu.
50. Laut den Paramount News „wurden 79 Vorkriegs-Wochenschauen gesichtet, um die Wochenschau akkurat nachzubilden", http://www.tcm.com/tcmdb/title/75395/A-Foreign-Affair/notes.html (letzter Zugriff: 01.03.2013).
51. Alain Masson, „Contre philinte: *La Scandaleuse de Berlin",* in: *Positif* 248 (November 1981), S. 68–71: „Der Hitler, der Erikas Hand küsst, ist chaplinesk überzeichnet … Die Bedeutung ist klar: Luftige, prachtvolle Kurtisane, die sie ist, bleibt Erika den Regimen überlegen, was ihre Ausstrahlung zu verbürgen scheint; sie entgleitet der Geschichte" (70). In *Sunset Boulevard* sollte Billy Wilder dann eine offensichtliche Chaplin-Parodie einfügen.
52. Siehe Loewenstein und Tatlock, „The Marshall Plan at the Movies", S. 434.
53. Gemünden, *A Foreign Affair,* S. 63.
54. Laut *Life*-Magazin waren Mickey-Maus-Uhren, die in den Vereinigten Staaten 3.95 $ kosteten, auf dem Schwarzmarkt beim Brandenburger Tor 500 $ wert. Siehe Richard Whelan, *Die Wahrheit ist das beste Bild – Robert Capa, Photograph*, S. 331.

55. Es ist erwähnenswert, dass James Agee in seiner sehr kurzen Filmkritik Wilders „scharfes, fieses, witziges Zeug auf Kosten der untersuchenden Amerikaner“ lobte, aber beklagte, dass der Film später „alles, über das er Witze gemacht hat, bestätigt, und schlimmer noch. Ein beträchtliches Stück davon ist scheußlich, und die Perfektion davon findet sich in Dietrichs Lied ‚Black Market‘.“ „Films“, in: *The Nation* 167, Nr. 4 (24. Juli 1948), S. 109.
56. „Black market / Laces for the missus, chewing gum for kisses / Black market / Cuckoo clocks and bangles, thousand little angles, / Come and see my little music box today. / Price? Only six cartons, / Want to hear it play? / Black market / Mink and microscope for liverwurst and soap. / Browse around, I've got so many toys / Don't be bashful, step up boys. / You like my first edition / It's yours—that's how I am – / A simple definition: / You take art, I take Spam. / To you for your K-ration / Compassion – and maybe / An inkling, a twinkling of real sympathy. / I'm selling out. Take all I've got. / Ambitions, convictions, the works, why not? / Enjoy these goods / For boy, these goods – are *hot.*“ In Ute Lempers Coverversion des Songs wurde „compassion“ verwandelt in „my passion“ in diesen Zeilen: „I give you for your ration my passion – and maybe.“ Lemper machte dadurch deutlich, was in Holländers Text bereits implizit enthalten war.
57. Das Motiv des Deutschen, der eine Zigarettenkippe aufhebt, die ein Amerikaner wegwirft, war in Wilders ICD-Vorschlag aus dem Jahr 1945 enthalten und ist auch in einer Filmsequenz vor dem Lorelei-Eingang eingebaut. Als John Erikas Bewegungen während des Schwarzmarkt-Liedes folgt, entdeckt er Phoebe im Publikum und versucht, sich hinter einem Pfeiler zu verbergen – so wird ein weiteres visuelles Dreiecksverhältnis erzeugt.
58. Dies erstreckt sich auch auf Gegenstände, die damit verbunden sind, wie die Nylonstrümpfe, die aus Johns Tasche hängen, während er den Kuchen von Phoebe erhält, das Telefon mit Erika am anderen Ende, das John in Phoebes Gegenwart in seiner Hand hält, oder der Fokus auf Johns Foto in Erikas Schrank, als Phoebe in Erikas Wohnung ist.
59. Robert Dassanowsky-Harris, „Billy Wilder's Germany“, in: *Films in Review* (Mai 1990), S. 292–297 und 352–355 stellt einen feinen, aber wichtigen Unterschied im deutschen und englischen Text von „The Ruins of Berlin“ fest: „Sowohl Erikas politische Sympathien als auch die Warnung vor Birgels Rückkehr sind aus dem deutschen Text gewonnen“ (353).
60. Willett, „Billy Wilder's *A Foreign Affair*“, S. 14.
61. Friedrich Holländer, *Von Kopf bis Fuß: Mein Leben mit Text und Musik* (München: Kindler, 1965), S. 395–396. 1955 verließ Holländer die USA wieder und ließ sich in München nieder. Phillips, *Some Like It Wilder*, S. 100, berichtet, dass Holländer die Lieder tatsächlich für den Tingeltangel Club im Berliner Stil komponiert hatte, den er in Hollywood eröffnete, und dass Wilder Paramount die Filmrechte beschafft hatte.
62. Das wiederholte Hupen von Johns Jeep und der metallische Klang von Erikas Schlüssel, der auf die Straße geworfen wird, scheinen Pawlow-artige Klangeffekte zu sein, die deren sexuelle Anziehungskraft signalisieren; der Klang unterbricht zunächst die „Isn't-It-Romantic“-Musik und später dann die Unterhaltung zwischen John und Phoebe.

63. Willoughby, „Sexual Behavior", S. 171, erwähnt den Ausdruck „fraubait" für Schokolade und Zigaretten während der Besatzung.
64. Diese ganze Sequenz wurde als einer der drastischen „Irish Cuts" im „Release Dialogue Script" vom 20. Mai 1948 gestrichen, um den strengeren Zensurgesetzen in Irland entgegenzukommen. Siehe „*A Foreign Affair:* Release dialogue shooting script", New York Public Library for the Performing Arts, Lincoln Center.
65. Mamoulians Sequenz unter http://maxzook.wordpress.com/2007/02/14/isnt-it-romantic/ (letzter Zugriff: 01.08.2017) bindet viele verschiedene Menschen zusammen, darunter den Komponisten und eine Armee-Einheit, die anscheinend improvisierte Zeilen desselben Liedes der Reihe nach singen, während sich die Szene von Maurice Chevalier in einem Herrengeschäft über viele Stationen bis zu Jeanette MacDonalds Château weiter bewegt; Wilder zeigt nur John, dessen verliebte Euphorie, als er sich mit einer Matratze zu Erikas Ruine begibt, sogar die erschreckendsten Ruinenszenen „romantisch" macht. Der musikalische Hintergrund überspannt die gesamte Szene, wobei John das „Isn't-It-Romantic"-Thema pfeift, als er sieht, wie Erika ihre Zähne putzt, und die Partitur zum Thema zurückkehrt. Ich danke William Paul für den Hinweis auf diese Verbindung.
66. Siehe http://www.nytimes.com/books/98/12/27/specials/wilder-brackett.html (letzter Zugriff: 01.08.2017).
67. *Operation Candybar* vom 20. November 1947 beschreibt Berlin als „den größten Trümmerhaufen auf Erden" (1) und in den Luftaufnahmen der Gebäude der Stadt sehen diese aus „wie Tausende verfaulte Backenzähne in der Schale eines riesigen Zahnarztes" (3). In der Kulissenbeschreibung von Erikas Wohnhaus, das „nur etwa zu 40 Prozent zerstört ist", hängt eine Badewanne nonchalant aus dem dritten Stock, eine ausgebrannte Wohnung im vierten Stock ist „zur Straße hin weit offen" (17). In ihrer Wohnung ist „genau ein Zimmer … bewohnbar" und „eine Wand ist durch Erschütterungen schief und neigt sich betrunken wie die Wand im Kabinett des Dr. Caligari" (18). Rauner Special Collections Library, Dartmouth College Library.
68. Phoebe teilt ihre politisch motivierte Vergesslichkeit bezüglich des menschlichen Tributs in der Geschichte, die sie erzählt, mit Ninotchka, die, als sie nach Neuigkeiten über die Sowjetunion gefragt wird, fröhlich anmerkt: „Die letzten Massenprozesse waren ein großer Erfolg. Es wird weniger, aber bessere Russen geben."
69. Siehe Mae Tinee, „In This Film It's Granny Dietrich vs. Jean Arthur", in: *Chicago Daily Tribune,* 14. September 1948, S. 24. Das Cover von *Life,* 9. August 1948, versprach ebenfalls „In this issue: Russia's Strength: An Economic and Military Report" (In dieser Ausgabe: Russlands Stärke: ein ökonomischer und militärischer Bericht), auf den sich intensivierenden Kalten Krieg hinweisend. Dietrich wurde 47, Mitchell 45, Jean Arthur 40 und John Lund 35 in dem Jahr, in dem *Eine auswärtige Affäre* herauskam. Die *Kasseler Zeitung,* 24. September 1948, berichtete, dass Dietrich während des Drehs dieser Szene gelacht habe: „Zu komisch! Sie wollen Großvater sein, und ich bin gestern wirklich Großmutter geworden!" Stiftung Deutsche Kinemathek, Museum für Film und Fernsehen, Berlin.

70. Siehe beispielsweise Drew Middleton, „Failure in Germany", in: *Colliers,* 9. Februar 1946, S. 12 ff.
71. Phillips, *Some Like It Wilder,* S. 100.
72. Interessanterweise spricht Plummer diese Zeilen im Off, während die Kamera auf die Delegation und am Ende auf die skeptische Phoebe gerichtet ist, die „hm" macht, als Plummer einräumt: „auch wenn der eine oder andere mal über die Stränge schlägt".
73. Das Kreidezeichen hinten auf dem Mantel des Vaters erinnert an das „M" für „Mörder" auf Peter Lorres Mantel in Fritz Langs *M.* Ich danke Johannes Türk an der Indiana University dafür, dass er mich auf diese mögliche Verbindung aufmerksam machte, die eine weitere deutsche cineastische Anspielung zum offensichtlichen Bezug zu von Sternbergs *Der blaue Engel* und Riefenstahls *Triumph des Willens* hinzufügt.
74. Das Einzelbild weist eine ironische Parallele zwischen Erikas Hitler-Gruß und den ausgestreckten Händen der Barock-Putten auf, die die zerstörte Wand schmücken.
75. In Cameron Crowe, *Conversations,* S. 76, zitiert Wilder diese Zeilen als Beweis für Johns „knisternde Beziehung mit Erika", beschreibt sie als „großartige Soldatenunterhaltung" und merkt an: „Hinter der Kamera musste man einfach lachen, wenn man ihn dieses Zeug machen hörte."
76. Es waren Kontexte wie diese, in denen John in der früheren Fassung Erika „Bestie von Belsen" nannte.

Coda

1. Edward Twentyman vom Verlag Cassell erzählte mir diese Geschichte 1962 auf der Frankfurter Buchmesse; er hatte sie von einem Freund gehört, der nach dem Zweiten Weltkrieg in der britischen Zone stationiert war.
2. Ich folge hier Atina Grossmann, *Juden, Deutsche, Alliierte*, S. 422, die ebenfalls den folgenden Witz paraphrasiert und die Quelle der Geschichte zitiert. Ich bin Atina Grossmann dankbar dafür, dass ich durch sie auf weitere Quellen gestoßen bin.
3. Leo W. Schwarz, *The Redeemers: A Saga of the Years 1945–1952,* mit einem Vorwort von Lucius D. Clay (New York: Farrar, Straus and Young, 1953), S. 198. Schwarz erwähnt, die Geschichte sei von einem Mr. Segalson erzählt worden.
4. Vielleicht könnte sogar der vulgäre „ukrainische" Witz, den *Eine Frau in Berlin* in die Darstellung der russischen Vergewaltigungen eingeflochten hat, in diesem Kontext neu bedacht werden.
5. Richard Whelan, *Die Wahrheit ist das beste Bild – Robert Capa, Photograph,* weiß über dieses Bild beinahe nichts zu sagen.
6. Margaret Bourke-White, *Deutschland, April 1945 (Dear Fatherland Rest Quietly)*, (München: Schirmer-Mosel, 1979), S. 73–74.
7. *Life,* 14. Mai 1945, S. 22.
8. Dagmar Barnouw, *Ansichten von Deutschland (1945)*, S. 196–198, machte auf die Tatsache aufmerksam, dass das Foto dramatisch beschnitten wur-

de – das Original ist nicht so wirkungsvoll. Es wurde außerdem ein wenig im Uhrzeigersinn gedreht und retuschiert: Das juteartige Material auf der linken Seite, wahrscheinlich zur Tarnung, wurde weißer gemacht und ein paar Trümmerteile auf der Kante, auf der Strickland steht, wurden getilgt, Trümmer, die Bourke-White in ihrer Darstellung des Bildes erwähnt hatte. Peter Heigl, *Die US-Armee in Nürnberg auf Hitlers „Reichsparteitagsgelände" / The U.S. Army in Nuremberg on Hitler's Nazi Party Rally Grounds* (Nürnberg: Dokumentationszentrum Reichsparteitagsgelände, 2005), S. 22–23, 48–49. Heigl erwähnt auch, dass das Reichsparteitagsgelände später als Standort eines polnischen DP-Lagers diente (62–63).

9. Carolyn Burke, *Lee Miller: A Life* (New York: Alfred A. Knopf, 2005), S. 262–263.
10. Bourke-White, *Deutschland, April 1945*, S. 97. In einem Brief an seine Frau vom 25. August 1947 liefert Thomas Dodd eine detaillierte Beschreibung der Wohnung, findet „Hitlers Möbel und Einrichtung" intakt vor und erwähnt, dass jetzt ein Oberst der Armee in der Wohnung wohne. Christopher J. Dodd, mit Lary Bloom (Hrsg.), *Letters from Nuremberg: My Father's Narrative of a Quest for Justice* (New York: Crown Publishing, 2007), S. 105.
11. Gertrude Stein, „Off We All Went to See Germany", in: *Life*, 6. August 1945, S. 54–58, hier 57.
12. Steins Essay bettelte förmlich um Leserkommentare in der *Life* vom 27. August 1945, S. 4, die von einem Leser, der die Herausgeber bat, „uns vor allen weiteren Albernheiten Gertrude Steins zu verschonen", bis zu einem anderen, der mehr Artikel von ihr forderte („Das war exzellent"), reichten. George McCurrach pflichtete ironisch Steins Vorschlag bei, die Deutschen zu verwirren, und empfahl: „Nehmen Sie ihnen all ihre Lehrbücher weg und geben Sie ihnen neue, von Gertrude Stein verfasste, die ihre kleinen kriegerischen Gemüter gewiss verwirren sollten, grenzenlos leider!" Dean Modricker schickte Sprachbeispiele seines fünfjährigen Kindes Barbara ein, um deren Gemeinsamkeit mit Steins Literatur zu demonstrieren – die Herausgeber pflichteten ihm bei. Sidney H. Eiges, der Leiter der Presseabteilung der NBC, sandte ein Foto von Ray Lee Jackson von der *Rückseite* von Steins Kopf ein, mit der Erklärung des Fotografen: „Sie schreibt rückwärts, also dachte ich, wir sollten sie rückwärts fotografieren." Steins Gewitzel provozierte weitere Witze und ironische Kommentare der Leser. Das Bild ist einsehbar unter https://books.google.it/books?id=eogEAAAAMBAJ&pg=PA4&dq=Ray+lee+Jackson&hl=en&sa=X&ved=0ahUKEwjgq9OclMjVAhVEWBoKHbZ_D4IQ6AEILDAB#v=onepage&q=-Ray%20lee%20Jackson&f=false (letzter Zugriff: 01.08.2017).
13. Julia Faisst, *Cultures of Emancipation: Photography, Race, and Modern American Literature* (Heidelberg: Universitätsverlag Winter, 2012), S. 169. Ihre Anmerkungen zu Steins „infantilem Beharren darauf, Blumentöpfe zu bekommen" und „das menschliche Bedürfnis nach Neuinszenierung der Geschichte" darzustellen, sind ebenfalls treffend.
14. Siehe Anonyma, *Eine Frau in Berlin. Tagebuchaufzeichnungen von 20. April bis 22. Juni 1945* (Berlin: Die Andere Bibliothek, 2015), Eintrag für den 2. Juni, S. 262–263.

15. Siehe Bourke-White, *Deutschland, April 1945*, Abb. 102, Bildeinschub zwischen S. 168 und 169.
16. *Eine Frau in Berlin*, Eintrag vom 10. Mai, S. 183, beschreibt rote Flaggen in Schöneberg „offenbar aus ehemaligen Hakenkreuzfahnen herausgeschnitten … Diese Fähnchen sind – wie könnte es in unserem Land anders sein? – von Frauenhand sauber umsäumt." Frühe Versionen der Karte der Besatzungszonen zeigten eine russische Fahne, die eindeutig aus einem Nazi-Banner gemacht worden war, in dem das Hakenkreuz in der Mitte einfach gegen Hammer und Sichel ausgetauscht wurde. (Siehe Vorsatzkarte des vorliegenden Buches.) Das Recycling ging mit vielen anderen Nazi-Relikten weiter: Beispielsweise wurde der Marmor aus Hitlers Reichskanzlei verwendet, um das russische Kriegsehrenmal in Treptow zu bauen, die Setzmaschine des *Völkischen Beobachters* wurde für die Herstellung der *Neuen Zeitung* verwendet, und junge Zionisten übernahmen Julius Streichers Anwesen und verwandelten es in ein Kibbutz Nili für landwirtschaftliches Training.
17. Stig Dagerman, *Deutscher Herbst: Reiseschilderung*, übers. von Jörg Scherzer (Frankfurt/Main: Suhrkamp, 1987), S. 28.

Nachwort

1. Lucius D. Clay, *Entscheidung in Deutschland*, übers. von A. Langens (Frankfurt/Main: Verlag der Frankfurter Hefte, 1950), S. 483.
2. Klaus L. Berghahn, „German Misery – 1945: A Revision", in: *Monatshefte* 91, Nr. 3 (Herbst 1999), S. 414–423, hier 420, ist der Ansicht, das Aufnehmen sowohl „der unvorstellbaren Verbrechen, die von Deutschen in den Konzentrationslagern begangen wurden", als auch „des Leidens der besiegten Deutschen" in ein Buch, das er rezensiert, könnte als Ausgleich des Kontos oder, noch schlimmer, als eine Verwischung des Unterschieds zwischen Tätern und Opfern interpretiert werden.
3. Siehe Karina Berger, „Expulsion Novels of the 1950s: More Than Meets the Eye?", in: Stuart Taberner und Karina Berger (Hrsg.), *Germans as Victims in the Literary Fiction of the Berlin Republic* (Rochester, NY: Camden House, 2009), S. 42–55.
4. Ich denke an die jahrelange Debatte über „deutsches Leid". Siehe beispielsweise Randall Hansen, „War, Suffering, and Modern German History", in: *German History* 29, Nr. 3 (September 2011), S. 365–379, das eine gute neuere Studie über die Fallgruben dieser Debatte liefert und Vorschläge macht, „wie das Leiden erzählt und verstanden werden kann, ohne in die intellektuelle Sackgasse entweder des Selbstmitleids oder der Kollektivschuld zu geraten".
5. United States Forces European Theater, *Occupation* (o. O., 1946), S. 15, 19, 7.
6. Siehe etwa Larry Rue, „Fail to Harden Troops against German People: GIs Bitter on Army's Hate Propaganda", in: *Chicago Daily Tribune*, 30. September 1945, S. 7.
7. Bertram Schaffner, *Father Land: A Study of Authoritarianism in the German Family* (New York: Columbia University Press, 1948), S. 98–99, wie zitiert

in George Blaustein, *To the Heart of Europe: War, Occupation, American Studies* (New York und Oxford: Oxford University Press, 2017).

8. Siehe hierzu Maria Höhn und Martin Klimke, *Ein Hauch von Freiheit? Afroamerikanische Soldaten, die US-Bürgerrechtsbewegung und Deutschland* (Bielefeld: transcript, 2016).

Danksagung

Ich bin Andreas Barth dankbar für seine felsenfeste Bereitschaft, die deutsche Fassung von *The Temptation of Despair* zu veröffentlichen. Sabine Bayerl danke ich für die gelungene Übersetzung des Textes, das Resultat überaus sorgfältiger Arbeit. Diese Publikation wurde zum Teil von Harvard Studies in Comparative Literature subventioniert, und ich bin David Damrosch, Judith Ryan, Karen L Thornber und Ruth Wisse zu besonderem Dank verpflichtet. Die Harvard University unterstützte mich außerdem auf vielerlei Weise: Der Clark and Cooke Fund half mir, dieses Projekt überhaupt zu beginnen, und der Hyder E. Rollins Fund des Department of English unterstützte es mehrere Jahre lang. Lindsay Waters, mein Lektor bei Harvard University Press, hat sich von Anfang an für dieses Vorhaben eingesetzt und mich ermutigt, persönliche Nebenbemerkungen in den Text aufzunehmen; seine Assistentin Shan Wang half mir in jeder Phase des redaktionellen Prozesses. Dann danke ich den findigen wissenschaftlichen Bibliothekaren und flinken Medienproduzenten der Harvard University, die u. a. Forschern noch nicht digitalisierte Texte und Buchkapitel als Scan zur Verfügung stellen („Scan & Deliver"), und den Direktoren des Faculty Aide Program, die es mir ermöglichten, studentische Hilfskräfte anzustellen; Archivaren und Bibliothekaren an zahlreichen Institutionen in den Vereinigten Staaten und Europa, die mir beim Aufspüren von Quellen halfen; und den Übersetzern von Quellen in Fremdsprachen, derer ich nicht mächtig bin. Christina Hünsche vom Universitätsverlag Winter kümmerte sich dankenswerterweise um das Einholen der Bildrechte für diese Ausgabe, und Reindert Falkenburg und Martin Klimke vom Research Institute der New York University Abu Dhabi bin ich dankbar, dass sie die Kosten für diese Bildrechte abdeckten.

Auch wenn es nicht so aussehen mag, es hat lange gedauert, bis dieses Buch fertig war, und die Liste der Leser und Zuhörer in dieser Zeit ist außergewöhnlich lang. Sie umfasst Generationen exzellenter wissenschaftlicher Mitarbeiter; Studenten etlicher Kurse, die ich gab, und Teilnehmer eines Symposiums, das ich zum Thema der 1940er organisierte; Besucher zahlreicher Institutionen, an die ich freundlicherweise eingeladen wurde, um über dieses Projekt und die Kapitel, in die es schließlich unterteilt wurde, vorzutragen; Leser einzelner Kapitel und, zu guter Letzt, des Gesamttextes. George Blaustein, Maggie Gram, Jennifer Kurdyla und Kevin Stone lasen Entwürfe des ganzen Manuskripts und machten zahlreiche Korrekturen und Verbesserungsvorschläge; Glenda R. Carpio, Gaston Salvatore und Sara Sollors lasen ebenso frühere Fassungen des Textes. Zwei anonyme Leser machten exzellente, detaillierte und hilfreiche Anmerkungen und Korrekturen. Alide Cagidemetrio war wie immer meine sorgfältigste Leserin, Kritikerin und Fragestellerin.

Da ich ein paar bestimmten Personen meinen Dank in den Anmerkungen zu jedem einzelnen Kapitel zum Ausdruck gebracht habe, möchte ich hier nur die Namen derjenigen in alphabetischer Reihenfolge auflisten, die mir besonders geholfen haben (mit der Bitte um Verzeihung für den Fall, dass ich versehentlich jemanden vergessen habe): Daniel Aaron, Anna Acosta, Amin Ahmad, Frederick Aldama, Dagmar Barnouw, Klaus Benesch, Sacvan Bercovitch, Homi Bhabha, Laura Blake, George Blaustein, Suzanna Bobadilla, Alyssa Boyd, Ursula Breymayer, Matthew Briones, Stephen Brockman, Vincent Brown, Barbara Buchenau, Lawrence Buell, Barbara Burg, Christa Buschendorf, Stella Calvert-Smith, Norma E. Cantú, Bill Chapman, Herrick Chapman, Emma Cheshire, Holly Ciavattone, Judith Cohen, Sheila Coutts, Eileen Crosby-Ballou, David Brion Davis, Thomas Dichter, Morris Dickstein, Marc Dolan, Bridget Drinka, Holger Drössler, Gerald Early, Julia Faisst, Aaron Fallon, Michael Fauser, Heide Fehrenbach, Lara Feigel, Dominika Ferens, Jeffrey Ferguson, Allyson Field, Philip Fisher, Moira Fitzgerald, Jennifer Fleissner, David K. Frasier, Herwig Friedl, Maarten van Gageldonk, Francesca Petrosino Gamber, Júlia Garraio, Leah Garrett, Marty Gecek, Brian Goodman, Maggie Gram, Andrew Gray, Tilly T. de Groot, Atina Grossmann, Janet Halley, Lilian Handlin, Rosemary C. Hanes, Udo Hebel, Lisa Hellmann, Sebastian Hierl, Brian Hochman, Andreas Höfele, Ari Hoffman, Regina Hoffmann, Ruth Hoffmann, David Hollinger, Maren Horn, Alfred Hornung, Ann L. Hudak, Rainer Huhle, Gerd Hurm, Ronald Hussey, Kate Hutchens, George Hutchinson, Jonathan Hyams, Malgorzata Irek, Christoph Irmscher, Matthew Jacobson, Peter D. James, Gish Jen, Margot Kaiser, Jennifer Kapczynski, Frank Kelleter, Steven Kellman, Robin Kelsey, Adrienne Kennedy, Liam Kennedy, Margaret Keyes, Martin Klimke, Arthur Knight,

Wolfgang Knöbl, Martina Kohl, René Kok, Karoline Krasuska, Jennifer Kurdyla, Pascale LaFountain, Anne Langendorfer, David Lawton, Kelsey LeBuffe, Julia Lee, Joe Loewenstein, Paul Michael Lützeler, Karen Maandag, Manfred Mardinskij, Alane Mason, Pamela Matz, Richard McCoy, Louis Menand, Martin H. Meyer, Erica Michelstein, Judith Miller, Robert G. Moeller, Herman Hennink Monkan, Nicole Morreale, Mohsen Mostafavi, Jerry Z. Muller, Matthew Murphy, Jennifer Nash, Peter Nelson, Nicola Nowak, Martha Nadell, Nicholas Nardini, Peter Nelson, Helmut Nordmeyer, Victoria Northridge, Rita O'Donoghue, Berndt Ostendorf, Karin Palmkvist, Cyrus Patell, Avinoam Patt, Heike Paul, William Paul, Donald Pease, Amanda Peery, Christina Peters, Kimberley L. Phillips, Angelika Pirkl, Jeff Pirtle, Laura Plummer, Johann Pörnbacher, Khory Polk, Henk Poncin, Jesse Raber, Holly Reed, Klaus Rheinfurth, Eric Rentschler, Sally Richards, Sven Riepe, Nicholas Rinehart, Sally Richards, Cambridge Ridley, Laurie Rizzo, Carolyn Roberts, Kathryn Roberts, Jinx Rodger, Laura Ronchi, Lisa Roth, Henry Rosovsky, Jack Rummel, Gaston Salvatore, Lisa Sanchez, Oliver Sander, Oliver Simons, Stefanie Schäfer, Wolfgang Schivelbusch, Christine Schmidt, Bernd Schnarr, Sandra Schulberg, Dagmar Schultz, Elfriede Schulz, Joelle Sedlmeyer, Stefan Seidl, Cheryl Sherrod, Michael Shulman, Ed Sikov, James Simpson, David Sollors, Adena Spingarn, Silvia Springer, Zoe Stanselle, Justin Stearns, Kevin Stone, JonChristian Suggs, Susan Suleiman, Wendy Sutherland, Lynne Tatlock, Laurie Thompson, Jürgen Trabant, Alan Trachtenberg, Adele Tuchler, Johannes Türk, Lutz Unterseher, Aleksandra Urakova, Tony Vaccaro, Joanne van der Woude, Tatyana Venediktova, Heather Vermeulen, Hans de Vries, Britta Waldschmidt-Nelson, Michaela Wasenegger, Nicholas Watson, M. Lynn Weiss, Sorrel Westbrook-Nielsen, Laura Wexler, Claudia Wieland, Ralph Willett, Marek Wilczynski, Ruth Wisse, Sarah Withers, Sabine Wolf, Cary Wolfe, Henry Wonham, Robert J. C. Young, Magdalena Zaborowska, Rafia Zafar, Shamoon Zamir und Meike Zwingenberger.

Für die ermutigende Rezeption der englischen Fassung dieses Buches, darunter die Rezensionen von Christa Buschendorf, Lara Feigel, Michael Ignatieff und Susanne Klingenstein, bin ich sehr dankbar.

Textnachweis

Auszug aus „Little Gidding“ aus: *Vier Quartette,* übersetzt von Nora Wydenbruck, in: *Gesammelte Gedichte, 1909–1962* von T. S. Eliot, hrsg. und mit einem Nachwort versehen von Eva Hesse. Copyright der deutschen Übersetzung © 1972/1988 Suhrkamp Verlag, Frankfurt/Main.

Auszug aus „Epilog“ aus: *Gedichte* von Robert Lowell. Englisch und deutsch. Auswahl, übers. und mit einem Nachwort versehen von Manfred Pfister. Copyright für die deutsche Übersetzung © 1982 Klett-Cotta, Stuttgart

Index